2021年

专利代理师资格考试

通关秘笈

专利法律知识

杨敏锋◎编写

重点勾画　助你备考减负

与时俱进　紧跟法律变化

八百真题　覆盖考试重点

深度解析　揭示命题思路

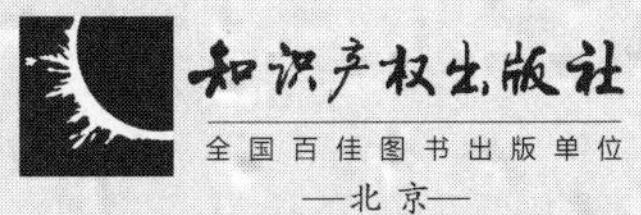
知识产权出版社
全国百佳图书出版单位
—北京—

图书在版编目（CIP）数据

2021年专利代理师资格考试通关秘笈．专利法律知识 / 杨敏锋编写．—北京：知识产权出版社，2021.7

ISBN 978-7-5130-7569-5

Ⅰ.①2… Ⅱ.①杨… Ⅲ.①专利—代理（法律）—中国—资格考试—自学参考资料
Ⅳ.①D923.42

中国版本图书馆CIP数据核字（2021）第119195号

内容提要

本书是针对2021年专利代理师资格考试科目——专利法律知识所编写的通关秘笈。书中将真题放在相关考点之后，通过此种方式使得考生对每个考点的考查频率和考查方式一目了然。考生在做题的同时也容易返回教材正文温习考点内容，加深印象。本书注重法律的与时俱进，所有的真题都采用新法进行解析，并在解析的过程中，对法律进行了易于考生理解的阐述，便于考生理解出题者的意图，降低记忆难度。此外，本书在解析过程中还对一些相近的知识点进行了串讲，帮助考生充分深入地掌握考点，为考生顺利通过考试奠定了坚实的基础。

责任编辑：许　波　　　　**责任印制**：刘译文

2021年专利代理师资格考试通关秘笈——专利法律知识

2021 NIAN ZHUANLI DAILISHI ZIGE KAOSHI TONGGUAN MIJI—— ZHUANLI FALÜ ZHISHI

杨敏锋　编写

出版发行：	知识产权出版社有限责任公司	网　　址：	http://www.ipph.cn
电　　话：	010-82004826		http://www.laichushu.com
社　　址：	北京市海淀区气象路50号院	邮　　编：	100081
责编电话：	010-82000860转8380	责编邮箱：	xubo@cnipr.com
发行电话：	010-82000860转8101	发行传真：	010-82000893
印　　刷：	天津嘉恒印务有限公司	经　　销：	各大网上书店、新华书店及相关专业书店
开　　本：	787mm×1092mm　1/16	印　　张：	35.25
版　　次：	2021年7月第1版	印　　次：	2021年7月第1次印刷
字　　数：	767千字	定　　价：	148.00元

ISBN 978-7-5130-7569-5

规范性法律文件全称与简称对照表

序号	全称	发文字号	颁布时间	简称
1	最高人民法院关于贯彻执行《中华人民共和国民法通则》若干问题的意见（试行）	法办发〔1988〕6号	1988-04-02	民通意见
2	中华人民共和国合同法	主席令第15号	1999-03-15	合同法
3	最高人民法院关于适用《中华人民共和国合同法》若干问题的解释（一）	法释〔1999〕19号	1999-12-19	合同法解释一
4	最高人民法院关于适用《中华人民共和国担保法》若干问题的解释	法释〔2000〕44号	2000-12-08	担保法解释
5	最高人民法院关于对诉前停止侵犯专利权行为适用法律问题的若干规定	法释〔2001〕20号	2001-06-07	诉前停止侵犯专利权规定
6	最高人民法院关于诉前停止侵犯注册商标专用权行为和保全证据适用法律问题的解释	法释〔2002〕2号	2002-01-09	诉前停止侵犯商标权和保全证据解释
7	最高人民法院《关于审理涉及计算机网络著作权纠纷案件适用法律若干问题的解释》	法释〔2006〕11号	2006-11-20	网络著作权纠纷解释
8	最高人民法院关于适用《中华人民共和国合同法》若干问题的解释（二）	法释〔2009〕5号	2009-04-24	合同法解释（二）
9	中华人民共和国民法通则	主席令第18号	2009-08-27	民法通则
10	中华人民共和国侵权责任法	主席令第21号	2009-12-26	侵权责任法
11	最高人民法院关于审理侵犯专利权纠纷案件应用法律若干问题的解释	法释〔2009〕21号	2009-12-28	侵犯专利权纠纷解释一
12	国家知识产权局行政复议规程	国家知识产权局令第66号	2012-07-18	行政复议规程
13	中华人民共和国行政诉讼法	主席令第15号	2014-11-01	行政诉讼法
14	中华人民共和国民法总则	主席令第66号	2017-03-15	民法总则
15	中华人民共和国民事诉讼法	主席令第71号	2017-06-27	民事诉讼法
16	最高人民法院关于审查知识产权纠纷行为保全案件适用法律若干问题的规定	法释〔2018〕21号	2018-12-12	知识产权纠纷行为保全规定
17	中华人民共和国反不正当竞争法	主席令第29号	2019-04-23	反不正当竞争法
18	中华人民共和国商标法	主席令第29号	2019-04-23	商标法
19	中华人民共和国民法典	主席令第45号	2020-05-28	民法典
20	最高人民法院关于审理侵犯商业秘密民事案件适用法律若干问题的规定	法释〔2020〕7号	2020-09-10	侵犯商业秘密民事案件法律适用规定
21	最高人民法院关于审理专利授权确权行政案件适用法律若干问题的规定（一）	法释〔2020〕8号	2020-09-10	专利授权确权案件适用法律规定（一）

续表

序号	全称	发文字号	颁布时间	简称
22	最高人民法院、最高人民检察院关于办理侵犯知识产权刑事案件具体应用法律若干问题的解释（三）	法释〔2020〕10号	2020-09-14	侵犯知产刑事案件应用法律解释（三）
23	中华人民共和国专利法	主席令第55号	2020-10-17	专利法
24	中华人民共和国著作权法	主席令第62号	2020-11-11	著作权法
25	最高人民法院关于知识产权民事诉讼证据的若干规定	法释〔2020〕12号	2020-11-16	知产民事诉讼证据规定
26	中华人民共和国技术进出口管理条例	国务院令第732号	2020-11-29	技术进出口管理条例
27	中华人民共和国刑法	主席令第66号	2020-12-26	刑法
28	最高人民法院关于适用《中华人民共和国民法典》时间效力的若干规定	法释〔2020〕15号	2020-12-29	适用民法典时间效力规定
29	最高人民法院关于审理不正当竞争民事案件应用法律若干问题的解释	法释〔2020〕19号	2020-12-29	不正当竞争民事案件解释
30	最高人民法院关于审理技术合同纠纷案件适用法律若干问题的解释	法释〔2020〕19号	2020-12-29	技术合同解释
31	最高人民法院关于适用《中华人民共和国民事诉讼法》的解释	法释〔2020〕20号	2020-12-29	民诉法解释
32	最高人民法院关于审理侵犯专利权纠纷案件应用法律若干问题的解释（二）	法释〔2020〕19号	2020-12-29	侵犯专利权纠纷解释二
33	最高人民法院关于审理商标案件有关管辖和法律适用范围问题的解释	法释〔2020〕19号	2020-12-29	商标管辖和法律适用解释
34	最高人民法院关于审理商标民事纠纷案件适用法律若干问题的解释	法释〔2020〕19号	2020-12-29	商标民事纠纷解释
35	最高人民法院关于审理商标授权确权行政案件若干问题的规定	法释〔2020〕19号	2020-12-29	商标授权确权规定
36	最高人民法院关于适用《中华人民共和国涉外民事关系法律适用法》若干问题的解释（一）	法释〔2020〕18号	2020-12-29	涉外民事关系法律适用法解释一
37	最高人民法院关于审理民事案件适用诉讼时效制度若干问题的规定	法释〔2020〕17号	2020-12-29	诉讼时效规定
38	最高人民法院关于审理侵害植物新品种权纠纷案件具体应用法律问题的若干规定	法释〔2020〕19号	2020-12-29	侵害植物新品种权纠纷规定
39	最高人民法院关于审理著作权民事纠纷案件适用法律若干问题的解释	法释〔2020〕19号	2020-12-29	著作权民事纠纷解释
40	最高人民法院关于审理专利纠纷案件适用法律问题的若干规定	法释〔2020〕19号	2020-12-29	专利纠纷规定
41	最高人民法院关于适用《中华人民共和国民法典》有关担保制度的解释	法释〔2020〕28号	2020-12-31	担保制度解释
42	中华人民共和国行政处罚法	主席令第70号	2021-01-22	行政处罚法
43	最高人民法院关于审理侵害知识产权民事案件适用惩罚性赔偿的解释	法释〔2021〕4号	2021-03-02	知产民事案件惩罚性赔偿解释

序　言

前段时间在北京市高级人民法院开庭时，遇到本书作者杨敏锋，他告诉我他的专利代理师资格考试辅导系列教材《专利代理师资格考试通关秘笈》将在知识产权出版社出版。他的这套经典辅导书能够顺利出版，我也很为他感到高兴。虽然我们在法庭上“各为其主”，但丝毫不影响我们之间的友谊。当他请我继续为他的新书作序时，我自然也是毫不犹豫地答应下来。

我国的专利代理师资格的获得，经历了1984—1987年的培训考核时期、1988—2004年的两年一考时期和2006年以来的每年一考时期，考试制度日益规范和成熟。进入21世纪以来，专利代理师资格考试的报名人数也从2000年的1924人陡增到2020年的45320人，社会影响力不断扩大。

随着越来越多的考生参加专利代理师资格考试，他们对优质教材的需求也变得更加迫切。不过，本人虽然在知识产权界从业近三十年，涉足专利撰写、无效和专利诉讼，发表过若干篇论文，也常常为事务所的新人或企业的研发人员讲课培训，从2011年以来，更是兼职在清华大学法学院为法律硕士讲授专利代理实务课程，但依然感觉到要写出一套高质量的专利代理师资格应试教材，是一件非常不容易的事情。专利代理的实际工作和资格考试之间存在一些区别，实务经验丰富的考生未必就能在资格考试中脱颖而出。在司法考试中，情况也是如此，甚至有段子说法学博士还考不过本科生，法学科班出身的考不过非法学专业的考生。

由于专利代理师资格考试的考生都是理工科出身，法律基础普遍比较薄弱，同时大部分考生都是在职人员，复习迎考的时间非常有限，故需要作者摸透历年考试的规律，帮助考生高效率地通过考试。此外，虽然2006—2019年国家知识产权局每年都会公布考试真题和参考答案，但随着法律的不断修改，历年真题的答案也会随之变化，也需要作者随时根据法律的最新修改有针对性地调整真题答案。

该书作者在专利代理师资格考试培训上潜心研究多年，对2006年以来的全部真题进行了深入分析，深谙专利代理师资格考试的出题规律。同时，作者也曾先后接受各地方知识产权局、兵器工业集团、思博网、智燃界等多家单位的考前培训邀请，讲授专利代理师资格考试课程，对学员在复习和解题时存在的问题与困惑也极为熟悉。正因如此，这套通关秘笈考虑到了广大考生的现实情况，体现了实战的特点，具有以下鲜明风格。

（1）重点勾画，全面准确。作者统计了2006年以来的全部真题所涉及的考点，对其中的重要知识点用波浪线进行标注，帮助考生及时把握重点，提高复习效率。

（2）真题筛选，详略得当。专利代理师资格考试的考点重复性比较高，熟悉历年真题无疑是最为有效的复习方式之一。本书对历年真题进行了精心的筛选，力图用最少的真题囊括最多的知识点，帮助考生高效率地复习。

（3）真题解析，深入浅出。针对考生法律基础普遍薄弱的问题，本书在“解题思路”上，用简明扼要的叙述帮助考生理解考点，对考点所涉及的法律进行了适合考生理解的理论阐述，以减轻考生的记忆和理解压力，帮助考生知其然更知其所以然。

（4）真题答案与时俱进。专利代理师资格考试所涉及的专利法和相关的法律都处在修订的高峰期，如2017年的《民事诉讼法》和《行政诉讼法》，2018年的《专利代理条例》，2019年的《专利代理管理办法》《商标法》和《反不正当竞争法》，2020年的《著作权法》《专利法》以及通过的《民法典》等。本书并不拘泥于历年真题的标准答案，而是根据最新法条对答案进行了适应性的调整。尤其在“专利法律知识”部分的历年真题中，那些考查现有技术、抵触申请的题目，都给出了明确的时间。如果根据题中的时间，考虑到新法生效的日期，这些真题应该适用旧法。不过为了便于考生复习应试，该书一律适用最新法条。另外，根据作者介绍，这套教材在今后的修订中，也会遵循“与时俱进”这一惯例，根据法律的变化，随时对真题答案进行再次调整。

相信本书能够有效地帮助考生进行复习，也衷心祝愿广大考生能够顺利通过考试。

是为序。

刘国伟

北京乾成律师事务所　知识产权部合伙人

2021年5月

前　言

一、历年真题不再公布

从 2011 年本人开始撰写“应试宝典”系列专利代理师资格考试用书以来，至今已经走过 10 个年头。按照以前的惯例，2021 年版应该用 2020 年考试的真题替换以前的部分真题。不过，自 2020 年起，国家知识产权局不再公开考试真题及参考答案，故本版无法再进行大规模的真题替换。

这种不公布考试真题和参考答案的做法，并非专利代理师资格考试独有，如国家公务员考试就从未公开过试题和答案。另外，从 2018 年开始，司法部也不再公布国家统一法律职业资格考试（简称“法考”）真题及参考答案，理由是根据计算机化考试的需要，提高法考题库数量，考试真题或将在一定考试年度内循环使用。针对司法部不公开法考试题和答案的行为，曾经有考生以违反政府信息公开义务为由提起行政诉讼，不过一审和二审法院都认为司法部有权决定是否批准公开考试真题及答案，该考生的诉求并未获得法院支持。[1]

在专利代理师资格考试中，不管是《专利代理条例》还是《专利代理师资格考试办法》都未规定国家知识产权局在考试结束后有公开试题和答案的义务。如果有考生想要依样画葫芦，通过行政诉讼来尝试让国家知识产权局公开真题，恐怕也会遭遇败绩。为此，考生比较现实的做法是在这种“新常态”下，努力备考。

二、法律法规的修改

2021 年是法律修订的“大年”，新颁布和修订的法律法规和司法解释数量众多。《民法典》于 2020 年 5 月颁布，2021 年 1 月 1 日起施行，《民法通则》《合同法》《侵权责任法》《民法总则》等法律同时废止。《专利法》《著作权法》《刑法》《行政处罚法》《技术进出口管理条例》等法律法规进行了修改，施行时间也都在考试日之前。在司法解释方面，最高人民法院颁布了《侵犯商业秘密民事案件法律适用规定》《专利授权确权案件适用法律规定（一）》《侵犯知产刑事案件应用法律解释（三）》《知产民事诉讼证据规定》《适用民法典时间效力规定》《担保制度解释》《知产民事案件惩罚性赔偿解释》，并对《诉讼时效规定》《涉外民事关系法律适用法解释》《不正当竞争民事案件解释》《技术合同解释》《商标管辖和法律适用解释》《商

---

[1] 参见北京市第三中级人民法院（2020）京 03 行初 23 号行政判决书，北京市高级人民法院（2020）京行终 3396 号行政判决书。

标民事纠纷解释》《商标授权确权规定》《侵害植物新品种权纠纷规定》《著作权民事纠纷解释》《专利纠纷规定》《侵犯专利权纠纷解释二》《民诉法解释》等进行了修改，《民通意见》《合同法解释一》《担保法解释》《诉前停止侵犯商标权和保全证据解释》《诉前停止侵犯专利权规定》《网络著作权纠纷解释》《合同法解释（二）》等被废止。

不过考生也不必压力过大，虽然新颁布和修订的法律数量众多，但发生变化的知识点数量其实并没有那么庞大。《民法总则》制定的目的就是作为《民法典》中的“总则编”，双方除在部分文字表述和标点符号方面有细微差异外，绝大部分条文并未发生实质性的变化。同样,《合同法》与《民法典》“合同编”相比，考试大纲涉及的部分中，除与《民法典》“总则编”中冲突的部分被删除外，其余条文大部分仅在文字表述方面进行了调整，实质含义并未改变。至于司法解释，其本来就不是考试的重点。更重要的是，这些司法解释基本上都是针对法律的修改而进行的适应性修改。考生需要重点关注的是《著作权法》和《专利法》的修改内容。

三、本书的法条适用

专利代理师资格考试考查的是现行有效的法律，但部分历年真题的题干中明确给出了时间，如果严格按照新法生效的日期来判断，则应当适用旧法。不过考虑到专利代理师资格考试考查的是现行有效的法律，故本书依然对这些题目适用新法来解析。另外，部分真题明确指明要按照《民法通则》《民法总则》《合同法》的规定来进行选择，但考虑到这些法律已经被《民法典》所取代，故本书也会有意忽略题干的要求，适用《民法典》来进行解析。

本书以前的版本中，在相关法条之前用“★”和“☆”来标注近十年考查的频率。由于 2020 年之后真题不再公布，无法再进行统计，只能将五角星删除。五角星标注的方式，给考生提供了重点法条的复习指引，同时也可能为出题者有意避开重点提供了指引，故删除标注也未必就是坏事。删除标注后，考生依然可以根据相关法条下面真题数量的多少，来大致判断知识点的重要性，并不会完全一头雾水。

四、2020 年考试情况

2020 年的考试真题并未公布，故无法进行细致的分析。不过从考生的反馈来看，法律知识部分难度偏高，尤其是“相关法律知识”科目。根据部分考生的回忆，有个别真题来源于司法考试，如请客吃饭是否属于民事法律行为；有个别真题则紧跟时事，如“钟南山”“雷神山”是否可以注册为商标；还有个别真题则直接来自商标审查的规范性文件《商标审查及审理标准》中的范例。前两种变化其实以前也曾经有过，如 2018 年相关法律知识第 82 题考查不得作为商标使用的标志，选项“叫只鸡”和国家知识产权局的标志都来源于当时的热点案例。

2020 年考试最大的意外应该是分数线进行了调整。多年来，分数线一直稳定为法律知识 150 分（满分 250 分）、专利代理实务 90 分（满分 150 分），今年则分别调整为 145 分和 85 分。关于这次调整，官方给出的理由是为贯彻落实中央“六稳”“六保”决策部署及《国务院办公厅关于应对新冠肺炎疫情影响强化稳就业举措的实施意见》要求，积极发挥专利代理行业对稳定和扩大就业的促进作用，吸引更多的人才进入专利代理行业，完善市场竞争机制，促进代理服务水平的提高。在降分之后，2020 年全国共有 7386 人通过考试。按照报名人数计算，考试通过率为 16.29%；按照实际参考人数计算，通过率则为 24.32%。2020 年的报考通过率高于 2016 年的 16.01%、2017 年的 15.56%、2018 年的 13.30% 和 2019 年的 12.35%，改变了近年来通过率逐年下降的趋势。

不过，个人认为 2020 年的通过率并不会是常态。《专利代理行业发展“十三五”规划》中提出，到 2020 年全国具有专利代理师资格的人员数量要达到 6 万人，执业专利代理师达到 2.5 万人。目前，6 万人拥有资格证的目标已经顺利实现，专利行业正在由注重数量走向强调质量，专利代理行业的准入也会趋严，通过率可能会恢复到前几年的水平。

五、复习应试策略

国家知识产权局不再公布历年真题之后，考生在复习应试方面也需要进行适当的调整，但这也并不意味着复习策略需要彻底推倒重来。经过十几年的实践，考试的模式和题型已经比较成熟和固定。“相关法律知识”涉及十几部不同的法律法规，但知识点考查深度要低于法考，这也意味着知识点的考查角度和方式会受到较多的限制，重复难以避免。“专利法律知识”主要考查的就是《专利法》及其实施细则和《专利审查指南》，知识点之间存在层级机构，虽然考查得比较深，但知识点数量较少，同样难以避免重复。为此，2006 年以来的历年真题依然具有很高的参考价值。

不过，真题不再公布后，考试命题如果出现新的变化，考生也难以紧跟趋势。为此，考生更需要放弃死记硬背的模式，加深对知识点的理解。毕竟，万变不离其宗。本书在解题思路部分，对知识点进行了深入浅出的解释，有利于考生更为深入地理解知识点。

如果考生发现本书中有遗漏甚至谬误之处，欢迎向笔者发送邮件批评指正，邮箱地址为 hawk019@sina.com。如有指教，感激不尽。

祝广大考生都能发挥出自己的水平，顺利通过考试。

杨敏锋

2021 年 4 月

目　录

第一章　专利制度概论 ········· 1

第一节　专利基础知识 ········· 1

一、专利制度概要 ········· 1

二、中国专利制度 ········· 2

第二节　申请专利的权利和专利权的归属 ········· 9

一、相关概念 ········· 9

二、权利的归属 ········· 13

第三节　专利代理制度 ········· 20

一、专利代理 ········· 20

二、专利代理机构和专利代理师 ········· 20

三、专利代理监管 ········· 31

四、专利代理违法行为的处理和法律责任 ········· 35

五、专利代理行业组织 ········· 40

第二章　授予专利权的实质条件 ········· 41

第一节　专利保护的对象和主题 ········· 41

一、三种专利的保护对象 ········· 41

二、不授予专利权的主题 ········· 48

第二节　发明和实用新型专利申请的授权条件 ········· 62

一、现有技术 ········· 62

二、新颖性 ········· 67

三、创造性 ········· 91

四、实用性 ········· 106

第三节　外观设计专利申请的授权条件 ········· 111

一、现有设计 ········· 111

二、不属于现有设计……113
第三章　对专利申请文件要求……123
第一节　发明和实用新型专利申请文件……123
一、请求书……123
二、权利要求书……130
三、说明书及说明书附图……147
四、说明书摘要及摘要附图……159
五、发明和实用新型专利申请的单一性……161
六、对于涉及生物材料申请的特殊要求……173
七、对涉及遗传资源申请的特殊要求……178
第二节　外观设计专利申请文件……179
一、请求书……180
二、图片或照片……181
三、简要说明……185
四、涉及图形用户界面的外观设计申请……188
五、外观设计专利申请的单一性……189
第四章　申请获得专利权的程序及手续……193
第一节　基本概念……193
一、申请日……193
二、优先权……196
三、申请号……203
四、期限……205
五、费用……210
第二节　专利的申请及审查流程……219
一、专利的申请及受理……219
二、保密申请与向国外申请请求的审查……239
三、发明专利申请的初步审查程序……245
四、发明专利申请的实质审查程序……248
五、实用新型专利申请的初步审查……260

六、外观设计专利申请的初步审查……263
七、答复和修改……264
八、分案申请……290
九、审查的顺序……296
十、专利权的授予及授权后的程序……298
十一、其他手续……307
十二、国家知识产权局的行政复议……332
第五章　专利申请的复审与专利权的无效宣告……337
第一节　概要……337
一、专利复审和无效部门的任务……337
二、审查原则……338
三、合议审查……340
四、独任审查……340
五、回避制度……340
六、审查决定……341
七、更正及驳回请求……342
八、对专利复审和无效的决定不服的司法救济……342
第二节　专利申请的复审……344
一、复审程序的性质……344
二、复审请求的形式审查……344
三、复审请求的前置审查……351
四、复审请求的合议审查……351
五、复审决定……356
六、复审程序的中止……358
七、复审程序的终止……358
第三节　专利权的无效宣告请求……359
一、无效宣告请求的性质……359
二、无效宣告请求应当遵循的其他审查原则……360
三、无效宣告请求的形式审查……363

四、无效宣告请求的合议审查 370
五、无效宣告请求程序的中止 379
六、无效宣告请求审查决定 379
七、无效宣告程序中对于同样发明创造的处理 382
八、无效宣告程序的终止 383
第四节　口头审理 385
一、口头审理的性质 385
二、口头审理的确定 385
三、口头审理的通知 386
四、口头审理的准备 389
五、口头审理的中止 390
六、口头审理的终止 390
七、口头审理的其他事项 391
第五节　无效宣告程序中有关证据问题的规定 394
一、无效宣告程序中有关证据问题的法律适用 394
二、当事人举证 394
三、对证据的调查收集 397
四、证据的质证和审核认定 397
五、其他 401
第六章　专利权的实施与保护 403
第一节　专利权 403
一、专利权人的权利 403
二、专利权的期限 409
第二节　专利侵权行为与救济方法 415
一、专利侵权行为 415
二、救济方法 435
三、侵犯专利权的法律责任 453
第三节　其他专利纠纷与违反专利法的行为 459
一、其他专利纠纷 459

二、假冒专利的行为 …… 462
三、其他违反专利法的行为及其法律责任 …… 469
第四节 专利管理和运用 …… 469
一、专利管理 …… 469
二、专利运用 …… 470
第五节 专利实施的特别许可 …… 478
一、专利的开放许可 …… 478
二、强制许可的种类 …… 479
三、强制许可的申请和审批 …… 482
四、对强制许可的给予和实施的限制 …… 485
五、强制许可使用费的裁决 …… 486
六、强制许可的终止 …… 489
第七章 专利合作条约及有关规定 …… 493
第一节 专利合作条约 …… 493
一、条约的基本知识 …… 493
二、国际申请 …… 494
三、国际检索 …… 501
四、国际公布 …… 506
五、国际初步审查 …… 508
第二节 国际申请进入中国国家阶段的特殊要求 …… 515
一、进入中国国家阶段的期限 …… 515
二、进入中国国家阶段的手续 …… 516
三、生物材料样品的保藏 …… 521
四、涉及遗传资源的国际申请 …… 522
五、优先权 …… 523
六、专利申请文件的主动修改 …… 527
七、改正译文错误 …… 527
八、国家公布 …… 527
九、分案申请 …… 529

十、中国国家阶段对国际阶段不予受理和视为撤回的复查 529
十一、译文有误时专利权保护范围的确定 530
第三节 相关专利国际条约 530
一、《国际承认用于专利程序的微生物保存布达佩斯条约》 531
二、《国际专利分类斯特拉斯堡协定》 531
三、《建立工业品外观设计国际分类洛迦诺协定》 532
第八章 专利文献与专利分类 535
第一节 专利文献基本知识 535
一、专利文献概述 535
二、专利说明书类文献组成部分 535
三、专利说明书种类 536
四、专利文献著录项目及其代码 538
五、专利文献编号 538
六、中国专利文献 539
七、其他主要国家、组织专利文献 540
第二节 专利分类 542
一、发明和实用新型的国际专利分类（IPC） 542
二、外观设计的洛迦诺分类 544
第三节 专利信息检索 544
一、专利信息检索概述 544
二、专利信息检索种类 545
三、专利信息检索技术与方法 545
四、主要互联网专利信息检索系统 545
参考文献 547

第一章　专利制度概论

【基本要求】

了解专利制度的产生与发展历史；熟悉各种专利体系及特点；熟悉中国专利制度的发展历史及其特点；掌握与申请专利的权利和专利权的归属相关的概念和规定；掌握专利代理的概念和相关规定。

第一节　专利基础知识

一、专利制度概要

（一）专利制度的产生与发展

1474 年威尼斯专利法是专利制度的萌芽，1623 年英国垄断法则是现代专利法的开始。

（二）专利体系及特点

1. 专利权的概念

专利权指的是国家依法在一定时期内授予发明创造者或者其权利继受者排除他人未经许可使用其发明创造的权利。

2. 专利权的性质

一般来说，专利权的性质包括：（1）时间性，专利权只在规定时间内有效，有效期一般不会超过 20 年。（2）地域性，根据国家主权原则，专利权只在法律规定的地域范围内有效，不能超越国家领土范围。（3）排他性，专利权的效力是排除他人未经许可的使用。

【提醒】

排他性不等于独占性。一项专利，如果存在他人的从属专利，则原专利权人在使用自己专利的时候也会受到从属专利权人的限制。

3. 先申请制

先申请制是指两个以上的申请人分别就同样的发明创造申请专利的，专利权授予最先申请的人。先申请制是大多数国家所采用的制度，我国也采用先申请制。

4. 先发明制

先发明制就是在两个以上的申请人就同样的发明创造申请专利时，对最先完成的发明授予专利权。美国以前实行先发明制，2011 年转为先申请制。

5. 登记制

登记制也称不审查制、形式审查制。专利局在申请人按照规定登记以后即授予专利权。

6. 初步审查制

初步审查制指的是只对申请文件是否完备、申请文件是否符合要求、是否存在明显的实质性缺陷进行审核。我国对实用新型和外观设计专利实行初步审查制。

7. 实质审查制

实质审查制度也称完全审查制，除形式审查外，还要进行新颖性、创造性、实用性的实质性审查，再确定是否授予专利权。

我国对发明专利实行实质审查制。

1.【2015年第31题】下列说法哪些是正确的？

A．发明专利申请须经过初步审查、公布、实质审查才能授予专利权

B．实用新型专利保护对产品及其制造方法所提出的适于实用的新的技术方案

C．外观设计专利权授予最先设计的人

D．任何单位或者个人实施他人专利的，应当与专利权人订立实施许可合同

【解题思路】

我国对发明专利进行实质性审查，需要经过初步审查、公布、实质审查程序。实用新型专利只保护产品，不保护方法，方法只能通过发明专利来保护。不管是发明、实用新型还是外观设计专利，都采用先申请原则。专利权是权利人的宝贵财产，原则上他人要实施专利权人的专利，都需要获得其许可，构成合理使用的除外。

【参考答案】 AD

（三）专利制度的作用

《专利法》第1条："为了保护专利权人的合法权益，鼓励发明创造，推动发明创造的应用，提高创新能力，促进科学技术进步和经济社会发展，制定本法。"

二、中国专利制度

（一）中国专利制度的发展历史

1. 中国《专利法》的制定

1984年3月12日，在第六届全国人民代表大会常务委员会（以下简称"人大常务委员会"）第四次会议上《专利法》获得通过；1985年1月19日，国务院批准《中华人民共和国专利法实施细则》（以下简称《专利法实施细则》）。《专利法》和《专利法实施细则》于1985年4月1日同时施行。

2. 中国《专利法》及其实施细则的第一次修改

1992年9月4日，第七届人大常务委员会第二十七次会议通过专利法修正案，对《专利法》进行了第一次修改，修改后的《专利法》于1993年1月1日起正式实施。为与修改后的《专利法》相协调，1992年12月12日，国务院批准修订《专利法实施细则》，修订后的细则也于1993年1月1日起施行。

3. 中国《专利法》及其实施细则的第二次修改

2000年8月25日，第九届人大常委会第十七次会议对《专利法》进行第二次修改，修改后的《专利法》于2001年7月1日施行。为与修改后的《专利法》相适应，《专利法实施细则》也作了相应的修订，于2001年7月1日起实施。

4. 中国《专利法》及其实施细则的第三次修改及其过渡适用

2008年12月27日，第十一届人大常委会第六次会议对《专利法》进行第三次修改，修改后的《专利法》于2009年10月1日起施行。为与修改后的《专利法》相适应，《专利法实施细则》也作了相应修订，于2010年2月1日起实施。

关于新法的适用，《施行修改后的专利法的过渡办法》对此作出了规定，以2009年10月1日为适用新法和旧法的分界点。专利申请以申请日进行判断，在2009年10月1日以后的申请，适用新法；在该日之前的申请则适用旧法。对其他请求，如给予专

利实施强制许可、管理专利工作的部门对涉嫌侵犯专利权行为进行处理、对涉嫌假冒专利行为进行查处、专利权人标明专利标识以及在中国没有经常居所或者营业所的外国人、外国企业或者外国其他组织委托或者变更专利代理机构的，则以相应行为的发生日在2009年10月1日之后还是之前作为适用新法或旧法的判断标准。

为与《专利法》和《专利法实施细则》的修改相呼应，审查指南也进行相应的修改。《专利审查指南》2010年的修改是以适应《专利法》及其实施细则的第三次修改为主而作的适应性修改。

2.【2010年第35题】下列说法哪些是正确的？

A. 对违反法律规定获取遗传资源，并依赖该遗传资源完成的发明创造，不授予专利权

B. 任何单位或者个人将其在中国完成的发明向外国申请专利的，应当事先报经国务院专利行政部门进行保密审查

C. 专利申请涉及国防利益需要保密的，经国防专利机构审查没有发现驳回理由的，由国防专利机构作出授予国防专利权的决定

D. 授予专利权的外观设计与现有设计或者现有设计特征的组合相比，应当具有明显区别

【解题思路】

本题考点分散，各个考点看似并无内在关系，其实都是《专利法》及其实施细则第三次修改时的内容，该次修改增加了遗传资源的保护。在中国完成的发明创造要对外申请，需要先经过保密审查。国防专利机构只负责审查国防专利，批准权还是在国家知识产权局手中，不过国防专利证书由国家知识产权局委托国防专利机构颁发。外观设计增加了类似的发明和实用新型的“创造性”标准。

【参考答案】 ABD

5. 中国《专利法》的第四次修改

2020年10月17日，第十三届全国人民代表大会常务委员会第二十二次会议对《专利法》进行第四次全面修改，修改后的《专利法》于2021年6月1日起施行。为与修改后的《专利法》相适应，《专利法实施细则》和《专利审查指南》正在修改过程中。

（二）诚实信用原则

《专利法》第20条：“申请专利和行使专利权应当遵循诚实信用原则。不得滥用专利权损害公共利益或者他人合法权益。

滥用专利权，排除或者限制竞争，构成垄断行为的，依照《中华人民共和国反垄断法》处理。”

（三）中国专利制度的主要特点

1. 先申请原则

《专利法》第9条第2款：“两个以上的申请人分别就同样的发明创造申请专利的，专利权授予最先申请的人。”

《专利法实施细则》第41条第1款：“两个以上的申请人同日（指申请日；有优先权的，指优先权日）分别就同样的发明创造申请专利的，应当在收到国务院专利行政部门的通知后自行协商确定申请人。”

3.【2016年第2题】甲于2013年7月7日完成一项发明创造，并于2013年7月8日下午到当地的专利代办处面交了专利申请；乙于2013年7月4日独立完成相同发明创造，并于2013年7月7日通过快递公

司提交申请文件，专利局受理处于次日上午收到该申请文件。如果两件申请均符合其他授权条件，则专利权应当授予谁？

A．甲

B．乙

C．甲和乙

D．甲和乙协商确定的人

【解题思路】

在专利代办处提交的申请，申请日就是文件提交之日，即7月8日。乙是通过快递提交的，申请日是专利局收到之日，也是7月8日。如果乙是通过邮局寄送文件，那么申请日是寄出日7月7日。对同日申请，发明在先并没有任何意义。此时需要双方进行协商，协商不成，则该申请将被驳回。我国专利制度自1985年4月1日施行以来，尚没有一例因为协商不成而被驳回的案例出现。需要注意的是，根据《专利法》第2条的规定，发明创造包括发明、实用新型和外观设计。因此，不同的主体以同样的发明创造申请不同类型的专利，如一个申请发明、一个申请实用新型，同样适用本条。考生可能会有所疑问，为什么法律不规定同日申请由双方共有。这是因为专利权属于民事权利，当事人对自己的权利具有处分权。如果国家知识产权局要求双方共有，那就侵犯了申请人的处分权利，类似于强迫婚姻，这是不允许的。

【参考答案】D

2. 三种专利类型

《专利法》第2条："本法所称的发明创造是指发明、实用新型和外观设计。

发明，是指对产品、方法或者其改进所提出的新的技术方案。

实用新型，是指对产品的形状、构造或者其结合所提出的适于实用的新的技术方案。

外观设计，是指对产品的整体或者局部的形状、图案或者其结合以及色彩与形状、图案的结合所作出的富有美感并适于工业应用的新设计。"

【提醒】

2020年《专利法》修改后，增加了对局部外观设计的保护。

3. 三种专利的审查制度

根据《专利法》第39条，我国对发明专利实行实质审查制度。根据《专利法》第40条，我国对实用新型和外观设计实行初步审查制度。

《专利法实施细则》第46条："申请人请求早日公布其发明专利申请的，应当向国务院专利行政部门声明。国务院专利行政部门对该申请进行初步审查后，除予以驳回的外，应当立即将申请予以公布。"

4.【2016年第55题】对于经初步审查符合相关规定的下列发明专利申请，有关公布的说法哪些是正确的？

A．申请人请求早日公布的，应当在初审合格后立即予以公布

B．申请人未要求提前公布的，则自申请日起满十八个月即行公布，与优先权日无关

C．申请人未要求提前公布的，则自优先权日起满十八个月即行公布

D．分案申请自提出分案请求之日起满十八个月即行公布

【解题思路】

发明公开的前提是初审合格，申请人请求早日公布，最快也是在初审合格的时

候。发明专利申请的公布之日以第一次申请为起算日，有优先权的，以优先权日为起算点。分案申请保留母案的申请日，故以母案申请的申请日为起算点。

【参考答案】 AC

5.【2017年第59题】下列有关实用新型专利申请的说法，哪些是正确的？

A. 实用新型专利权的期限为10年，自授权公告之日起计算

B. 在初步审查中，国家知识产权局应当对实用新型是否明显不具备新颖性进行审查

C. 属于一个总的发明构思的两项以上的实用新型，可以作为一件实用新型专利申请提出

D. 对于不需要补正就符合初步审查要求的实用新型专利申请，国家知识产权局可以直接作出授予实用新型专利权的决定

【解题思路】

专利的保护期限是从申请日起算而不是从授权日起算，按照授权日起算的是植物新品种。实用新型的初步审查中包括明显不具备新颖性的审查，但不包括创造性审查。所谓明显不具备新颖性的审查可以理解为一眼就能看出缺乏新颖性的情形，如申请是一个轮子。创造性的审查必须要进行检索，并且判断过程比较复杂，在初步审查程序中无法完成。两项实用新型如果属于一个总的发明构思，则具有单一性，可以作为一件实用新型提出。实用新型专利申请中如果存在错误才需要补正，如果没有错误，那自然可以直接授权。

【参考答案】 BCD

4. 行政保护与司法保护双轨制

《专利法》第65条规定，在发生专利侵权行为时，专利权人可以请求专利管理机关进行处理，也可以直接向人民法院起诉。

（四）中国专利行政与司法机构

1. 中国专利行政部门的设置

我国的专利行政部门主要分为国务院专利行政部门、地方管理专利工作的部门和负责专利权法的部门。为审查涉及国防利益需要保密的申请，我国成立国防专利机构。经过国家知识产权局批准，地方管理专利工作的部门可以设立专利代办处并直接进行管理。

2. 国务院专利行政部门及其主要职能

《专利法》第3条第1款：“国务院专利行政部门负责管理全国的专利工作；统一受理和审查专利申请，依法授予专利权。”

6.【2009年第1题】下列说法哪些是正确的？

A. 国务院专利行政部门负责管理全国的专利工作

B. 国务院专利行政部门负责统一受理和审查专利申请，依法授予专利权

C. 国务院专利行政部门负责给予实施发明专利或者实用新型专利的强制许可

D. 国务院专利行政部门负责批准对国家利益或者公共利益具有重大意义的发明专利的推广应用

【解题思路】

选项A和B就是法条的原文，熟悉法条的考生很容易作出选择。如果对法条不熟悉，则可以通过法理逻辑来分析。管理全国的专利工作，自然应当由“国字头”的专利部门来管理。专利权在全国范围内有效，为避免重复授权，只能采取集中受理和审查的方式进行。虽然说现在全国建立了多个专利

审查协助中心，但这些中心属于国家知识产权局专利局直属事业单位，国家知识产权局统一受理和审查专利申请的制度并没有改变。关于强制许可的考点在《专利法》第6章（第53～63条），该章的标题为“专利实施的特别许可”，从该章的第53～56条都涉及国务院专利行政管理部门具有批准“强制许可”的职能。故选项C正确。如果对法条不熟悉，那也可以从理性来判断。授予专利权是权利的授予，强制许可则是给权利增加限制。这两者之间存在紧密的联系，也需要由同一个部门来处理。选项D的考点是在中国专利制度中富有特色的“指定许可”制度。指定许可由国务院批准而不是国家知识产权局批准。指定许可涉及的是对权利实体的处分，根据民法原理，对所有权的处分应当由所有权人来进行。国有企事业单位属于全民所有制，所有权属于国家，而国务院就是最高国家行政管理机关，代表国家，由国务院批准。

【参考答案】 ABC

3. 国防专利机构及其主要职能

《专利法实施细则》第7条第1款：“专利申请涉及国防利益需要保密的，由国防专利机构受理并进行审查；国务院专利行政部门受理的专利申请涉及国防利益需要保密的，应当及时移交国防专利机构进行审查。经国防专利机构审查没有发现驳回理由的，由国务院专利行政部门作出授予国防专利权的决定。”

《国防专利条例》第2条：“国防专利是指涉及国防利益以及对国防建设具有潜在作用需要保密的发明专利。”

《国防专利条例》第3条：“国家国防专利机构（以下简称国防专利机构）负责受理和审查国防专利申请。经国防专利机构审查认为符合本条例规定的，由国务院专利行政部门授予国防专利权。

国务院国防科学技术工业主管部门和中国人民解放军总装备部（以下简称总装备部）分别负责地方系统和军队系统的国防专利管理工作。”

《国防专利条例》第8条：“禁止向国外的单位和个人以及在国内的外国人和外国机构转让国防专利申请权和国防专利权。”

7.【2019年第31题】下列关于国防专利的说法正确的是？

A. 国防专利机构负责受理和审查国防专利申请

B. 国防专利申请经国防专利机构审查认为符合规定的，由国防专利机构授予国防专利权

C. 国防专利申请权和国防专利权经批准可以向国内的单位和个人转让

D. 禁止向国外的单位和个人转让国防专利申请权和国防专利权

【解题思路】

国防专利申请由国防专利机构负责受理和审查，授权还是由国家知识产权局负责，只不过颁发证书的行为由国家知识产权局委托国防专利机构进行。国防专利涉及国家利益，禁止向国外的单位和个人转让，也禁止向国内的外国人和外国机构转让。

【参考答案】 AD

《国防专利条例》第10条：“申请国防专利的，应当向国防专利机构提交请求书、说明书及其摘要和权利要求书等文件。

国防专利申请人应当按照国防专利机

构规定的要求和统一格式撰写申请文件，并亲自送交或者经过机要通信以及其他保密方式传交国防专利机构，不得按普通函件邮寄。

国防专利机构收到国防专利申请文件之日为申请日；申请文件通过机要通信邮寄的，以寄出的邮戳日为申请日。”

8.【2013 年第 72 题】某科研机构欲就一项涉及国防利益的发明创造申请国防专利。下列说法哪些是正确的？

A. 该国防专利申请文件不得按照普通函件邮寄

B. 该国防专利申请权经批准可以转让给国外单位

C. 该国防专利申请应当由国防专利机构进行审查

D. 该国防专利申请经审查符合授权条件的，应当由国防专利机构授予专利权

【解题思路】

国防专利需要保密，应当通过保密的机要通信方式邮寄，如按照普通函件寄送，万一泄露后果严重。国防专利的审查也是由国防专利机构审查，当然授权单位还是国家知识产权局。国防专利涉及国家国防利益，不能转让给外国单位。

【参考答案】 AC

9.【2015 年第 70 题】下列有关国防专利申请和国防专利的说法哪些是正确的？

A. 专利申请涉及国防利益需要保密的，由国防专利机构受理并进行审查

B. 经主管部门批准，国防专利权人可以向国外的单位或者个人转让国防专利权

C. 国防专利申请人在对第一次审查意见通知书进行答复时，可以对其国防专利申请主动提出修改

D. 国家知识产权局专利复审委员会负责国防专利的复审和无效宣告工作

【解题思路】

如果涉及国防专利，那应该由国防专利机构受理。国防专利涉及国家重大利益，不能转让给国外的单位。国防专利申请主动修改的时机和一般专利申请不同，是在申请日起 6 个月内或者在对第一次审查意见通知书进行答复时。国防专利为了更好地保密，其审查由专门的国防专利机构受理，无效和复审则由国防专利复审和无效部门受理。

【参考答案】 AC

4. 地方管理专利工作的部门及其主要职能

《专利法》第 3 条第 2 款：“省、自治区、直辖市人民政府管理专利工作的部门负责本行政区域内的专利管理工作。”

《专利法实施细则》第 79 条：“专利法和本细则所称管理专利工作的部门，是指由省、自治区、直辖市人民政府以及专利管理工作量大又有实际处理能力的设区的市人民政府设立的管理专利工作的部门。”

根据《专利法》第 65 条：“管理专利工作的部门应专利权人或者利害关系人的请求，对侵犯专利权纠纷进行处理。”

【提醒】

国家知识产权局是“国务院专利行政管理部门”，而地方的知识产权局属于“管理专利工作的部门”，两者在表述上存在差异。这是因为地方“管理专利工作的部门”由地方政府设立，但具体形式和管理部门不一定相同。2018 年 3 月，国务院机构改革，国家知识产权局进行重组，由原来的国务院管理

改为由国家市场监督管理总局管理，级别则依然为副部级。在省级层面上，地方知识产权局的管理部门也进行了相应的改革。除北京市知识产权局由北京市政府管理外，其他省级知识产权局则由该省的市场监督管理局管理。国家知识产权局和地方知识产权局之间并没有隶属关系，只是业务指导关系。

10.【2017 年第 1 题】下列哪个机关依法具有处理侵犯专利权纠纷的职能？

A. 省、自治区、直辖市人民政府设立的管理专利工作的部门

B. 县人民政府设立的管理专利工作的部门

C. 设区的市人民政府

D. 国家知识产权局

【解题思路】

地方各级政府都设有众多的工作部门，用来履行相应的行政监管职责。与专利有关的事项，显然是由管理专利工作的部门来处理。专利案件比较复杂，有权处理的地方行政部门为省级和地级市一级。国家知识产权局作为国家级的专利行政管理部门，一般不直接处理具体的专利侵权案件。不过，2020 年《专利法》修改后，明确规定国家知识产权局可以处理在全国有重大影响的专利侵权纠纷。

【参考答案】 AD

5. 负责专利执法的部门及其主要职能

地方知识产权局都并入同级的市场监督管理局后，负责专利执法的部门改为市场监管综合执法队伍，其有权对假冒专利行为进行查处。

6. 审理专利案件的人民法院及其管辖权

《民诉法解释》第 2 条：“专利纠纷案件由知识产权法院、最高人民法院确定的中级人民法院和基层人民法院管辖。

海事、海商案件由海事法院管辖。”

11.【2015 年第 14 题】下列说法哪个是正确的？

A. 国务院专利行政部门负责管理全国的专利工作

B. 专利复审委员会负责受理针对专利权评价报告的更正请求

C. 国务院专利行政部门设立的专利代办处受理所有专利申请

D. 基层人民法院负责管辖本辖区内的专利纠纷第一审案件

【解题思路】

全国的专利工作，自然应当由“国字头”的专利部门来管理。专利权评价报告的更正由作出该评价报告的部门负责，即由国家知识产权局负责而不是专利复审委员会。另外，专利复审委员会已成为国家知识产权局的专利复审和无效部门，不再保留原名称。专利代办处受理的专利申请会受到一定的限制，如不能受理 PCT 申请。专利纠纷案件原则上由知识产权法院 / 法庭、省级政府所在地的中级人民法院和最高人民法院指定的中级人民法院审理。也就是说，并不是所有的中级人民法院都有权审理专利案件。至于对专利案件有管辖权的基层人民法院，在各地知识产权法庭成立后，已经基本没有。

【参考答案】 A

《最高人民法院关于知识产权法庭若干问题的规定》第 1 条：最高人民法院设立知

识产权法庭，主要审理专利等专业技术性较强的知识产权上诉案件。

知识产权法庭是最高人民法院派出的常设审判机构，设在北京市。

知识产权法庭作出的判决、裁定、调解书和决定，是最高人民法院的判决、裁定、调解书和决定。

12.【2019 年第 86 题】下列有关最高人民法院知识产权法庭的说法正确的是？

A．知识产权法庭是最高人民法院派出的常设审判机构，设在北京市

B．知识产权法庭可以通过电子诉讼平台或者采取在线视频等方式组织证据交换、召集庭前会议

C．知识产权法庭主要审理专利等专业技术性较强的知识产权上诉案件

D．知识产权法庭作出的判决、裁定、调解书和决定，是最高人民法院的判决、裁定、调解书和决定

【解题思路】

最高人民法院知识产权法庭属于最高人民法院的派出机构，故其作出的判决就是最高人民法院的判决。最高人民法院知识产权法庭对最新技术持欢迎态度，可以通过电子诉讼平台、在线视频的手段帮助审理案件。专利等专业技术性较强的案件，一审由中级人民法院审理，二审则实行“飞跃上诉”，直接由最高人民法院知识产权法庭审理。

【参考答案】 ABCD

第二节　申请专利的权利和专利权的归属

一、相关概念

（一）发明人或设计人的概念

1. 发明人或设计人的定义和判断规则

《专利法实施细则》第 13 条：“专利法所称发明人或者设计人，是指对发明创造的实质性特点作出创造性贡献的人。在完成发明创造过程中，只负责组织工作的人、为物质技术条件的利用提供方便的人或者从事其他辅助工作的人，不是发明人或者设计人。”

13.【2007 年第 53 题】下列哪些主体可以作为专利法规定的发明人、设计人？

A．某科技开发公司

B．正在监狱服刑的罪犯

C．间歇性精神病人

D．某大学科研处

【解题思路】

专利权人可以是单位，但发明人应当是自然人，而不是单位或者集体。另外，自然人从事的发明或者设计活动，属于一种事实行为，而不是民事法律行为，故发明人的资格不会受到民事行为能力的限制，不满 18 周岁的未成年人照样可以是发明人。同时，发明活动也不属于政治权利，行为人即使受到刑事处罚，被剥夺了选举权和被选举权乃至人身自由，也不会影响其成为发明人的资格。

【参考答案】 BC

14.【2008 年第 52 题】甲公司员工张某和李某承担公司交付的任务共同开发一种新型记忆材料，开发的场地和设备由乙公司

依据甲乙之间的租用合同提供。张某和李某都对该新型记忆材料的实质性特点作出了创造性贡献。在研发工作后期，张某因劳资纠纷辞职离开了甲公司。下列哪些说法是正确的？

A. 就该新型材料申请专利的权利属于张某和甲公司共有

B. 就该新型材料申请专利的权利属于甲公司和乙公司共有

C. 该新型材料的发明人仅为李某

D. 该新型材料的发明人为张某和李某

【解题思路】

张某和李某是在执行甲公司交付的任务时作出的发明创造，故属于职务发明创造，申请权属于甲公司所有。李某和张某虽然利用了乙公司的场地，但该场地是甲公司租用的，乙公司和甲公司之间并没有委托或合作关系，乙公司对该发明创造不享有任何权利。李某和张某都对发明创造作出了实质性贡献，张某虽然已经离职，但其发明人的资格不能被剥夺。

【参考答案】 D

2. 发明人或设计人的署名权

《专利法》第16条第1款："发明人或者设计人有权在专利文件中写明自己是发明人或者设计人。"

15.【2007年第13题】张某完成了一项职务发明创造，其单位就此项发明创造提出了发明专利申请。以下哪些说法是正确的？

A. 在提出专利申请时，张某请求不公布其姓名，则应当在请求书"发明人"一栏所填写的张某姓名后注明"（不公布姓名）"

B. 在提出专利申请后，张某请求不公布其姓名，则应当提交张某签字或者盖章的书面声明

C. 在专利申请进入公报编辑后，张某请求不公布其姓名，则张某的请求将被视为未提出

D. 张某不公布其姓名的请求被批准后，专利局在专利公报、说明书单行本以及专利证书中均不公布其姓名

【解题思路】

发明人的署名权受到尊重，除非是权利人自己要求放弃，否则不能剥夺。在提出申请时，在专利申请表格中作出不公布姓名的意思表示最为简便。发明人请求不公布姓名的机会不应当只有在提起申请时一次，如果那时没提出，应该在后面还有机会。不过，如果已经进入公报编辑程序，再进行修改就会影响到专利申请的及时公布，故此刻为时已晚。不公布姓名的请求被批准后，那发明人的姓名在任何专利文献上都不会出现，不然就没有意义。需要注意的是C项中的表述，原《专利审查指南》中的表述是"公报编辑"，2010年修改后的《专利审查指南》中的表述是"公布准备"，用词上稍微有些差异，但实质意义没有变化。

【参考答案】 ABCD

（二）申请人的概念

1. 中国内地申请人、中国港澳台申请人、外国申请人

根据申请人所处的国家或地区不同，申请人可以分为中国内地申请人、中国港澳台申请人和外国申请人。这里的"人"包括自然人和单位。需要注意的是，外国人或中国港澳台居民在中国内地开办的企业，属于中国企业。这些企业在提起专利申请时，属

于中国内地申请人。

2. 共同申请人

共同申请人是两个或两个以上共同向专利局提起专利申请的人。共有是民法领域的一项重要制度，专利权也可以共有，那自然能够共同提起申请。

3. 申请专利的权利

申请专利的权利是指依照《专利法》的规定，有资格提出专利申请的权利。一项新的技术发明之后，是否申请专利，由谁去申请专利，涉及的就是申请专利的权利。

4. 不同种类申请人的法律适用及其区别

中国居民或者企业自然拥有申请专利的权利，香港和澳门属于中国特别行政区，台湾则是中国不可分割的一部分，这三地的居民和企业也都自然拥有申请专利的权利。

《专利法》第 17 条："在中国没有经常居所或者营业所的外国人、外国企业或者外国其他组织在中国申请专利的，依照其所属国同中国签订的协议或者共同参加的国际条约，或者依照互惠原则，根据本法办理。"

16.【2006 年第 8 题】下列哪些人可以向国家知识产权局提出专利申请？

A．在我国境内只设有代表处的美国公司

B．在英国境内有经常居所的老挝人

C．营业所设在法国的企业

D．在我国境内有经常居所的无国籍人

【解题思路】

无国籍人在我国有居所，享受国民待遇。美国和法国都是巴黎公约成员国，有权申请。老挝是否属于巴黎公约成员国可能比较难以确定，但其国民在公约成员国英国有经常居所，那就可以享有国民待遇。

【参考答案】 ABCD

17.【2007 年第 34 题】下列哪些情形中的外国人可以在中国申请专利？

A．在中国有经常居所的

B．其所属国是保护工业产权巴黎公约成员国的

C．其所属国依照互惠原则给我国国民以专利保护的

D．其所属国同我国签订有相互给予对方国民以专利保护的协议的

【解题思路】

A 选项有经常居所，和中国申请人享有相同的待遇。B 选项为巴黎公约成员国，可以在中国申请专利。C 选项中对方所属国给中国国民专利保护，中国应当投桃报李，允许该国申请人在中国申请专利。D 选项中两国有专门协议，自然应当遵守协议的约定。

【参考答案】 ABCD

《专利法》第 18 条："在中国没有经常居所或者营业所的外国人、外国企业或者外国其他组织在中国申请专利和办理其他专利事务的，应当委托依法设立的专利代理机构办理。

中国单位或者个人在国内申请专利和办理其他专利事务的，可以委托依法设立的专利代理机构办理。

专利代理机构应当遵守法律、行政法规，按照被代理人的委托办理专利申请或者其他专利事务；对被代理人发明创造的内容，除专利申请已经公布或者公告的以外，负有保密责任。专利代理机构的具体管理办法由国务院规定。"

18.【2013 年第 45 题】下列哪些主

体在中国申请专利应当委托中国专利代理机构？

A．在中国内地有经常居所的法国人保罗

B．在中国内地有营业所的德国某公司

C．常驻美国的中国公民李明

D．在中国内地没有营业所的澳门某公司

【解题思路】

在中国内地没有营业所的单位和没有住所的外国人需要委托专利代理机构；如果有居所或者营业所，则可以不委托。至于中国公民，就算长居国外也可以不用委托专利代理机构。

【参考答案】 D

根据《专利审查指南》第1部分第1章第6.1.1节的规定，当共同申请涉及中国港澳台申请人和外国申请人时，处理方式是看第一署名人。如果第一署名人是在中国内地没有经常居所或者营业所的外国申请人或中国港澳台申请人，那就必须委托专利代理机构。如果第一署名人为中国内地申请人，可以委托专利代理机构，也可以不委托。

19.【2015年第15题】关于委托专利代理机构办理专利事务，下列说法哪个是正确的？

A．在中国内地没有营业所的澳门公司在中国申请专利的，可以不委托专利代理机构

B．上海某国有企业作为第一署名申请人与某英国公司共同在中国申请专利的，应当委托专利代理机构

C．在中国内地没有经常居所的香港人在中国申请专利的，应当委托专利代理机构

D．委托专利代理机构申请专利的，仅限委托一家专利代理机构且不可更换

【解题思路】

在中国内地没有营业所的港澳台地区申请人，不管是企业还是自然人，申请专利时必须要委托专利代理机构。中国企业如果作为第一署名申请人，那可以不委托专利代理机构。申请人委托专利代理机构申请专利的，如果以后觉得这个代理机构不靠谱，自然可以更换为其他代理机构，这也符合《合同法》中委托合同的基本原则。

【参考答案】 C

（三）专利权人的概念

申请人的专利申请被授权之后，申请人就变成了专利人。发明和设计人必须是自然人，但专利权人可以是自然人，也可以是单位。另外，专利权人拥有的专利权可以通过申请途径取得，也可以通过继承、转让等形式取得。

（四）共有权利的行使

《专利法》第14条："专利申请权或者专利权的共有人对权利的行使有约定的，从其约定。没有约定的，共有人可以单独实施或者以普通许可方式许可他人实施该专利；许可他人实施该专利的，收取的使用费应当在共有人之间分配。

除前款规定的情形外，行使共有的专利申请权或者专利权应当取得全体共有人的同意。"

20.【2018年第3题】甲、乙二人合作研制出一种新型加湿器，申请专利并获得授权。W公司与甲、乙二人商谈，提出获得许可实施该专利的意向。甲以W公司规模太小没有名气为由拒绝，乙随后独自与W公

司签订专利实施普通许可合同，许可费20万元。则以下说法错误的是？

A．该专利的专利权由甲乙共同享有

B．乙享有的发明人的署名权不可转让

C．乙无权与W公司签订普通许可合同

D．乙获得的20万元使用费应当合理分配给甲

【解题思路】

甲、乙二人合作研制出的发明创造，申请专利后，专利权属于双方共有。专利权可以转让，但由于转让是对专利权的实质性处分，需要获得全体共有人的同意。与之类似的还有专利权的入股和出质等。不过，发明人的署名权属于人身权，不能转让。为鼓励专利技术的传播，专利权共有人可以自己实施专利，或者以普通许可的方式许可他人实施。甲毕竟是共有权人，不能因为他反对专利许可而剥夺他分享许可费的权利。

【参考答案】 C

21.【2019年第33题】甲乙二人合作开发一项产品，申请了专利并获得专利权。二人未就该专利权的行使进行任何约定，下列说法正确的是？

A．甲乙二人可分别以普通许可的形式许可他人实施专利，并分别收取使用费，使用费无须重新分配

B．甲可将自己对该专利享有的权利转让给丙，而无须取得乙的同意

C．甲可单独实施该专利，无须取得乙的同意，且获得的收益也无须和乙分配

D．甲必须取得乙的同意才能以独占许可的方式许可他人实施该专利

【解题思路】

共有的专利权，共有人都可以自己实施和通过普通许可的方式对外进行许可而不需要获得共有人的许可。不同之处是自己实施获得的收益源自行为人的辛勤劳动，故收益不需要在共有人之间重新分配，对外许可获得的许可费则源自发明创造本身，故需要重新分配。转让专利权的份额意味着共有人需要和另外一个人共享专利权，这会对共有人产生重大影响，故需要获得共有人的同意。专利的独占许可意味着共有人自己也不能实施专利，故需要获得共有人的同意。

【参考答案】 CD

二、权利的归属

（一）职务发明创造

1. 职务发明创造的概念

职务发明创造是指执行本单位的任务或者是主要利用本单位的物质技术条件所完成的发明创造。

2. 职务发明创造的判断

《专利法实施细则》第12条："专利法第六条所称执行本单位的任务所完成的职务发明创造，是指：

（一）在本职工作中作出的发明创造；

（二）履行本单位交付的本职工作之外的任务所作出的发明创造；

（三）退休、调离原单位后或者劳动、人事关系终止后1年内作出的，与其在原单位承担的本职工作或者原单位分配的任务有关的发明创造。

专利法第六条所称本单位，包括临时工作单位；专利法第六条所称本单位的物质技术条件，是指本单位的资金、设备、零部

件、原材料或者不对外公开的技术资料等。”

22.【2015年第3题】甲公司是一家光缆设备公司，王某是甲公司负责光缆设备研发的技术人员。王某在2011年3月从甲公司离职，并加入了乙公司。乙公司2012年1月就王某发明的一项光缆设备技术提交了一件专利申请，并获得专利权。下列说法哪个是正确的？

A．专利权应归甲公司所有

B．专利权应归乙公司所有

C．专利权应归甲公司和乙公司共同所有

D．王某及乙公司负责人有权主张在专利文件中写明自己是发明人

【解题思路】

离职人员离职1年内作出的与本职工作有关的发明创造，实际上和他原来担任的任务有着密切关系，而且是根据过去职务上的经验作出的，有的发明创造甚至在其在职期间可能已经开始研究、设计，甚至接近完成。为避免雇员把离职或退休前作出的发明留到离职或退休以后再以个人的名义申请专利，法律规定了在退休、离职或调动工作后1年内作出的，与其在原单位承担的本职工作或原单位分配的任务有关的发明创造为职务发明创造。王某在甲公司和乙公司从事的都是光缆设备的研发，且乙公司申请专利的时间距离王某从甲公司离职还不到1年，应当算是王某在甲公司的职务发明创造，专利权应当归甲公司所有。乙公司负责人并没有对该发明创造作出贡献，不能作为发明人。

【参考答案】 A

23.【2018年第2题】甲某是X公司的研究人员，与乙某、丙某共同承担了一种数字交换机的具体研制工作。2013年6月，甲某于该研制工作中途辞职并继续独自开展相关数字交换机的开发工作。2014年4月，甲某完成该研制工作、成功开发出了某型数字交换机，并于2014年5月以甲某个人名义申请专利。则以下说法正确的是？

A．该专利申请权应归X公司所有，甲某、乙某、丙某均享有发明人的署名权

B．该专利申请权应归X公司所有，仅甲某享有发明人的署名权

C．该专利申请权应归甲某个人所有，甲某享有发明人的署名权

D．该专利申请权应归甲某个人所有，但X公司享有免费使用权

【解题思路】

甲某、乙某和丙某都是数字交换机的研发人员，其研发行为是执行公司的任务，完成的发明创造属于职务发明创造，专利申请权属于公司。甲某、乙某、丙某三人都是发明人，均享有署名权。甲某完成发明创造的时间为2014年4月，距甲某离职的时间还不到1年，所完成的发明创造依然属于职务发明创造。《专利法》规定1年的期限是为了防止研发人员离职后将应当属于企业的发明创造据为己有。

【参考答案】 A

3. 职务发明创造申请专利权的权利及所取得的专利权的归属

根据《专利法》第6条第1款，职务发明创造申请专利的权利属于该单位；申请被批准后，该单位为专利权人。该单位可以依法处置其职务发明创造申请专利的权利和专利权，促进相关发明创造的实施和运用。

《专利法》第6条第3款：“利用本单

位的物质技术条件所完成的发明创造，单位与发明人或者设计人订有合同，对申请专利的权利和专利权的归属作出约定的，从其约定。”

【提醒】

任何发明创造都是自然人做出来的，但完成一项发明创造往往需要大量的资金和众多的设备，个人往往难以完成。在很多情况下，发明创造是在企业、大学或者是科研院所提供研究资金和各种物质条件，并进行组织协调的情况下完成的。因此，很多国家的专利法都规定，当发明是执行单位的工作任务或者是主要利用单位的物质条件而作出时，申请和取得专利的权利属于单位。

2020 年《专利法》修改后，第 6 条第 1 款增加了单位可依法处置职务发明创造的权利。从法理上说，单位作为职务发明创造的权利人，当然有权对职务发明创造进行处置。不过现实中部分发明人可能对职务发明创造的实施和运营有自己的看法，为避免争议，本次修改明确规定单位在职务发明创造的实施和运营方面的自主权。

另外，《专利法》也允许科技人员和单位通过合同来约定利用本单位的物质技术条件所完成的发明创造的归属。需要注意的是，这种约定仅仅限于利用本单位的物质技术条件完成的发明创造，不适用于执行本单位的任务所完成的发明创造。在订立合同作出约定的情况下，发明创造的完成是“主要”还是“非主要”地利用了本单位的物质条件其实并不重要。

24.【2007 年第 43 题】在下列哪些情形中完成的发明创造，申请专利的权利属于白云公司？

A. 周某是白云公司的退休返聘人员，他在执行白云公司任务时所完成的发明创造

B. 吴某是白云公司从另一公司借调的人员，他在执行白云公司任务时所完成的发明创造

C. 郑某是白云公司的技术人员，他在本职工作中所完成的发明创造

D. 王某在从白云公司辞职后的半年内，做出的与其在白云公司承担的本职工作有关的发明创造

【解题思路】

退休返聘人员和借调人员也是单位职工，执行公司任务时完成的发明创造也属于职务发明创造。郑某是单位职工，本职工作中完成的发明创造属于职务发明创造。王某退休才半年，作出的发明创造与本职工作有关，也属于职务发明创造。

【参考答案】 ABCD

4. 职务发明创造的发明人或设计人获得奖酬的权利及相关规定

《专利法》第 15 条：“被授予专利权的单位应当对职务发明创造的发明人或者设计人给予奖励；发明创造专利实施后，根据其推广应用的范围和取得的经济效益，对发明人或者设计人给予合理的报酬。

国家鼓励被授予专利权的单位实行产权激励，采取股权、期权、分红等方式，使发明人或者设计人合理分享创新收益。”

【提醒】

2020 年《专利法》修改后，第 15 条增加了第 2 款，鼓励单位通过多元化的奖酬方式，使发明人或设计人合理分享创新收益。在实践中，职务发明创造的发明人和设计人的奖励和报酬都是用货币的形式发放，资金

流比较紧张的中小企业可能压力比较大，多元化的奖励方式有利于减轻企业的资金负担。当然，增加的条款为倡导性条款，并非强制性规定。

《专利法实施细则》第 76 条："被授予专利权的单位可以与发明人、设计人约定或者在其依法制定的规章制度中规定专利法第十六条规定的奖励、报酬的方式和数额。

企业、事业单位给予发明人或者设计人的奖励、报酬，按照国家有关财务、会计制度的规定进行处理。"

《专利法实施细则》第 77 条："被授予专利权的单位未与发明人、设计人约定也未在其依法制定的规章制度中规定专利法第十六条[1]规定的奖励的方式和数额的，应当自专利权公告之日起 3 个月内发给发明人或者设计人奖金。一项发明专利的奖金最低不少于 3000 元；一项实用新型专利或者外观设计专利的奖金最低不少于 1000 元。

由于发明人或者设计人的建议被其所属单位采纳而完成的发明创造，被授予专利权的单位应当从优发给奖金。"

《专利法实施细则》第 78 条："被授予专利权的单位未与发明人、设计人约定也未在其依法制定的规章制度中规定专利法第十六条规定的报酬的方式和数额的，在专利权有效期限内，实施发明创造专利后，每年应当从实施该项发明或者实用新型专利的营业利润中提取不低于 2% 或者从实施该项外观设计专利的营业利润中提取不低于 0.2%，作为报酬给予发明人或者设计人，或者参照上述比例，给予发明人或者设计人一次性报酬；被授予专利权的单位许可其他单位或者个人实施其专利的，应当从收取的使用费中提取不低于 10%，作为报酬给予发明人或者设计人。"

25.【2010 年第 2 题】某电机厂职工张某所作的职务发明被授予了专利权。下列说法哪些是正确的？

A. 张某有在申请文件中写明自己是发明人的权利

B. 张某有从该电机厂获得奖励的权利

C. 在该电机厂不实施该专利的情况下，张某有实施该专利的权利

D. 在该专利权被侵犯时，张某有向人民法院提起诉讼的权利

【解题思路】

发明人有署名权和获得奖励的权利。职务发明创造的所有权人为单位，张某作为发明人不具有实施专利和提起诉讼的权利。

【参考答案】 AB

26.【2013 年第 54 题】甲公司就其员工孙某完成的一项发明创造获得专利权后，自行实施了该专利。随后甲公司将该专利权许可给子公司乙公司实施。甲公司在规章制度中未规定也未与孙某约定奖励报酬事宜。下列说法哪些是正确的？

A. 甲公司在专利权被授予后应当给予孙某奖励

B. 甲公司自行实施其专利后应当给予孙某报酬

C. 甲公司将专利许可给乙公司后，甲公司应当给予孙某报酬

D. 甲公司将专利许可给乙公司后，乙公司应当给予孙某报酬

[1] 2020 年《专利法》修改后，对应的是第 15 条。

【解题思路】

专利授权后，职务发明人有权获得奖励；专利实施后，职务发明人有权获得报酬。需要注意的是，支付报酬的是被授予专利权的单位而不是该专利的被许可人。

【参考答案】ABC

27.【2019年第34题】甲执行本单位任务完成了一项发明创造，其单位就该发明创造申请并获得了一项发明专利。在没有任何约定或者规章制度规定奖励方式和数额的前提下，下列说法正确的是？

A. 其单位应当在提出专利申请之日起3个月内发给甲不少于3000元的奖金

B. 甲可以请求国家知识产权局不公布其姓名

C. 甲发现乙单位侵犯了该发明专利权，可以向人民法院提起诉讼

D. 其单位许可他人实施该专利，应当从收取的使用费中提取不低于10%作为报酬给予甲

【解题思路】

职务发明的发明人有权获得奖励和报酬两种收益。其中，发明专利的奖励金额为不少于3000元，发放时间为专利授权后3个月内。专利如对外许可，发明人有权获得的报酬不低于使用费的10%。发明人有权在专利文件中记载自己的姓名，也有权请求不公布姓名做无名英雄。发明人不是专利权人，无权作为原告提起专利侵权诉讼。

【参考答案】BD

（二）非职务发明创造

1. 非职务发明创造的概念

非职务发明创造就是那种既不是执行本单位的任务，也没有主要利用本单位的物质技术条件完成的发明创造。

2. 非职务发明创造的判断

《专利审查指南》第1部分第1章第4.1.3.1节规定了申请人是本国人的情形。

在专利局的审查程序中，审查员对请求书中填写的申请人一般情况下不作资格审查。申请人是个人的，可以推定该发明为非职务发明，该个人有权提出专利申请，除非根据专利申请的内容判断申请人的资格明显有疑义的，才需要通知申请人提供所在单位出具的非职务发明证明。申请人是单位的，可以推定该发明是职务发明，该单位有权提出专利申请，除非该单位的申请人资格明显有疑义的，例如填写的单位是××大学科研处或者××研究所××课题组，才需要发出补正通知书，通知申请人提供能表明其具有申请人资格的证明文件。

28.【2015年第48题】专利申请请求书中的下列哪些内容不符合相关规定？

A. 发明名称：一种离心分解装置

B. 发明人：××大学

C. 专利代理机构名称：美国××专利代理事务所

D. 申请人：××大学科研处

【解题思路】

发明人必须是自然人不能是单位，专利代理机构必须是中国的专利代理机构，申请人可以是自然人也可以是单位，但不能是单位内部的机构，因为内部机构不是独立的民事主体。

【参考答案】BCD

29.【2019年第32题】下列哪些可以作为申请人申请专利？

A. 某公司知识产权部

B. 某知识产权代理有限责任公司

C. 北京某十岁小学生甲

D. 在我国境内没有营业所的美国公司

【解题思路】

专利申请人需要具有独立的民事主体资格，公司的知识产权部属于内设机构，不符合要求。专利代理机构和专利代理师不得以自己的名义申请专利，且知识产权代理公司不一定具有专利代理资质，也可能只做商标代理业务，故B选项并不严谨。申请专利并不是民事法律行为，申请人是否具有民事行为能力并不重要。在中国境内没有营业所的美国公司可以申请专利，只不过需要委托专利代理机构。

【参考答案】 CD

3. 非职务发明创造申请专利的权利及所取得的专利权的归属

《专利法》第6条第2款："非职务发明创造，申请专利的权利属于发明人或者设计人；申请被批准后，该发明人或者设计人为专利权人。"

《专利法》第7条："对发明人或者设计人的非职务发明创造专利申请，任何单位或者个人不得压制。"

（三）合作完成的发明创造

1. 合作完成的发明创造的概念

合作完成的发明创造是指两个或两个以上的单位或个人进行合作开发所完成的发明创造。在现实中，合作完成的发明创造可以是单位与单位之间的合作，如企业和大学之间的合作，也可以是单位与个人的合作，还可以是个人与个人的合作。

2. 合作完成的发明创造申请专利权利及所取得的专利权的归属

《专利法》第8条："两个以上单位或者个人合作完成的发明创造、一个单位或者个人接受其他单位或者个人委托所完成的发明创造，除另有协议的以外，申请专利的权利属于完成或者共同完成的单位或者个人；申请被批准后，申请的单位或者个人为专利权人。"

30.【2019年第1题】甲公司委托乙公司研发某产品，乙公司指定员工李某承担此项研发任务。后来，为了加快研发进度，甲公司又派员工周某参与研发。李某和周某共同在研发过程中完成了一项发明创造。在没有任何约定的情形下，该发明创造申请专利的权利属于下列哪个公司或个人？

A. 李某和周某

B. 甲公司

C. 乙公司

D. 甲公司和乙公司

【解题思路】

甲乙两公司的员工都是在执行本单位的任务，属于职务发明创造，申请专利的权利属于单位。甲公司委托乙公司研发产品，但甲公司自己也参加了产品研发，故实际上属于合作开发的产品。在双方没有约定的情况下，该发明创造申请专利的权利由甲公司和乙公司共有。

【参考答案】 D

（四）委托开发完成的发明创造

1. 委托完成的发明创造的概念

委托完成的发明创造，是指一个单位或个人委托其他单位或个人进行研究、设计、开发等发明创造活动，而由受托人完成的发明创造。

2. 委托完成的发明创造申请专利权利及所取得的专利权的归属

根据《专利法》第8条，委托完成的发明创造，如果对申请专利的权利有约定，则遵守约定；如果没有约定，则属于受托方。

31.【2007年第38题】以下哪些说法是正确的？

A. 由刘某、王某、韩某和赵某合作完成的一项发明创造，申请专利的权利属于该四人共有，他们不得约定申请专利的权利只属于王某

B. 某企业以高额研发费用委托某设计院完成了一项发明创造，但双方未就该发明创造申请专利事宜作出约定，因此就该发明创造申请专利的权利属于该企业

C. 张某主要利用其所在单位的物质技术条件完成了一项发明创造，且未与所在单位作出任何约定，因此就该发明创造申请专利的权利属于张某所在的单位

D. 钱某临时借调到某研究所工作，在执行该研究所交付的任务过程中完成的发明创造属于职务发明创造

【解题思路】

合作发明约定优先，只要是自愿的，法律没有理由禁止合作各方约定申请专利的权利归一方所有。没有约定的委托发明，申请专利的权利属于受托方。张某的发明主要利用了单位的物质技术条件，属于职务发明，申请专利的权利属于单位。临时借调也属于研究所的员工，执行任务中完成的发明属于职务发明。

【参考答案】 CD

32.【2009年第71题】刘某委托王某对乙烯生产方法进行了改进，二人未对该改进方法申请专利的权利作出约定。王某就改进的乙烯生产方法向国家知识产权局提出了专利申请并被授予专利权。下列说法哪些是正确的？

A. 由于王某是受刘某委托而对乙烯的生产方法进行改进，因此申请专利的权利应当属于刘某

B. 刘某未经王某许可而使用该改进方法生产和销售乙烯产品的行为侵犯了王某的专利权

C. 赵某经刘某许可使用该方法生产和销售乙烯产品的行为侵犯了王某的专利权

D. 孙某依照传统方法生产乙烯产品的行为侵犯了王某的专利权

【解题思路】

王某是受托方，双方没有约定，申请专利的权利属于受托的王某。专利授权后，王某就是专利权人。技术的委托开发合同中，受托方需要将开发的技术成果交给委托方。如果受托方申请了专利，委托方还要受到该专利的限制，那是不合理的。根据《民法典》第859条，刘某可以依法实施该专利。刘某自己可以免费实施，但他不是专利权人，不能许可他人实施该专利。按照传统方法生产乙烯，未采用王某的方法，不属于专利侵权。需要指出的是，国家知识产权局条约法规司出版的2009年真题解析中，本题答案为BC，笔者认为B应该排除。

【参考答案】 C

第三节 专利代理制度

一、专利代理

（一）专利代理的概念

《专利代理条例》第2条："本条例所称专利代理，是指专利代理机构接受委托，以委托人的名义在代理权限范围内办理专利申请、宣告专利权无效等专利事务的行为。"

【提醒】

2018年《专利代理条例》修订后，"专利代理人"改为"专利代理师"。不过历年真题中使用的还是旧名称"专利代理人"，但真题解析中均使用"专利代理师"。

33.【2019年第2题】根据《专利代理条例》，下列哪个人或机构可以接受委托人的委托，以委托人的名义在代理权限范围内，办理专利申请或者其他专利事务？

A．某产权交易所

B．某获得专利代理机构执业许可证的律师事务所

C．刚刚取得专利代理师资格的甲

D．具有专利代理师资格且执业多年的乙

【解题思路】

只有专利代理机构才能接受客户委托从事专利申请业务，而产权交易所不属于专利代理机构。专利代理师乙不能私下承接案件，更不用说刚取得专利代理师资格的甲。

【参考答案】 B

（二）专利代理的作用

申请专利或者是办理其他专利事务，常常需要委托专利机构代理，因为专利涉及技术问题，也涉及法律和经济问题，需要具有专门知识。普通技术人员熟悉技术，但不熟悉专利法。在申请专利时，需要考虑这些问题：一项技术成果是否符合授予专利的条件；是否适用于或者是否值得申请专利；如果提出专利申请，保护范围应当怎样拟定才有利于实现申请人利益的最大化；是否需要向外国申请专利；应当向哪些国家申请；等。判断这些问题，都需要技术、经济和专利法律的专门知识。

专利代理师受过这方面的专业知识培训，不仅可以向申请人提供咨询意见，而且可以帮助申请人办理具体的专利事务。对于专利行政部门来说，专利代理师代办专利申请，一般能符合专利法的要求。可以减轻专利行政部门的工作负担，加速审批程序，这对专利申请人和专利行政部门都有利。

二、专利代理机构和专利代理师

（一）专利代理机构

1. 专利代理机构的组织形式

《专利代理条例》第7条："专利代理机构的组织形式应当为合伙企业、有限责任公司等。"

34.【2012年第37题】下列哪些机构属于《专利代理条例》中所说的专利代理机构？

A．某知识产权咨询公司，该公司由获得专利代理人资格证的王某在工商行政管理部门注册成立

B．某公司的知识产权部，该部门的主要职责是为本公司办理专利申请和办理其他专利事务

C．某律师事务所，该律师事务所经国务院专利行政部门批准开办专利代理业务

D. 某知识产权有限责任公司，该公司经国务院专利行政部门批准办理专利代理业务，并到工商行政管理部门进行了登记

【解题思路】

专利代理机构的成立需要获得国家知识产权局的批准，在工商局登记的知识产权咨询公司不属于专利代理机构。专利代理机构为独立的民事主体，某公司的知识产权部属于内设机构，不具备独立民事主体资格。

【参考答案】 CD

2. 申请办理专利代理机构执业许可证的条件和程序

《专利代理条例》第 8 条："合伙企业、有限责任公司形式的专利代理机构从事专利代理业务应当具备下列条件：

（一）有符合法律、行政法规规定的专利代理机构名称；

（二）有书面合伙协议或者公司章程；

（三）有独立的经营场所；

（四）合伙人、股东符合国家有关规定。"

《专利代理管理办法》第 10 条："合伙企业形式的专利代理机构申请办理执业许可证的，应当具备下列条件：

（一）有符合法律、行政法规和本办法第十四条规定的专利代理机构名称；

（二）有书面合伙协议；

（三）有独立的经营场所；

（四）有两名以上合伙人；

（五）合伙人具有专利代理师资格证，并有两年以上专利代理师执业经历。"

《专利代理管理办法》第 11 条："有限责任公司形式的专利代理机构申请办理执业许可证的，应当具备下列条件：

（一）有符合法律、行政法规和本办法第十四条规定的专利代理机构名称；

（二）有书面公司章程；

（三）有独立的经营场所；

（四）有五名以上股东；

（五）五分之四以上股东以及公司法定代表人具有专利代理师资格证，并有两年以上专利代理师执业经历。"

《专利代理管理办法》第 12 条："律师事务所申请办理执业许可证的，应当具备下列条件：

（一）有独立的经营场所；

（二）有两名以上合伙人或者专职律师具有专利代理师资格证。"

35.【2011 年第 47 题】下列关于专利代理机构的说法哪些是正确的？

A. 普通合伙制专利代理机构应当由 2 名以上合伙人共同出资发起设立

B. 特殊的普通合伙制专利代理机构应当由 3 名以上合伙人共同出资发起设立

C. 有限责任制专利代理机构应当由 5 名以上股东共同出资发起设立

D. 律师事务所开办专利代理业务的，其具有专利代理人资格的专职律师不得少于 5 名

【解题思路】

根据 2019 年修订的《专利代理管理办法》，不管是普通合伙还是特殊的普通合伙，合伙制的专利代理机构的合伙人最低人数从 3 名降为 2 名。有限责任制的专利代理机构则至少需要 5 名股东，但允许其中 1/5 的股东不具有 2 年的专利代理师执业经验。律师事务所都是合伙制，故要开展专利代理业务时，遵循的是类似合伙制专利代理机构的规定。不同之处是，律师事务所要求的是具

有专利代理师资格的合伙人或律师不得少于2人。需要注意的是，律师事务所要求的是资格证不是执业证。

【参考答案】 AC

36.【2013年第39题】王某欲开办一家合伙制的专利代理机构，应当符合下列哪些条件？

A. 除王某外另有2名合伙人，三人均符合专利代理机构合伙人的条件

B. 签订合伙协议

C. 具有不低于5万元人民币的资金

D. 有固定办公场所

【解题思路】

合伙制现在只需要2名代理人，王某只需要再找1名合伙人。至于签订合伙协议和拥有固定的办公场所则是应有之义。需要注意的是，设立专利代理机构的资金要求早已经被取消。

【参考答案】 BD

37.【2006年第13题】以下有关专利代理机构的说法哪些是正确的？

A. 申请设立办事机构的专利代理机构应当具有5名以上专利代理人

B. 合伙制专利代理机构应当由3名以上合伙人共同出资发起

C. 有限责任制专利代理机构应当由5名以上股东共同出资发起

D. 专利代理机构的合伙人或者股东应当能够专职从事专利代理业务

【解题思路】

设立办事机构的专利代理机构应当具有10名以上的专利代理师。合伙制代理机构的合伙人已经从3名降低到2名，有限责任制则需要5名股东。另外，合伙人或者是股东作为专利代理机构的管理人员，应当能够专职从事专利代理业务。

【参考答案】 CD

3. 专利代理机构合伙人或者股东应当满足的条件

《专利代理管理办法》第9条："专利代理机构的组织形式应当为合伙企业、有限责任公司等。合伙人、股东应当为中国公民。"

《专利代理管理办法》第13条："有下列情形之一的，不得作为专利代理机构的合伙人、股东：

（一）不具有完全民事行为能力；

（二）因故意犯罪受过刑事处罚；

（三）不能专职在专利代理机构工作；

（四）所在专利代理机构解散或者被撤销、吊销执业许可证，未妥善处理各种尚未办结的专利代理业务。

专利代理机构以欺骗、贿赂等不正当手段取得执业许可证，被依法撤销、吊销的，其合伙人、股东、法定代表人自处罚决定作出之日起三年内不得在专利代理机构新任合伙人或者股东、法定代表人。"

38.【2008年第26题】下列哪些人员不能作为专利代理机构的合伙人或者股东？

A. 从国家机关辞职但尚未正式办理辞职手续的赵某

B. 因私自接受委托而受到通报批评惩戒已满4年的钱某

C. 患有间歇性精神病属于限制民事行为能力人的孙某

D. 申请设立专利代理机构时年龄为62周岁的李某

【解题思路】

尚未正式办理辞职手续的国家机关工

作人员不能从事专利代理业务，更不用说作为股东。2018 年修订的《专利代理条例》中，对专利代理师的惩戒方式保留了“警告”，取消了“通报批评”。另外，根据 2019 年修订的《专利代理管理办法》，影响股东资格的情况中也并不包括受到“警告”。限制民事行为能力人的民事行为能力受到限制，不能作为专利代理师，更别说成为股东。2019 年修订的《专利代理管理办法》取消了对合伙人或股东的年龄限制，李某哪怕 100 周岁，理论上也可以成为股东。

【参考答案】 AC

39.【2010 年第 84 题】林某为某专利代理有限责任公司的五名股东之一，现计划离开该公司与他人合伙成立新的专利代理事务所。在林某离开该公司后，该公司的下列哪些行为符合相关规定？

A. 指定该公司的专利代理人黄某完成林某尚未办结的专利申请

B. 将在该公司工作多年的不具有专利代理人资格的王某作为新的股东

C. 将仍在另一专利代理有限责任公司执业的专利代理人李某作为新的股东

D. 接受某企业的委托，就林某在该公司执业时代理并获得授权的某专利向专利复审委员会提出无效宣告请求

【解题思路】

林某离开后，手上未完结的事项应该有人接手。一般情况下，代理机构的股东需要执业满 2 年，不具有专利代理师资格的人不能成为股东。2019 年修订的《专利代理管理办法》仅要求 80% 的股东和法定代表人具有 2 年的专利代理师执业经验，如果该代理公司中其他 4 名股东都有 2 年以上执业经历，则可以吸收不具有代理师资格的王某作为新股东。不过题目中并没有这方面的提示，故 B 选项不选为宜。专利代理师不能脚踏两只船，更不能在另一条船上担任股东。代理机构不能“反水”则是应有之义。

【参考答案】 A

40.【2012 年第 66 题】徐某 2008 年通过了全国专利代理人资格考试，2009 年 3 月到甲专利代理机构实习，2010 年 6 月领取了专利代理人执业证。2011 年 4 月徐某到乙专利代理机构工作。下列说法哪些是正确的？

A. 徐某离开甲专利代理机构前，必须妥善处理尚未办结的专利代理案件

B. 徐某到乙专利代理机构工作后，可以兼职在甲专利代理机构从事专利代理业务

C. 徐某到乙专利代理机构工作时，不能取得专利代理人执业证

D. 徐某到乙专利代理机构工作时，不能成为合伙人或者股东

【解题思路】

专利代理师离职前需妥善处理未完结案件。专利代理师只能属于一个代理机构。《专利代理条例》已经取消了执业证，徐某不管是在原单位工作多久后跳槽，都不能取得执业证。徐某执业年限不到 2 年，一般情况下不能成为合伙人或股东。不过，根据 2018 年修订的《专利代理条例》，如果公司制的专利代理机构中，1/5 的股东可以不要求具有 2 年的专利代理执业经验，徐某理论上可以作为“少数派”成为股东。为此，D 选项不够严谨。

【参考答案】 AC

4. 专利代理机构执业许可审批

《专利代理条例》第 9 条第 1 款：“从事

专利代理业务，应当向国务院专利行政部门提出申请，提交有关材料，取得专利代理机构执业许可证。国务院专利行政部门应当自受理申请之日起20日内作出是否颁发专利代理机构执业许可证的决定。”

《专利代理管理办法》第15条：“申请专利代理机构执业许可证的，应当通过专利代理管理系统向国家知识产权局提交申请书和下列申请材料：

（一）合伙企业形式的专利代理机构应当提交营业执照、合伙协议和合伙人身份证件扫描件；

（二）有限责任公司形式的专利代理机构应当提交营业执照、公司章程和股东身份证件扫描件；

（三）律师事务所应当提交律师事务所执业许可证和具有专利代理师资格证的合伙人、专职律师身份证件扫描件。

申请人应当对其申请材料实质内容的真实性负责。必要时，国家知识产权局可以要求申请人提供原件进行核实。法律、行政法规和国务院决定另有规定的除外。”

41.【2010年第83题】林某为某专利代理有限责任公司的五名股东之一，现计划离开该公司与他人合伙成立新的专利代理事务所。林某在申请设立专利代理机构时应当提交下列哪些申请材料？

A．身份证复印件

B．人员简历及人事档案存放证明

C．专利代理人资格证原件

D．办公场所和工作设施的证明

【解题思路】

2019年修订的《专利代理管理办法》简化了设立专利代理机构的程序。设立代理机构时，需要提供合伙人或股东的身份证，从而确定合伙人或股东的身份。不过现在是通过电子系统直接向国家知识产权局提交，故各项证件不再是“复印件”而是“扫描件”。A选项姑且认为正确。国家知识产权局根据公民身份证上的信息，很容易通过数据库验证该公民是否具有专利代理师资格，是否执业已经满2年，故也不再需要申请人提交人员简历和专利代理师资格证。申请设立专利代理机构需要提交营业执照，执照上面已经记载了营业地址，故也不再需要提交办公场所证明。另外，设立代理机构时，也不再需要提供计算机、复印机、文件柜等工作设施的情况证明。

【参考答案】 A

42.【2017年第42题】申请设立专利代理机构应当提交下列哪些材料？

A．设立专利代理机构申请表

B．专利代理机构的合伙协议书或者章程

C．验资证明

D．专利代理人资格证和身份证复印件

【解题思路】

设立专利代理机构需要进行申请，不过2019年修订的《专利代理管理办法》将其称为“申请书”而不是“申请表”，A选项姑且认为正确。合伙企业的合伙协议书以及公司的公司章程属于该企业的“基本法”，设立时必须具备。目前，设立企业的门槛降低，注册资本从以前的实缴制改为认缴制，故不再需要验资证明。成立专利代理机构需要有数量符合条件的专利代理师，故需要专利代理师的身份证复印件。国家知识产权局根据身份证号码就可以查明该公民是否符合股东或合伙人的资格要求，故按2019年修订的《专利代理管理办法》要求，不再需要提交专利代理师资格证。

【参考答案】 AB

43.【2016年第35题】专利代理人甲、乙和丙三人欲在北京设立一家专利代理机构，下列说法哪些是正确的？

A. 甲、乙、丙仅能申请设立合伙制专利代理机构

B. 甲、乙、丙三人申请设立时的年龄均不得超过60周岁

C. 甲、乙、丙提交的证明材料应当是在申请设立前6个月内出具的证明材料

D. 甲、乙、丙应当直接向国家知识产权局提出设立专利代理机构的申请

【解题思路】

根据2019年修订的《专利代理管理办法》合伙制专利代理机构需要的合伙人从3名降为2名。有限责任公司制代理机构依然需要5名以上的股东，不过其中1/5的股东可以不是执业满2年的代理师。甲、乙、丙只有3人，只能设立合伙制代理机构。根据2019年修订的《专利代理管理办法》，专利代理师入行、成为合伙人或股东的年龄限制已经被取消，甲、乙、丙三人哪怕超过百岁高龄，理论上依然可以申请设立专利代理机构。设立专利代理机构的程序进行了简化，不再需要提供诸多证明材料。2019年修订的《专利代理管理办法》取消了新设专利代理机构需要由省级知识产权局预审的程序，而是直接通过专利代理管理系统向国家知识产权局申请。

【参考答案】 AD

5. 专利代理机构的事项变更

《专利代理条例》第9条第2款："专利代理机构合伙人、股东或者法定代表人等事项发生变化的，应当办理变更手续。"

《专利代理管理办法》第17条："专利代理机构名称、经营场所、合伙协议或者公司章程、合伙人或者执行事务合伙人、股东或者法定代表人发生变化的，应当自办理企业变更登记之日起三十日内向国家知识产权局申请办理变更手续；律师事务所具有专利代理师资格证的合伙人或者专职律师等事项发生变化的，应当自司法行政部门批准之日起三十日内向国家知识产权局申请办理变更手续。

国家知识产权局应当自申请受理之日起十日内作出相应决定，对符合本办法规定的事项予以变更。"

6. 专利代理机构的解散、注销

《专利代理条例》第15条："专利代理机构解散或者被撤销、吊销执业许可证的，应当妥善处理各种尚未办结的专利代理业务。"

《专利代理管理办法》第19条："专利代理机构解散或者不再办理专利代理业务的，应当在妥善处理各种尚未办结的业务后，向国家知识产权局办理注销专利代理机构执业许可证手续。

专利代理机构注销营业执照，或者营业执照、执业许可证被撤销、吊销的，应当在营业执照注销三十日前或者接到撤销、吊销通知书之日起三十日内通知委托人解除委托合同，妥善处理尚未办结的业务，并向国家知识产权局办理注销专利代理机构执业许可证的手续。未妥善处理全部专利代理业务

的，专利代理机构的合伙人、股东不得办理专利代理师执业备案变更。”

7. 专利代理机构设立分支机构的条件

《专利代理管理办法》第 20 条：“专利代理机构设立分支机构办理专利代理业务的，应当具备下列条件：

（一）办理专利代理业务时间满两年；

（二）有十名以上专利代理师执业，拟设分支机构应当有一名以上专利代理师执业，并且分支机构负责人应当具有专利代理师资格证；

（三）专利代理师不得同时在两个以上的分支机构担任负责人；

（四）设立分支机构前三年内未受过专利代理行政处罚；

（五）设立分支机构时未被列入经营异常名录或者严重违法失信名单。”

《专利代理管理办法》第 21 条：“专利代理机构的分支机构不得以自己的名义办理专利代理业务。专利代理机构应当对其分支机构的执业活动承担法律责任。”

44.【2014 年第 37 题】专利代理机构有下列哪些情形的，不能设立办事机构？

A. 专利代理机构设立的时间为 1 年

B. 有 12 名执业的专利代理人

C. 被列入专利代理机构经营异常名录

D. 上一年度专利代理数量为 200 件

【解题思路】

专利代理机构要设立办事机构（2019 年修订的《专利代理管理办法》改为“分支机构”）的，需要设立时间超过 2 年，未被列入专利代理机构经营异常名录或者严重违法专利代理机构名单。选项 B 中专利代理师的数量有 12 人，符合要求。此外，专利代理数量与能否成立分支机构无关。

【参考答案】 AC

45.【2019 年第 90 题】以下哪些是专利代理机构设立分支机构办理专利代理业务应具备的条件？

A. 办理专利代理业务时间满两年，且有五名以上专利代理师执业

B. 专利代理师不得同时在两个以上的分支机构担任负责人

C. 分支机构负责人应当具有专利代理师资格证

D. 设立分支机构前三年内未受过专利代理行政处罚

【解题思路】

专利代理机构设立分支机构需要具有 10 名专利代理师而不是 5 名，设立分支机构前三年内未受过专利代理行政处罚。分支机构的负责人必须“专职”，且不能同时担任两家分支机构的负责人。分支机构负责人只需要具有资格证，并不一定是执业专利代理师。

【参考答案】 BCD

8. 分支机构的备案、变更和注销

《专利代理管理办法》第 22 条：“专利代理机构设立、变更或者注销分支机构的，应当自完成分支机构相关企业或者司法登记手续之日起三十日内，通过专利代理管理系统向分支机构所在地的省、自治区、直辖市人民政府管理专利工作的部门进行备案。

备案应当填写备案表并上传下列材料：

（一）设立分支机构的，上传分支机构营业执照或者律师事务所分所执业许可证扫描件；

（二）变更分支机构注册事项的，上传

变更以后的分支机构营业执照或者律师事务所分所执业许可证扫描件；

（三）注销分支机构的，上传妥善处理完各种事项的说明。”

46.【2018 年第 34 题】甲省某专利代理机构在乙省设有办事机构，对于该办事机构的管理，以下做法错误的是？

A. 为便于该办事机构开展业务活动，该专利代理机构许可该办事机构自行接受业务委托

B. 该办事机构的财务由该专利代理机构统一管理

C. 该专利代理机构拟撤销该办事机构，应当在向甲省知识产权局提出申请并获得同意后，再向乙省知识产权局提出申请

D. 该办事机构的撤销报经国家知识产权局批准后生效

【解题思路】

专利代理机构的办事机构（2019 年修订的《专利代理管理办法》改为“分支机构”）并不具有独立的民事主体资格，需要以该专利代理机构的名义接受业务委托，财务也由该专利代理机构统一管理。根据 2019 年修订的《专利代理管理办法》，专利代理机构的设立已经取消了省局预审的程序，而是直接向国家知识产权局提出申请，由国家知识产权局批准后生效。分支机构的设立和注销则不再需要经过行政审批，只需要根据工商和司法部门的要求走完设立或注销程序，再向其所在地的省级知识产权局备案即可。

【参考答案】 AC

（二）专利代理师

1. 专利代理师资格考试

《专利代理师资格考试办法》第 2 条：“专利代理师资格考试（以下简称考试）是全国统一的专利代理师执业准入资格考试。”

2. 申请专利代理师资格的条件

《专利代理条例》第 10 条：“具有高等院校理工科专业专科以上学历的中国公民可以参加全国专利代理师资格考试；考试合格的，由国务院专利行政部门颁发专利代理师资格证。专利代理师资格考试办法由国务院专利行政部门制定。”

《专利代理师资格考试办法》第 21 条：“符合以下条件的中国公民，可以报名参加考试：

（一）具有完全民事行为能力；

（二）取得国家承认的理工科大专以上学历，并获得毕业证书或者学位证书。

香港特别行政区、澳门特别行政区永久性居民中的中国公民和台湾地区居民可以报名参加考试。”

《专利代理师资格考试办法》第 22 条：“从事专利审查等工作满七年的中国公民，可以申请免予专利代理实务科目考试。”

《专利代理师资格考试办法》第 23 条：“有下列情形之一的，不得报名参加考试：

（一）因故意犯罪受过刑事处罚，自刑罚执行完毕之日起未满三年；

（二）受吊销专利代理师资格证的处罚，自处罚决定之日起未满三年。”

47.【2008 年第 68 题】下列哪些人员不符合申请专利代理人资格的条件？

A. 张某，17 岁，某重点大学无机化学专业在读本科生，已在某科研所实习过两年

B. 马某，32 岁，工学硕士，因交通肇事被判处过拘役，此前在某专利代理机构实习过两年

C. 邱某，47岁，某大学机械加工专业毕业，精神病患者，患病前为某中学物理老师

D. 陈某，62岁，高中学历，自己开办科技开发公司20多年，拥有专利10多项

【解题思路】

张某不到18岁，且实习经历不能算作工作经验；邱某为精神病患者，不具有完全民事行为能力；陈某没有大专以上学历，此三人都不符合资格。马某因交通肇事被判过拘役，但交通肇事罪属于过失犯罪，不影响申请专利代理师资格。另外，根据2019年修订的《专利代理师考试办法》，故意犯罪的也不是终身禁入专利代理行业，刑罚执行完毕3年后允许其参加考试。

【参考答案】 ACD

48.【2019年第35题】以下哪些人员可以报名参加专利代理师资格考试？

A. 台湾地区居民甲，22岁，刚刚从北京某大学机械系本科毕业

B. 中国公民乙，18岁，在中国某大学新闻系读大一

C. 中国公民丙，30岁，中国某大学物理系毕业，在某律师事务所任职3年

D. 美籍华人丁，28岁，毕业于中国某大学化学系

【解题思路】

香港特别行政区、澳门特别行政区永久性居民和台湾地区居民都是中国公民，可以报名参加专利代理师资格考试。美籍华人则是美国人，没有报考资格。2020年12月开始，在北京和江苏部分地区开展为期三年的专利代理对外开放有关试点工作，取得中国政府颁发的外国人永久居留证，并具有其他国家或地区的专利代理资格的外国人可以参加我国专利代理师资格考试。不过题中并未提到丁符合前述条件。报名参加专利代理师资格考试需要年满18周岁，有理工科大专以上文凭。乙尚未毕业，并且新闻系不是理工科。

【参考答案】 AC

3. 专利代理师执业条件

《专利代理条例》第11条："专利代理师执业应当取得专利代理师资格证，在专利代理机构实习满1年，并在一家专利代理机构从业。"

《专利代理管理办法》第26条："专利代理师执业应当符合下列条件：

（一）具有完全民事行为能力；

（二）取得专利代理师资格证；

（三）在专利代理机构实习满一年，但具有律师执业经历或者三年以上专利审查经历的人员除外；

（四）在专利代理机构担任合伙人、股东，或者与专利代理机构签订劳动合同；

（五）能专职从事专利代理业务。

符合前款所列全部条件之日为执业之日。"

49.【2011年第18题】下列获得专利代理人资格证的人员，哪些不符合颁发执业证的条件？

A. 73岁的赵某

B. 未参加过上岗培训的钱某

C. 不具有完全民事行为能力的孙某

D. 领取专利代理执业证后半年转换专利代理机构的李某

【解题思路】

专利代理师已经取消执业证，本题的

意思可以理解为不能作为专利代理师执业。2019年修订的《专利代理管理办法》取消了专利代理师的入行年龄限制，赵某即使百岁高龄，依然可以申请执业。2019年修订的《专利代理管理办法》将“上岗培训”改为“实习培训”，但未规定不参加实习培训就不能执业，毕竟具有律师执业经历或者三年以上专利审查经历的人员并不需要实习。2019年修订的《专利代理管理办法》取消了专利代理师执业后一年内换单位不发执业证的规定。专利代理师需要具有完全民事行为能力，这是应有之义。

【参考答案】 C

4. 专利代理师执业备案的条件和程序

《专利代理条例》第12条："专利代理师首次执业，应当自执业之日起30日内向专利代理机构所在地省、自治区、直辖市人民政府管理专利工作的部门备案。

省、自治区、直辖市人民政府管理专利工作的部门应当为专利代理师通过互联网备案提供方便。"

50.【2017年第5题】下列哪个说法是正确的？

A. 年满60周岁的专利代理人，不能作为合伙人或股东发起设立新专利代理机构

B. 从事过一年以上的科学技术工作或者法律工作的中国公民，可以申请专利代理人资格

C. 对年龄超过70周岁的人员，不能颁发专利代理人执业证

D. 未满18周岁的中国公民，可以申请专利代理人资格

【解题思路】

2019年修订的《专利代理管理办法》已经取消了专利代理师首次执业和成为股东或合伙人的年龄限制，理论上年龄超过100岁的专利代理师也可以发起设立新代理机构。参加专利代理师资格考试，目前已经不再需要具备工作经验。不过B选项的那位中国公民没说是否具有理工科大专以上学历，故严格来说该选项也不够严密，这里姑且选择。一般情况下，年满18周岁的完全民事行为能力人，才有资格参加专利代理师资格考试。

【参考答案】 B

5. 专利代理师执业备案变更

《专利代理管理办法》第29条："专利代理师从专利代理机构离职的，应当妥善办理业务移交手续，并自离职之日起三十日内通过专利代理管理系统向专利代理机构所在地的省、自治区、直辖市人民政府管理专利工作的部门提交解聘证明等，进行执业备案变更。

专利代理师转换执业专利代理机构的，应当自转换执业之日起三十日内进行执业备案变更，上传与专利代理机构签订的劳动合同或者担任股东、合伙人的证明。

未在规定时间内变更执业备案的，视为逾期未主动履行备案变更手续，省、自治区、直辖市人民政府管理专利工作的部门核实后可以直接予以变更。"

6. 专利代理师的执业规范、执业纪律和职业道德

《专利代理条例》第16条："专利代理师应当根据专利代理机构的指派承办专利代理业务，不得自行接受委托。

专利代理师不得同时在两个以上专利代理机构从事专利代理业务。

专利代理师对其签名办理的专利代理业务负责。”

51.【2014年第71题】吴某2011年通过了全国专利代理人资格考试，2012年3月到甲专利代理机构实习，2013年6月领取了专利代理人执业证。2014年8月吴某到乙专利代理机构工作。下列说法哪些是正确的？

A. 吴某离开甲专利代理机构前，必须妥善处理尚未办结的专利代理案件

B. 吴某到乙专利代理机构工作时，不能取得专利代理人执业证

C. 吴某到乙专利代理机构工作时，不能成为合伙人或者股东

D. 吴某到乙专利代理机构工作后，可以兼职在甲专利代理机构从事专利代理业务

【解题思路】

专利代理师离职前需要妥善移交案件。需要注意的是，2018年修订的《专利代理条例》已经取消了专利代理师执业证，故不管吴某是在原单位工作多久后离职，都不可能获得执业证。考虑到专利代理师资格考试都是考查现行有效的法律法规，这里不考虑2013年不适用新代理条例的情况。吴某执业不到2年，不能成为合伙人或股东。理论上，5个股东中有1个可以不是执业满2年的专利代理师，但题目中没有给出相关信息，故按照一般情况处理。专利代理师不能“脚踩两只船”，在第二家代理机构或者在其他公司兼职做知识产权经理都不可以。

【参考答案】 ABC

52.【2015年第36题】李某是某专利代理公司聘用的专职专利代理人，其在任职期间的下列哪些行为不符合相关规定？

A. 受该代理公司的指派，到一家制药公司从事专利事务方面的咨询

B. 以个人名义对来该代理公司任职之前完成的一项研究成果提出专利申请

C. 在该代理公司不知情的情况下利用业余时间接受张某的委托，从事专利代理业务

D. 与朋友私下交谈时提及了所代理的他人案件的发明创造的内容

【解题思路】

专利代理师去制药公司从事专利方面的咨询，并不是成为该公司员工，接受专利事务的咨询也正是专利代理师的执业范围。为防止专利代理师将客户的技术方案据为己有，禁止专利代理师在执业期间申请专利。专利代理师必须以代理机构的名义接受委托，不能私下以自己的名义接受委托。专利代理师需要保守申请人的商业秘密，对尚未公开的内容不能向他人泄露。D选项中没有写明所涉发明创造是否已经公开，但从题意上看还是选择为宜。

【参考答案】 BCD

53.【2017年第41题】刘某于2015年通过了全国专利代理人资格考试，于2016年7月到某代理公司工作，2017年9月申请获得了专利代理人执业证。刘某的下列哪些行为符合相关规定？

A. 刘某作为申请人于2016年6月向国家知识产权局提交了一件外观设计专利申请

B. 刘某在该代理公司任职期间，到另一家专利代理公司兼职从事有关专利事务方面的咨询工作

C. 刘某在该代理公司任职期间，在国家知识产权局将其代理的一件发明专利申请

公布后，将该专利申请的内容告诉了其好友

D. 刘某在该代理公司任职期间，以自己的名义接受好友的委托，代理其提交了一件实用新型专利申请，并收取了代理费

【解题思路】

为防止专利代理师将客户的技术方案据为己有，专利代理人在执业期间不能申请专利。刘某提交专利申请时，已经通过了全国专利代理师资格考试，但尚未进入专利代理公司工作，故此时可以申请专利。专利代理师只能在一家代理机构执业，禁止“脚踏两只船”。专利代理师需要承担保密义务，专利申请公布后，就没有必要保密。专利代理师不能以自己的名义私下结案并收取费用。

【参考答案】 AC

《专利代理条例》第 18 条："专利代理机构和专利代理师不得以自己的名义申请专利或者请求宣告专利权无效。"

《专利代理条例》第 19 条："国务院专利行政部门和地方人民政府管理专利工作的部门的工作人员离职后，在法律、行政法规规定的期限内不得从事专利代理工作。

曾在国务院专利行政部门或者地方人民政府管理专利工作的部门任职的专利代理师，不得对其审查、审理或者处理过的专利申请或专利案件进行代理。"

54.【2007 年第 81 题】下列哪些情形不符合专利代理条例的规定？

A. 专利代理人薛某在脱离专利代理业务后的第 9 个月时向国家知识产权局提交了一件发明专利申请

B. 国家机关工作人员田某利用业余时间到某专利代理机构兼职，从事专利代理工作

C. 许某是某专利代理机构的代理人，其主要从事专利申请的代理工作，同时许某利用业余时间自行接受他人委托从事专利无效事宜的代理工作

D. 胡某申请了一项发明专利，在该申请被授权之前胡某即进入某代理机构开始从事专利代理工作

【解题思路】

根据 2018 年修订的《专利代理条例》，专利代理师不得申请专利的期限仅限于执业期间，离职后 1 年内不得申请专利的限制已经取消。国家机关工作人员不能兼职从事专利代理工作。专利代理师不能私下接受委托。

【参考答案】 BC

三、专利代理监管

（一）专利代理机构的业务范围

《专利代理条例》第 13 条："专利代理机构可以接受委托，代理专利申请、宣告专利权无效、转让专利申请权或者专利权以及订立专利实施许可合同等专利事务，也可以应当事人要求提供专利事务方面的咨询。"

《专利代理管理办法》第 8 条："任何单位、个人未经许可，不得代理专利申请和宣告专利权无效等业务。"

（二）专利代理机构接受委托的方式

根据《专利代理条例》第 14 条，专利代理机构接受委托，应当与委托人订立书面委托合同。

（三）避免利益冲突的要求

《专利代理条例》第 14 条："专利代理机构接受委托，应当与委托人订立书面委托合同。专利代理机构接受委托后，不得就同

一专利申请或者专利权的事务接受有利益冲突的其他当事人的委托。

专利代理机构应当指派在本机构执业的专利代理师承办专利代理业务，指派的专利代理师本人及其近亲属不得与其承办的专利代理业务有利益冲突。”

55.【2011 年第 29 题】下列关于专利代理的说法哪些是正确的？

A. 专利代理人承办专利代理业务，应当与委托人签订委托合同，写明委托事项和委托权限

B. 接受委托的专利代理机构应当以委托人的名义，在代理权限范围内办理专利申请或者办理其他专利事务

C. 专利代理机构接受委托后，不得就同一内容的专利事务接受有利害关系的其他委托人的委托

D. 专利代理人在从事专利代理业务期间，不得申请专利

【解题思路】

接受委托的是专利代理机构而不是专利代理师。专利代理本质上也是一种代理，应当以委托人的名义进行。专利代理机构需要维护委托人的利益，不能接受有利害关系的其他委托人的委托。为防止专利代理师将委托人的发明创造据为己有，专利代理师在执业期间不得申请专利。

【参考答案】 BCD

56.【2006 年第 63 题】外国某公司甲拟请求宣告中国公民乙的发明专利权无效。乙申请专利时全权委托了专利代理机构丙，由该机构的专利代理人丁办理了专利申请事宜。对此下列说法哪些是正确的？

A. 专利代理机构丙可以接受甲的委托，并可以委派专利代理人丁办理请求宣告乙专利权无效事宜

B. 甲可以自行办理有关无效宣告请求的手续并参加无效宣告程序

C. 专利代理机构丙可以接受甲的委托，但应当委派除丁以外的其他专利代理人办理请求宣告乙专利权无效事宜

D. 专利代理机构丙不得接受甲的委托办理请求宣告乙专利权无效事宜

【解题思路】

专利代理机构丙代理了该案专利的申请，不能掉转枪口再来代理针对该专利的无效。在国内没有营业所的外国公司，必须通过专利代理机构办理专利业务，本题中没有提及该公司在国内有营业所，故不能自行办理无效宣告手续并参加无效宣告程序。

【参考答案】 D

（四）保密义务

《专利代理条例》第 17 条：“专利代理机构和专利代理师对其在执业过程中了解的发明创造的内容，除专利申请已经公布或者公告的以外，负有保守秘密的义务。”

57.【2009 年第 11 题】下列行为哪些不符合相关规定？

A. 具有专利代理人资格但未在专利代理机构工作的周某，以专利代理人的名义接受他人委托，办理专利代理业务并收取费用

B. 具有专利代理人资格的国家机关工作人员吴某在某专利代理机构兼职，从事专利代理业务

C. 专利代理人郑某在脱离专利代理业务两年后作出了一项外观设计，并以自己的名义提交了专利申请

D. 专利代理人王某在国家知识产权局

将其代理的一件发明专利申请公布后，将该专利申请的内容告诉了其好友

【解题思路】

A 选项中周某仅有专利代理师执业资格证，但不是执业的专利代理师，且周某属于私下接案收费。顺便提及的是，目前专利代理师改为执业备案，已经没有执业证这一说法。B 选项中国家机关工作人员不能在专利代理机构兼职。专利代理师不得申请专利的期限仅限于执业期间，C 选项已经离职超过两年。D 选项中发明专利申请公布后，再要求专利代理师承担保密义务就失去了意义。

【参考答案】 AB

58.【2019 年第 37 题】专利代理师在从事专利代理工作中应当遵守以下哪些规定?

A. 专利代理师必须承办专利代理机构委派的专利代理工作，不得自行接受委托

B. 专利代理师不得以自己的名义申请专利

C. 专利代理师对其在执业过程中了解的发明创造的内容，除专利申请已经公布或者公告的以外，负有保守秘密的义务

D. 专利代理师不得同时在两个以上专利代理机构从事专利代理业务

【解题思路】

专利代理业务只能以代理机构的名义接受委托，专利代理师不能私下接案。此外，为防止专利代理师窃取委托人的发明创造，专利代理师在执业期间不能以自己的名义申请专利。专利代理师需要保守客户的商业秘密，对未公开的发明创造承担保密义务。专利代理师只能在一家专利代理机构执业，不能“脚踏两只船”。

【参考答案】 ABCD

（五）专利代理机构年度报告

《专利代理管理办法》第 35 条：“专利代理机构应当按照国家有关规定提交年度报告。年度报告应当包括以下内容：

（一）专利代理机构通信地址、邮政编码、联系电话、电子邮箱等信息；

（二）执行事务合伙人或者法定代表人、合伙人或者股东、专利代理师的姓名，从业人数信息；

（三）合伙人、股东的出资额、出资时间、出资方式等信息；

（四）设立分支机构的信息；

（五）专利代理机构通过互联网等信息网络提供专利代理服务的信息网络平台名称、网址等信息；

（六）专利代理机构办理专利申请、宣告专利权无效、转让、许可、纠纷的行政处理和诉讼、质押融资等业务信息；

（七）专利代理机构资产总额、负债总额、营业总收入、主营业务收入、利润总额、净利润、纳税总额等信息；

（八）专利代理机构设立境外分支机构、其从业人员获得境外专利代理从业资质的信息；

（九）其他应当予以报告的信息。

律师事务所可仅提交其从事专利事务相关的内容。”

《专利代理管理办法》第 36 条：“国家知识产权局以及省、自治区、直辖市人民政府管理专利工作的部门的工作人员应当对专利代理机构年度报告中不予公示的内容保密。”

（六）专利代理机构经营异常名录和严重违法失信名单

《专利代理管理办法》第 34 条："国家知识产权局组织指导全国的专利代理机构年度报告、经营异常名录和严重违法失信名单的公示工作。"

（七）专利代理机构和专利代理师的信息公示

《专利代理管理办法》第 45 条："国家知识产权局应当及时向社会公布专利代理机构执业许可证取得、变更、注销、撤销、吊销等相关信息，以及专利代理师的执业备案、撤销、吊销等相关信息。

国家知识产权局和省、自治区、直辖市人民政府管理专利工作的部门应当及时向社会公示专利代理机构年度报告信息，列入或者移出经营异常名录、严重违法失信名单信息，行政处罚信息，以及对专利代理执业活动的检查情况。行政处罚、检查监督结果纳入国家企业信用信息公示系统向社会公布。

律师事务所、律师受到专利代理行政处罚的，应当由国家知识产权局和省、自治区、直辖市人民政府管理专利工作的部门将信息通报相关司法行政部门。"

（八）对专利代理机构和专利代理师执业活动的检查和监督

《专利代理条例》第 22 条："国务院专利行政部门和省、自治区、直辖市人民政府管理专利工作的部门应当采取随机抽查等方式，对专利代理机构和专利代理师的执业活动进行检查、监督，发现违反本条例规定的，及时依法予以处理，并向社会公布检查、处理结果。检查不得收取任何费用。"

《专利代理管理办法》第 39 条："国家知识产权局指导省、自治区、直辖市人民政府管理专利工作的部门对专利代理机构和专利代理师的执业活动情况进行检查、监督。

专利代理机构跨省设立分支机构的，其分支机构应当由分支机构所在地的省、自治区、直辖市人民政府管理专利工作的部门进行检查、监督。该专利代理机构所在地的省、自治区、直辖市人民政府管理专利工作的部门应当予以协助。"

《专利代理管理办法》第 41 条："省、自治区、直辖市人民政府管理专利工作的部门应当重点对下列事项进行检查、监督：

（一）专利代理机构是否符合执业许可条件；

（二）专利代理机构合伙人、股东以及法定代表人是否符合规定；

（三）专利代理机构年度报告的信息是否真实、完整、有效，与其在市场监督管理部门或者司法行政部门公示的信息是否一致；

（四）专利代理机构是否存在本办法第三十七条规定的情形；

（五）专利代理机构是否建立健全执业管理制度和运营制度等情况；

（六）专利代理师是否符合执业条件并履行备案手续；

（七）未取得专利代理执业许可的单位或者个人是否存在擅自开展专利代理业务的违法行为。"

59.【2008 年第 6 题】专利代理机构的下列哪些做法不符合相关规定？

A．不具有办理涉外专利事务资格的专利代理机构接受委托为申请人提出 PCT 国际申请

B. 专利代理机构授权其办事机构以办事机构的名义办理专利代理业务

C. 专利代理机构就同一内容的专利事务接受有利害关系的两个委托人的委托

D. 未参加年检的专利代理机构在下次年检合格之前到国家知识产权局办理新的专利代理业务

【解题思路】

现在所有的专利代理机构都能做涉外专利代理，A 项的前提已经不成立。办事机构不具有独立的法律地位，不能以自己的名义从事业务。接受有利害关系的两个委托人的委托构成双方代理，属于不当代理的一种。2019 年修订的《专利代理管理办法》删除了有关专利代理机构年检的规定，代之以提交年度报告。不提交年度报告的专利代理机构，将被纳入经营异常名录，但并没有限制纳入经营异常名录的代理机构承办新业务。

【参考答案】 BC

四、专利代理违法行为的处理和法律责任

1. 专利代理违法行为的处理

（1）举报投诉的情形和层级。

《专利代理管理办法》第 46 条："任何单位或者个人认为专利代理机构、专利代理师的执业活动违反专利代理管理有关法律、行政法规、部门规章规定，或者认为存在擅自开展专利代理业务情形的，可以向省、自治区、直辖市人民政府管理专利工作的部门投诉和举报。

省、自治区、直辖市人民政府管理专利工作的部门收到投诉和举报后，应当依据市场监督管理投诉举报处理办法、行政处罚程序等有关规定进行调查处理。本办法另有规定的除外。"

（2）专利代理违法行为的处理。

《专利代理管理办法》第 47 条："对具有重大影响的专利代理违法违规行为，国家知识产权局可以协调或者指定有关省、自治区、直辖市人民政府管理专利工作的部门进行处理。对于专利代理违法行为的处理涉及两个以上省、自治区、直辖市人民政府管理专利工作的部门的，可以报请国家知识产权局组织协调处理。

对省、自治区、直辖市人民政府管理专利工作的部门专利代理违法行为处理工作，国家知识产权局依法进行监督。"

2. 列入经营异常名录和严重违法失信名单的情形

《专利代理管理办法》第 37 条："专利代理机构有下列情形之一的，按照国家有关规定列入经营异常名录：

（一）未在规定的期限提交年度报告；

（二）取得专利代理机构执业许可证或者提交年度报告时提供虚假信息；

（三）擅自变更名称、办公场所、执行事务合伙人或者法定代表人、合伙人或者股东；

（四）分支机构设立、变更、注销未按照规定办理备案手续；

（五）不再符合执业许可条件，省、自治区、直辖市人民政府管理专利工作的部门责令其整改，期限届满仍不符合条件；

（六）专利代理机构公示信息与其在市场监督管理部门或者司法行政部门的登记信息不一致；

（七）通过登记的经营场所无法联系。”

《专利代理管理办法》第 38 条：“专利代理机构有下列情形之一的，按照国家有关规定列入严重违法失信名单：

（一）被列入经营异常名录满三年仍未履行相关义务；

（二）受到责令停止承接新的专利代理业务、吊销专利代理机构执业许可证的专利代理行政处罚。”

60.【2019 年第 36 题】专利代理机构有下列哪些情形，应按照国家有关规定列入严重违法失信名单？

A. 被列入经营异常名录满三年仍未履行相关义务

B. 三年内两次被列入经营异常名录

C. 受到责令停止承接新的专利代理业务的专利代理行政处罚

D. 受到吊销专利代理机构执业许可证的专利代理行政处罚

【解题思路】

被列入经营异常名录满三年仍未履行相关义务属于“屡教不改”，主观恶意较大。受到责令停止承接新的专利代理业务、吊销专利代理机构执业许可证是因为存在严重过错，这两种也都应当列入严重违法失信名单。

【参考答案】 ACD

3. 撤销专利代理机构执业许可证和专利代理师资格证的情形

《专利代理条例》第 24 条：“以隐瞒真实情况、弄虚作假手段取得专利代理机构执业许可证、专利代理师资格证的，由国务院专利行政部门撤销专利代理机构执业许可证、专利代理师资格证。

专利代理机构取得执业许可证后，因情况变化不再符合本条例规定的条件的，由国务院专利行政部门责令限期整改；逾期未改正或者整改不合格的，撤销执业许可证。”

4. 对专利代理机构和专利代理师的行政处罚

（1）专利代理违法行为的调查取证。

《专利代理管理办法》第 49 条：“省、自治区、直辖市人民政府管理专利工作的部门应当及时、全面、客观、公正地调查收集与案件有关的证据。可以通过下列方式对案件事实进行调查核实：

（一）要求当事人提交书面意见陈述；

（二）询问当事人；

（三）到当事人所在地进行现场调查，可以调阅有关业务案卷和档案材料；

（四）其他必要、合理的方式。”

（2）专利代理机构违法行为及法律责任。

《专利代理条例》第 25 条：“专利代理机构有下列行为之一的，由省、自治区、直辖市人民政府管理专利工作的部门责令限期改正，予以警告，可以处 10 万元以下的罚款；情节严重或者逾期未改正的，由国务院专利行政部门责令停止承接新的专利代理业务 6 个月至 12 个月，直至吊销专利代理机构执业许可证：

（一）合伙人、股东或者法定代表人等事项发生变化未办理变更手续；

（二）就同一专利申请或者专利权的事务接受有利益冲突的其他当事人的委托；

（三）指派专利代理师承办与其本人或者其近亲属有利益冲突的专利代理业务；

（四）泄露委托人的发明创造内容，或者以自己的名义申请专利或请求宣告专利权无效；

（五）疏于管理，造成严重后果。

专业代理机构在执业过程中泄露委托人的发明创造内容，涉及泄露国家秘密、侵犯商业秘密的，或者向有关行政、司法机关的工作人员行贿，提供虚假证据的，依照有关法律、行政法规的规定承担法律责任；由国务院专利行政部门吊销专利代理机构执业许可证。”

61.【2019 年第 91 题】针对专利代理机构的下列哪些行为，视情节严重程度，主管部门可以做出警告、罚款、责令停业，直至吊销执业许可证的行政处罚？

A. 合伙人、股东或者法定代表人等事项发生变化未办理变更手续

B. 就同一专利申请或者专利权的事务接受有利益冲突的其他当事人的委托

C. 指派专利代理师承办与其本人或者其近亲属有利益冲突的专利代理业务

D. 泄露委托人的发明创造内容，或者以自己的名义申请专利或请求宣告专利权无效

【解题思路】

合伙人、股东等变更需要及时办理手续，否则公众不能及时了解代理机构的实际控制人，问题比较严重。代理机构从事有利益冲突的业务、违背保密义务或者自己作为当事人进行专利申请或者专利无效都是严重违背职业纪律的行为。

【参考答案】 ABCD

《专利代理管理办法》第 51 条：“专利代理机构有下列情形之一的，属于专利代理条例第二十五条规定的‘疏于管理，造成严重后果’的违法行为：

（一）因故意或者重大过失给委托人、第三人利益造成损失，或者损害社会公共利益；

（二）从事非正常专利申请行为，严重扰乱专利工作秩序；

（三）诋毁其他专利代理师、专利代理机构，以不正当手段招揽业务，存在弄虚作假行为，严重扰乱行业秩序，受到有关行政机关处罚；

（四）严重干扰专利审查工作或者专利行政执法工作正常进行；

（五）专利代理师从专利代理机构离职未妥善办理业务移交手续，造成严重后果；

（六）专利代理机构执业许可证信息与市场监督管理部门、司法行政部门的登记信息或者实际情况不一致，未按照要求整改，给社会公众造成重大误解；

（七）分支机构设立、变更、注销不符合规定的条件或者没有按照规定备案，严重损害当事人利益；

（八）默许、指派专利代理师在未经其本人撰写或者审核的专利申请等法律文件上签名，严重损害当事人利益；

（九）涂改、倒卖、出租、出借专利代理机构执业许可证，严重扰乱行业秩序。”

（3）专利代理师违法行为及法律责任。

《专利代理条例》第 26 条：“专利代理师有下列行为之一的，由省、自治区、直辖市人民政府管理专利工作的部门责令限期改正，予以警告，可以处 5 万元以下的罚款；情节严重或者逾期未改正的，由国务院专利行政部门责令停止承办新的专利代理业务 6 个月至 12 个月，直至吊销专利代理师资格证：

（一）未依照本条例规定进行备案；

（二）自行接受委托办理专利代理业务；

（三）同时在两个以上专利代理机构从事专利代理业务；

（四）违反本条例规定对其审查、审理或者处理过的专利申请或专利案件进行代理；

（五）泄露委托人的发明创造内容，或者以自己的名义申请专利或请求宣告专利权无效。

专利代理师在执业过程中泄露委托人的发明创造内容，涉及泄露国家秘密、侵犯商业秘密的，或者向有关行政、司法机关的工作人员行贿，提供虚假证据的，依照有关法律、行政法规的规定承担法律责任；由国务院专利行政部门吊销专利代理师资格证。”

62.【2018 年第 35 题】专利代理人违反有关法律、法规和规章规定的，对专利代理人给予的惩戒包括：

A. 警告

B. 通报批评

C. 收回专利代理人执业证书

D. 吊销专利代理人资格

【解题思路】

2018 年修订的《专利代理条例》去除了通报批评，可能是因为当时的《行政处罚法》规定的行政处罚种类中没有通报批评。不过，2021 年《行政处罚法》修改时增加了“通报批评”，也许今后《专利代理条例》再次修订时会重新加入通报批评。不过，目前 B 选项还是不选为宜。另外，专利代理师执业证已经取消，故惩戒中也不再存在收回执业证书。

【参考答案】 AD

63.【2016 年第 36 题】专利代理人有下列哪些情形的应当受到惩戒？

A. 同时在两个以上专利代理机构执业的

B. 妨碍、阻扰对方当事人合法取得证据的

C. 干扰专利审查工作或者专利行政执法工作正常进行的

D. 因过错给当事人造成重大经济损失的

【解题思路】

专利代理师如存在行为不当，则会受到惩戒。专利代理师只能在一个代理机构执业，同时在两个以上的代理机构执业具有明显的过错。妨碍对方当事人取得合法证据以及干扰专利审查或专利执法活动，过错也很明显。D 选项中则明确是因为“过错”而给当事人造成了重大损失。

【参考答案】 ABCD

64.【2018 年第 24 题】某专利代理人在代理专利申请过程中未履行职责，给委托人造成了经济损失，那么下列哪个说法是正确的？

A. 由该代理人所在的代理机构承担赔偿责任，该代理人无须承担赔偿责任

B. 该代理人所在的代理机构承担赔偿责任后，可以按一定比例向李某追偿

C. 由该代理人承担赔偿责任，其所在的代理机构无须承担赔偿责任

D. 该代理人的行为情节严重的，由其所在的专利代理机构给予批评教育

【解题思路】

本题就是 2017 年第 6 题，不同之处是原题目中指明代理人为“李某”，而本题将其删除，但没有删除干净，“李某”依然出现在 B 选项中。专利代理合同的双方是委托

人和专利代理机构，代理人不履行职责，意味着专利代理机构存在违约行为，应当由代理机构承担违约责任。代理机构在承担违约责任后，可以向具有过错的代理人追偿。

【参考答案】 B

（4）专利代理师签名责任。

《专利代理条例》第53条："专利代理师对其签名办理的专利代理业务负责。对于非经本人办理的专利事务，专利代理师有权拒绝在相关法律文件上签名。

专利代理师因专利代理质量等原因给委托人、第三人利益造成损失或者损害社会公共利益的，省、自治区、直辖市人民政府管理专利工作的部门可以对签名的专利代理师予以警告。"

5. 擅自开展专利代理业务的法律责任

（1）擅自开展专利代理业务的情形。

《专利代理管理办法》第52条："有下列情形之一的，属于专利代理条例第二十七条规定的'擅自开展专利代理业务'的违法行为：

（一）通过租用、借用等方式利用他人资质开展专利代理业务；

（二）未取得专利代理机构执业许可证或者不符合专利代理师执业条件，擅自代理专利申请、宣告专利权无效等相关业务，或者以专利代理机构、专利代理师的名义招揽业务；

（三）专利代理机构执业许可证或者专利代理师资格证被撤销或者吊销后，擅自代理专利申请、宣告专利权无效等相关业务，或者以专利代理机构、专利代理师的名义招揽业务。"

（2）擅自开展专利代理业务的法律责任。

《专利代理条例》第27条："违反本条例规定擅自开展专利代理业务的，由省、自治区、直辖市人民政府管理专利工作的部门责令停止违法行为，没收违法所得，并处违法所得1倍以上5倍以下的罚款。"

6. 对知识产权（专利）领域严重失信主体联合惩戒

（1）联合惩戒对象。

根据《关于对知识产权（专利）领域严重失信主体开展联合惩戒的合作备忘录》，联合惩戒对象为知识产权（专利）领域严重失信行为的主体实施者。该主体实施者为法人的，联合惩戒对象为该法人及其法定代表人、主要负责人、直接责任人员和实际控制人；该主体实施者为非法人组织的，联合惩戒对象为非法人组织及其负责人；该主体实施者为自然人的，联合惩戒对象为本人。

（2）知识产权（专利）领域严重失信行为类型。

根据根据《关于对知识产权（专利）领域严重失信主体开展联合惩戒的合作备忘录》，知识产权（专利）领域严重失信行为类型包括：

①重复专利侵权行为。各地方知识产权局经调解或作出行政决定，认定存在专利侵权行为后，侵权方再次侵犯同一专利权的，视为侵权方存在重复专利侵权行为。

②不依法执行行为。拒不执行已生效的针对专利侵权假冒行为的行政处理决定或行政处罚决定的行为，以及阻碍地方知识产权局依法开展调查、取证的行为视为不依法执行行为。

③专利代理严重违法行为。专利代理机构被列入国家知识产权局确定的经营异常

名录后，自列入之日起满3年后仍不符合相关规定的，视为存在专利代理严重违法行为。

④专利代理人资格证书挂靠行为。变造、倒卖、出租、出借专利代理人资格证书的，或者以其他形式转让资格证书、注册证、执业印章的。

⑤非正常申请专利行为。被国家知识产权局认定为属于《关于规范专利申请行为的若干规定》（国家知识产权局令2017年第75号）所称的非正常申请专利的行为。

⑥提供虚假文件行为。权利人在申请专利或办理相关事务过程中提供虚假材料或者虚假证明文件的，视为提供虚假文件行为。

五、专利代理行业组织

（一）专利代理行业组织

《专利代理条例》第6条第1款："专利代理机构和专利代理师可以依法成立和参加专利代理行业组织。"

《专利代理管理办法》第4条第1款："专利代理机构和专利代理师可以依法成立和参加全国性或者地方性专利代理行业组织。专利代理行业组织是社会团体，是专利代理师的自律性组织。"

（二）专利代理行业组织的职责

《专利代理条例》第21条："专利代理行业组织应当加强对会员的自律管理，组织开展专利代理师业务培训和职业道德、执业纪律教育，对违反行业自律规范的会员实行惩戒。"

《专利代理管理办法》第32条："专利代理行业组织应当依法履行下列职责：

（一）维护专利代理机构和专利代理师的合法权益；

（二）制定行业自律规范，加强行业自律，对会员实施考核、奖励和惩戒，及时向社会公布其吸纳的会员信息和对会员的惩戒情况；

（三）组织专利代理机构、专利代理师开展专利代理援助服务；

（四）组织专利代理师实习培训和执业培训，以及职业道德、执业纪律教育；

（五）按照国家有关规定推荐专利代理师担任诉讼代理人；

（六）指导专利代理机构完善管理制度，提升专利代理服务质量；

（七）指导专利代理机构开展实习工作；

（八）开展专利代理行业国际交流；

（九）其他依法应当履行的职责。"

（三）专利代理行业自律规范

《专利代理条例》第6条第2款："专利代理行业组织应当制定专利代理行业自律规范。专利代理行业自律规范不得与法律、行政法规相抵触。"

《专利代理管理办法》第4条第2款："专利代理行业组织应当制定专利代理行业自律规范，行业自律规范不得与法律、行政法规、部门规章相抵触。专利代理机构、专利代理师应当遵守行业自律规范。"

（四）对于专利代理行业组织的监管

《专利代理条例》第6条第3款："国务院专利行政部门依法对专利代理行业组织进行监督、指导。"

第二章　授予专利权的实质条件

【基本要求】

掌握三种专利的保护对象和可以授予专利权的主题；掌握发明、实用新型和外观设计专利授予专利权的各项实质条件。

第一节　专利保护的对象和主题

一、三种专利的保护对象

（一）发明

《专利法》第 2 条第 2 款："发明，是指对产品、方法或者其改进所提出的新的技术方案。"

1. 产品发明

产品发明包括一切由人创造出来的物品，即对机器、设备、部件、仪器、装置、用具或组合物、化合物等作出的发明。日常用品、实验仪器、家用电器、交通工具等，都可以纳入产品发明的范畴。

2. 方法发明

方法发明包括所有利用自然规律的方法，即对加工方法、制造工艺、测试方法或产品的使用方法等所作出的发明。VC 二步发酵法、氧气顶吹转炉炼钢法等都属于方法发明。

3. 对产品或方法的改进

专利保护的发明也可以是对现有产品或方法的改进，例如，对某些技术特征进行新的组合或选择等。只要这种组合或选择产生了新的技术效果，它们就是可获专利的发明。我们生活中的绝大多数发明都是对现有技术的改进。

4. 新的技术方案

技术方案，是指运用自然规律解决人类生产、生活中某一特定技术问题的具体构思，是利用自然规律、自然力使之产生一定效果的方案。世界知识产权组织的经典教材指出：发明是人脑的一种思维活动，是利用自然规律解决生产、科研、实验中各种问题的技术解决方案。技术方案一般由若干技术特征组成，各个技术特征之间的相互关系也是技术特征。

（二）实用新型

《专利法》第 2 条第 3 款："实用新型，是指对产品的形状、构造或者其结合所提出的适于实用的新的技术方案。"

1. 产品的含义

《专利审查指南》第 1 部分第 2 章第 6.1 节规定了实用新型的保护客体。

根据《专利法》第 2 条第 3 款的规定，实用新型专利只保护产品。所述产品应当是经过产业方法制造的，有确定形状、构造且占据一定空间的实体。

一切方法以及未经人工制造的自然存在的物品不属于实用新型专利保护的客体。

上述方法包括产品的制造方法、使用方法、通讯方法、处理方法、计算机程序以及将产品用于特定用途等。

例如，齿轮的制造方法、工作间的除尘方法或数据处理方法，自然存在的雨花石等不属于实用新型专利保护的客体。

一项发明创造可能既包括对产品形状、构造的改进，又包括对生产该产品的专用方法、工艺或构成该产品的材料本身等方面的改进。但是实用新型专利仅保护针对产品形状、构造提出的改进技术方案。

应当注意的是：

（1）权利要求中可以使用已知方法的名称限定产品的形状、构造，但不得包含方法的步骤、工艺条件等。例如，以焊接、铆接等已知方法名称限定各部件连接关系的，不属于对方法本身提出的改进。

（2）如果权利要求中既包含形状、构造特征，又包含对方法本身提出的改进，如含有对产品制造方法、使用方法或计算机程序进行限定的技术特征，则不属于实用新型专利保护的客体。例如，一种木质牙签，主体形状为圆柱形，端部为圆锥形，其特征在于：木质牙签加工成形后，浸泡于医用杀菌剂中5～20分钟，然后取出晾干。由于该权利要求包含了对方法本身提出的改进，因此不属于实用新型专利保护的客体。

1.【2015年第5题】下列哪个属于实用新型专利保护的客体？

A．一种复合齿轮，其特征在于将熔制的钢水浇铸到齿模内，冷却、保温后而成

B．一种药膏，其特征在于包含凡士林5%～20%、尿素10%～30%、水杨酸8%～30%

C．一种建筑沙子，其特征在于将其堆积成圆台状

D．一种葫芦容器，其特征在于容器主体为葫芦型，容器上口内镶有衬套

【解题思路】

实用新型专利只保护产品，不保护方法，A选项要求保护的是齿轮的制造方法。实用新型保护产品的构造，但产品的成分属于对材料本身的改进，不属于实用新型保护的范围。实用新型保护产品的形状，但不保护堆积等方法获得的非确定的形状。

【参考答案】 D

2.【2016年第4题】下列哪个属于实用新型专利保护的客体？

A．一种采用新程序控制的垃圾桶

B．一种制作卡通形象垃圾桶的模具

C．一种用于制作垃圾桶的新材料

D．一种为了美观而将外形设计为动物形象的垃圾桶

【解题思路】

实用新型保护的是具有确定的形状和构造的产品，用新程序控制的垃圾桶，在形状和构造上并没有改进，不属于实用新型保护的客体。实用新型同样不保护材料。实用新型保护的是“技术”，为了美观而将外形设计为动物形象属于“艺术”，不属于实用新型保护的客体。

【参考答案】 B

2. 产品的形状

《专利审查指南》第1部分第2章第6.2.1节规定了产品的形状。

产品的形状是指产品所具有的、可以从外部观察到的确定的空间形状。

对产品形状所提出的改进可以是对产

品的三维形态所提出的改进，例如对凸轮形状、刀具形状作出的改进；也可以是对产品的二维形态所提出的改进，例如对型材的断面形状的改进。

无确定形状的产品，例如气态、液态、粉末状、颗粒状的物质或材料，其形状不能作为实用新型产品的形状特征。

应当注意的是：

（1）不能以生物的或者自然形成的形状作为产品的形状特征。例如，不能以植物盆景中植物生长所形成的形状作为产品的形状特征，也不能以自然形成的假山形状作为产品的形状特征。

（2）不能以摆放、堆积等方法获得的非确定的形状作为产品的形状特征。

（3）允许产品中的某个技术特征为无确定形状的物质，如气态、液态、粉末状、颗粒状物质，只要其在该产品中受该产品结构特征的限制即可。例如，对温度计的形状构造所提出的技术方案中允许写入无确定形状的酒精。

（4）产品的形状可以是在某种特定情况下所具有的确定的空间形状。例如，具有新颖形状的冰杯、降落伞等。又如，一种用于钢带运输和存放的钢带包装壳，由内钢圈、外钢圈、捆带、外护板以及防水复合纸等构成，若其各部分按照技术方案所确定的相互关系将钢带包装起来后形成确定的空间形状，这样的空间形状不具有任意性，则钢带包装壳属于实用新型专利保护的客体。

3.【2014 年第 66 题】下列关于实用新型专利保护客体的说法哪些是正确的？

A. 一种“多层雪糕”。由于雪糕在常温下会融化，没有固定形状，所以不属于实用新型专利保护客体

B. 一种“涂有氧化层的铁锅”。由于氧化层在铁锅表面形成了氧化层结构，所以属于实用新型专利保护客体

C. 一种“内部装有导流装置的烟囱”。由于烟囱由混凝土或砖砌成，属于一种固定建筑物，所以不属于实用新型专利保护客体

D. 一种“植物盆栽”。由于盆栽的形状是植物自然生长形成的，所以不属于实用新型保护的客体

【解题思路】

实用新型保护的客体需要有确定的形状和构造，雪糕至少在低温下有确定形状，符合实用新型的要求。铁锅中的氧化层属于确定的结构，符合实用新型的要求。烟囱属于建筑物中的一部分，并不是建筑物本身，可以作为实用新型保护的客体。盆栽属于自然生长形成的，不是人类的智力成果，不属于实用新型保护的客体。

【参考答案】BD

4.【2017 年第 14 题】下列哪一主题属于实用新型的保护客体？

A. 一种生活晾绳

B. 动物标本

C. 一种玻璃水

D. 织物中掺入荧光粉而形成的荧光织物

【解题思路】

动物标本是将自然存在的动物通过手工加工方式进行适当处理而制备，不是通过产业方法制造，故不属于实用新型保护的客体。玻璃水没有具体的形状，故不属于实用新型保护的客体。织物中掺入荧光粉而形成的荧光织物，保护的是织物的材料本身，因

此也不属于实用新型保护的客体。

【参考答案】 A

5.【2017年第61题】关于实用新型的保护客体，以下说法正确的是？

A. 将若干一次性水杯摆放成有利于运动员拿取的楔形，这样的水杯造型产品属于实用新型保护客体

B. 含有无确定形状的水银或酒精的温度计，属于实用新型的保护客体

C. 一种带有棱柱形蜡烛的音乐开关，随着蜡烛的熔化变形而实现电路的转换，该开关属于实用新型的保护客体

D. 堆积成圆台状的建筑沙子属于实用新型的保护客体

【解题思路】

实用新型所保护的产品形状应当是具有稳定性的形状，水杯的摆放成的楔形以及沙子堆积成的圆台形都不稳定，不能成为实用新型保护的客体。温度计中虽然带有液态的酒精或水银，但它们的形状被限制在温度计内部，形状依然是确定的。产品的形状可以是在某种特定情况下所具有的形状，不需要“时刻准备着”。音乐开关的棱柱形蜡烛，在没有点亮的时候形状是确定的。

【参考答案】 BC

3. 产品的构造

《专利审查指南》第1部分第2章第6.2.2节规定了产品的构造。

产品的构造是指产品的各个组成部分的安排、组织和相互关系。

产品的构造可以是机械构造，也可以是线路构造。机械构造是指构成产品的零部件的相对位置关系、连接关系和必要的机械配合关系等；线路构造是指构成产品的元器件之间的确定的连接关系。

复合层可以认为是产品的构造，产品的渗碳层、氧化层等属于复合层结构。

物质的分子结构、组分、金相结构等不属于实用新型专利给予保护的产品的构造。例如，仅改变焊条药皮组分的电焊条不属于实用新型专利保护的客体。

应当注意的是：

（1）权利要求中可以包含已知材料的名称，即可以将现有技术中的已知材料应用于具有形状、构造的产品上，例如复合木地板、塑料杯、记忆合金制成的心脏导管支架等，不属于对材料本身提出的改进。

（2）如果权利要求中既包含形状、构造特征，又包含对材料本身提出的改进，则不属于实用新型专利保护的客体。例如，一种菱形药片，其特征在于，该药片是由20%的A组分、40%的B组分及40%的C组分构成的。由于该权利要求包含了对材料本身提出的改进，因此不属于实用新型专利保护的客体。

6.【2012年第70题】下列哪些属于实用新型专利保护的客体？

A. 一种温度计，其特征在于主体为空心圆柱体，圆柱体内灌有水银

B. 一种盆景，其特征在于植物生长所形成的形状

C. 一种菱形药片，其特征在于该药片由33.6%的a组分和66.4%的b组分构成

D. 一种降落伞，其特征在于展开后的横截面为半圆形

【解题思路】

B选项为自然生长的形状，不属于产品的形状特征；C选项的特征在于其化学成分，

不属于结构特征。产品中某个部位允许存在无定形物质，产品的形状可以是某个特定情况下具有的形状。

【参考答案】 AD

7.【2019 年第 39 题】下列哪些属于实用新型专利产品的构造？

A．物质的金相结构

B．产品的机械构造

C．产品的渗碳层

D．金属的氧化层

【解题思路】

实用新型专利产品的构造不能是微观状态下才能看到的结构，如金相结构。产品的机械构造、产品的渗碳层和金属的氧化层通过肉眼都能看到，属于实用新型所保护的构造。

【参考答案】 BCD

4. 新的技术方案

《专利审查指南》第 1 部分第 2 章第 6.3 节规定了新的技术方案的含义。

《专利法》第 2 条第 3 款所述的技术方案，是指对要解决的技术问题所采取的利用了自然规律的技术手段的集合。技术手段通常是由技术特征来体现的。

未采用技术手段解决技术问题，以获得符合自然规律的技术效果的方案，不属于实用新型专利保护的客体。

产品的形状以及表面的图案、色彩或者其结合的新方案，没有解决技术问题的，不属于实用新型专利保护的客体。产品表面的文字、符号、图表或者其结合的新方案，不属于实用新型专利保护的客体。例如，仅改变按键表面文字、符号的计算机或手机键盘；以十二生肖形状为装饰的开罐刀；仅以表面图案设计为区别特征的棋类、牌类，如古诗扑克等。

8.【2013 年第 21 题】下列哪个属于实用新型专利保护的客体？

A．一种复合板材，其特征在于由三层板材构成，板材之间由胶水黏结

B．一种复合板材，其特征在于经浸泡、脱水、干燥而成

C．一种复合板材，其特征在于可用于制造简易房屋

D．一种复合板材，其特征在于板材上印刷有卡通图案

【解题思路】

实用新型保护的客体必须具有一定的空间构造。物品的制造工艺、用途和表面图案都不包含结构特征，故 B、C、D 排除。

【参考答案】 A

9.【2019 年第 6 题】下列申请主题哪个可以被授予实用新型专利权？

A．一种添加有防腐剂的饮料

B．一种模具的制作方法

C．一种包含有指纹识别装置的防盗锁

D．一种表面图案为乘法口诀的扑克

【解题思路】

实用新型专利保护的是产品，不包括方法，磨具的制作方法可以申请发明专利，但不能申请实用新型专利。实用新型专利保护的是具有确定形状和构造的产品，添加有防腐剂的饮料不具备确定的形状和结构。实用新型专利保护的是技术方案，扑克表面印刷乘法口诀并不是通过技术手段来解决技术问题，不属于技术方案。

【参考答案】 C

5. 不给予实用新型专利保护的客体

实用新型专利只保护产品，不保护方法。申请专利所提出的技术方案，必须涉及产品的形状，或者涉及产品的构造，或者是形状与构造的结合。如果相关客体不符合上述要求，那就不属于实用新型专利保护的客体。

（三）外观设计

《专利法》第 2 条第 4 款："外观设计，是指对产品的整体或者局部的形状、图案或者其结合以及色彩与形状、图案的结合所作出的富有美感并适于工业应用的新设计。"

1. 外观设计的载体

《专利审查指南》第 1 部分第 3 章第 7.1 节规定了外观设计必须以产品为载体。

外观设计是产品的外观设计，其载体应当是产品。不能重复生产的手工艺品、农产品、畜产品、自然物不能作为外观设计的载体。

2. 产品的形状、图案或者其结合以及色彩与形状、图案的结合

《专利审查指南》第 1 部分第 3 章第 7.2 节规定了外观设计的具体类型。

构成外观设计的是产品的外观设计要素或要素的结合，其中包括形状、图案或者其结合以及色彩与形状、图案的结合。产品的色彩不能独立构成外观设计，除非产品色彩变化的本身已形成一种图案。可以构成外观设计的组合有：产品的形状；产品的图案；产品的形状和图案；产品的形状和色彩；产品的图案和色彩；产品的形状、图案和色彩。

3. 富有美感并适于工业应用的新设计

《专利审查指南》第 1 部分第 3 章第 7.3 节规定了"富有美感并适于工业应用的新设计"的含义。

适于工业应用，是指该外观设计能应用于产业上并形成批量生产。

富有美感，是指在判断是否属于外观设计专利权的保护客体时，关注的是产品的外观给人的视觉感受，而不是产品的功能特性或者技术效果。

《专利法》第 2 条第 4 款是对可获得专利保护的外观设计的一般性定义，而不是判断外观设计是否相同或实质相同的具体审查标准。因此，在审查中，对于要求保护的外观设计是否满足新设计的一般性要求，审查员通常仅需根据申请文件的内容及一般消费者的常识进行判断。

4. 不授予外观设计专利权的情形

《专利审查指南》第 1 部分第 3 章第 7.4 节规定了不授予外观设计专利权的情形。

根据《专利法》第 2 条第 4 款的规定，以下属于不授予外观设计专利权的情形：

（1）取决于特定地理条件、不能重复再现的固定建筑物、桥梁等。例如，包括特定的山水在内的山水别墅。

（2）因其包含有气体、液体及粉末状等无固定形状的物质而导致其形状、图案、色彩不固定的产品。

（3）~~产品的不能分割或者不能单独出售且不能单独使用的局部设计，例如袜跟、帽檐、杯把等。~~

【提醒】

2020 年《专利法》修改后，外观设计的保护对象中包括局部设计。由于专利审查指南尚未进行修改，故本处用删除线的方式对本知识点进行提示。

（4）对于由多个不同特定形状或者图案的构件组成的产品，如果构件本身不能单独出售且不能单独使用，则该构件不属于外观设计专利保护的客体。例如，一组由不同形状的插接块组成的拼图玩具，只有将所有插接块共同作为一项外观设计申请时，才属于外观设计专利保护的客体。

（5）不能作用于视觉或者肉眼难以确定，需要借助特定的工具才能分辨其形状、图案、色彩的物品。例如，其图案是在紫外灯照射下才能显现的产品。

（6）要求保护的外观设计不是产品本身常规的形态，例如手帕扎成动物形态的外观设计。

（7）以自然物原有形状、图案、色彩作为主体的设计，通常指两种情形：一种是自然物本身；另一种是自然物仿真设计。

（8）纯属美术、书法、摄影范畴的作品。

（9）仅以在其产品所属领域内司空见惯的几何形状和图案构成的外观设计。

（10）文字和数字的字音、字义不属于外观设计保护的内容。

（11）游戏界面以及与人机交互无关的显示装置所显示的图案，例如，电子屏幕壁纸、开关机画面、与人机交互无关的网站网页的图文排版。

10.【2007 年第 31 题】下列哪些物品不属于外观设计专利保护的客体？

A. 一幅山水国画

B. 电脑包的内部夹层设计

C. 帽子上的花纹设计

D. 手机开机时才能看到的显示屏图案

【解题思路】

山水国画属于纯美术作品；外观设计中带有一个“外”字，意味着必须是外部能看到的设计，而电脑包的内部夹层设计外部无法看见；开机后才能看到的图案与人机交互或实现产品功能无关；此三项不属于外观设计的保护客体。顺便需要提及的是，外观设计中的“观”，指的是用眼睛看，如果需要使用放大镜或者显微镜，那就不属于“观”；外观设计中的“设计”，意味着应当是人类的智力成果，由自然物本身构成或对其进行的模仿不属于智力创作，故不属于外观设计保护的范围。

【参考答案】 ABD

11.【2015 年第 37 题】下列哪些属于外观设计专利保护的客体？

A. 帽子上的绢花造型设计

B. 通电后才显示的霓虹灯的彩色图案

C. 饼干的月牙形设计

D. 餐巾扎成的玫瑰花形状

【解题思路】

餐巾扎成的玫瑰花形状不是产品本身常规的形态，不属于外观设计保护的客体。2010 年《专利审查指南》修改后，产品通电后显示的图案也可能成为外观设计专利保护的客体。霓虹灯的彩色图案和手机开机画面不同，后者并没有与产品紧密结合，很容易进行替换。帽子和饼干的设计则明显属于外观设计保护的客体。

【参考答案】 ABC

12.【2019 年第 3 题】下面哪项属于外观设计的保护客体？

A. 蒙娜丽莎油画

B. 王者荣耀游戏界面

C．刻有文字的花瓶

D．依山而建的别墅

【解题思路】

外观设计属于对产品的设计，需要和产品紧密结合。蒙娜丽莎油画属于单纯的美术作品，并没有和产品结合，游戏界面和产品的结合也并不紧密，加上“王者荣耀”也不行。依山而建的别墅受到地形限制，无法在其他地方复制，缺乏实用性。

【参考答案】 C

二、不授予专利权的主题

《专利法》第5条："对违反法律、社会公德或者妨害公共利益的发明创造，不授予专利权。对违反法律、行政法规的规定获取或者利用遗传资源，并依赖该遗传资源完成的发明创造，不授予专利权。"

《专利法》第25条："对下列各项，不授予专利权：

（一）科学发现；

（二）智力活动的规则和方法；

（三）疾病的诊断和治疗方法；

（四）动物和植物品种；

（五）原子核变换方法以及用原子核变换方法获得的物质；

（六）对平面印刷品的图案、色彩或者二者的结合作出的主要起标识作用的设计。

对前款第（四）项所列产品的生产方法，可以依照本法规定授予专利权。"

【提醒】

2020年《专利法》修改后，本条第五项中增加了“原子核变换方法”。该修改内容在《专利审查指南》中早有规定，故对考试基本没有影响。

13.【2011年第2题】下列哪些属于可授予专利权的主题？

A．新型洗衣机的操作说明

B．制造人体假肢的方法

C．利用电磁波传输信号的方法

D．动物和植物品种的非生物学生产方法

【解题思路】

新型洗衣机的操作说明属于智力活动的规则，A选项排除。B、C、D选项都属于技术方案且不属于《专利法》第25条排除的范围。

【参考答案】 BCD

（一）违反法律的发明创造

《专利审查指南》第2部分第1章第3.1.1节对违反法律的发明创造作出了详尽的规定。

1.“法律”的含义

法律，是指由全国人民代表大会或者全国人民代表大会常务委员会依照立法程序制定和颁布的法律。它不包括行政法规和规章。

2.违反法律的发明创造的定义

发明创造与法律相违背的，不能被授予专利权。例如，用于赌博的设备、机器或工具；吸毒的器具；伪造国家货币、票据、公文、证件、印章、文物的设备等都属于违反法律的发明创造，不能被授予专利权。

发明创造并没有违反法律，但是由于其被滥用而违反法律的，则不属此列。例如，用于医疗的各种毒药、麻醉品、镇静剂、兴奋剂和用于娱乐的棋牌等。

《专利法实施细则》第10条规定，《专利法》第5条所称违反法律的发明创造，不包括仅其实施为法律所禁止的发明创造。其含义是，如果仅仅是发明创造的产品的生产、销售或使用受到法律的限制或约束，则该产品本身及其制造方法并不属于违反法律的发明创造。例如，用于国防的各种武器的生产、销售及使用虽然受到法律的限制，但这些武器本身及其制造方法仍然属于可给予专利保护的客体。

14.【2018 年第 5 题】关于《专利法》第 5 条，以下说法正确的是：

A. 该条第 1 款所述“违反法律的发明创造”中的“法律”，包括由全国人民代表大会或其常务委员会，以及国务院制定和颁布的法律法规

B. 只要发明创造的产品的生产、销售或使用违反了法律，则该产品本身及其制造方法就属于违反法律的发明创造

C. 如果一项在美国完成的发明创造的完成依赖于从中国获取的某畜禽遗传资源，该遗传资源属于列入《中华人民共和国国家级畜禽遗传资源保护名录》的遗传资源，但发明人并未按照《中华人民共和国畜禽遗传资源进出境和对外合作研究利用审批办法》的规定办理审批手续，因此，该项发明向中国申请专利时不能授予专利权

D. 如果某专利申请说明书包含了违反法律的发明创造，但该申请的权利要求中未请求保护该违反法律的发明创造，则该专利申请不违反《专利法》第 5 条第 1 款的规定

【解题思路】

“违反法律的发明创造”中的“法律”，指的是狭义的法律，即全国人民代表大会或全国人民代表大会常委会制定和颁布的法律，不包括国务院制定和颁布的行政法规。“违反法律的发明创造”指的是技术本身的问题，而不是产品的问题。飞机、坦克的制造受到法律严格限制，但相关技术无疑可以申请国防专利。如果从中国获取遗传资源的方式违背相关法律和行政法规，则不管与之相关的发明创造是否在中国完成，都不能在中国获得专利授权。如果专利申请说明书中包含了违反法律的发明创造，不管申请人是否要求对其获得保护，都需要从说明书中删除，避免被他人用于危害社会。

【参考答案】 C

（二）违反社会公德的发明创造

《专利审查指南》第 2 部分第 1 章第 3.1.2 节对违反社会公德的发明创造作出了规定。

1.“社会公德”的含义

社会公德，是指公众普遍认为是正当的，并被接受的伦理道德观念和行为准则。它的内涵基于一定的文化背景，随着时间的推移和社会的进步不断地发生变化，而且因地域不同而各异。中国《专利法》中所称的社会公德限于中国境内。

2. 违反社会公德的发明创造的定义

发明创造与社会公德相违背的，不能被授予专利权。例如，带有暴力凶杀或者淫秽的图片或者照片的外观设计，非医疗目的的人造性器官或者其替代物，人与动物交配的方法，改变人生殖系遗传同一性的方法或改变了生殖系遗传同一性的人，克隆的人或克隆人的方法，人胚胎的工业或商业目的的应用，可能导致动物痛苦而对人或动物的医疗没有实质性益处的改变动物遗传同一性的方法等。上述发明创造违反社会公德，不能被授予专利权。

但是，如果发明创造是利用未经过体

内发育的受精14天以内的人类胚胎分离或者获取干细胞的，则不能以“违反社会公德”为理由拒绝授予专利权。

15.【2008年第7题】下列哪些属于不授予专利权的主题?

A．一种利用激光测量距离的方法

B．一种改变人生殖系遗传同一性的方法

C．一种疾病治疗效果预测方法

D．一种用原子核变换方法获得的物质

【解题思路】

改变人生殖系统遗传同一性的方法违反了社会公德，不能被授予专利权。疾病治疗效果的预测方法属于疾病的诊断方法，不能被授权。用原子核变换方法获得的物质不能被授予专利权。

【参考答案】BCD

（三）妨害公共利益的发明创造

《专利审查指南》第2部分第1章第3.1.3节对“妨害公共利益的发明创造”作出了规定。

1.“妨害公共利益”的含义

妨害公共利益，是指发明创造的实施或使用会给公众或社会造成危害，或者会使国家和社会的正常秩序受到影响。

2.妨害公共利益的发明创造的定义

发明创造以致人伤残或损害财物为手段的，如一种使盗窃者双目失明的防盗装置及方法，不能被授予专利权。

发明创造的实施或使用会严重污染环境、严重浪费能源或资源、破坏生态平衡、危害公众健康的，不能被授予专利权。

专利申请的文字或者图案涉及国家重大政治事件或宗教信仰、伤害人民感情或民族感情或者宣传封建迷信的，不能被授予专利权。

但是，如果发明创造因滥用而可能造成妨害公共利益的，或者发明创造在产生积极效果的同时存在某种缺点的，例如对人体有某种副作用的药品，则不能以“妨害公共利益”为理由拒绝授予专利权。

16.【2012年第2题】关于下列哪一类主题的技术方案不能被授予专利权?

A．麻将牌

B．大口径步枪

C．克隆人的方法

D．有副作用的药品

【解题思路】

克隆人的方法属于违反社会公德的发明创造，不能被授予专利权。麻将牌并不等价于赌博用具。大口径步枪的生产和使用虽然受到法律的限制，但产品本身属于专利授权的客体。药品存在副作用在所难免，如拒绝授予其专利权，无疑是因噎废食。

【参考答案】C

17.【2013年第26题】下列说法哪个是正确的?

A．一种能够控制特定机械状态发生概率的装置，由于该装置可能被用于赌博，因此该装置不能被授予专利权

B．一种能治疗乙肝的化合物，由于药品监督管理部门认为该化合物副作用超标，不允许其上市，因此该化合物不能被授予专利权

C．一种致人失明的女子防身器，由于该防身器的使用以致人伤残为手段，因此该防身器不能被授予专利权

D．一种能透过玻璃听到他人谈话的装

置，由于该装置可能被用于窃听，危害公共秩序，因此该装置不能被授予专利权

【解题思路】

致人失明的女子防身器以致人伤残为手段，妨害社会公共利益，毕竟防卫色狼用辣椒喷雾一级的武器就够了。控制机械状态发生概率的装置可以用于质量控制，能透过玻璃听到声音的装置能用于检测机器内部的状况，这两种发明只有在被滥用的时候才会妨害公共利益，因此可以授权。药物难免会有副作用，即使因副作用超标而不能上市，也不能说妨害公共利益。

【参考答案】C

（四）违反法律、行政法规的规定获取或者利用遗传资源，并依赖该遗传资源完成的发明创造

《专利审查指南》第2部分第1章第3.2节对违反法律、行政法规的规定获取或者利用遗传资源，并依赖该遗传资源完成的发明创造作出了规定。

1.“遗传资源”的含义

根据《专利法实施细则》第26条第1款的规定，专利法所称遗传资源，是指取自人体、动物、植物或者微生物等含有遗传功能单位并具有实际或者潜在价值的材料；专利法所称依赖遗传资源完成的发明创造，是指利用了遗传资源的遗传功能完成的发明创造。

在上述规定中，遗传功能是指生物体通过繁殖将性状或者特征代代相传或者使整个生物体得以复制的能力。

遗传功能单位是指生物体的基因或者具有遗传功能的DNA或者RNA片段。

取自人体、动物、植物或者微生物等含有遗传功能单位的材料，是指遗传功能单位的载体；既包括整个生物体，也包括生物体的某些部分，如器官、组织、血液、体液、细胞、基因组、基因、DNA或者RNA片段等。

2. 依赖遗传资源完成的发明创造的定义

发明创造利用了遗传资源的遗传功能是指对遗传功能单位进行分离、分析、处理等，以完成发明创造，实现其遗传资源的价值。

3. 违反法律、行政法规的规定获取或者利用遗传资源的定义

违反法律、行政法规的规定获取或者利用遗传资源，是指遗传资源的获取或者利用未按照我国有关法律、行政法规的规定事先获得有关行政管理部门的批准或者相关权利人的许可。

例如，按照《中华人民共和国畜牧法》和《中华人民共和国畜禽遗传资源进出境和对外合作研究利用审批办法》的规定，向境外输出列入中国畜禽遗传资源保护名录的畜禽遗传资源应当办理相关审批手续。某发明创造的完成依赖于列入中国畜禽遗传资源保护名录的某畜禽遗传资源，未办理审批手续的，该发明创造不能被授予专利权。

18.【2013年第53题】下列说法哪些是正确的？

A. 专利法所称遗传资源包括取自人体、动物或植物的材料，不包括取自微生物的材料

B. 专利法所称依赖遗传资源完成的发明创造，是指利用了遗传资源的遗传功能完成的发明创造

C. 就依赖遗传资源完成的发明创造申请专利的，申请人应当在请求书中予以说明

D. 违反法律、行政法规的规定获取或者利用遗传资源，是指未按照我国法律、行政法规的规定事先获得有关行政管理部门的批准或者相关权利人的许可

【解题思路】

遗传资源的来源包含微生物，微生物毕竟也是“生物”，同样具有遗传物质。如果不是利用了遗传资源的遗传功能，那就谈不上“依赖”遗传资源完成。根据专利制度公开换取保护的原则，如果某专利是依赖遗传资源完成的，那应该予以说明。在获取和利用遗传资源方面违反法律法规，那应该是遗传物质的来源不合法，要么是没有来自公权力（行政机关）的批准，要么是没有来自私权利（权利人）的许可。

【参考答案】 BCD

19.【2016年第49题】下列涉及遗传资源发明专利申请的说法，哪些是正确的？

A. 对违反法律的规定获取遗传资源，并依赖该遗传资源完成的发明创造，不授予专利权

B. 专利法所称依赖遗传资源完成的发明创造，是指利用遗传资源完成的发明创造

C. 依赖遗传资源完成的发明创造，申请人应当在专利申请文件中说明遗传资源的直接来源和原始来源

D. 依赖遗传资源完成的发明创造，申请人无法说明直接来源的，可以在申请文件中陈述理由

【解题思路】

对违反法律、行政法规的规定获取或者利用遗传资源，并依赖该遗传资源完成的发明创造，不授予专利权。专利法所称依赖遗传资源完成的发明创造，是指利用了遗传资源的遗传功能完成的发明创造。如果利用了遗传资源，但没有利用其遗传功能，那么就不算是依赖遗传资源完成的发明创造，如新口味的牛肉干。遗传资源的直接来源主要是指申请人获得该遗传资源的直接渠道，不存在无法说明的情况。申请人可能无法说明的是遗传资源的原始来源。

【参考答案】 AC

（五）科学发现

《专利审查指南》第2部分第1章第4.1节对科学发现作出了规定。

1. 科学发现的定义

科学发现，是指对自然界中客观存在的物质、现象、变化过程及其特性和规律的揭示。

2. 科学理论的定义

科学理论是对自然界认识的总结，是更为广义的发现。

3. 科学发现、科学理论与发明的区别

科学发现和科学理论都属于人们认识的延伸。这些被认识的物质、现象、过程、特性和规律不同于改造客观世界的技术方案，不是专利法意义上的发明创造，因此不能被授予专利权。例如，发现卤化银在光照下有感光特性，这种发现不能被授予专利权，但是根据这种发现制造出的感光胶片以及此感光胶片的制造方法则可以被授予专利权。又如，从自然界找到一种以前未知的以天然形态存在的物质，仅仅是一种发现，不能被授予专利权。

20.【2015 年第 4 题】下列哪个属于可以授予专利权的主题？

A．伪造人民币的设备

B．快速记忆德语动词规则的方法

C．促进种子发芽的红外光

D．原子核裂变的反应器

【解题思路】

伪造货币的设备属于违反法律的发明创造，快速记忆德语动词规则的方法属于智力活动的规则，都不属于授予专利权的主题。在判断是发明还是发现时，常用的方法就是进行语法分析。促进种子发芽的红外光，其主语为“光”，属于科学发现。如果是利用这种红外光的特性，制造出来的种子发芽器则属于可以授予专利权的主题。原子核裂变方法和用该方法获得的物质不属于授予专利权的主题，但为实现核裂变方法的各种设备、仪器及其零部件等，均可被授予专利权。

【参考答案】 D

21.【2017 年第 19 题】以下说法哪个是正确的？

A．一种超强超短激光及其发生器均可获得发明专利保护

B．塑料薄膜和其制备方法均可获得实用新型专利保护

C．带有人民币图案的窗帘的外观设计可获得外观设计专利保护

D．以上说法都错误

【解题思路】

超强超短激光属于发现，不能获得发明专利保护，激光发生器可以获得发明专利的保护。实用新型专利只保护产品，不保护方法，塑料封膜的制备方法不能获得实用新型专利保护。带有人民币图案的窗帘，违背法律的强制性规定，不能获得外观设计的保护。

【参考答案】 D

4. 首次从自然界分离或提取出来的物质

《专利审查指南》第 2 部分第 10 章第 2.1 节对天然物质作出了规定。

人们从自然界找到以天然形态存在的物质，仅仅是一种发现，属于《专利法》第 25 条第 1 款第 1 项规定的“科学发现”，不能被授予专利权。但是，如果是首次从自然界分离或提取出来的物质，其结构、形态或者其他物理化学参数是现有技术中不曾认识的，并能被确切地表征，且在产业上有利用价值，则该物质本身以及取得该物质的方法均可依法被授予专利权。

（六）智力活动的规则和方法

《专利审查指南》第 2 部分第 1 章第 4.2 节对智力活动的规则和方法作出了规定。

1. 智力活动的定义

智力活动，是指人的思维运动，它源于人的思维，经过推理、分析和判断产生出抽象的结果，或者必须经过人的思维运动作为媒介，间接地作用于自然产生结果。

2. 判断涉及智力活动的规则和方法的申请主题能否授予专利权的原则

智力活动的规则和方法是指导人们进行思维、表述、判断和记忆的规则和方法。由于其没有采用技术手段或者利用自然规律，也未解决技术问题和产生技术效果，因而不构成技术方案。它既不符合《专利法》第 2 条第 2 款的规定，又属于《专利法》第 25 条第 1 款第 2 项规定的情形。因此，指导

人们进行这类活动的规则和方法不能被授予专利权。

在判断涉及智力活动的规则和方法的专利申请要求保护的主题是否属于可授予专利权的客体时，应当遵循以下原则：

（1）如果一项权利要求仅仅涉及智力活动的规则和方法，则不应当被授予专利权。

如果一项权利要求，除其主题名称以外，对其进行限定的全部内容均为智力活动的规则和方法，则该权利要求实质上仅仅涉及智力活动的规则和方法，也不应当被授予专利权。

例如，审查专利申请的方法；组织、生产、商业实施和经济等方面的管理方法及制度；交通行车规则、时间调度表、比赛规则；演绎、推理和运筹的方法；图书分类规则、字典的编排方法、情报检索的方法、专利分类法；日历的编排规则和方法；仪器和设备的操作说明；各种语言的语法、汉字编码方法；计算机的语言及计算规则；速算法或口诀；数学理论和换算方法；心理测验方法；教学、授课、训练和驯兽的方法；各种游戏、娱乐的规则和方法；统计、会计和记账的方法；乐谱、食谱、棋谱；锻炼身体的方法；疾病普查的方法和人口统计的方法；信息表述方法；计算机程序本身。

（2）除了上述（1）所描述的情形之外，如果一项权利要求在对其进行限定的全部内容中既包含智力活动的规则和方法的内容，又包含技术特征，则该权利要求就整体而言并不是一种智力活动的规则和方法，不应当依据《专利法》第25条排除其获得专利权的可能性。

涉及商业模式的权利要求，如果既包含商业规则和方法的内容，又包含技术特征，则不应当依据《专利法》第25条排除其获得专利权的可能性。

22.【2014年第32题】下列哪些不属于可授予专利权的主题？

A. 一种可有效识别抑郁症的心理测验方法

B. 一种可有效驯服野马的方法

C. 一种可有效提高婴儿体质的食谱

D. 一种可有效开发计算机软件的计算机编程语言

【解题思路】

上述四项都属于智力活动的规则，都不能被授予专利权。虽然上述4个选项中都似乎带有“技术效果”的描述，但本质还是一种智力活动的规则，如“一种可有效驯服野马的方法”本质上还是驯兽的方法。

【参考答案】 ABCD

23.【2017年第85题】以下涉及计算机程序的发明专利的权利要求，哪些是《专利法》第25条规定的不授予专利权的情形？

A. 一种机器识别算法本身

B. 一种用源代码限定的计算机程序

C. 一种U盘，其上存储有计算机程序，其特征在于，该程序被处理器执行时实现数据获取和数据处理的步骤

D. 一种狼人杀的游戏规则

【解题思路】

一种机器识别算法本身属于“计算机程序本身”，属于不授予专利权的主题。一种“狼人杀”的游戏规则属于游戏规则，不能被授予专利权。一种用源代码限定的计算机程序，对计算机程序进行限定的是源代码，

不属于技术特征，故依然属于智力活动的规则。U盘上存储的计算机程序，实现数据获取和数据处理的步骤，解决了技术问题，能够被授予专利权。

【参考答案】 ABD

（七）疾病的诊断和治疗方法

《专利审查指南》第2部分第1章第4.3节对疾病的诊断和治疗方法作出了规定。

疾病的诊断和治疗方法，是指以有生命的人体或者动物体为直接实施对象，进行识别、确定或消除病因或病灶的过程。

出于人道主义的考虑和社会伦理的原因，医生在诊断和治疗过程中应当有选择各种方法和条件的自由。另外，这类方法直接以有生命的人体或动物体为实施对象，无法在产业上利用，不属于专利法意义上的发明创造。因此疾病的诊断和治疗方法不能被授予专利权。

但是，用于实施疾病诊断和治疗方法的仪器或装置，以及在疾病诊断和治疗方法中使用的物质或材料属于可被授予专利权的客体。

1. 疾病诊断方法的定义

《专利审查指南》第2部分第1章第4.3.1节对疾病的诊断方法作出了定义。

诊断方法，是指为识别、研究和确定有生命的人体或动物体病因或病灶状态的过程。

2. 属于诊断方法的判断规则

《专利审查指南》第2部分第1章第4.3.1.1节对诊断方法的判断规则作出了定义。

一项与疾病诊断有关的方法如果同时满足以下两个条件，则属于疾病的诊断方法，不能被授予专利权：

（1）以有生命的人体或动物体为对象；

（2）以获得疾病诊断结果或健康状况为直接目的。

如果一项发明从表述形式上看是以离体样品为对象的，但该发明是以获得同一主体疾病诊断结果或健康状况为直接目的的，则该发明仍然不能被授予专利权。

如果请求专利保护的方法中包括了诊断步骤或者虽未包括诊断步骤但包括检测步骤，而根据现有技术中的医学知识和该专利申请公开的内容，只要知晓所说的诊断或检测信息，就能够直接获得疾病的诊断结果或健康状况，则该方法满足上述条件（2）。

以下方法是不能被授予专利权的例子：

血压测量法、诊脉法、足诊法、X光诊断法、超声诊断法、胃肠造影诊断法、内窥镜诊断法、同位素示踪影像诊断法、红外光无损诊断法、患病风险度评估方法、疾病治疗效果预测方法、基因筛查诊断法。

24.【2017年第74题】钟某的下列有关肺病的预防与治疗方面研究成果中，哪些属于不授予专利权的申请？

A. 雾霾导致肺癌发生率明显上升的发现

B. 发明了一套促进肺气肿患者康复的理疗仪器

C. 发明了一种精确诊断早期肺癌的方法

D. 发明了一种治疗肺结核的中成药

【解题思路】

雾霾导致肺癌发生率明显上升的发现，已经明确表明是一种“发现”，不属于专利权的保护范围。精确诊断早期肺癌的方法属于疾病的诊断方法，属于不授予专利权的主题。需要注意的是，疾病的诊断和治疗方法不能授予专利权，但药品和医疗器械可授予专利权。

【参考答案】 AC

3. 不属于诊断方法的判断规则

《专利审查指南》第2部分第1章第4.3.1.2节规定了不属于诊断方法的判断规则。

以下几类方法是不属于诊断方法的例子：

（1）在已经死亡的人体或动物体上实施的病理解剖方法。

（2）直接目的不是获得诊断结果或健康状况，而只是从活的人体或动物体获取作为中间结果的信息的方法，或处理该信息（形体参数、生理参数或其他参数）的方法。

（3）直接目的不是获得诊断结果或健康状况，而只是对已经脱离人体或动物体的组织、体液或排泄物进行处理或检测以获取作为中间结果的信息的方法，或处理该信息的方法。

对上述（2）和（3）项需要说明的是，只有当根据现有技术中的医学知识和该专利申请公开的内容从所获得的信息本身不能够直接得出疾病的诊断结果或健康状况时，这些信息才能被认为是中间结果。

25.【2018年第6题】下列选项哪些属于不授予专利权的主题？

A. 一种快速检测人类尿液中尿蛋白含量的方法

B. 一种利用辐照饲养法生产高产牛奶的乳牛的方法

C. 一种为实现原子核变换而增加粒子能量的粒子加速装置

D. 上述都属于不授予专利权的主题

【解题思路】

国家知识产权局公布的参考答案为A，笔者认为无答案。根据现代医学，在某人的尿液中如果检测出蛋白，那应该是肾脏出现问题。根据《专利审查指南》的规定，似乎这属于疾病的诊断方法。不过，检测尿蛋白含量并不一定是在医院的检验科。有不少药物就是从人的尿液中提取的，在处理尿液前先检测尿液中的蛋白质含量也很正常。利用辐照饲养法生产高产牛奶的乳牛的方法，并没有利用生物学的手段，可被授予专利权。为实现原子核变换而增加粒子能量的粒子加速装置，不属于“原子核变化方法和用该方法获得的物质”，同样可被授予专利权。

【参考答案】 无

26.【2018年第38题】下列选项哪些属于不授予专利权的主题：

A. 一种由稳频单频激光器发出的稳频单频激光，其特征在于所述稳频单频激光器具有激光管和稳频器

B. 一种治疗妇科炎症的胶囊制剂的质量控制方法，其特征在于质量控制方法由性状鉴别、检查和含量测定组成。其中，鉴别是对地稔、头花蓼、黄柏、五指毛桃和延胡索的鉴别，含量测定是用高效液相色谱法对胶囊制剂中没食子酸的含量测定

C. 一种测定唾液中酒精含量的方法，该方法通过检测被测人唾液酒精含量，以反映出其血液中酒精含量

D. 一种检测患者患癌症风险的方法，包括如下步骤：(i) 分离患者基因组样本；(ii) 检测是否存在或表达SEQ ID NO:1序列

所包含的基因，其中存在或表达所述基因表明患者有患癌症的风险

【解题思路】

国家知识产权局公布的参考答案为ABD，笔者认为应当为AD。A选项的主语是“激光”，属于科学发现，D选项属于疾病的检测方法，两者都属于不授予专利权的主题。C选项为检测唾液中的酒精含量，属于专利的保护客体。B选项要求保护的主题为“一种治疗妇科炎症的胶囊制剂的质量控制方法”，其中使用了高效液相色谱法这种技术手段，不属于智力活动的规则。

【参考答案】 AD

4. 疾病治疗方法的定义

《专利审查指南》第2部分第1章第4.3.2节界定了疾病治疗方法的含义。

治疗方法，是指为使有生命的人体或者动物体恢复或获得健康或减少痛苦，进行阻断、缓解或者消除病因或病灶的过程。

治疗方法包括以治疗为目的或者具有治疗性质的各种方法。预防疾病或者免疫的方法视为治疗方法。

对于既可能包含治疗目的，又可能包含非治疗目的的方法，应当明确说明该方法用于非治疗目的，否则不能被授予专利权。

5. 属于治疗方法的判断规则

《专利审查指南》第2部分第1章第4.3.2.1节规定了属于治疗方法的判断规则。

以下几类方法是属于或者应当视为治疗方法的例子，不能被授予专利权。

（1）外科手术治疗方法、药物治疗方法、心理疗法。

（2）以治疗为目的的针灸、麻醉、推拿、按摩、刮痧、气功、催眠、药浴、空气浴、阳光浴、森林浴和护理方法。

（3）以治疗为目的，利用电、磁、声、光、热等种类的辐射刺激或照射人体或者动物体的方法。

（4）以治疗为目的，采用涂覆、冷冻、透热等方式的治疗方法。

（5）为预防疾病而实施的各种免疫方法。

（6）为实施外科手术治疗方法和/或药物治疗方法采用的辅助方法，如返回同一主体的细胞、组织或器官的处理方法、血液透析方法、麻醉深度监控方法、药物内服方法、药物注射方法、药物外敷方法等。

（7）以治疗为目的的受孕、避孕、增加精子数量、体外受精、胚胎转移等方法。

（8）以治疗为目的的整容、肢体拉伸、减肥、增高方法。

（9）处置人体或动物体伤口的方法，如伤口消毒方法、包扎方法。

（10）以治疗为目的的其他方法，如人工呼吸方法、输氧方法。

需要指出的是，虽然使用药物治疗疾病的方法是不能被授予专利权的，但是药物本身是可以被授予专利权的。

27.【2013年第2题】下列哪项属于不授予专利权的主题？

A. 一种制造冲锋枪的方法

B. 一种肝移植的方法

C. 一种新的地质勘探方法

D. 一种寺庙中使用的木鱼

【解题思路】

肝移植的方法为疾病的治疗方法，属于不授予专利权的主题。制造冲锋枪的方法可以申请国防专利；地质勘探方法可以适用

于不同的地形，具有实用性；寺庙中使用的木鱼并没有违背法律规定，属于可获得专利授权的主题。

【参考答案】 B

28.【2016年第37题】外科医生张某发明了一种用于清洗伤口的药水，按照其独特的方法涂抹该药水可促进伤口的愈合，下列说法哪些是正确的？

A. 该药水以及该药水的制备方法均属于可授予专利权的主题

B. 该药水以及使用该药水促进伤口愈合的方法都属于可授予专利权的主题

C. 该药水以及使用该药水促进伤口愈合的方法都不属于可授予专利权的主题

D. 该药水属于可授予专利权的主题，使用该药水促进伤口愈合的方法不属于可授予专利权的主题

【解题思路】

用药物治疗疾病的方法不能被授予专利权，但药物本身和药物的制备方法可以被授予专利权。

【参考答案】 AD

6. 不属于治疗方法的判断规则

《专利审查指南》第2部分第1章第4.3.2.2节规定了不属于治疗方法的判断规则。

以下几类方法是不属于治疗方法的例子，不得依据《专利法》第25条第1款第3项拒绝授予其专利权。

（1）制造假肢或者假体的方法，以及为制造该假肢或者假体而实施的测量方法。例如，一种制造假牙的方法，该方法包括在病人口腔中制作牙齿模具，而在体外制造假牙。虽然其最终目的是治疗，但是该方法本身的目的是制造出合适的假牙。

（2）通过非外科手术方式处置动物体以改变其生长特性的畜牧业生产方法。例如，通过对活羊施加一定的电磁刺激促进其增长、提高羊肉质量或增加羊毛产量的方法。

（3）动物屠宰方法。

（4）对于已经死亡的人体或动物体采取的处置方法，如解剖、整理遗容、尸体防腐、制作标本的方法。

（5）单纯的美容方法，即不介入人体或不产生创伤的美容方法，包括在皮肤、毛发、指甲、牙齿外部可为人们所视的部位局部实施的、非治疗目的的身体除臭、保护、装饰或者修饰方法。

（6）为使处于非病态的人或者动物感觉舒适、愉快或者在诸如潜水、防毒等特殊情况下输送氧气、负氧离子、水分的方法。

（7）杀灭人体或者动物体外部（皮肤或毛发上，但不包括伤口和感染部位）的细菌、病毒、虱子、跳蚤的方法。

29.【2011年第39题】下列哪些属于专利法意义上的疾病的诊断和治疗方法？

A. 以离体样品为对象，以获得同一主体疾病诊断结果为直接目的的诊断方法

B. 在已经死亡的人体或动物体上实施的病理解剖方法

C. 伤口消毒方法

D. 杀灭人头发上的跳蚤的方法

【解题思路】

疾病的诊断和治疗方法针对的是有生命的人体，B选项针对的是已经死亡的人体或者动物体，D选项针对的是人体外部的跳蚤，排除。A选项虽然检测的对象是离体的

样品，但其目的是获得有关疾病的信息，属于疾病的诊断方法。

【参考答案】 AC

30.【2012 年第 17 题】下列哪种方法不属于疾病的诊断和治疗方法？

A. 利用冠状造影判断心脏疾病的操作步骤

B. 杀灭植物虫害的方法

C. 对伤口进行拉链式缝合的方法

D. 检测脱离人体的粪便以判断人体是否有炎症的方法

【解题思路】

疾病的诊断和治疗针对的是人体或者动物，B 选项针对的是植物的虫害，可以实现工业化操作，如通过飞机喷洒农药。D 选项虽然检测的对象是脱离人体的粪便，但获取的信息是疾病的诊断结果，属于疾病的诊断方法。

【参考答案】 B

7. 外科手术方法的定义

《专利审查指南》第 2 部分第 1 章第 4.3.2.3 节界定了外科手术方法的含义。

外科手术方法，是指使用器械对有生命的人体或者动物体实施的剖开、切除、缝合、纹刺等创伤性或者介入性治疗或处置的方法，这种外科手术方法不能被授予专利权。但是，对于已经死亡的人体或者动物体实施的剖开、切除、缝合、纹刺等处置方法，只要该方法不违反《专利法》第 5 条第 1 款的规定，则属于可被授予专利权的客体。

8. 以治疗为目的的外科手术方法

外科手术方法分为治疗目的和非治疗目的的外科手术方法。以治疗为目的的外科手术方法，属于治疗方法，根据《专利法》第 25 条第 1 款第 3 项的规定不授予其专利权。非治疗目的的外科手术方法的审查，适用本部分第 5 章第 3.2.4 节的规定。

（八）动物和植物品种

《专利审查指南》第 2 部分第 1 章第 4.4 节规定了动物和植物品种的含义。

动物和植物是有生命的物体。根据《专利法》第 25 条第 1 款第 4 项的规定，动物和植物品种不能被授予专利权。

1. 动物的定义

《专利法》所称的动物不包括人，所述动物是指不能自己合成，而只能靠摄取自然的碳水化合物及蛋白质来维系其生命的生物。

2. 植物的定义

《专利法》所称的植物，是指可以借助光合作用，以水、二氧化碳和无机盐等无机物合成碳水化合物、蛋白质来维系生存，并通常不发生移动的生物。

3. 植物新品种的法律保护方式

动物和植物品种可以通过专利法以外的其他法律法规保护，例如，植物新品种可以通过《植物新品种保护条例》给予保护。根据《专利法》第 25 条第 2 款的规定，对动物和植物品种的生产方法，可以授予专利权。

31.【2017 年第 23 题】以下说法正确的是？

A. 医生处方具有实用性

B. 一种烹调方法属于智力活动的规则和方法，不能授予专利权

C. 一种通过化学试剂诱导微生物随机突变产生新微生物菌株的方法，具有实用性

D. 从某县某地的土壤中分离筛选出一

种具有特殊功能的微生物，具有实用性

【解题思路】

医生需要对症下药，处方因人而异，不具有实用性。烹调方法有的只能依赖于厨师的经验，有的则可以实现工业化操作，比如目前已经出现了炒菜机器人，该机器人明显具有实用性。C 选项中产生新微生物菌株的方法，由于是随机性的，无法在工业上再现，故不具有实用性。从土壤中分离、筛选出微生物的方法不具有实用性，不过 D 选项要求保护的是微生物本身，具有实用性。

【参考答案】 D

4. 动物和植物品种的生产方法

这里的生产方法是指非生物学的方法，不包括生产动物和植物主要是生物学的方法。

5. 生物学方法、非生物学方法

一种方法是否属于“主要是生物学的方法”，取决于在该方法中人的技术介入程度。如果人的技术介入对该方法所要达到的目的或者效果起了主要的控制作用或者决定性作用，则这种方法不属于“主要是生物学的方法”。

6. 可授予专利权的动物和植物生产方法

例如，采用辐照饲养法生产高产牛奶的乳牛的方法，改进饲养方法生产瘦肉型猪的方法等属于可被授予发明专利权的客体。

所谓微生物发明是指利用各种细菌、真菌、病毒等微生物去生产一种化学物质（如抗生素）或者分解一种物质等的发明。微生物和微生物方法可以获得专利保护。关于微生物发明专利申请的审查，适用《专利审查指南》第二部分第 10 章的有关规定。

《专利审查指南》第 2 部分第 10 章第 9.1.2.4 节规定了转基因动物和植物。

转基因动物或植物是通过基因工程的重组 DNA 技术等生物学方法得到的动物或植物。其本身仍然属于《专利审查指南》第 2 部分第 1 章第 4.4 节定义的“动物品种”或“植物品种”的范畴，根据专利法第 25 条第 1 款第 4 项规定，不能被授予专利权。

32.【2009 年第 2 题】下列哪些属于不授予专利权的主题？

A. 一种改良被污染土壤的方法

B. 一种利用计算机程序求解圆周率的方法

C. 一种可除臭和驱虫的气体

D. 一种通过重组 DNA 技术得到的转基因山羊品种

【解题思路】

改良污染土壤的方法对社会有利，没有理由不授予专利权。用计算机程序求解圆周率，没有利用技术手段去解决技术问题，属于智力活动的规则。可除臭的气体和驱虫的气体，解决了技术问题，可以获得专利。通过重组 DNA 获得的山羊，属于动物新品种，不在专利保护范围内。

【参考答案】 BD

33.【2016 年第 6 题】下列哪个属于不可获得专利权的主题？

A. 一种用转基因方法培育的黑色玉米品种

B. 一种必须经主管机关批准方能生产的武器

C. 一种生产放射性同位素的设备

D. 一种制造假肢的方法

【解题思路】

利用转基因方法培育的玉米种本质上还是属于植物品种的范畴，不能被授予专利权。武器可以被授予国防专利，生产同位素的设备并不等于放射性同位素本身，都可以被授予专利权。制造假肢的方法不属于疾病的诊断和治疗方法，可以被授予专利权。

【参考答案】A

（九）原子核变换方法和用该方法获得的物质

《专利审查指南》第2部分第1章第4.5节规定了原子核变化方法和用该方法获得的物质。

原子核变换方法以及用该方法所获得的物质关系到国家的经济、国防、科研和公共生活的重大利益，不宜为单位或私人垄断，因此不能被授予专利权。

1. 原子核变换方法的定义

《专利审查指南》第2部分第1章第4.5.1节规定了原子核变换方法。

原子核变换方法，是指使一个或几个原子核经分裂或者聚合，形成一个或几个新原子核的过程。例如，完成核聚变反应的磁镜阱法、封闭阱法以及实现核裂变的各种方法等。这些变换方法是不能被授予专利权的。

2. 用原子核变换方法所获得的物质

《专利审查指南》第2部分第1章第4.5.2节规定了用原子核变换方法所获得的物质。

用原子核变换方法所获得的物质，主要是指用加速器、反应堆以及其他核反应装置生产、制造的各种放射性同位素，这些同位素不能被授予发明专利权。

3. 可以授予专利权的原子核技术发明

为实现原子核变换而增加粒子能量的粒子加速方法（如电子行波加速法、电子驻波加速法、电子对撞法、电子环形加速法等），不属于原子核变换方法，而属于可被授予发明专利权的客体。

为实现核变换方法的各种设备、仪器及其零部件等，均属于可被授予专利权的客体。

这些同位素的用途以及使用的仪器、设备属于可被授予专利权的客体。

34.【2019年第5题】甲公司发明了一种新的为实现原子核变换而增加粒子能量的粒子加速方法X。同时甲公司发明了一种设备Y，设备Y能以方法X对粒子加速来完成原子核变换。假设方法X和设备Y满足其他授予专利权的条件，下列说法正确的是？

A. 只有方法X能被授予专利权

B. 只有设备Y能被授予专利权

C. 方法X和设备Y都不能被授予专利权

D. 方法X和设备Y都能被授予专利权

【解题思路】

专利制度禁止授权的是原子核变换方法和通过该方法获得的物质，但原子核变换方法周边的配套技术，如增加粒子能量的粒子加速方法和粒子加速设备不在其列。

【参考答案】D

（十）对平面印刷品的图案、色彩或者二者的结合作出的主要起标识作用的设计

《专利审查指南》第1部分第3章第6.2

节规定了对平面印刷品的图案、色彩或者二者的结合作出的主要起标识作用的设计所进行的审查。

《专利法》第25条第1款第6项规定，对平面印刷品的图案、色彩或者二者的结合作出的主要起标识作用的设计，不授予专利权。根据《专利法实施细则》第44条第1款第3项的规定，在外观设计专利申请的初步审查中，应当对外观设计专利申请是否明显属于《专利法》第25条第1款第6项的情形进行审查。

如果一件外观设计专利申请同时满足下列三个条件，则认为所述申请属于《专利法》第25条第1款第6项规定的不授予专利权的情形：

（1）使用外观设计的产品属于平面印刷品。

（2）该外观设计是针对图案、色彩或者二者的结合而作出的。

（3）该外观设计主要起标识作用。

壁纸、纺织品不属于本条款规定的对象。

35.【2010年第63题】下列哪些属于不授予外观设计专利权的情形？

A. 一种瓶贴，其图案主要用于产生标识作用

B. 一种竹雕，其设计主要是利用了竹子的根部形状

C. 一种糕点，其设计要点在于采用了六边形的形状

D. 一种窗帘，其设计要点在于采用了新的波浪图案

【解题思路】

A选项瓶贴中的图案主要用于产生标识作用，不是为了给人们带来美感，不属于外观设计保护的范围。B选项中的竹雕主要利用了竹子的根部形状，不属于产品的形状。

【参考答案】 AB

第二节 发明和实用新型专利申请的授权条件

一、现有技术

（一）现有技术的定义

《专利审查指南》第2部分第3章第2.1节规定了现有技术的定义。

根据《专利法》第22条第5款的规定，现有技术是指申请日以前在国内外为公众所知的技术。现有技术包括在申请日（有优先权的，指优先权日）以前在国内外出版物上公开发表、在国内外公开使用或者以其他方式为公众所知的技术。现有技术应当是在申请日以前公众能够得知的技术内容。换句话说，现有技术应当在申请日以前处于能够为公众获得的状态，并包含能够使公众从中得知实质性技术知识的内容。应当注意，处于保密状态的技术内容不属于现有技术。所谓保密状态，不仅包括受保密规定或协议约束的情形，还包括社会观念或者商业习惯上被认为应当承担保密义务的情形，即默契保密的情形。

然而，如果负有保密义务的人违反规定、协议或者默契泄露秘密，导致技术内容公开，使公众能够得知这些技术，这些技术也就构成了现有技术的一部分。

（二）现有技术的时间界限

《专利审查指南》第2部分第3章第2.1.1

节规定了现有技术的时间界限。

现有技术的时间界限是申请日，享有优先权的，则指优先权日。广义上说，申请日以前公开的技术内容都属于现有技术，但申请日当天公开的技术内容不包括在现有技术范围内。

36.【2009年第79题】刘某于2009年3月27日就某种新产品向国家知识产权局提出了一件发明专利申请X，后又于2009年5月8日提出了另一件要求保护该新产品的发明专利申请Y，Y申请享有X申请的优先权。2009年2月3日，赵某将自己独立开发的相同产品的技术方案在报纸上公开发表。2009年2月5日，该产品在日本公开销售和使用。2009年3月27日公布的一件德国专利申请和2009年5月3日公布的一件美国专利申请分别公开了该产品的技术方案。下列说法哪些是正确的？

A．赵某公开发表的内容构成Y申请的现有技术

B．日本的公开销售和使用不影响Y申请的新颖性

C．德国专利申请的内容构成Y申请的现有技术

D．美国专利申请影响Y申请的新颖性

【解题思路】

赵某的发表日期为2009年2月3日，在刘某的优先权日之前，构成现有技术。根据2008年修改后的《专利法》，公开使用并没有地域限制。日本的公开销售和使用在2009年2月5日，同样在优先权日之前，构成现有技术。现有技术的时间界限是申请日之前，当天不在内。德国申请与刘某的优先权日为同一天，美国申请则在优先权日之后，均不构成现有技术。

【参考答案】 A

（三）现有技术的地域界限

《专利审查指南》第2部分第3章第2.1.2节规定了现有技术的地域界限。

现有技术公开方式包括出版物公开、使用公开和以其他方式公开三种，均无地域限制。

（四）“公众”的含义

“公众”这个概念具有以下特点：

（1）并不限于具有专业知识的人。公众中既有普通人，也有本领域的专业人员，法律上无法区分。但是在审查新颖性时，对比文件中有具体、明白描述的内容，以及虽然没有明白描述，但如果所属领域技术人员在文件所说明的技术内容下能够必然、直接和唯一地想到的技术内容，也认为属于公开的内容，这里则以所属领域的技术人员为准。

（2）公众不负有保密义务。专利法中所说的公开，就是指有关技术信息脱离了保密状态。所以只要有可能被一个不负有保密义务的人知道了，就足以使技术公开，因为他们可以向别人传播。为此，公众不包括与发明人、申请人有信任关系的人，如研究开发的合作者、同事；对发明人或申请人依法有保密义务的人，如技术秘密转让合同的受让人、专利代理师、参与鉴定的人；或者依习惯有保密义务的人，如公司雇员对公司的技术秘密有保密义务。在公众的判定上，不知姓名的路人、图书馆的读者、书店顾客、报告会中的听众、教室中的学生、会议室中的参会者，只要他们不负有相关的保密义务，都属于公众的范围。

（五）技术内容“为公众所知”的含义

所谓“为公众所知”，不是指相关技术内容已经为公众中所有的人实际得知，而是指有关技术内容已经处于向公众公开的状态，使想要了解其技术内容的人都有可能通过正当途径了解，而不仅是为某些特定人所能了解。这种向公众公开的状态只要客观存在，有关技术就被认为已经公开，至于有没有人了解或有多少人实际上了解该技术则无关紧要。

（六）出版物公开

《专利审查指南》第2部分第3章第2.1.2.1节规定了出版物公开的情形。

专利法意义上的出版物是指记载有技术或设计内容的独立存在的传播载体，并且应当表明或者有其他证据证明其公开发表或出版的时间。

符合上述含义的出版物可以是各种印刷的、打字的纸件，如专利文献、科技杂志、科技书籍、学术论文、专业文献、教科书、技术手册、正式公布的会议记录或者技术报告、报纸、产品样本、产品目录、广告宣传册等，也可以是用电、光、磁、照相等方法制成的视听资料，如缩微胶片、影片、照相底片、录像带、磁带、唱片、光盘等，还可以是以其他形式存在的资料，如存在于互联网或其他在线数据库中的资料等。

出版物不受地理位置、语言或者获得方式的限制，也不受年代的限制。出版物的出版发行量多少、是否有人阅读过、申请人是否知道，这些都是无关紧要的。

印有“内部资料”“内部发行”等字样的出版物，确系在特定范围内发行并要求保密的，不属于公开出版物。出版物的印刷日视为公开日，有其他证据证明其公开日的除外。印刷日只写明年月或者年份的，以所写月份的最后一日或者所写年份的12月31日为公开日。

审查员认为出版物的公开日期存在疑义的，可以要求该出版物的提交人提出证明。

37.【2017年第20题】关于现有技术的说法，哪个是正确的？

A. 专利法意义上的出版物仅限于纸件出版物

B. 云南白药的保密配方一旦泄露，即属于现有技术

C. 能够使公众得知技术内容的馈赠和交换不属于使用公开

D. 印有“内部资料”字样的出版物一定不属于公开出版物

【解题思路】

专利申请除纸件申请外，还有电子申请，出版物同样如此，除纸件出版物外，电子出版物也可以。商业秘密一旦泄露，就处于公众想知晓就能知晓的状态，构成了现有技术。馈赠和交换既然能让公众知晓技术方案，就构成使用公开。不属于公开出版物的内部资料，必须是当事人采取了保密措施的资料。

【参考答案】 B

38.【2019年第8题】某发明专利申请的申请日为2019年3月20日。下列出版物均记载了与该申请请求保护的技术方案相同的技术内容，哪个会导致该申请丧失新颖性？

A. 2019年3月印刷并公开发行的某中文期刊

B. 在2019年3月20日召开的国际会议上发表的学术论文

C. 2019年2月出版的专业书籍，该书籍印刷后仅在某些地区的新华书店出售

D. 该发明申请人于2019年3月2日向国家知识产权局提出实用新型专利申请，该实用新型专利申请于2019年3月20日被申请人主动撤回

【解题思路】

该中文期刊只写了3月出版，故视为在3月31日出版，晚于该专利的申请日。现有技术不包括在专利申请日当天公开的技术，申请日当天公开的技术不破坏新颖性。出版书籍的发行量如何，是否有人阅读都并不影响该书作为现有技术的依据。因为技术方案往往在多本类似书籍中都有记载，书籍甲无人阅读并不意味着类似书籍乙无人阅读。抵触申请需要申请在先，公开在后，D选项涉及的使用新型专利申请在公开前已经被撤回，不属于抵触申请，不破坏涉案专利的新颖性。

【参考答案】 C

39.【2019年第45题】某专利申请涉及一种塑料瓶，其申请日是2017年12月2日，优先权日是2017年6月9日。下列哪些属于该申请的现有技术？

A. 印刷日为2017年5月的一份出版物，内容涉及一种玻璃瓶

B. 2017年5月3日公开的一件日本专利申请，该申请涉及一种特殊色彩的塑料瓶

C. 2017年6月9日公开的一件中国专利申请，该申请涉及一种玻璃瓶

D. 2017年6月8日在韩国购买的一种装饰塑料瓶

【解题思路】

现有技术只考虑公开时间，不考虑技术方案的内容。A选项的出版物公开时间是2017年5月31日，B选项的日本申请公开时间是2017年5月3日，D选项的塑料瓶公开时间是2017年6月8日之前，都早于涉案专利的优先权日。C选项的中国专利申请，公开日和涉案专利的优先权日为同一天，不属于现有技术。

【参考答案】 ABD

（七）使用公开

《专利审查指南》第2部分第3章第2.1.2.2节规定了使用公开的各种情形。

由于使用而导致技术方案的公开，或者导致技术方案处于公众可以得知的状态，这种公开方式称为使用公开。

使用公开的方式包括能够使公众得知其技术内容的制造、使用、销售、进口、交换、馈赠、演示、展出等方式。只要通过上述方式使有关技术内容处于公众想得知就能够得知的状态，就构成使用公开，而不取决于是否有公众得知。但是，未给出任何有关技术内容的说明，以致所属技术领域的技术人员无法得知其结构和功能或材料成分的产品展示，不属于使用公开。

如果使用公开的是一种产品，即使所使用的产品或者装置需要经过破坏才能够得知其结构和功能，也仍然属于使用公开。此外，使用公开还包括放置在展台上、橱窗内公众可以阅读的信息资料及直观资料，如招贴画、图纸、照片、样本、样品等。

使用公开是以公众能够得知该产品或者方法之日为公开日。

40.【2013 年第 4 题】王某于 2009 年 10 月 20 日就一种改进的汽车制动系统向国家知识产权局递交了发明专利申请。下列哪种情形不会影响该发明专利申请的新颖性？

A. 2008 年 8 月在日本参加一个学术会议时，王某就该种系统进行了口头介绍

B. 王某在一本 2009 年 10 月出版的杂志上发表了一篇介绍该种系统的文章，且无其他证据证明该杂志的具体印刷日

C. 王某于 2009 年 10 月 15 日向国家知识产权局提交了一件同样内容的实用新型专利申请，该申请于 2010 年 5 月 8 日被授予专利权

D. 某公司经王某授权于 2009 年 2 月在美国销售的新型汽车上使用了该系统

【解题思路】

A 选项中的学术会议公开，属于以其他方式公开的情形。这里的学术会议并不是那种不丧失新颖性的学术会议，即使是，也已经超过 6 个月。B 选项在杂志上发表文章，没有具体印刷日，那认定为在 10 月底出版，在专利申请日之后，不破坏新颖性。C 选项为抵触申请，破坏了新颖性。D 选项为在先使用，破坏了新颖性。

【参考答案】 B

41.【2015 年第 42 题】某建材公司发明了一种仿古瓷砖，在国内市场上销售一段时间后，该公司就该瓷砖的相关内容提出专利申请。上述销售行为在下列哪些情形下不会影响该专利申请的新颖性？

A. 公司提出的是该仿古瓷砖的外观设计专利申请

B. 公司提出的是关于该仿古瓷砖外部构造的实用新型专利申请

C. 公司提出的是关于该仿古瓷砖原料的发明专利申请，其原料配方无法从瓷砖中分析出来

D. 公司提出的是关于该仿古瓷砖的制备方法专利申请

【解题思路】

瓷砖已经在国内市场上销售，任何人都可以买到该瓷砖，瓷砖本身已经失去新颖性，因此无法就瓷砖本身申请外观设计或实用新型。不过，瓷砖的原料配方和制备方法无法从瓷砖本身获知，故这两项均不构成使用公开，满足新颖性的要求。

【参考答案】 CD

（八）以其他方式公开

《专利审查指南》第 2 部分第 3 章第 2.1.2.3 节规定了以其他方式公开的情形。

为公众所知的其他方式，主要是指口头公开等。例如，口头交谈、报告、讨论会发言、广播、电视、电影等能够使公众得知技术内容的方式。口头交谈、报告、讨论会发言以其发生之日为公开日。公众可接收的广播、电视或电影的报道，以其播放日为公开日。

42.【2007 年第 52 题】一件申请日为 2007 年 7 月 9 日的发明专利申请，其优先权日为 2006 年 9 月 7 日。下列哪些事件将导致该发明丧失新颖性？

A. 申请人于 2006 年 9 月 3 日将一篇介绍该发明内容的文章发表在一份技术刊物上，该技术刊物在特定范围内发行并要求保密

B. 申请人于 2006 年 9 月 7 日在其博客中对该发明内容进行了详细介绍

C. 申请人于 2006 年 8 月 8 日在某电视

台现场直播节目中对该发明内容进行了详细介绍

D. 申请人于2006年7月9日在日本某大学做了一次详细介绍该发明内容的公开讲座

【解题思路】

A选项中文章发表在内部刊物上，不构成出版公开。B选项中的发表时间与优先权日为同一天，不构成现有技术。C选项和D选项的公开日期都在优先权日之前，都构成现有技术。

【参考答案】 CD

43.【2008年第75题】就判断新颖性而言，下列哪些说法是正确的？

A. 某项新技术在某大学举办的学术会议上首次发表，且会议期间对记载该技术的资料未采取任何保密措施，则该技术属于被公开的技术方案

B. 在企业内部发行并要求保密的刊物上记载的技术方案属于尚未公开的技术方案

C. 某人的学术专著出版后，未销售出一本，同时在情报所的收藏信息中发现该专著也从未被借阅过，因此该专著中记载的技术方案属于尚未公开的技术方案

D. 产品在某外国的商店橱窗中展示不构成对该产品所含发明创造的公开

【解题思路】

在学术会议上发表且参与者没有保密义务，构成现有技术。企业内部资料不构成出版物公开。学术专著出版后，公众想买就可以买到，实际上有没有人去买或者去借阅并不影响其构成现有技术。D选项属于使用公开，不过橱窗展示是否会造成相关信息的充分公开还需要进一步的信息才能判断。这里姑且认定已经构成使用公开。

【参考答案】 AB

二、新颖性

（一）新颖性的概念

《专利法》第22条第2款："新颖性，是指该发明或者实用新型不属于现有技术；也没有任何单位或者个人就同样的发明或者实用新型在申请日以前向国务院专利行政部门提出过申请，并记载在申请日以后公布的专利申请文件或者公告的专利文件中。"

44.【2014年第49题】胡某向国家知识产权局提交了一件发明专利申请，其申请日为2010年5月5日，公布日为2010年12月1日。若下列向国家知识产权局提交的申请记载了与该申请完全相同的技术方案，则哪些选项破坏了该申请的新颖性？

A. 申请日：2010年4月10日，公布日：2010年7月1日，申请人：胡某

B. 申请日：2010年5月5日，公布日：2010年9月1日，申请人：朱某

C. 申请日：2009年5月5日，公布日：2010年5月5日，申请人：胡某、朱某

D. 申请日：2009年7月31日，公布日：2010年1月5日，申请人：胡某

【解题思路】

本案专利的申请日为2010年5月5日，凡是申请日在该日之前的都会破坏其新颖性，不管申请人是他人还是胡某本人。A选项、C选项和D选项的申请日都在该日之前。B选项为同一日，不破坏新颖性。

【参考答案】 ACD

（二）抵触申请

《专利审查指南》第2部分第3章第2.2

节规定了抵触申请。

1. 抵触申请的定义

根据《专利法》第 22 条第 2 款的规定，在发明或者实用新型新颖性的判断中，由任何单位或者个人就同样的发明或者实用新型在申请日以前向专利局提出并且在申请日以后（含申请日）公布的专利申请文件或者公告的专利文件损害该申请日提出的专利申请的新颖性。为描述简便，在判断新颖性时，将这种损害新颖性的专利申请，称为抵触申请。

2. 构成抵触申请的条件

审查员在检索时应当注意，确定是否存在抵触申请，不仅要查阅在先专利或专利申请的权利要求书，而且要查阅其说明书（包括附图），应当以其全文内容为准。

抵触申请还包括满足以下条件的进入了中国国家阶段的国际专利申请，即申请日以前由任何单位或者个人提出，并在申请日之后（含申请日）由专利局作出公布或公告的且为同样的发明或者实用新型的国际专利申请。

另外，抵触申请仅指在申请日以前提出的，不包含在申请日提出的同样的发明或者实用新型专利申请。

45.【2014 年第 19 题】下列关于“抵触申请”的说法哪个是正确的？

A. 实用新型专利必然不构成发明专利申请的抵触申请

B. 同一申请人在先提出的发明专利申请必然不构成其在后提出的发明专利申请的抵触申请

C. 同一日提出的两件发明专利申请必然互不构成抵触申请

D. 两件发明专利申请若权利要求不同，则前一申请必然不构成后一申请的抵触申请

【解题思路】

判断是否为抵触申请的关键是看其公开的技术方案是否相同，发明和实用新型的权利要求和说明书也可以相同，此时就构成抵触申请，A 选项排除。抵触申请也可以是同一个人提出的申请，B 选项排除。抵触申请不可能是同日的申请，C 选项选择。抵触申请用于判断新颖性，施行“全文判断”的规则，除了要看权利要求外，还要看说明书，D 选项排除。

【参考答案】 C

46.【2017 年第 21 题】向国家知识产权局提出的两件发明专利申请甲、乙，如果甲申请构成了乙申请的抵触申请，以下哪个说法正确？

A. 甲申请只需在摘要中记载了乙申请权利要求书内容即可构成乙申请的抵触申请

B. 甲申请可以是进入中国国家阶段的国际专利申请

C. 甲申请可作为评价乙申请创造性的对比文件

D. 甲申请的申请人必须与乙申请的申请人不同

【解题思路】

说明书摘要不属于在先公开的内容，抵触申请不能用来评价专利申请的创造性。抵触申请和在后申请的申请人可以是同一个人，也可以是不同的人。抵触申请的关键是申请在先，公开在后，至于它是从国内申请还是从国外进入中国的国际申请并不重要。

【参考答案】 B

47.【2018年第57题】某申请日为2017年10月11日的中国发明专利申请X中，要求保护技术方案A1和A2，该申请优先权日为2016年10月11日，且优先权文本中仅记载了技术方案A1。审查部门检索到一篇申请日2016年9月23日、公开日2017年9月6日的中国发明专利申请，其中公开了技术方案A1和A2。则下列说法正确的是：

A. 该对比文件构成了申请X中技术方案A1的抵触申请

B. 该对比文件构成了申请X中技术方案A2的抵触申请

C. 该对比文件构成申请X中技术方案A1的现有技术

D. 该对比文件构成申请X中技术方案A2的现有技术

【解题思路】

技术方案A1享有2016年10月11日的优先权，而对比文件的申请日为2016年9月23日，在技术方案A1的优先权日之前；对比文件公开日为2017年9月6日，在优先权日之后，故该对比文件构成技术方案A1的抵触申请。技术方案A2不享有优先权，申请日为2017年10月11日，在对比文件的公开日之后，故该对比文件对技术方案A2构成现有技术。

【参考答案】 AD

48.【2019年第44题】一件中国发明专利申请的申请日为2019年5月5日，优先权日为2018年5月8日。下列哪项记载了相同发明内容的专利文献不构成该申请的抵触申请？

A. 一件俄罗斯专利申请，其申请日为2017年3月15日，公开日为2018年10月26日

B. 一件在日本提出的PCT国际申请，其国际申请日为2016年9月18日，国际公布日为2018年5月3日，进入中国国家阶段的日期为2019年5月18日，中国国家公布日为2019年9月18日

C. 同一申请人于2018年4月24日向国家知识产权局提交的实用新型专利申请，授权公告日为2018年9月16日

D. 法国某公司在中国提出的发明专利申请，其申请日为2018年3月11日，公开日为2018年8月21日

【解题思路】

抵触申请需要是向国家知识产权局提出的申请，俄罗斯的专利申请不在其内，A选项排除。抵触申请需要申请在先，公开在后，该日本提出的PCT在涉案专利的优先权日之前已经国际公开，属于现有技术，不属于抵触申请。C选项和D选项则符合抵触申请的要求。

【参考答案】 AB

3. 抵触申请的效力

根据《专利法》第22条的规定，判断新颖性的标准是现有技术和抵触申请，判断创造性的标准只有现有技术，故抵触申请只能破坏新颖性，不能破坏创造性。从这一点出发，在某些极端的情况下，一些专利申请有可能不存在新颖性，但存在创造性。不过历年卷一“专利法律知识”真题的参考答案中，并未考虑这种极端情形。

49.【2009年第43题】甲、乙先后就同样的发明创造提出发明专利申请，甲的申请日是2008年3月28日，乙的申请日是

2008 年 5 月 9 日。下列说法哪些是正确的？

A. 如果甲在 2008 年 4 月 2 日撤回了其申请，则乙申请的新颖性不受影响

B. 如果甲在其申请于 2009 年 9 月 4 日公布后撤回该申请，则乙申请的新颖性不受影响

C. 如果甲的申请因未缴纳申请费而在 2008 年 5 月 12 日被视为撤回，则乙申请的新颖性不受影响

D. 如果甲在 2008 年 4 月 2 日撤回其申请后，又于 2008 年 6 月 8 日提出了另一件包含前一申请内容的新申请，并享有前一申请的优先权，则其新申请公布后，乙申请的新颖性会受到影响

【解题思路】

抵触申请需要申请在先，公开在后，A 选项、C 选项中，所涉申请在撤回和视为撤回时都未公开，不构成抵触申请。B 选项中，甲在公布后才撤回申请，不影响抵触申请的构成。C 选项中，甲的申请在公开前被视为撤回，不构成抵触申请。D 选项中，甲的在后申请享有优先权，申请日在乙之前，且公开在后，构成抵触申请。

【参考答案】 ACD

50.【2013 年第 59 题】一件请求保护催化剂 M 的专利申请，申请日为 2010 年 7 月 12 日，公布日为 2011 年 12 月 16 日。下列向国家知识产权局提交的哪些申请构成该申请的抵触申请？

A. 申请日为 2010 年 6 月 11 日，公布日为 2011 年 12 月 9 日的申请，其权利要求请求保护催化剂 M 的制备方法，说明书中记载了催化剂 M 及其制备方法

B. 申请日为 2010 年 6 月 12 日，公布日为 2011 年 12 月 9 日的申请，其权利要求请求保护催化剂 M 的制备方法，说明书中记载了催化剂 M 的制备方法

C. 申请日为 2010 年 6 月 12 日，公布日为 2011 年 12 月 16 日的申请，请求保护催化剂 M1，M1 和 M 的区别仅在于，M 中活性成分的含量为 1% ～ 10%，M1 中活性成分的含量为 2% ～ 5%

D. 申请日为 2010 年 6 月 12 日，公布日为 2011 年 12 月 16 日的申请，仅在说明书摘要中描述了催化剂 M

【解题思路】

抵触申请需要进行全文判断，B 选项中没有披露 M 的成分，排除。D 选项中说明书摘要中记载的内容不属于原始公开的内容，排除。

【参考答案】 AC

（三）判断新颖性的原则和基准

1. 同样的发明或者实用新型的含义

《专利审查指南》第 2 部分第 3 章第 3.1 节审查原则中提到了同样的发明或者实用新型的含义。

被审查的发明或者实用新型专利申请与现有技术或者申请日前由任何单位或者个人向专利局提出申请并在申请日后（含申请日）公布或公告的（以下简称申请在先公布或公告在后的）发明或者实用新型的相关内容相比，如果其技术领域、所解决的技术问题、技术方案和预期效果实质上相同，则认为两者为同样的发明或者实用新型。

51.【2008 年第 22 题】吴某于 2008 年 3 月 15 日向国家知识产权局就一种改进的汽车制动系统递交了发明专利申请。下列哪些情形不会影响该发明专利申请的新颖性？

A. 吴某2007年8月在美国参加一个学术会议时，就该种改进的汽车制动系统进行了口头介绍

B. 吴某在一本印刷日为2008年3月的杂志上发表了一篇介绍该种改进的汽车制动系统的文章，且无其他证据证明该杂志的具体印刷日

C. 吴某的同事胡某于2007年4月25日向国家知识产权局提交了一件有关汽车制动杆的实用新型专利申请，该申请于2008年6月6日被公告授权

D. 吴某2007年11月2日与国内某汽车制造公司签订协议许可该公司实施该发明，在该公司于2008年2月在国内销售的新型汽车上使用了该汽车制动系统

【解题思路】

A选项是口头方式公开。B选项中杂志上只有月份没有日期，只能认定是在2008年3月31日出版，在申请日之后，不影响新颖性。C选项中胡某的申请在吴某之前，但主题是汽车制动杆，不是汽车制动系统，技术方案不同，不属于同样的发明创造，不影响新颖性。D选项中销售时间在吴某的申请日之前，构成了使用公开，影响新颖性。

【参考答案】 BC

2. 单独对比原则

《专利审查指南》第2部分第3章第3.1节审查原则中规定了单独对比原则。

判断新颖性时，应当将发明或者实用新型专利申请的各项权利要求分别与每一项现有技术或申请在先公布或公告在后的发明或实用新型的相关技术内容单独地进行比较，不得将其与几项现有技术或者申请在先公布或公告在后的发明或者实用新型内容的组合或者与一份对比文件中的多项技术方案的组合进行对比，即判断发明或者实用新型专利申请的新颖性适用单独对比的原则。这与发明或者实用新型专利申请创造性的判断方法有所不同（参见《专利审查指南》第2部分第4章第3.1节）。

52.【2011年第35题】一件专利申请的一项权利要求包括K、L、M、N四个技术特征，现检索到公开日早于本专利申请日的三篇对比文件，对比文件1公开了技术特征K、L、M，对比文件2公开了技术特征K、M、N，对比文件3公开了技术特征N。下列说法哪些是正确的？

A. 该权利要求不具备新颖性

B. 该权利要求具备新颖性，但不具备创造性

C. 该权利要求具备新颖性，也具备创造性

D. 该权利要求具备新颖性，是否具备创造性应根据全部对比文件进行具体分析

【解题思路】

判断新颖性时只能适用一份对比文件。本题中的3份对比文件都没有全部揭露专利申请的全部4个技术特征，故该专利申请具有新颖性。创造性则采用结合对比的原则，可以使用数份对比文件，故还需要进行具体分析。

【参考答案】 D

53.【2015年第40题】一件发明专利申请的权利要求书如下：

“1. 一种设备，其特征在于包括部件a、b和c。

2. 根据权利要求1所述的设备，其特征在于还包括部件d。

3. 根据权利要求 1 或 2 所述的设备，其特征在于还包括部件 e。

4. 根据权利要求 3 所述的设备，其特征在于还包括部件 f。”

审查员检索到构成本申请现有技术的一篇对比文件，其技术方案公开了由部件 a、b、c、d、f 组成的设备。上述 a、b、c、d、e、f 为实质不同、且不能相互置换的部件。下列哪些选项是正确的？

A. 权利要求 1 不具备新颖性

B. 权利要求 2 不具备新颖性

C. 权利要求 3 不具备新颖性

D. 权利要求 4 不具备新颖性

【解题思路】

权利要求 1 的技术特征为 a、b 和 c，权利要求 2 的技术特征为 a、b、c 和 d，这些技术特征都已经在对比文件中公开。权利要求 3 包含技术特征 e，该技术特征未在对比文件中公开。权利要求 4 是权利要求 3 的从属权利要求，也包含了未被对比文件公开的技术特征 e。

【参考答案】 AB

3. 具体（下位）概念与一般（上位）概念

《专利审查指南》第 2 部分第 3 章第 3.2.2 节规定了具体（下位）概念和一般“上位”概念的审查。

如果要求保护的发明或者实用新型与对比文件相比，其区别仅在于前者采用一般（上位）概念，而后者采用具体（下位）概念限定同类性质的技术特征，则具体（下位）概念的公开会使采用一般（上位）概念限定的发明或者实用新型丧失新颖性。例如，对比文件公开某产品是“用铜制成的”，就使“用金属制成的”同一产品的发明或者实用新型丧失新颖性。但是，该铜制品的公开并不使铜之外的其他具体金属制成的同一产品的发明或者实用新型丧失新颖性。

反之，一般（上位）概念的公开并不影响采用具体（下位）概念限定的发明或者实用新型的新颖性。例如，对比文件公开的某产品是“用金属制成的”，并不能使“用铜制成的”同一产品的发明或者实用新型丧失新颖性。又如，要求保护的发明或者实用新型与对比文件的区别仅在于发明或者实用新型中选用了“氯”来代替对比文件中的“卤素”或者另一种具体的卤素“氟”，则对比文件中“卤素”的公开或者“氟”的公开并不导致用氯对其作限定的发明或者实用新型丧失新颖性。

54.【2009 年第 59 题】一件发明专利申请的权利要求书如下：

“1. 一种锅铲，由手柄、锅铲柄以及金属制成的锅铲头组成。”

对比文件 1～4 均为现有技术，其内容如下：

对比文件 1：一种由锅铲头、锅铲柄和木质手柄组成的锅铲，其中所述锅铲头和锅铲柄用黄铜制成。

对比文件 2：一种由手柄、锅铲柄和锅铲头组成的锅铲，其中所述锅铲柄和锅铲头用不锈钢制成。

对比文件 3：一种用竹木制成的锅铲，由手柄、锅铲柄和锅铲头组成。

对比文件 4：一种由手柄、锅铲柄和锅铲头组成的锅铲。

下列说法哪些是正确的？

A. 对比文件 1 破坏权利要求 1 的新颖性

B. 对比文件 2 破坏权利要求 1 的新颖性

C. 对比文件 3 破坏权利要求 1 的新颖性

D. 对比文件 4 破坏权利要求 1 的新颖性

【解题思路】

在遇到这种上位概念和下位概念的技术特征比对题时，考生可通过画表格求解，这样就一目了然。

权利要求	手柄	锅铲柄	金属锅铲头
对比文件 1	木质手柄	黄铜锅铲柄	黄铜锅铲头
对比文件 2	手柄	不锈钢锅铲柄	不锈钢铲头
对比文件 3	竹木手柄	竹木锅铲柄	竹木锅铲头
对比文件 4	手柄	锅铲柄	锅铲头

从表格中可以看出：

（1）对比文件 1 中的“木质手柄”是权利要求中“手柄”的下位概念,“黄铜锅铲柄”是“锅铲柄”的下位概念,“黄铜锅铲头”是“金属锅铲头”的下位概念，对比文件 1 破坏权利要求的新颖性。

（2）对比文件 2 中，“手柄”相同，“不锈钢锅铲柄”是“锅铲柄”的下位概念,“不锈钢锅铲头”是“金属锅铲头”的下位概念，对比文件 2 破坏权利要求的新颖性。

（3）对比文件 3 中使用的是“竹木锅铲头”，没有公开“金属锅铲头”，不破坏新颖性。

（4）对比文件 4 公开了上位概念“锅铲头”，没有公开“金属锅铲头”，不破坏新颖性。

【参考答案】 AB

4. 惯用手段的直接置换

《专利审查指南》第 2 部分第 3 章第 3.2.3 节规定了惯用手段的直接置换。

如果要求保护的发明或者实用新型与对比文件的区别仅仅是所属技术领域的惯用手段的直接置换，则该发明或者实用新型不具备新颖性。例如，对比文件公开了采用螺钉固定的装置，而要求保护的发明或者实用新型仅将该装置的螺钉固定方式改换为螺栓固定方式，则该发明或者实用新型不具备新颖性。

5. 数值和数值范围

《专利审查指南》第 2 部分第 3 章第 3.2.4 节规定了数值和数值范围。

如果要求保护的发明或者实用新型中存在以数值或者连续变化的数值范围限定的技术特征，如部件的尺寸、温度、压力以及组合物的组分含量，而其余技术特征与对比文件相同，则其新颖性的判断应当依照以下各项规定。

（1）对比文件公开的数值或者数值范围落在上述限定的技术特征的数值范围内，将破坏要求保护的发明或者实用新型的新颖性。

【例 1】

专利申请的权利要求为一种铜基形状记忆合金，包含 10% ～ 35%（重量）的锌和 2% ～ 8%（重量）的铝，余量为铜。如果对比文件公开了包含 20%（重量）锌和 5%（重量）铝的铜基形状记忆合金，则上述对比文件破坏该权利要求的新颖性。

【例 2】

专利申请的权利要求为一种热处理台车窑炉，其拱衬厚度为 100 ～ 400 毫米。如果对比文件公开了拱衬厚度为 180 ～ 250 毫米的热处理台车窑炉，则该对比文件破坏该权利要求的新颖性。

（2）对比文件公开的数值范围与上述限定的技术特征的数值范围部分重叠或者有一个共同的端点，将破坏要求保护的发明或者实用新型的新颖性。

【例 1】

专利申请的权利要求为一种氮化硅陶瓷的生产方法，其烧成时间为 1 ～ 10 小时。如果对比文件公开的氮化硅陶瓷的生产方法中的烧成时间为 4 ～ 12 小时，由于烧成时间在 4 ～ 10 小时的范围内重叠，则该对比文件破坏该权利要求的新颖性。

【例 2】

专利申请的权利要求为一种等离子喷涂方法，喷涂时的喷枪功率为 20 ～ 50kW。如果对比文件公开了喷枪功率为 50 ～ 80kW 的等离子喷涂方法，因为具有共同的端点 50kW，则该对比文件破坏该权利要求的新颖性。

55.【2018 年第 16 题】某发明专利申请的权利要求如下：

“1. 一种复合材料的制备方法，其特征在于：……混合时间为 10 ～ 75 分钟；

2. 根据权利要求 1 所述的复合材料制备方法，其特征在于混合时间为 30 ～ 45 分钟。”

关于上述权利要求的新颖性，下列说法错误的是：

A. 对比文件公开的一种复合材料的制备方法，其中混合时间为 15 ～ 90 分钟（其余特征与权利要求 1 相同），则权利要求 1 相对于该对比文件不具备新颖性

B. 对比文件公开的一种复合材料的制备方法，其中混合时间为 20 ～ 60 分钟（其余特征与权利要求 1 相同），则权利要求 1 相对于该对比文件不具备新颖性

C. 对比文件公开的一种复合材料的制备方法，其中混合时间为 20 ～ 90 分钟（其余特征与权利要求 2 相同），则权利要求 2 相对于该对比文件不具备新颖性

D. 对比文件公开的一种复合材料的制备方法，其中混合时间为 45 分钟（其余特征与权利要求 2 相同），则权利要求 2 相对于该对比文件不具备新颖性

【解题思路】

本题涉及的是数值范围的判断，关于数值范围判断标准可以用完整性来理解。专利权利要求保护的范围必须是一个完整的集合。如果与对比文件相比，集合的完整性受到破坏，那就会丧失新颖性。权利要求 1 要求保护的范围为 10 ～ 75 分钟，与 A 选项的 15 ～ 90 分钟、B 选项的 20 ～ 60 分钟存在交叉，导致权利要求 1 保护的范围不完整，不具有新颖性。权利要求 2 所保护的范围为 30 ～ 45 分钟，作为一个整体全部落入 20 ～ 90 分钟的范围内，完整性没有被破坏，具有新颖性。权利要求 2 所保护的范围为 30 ～ 45 分钟，与对比文件的 45 分钟具有一个共同的端点，不再完整，不具备新颖性。

集合封闭性原理还可以用来解释涉及上位概念和下位概念时的新颖性问题。假设对比文件给出的是上位的金属，专利申请给出的是铜和铝。金属是一个完整的封闭体系，铜和铝是这个体系中的两个点。这两个点都是封闭的，因此上位概念并不影响下位概念的新颖性。反过来，如果对比文件给出

的是下位的铜和铝，专利申请中为上位的金属。那专利申请中没有被公开的范围就是金属中挖去铜和铝的部分，这就不再是一个完整的封闭体系，丧失了新颖性。

【参考答案】 C

（3）对比文件公开的数值范围的两个端点将破坏上述限定的技术特征为离散数值，并且具有该两端点中任一个的发明或者实用新型的新颖性，但不破坏上述限定的技术特征为该两端点之间任一数值的发明或者实用新型的新颖性。

【例如】

专利申请的权利要求为一种二氧化钛光催化剂的制备方法，其干燥温度为40℃、58℃、75℃或者100℃。如果对比文件公开了干燥温度为40～100℃的二氧化钛光催化剂的制备方法，则该对比文件破坏干燥温度分别为40℃和100℃时权利要求的新颖性，但不破坏干燥温度分别为58℃和75℃时权利要求的新颖性。

56.【2010年第33题】一件专利申请的权利要求为："一种光催化剂的制备方法，采用A工艺，其特征在于干燥温度为40℃、58℃、75℃或者100℃。"对比文件记载了采用A工艺的同种光催化剂的制备方法，干燥温度为40～100℃。对比文件破坏了权利要求中哪些干燥温度的技术方案的新颖性？

A. 40℃

B. 58℃

C. 75℃

D. 100℃

【解题思路】

根据集合完整性原理，40～100℃的区间只能破坏权利要求书中40℃和100℃这两个端点的新颖性。

【参考答案】 AD

（4）上述限定的技术特征的数值或者数值范围落在对比文件公开的数值范围内，并且与对比文件公开的数值范围没有共同的端点，则对比文件不破坏要求保护的发明或者实用新型的新颖性。

【例1】

专利申请的权利要求为一种内燃机用活塞环，其活塞环的圆环直径为95毫米，如果对比文件公开了圆环直径为70～105毫米的内燃机用活塞环，则该对比文件不破坏该权利要求的新颖性。

【例2】

专利申请的权利要求为一种乙烯-丙烯共聚物，其聚合度为100～200，如果对比文件公开了聚合度为50～400的乙烯-丙烯共聚物，则该对比文件不破坏该权利要求的新颖性。

有关数值范围的修改适用本部分第8章第5.2节的规定。有关通式表示的化合物的新颖性判断适用本部分第10章第5.1节的规定。

57.【2010年第61题】某发明专利申请权利要求的技术方案中温度为10～100℃，说明书中还记载了特定值50℃、60℃和90℃。某对比文件公开的技术内容与该技术方案的区别是其所公开的相应的温度范围为-10～200℃，该对比文件还公开了该范围内的两个特定值50℃、60℃。据此，下列对权利要求中温度范围的修改，哪些既符合修改的相关规定又能克服不具备新颖性的缺陷？

A．50 ～ 90℃

B．65 ～ 90℃

C．60 ～ 90℃

D．90 ～ 100℃

【解题思路】

根据集合完整原理，−10 ～ 200℃完整地包含了 10 ～ 100℃的区间，不破坏权利要求的新颖性。因为对比文件中还有 50℃和 60℃这两个点，故修改后的权利要求书中不能包含这两个点。B 选项的问题是原说明书中没有提到 65℃，权利要求得不到说明书的支持。D 选项则没有问题。

【参考答案】 D

58.【2016 年第 8 题】某发明专利申请要求保护一种光催化剂的制备方法，其中采用 A 工艺，并对干燥温度进行了限定。某现有技术记载了采用 A 工艺制备同种光催化剂的方法，其中干燥温度为 50 ～ 100℃。相对于该现有技术，该发明专利申请的哪个权利要求不具备新颖性？

A．一种光催化剂的制备方法，采用 A 工艺，其特征在于干燥温度为 40 ～ 90℃

B．一种光催化剂的制备方法，采用 A 工艺，其特征在于干燥温度为 58℃

C．一种光催化剂的制备方法，采用 A 工艺，其特征在于干燥温度为 60 ～ 75℃

D．一种光催化剂的制备方法，采用 A 工艺，其特征在于干燥温度为 40 ～ 45℃

【解题思路】

关于数值范围判断标准可以用完整性来理解。专利要求保护的范围必须是一个完整的集合，如果与对比文件相比，集合的完整性受到破坏，就会丧失新颖性。现有技术中的干燥温度为 50 ～ 100℃，40 ～ 90℃与其有交叉，不具有新颖性；58℃、60 ～ 75℃都被 50 ～ 100℃完整地包含，其完整性没有被破坏，具有新颖性；40 ～ 45℃则和 50 ～ 100℃没有交叉，具有新颖性。

【参考答案】 A

6. 包含性能、参数、用途、制备方法等特征的产品权利要求的新颖性审查原则

《专利审查指南》第 2 部分第 3 章第 3.2.5 节规定了包含性能、参数、用途、制备方法等特征的产品权利要求的审查原则。

对于包含性能、参数、用途、制备方法等特征的产品权利要求新颖性的审查，应当按照以下原则进行。

（1）包含性能、参数特征的产品权利要求。

对于这类权利要求，应当考虑权利要求中的性能、参数特征是否隐含了要求保护的产品具有某种特定结构和 / 或组成。如果该性能、参数隐含了要求保护的产品具有区别于对比文件产品的结构和 / 或组成，则该权利要求具备新颖性；相反，如果所属技术领域的技术人员根据该性能、参数无法将要求保护的产品与对比文件产品区分开，则可推定要求保护的产品与对比文件产品相同，因此申请的权利要求不具备新颖性，除非申请人能够根据申请文件或现有技术证明权利要求中包含性能、参数特征的产品与对比文件产品在结构和 / 或组成上不同。

（2）包含用途特征的产品权利要求。

对于这类权利要求，应当考虑权利要求中的用途特征是否隐含了要求保护的产品具有某种特定结构和 / 或组成。如果该用途由产品本身固有的特性决定，而且用途特征

没有隐含产品在结构和/或组成上发生改变，则该用途特征限定的产品权利要求相对于对比文件的产品不具有新颖性。

（3）包含制备方法特征的产品权利要求。

对于这类权利要求，应当考虑该制备方法是否导致产品具有某种特定的结构和/或组成。如果所属技术领域的技术人员可以断定该方法必然使产品具有不同于对比文件产品的特定结构和/或组成，则该权利要求具备新颖性；相反，如果申请的权利要求所限定的产品与对比文件产品相比，尽管所述方法不同，但产品的结构和组成相同，则该权利要求不具备新颖性，除非申请人能够根据申请文件或现有技术证明该方法导致产品在结构和/或组成上与对比文件产品不同，或者该方法给产品带来了不同于对比文件产品的性能从而表明其结构和/或组成已发生改变。

59.【2017年第75题】以下关于新颖性的判断，正确的是？

A．一种抗拉强度为530MPa钢板相对于抗拉强度为350MPa的普通钢板具有新颖性

B．一种用于抗病毒的化合物X与一种用作洗涤剂的化合物X相比具有新颖性

C．一种使用X方法制备的玻璃杯与一种用Y方法制作的玻璃杯相比一定具有新颖性

D．一种厚度为25～30mm的托板与一种厚度为30mm的托板相比不具有新颖性

【解题思路】

关于数值范围判断标准可以用完整性来理解。专利要求保护的范围必须是一个完整的集合，如果与对比文件相比，集合的完整性受到破坏，就会丧失新颖性。530MPa和350MPa并不交叉，具有新颖性。25～30mm和30mm有共同的端点，不具备新颖性。用于抗病毒的化合物X和用作洗涤剂的化合物本质上都是化合物X，在结构上并无区别，不具备新颖性。同理，用不同方法制作的玻璃杯，除非是由于工艺的不同导致产品在性能、结构等方面存在差异，否则也同样不具备新颖性。

【参考答案】 AD

7. 化学领域发明新颖性判断的其他若干规定

（1）化合物的新颖性。

《专利审查指南》第2部分第10章第5.1节规定了化学物的新颖性判断。

①专利申请要求保护一种化合物的，如果在一份对比文件中记载了化合物的化学名称、分子式（或结构式）等结构信息，使所属技术领域的技术人员认为要求保护的化合物已经被公开，则该化合物不具备新颖性，但申请人能提供证据证明在申请日之前无法获得该化合物的除外。

如果依据一份对比文件中记载的结构信息不足以认定要求保护的化合物与对比文件公开的化合物之间的结构异同，但在结合该对比文件记载的其他信息，包括物理化学参数、制备方法和效果实验数据等进行综合考量后，所属技术领域的技术人员有理由推定二者实质相同，则要求保护的化合物不具备新颖性，除非申请人能提供证据证明结构确有差异。

②通式不能破坏该通式中一个具体化合物的新颖性。一个具体化合物的公开使包

括该具体化合物的通式权利要求丧失新颖性，但不影响该通式所包括的除该具体化合物以外的其他化合物的新颖性。一系列具体的化合物能破坏这系列中相应的化合物的新颖性。一个范围的化合物（如 $C_{1\sim4}$）能破坏该范围内两端具体化合物（C_1 和 C_4）的新颖性，但若 C_4 化合物有几种异构体，则 $C_{1\sim4}$ 化合物不能破坏每个单独异构体的新颖性。

③天然物质的存在本身并不能破坏该发明物质的新颖性，只有对比文件中公开的与发明物质的结构和形态一致或者直接等同的天然物质，才能破坏该发明物质的新颖性。

（2）组合物的新颖性。

《专利审查指南》第 2 部分第 10 章第 5.2 节规定了化学物的新颖性判断。

①仅涉及组分时的新颖性判断。

一份对比文件公开了由组分（A+B+C）组成的组合物甲，如果：

（i）发明专利申请为组合物乙（组分：A+B），并且权利要求采用封闭式撰写形式，如“由 A+B 组成”，即使该发明与组合物甲所解决的技术问题相同，该权利要求仍有新颖性。

（ii）上述发明组合物乙的权利要求采用开放式撰写形式，如“含有 A+B”，且该发明与组合物甲所解决的技术问题相同，则该权利要求无新颖性。

（iii）上述发明组合物乙的权利要求采取排除法撰写形式，即指明不含 C，则该权利要求仍有新颖性。

②涉及组分含量时的新颖性判断。

涉及组分含量时的新颖性判断适用《专利审查指南》第 2 部分第 3 章第 3.2.4 节的规定。

60.【2009 年第 29 题】一件发明专利申请的权利要求为：“一种治疗心脏病的药物，其特征在于，包括：(1) 活性成分 X；(2) 活性成分 Y；(3) 着色剂 M；和 (4) 调味剂 N。”在其申请日前公开的下列哪些治疗心脏病的药物破坏该权利要求的新颖性？

A. 由活性成分 X 和 Y 组成的药物

B. 由活性成分 X、活性成分 Y 和着色剂 M 组成的药物

C. 由活性成分 X、活性成分 Z、着色剂 M 和调味剂 N 组成的药物

D. 由活性成分 X、活性成分 Y、着色剂 M、调味剂 N 和崩解剂 O 组成的药物

【解题思路】

本题中权利要求采用了“包括”的用词，属于开放式权利要求。只要公开组分中含有上述权利要求的 4 种组分，就能破坏该权利要求的新颖性。据此，D 选项正确。A 选项中缺少 M 和 N，B 选项中缺少 N，C 选项中用 Z 代替了 Y，都没有完全公开权利要求中的 4 种组分。

【参考答案】 D

（3）用物理化学参数或者用制备方法表征的化学产品的新颖性。

《专利审查指南》第 2 部分第 10 章第 5.3 节规定了化学参数或者用制备方法表征的化学产品的新颖性。

①对于用物理化学参数表征的化学产品权利要求，如果无法依据所记载的参数对由该参数表征的产品与对比文件公开的产品进行比较，从而不能确定采用该参数表征的

产品与对比文件产品的区别，则推定用该参数表征的产品权利要求不具备《专利法》第22条第2款所述的新颖性。

②对于用制备方法表征的化学产品权利要求，其新颖性审查应针对该产品本身进行，而不是仅仅比较其中的制备方法是否与对比文件公开的方法相同。制备方法不同并不一定导致产品本身不同。

如果申请没有公开可与对比文件公开的产品进行比较的参数以证明该产品的不同之处，而仅仅是制备方法不同，也没有表明由于制备方法上的区别为产品带来任何功能、性质上的改变，则推定该方法表征的产品权利要求不具备《专利法》第22条第2款所述的新颖性。

（4）化学产品用途发明的新颖性。

《专利审查指南》第2部分第10章第5.4节规定了化学产品用途发明的新颖性。

一种新产品的用途发明由于该产品是新的而自然具有新颖性。

一种已知产品不能因为提出了某一新的应用而被认为是一种新的产品。例如，产品X作为洗涤剂是已知的，那么一种用作增塑剂的产品X不具有新颖性。但是，如果一项已知产品的新用途本身是一项发明，则已知产品不能破坏该新用途的新颖性。这样的用途发明属于使用方法发明，因为发明的实质不在于产品本身，而在于如何去使用它。

对于涉及化学产品的医药用途发明，其新颖性审查应考虑以下方面：

①新用途与原已知用途是否实质上不同。仅仅表述形式不同而实质上属于相同用途的发明不具备新颖性。

②新用途是否被原已知用途的作用机理、药理作用所直接揭示。与原作用机理或者药理作用直接等同的用途不具有新颖性。

③新用途是否属于原已知用途的上位概念。已知下位用途可以破坏上位用途的新颖性。

④给药对象、给药方式、途径、用量及时间间隔等与使用有关的特征是否对制药过程具有限定作用。仅仅体现在用药过程中的区别特征不能使该用途具有新颖性。

61.【2013年第11题】一件专利申请公开了一种组合物，该组合物由植物材料M经过步骤X、Y和Z加工处理制得，并公开了该组合物可用来杀菌。该申请的申请日为2012年6月1日。一篇2011年3月1日公开的文献记载了一种由植物材料M经过步骤X、Y和Z加工处理制得的染料组合物，该文献没有公开所得组合物可用来杀菌。相对于该篇文献，该申请下列哪项权利要求具备新颖性？

A. 一种杀菌组合物，该组合物由植物材料M经过步骤X、Y和Z加工处理制得

B. 一种制备杀菌组合物的方法，该方法包括将植物材料M经过步骤X、Y和Z加工处理

C. 一种由植物材料M经过步骤X、Y和Z加工处理制得的组合物，其特征在于该组合物可以杀菌

D. 一种杀菌方法，包括使用由植物材料M经过步骤X、Y和Z加工处理制得的一种组合物

【解题思路】

专利制度所保护的就是发明人自己发明的那部分，不能把处于公共领域的部分也纳入到专利中去。在本题中，该组合物及其

制备方法都是已知的。A和C选项要求保护的是组合物，没有新颖性。B选项要求保护的是组合物的生产方法，同样没有新颖性。D选项要求保护的是杀菌的方法，属于该组合物以前没有发现的新用途，具有新颖性。

【参考答案】 D

8. 包含算法特征或商业规则和方法特征的发明专利的新颖性审查规定

《专利审查指南》第2部分第9章第6.1.3节规定了算法特征或商业规则和方法特征的发明专利的新颖性审查。

对包含算法特征或商业规则和方法特征的发明专利申请进行新颖性审查时，应当考虑权利要求记载的全部特征，所述全部特征既包括技术特征，也包括算法特征或商业规则和方法特征。

（四）不丧失新颖性的宽限期

《专利审查指南》第2部分第3章第5节规定了不丧失新颖性的宽限期。

1. 宽限期的定义

判断发明或实用新型的新颖性的时间是以申请日（要求享有优先权的，是以优先权日）为准。凡是在申请日或优先权日以前发明创造已经公开的，无论是什么人公开的，已成为现有技术的一部分，因此不能取得专利权。这是专利法的一条基本原则。但发明人、设计人或者发明创造的其他所有人由于某些正当原因，在申请日前将其发明创造公开，或者第三人以合法或不合法手段从发明人、设计人或者发明创造的其他所有人那里得知发明创造的途径，不经其同意而在申请日前将其公开。如果一律按照上述原则认为已经丧失了新颖性，对发明人、设计人或者发明创造的其他所有人来说是不公正的，对科技交流也会产生消极的影响。故许多国家的专利法都规定，申请日（或者优先权日）以前发明创造的某些公开，在一定条件下可以不影响发明创造的新颖性。这就是宽限期。

2. 宽限期的效力

宽限期的效力就是，本来相关发明创造已经因为公开而成为现有技术的一部分，丧失了新颖性，宽限期则对有权申请的人在该期限内申请专利的发明创造给予一种优惠，视为该发明创造没有丧失新颖性。当然，这种优惠是对该申请而言的。对于社会公众来说，该发明创造已经成为现有技术，丧失了新颖性。

举个例子可以比较容易地了解这一点。如申请人甲将自己的发明创造在2011年3月1日在规定的学术会议上发表，对甲来说，他可以在接下来的6个月内就该发明创造提起申请，享受宽限期，不丧失新颖性。但是，对社会公众来说，3月1日的发表已经构成了公开。如果乙想在4月1日就同样的发明创造提起专利申请，则会因为不符合新颖性而被驳回。

需要注意的是，宽限期的效力并不能使该申请的申请日追溯到该发明创造的公开日。因此，在宽限期内，在申请人提出申请以前，如果有第三人介入，就可能使申请人获得专利的前景受到不利影响。在上面的例子中，乙的申请不能获得批准，但如果甲在5月1日就该技术提起申请，那也会因为晚于乙的申请日4月1日而被驳回。

3. 宽限期的期限

根据《专利法》第24条，宽限期的时间是6个月。

62.【2009 年第 48 题】甲公司指派员工李某利用本公司资源研发了 EVD 技术，并于 2007 年 12 月 20 日在中国政府主办的某国际展览会上首次展出该技术，而后该公司于 2008 年 3 月 6 日提出 EVD 专利申请，并在规定的期限内提交了享有不丧失新颖性宽限期的证明材料。李某针对该技术于 2008 年 3 月 5 日提出了发明专利申请。王某和乙公司分别独立研发了同样的技术，王某于 2007 年 12 月 20 日提出了实用新型专利申请，乙公司于 2008 年 3 月 4 日提出了发明专利申请。如果上述专利申请均符合其他授予专利权的条件，且保护范围相同，则专利权应当授予何人？

A．李某

B．甲公司

C．王某

D．乙公司

【解题思路】

宽限期不等于优先权，并不能使申请日追溯到该发明创造的公开日。根据先申请原则，首先要判断最先提起申请的人。甲公司的申请时间为 2008 年 3 月 6 日，李某的申请日是 2008 年 3 月 5 日，王某为 2007 年 12 月 20 日，乙公司为 2008 年 3 月 4 日。王某的申请日最先，其他人不可能获得专利权。另外，王某的申请时间和甲公司在国际展览会上展出的时间为同一日，甲公司的展出不构成现有技术，不影响王某申请的新颖性。

【参考答案】 C

4. 适用宽限期的情形

《专利法》第 24 条："申请专利的发明创造在申请日以前六个月内，有下列情形之一的，不丧失新颖性：

（一）在国家出现紧急状态或者非常情况时，为公共利益目的首次公开的；

（二）在中国政府主办或者承认的国际展览会上首次展出的；

（三）在规定的学术会议或者技术会议上首次发表的；

（四）他人未经申请人同意而泄露其内容的。"

【提醒】

2020 年《专利法》修改时，本条增加了第 1 项。为公共利益目的首次公开的，也享有不丧失新颖性的宽限期。如在发生类似新冠疫情的公共健康危机时，相关特效药物需要早日投入使用，但如果该药物尚未申请专利，那投入使用就意味着丧失新颖性。为此，《专利法》修改时增加了第一项，解除发明人的后顾之忧。另外，由于《专利法实施细则》和《专利审查指南》尚未进行适应性修改，故申请人主张使用该种宽限期时，如何提出声明和提交相关文件的程序尚未确定。

63.【2015 年第 41 题】下列哪些情形一定会导致申请专利的发明创造丧失新颖性？

A．该发明创造于申请日前 5 个月在我国政府主办的某国际展览会上首次公开展出

B．该发明创造于申请日前 4 个月被独立作出同样发明创造的他人在科技部组织召开的科技会议上首次公开

C．该发明创造于申请日前 7 个月被他人未经申请人同意发布在互联网上

D．该发明创造于申请日前 2 个月在国务院有关主管部门主办的核心期刊上首次公开发表

【解题思路】

如果申请专利的发明创造在申请日前被公开，那就会丧失新颖性。不过，《专利法》中也规定了不丧失新颖性的宽限期，A选项就属于适用宽限期的情形。B选项中涉及的科技会议符合宽限期的要求，但公开发明创造的是他人而不是申请人，故不适用宽限期。C选项是他人未经申请人同意的公开，但时间已经超过了6个月，也不适用宽限期。宽限期适用的是在会议上公开，D选项是期刊上公开，不符合要求。

【参考答案】 BCD

64.【2016年第39题】甲、乙分别独立研发出了技术方案A。甲于2010年6月1日在中国政府主办的一个国际展览会上首次展出了技术A，并于2010年11月1日向国家知识产权局递交了关于技术方案A的发明专利申请X，同时声明要求享有不丧失新颖性宽限期，并按期提交了相关证明文件。乙于2010年8月2日递交了关于技术方案A的发明专利申请Y，并于2010年10月10日公开发表了详细介绍技术方案A的论文。以下说法哪些是正确的？

A．甲的专利申请X享受6个月的宽限期，因此甲的展出行为及乙发表的论文均不影响该申请X的新颖性

B．甲在展览会上的展出行为不影响专利申请X的新颖性，但影响申请Y的新颖性

C．乙独立完成发明并且在甲之前提出了专利申请，因此乙的申请具备新颖性

D．甲和乙的专利申请都不具备新颖性

【解题思路】

宽限期仅仅是能够作为丧失新颖性的例外，但是不能够把申请日期提前。在本题中，甲、乙双方的新颖性丧失都是来自对方。甲的申请是2010年11月1日，乙的文章发表于2010年10月10日，破坏了甲申请的新颖性。同时，甲在展览会上的展出在乙的申请日之前，破坏了乙申请的新颖性。

【参考答案】 BD

5. 主张适用宽限期的时间限制

根据《专利法实施细则》第30条第3～4款，申请专利的发明创造有《专利法》第24条第2项或者第3项所列情形的，申请人应当在提出专利申请时声明，并自申请日起2个月内提交有关国际展览会或者学术会议、技术会议的组织单位出具的有关发明创造已经展出或者发表，以及展出或者发表日期的证明文件。

申请专利的发明创造有《专利法》第24条第4项所列情形的，国务院专利行政部门认为必要时，可以要求申请人在指定期限内提交证明文件。

65.【2006年第19题】甲提交了一项发明专利申请，其申请日为2006年3月11日。在提交专利申请时，甲依据《专利法》第二十四条及实施细则第三十一条的规定，在请求书中作了其发明创造不丧失新颖性的声明。甲在何时提交证明材料符合规定的期限？

A．在提交申请文件的同时

B．在2006年5月11日前

C．在2006年5月26日前

D．在提出实质审查请求后的三个月内

【解题思路】

要适用宽限期，申请人需要在申请时就提出声明，提交证据材料的时间则为2个

月。本题中申请日为 2006 年 3 月 11 日，需要在 5 月 11 日之前提交证明材料。

【参考答案】 AB

6. 有权主张适用宽限期的人

根据《专利法实施细则》第 30 条的规定，有权主张适用宽限期的人是申请人。

7. 主张适用宽限期的条件

《专利法实施细则》第 30 条第 5 款："申请人未依照本条第三款的规定提出声明和提交证明文件的，或者未依照本条第四款的规定在指定期限内提交证明文件的，其申请不适用专利法第二十四条的规定。"

8. 二次公开适用宽限期的条件

如果发明人、设计人或者是发明创造的其他所有人，在该发明创造在国际展览会首次展出、在学术会议或者技术会议上首次发表以后，在专利申请提出以前，又在出版物上发表该发明创造，或者制成产品出售的，应当认为该发明创造丧失了新颖性。因为上述的宽限期保护只对首次展出或者发表而言，对后来发表的文章或者出售的产品并没有给予宽限期。但是，如果在宽限期内再次发生的情形也是适用法定宽限期的三种情形之一，则该申请依然不会丧失新颖性。

66.【2011 年第 77 题】王教授于 2010 年 3 月 1 日在卫生部召开的学术会议上首次公开并演示了一种新医疗器械。丁某独立开发出相同产品并在 2010 年 6 月 5 日出版的某期刊上详细介绍了该医疗器械的结构。丁某和王教授分别于 2010 年 6 月 20 日和 2010 年 7 月 1 日就该医疗器械申请专利。下列说法哪些是正确的？

A. 丁某独立完成发明并且在王教授之前提出了专利申请，因此应当由丁某获得专利权

B. 王教授和丁某的上述专利申请都不具备新颖性

C. 王教授在该学术会议上公开其发明后，任何人就该发明提出的任何专利申请都丧失了新颖性

D. 王教授的专利申请享受 6 个月的宽限期，因此其专利申请具备新颖性

【解题思路】

专利申请采用先申请原则，丁某申请在先，王教授的申请则失了新颖性。但在丁某申请之前，该医疗机械已经被王教授在学术会议上公开，丧失了新颖性，故丁某无法获得授权。需要注意的是，不丧失新颖性的情形只针对当事人自己的申请，对其他人来说则构成了公开。

【参考答案】 B

67.【2018 年第 58 题】关于不丧失新颖性的宽限期，下列说法错误的是：

A. 如果申请人在中国政府主办的国际展会上首次展出其发明创造后 6 个月内在中国提出首次专利申请，之后又希望基于该首次专利申请作为国内优先权基础提出一份在后中国专利申请，则该在后中国专利申请的申请日应不晚于其首次展出后 12 个月

B. 专利法第二十四条有关宽限期规定中所述的"首次展出""首次发表"是指在申请日以前的 6 个月内仅允许申请人将其发明创造以专利法第二十四条所规定的方式展出或发表一次，不允许申请人在上述期限内多次发表或展出的情形

C. 申请人将其发明创造在中国政府主办的国际展览会上首次展出后，他人在该展会获得了该发明创造的信息，进而在宽限期

内在出版物上公开发表了该发明创造的，将导致该申请丧失新颖性

D. 申请人作出的专利法第二十四条中规定的不丧失新颖性的公开行为，不能作为现有技术评价该申请人在宽限期内所提交专利申请请求保护的相似技术方案的创造性

【解题思路】

不丧失新颖性的宽限期为6个月，并且不能作为主张国内优先权的基础，A选项中的首次申请在6个月的期限内，符合要求。不过，在后申请既然是以该首次申请作为国内优先权的基础，优先权期限的起算点应该是首次申请日而不是展出日。如果申请人多次发表或多次展出都符合宽限期的要求，那都可以适用宽限期，但期限需要从第一次公开之日起算。不丧失新颖性的宽限期仅针对自己的行为，如果他人获知该申请的内容后再公开，则会导致该申请丧失新颖性。申请人提起其他专利申请时，享有宽限期的技术方案不能作为评价该申请的现有技术，否则构成“手足相残”。

【参考答案】 AB

9. 适用宽限期的国际展览会

根据《专利法》第24条的规定，适用宽限期的展览会为中国政府主办或者承认的国际展览会。中国政府主办的国际展览会，包括国务院、各部委主办或者国务院批准由其他国家机关或者地方政府举办的国际展览会。

根据《专利法实施细则》第30条第1款，《专利法》第24条第（2）项所称中国政府承认的国际展览会，是指国际展览会公约规定的在国际展览局注册或者由其认可的国际展览会。

68.【2017年第22题】甲向国家知识产权局提出发明专利申请，要求保护一种智能手表，申请日为2016年7月18日，以下关于宽限期的说法正确的是？

A. 乙于2016年5月1日未经申请人甲的同意泄露其专利申请的内容，申请人甲于2016年7月28日得知此事，其应当在2016年10月28日之前提出要求不丧失新颖性宽限期的声明，并附具证明材料

B. 甲于2016年1月1日在第X届全国电子学术会议上首次发表了该智能手表的技术方案，并于2016年2月1日在广交会上公开展出了其智能手表，则该申请仍可以享有宽限期

C. 甲于2016年2月1日在第X届全国电子学术会议上首次发表了该智能手表的技术方案，乙独立做出了同样的智能手表，并在2016年3月1日提出了专利申请，但由于甲提出宽限期声明，甲仍可以取得专利权

D. 甲于2016年2月1日在第X届全国电子学术会议上首次发表了该智能手表的技术方案，乙独立做出了同样的智能手表，并在2016年3月1日提出专利申请，但2016年2月1日智能手表技术方案的公开破坏了乙的申请的新颖性，乙的申请不能被授予专利权

【解题思路】

乙是在提起申请后才知道发明创造的内容被泄露，应当在得知情况后2个月内提出不丧失新颖性宽限期的声明，并附具证明材料。A选项是3个月，故A选项错误。在全国电子学术会议上公开的技术方案可以适用不丧失新颖性的宽限期。不过宽限期只有

6个月，申请人7月18日提起申请时已经超过该期限。宽限期并不是优先权，如果乙在甲之前先提出了同样的发明专利申请，则甲的申请将会丧失新颖性。宽限期的作用是不会破坏甲的新颖性，但是会破坏乙的新颖性。

【参考答案】 D

69.【2019年第4题】甲于2019年2月10日在我国政府主办的一个国际展览会上首次展出了其研制的新产品。乙于2019年7月11日独立作出了与甲完全相同的新产品，并于2019年7月16日提出了专利申请。甲于2019年8月2日也提出了专利申请，并提出了不丧失新颖性宽限期声明且附有证据。下列说法中正确的是？

A. 甲的发明在其申请日前已经被公开，因此不能被授予专利权

B. 甲于2019年2月10日将其新产品进行展出的行为不影响其获得专利权

C. 乙的发明是独立作出的，因此可以被授予专利权

D. 甲的发明享有6个月的不丧失新颖性宽限期，因此可以被授予专利权

【解题思路】

甲在国际展览会上展出自己的新产品享有不丧失新颖性的宽限期，其秉持的原则是“死道友不死贫道”，不会成为甲本人之后就该新产品申请专利的障碍，但会阻碍甲之外的其他任何人就同样的技术方案申请专利。本题中，乙申请的新颖性就破坏在甲的手里。不过，不丧失新颖性的宽限期并不是优先权，甲的申请日还是2019年8月2日，晚于乙的申请日，故甲的申请同样不能被授权。

【参考答案】 B

10. 适用宽限期的学术会议或技术会议

根据《专利法实施细则》第30条第2款，《专利法》第24条第3项所称学术会议或者技术会议，是指国务院有关主管部门或者全国性学术团体组织召开的学术会议或者技术会议。

本条所述的会议应当是指公开举行的会议，也就是参加者不负有保密义务的会议。如果是保密性质的学术会议或者技术会议，如内部的技术研讨会，则因为在这种会议上披露的内容没有为公众所知，不构成现有技术，不影响新颖性，从而也就没有必要考虑新颖性的宽限期问题。

11. 首次发表的含义

《专利法实施细则》第30条第3款所述的“发表”是仅指口头报告，还是也包括书面论文，并没有明确规定。按照一般实践，除即席发言外，正式的、事先准备的发言多已印成书面材料散发，所以本款所述的发表应当包括口头报告和书面论文。

12. 首次展出的含义

所谓展出，当然是指物品在展览会上陈列，供公众观看，但是在现代，随着物品展出的同时，常有关于展出物品的书面说明。如果仅仅排除展出行为本身对新颖性的影响，而不排除介绍展品的出版物，那对展出所提供的临时保护就有很大的局限性。为此，在符合要求的国际展览会上介绍展品的出版物所公开的发明创造，同样可以享受宽限期。

13. 他人未经申请人同意而泄露其发明创造内容的含义

他人未经申请人同意而泄露发明创造

内容的，申请人也可以请求给予宽限期保护。这里指的"申请人"，是指有权提起专利申请的人。所谓"他人"，包括除发明人、设计人以外的通过合法和非法手段得到申请专利的发明创造的人。

14. 证明材料

《专利审查指南》第1部分第1章第6.3.1节规定了在中国政府主办或者承认的国际展览会上首次展出的情形下，对证明材料的要求：国际展览会的证明材料，应当由展览会主办单位出具。证明材料中应当注明展览会展出日期、地点、展览会的名称以及该发明创造展出的日期、形式和内容，并加盖公章。

《专利审查指南》第1部分第1章第6.3.2节规定了在规定的学术会议或者技术会议上首次发表的情形下，对证明材料的要求：学术会议和技术会议的证明材料，应当由国务院有关主管部门或者组织会议的全国性学术团体出具。证明材料中应当注明会议召开的日期、地点、会议的名称以及该发明创造发表的日期、形式和内容，并加盖公章。

《专利审查指南》第1部分第1章第6.3.3节规定了他人未经申请人同意而泄露其内容的情形下，对证明材料的要求：申请人提交的关于他人泄露申请内容的证明材料，应当注明泄露日期、泄露方式、泄露的内容，并由证明人签字或者盖章。

（五）对同样的发明创造的处理

《专利审查指南》第2部分第3章第6节规定了对同样的发明创造的处理。

《专利法》第9条规定，同样的发明创造只能授予一项专利权。两个以上的申请人分别就同样的发明创造申请专利的，专利权授予最先申请的人。

上述条款规定了不能重复授予专利权的原则。禁止对同样的发明创造授予多项专利权，是为了防止权利之间存在冲突。

对于发明或实用新型，《专利法》第9条或《专利法实施细则》第41条中所述的"同样的发明创造"是指两件或两件以上申请（或专利）中存在的保护范围相同的权利要求。

在先申请构成抵触申请或已公开构成现有技术的，应根据《专利法》第22条第2、3款，而不是根据《专利法》第9条对在后专利申请（或专利）进行审查。

1. 同样的发明创造的判断原则

《专利审查指南》第2部分第3章第6.1节规定了同样的发明创造的判断原则。

《专利法》第64条第1款规定，发明或者实用新型专利权的保护范围以其权利要求的内容为准，说明书及附图可以用于解释权利要求的内容。为了避免重复授权，在判断是否为同样的发明创造时，应当将两件发明或者实用新型专利申请或专利的权利要求书的内容进行比较，而不是将权利要求书与专利申请或专利文件的全部内容进行比较。

判断时，如果一件专利申请或专利的一项权利要求与另一件专利申请或专利的某一项权利要求保护范围相同，应当认为它们是同样的发明创造。

两件专利申请或专利说明书的内容相同，但其权利要求保护范围不同的，应当认为所要求保护的发明创造不同。例如，同一申请人提交的两件专利申请的说明书都记载了一种产品以及制造该产品的方法，其中一件专利申请的权利要求书要求保护的是该产品，另一件专利申请的权利要求书要求保护的是制造该产品的方法，应当认为要求保护的是不同的发明创造。应当注意的是，权利要求保护范围仅部分重叠的，不属于同样的发明创造。例如，权利要求中存在以连续的数值范围限定的技术特征的，其连续的数值范围与另一件发明或者实用新型专利申请或专利权利要求中的数值范围不完全相同的，不属于同样的发明创造。

70.【2010 年第 37 题】下列有关发明或者实用新型是否属于同样的发明创造的说法哪些是正确的？

A．在判断是否为同样的发明创造时，应当将两件发明或者实用新型专利申请或专利的权利要求书的内容进行比较

B．如果一件专利申请的一项权利要求与另一件具有多项权利要求的专利的某一项权利要求保护范围相同，则它们是同样的发明创造

C．两个以上的申请人分别就同样的发明创造申请专利的，专利权授予最先申请的人

D．同样的发明创造是指两件或两件以上申请中权利要求书的内容全部相同

【解题思路】

判断是否属于同样的发明创造，要对权利要求书进行比对。在判断时，如果一件专利申请或专利的一项权利要求与另一件专利申请或专利的某一项权利要求保护范围相同，应当认为它们是同样的发明创造，并不需要两件专利中的所有权利要求的内容全都相同。C 选项是先申请原则，正确。

【参考答案】 ABC

71.【2015 年第 6 题】张某和刘某同日就同样的吸尘器分别向国家知识产权局提交了一件发明专利申请。在下列哪个情形下，张某和刘某的专利申请所要求保护的技术方案构成同样的发明创造？

A．张某的申请请求保护吸尘器 X，刘某的申请请求保护吸尘器 X′，X 与 X′ 的区别仅仅是所属技术领域的惯用手段的直接置换

B．张某的申请请求保护吸尘器 X，刘某的申请请求保护包括吸尘器 X 的清洁系统 Y

C．张某的申请请求保护吸尘器 X，刘某的申请请求保护吸尘器 X 及包括吸尘器 X 的清洁系统 Y

D．张某的申请请求保护吸尘器 X，刘某的申请请求保护吸尘器 X 在清洁系统 Y 中的应用

【解题思路】

判断是否属于同样的发明创造，要对权利要求书进行比对。在判断时，如果一件专利申请或专利的一项权利要求与另一件专利申请或专利的某一项权利要求保护范围相同，应当认为它们是同样的发明创造，并不需要两件专利中的所有权利要求的内容全都相同。A 选项中，X 与 X′ 毕竟有所区别；B 选项中，一方为吸尘器，另一方则为吸尘器的清洁系统，双方并不一致；D 选项中，一方为吸尘器，属于产品权利要求，另一方为吸尘器的应用，属于方法权利要求。C 选项中，双方的权利要求中都包括了吸尘器 X，属于同样的发明创造。

【参考答案】 C

2. 同一申请人就同样的发明创造提出两件专利申请

《专利审查指南》第 2 部分第 3 章第 6.2.1.1 节规定了申请人相同时对同样的发明

创造的处理。

在审查过程中，对于同一申请人同日（指申请日，有优先权的指优先权日）就同样的发明创造提出两件专利申请，并且这两件申请符合授予专利权的其他条件的，应当就这两件申请分别通知申请人进行选择或者修改。申请人期满不答复的，相应的申请被视为撤回。经申请人陈述意见或者进行修改后仍不符合《专利法》第 9 条第 1 款规定的，两件申请均予以驳回。

72.【2017 年第 80 题】甲公司 2015 年 8 月 26 日就同样的发明创造提出了一项实用新型专利申请和一项发明专利申请，申请人也已在申请时分别做出说明，以下哪些说法正确？

A. 作为同样发明创造的发明专利申请可以直接被授权

B. 作为同样发明创造的发明专利申请进行修改权利要求后，可能会被授权

C. 如果在发明专利申请授权前，甲公司因不缴纳年费导致实用新型专利权已终止，作为同样发明创造的发明专利申请可以被授权

D. 如果在实用新型专利申请授权前，甲公司提交了撤回实用新型专利申请声明并且该撤回声明已经生效，该发明申请符合授予专利权的其他条件，则该发明专利申请可以被授权

【解题思路】

同样的发明创造只能授予一次专利权，如果申请人不放弃实用新型，那发明专利就不能获得授权。同样的发明创造指的是两件或以上专利的权利要求相同，如果发明申请修改了权利要求，那就不构成同样的发明创造，可以获得授权。在申请人同日就同样的发明创造申请一项发明、一项实用新型时，可以通过放弃实用新型申请的方式来获得发明专利的授权。如果在发明申请授权前，实用新型已经由于不缴纳年费而被终止，但由于申请人还可以请求恢复权利，为防止重复授权，发明专利并不能获得授权。

【参考答案】 BD

3. 不同申请人就同样的发明创造在同一日分别提出专利申请

《专利审查指南》第 2 部分第 3 章第 6.2.1.2 节规定了申请人不同时对同样的发明创造的处理。

在审查过程中，对于不同的申请人同日（指申请日，有优先权的指优先权日）就同样的发明创造分别提出专利申请，并且这两件申请符合授予专利权的其他条件的，应当根据《专利法实施细则》第 41 条第 1 款的规定，通知申请人自行协商确定申请人。申请人期满不答复的，其申请被视为撤回；协商不成，或者经申请人陈述意见或进行修改后仍不符合《专利法》第 9 条第 1 款规定的，两件申请均予以驳回。

73.【2014 年第 84 题】下列说法哪些是正确的？

A. 同样的发明创造可以同时被授予一项实用新型专利权和一项发明专利权

B. 在两件发明专利中存在保护范围相同的权利要求就构成重复授权

C. 为防止权利冲突，对于同样的发明创造，不能将多项专利权分别授予不同的申请人，但可以授予同一申请人

D. 两个以上的申请人同日（有优先权的，指优先权日）分别就同样的发明创造申

请专利的，应当在收到国家知识产权局的通知后自行协商确定申请人

【解题思路】

同样的发明创造只能被授予一项专利，要么是发明，要么是实用新型。两件专利中如存在范围相同的部分，则此部分同时受到两件专利的保护，自然是属于重复授权。如果是同样的发明创造，申请人需要进行协商，协商不成则都会被驳回。

【参考答案】 BD

4. 对一件专利申请和一项专利权的处理

《专利审查指南》第2部分第3章第6.2.2节规定了对一件专利申请和一项专利权的处理。

在对一件专利申请进行审查的过程中，对于同一申请人同日（指申请日，有优先权的指优先权日）就同样的发明创造提出的另一件专利申请已经被授予专利权，并且尚未授权的专利申请符合授予专利权的其他条件的，应当通知申请人进行修改。申请人期满不答复的，其申请被视为撤回。经申请人陈述意见或者进行修改后仍不符合《专利法》第9条第1款规定的，应当驳回其专利申请。

但是，对于同一申请人同日（仅指申请日）对同样的发明创造既申请实用新型又申请发明专利的，在先获得的实用新型专利权尚未终止，并且申请人在申请时分别作出说明的，除通过修改发明专利申请外，还可以通过放弃实用新型专利权避免重复授权。因此，在对上述发明专利申请进行审查的过程中，如果该发明专利申请符合授予专利权的其他条件，应当通知申请人进行选择或者修改，申请人选择放弃已经授予的实用新型专利权的，应当在答复审查意见通知书时附交放弃实用新型专利权的书面声明。此时，对那件符合授权条件、尚未授权的发明专利申请，应当发出授权通知书，并将放弃上述实用新型专利权的书面声明转至有关审查部门，由专利局予以登记和公告，公告上注明上述实用新型专利权自公告授予发明专利权之日起终止。

74.【2010年第45题】李某于2009年11月1日提交了一件实用新型专利申请，其权利要求书中要求保护一种产品，说明书中记载了该产品和制造该产品的设备。该申请于2010年10月19日被公告授予专利权。2009年11月2日，李某提交了一件发明专利申请，该申请的说明书与前述实用新型专利申请的说明书相同，其权利要求书中要求保护前述设备。下列说法哪些是正确的？

A. 实用新型专利申请构成了发明专利申请的抵触申请

B. 由于申请人相同，因此实用新型专利申请不构成发明专利申请的抵触申请

C. 由于两件专利申请要求保护的主题不同，因此实用新型专利申请不破坏发明专利申请的新颖性

D. 在李某放弃实用新型专利权的条件下，发明专利申请可以被授予专利权

【解题思路】

实用新型申请在先，公开在后，且说明书中公开了在后的专利申请中要求保护的内容，构成了抵触申请。抵触申请包括申请人自己提出的申请。判断新颖性是通过全文进行比对而不是仅仅判断权利要求，在后申请中要求保护的技术方案已经被在先申请的说明书公开，丧失了新颖性。本题实用新型

要求保护的是产品，发明要求保护的是制造该产品的设备，要求保护的内容不同，不属于同样的发明创造，不能通过放弃一个获得另一个。

【参考答案】 A

75.【2016 年第 40 题】关于同样发明创造，下列说法哪些是正确的？

A. 李某于 2014 年 5 月 4 日和 5 月 5 日先后就同样的发明创造提交了实用新型专利申请 A 和发明专利申请 B，为避免重复授权，李某可以选择放弃已经取得的实用新型 A 的专利权或选择修改发明申请 B 的权利要求

B. 王某在 2014 年 5 月 5 日就同样的发明创造分别提交实用新型申请 A 和发明专利申请 B，但未就存在同日申请进行说明。为避免重复授权，李某既可以选择放弃已经取得的实用新型 A 的专利权，也可以选择修改发明申请 B 的权利要求

C. 为避免重复授权，张某依据专利法第 9 条及实施细则第 41 条选择放弃已经获得的实用新型专利权，则该实用新型专利权自同日提交的发明专利申请授权公告之日起终止

D. 赵某、郑某同日就同样的发明创造分别提出的专利申请，当该两件申请均符合授予专利权的其他条件时，二人应当在收到通知后自行协商确定申请人

【解题思路】

放弃实用新型保留发明的策略，仅适用于同日申请的同样的发明创造。李某的实用新型和发明并不是在同一天申请，不适用此方式。放弃实用新型保留发明，还需要在申请时对同日申请进行说明，否则不能适用。王某没有对同日申请进行说明，故他只能适用修改发明申请 B 的权利要求这一种方式。在放弃实用新型保留发明的情况下，实用新型的权利自发明授权公告之日终止，这样对该技术方案的保护可以做到无缝衔接。同样发明创造有两个不同申请人同日申请的，要申请人自行协商确定所有权，否则两项申请都会被驳回。

【参考答案】 CD

76.【2016 年第 85 题】甲于 2010 年 12 月 11 日向国家知识产权局就同样的发明创造同时提交了发明和实用新型专利申请，且根据专利法实施细则第 41 条进行了说明；实用新型专利申请于 2011 年 6 月 15 日被公告授权；为避免重复授权，甲于 2012 年 10 月 15 日提交了放弃实用新型专利权的声明，国家知识产权局于 2013 年 2 月 15 日针对发明专利申请发出授权通知书并同意甲放弃实用新型专利权，发明专利申请于 2013 年 4 月 15 日被公告授权。下列说法哪些是正确的？

A. 实用新型专利权自 2011 年 6 月 15 日生效，于 2013 年 2 月 15 日终止

B. 实用新型专利权自 2011 年 6 月 15 日生效，于 2013 年 4 月 15 日终止

C. 发明专利权自 2013 年 4 月 15 日生效，实用新型专利权视为自申请日 2010 年 12 月 11 日起即不存在

D. 发明专利权自 2013 年 4 月 15 日生效，实用新型专利权自该日起终止

【解题思路】

实用新型的授权日是 2011 年 6 月 15 日，权利从该日生效。通过放弃实用新型获得发明专利授权的，实用新型的权利终止之日就

是发明专利的授权日，从而避免出现权利的真空期。

【参考答案】 BD

三、创造性

（一）创造性的概念

1. 创造性的定义

《专利法》第 22 条第 3 款："创造性，是指与现有技术相比，该发明具有突出的实质性特点和显著的进步，该实用新型具有实质性特点和进步。"

2. 所属技术领域的技术人员

《专利审查指南》第 2 部分第 4 章第 2.4 节规定了所属技术领域的技术人员的判断标准。

发明是否具备创造性，应当基于所属技术领域的技术人员的知识和能力进行评价。所属技术领域的技术人员，也可称为本领域的技术人员，是指一种假设的"人"，假定他知晓申请日或者优先权日之前发明所属技术领域所有的普通技术知识，能够获知该领域中所有的现有技术，并且具有应用该日期之前常规实验手段的能力，但他不具有创造能力。如果所要解决的技术问题能够促使本领域的技术人员在其他技术领域寻找技术手段，他也应具有从该其他技术领域中获知该申请日或优先权日之前的相关现有技术、普通技术知识和常规实验手段的能力。

设定这一概念的目的，在于统一审查标准，尽量避免审查员主观因素的影响。

77.【2010 年第 8 题】某发明专利申请涉及车辆发动机的润滑系统，在判断该项发明的创造性时，下列关于"所属技术领域的技术人员"的说法哪些是正确的？

A. 所属技术领域的技术人员是指一种假设的"人"

B. 所属技术领域的技术人员是指长期在车辆发动机润滑系统技术领域工作的技术专家

C. 所属技术领域的技术人员是指在车辆发动机润滑系统技术领域具有至少两年以上工作经验的普通技术人员

D. 所属技术领域的技术人员能够获知车辆发动机润滑系统技术领域所有的现有技术

【解题思路】

创造性的判断是一个很主观的过程，不同主体的判断标准存在极大的差异。从统计学的角度上说，就是数据离散度高，方差大。为减少误差，获得一个相对比较客观的标准，就引入了"所属技术领域的技术人员"的概念。这就好比是统计学上的平均数。既然这个人是平均出来的，那就不是真实存在的，是个虚拟的标准。虚拟的标准难以用一些客观的数据来限定，技术专家或者是两年以上工作经验都不靠谱。所属技术领域是车辆发动机的润滑系统，所属技术领域的技术人员应当能够获知该领域的全部现有技术。

【参考答案】 AD

78.【2017 年第 82 题】以下关于所属技术领域的技术人员的说法，哪些是错误的？

A. 他应当是所属技术领域的本科以上学历的人员

B. 他应当知晓申请日或者优先权日之前所属技术领域所有的普通技术知识

C. 他也可以具有创造性能力

D. 他应当具有应用申请日或者优先权

日之前常规实验手段的能力

【解题思路】

“所属技术领域的技术人员”是一个虚拟的标准，用学历或者工作经验来限定并不靠谱。该概念相当于金庸先生笔下的王语嫣。王语嫣是金庸在小说中塑造的人物，不是真实存在的人物。王语嫣的能力仅限于武术领域，她对武林各大门派的招数无所不知，但对琴棋书画或者厨艺女红等并不精通。王语嫣家的琅嬛玉洞中堆满了各派的秘籍，她具有检索相关文献的能力，并具有常规实验能力，如在农家碾坊指出众西夏武士武功上的弱点，指点段誉击杀众武士。不过，王语嫣姑娘本身没有创造性，不能对现有的武功加以改进，创造出新的功法。王姑娘也不能将知晓的武学用于自己的实战中，无法和乔帮主等一流的武学高手对抗。

【参考答案】 AC

3. 突出的实质性特点

《专利审查指南》第2部分第4章第2.2节对“突出的实质性特点”作出了规定。

发明有突出的实质性特点，是指对所属技术领域的技术人员来说，发明相对于现有技术是非显而易见的。如果发明是所属技术领域的技术人员在现有技术的基础上仅仅通过合乎逻辑的分析、推理或者有限的试验可以得到的，则该发明是显而易见的，也就不具备突出的实质性特点。

79.【2016年第9题】关于发明的创造性，下列说法哪个是正确的？

A. 发明具有显著的进步，就是要求发明不能有负面的技术效果

B. 判断创造性时，应当考虑申请日当天公布的专利文献中的技术内容

C. 发明在商业上获得成功，则应该认定其具有创造性

D. 如果发明是所属技术领域的技术人员在现有技术的基础上仅仅通过合乎逻辑的分析、推理即可得到，则该发明是显而易见的，也就不具备突出的实质性特点

【解题思路】

显著的进步要求发明产生的有益的效果，但不能苛求其不存在任何负面效果。现有技术可以用来判断创造性，但现有技术不包括申请日当天公布的内容。商业上获得成功的因素有很多种，未必都是由于发明的技术特征直接导致的，如也可能是基于成功的营销策略。

【参考答案】 D

4. 显著的进步

《专利审查指南》第2部分第4章第2.3节对“显著的进步”作出了规定。

发明有显著的进步，是指发明与现有技术相比能够产生有益的技术效果。例如，发明克服了现有技术中存在的缺点和不足，或者为解决某一技术问题提供了一种不同构思的技术方案，或者代表某种新的技术发展趋势。

（二）发明判断创造性的原则和基准

1. 判断创造性的审查原则

《专利审查指南》第2部分第4章第3节规定了发明创造性审查的前提。

一件发明专利申请是否具备创造性，只有在该发明具备新颖性的条件下才予以考虑。

《专利审查指南》第2部分第4章第3.1节规定了判断创造性的审查原则。

根据《专利法》第22条第3款的规定，

审查发明是否具备创造性，应当审查发明是否具有突出的实质性特点，同时还应当审查发明是否具有显著的进步。

在评价发明是否具备创造性时，审查员不仅要考虑发明的技术方案本身，而且还要考虑发明所属技术领域、所解决的技术问题和所产生的技术效果，将发明作为一个整体看待。

与新颖性“单独对比”的审查原则（参见本部分第3章第3.1节）不同，审查创造性时，将一份或者多份现有技术中的不同的技术内容组合在一起对要求保护的发明进行评价。

如果一项独立权利要求具备创造性，则不再审查该独立权利要求的从属权利要求的创造性。

80.【2009年第52题】一件发明专利申请的权利要求如下：

“1. 一种生产化合物B的方法，该方法包括：（1）向化合物A中加入催化剂D，20～60℃反应8小时；（2）分离获得化合物B。

2. 权利要求1所述的方法，其中所述的催化剂D是人工合成的。

3. 权利要求1所述的方法，其中所述的催化反应温度为50℃。

4. 权利要求1所述的方法制得的化合物B，该化合物用于餐具消毒。”

一份对比文件中公开了一种以A为底物生产具有抗菌活性化合物B的方法，使用催化剂C，催化温度为50℃。使用催化剂D催化此类反应对本领域技术人员来说不是显而易见的，且使用D能提高转化率。在上述权利要求得到说明书支持的情况下，哪些权利要求相对于该对比文件具备创造性？

A. 权利要求1

B. 权利要求2

C. 权利要求3

D. 权利要求4

【解题思路】

对比文件中仅仅公开了使用催化剂C的方法，没有公开使用催化剂D的方法，权利要求1具有新颖性。同时，使用D作为催化剂不是显而易见的，且能提高转化率，故权利要求1具有创造性。权利要求2和权利要求3是权利要求1的从属权利要求，权利要求1具有创造性，那权利要求2和权利要求3也具有创造性。权利要求4要求保护的是化合物B，该化合物是已知的，不同的制备方法并没有给化合物本身带来结构或组成上的变化，故权利要求4不具备新颖性和创造性。

【参考答案】 ABC

81.【2011年第43题】下列关于创造性的说法哪些是正确的？

A. 评价发明是否具备创造性，只需要考虑其技术方案和要解决的技术问题

B. 对于新的化学产品，如果其用途不能从结构或者组成相似的已知产品预见到，可以认为这种用途具备创造性

C. 一项发明是否具备创造性，只有在该发明具备新颖性的条件下才进行判断

D. 独立权利要求限定的发明具备创造性，其从属权利要求限定的发明不一定具备创造性

【解题思路】

判断创造性的时候，除了考虑技术方案和要解决的技术问题外，还需要考虑技术

效果。新化学产品的用途如果不能从相似的已知产品预见到，则该用途具有创造性。一般来说，有新颖性的发明技术方案才可能具有创造性。不过，有可能新颖性会被某份抵触申请破坏，而该抵触申请不能用于判断创造性，故在极端情形下会出现不具有新颖性却具有创造性。不过对审查员来说，如果已经判断出专利申请没有新颖性，那就不可能获得授权，也就没有必要再进行创造性审查。从属权利要求是对独立权利要求的进一步限定，如果独立权利要求具有创造性，那从属权利要求也具有创造性。这里没有考虑优先权的情况。如果独立权利要求能享有优先权，从属权利要求不能享有，则双方在判断创造性的对比文件上就会有差异，在极端情况下会出现独立权利要求具有创造性而从属权利要求却没有创造性的情形。不过，考试不会考得这么深，姑且认定正确。

【参考答案】 BC

2. 判断创造性的方法和步骤

《专利审查指南》第 2 部分第 4 章第 3.2.1.1 节规定了判断创造性的方法和步骤：

判断要求保护的发明相对于现有技术是否显而易见，通常可按照以下三个步骤进行。

（1）确定最接近的现有技术。

最接近的现有技术，是指现有技术中与要求保护的发明最密切相关的一个技术方案，它是判断发明是否具有突出的实质性特点的基础。最接近的现有技术，例如可以是与要求保护的发明技术领域相同，所要解决的技术问题、技术效果或者用途最接近和 / 或公开了发明的技术特征最多的现有技术，或者虽然与要求保护的发明技术领域不同，但能够实现发明的功能，并且公开发明的技术特征最多的现有技术。应当注意的是，在确定最接近的现有技术时，应首先考虑技术领域相同或相近的现有技术。

（2）确定发明的区别特征和发明实际解决的技术问题。

在审查中，应当客观分析并确定发明实际解决的技术问题。为此，首先应当分析要求保护的发明与最接近的现有技术相比有哪些区别特征，然后根据该区别特征在要求保护的发明中所能达到的技术效果确定发明实际解决的技术问题。从这个意义上说，发明实际解决的技术问题，是指为获得更好的技术效果而需对最接近的现有技术进行改进的技术任务。

审查过程中，由于审查员所认定的最接近的现有技术可能不同于申请人在说明书中所描述的现有技术，因此，基于最接近的现有技术重新确定的该发明实际解决的技术问题，可能不同于说明书中所描述的技术问题；在这种情况下，应当根据审查员所认定的最接近的现有技术重新确定发明实际解决的技术问题。

重新确定的技术问题可能要依据每项发明的具体情况而定。作为一个原则，发明的任何技术效果都可以作为重新确定技术问题的基础，只要本领域的技术人员从该申请说明书中所记载的内容能够得知该技术效果即可。对于功能上彼此相互支持、存在相互作用关系的技术特征，应整体上考虑所述技术特征和它们之间的关系在要求保护的发明中所达到的技术效果。

82.【2017 年第 62 题】李某于 2015 年 4 月 1 日向国家知识产权局提交了一份关于

塑料肥皂盒的实用新型申请，该肥皂盒底部具有用于排出积水的椭圆孔，该申请于2015年7月15日获得授权公告，在后续评价该实用新型专利创造性的过程中，下列哪些技术文献不适于作为判断该专利创造性的对比文件？

A. 由某企业于2015年3月23日提出申请、并于2015年9月28日公布的发明专利申请，该申请公开了一种具有长方孔的储物盒，长方孔用于排出积水

B. 于2014年3月公开的某美国专利文件，其公开了一种底部具有椭圆形开孔的齿轮箱，椭圆形开孔用于通风散热

C. 于1994年5月出版的某塑料行业期刊，其中一篇文章介绍了一种注塑成型设备，并公开了使用该设备制造底部具有排水槽的肥皂盒的工艺过程

D. 于2013年8月公开了中国专利文件，其公开了一种与洗手池固定在一起的陶瓷肥皂盒，该肥皂盒底部具有镂空的排水孔

【解题思路】

抵触申请只能用来判断新颖性，不能用来判断创造性。涉案专利的申请日为2015年4月1日，某企业的专利申请在其之前，公开日则在后，属于抵触申请，不能用来判断创造性。美国专利申请时间在涉案专利之前，但涉案专利为肥皂盒，底部的椭圆形孔的功能是排水，而美国专利为齿轮箱，椭圆形孔的功能是通风散热，双方技术领域不同，解决的技术问题也不同。某塑料行业期刊的出版时间为1994年，早于涉案专利的申请日，也公开了底部具有排水槽的肥皂盒，可以用来判断涉案专利的新颖性和创造性。中国专利的公开日为2013年，早于涉案专利的申请日，也公开了底部具有排水孔的肥皂盒，可以用来判断创造性。

【参考答案】 AB

（3）判断要求保护的发明对本领域的技术人员来说是否显而易见。

在该步骤中，要从最接近的现有技术和发明实际解决的技术问题出发，判断要求保护的发明对本领域的技术人员来说是否显而易见。判断过程中，要确定的是现有技术整体上是否存在某种技术启示，即现有技术中是否给出将上述区别特征应用到该最接近的现有技术以解决其存在的技术问题（即发明实际解决的技术问题）的启示，这种启示会使本领域的技术人员在面对所述技术问题时，有动机改进该最接近的现有技术并获得要求保护的发明。如果现有技术存在这种技术启示，则发明是显而易见的，不具有突出的实质性特点。

下述情况，通常认为现有技术中存在上述技术启示：

①所述区别特征为公知常识，例如，本领域中解决该重新确定的技术问题的惯用手段，或教科书或者工具书等中披露的解决该重新确定的技术问题的技术手段。

②所述区别特征为与最接近的现有技术相关的技术手段，例如，同一份对比文件其他部分披露的技术手段，该技术手段在该其他部分所起的作用与该区别特征在要求保护的发明中为解决该重新确定的技术问题所起的作用相同。

③所述区别特征为另一份对比文件中披露的相关技术手段，该技术手段在该对比文件中所起的作用与该区别特征在要求保护的发明中为解决该重新确定的技术问题所起

的作用相同。

83.【2006 年第 46 题】以下关于判断发明创造性基准的描述，哪些是错误的？

A. 应当根据发明专利申请说明书背景技术部分的描述确定最接近的现有技术

B. 只有在发明具备新颖性的条件下才判断该发明是否具有创造性

C. 评价发明是否具有创造性，只需要考虑其技术方案和要解决的技术问题

D. 如果发明所产生的技术效果与现有技术相同，即可得出该发明不具有创造性的结论

【解题思路】

在确定最接近的现有技术时，如果应当根据背景技术的描述来决定，那申请人就可能会选择一个比较遥远的技术领域作为背景技术，从而有利于创造性判断。如果这样，那是不合理的。新颖性解决的是某项技术以前是否出现过，创造性不但要求该技术没有出现，还需要相应的技术含量。在绝大多数情况下，某项发明创造如果没有新颖性，那就不会获得授权，也就没有必要再去判断是否存在创造性。一般来说，没有新颖性也就不会有创造性，但极端条件下新颖性因某份抵触申请而丧失，但创造性却不受该抵触申请影响。当然，在这种情形下，由于该专利申请不存在新颖性，也不可能获得授权。创造性除了包括技术方案本身外，还需要考虑技术领域、所解决的技术问题和产生的技术效果，C 选项和 D 选项都仅仅考虑了其中的部分因素，错误。技术方案和要解决的技术问题没有亮点，但技术效果出人意料，那同样具有创造性。同样，技术效果没有亮点，但发明人的方案另辟蹊径，那也有创造性。

【参考答案】 ACD

3. 技术效果对创造性判断的影响

《专利审查指南》第 2 部分第 4 章第 3.2.2 节对“显著的进步”的具体判断作出了规定。

在评价发明是否具有显著的进步时，主要应当考虑发明是否具有有益的技术效果。以下情况，通常应当认为发明具有有益的技术效果，具有显著的进步：

①发明与现有技术相比具有更好的技术效果，例如，质量改善、产量提高、节约能源、防治环境污染等；

②发明提供了一种技术构思不同的技术方案，其技术效果能够基本上达到现有技术的水平；

③发明代表某种新技术发展趋势；

④尽管发明在某些方面有负面效果，但在其他方面具有明显积极的技术效果。

84.【2012 年第 32 题】下列关于发明的创造性的说法哪些是正确的？

A. 在评价发明是否具备创造性时，不仅要考虑发明的技术方案本身，还要考虑发明所属技术领域、所解决的技术问题和所产生的技术效果

B. 发明的某一技术特征与最接近的现有技术的对应特征有区别，则该发明必然具备创造性

C. 对创造性的评价无须考虑创立发明的途径

D. 发明提供了一种技术构思不同的技术方案，其技术效果能够基本上达到现有技术的水平，则可以说明该发明具有显著的进步

【解题思路】

创造性标准要求发明的技术特征除了和最接近的现有技术有区别外，还需要具有突出的实质性特点和显著的进步。是否存在创造性，需要通过各个角度进行综合性的评判。对创造性的判断只涉及技术本身，无心插柳所作出的发明创造不能因为发明人运气好而被抹杀。殊途同归的技术方案给公众多了一种选择，具有创造性。

【参考答案】 ACD

4. 开拓性发明的创造性判断

《专利审查指南》第 2 部分第 4 章第 4.1 节规定了开拓性发明创造性的判断标准。

开拓性发明，是指一种全新的技术方案，在技术史上未曾有过先例，它为人类科学技术在某个时期的发展开创了新纪元。

开拓性发明同现有技术相比，具有突出的实质性特点和显著的进步，具备创造性。例如，中国的四大发明——指南针、造纸术、活字印刷术和火药。此外，作为开拓性发明的例子还有蒸汽机、白炽灯、收音机、雷达、激光器、利用计算机实现汉字输入等。

5. 组合发明的创造性判断

《专利审查指南》第 2 部分第 4 章第 4.2 节规定了组合发明的创造性判断标准。

组合发明，是指将某些技术方案进行组合，构成一项新的技术方案，以解决现有技术客观存在的技术问题。在进行组合发明创造性的判断时通常需要考虑：组合后的各技术特征在功能上是否彼此相互支持、组合的难易程度、现有技术中是否存在组合的启示以及组合后的技术效果等。

（1）显而易见的组合。

如果要求保护的发明仅仅是将某些已知产品或方法组合或连接在一起，各自以其常规的方式工作，而且总的技术效果是各组合部分效果之总和，组合后的各技术特征之间在功能上无相互作用关系，仅仅是一种简单的叠加，则这种组合发明不具备创造性。

此外，如果组合仅仅是公知结构的变型，或者组合处于常规技术继续发展的范围之内，而没有取得预料不到的技术效果，则这样的组合发明不具备创造性。

（2）非显而易见的组合。

如果组合的各技术特征在功能上彼此支持，并取得了新的技术效果；或者说组合后的技术效果比每个技术特征效果的总和更优越，则这种组合具有突出的实质性特点和显著的进步，发明具备创造性。其中，组合发明的每个单独的技术特征本身是否完全或部分已知并不影响对该发明创造性的评价。

85.【2009 年第 85 题】某件发明专利申请的权利要求如下：

“1. 一种治疗哮喘病的药物，其中含有化合物 Y 和化合物 W，Y 和 W 的重量比为 3 ～ 5 : 1。

2. 权利要求 1 所述的药物，其中化合物 Y 和化合物 W 的重量比为 4 : 1。”

说明书中记载了所述药物的实验效果，化合物 Y 和 W 联合治疗哮喘病的有效率约 90%，副作用显著降低。当化合物 Y 和 W 之间的比例为 4 : 1 时，效果最好，能使药效时间延长。对比文件 1 公开了化合物 Y 及其用于治疗哮喘病的用途，副作用小，但疗效差，有效率近 30%。对比文件 2 公开了化合物 W 及其用于治疗哮喘病的用途，化合物W治疗哮喘病效果较好，有效率约50%，但副作用明显。下列说法哪些是正确的？

A．权利要求1相对于对比文件1和2的组合具备创造性

B．权利要求1相对于对比文件1和2的组合不具备创造性

C．权利要求2相对于对比文件1和2的组合具备创造性

D．权利要求2相对于对比文件1和2的组合不具备创造性

【解题思路】

在判断创造性时，考生可以将对比文件1、对比文件2和本发明的有效性的副作用画表进行对比。

权利要求	有效率%	副作用%
对比文件1（Y）	30	小
对比文件2（W）	50	明显
本发明（Y+W）	90	显著降低

从表格中可以看出，将W和Y结合能够明显超出这两者单独使用的效率，并且副作用明显降低。组合后的技术效果比每个技术特征效果的总和更优越，这种技术效果并不是显而易见的，因此该发明具有创造性。

【参考答案】 AC

6.选择发明的创造性判断

《专利审查指南》第2部分第4章第4.3节规定了选择发明的创造性判断标准。

选择发明，是指从现有技术中公开的宽范围中，有目的地选出现有技术中未提到的窄范围或个体的发明。

在进行选择发明创造性的判断时，选择所带来的预料不到的技术效果是考虑的主要因素。

（1）如果发明仅是从一些已知的可能性中进行选择，或者发明仅仅是从一些具有相同可能性的技术方案中选出一种，而选出的方案未能取得预料不到的技术效果，则该发明不具备创造性。

（2）如果发明是在可能的、有限的范围内选择具体的尺寸、温度范围或者其他参数，而这些选择可以由本领域的技术人员通过常规手段得到并且没有产生预料不到的技术效果，则该发明不具备创造性。

（3）如果发明是可以从现有技术中直接推导出来的选择，则该发明不具备创造性。

（4）如果选择使得发明取得了预料不到的技术效果，则该发明具有突出的实质性特点和显著的进步，具备创造性。

86.【2012年第73题】在判断选择发明的创造性时，下列说法哪些是正确的？

A．在进行选择发明创造性的判断时，选择所带来的预料不到的技术效果是考虑的主要因素

B．如果发明是可以从现有技术中直接推导出来的选择，则该发明不具备创造性

C．如果发明仅仅是从一些具有相同可能性的技术方案中选出一种，而选出的方案未能取得预料不到的技术效果，则该发明不具备创造性

D．如果发明是在可能的、有限的范围内选择具体的温度范围，则该发明不具备创造性

【解题思路】

如果选择的具体温度范围产生预料不到的技术效果，则具有创造性，D选项错误。

其余选项正确。

【参考答案】 ABC

87.【2014 年第 55 题】下列关于发明创造性的说法哪些是正确的？

A．抵触申请可以用来评价一项发明的创造性

B．如果发明相对于现有技术具有突出的实质性特点，并具有显著的进步，则一定具备创造性

C．如果选择发明是可以从现有技术中直接推导出来的，则该发明不具备创造性

D．如果某项从属权利要求具备创造性，则从属于同一独立权利要求的其他权利要求一定具备创造性

【解题思路】

抵触申请只能用来评价新颖性，不能用来评价创造性。如果发明具有突出的实质性特点和显著的进步，那具备创造性。选择发明如果可以直接被推导出来，那不具有创造性。同一独立权利要求的从属权利要求（以下简称“从权”）所附加的技术特征不同，一个从权有创造性，另一个从权则未必会有创造性；反之，如果独立权利要求具有创造性，那该独立权利要求的从权也应该有创造性。

【参考答案】 BC

7. 转用发明的创造性判断

《专利审查指南》第 2 部分第 4 章第 4.4 节规定了转用发明的创造性判断标准。

转用发明，是指将某一技术领域的现有技术转用到其他技术领域中的发明。

在进行转用发明的创造性判断时通常需要考虑：转用的技术领域的远近、是否存在相应的技术启示、转用的难易程度、是否需要克服技术上的困难、转用所带来的技术效果等。

（1）如果转用是在类似的或者相近的技术领域之间进行的，并且未产生预料不到的技术效果，则这种转用发明不具备创造性。

（2）如果这种转用能够产生预料不到的技术效果，或者克服了原技术领域中未曾遇到的困难，则这种转用发明具有突出的实质性特点和显著的进步，具备创造性。

88.【2017 年第 76 题】下列对于创造性中有关突出的实质性特点的说法，正确的是？

A．判断发明是否具有突出的实质性特点，需要站位本领域的技术人员来判断发明相对于现有技术是否显而易见

B．判断发明是否显而易见，需要本领域技术人员从最接近的现有技术和发明实际解决的技术问题出发进行判断

C．对于转用发明而言，只有所述转用能够产生预料不到的技术效果，该转用发明才具有突出的实质性特点和显著的进步

D．只要发明的产品在商业上获得成功时，则这类发明具有突出的实质性特点和显著的进步，具备创造性

【解题思路】

对发明专利来说，创造性的判断大致可以分为主观上是否容易想到（即突出的实质性特点）和客观上的技术效果如何（即显著的进步）。在判断是否容易想到时，需要确定一个主体基准，就是本领域技术人员。在判断创造性时，首先要进技术进行“定位”。精确的定位自然需要找最为接近的参照物，好比某女生要证明自己是班上最漂亮

的，自然应当与班上除她之外最漂亮的女生进行对比。在和最接近的参照物进行对比时，需要找到双方之间的不同（区别技术特征），然后判断这个不同点起到的作用（解决的技术问题）是否相同。根据思维的一般规律，如果同一个技术特征在两个技术方案中起到的作用风马牛不相及，那一般人不容易将它们联系在一起。对转用发明来说，是否产生预料不到的技术效果只是判断创造性的数个标准之一，如果技术效果一般，但转用本身就不容易，需要克服众多技术困难，那也同样具有创造性。产品在商业上获得成功并不一定和产品的技术含量相关，有的完全是在市场营销上获得成功导致的，此时就不能认为该产品具有创造性。

【参考答案】 AB

8. 已知产品新用途发明的创造性判断

《专利审查指南》第 2 部分第 4 章第 4.5 节规定了已知产品的新用途的创造性判断标准。

已知产品的新用途发明，是指将已知产品用于新的目的的发明。

在进行已知产品新用途发明的创造性判断时通常需要考虑：新用途与现有用途技术领域的远近、新用途所带来的技术效果等。

（1）如果新的用途仅仅是使用了已知材料的已知的性质，则该用途发明不具备创造性。

（2）如果新的用途是利用了已知产品新发现的性质，并且产生了预料不到的技术效果，则这种用途发明具有突出的实质性特点和显著的进步，具备创造性。

9. 要素变更发明的创造性判断

《专利审查指南》第 2 部分第 4 章第 4.6 节规定了要素变更发明的创造性判断标准。

要素变更的发明，包括要素关系改变的发明、要素替代的发明和要素省略的发明。

在进行要素变更发明的创造性判断时通常需要考虑：要素关系的改变、要素替代和省略是否存在技术启示、其技术效果是否可以预料等。

（1）要素关系改变的发明。

《专利审查指南》第 2 部分第 4 章第 4.6.1 节规定了要素关系改变的发明。

要素关系改变的发明，是指发明与现有技术相比，其形状、尺寸、比例、位置及作用关系等发生了变化。

①如果要素关系的改变没有导致发明效果、功能及用途的变化，或者发明效果、功能及用途的变化是可预料到的，则发明不具备创造性。

②如果要素关系的改变导致发明产生了预料不到的技术效果，则发明具有突出的实质性特点和显著的进步，具备创造性。

（2）要素替代的发明。

《专利审查指南》第 2 部分第 4 章第 4.6.2 节规定了要素替代的发明。

要素替代的发明，是指已知产品或方法的某一要素由其他已知要素替代的发明。

①如果发明是相同功能的已知手段的等效替代，或者是为解决同一技术问题，用已知最新研制出的具有相同功能的材料替代公知产品中的相应材料，或者是用某一公知材料替代公知产品中的某材料，而这种公知材料的类似应用是已知的，且没有产生预料

不到的技术效果，则该发明不具备创造性。

②如果要素的替代能使发明产生预料不到的技术效果，则该发明具有突出的实质性特点和显著的进步，具备创造性。

（3）要素省略的发明。

《专利审查指南》第2部分第4章第4.6.3节规定了要素省略的发明。

要素省略的发明，是指省去已知产品或者方法中的某一项或多项要素的发明。

①如果发明省去一项或多项要素后其功能也相应地消失，则该发明不具备创造性。

②如果发明与现有技术相比，发明省去一项或多项要素（例如，一项产品发明省去了一个或多个零、部件或者一项方法发明省去一步或多步工序）后，依然保持原有的全部功能，或者带来预料不到的技术效果，则具有突出的实质性特点和显著的进步，该发明具备创造性。

89.【2016年第41题】下列哪些发明不具备创造性？

A. 将油漆组合物中的防腐蚀剂去掉，得到不具有防腐蚀功能的油漆，节约了成本

B. 将用于衣柜的自动闭合门结构用到书柜中

C. 将电子表粘贴在鱼缸上，得到一种带有电子表的鱼缸

D. 将已知的杀菌剂X用作抛光剂，实现了抛光效果

【解题思路】

去掉防腐剂的油漆属于要素省略发明，由于去掉了其中的某组分同时也丧失了该组分的效果，故不具备创造性。将用于衣柜的自动闭合门结构用到书柜中属于转用发明，衣柜和书柜属于相同领域，转用无须付出创造性劳动，也未出现意料不到的技术效果。电子表贴在鱼缸上属于组合发明，获得的功能仅仅是两者的简单叠加，不具有创造性。杀菌剂作为抛光剂使用属已知物质的新用途，由于出现了意想不到的技术效果，故具有创造性。

【参考答案】 ABC

90.【2019年第54题】一种关于涂料组合物的发明，与现有技术的区别仅在于不含防冻剂。在下列哪些情形下，该发明可能具备创造性？

A. 该涂料组合物不具有防冻效果，其余性能稍有下降

B. 该涂料组合物不具有防冻效果，其余性能不变

C. 该涂料组合物仍具有防冻效果，其余性能不变

D. 该涂料组合物不具有防冻效果，其余性能显著提高

【解题思路】

涂料去除防冻剂后，一般情况就是不再具有防冻效果，其余性能不变。涂料仍具有防冻效果或者其余性能显著提高都属于意料不到的技术效果，具有创造性。

【参考答案】 CD

10. 判断创造性时需考虑的其他因素

《专利审查指南》第2部分第4章第5节规定了判断创造性时需考虑的其他因素。

（1）发明解决了人们一直渴望解决但始终未能获得成功的技术难题。

《专利审查指南》第2部分第4章第5.1节规定了发明解决了人们一直渴望解决但始终未能获得成功的技术难题的含义。

如果发明解决了人们一直渴望解决但始终未能获得成功的技术难题，这种发明具有突出的实质性特点和显著的进步，具备创造性。

（2）发明克服了技术偏见。

《专利审查指南》第2部分第4章第5.2节规定了发明克服了技术偏见的含义。

技术偏见，是指在某段时间内、某个技术领域中，技术人员对某个技术问题普遍存在的、偏离客观事实的认识，它引导人们不去考虑其他方面的可能性，阻碍人们对该技术领域的研究和开发。如果发明克服了这种技术偏见，采用了人们由于技术偏见而舍弃的技术手段，从而解决了技术问题，则这种发明具有突出的实质性特点和显著的进步，具备创造性。

（3）发明取得了预料不到的技术效果。

《专利审查指南》第2部分第4章第5.3节规定了发明取得了预料不到的技术效果的含义。

发明取得了预料不到的技术效果，是指发明同现有技术相比，其技术效果产生"质"的变化，具有新的性能；或者产生"量"的变化，超出人们预期的想象。这种"质"的或者"量"的变化，对所属技术领域的技术人员来说，事先无法预测或者推理出来。当发明产生了预料不到的技术效果时，一方面说明发明具有显著的进步，同时也反映出发明的技术方案是非显而易见的，具有突出的实质性特点，该发明具备创造性。

91.【2015年第7题】下列说法哪个是错误的？

A. 如果一项发明与现有技术相比具有预料不到的技术效果，则该发明具备创造性

B. 如果一项发明与现有技术相比不具有预料不到的技术效果，则该发明一定不具备创造性

C. 对发明创造性的评价应当针对权利要求限定的技术方案进行，未写入权利要求中的技术特征不予考虑

D. 如果发明仅是从一些已知的可能性中进行选择，而选出的方案未能取得预料不到的技术效果，则该发明不具备创造性

【解题思路】

判断创造性的辅助因素有四项，取得了预料不到的技术效果为其中一项，如果符合这一项，那自然具有创造性。如果不符合此项，但符合其他项，如克服了技术偏见或者取得了商业上的成功等，也具有创造性。创造性的判断客体是权利要求限定的技术方案，如果某些技术特征仅记载在说明书中但未写入权利要求书，则不应予以考虑。如果是选择性发明创造，这种选择未取得预料不到的技术效果，也就不具备创造性。

【参考答案】 B

92.【2019年第56题】下列关于创造性的说法正确的是？

A. 现有技术和抵触申请可以用来评价一项发明的创造性

B. 发明是否具备创造性，应当基于所属技术领域的技术人员的知识和能力进行评价

C. 如果发明取得了预料不到的技术效果，则该发明具备创造性

D. 如果独立权利要求具备创造性，则引用其的从属权利要求也具有创造性，反之亦然

【解题思路】

抵触申请可以用来判断新颖性，但不能用来判断创造性。在判断创造性时，需要树立一个“标准模型”作为判断基础，该模型就是“所属技术领域的技术人员”。创造性大致可以理解为，要么是技术方案本身不容易想到，要么是技术效果出乎意料。从属权利要求的保护范围小于独立权利要求，故独立权利要求有创造性，则从属权利要求必然有创造性，反过来则不成立。

【参考答案】 BC

（4）发明在商业上获得成功。

《专利审查指南》第2部分第4章第5.4节规定了发明在商业上获得成功的标准。

当发明的产品在商业上获得成功时，如果这种成功是由于发明的技术特征直接导致的，则一方面反映了发明具有有益效果，同时也说明了发明是非显而易见的，因而这类发明具有突出的实质性特点和显著的进步，具备创造性。但是，如果商业上的成功是由于其他原因所致，例如由于销售技术的改进或者广告宣传造成的，则不能作为判断创造性的依据。

93.【2018年第14题】关于创造性，下列说法错误的是？

A. 如果一项发明与现有技术相比具有预料不到的技术效果，则该发明具备创造性

B. 如果发明解决了人们一直渴望解决但始终未能获得成功的技术难题，则该发明具备创造性

C. 如果发明不是历尽艰辛，而是偶然做出的，则该发明不具备创造性

D. 如果发明在商业上获得的成功是由于其技术特征直接导致的，则该发明具备创造性

【解题思路】

判断创造性的标准有很多项，只要符合其中一项就被认为有创造性。发明的技术效果出乎意料，具有创造性当无异议。人们一直渴望解决但始终未能获得成功的技术难题，必然有很多人前赴后继，试图攻克，但一直没有成功。某个发明解决了此问题，说明该发明很不容易，具有创造性。偶然做出的发明，如果技术效果出乎意料，那同样具备创造性。如糖精、青霉素等，都是无意中做出的重大发明。发明在商业上的成功如果是基于其技术方案，那这种成功本身就是该发明具备创造性的有力证明。

【参考答案】 C

94.【2019年第43题】关于发明的创造性，下列说法正确的是？

A. 如果从现有技术公开的宽范围中选择未提到的窄范围或个体，产生预料不到的技术效果，则具有创造性

B. 判断创造性时，应当考虑申请日当天公布的专利文献中的技术内容

C. 发明在商业上获得成功，则应该认定其具有创造性

D. 发明提供了一种技术构思不同的技术方案，其技术效果能够基本上达到现有技术水平，则说明该发明具有显著的进步

【解题思路】

创造性的判断标准大致可以分为主观上不容易想到或者客观技术效果很好，两者符合其一即可。提供一种技术构思不同的技术方案属于前者，产生预料不到的技术效果则属于后者。发明在商业上获得成功，可能是广告宣传比较给力，技术方案不一定有创

造性。判断创造性时，发明申请日当天公开的内容并不考虑在内。

【参考答案】 AD

11. 化学领域发明创造性判断的其他若干规定

化学领域发明创造的创造性包括化合物的创造性和化学产品用途的创造性。

《专利审查指南》第2部分第10章第6.1节规定了化合物的创造性的标准。

（1）判断化合物发明的创造性，需要确定要求保护的化合物与最接近现有技术化合物之间的结构差异，并基于进行这种结构改造所获得的用途和/或效果确定发明实际解决的技术问题，在此基础上，判断现有技术整体上是否给出了通过这种结构改造以解决所述技术问题的技术启示。

需要注意的是，如果所属技术领域的技术人员在现有技术的基础上仅仅通过合乎逻辑的分析、推理或者有限的试验就可以进行这种结构改造以解决所述技术问题，得到要求保护的化合物，则认为现有技术存在技术启示。

（2）发明对最接近现有技术化合物进行的结构改造所带来的用途和/或效果可以是获得与已知化合物不同的用途，也可以是对已知化合物某方面效果的改进。在判断化合物创造性时，如果这种用途的改变和/或效果的改进是预料不到的，则反映了要求保护的化合物是非显而易见的，应当认可其创造性。

（3）需要说明的是，判断化合物发明的创造性时，如果要求保护的技术方案的效果是已知的必然趋势所导致的，则该技术方案没有创造性。例如，现有技术的一种杀虫剂A-R，其中R为$C_{1\text{-}3}$的烷基，并且已经指出杀虫效果随着烷基C原子数的增加而提高。如果某一申请的杀虫剂是A-C_4H_9，杀虫效果比现有技术的杀虫效果有明显提高。由于现有技术中指出了提高杀虫效果的必然趋势，因此该申请不具备创造性。

《专利审查指南》第2部分第10章第6.2节规定了化学产品用途发明的创造性的标准。

（1）新产品用途发明的创造性。

对于新的化学产品，如果该用途不能从结构或者组成相似的已知产品预见到，可认为这种新产品的用途发明有创造性。

（2）已知产品用途发明的创造性。

对于已知产品的用途发明，如果该新用途不能从产品本身的结构、组成、分子量、已知的物理化学性质以及该产品的现有用途显而易见地得出或者预见到，而是利用了产品新发现的性质，并且产生了预料不到的技术效果，可认为这种已知产品的用途发明有创造性。

95.【2015年第43题】一件发明专利申请，涉及将已知的解热镇痛药阿司匹林用于预防心脑血管疾病，取得了预料不到的疗效，其权利要求书如下：

“1. 阿司匹林在制备预防心脑血管疾病的药物中的用途。

2. 用于预防心脑血管疾病的阿司匹林。”

一份现有技术文献公开了阿司匹林用作解热镇痛药物的用途。下列哪些说法是正确的？

A. 阿司匹林属于现有技术中已知的药物，权利要求2不具备新颖性

B. 用于预防心脑血管疾病的阿司匹林

具有预料不到的疗效，权利要求 2 具备创造性

C. 阿司匹林在预防心脑血管疾病方面的新用途并未改变阿司匹林的成分结构，权利要求 1 不具备新颖性

D. 权利要求 1 的用途发明相对于现有技术是非显而易见的，因此具备创造性

【解题思路】

从语法上分析，权利要求 1 “阿司匹林在制备预防心脑血管疾病的药物中的用途”，落脚点是最后面的“用途”，属于方法权利要求；权利要求 2 “用于预防心脑血管疾病的阿司匹林”，落脚点是最后的“阿司匹林”，属于产品权利要求。由于阿司匹林是已知的产品，故产品权利要求不具有新颖性和创造性；阿司匹林用于治疗心血管疾病方面的用途是未知的，且具有预料不到的疗效，故方法权利要求具有新颖性和创造性。

【参考答案】 AD

12. 包含算法特征或商业规则和方法特征的发明专利的创造性审查规定

《专利审查指南》第 2 部分第 9 章第 6.1.3 节规定了包含算法特征或商业规则和方法特征的发明专利的新颖性和创造性的审查。

对既包含技术特征又包含算法特征或商业规则和方法特征的发明专利申请进行创造性审查时，应将与技术特征功能上彼此相互支持、存在相互作用关系的算法特征或商业规则和方法特征与所述技术特征作为一个整体考虑。“功能上彼此相互支持、存在相互作用关系”是指算法特征或商业规则和方法特征与技术特征紧密结合、共同构成了解决某一技术问题的技术手段，并且能够获得相应的技术效果。

例如，如果权利要求中的算法应用于具体的技术领域，可以解决具体技术问题，那么可以认为该算法特征与技术特征功能上彼此相互支持、存在相互作用关系，该算法特征成为所采取的技术手段的组成部分，在进行创造性审查时，应当考虑所述的算法特征对技术方案作出的贡献。

再如，如果权利要求中的商业规则和方法特征的实施需要技术手段的调整或改进，那么可以认为该商业规则和方法特征与技术特征功能上彼此相互支持、存在相互作用关系，在进行创造性审查时，应当考虑所述的商业规则和方法特征对技术方案作出的贡献。

（三）实用新型创造性的判断

《专利审查指南》第 4 部分第 6 章第 4 节规定了实用新型专利创造性的判断标准。

1. 判断实用新型创造性时应当考虑的技术特征

在实用新型专利创造性的审查中，应当考虑其技术方案中的所有技术特征，包括材料特征和方法特征。

实用新型专利创造性审查的有关内容，包括创造性的概念、创造性的审查原则、审查基准以及不同类型发明的创造性判断等内容，参照《专利审查指南》第 2 部分第 4 章的规定。

96.【2012 年第 51 题】在无效宣告程序中评价实用新型专利创造性时，应当考虑其技术方案中的下列哪些特征？

A. 构造特征

B. 方法特征

C. 材料特征

D. 形状特征

【解题思路】

在实用新型专利创造性的审查中，评价的对象是整个技术方案，故应当考虑其技术方案中的所有技术特征，一个都不能少。

【参考答案】 ABCD

2. 判断实用新型创造性的标准

但是，根据《专利法》第22条第3款的规定，发明的创造性，是指与现有技术相比，该发明具有突出的实质性特点和显著的进步；实用新型的创造性，是指与现有技术相比，该实用新型具有实质性特点和进步。因此，实用新型专利创造性的标准应当低于发明专利创造性的标准。

两者在创造性判断标准上的不同，主要体现在现有技术中是否存在“技术启示”。在判断现有技术中是否存在技术启示时，发明专利与实用新型专利存在区别，这种区别体现在下述两个方面：

（1）现有技术的领域。

对于发明专利而言，不仅要考虑该发明专利所属的技术领域，还要考虑其相近或者相关的技术领域，以及该发明所要解决的技术问题能够促使本领域的技术人员到其中去寻找技术手段的其他技术领域。

对于实用新型专利而言，一般着重于考虑该实用新型专利所属的技术领域。但是现有技术中给出明确的启示，如现有技术中有明确的记载，促使本领域的技术人员到相近或者相关的技术领域寻找有关技术手段的，可以考虑其相近或者相关的技术领域。

（2）现有技术的数量。

对于发明专利而言，可以引用一项、两项或者多项现有技术评价其创造性。

对于实用新型专利而言，一般情况下，可以引用一项或者两项现有技术评价其创造性；对于由现有技术通过“简单的叠加”而成的实用新型专利，可以根据情况引用多项现有技术评价其创造性。

四、实用性

（一）实用性的概念

1. 实用性的定义

《专利审查指南》第2部分第5章第2节对实用性的概念进行了阐述。

实用性，是指发明或者实用新型申请的主题必须能够在产业上制造或者使用，并且能够产生积极效果。

授予专利权的发明或者实用新型，必须是能够解决技术问题，并且能够应用的发明或者实用新型。换句话说，如果申请的是一种产品（包括发明和实用新型），那么该产品必须在产业中能够制造，并且能够解决技术问题；如果申请的是一种方法（仅限发明），那么这种方法必须在产业中能够使用，并且能够解决技术问题。只有满足上述条件的产品或者方法专利申请才可能被授予专利权。

2. 实用性涉及的产业范畴

所谓产业，包括工业、农业、林业、水产业、畜牧业、交通运输业以及文化体育、生活用品和医疗器械等行业。

3.“能够制造或者使用”的含义

在产业上能够制造或者使用的技术方案，是指符合自然规律、具有技术特征的任何可实施的技术方案。这些方案并不一定意味着使用机器设备，或者制造一种物品，还可以包括例如驱雾的方法，或者将能量由一种形式转换成另一种形式的方法。

4.“积极效果”的含义

能够产生积极效果，是指发明或者实用新型专利申请在提出申请之日，其产生的经济、技术和社会的效果是所属技术领域的技术人员可以预料到的。这些效果应当是积极的和有益的。

97.【2013 年第 14 题】下列有关实用性的说法哪个是正确的？

A. 实用性，是指该发明或实用新型能够制造或使用，并且能够产生积极效果，这里的积极效果指的是完美无缺的有益效果

B. 由于电离盒有可能产生微量臭氧，对人的身体可能会造成伤害，从人体健康方面考虑不宜使用，因此不具备实用性

C. 由于永动机违背自然规律，是不能实施的，因此不具备实用性

D. 由于过滤净化装置与高压静电发生器价格昂贵，导致烟雾净化器成本高，社会上很少人使用，脱离社会需要，因此不具备实用性

【解题思路】

实用性要求能够在工业上使用并具有积极效果，但并不要求技术完美无缺，具有一些缺陷也是可以的。永动机违背自然规律，没有实用性。

【参考答案】 C

（二）判断实用性的原则和基准

《专利审查指南》第 2 部分第 5 章第 3 节规定，发明或者实用新型专利申请是否具备实用性，应当在新颖性和创造性审查之前首先进行判断。

98.【2015 年第 46 题】以下关于新颖性、创造性、实用性的说法哪些是正确的？

A. 一项发明只有在具备新颖性的前提下，才判断其是否具备创造性和实用性

B. 授予专利权的发明应当具备新颖性、创造性和实用性

C. 具备创造性的发明一定具备新颖性

D. 从属权利要求具备创造性，则其引用的独立权利要求也具备创造性

【解题思路】

新颖性和创造性的判断都需要检索文献，而实用性的判断则不需要，从方便迅捷的角度出发，应该是先审查实用性，再审查新颖性和创造性。专利权的三性就是新颖性、创造性和实用性。从属权利要求是对独立权利要求的进一步限定。在通常情况下，独立权利要求具有创造性，则从属权利要求也具有创造性，反过来则不成立。新颖性解决的是某项技术以前是否出现过，创造性不但要求该技术没有出现过，还需要相应的技术含量。在不考虑抵触申请的情况下，该发明具备创造性一定具备新颖性。专利代理师考试对知识点的考查不会过于艰深，C 选项的知识点历年考过多次，官方答案一直都认为该选项是正确的。

【参考答案】 BC

1. 实用性的审查原则

《专利审查指南》第 2 部分第 5 章第 3.1 节规定了判断实用性的审查原则。

审查发明或者实用新型专利申请的实用性时，应当遵循下列原则：

（1）以申请日提交的说明书（包括附图）和权利要求书所公开的整体技术内容为依据，而不仅仅局限于权利要求所记载的内容；

（2）实用性与所申请的发明或者实用

新型是怎样创造出来的或者是否已经实施无关。

99.【2014年第76题】下列关于实用性的说法哪些是正确的？

A. 具备实用性的发明或者实用新型必须已经实施

B. 具备实用性的发明或者实用新型必须符合自然规律

C. 具备实用性的发明或者实用新型必须具备较高的成品率

D. 具备实用性的发明或者实用新型不能是由自然条件限定的独一无二的产品

【解题思路】

实用性并不要求已经实施，如果要求已经实施，那就意味着申请人不得不面临丧失新颖性的风险。成品率比较低也不是关键，只要能做出来即可。

【参考答案】 BD

2. 无再现性

《专利审查指南》第2部分第5章第3.2.1节规定了无再现性的审查。

具有实用性的发明或者实用新型专利申请主题，应当具有再现性。反之，无再现性的发明或者实用新型专利申请主题不具备实用性。

再现性，是指所属技术领域的技术人员，根据公开的技术内容，能够重复实施专利申请中为解决技术问题所采用的技术方案。这种重复实施不得依赖任何随机的因素，并且实施结果应该是相同的。

但是，审查员应当注意，申请发明或者实用新型专利的产品的成品率低与不具有再现性是有本质区别的。前者是能够重复实施，只是由于实施过程中未能确保某些技术条件（如环境洁净度、温度等）而导致成品率低；后者则是在确保发明或者实用新型专利申请所需全部技术条件下，所属技术领域的技术人员仍不可能重复实现该技术方案所要求达到的结果。

100.【2015年第9题】以下关于实用性的观点哪个是正确的？

A. 发明的实用性，是指其申请的主题必须能够在产业上制造或者使用，并能够产生积极效果

B. 发明必须相对于现有技术产生了更好的技术效果才具备实用性

C. 一项发明的市场销售状况不好，可以确定该发明不具备实用性

D. 一项发明在实施过程中成品率低，可以确定该发明不具备实用性

【解题思路】

实用性要求的是能够在产业上制造并使用，并产生积极效果。需要注意的是，这里的积极效果指的并不是更好的技术效果，技术效果是对创造性的要求。产品的市场销售状况和成品率的高低都和实用性无关。

【参考答案】 A

101.【2017年第78题】关于专利申请实用性的判断，以下说法正确的是？

A. 实用性要求专利申请主题必须能够在产业上制造或使用，因此，专利申请主题为产品的，该产品都需要由机器设备来制造

B. 一种产品的生产方法，但其成品率极低，仅有0.6%，因此属于发明无再现性，不具备实用性

C. 实用性的判断应当以申请日提交的说明书（包括附图）和权利要求书所公开的整体技术内容为依据，而不仅仅局限于权利

要求所记载的内容

D. 即使专利申请请求保护的产品已经投入生产和销售，也不可依此判断该申请符合有关实用性的规定

【解题思路】

实用性判断的关键在于是否可以在产业上制造或者使用，而不一定要使用机器设备，能在手工业中使用应该也符合实用性的要求。成功率低和完全不能实现存在本质区别。成品率只有0.6%，那至少1000个产品中有6个成功，具有再现性。实用性的判断需要了解整个技术方案，而说明书可以用来解释权利要求书，帮助审查员了解整个技术方案，故实用性判断需要以权利要求书和说明书所公开的整体内容为依据。实用性的判断与该产品是否已经实施并无关联，如根据特定自然环境建造的独一无二的产品，即使该产品已经建造出来，也因为无法在其他地域再现而没有实用性。

【参考答案】 CD

3. 违背自然规律

《专利审查指南》第2部分第5章第3.2.2节规定了违背自然规律的审查。

具有实用性的发明或者实用新型专利申请应当符合自然规律。违背自然规律的发明或者实用新型专利申请是不能实施的，因此，不具备实用性。

审查员应当特别注意，那些违背能量守恒定律的发明或者实用新型专利申请的主题，例如永动机，必然是不具备实用性的。

102.【2016年第42题】下列有关实用性的说法哪些是正确的？

A. 判断实用性应当以申请日提交的说明书（包括附图）和权利要求书所公开的整体技术内容为依据，而不仅仅局限于权利要求所记载的内容

B. 某产品的制备方法，其对环境清洁度有苛刻要求，导致实施时成品率极低，所以该制备方法不具备实用性

C. 具备实用性的发明或者实用新型应该能够制造或使用，并且应当已经实施

D. 满足实用性要求的技术方案应当符合自然规律并且具有再现性

【解题思路】

是否具有实用性的判断对象是整个技术方案，故应当以权利要求书和说明书的整体公开的技术方案作为依据。成品率低，但毕竟还是有成功的例子的，故并不是无再现性。新颖性和创造性的判断都没有要求发明创造已经实施，实用性也是如此。

【参考答案】 AD

4. 利用独一无二的自然条件的产品

《专利审查指南》第2部分第5章第3.2.3节规定了利用独一无二的自然条件的产品的审查。

具备实用性的发明或者实用新型专利申请不得是由自然条件限定的独一无二的产品。利用特定的自然条件建造的自始至终都是不可移动的唯一产品不具备实用性。应当注意的是，不能因为上述利用独一无二的自然条件的产品不具备实用性，而认为其构件本身也不具备实用性。

103.【2015年第44题】下列哪些专利申请的技术方案不具备实用性？

A. 一种南水北调的方法，其特征在于依照地形地貌的特点，由丹江口水库引水，自流供水给黄淮平原地区

B. 一种手工编织地毯的方法，其特征

在于以旧毛线和粗帆布为原料经手工编制而成

C. 一种微型机器人，其特征在于用于外科手术中

D. 一种纹眉的方法，其特征在于用纹眉针刺入皮肤，注入纹眉液

【解题思路】

A选项属于利用独一无二的自然条件的产品，无法再现，不具有实用性。D选项属于人体或者动物体的非治疗目的的外科手术方法，以有生命的人或者动物为实施对象，无法在产业上使用，不具备实用性。需要注意的是，实用性要求能够在产业上使用，但这并不意味着必须是机器大工业，能在手工业中使用也符合要求。能够用在外科手术中的机器人本质上还是机器人，不属于疾病的治疗方法，具有实用性。

【参考答案】 AD

5. 人体或者动物体的非治疗目的的外科手术方法

《专利审查指南》第2部分第5章第3.2.4节规定了人体或者动物体的非治疗目的的外科手术方法的审查。

外科手术方法包括治疗目的和非治疗目的的手术方法。以治疗为目的的外科手术方法属于本部分第1章第4.3节中不授予专利权的客体；非治疗目的的外科手术方法，由于是以有生命的人或者动物为实施对象，无法在产业上使用，因此不具备实用性。例如，为美容而实施的外科手术方法，或者采用外科手术从活牛身体上摘取牛黄的方法，以及为辅助诊断而采用的外科手术方法。例如，实施冠状造影之前采用的外科手术方法等。

104.【2009年第17题】某件专利申请的权利要求书如下：

“1. 一次性植入双眼皮用具，包括缝合线及其端部装置的缝合针。

2. 权利要求1所述的一次性植入双眼皮用具，其特征在于所述的缝合针为弧形。

3. 用权利要求1所述一次性植入双眼皮用具植入双眼皮的方法，包括用缝合针牵引缝合线从上眼睑用针。

4. 权利要求3所述的方法，其中所述用针方向是从上眼睑内眼角向外眼角方向。”

上述权利要求请求保护的发明创造哪些具有实用性？

A. 权利要求1

B. 权利要求2

C. 权利要求3

D. 权利要求4

【解题思路】

权利要求3和权利要求4要求保护的是植入双眼皮的方法，属于非治疗目的的外科手术方法，不具备实用性。权利要求1和权利要求2涉及的是植入双眼皮的用具，具有实用性。

【参考答案】 AB

105.【2014年第86题】下列哪些发明不具备实用性？

A. 一种利用喜马拉雅山上的冰雪制造的无污染冰水

B. 一种通过对皮肤进行喷水和按摩而使皮肤焕发光泽的美容方法

C. 一种测量人体对极限严寒的耐受程度的方法

D. 一种测量企鹅对极限严寒的耐受程度的方法

【解题思路】

C 和 D 选项属于测量人体或者动物体在极限情况下的生理参数的方法，不具有实用性。利用独一无二的自然条件的产品都是不可移动的，具有唯一性，A 选项中的冰水不属于此列，排除。喷水和按摩不属于治疗目的的外科手术方法，B 排除。

【参考答案】 CD

6. 测量人体或者动物体在极限情况下的生理参数的方法

《专利审查指南》第 2 部分第 5 章第 3.2.5 节规定了测量人体或者动物体在极限情况下的生理参数的方法。

测量人体或动物体在极限情况下的生理参数需要将被测对象置于极限环境中，这会对人或动物的生命构成威胁，不同的人或动物个体可以耐受的极限条件是不同的，需要有经验的测试人员根据被测对象的情况来确定其耐受的极限条件，因此这类方法无法在产业上使用，不具备实用性。

以下测量方法属于不具备实用性的情况：

（1）通过逐渐降低人或动物的体温，以测量人或动物对寒冷耐受程度的测量方法；

（2）利用降低吸入气体中氧气分压的方法逐级增加冠状动脉的负荷，并通过动脉血压的动态变化观察冠状动脉的代偿反应，以测量冠状动脉代谢机能的非侵入性的检查方法。

106.【2019 年第 46 题】下列哪些专利申请的技术方案不具备实用性？

A．一种耐寒测量方法，其特征在于通过逐渐降低动物的体温，以测量动物对寒冷耐受程度

B．一种测量冠状动脉代谢机能的非侵入性的检查方法，其特征在于利用降低吸入气体中氧气分压的方法逐级增加冠状动脉的负荷

C．一种别墅，其特征在于依据地形地貌的特点进行建造

D．一种打耳洞的方法，其特征在于将一次性无菌穿耳器在耳垂上固定后压下

【解题思路】

A 和 B 选项属于测量人体或动物体在极限情况下的生理参数，存在个体差异，不具备实用性。C 选项的别墅受到地形地貌的限制，难以在其他地方复制，不具备实用性。D 选项的打耳洞属于非治疗目的的外科手术方法，无法在产业上使用，同样不具备实用性。

【参考答案】 ABCD

7. 无积极效果

《专利审查指南》第 2 部分第 5 章第 3.2.6 节规定了无积极效果的含义。

具备实用性的发明或者实用新型专利申请的技术方案应当能够产生预期的积极效果。明显无益、脱离社会需要的发明或者实用新型专利申请的技术方案不具备实用性。

第三节　外观设计专利申请的授权条件

一、现有设计

（一）现有设计的定义和范围

《专利审查指南》第 4 部分第 5 章第 2 节规定了现有设计的具体含义。

根据《专利法》第 23 条第 4 款的规定，

现有设计是指申请日（有优先权的，指优先权日）以前在国内外为公众所知的设计。

现有设计包括申请日以前在国内外出版物上公开发表过、公开使用过或者以其他方式为公众所知的设计。关于现有设计的时间界限、公开方式等参照第2部分第3章第2.1节的规定。

（二）“惯常设计”的含义判断

现有设计中一般消费者所熟知的、只要提到产品名称就能想到的相应设计，称为惯常设计。例如，提到包装盒就能想到其有长方体、正方体形状的设计。

107.【2016年第43题】某外观设计专利申请的申请日为2010年9月30日，下列哪些设计构成了该申请的现有设计？

A. 2010年6月1日申请人本人在中国政府主办的展览会上展出了该外观设计产品

B. 2010年7月7日在法国某商场橱窗中陈列的设计

C. 2010年9月30日公开在某杂志中的设计

D. 2010年8月12日提出申请、2010年12月20日授权公告的中国外观设计专利申请中的设计

【解题思路】

判断现有设计的标准是是否在申请日之前公开，但不包括申请日当天。A和B选项中的展出日和陈列日都在申请日之前，C选项中的公开日和申请日是同一日。D选项申请在先，公开在后，属于抵触申请，而抵触申请不属于现有技术。

【参考答案】 AB

（三）判断客体

《专利审查指南》第4部分第5章第3节规定了判断客体的含义。

在对外观设计专利进行审查时，将进行比较的对象称为判断客体。其中被请求宣告无效的外观设计专利简称涉案专利，与涉案专利进行比较的判断客体简称对比设计。

在确定判断客体时，对于涉案专利，除应当根据外观设计专利的图片或者照片进行确定外，还应当根据简要说明中是否写明请求保护色彩、“平面产品单元图案两方连续或者四方连续等无限定边界的情况”（简称为“不限定边界”）等内容加以确定。

（四）判断主体

《专利审查指南》第4部分第5章第4节规定了判断主体的含义。

在判断外观设计是否符合《专利法》第23条第1款、第2款规定时，应当基于涉案专利产品的一般消费者的知识水平和认知能力进行评价。

不同种类的产品具有不同的消费者群体。作为某种类外观设计产品的一般消费者应当具备下列特点：

（1）对涉案专利申请日之前相同种类或者相近种类产品的外观设计及其常用设计手法具有常识性的了解。例如，对于汽车，其一般消费者应当对市场上销售的汽车以及诸如大众媒体中常见的汽车广告中所披露的信息等有所了解。常用设计手法包括设计的转用、拼合、替换等类型。

（2）对外观设计产品之间在形状、图案以及色彩上的区别具有一定的分辨力，但不会注意到产品的形状、图案以及色彩的微小变化。

108.【2018年第7题】判断外观设计是否符合专利法第二十三条第一款、第二款

授权条件的判断主体是：

A. 所属技术领域的技术人员

B. 一般消费者

C. 普通设计人员

D. 实际消费者

【解题思路】

商标制度中以“相关公众”作为判断主体。在专利制度中，发明和实用新型使用“所属技术领域的技术人员”，而外观设计则是“一般消费者”。

【参考答案】 B

二、不属于现有设计

《专利审查指南》第4部分第5章第5节规定了对现有设计的审查。

不属于现有设计，是指在现有设计中，既没有与涉案专利相同的外观设计，也没有与涉案专利实质相同的外观设计。

《专利法》第23条第4款："本法所称现有设计，是指申请日以前在国内外为公众所知的设计。"

（一）判断基准

1. 外观设计相同

《专利审查指南》第4部分第5章第5.1.1节规定了外观设计相同的判断基准。

外观设计相同，是指涉案专利与对比设计是相同种类产品的外观设计，并且涉案专利的全部外观设计要素与对比设计的相应设计要素相同，其中外观设计要素是指形状、图案以及色彩。

如果涉案专利与对比设计仅属于常用材料的替换，或者仅存在产品功能、内部结构、技术性能或者尺寸的不同，而未导致产品外观设计的变化，二者仍属于相同的外观设计。

在确定产品的种类时，可以参考产品的名称、国际外观设计分类以及产品销售时的货架分类位置，但是应当以产品的用途是否相同为准。相同种类产品是指用途完全相同的产品。例如，机械表和电子表尽管内部结构不同，但是它们的用途是相同的，所以属于相同种类的产品。

109.【2019年第42题】在确定外观设计产品种类时，可以参考以下哪些内容？

A. 产品的名称

B. 国际外观设计分类

C. 产品销售时的货架分类位置

D. 国际商品和服务分类

【解题思路】

产品的名称、国际外观设计分类和产品销售时的货架分类位置都可以作为确定外观设计种类的参考标准。国际商品和服务分类则是在商标制度中判断商品类别的标准，在外观设计分类中并不适用。

【参考答案】 ABC

2. 外观设计实质相同

《专利审查指南》第4部分第5章第5.1.2节规定了外观设计实质相同的判断基准。

外观设计实质相同的判断仅限于相同或者相近种类的产品外观设计。对于产品种类不相同也不相近的外观设计，不进行涉案专利与对比设计是否实质相同的比较和判断，即可认定涉案专利与对比设计不构成实质相同，例如，毛巾和地毯的外观设计。

相近种类的产品是指用途相近的产品。例如，玩具和小摆设的用途是相近的，两者属于相近种类的产品。应当注意的是，当产品具有多种用途时，如果其中部分用途相同，而其他用途不同，则二者应属于相近种类的产品。如带 MP3 的手表与手表都具有计时的用途，二者属于相近种类的产品。

如果一般消费者通过对涉案专利与对比设计的整体观察可以看出，二者的区别仅属于下列情形，则涉案专利与对比设计实质相同：

①其区别在于施以一般注意力不能察觉到的局部的细微差异，例如，百叶窗的外观设计仅有具体叶片数不同；

②其区别在于使用时不容易看到或者看不到的部位，但有证据表明在不容易看到部位的特定设计对于一般消费者能够产生引人注目的视觉效果的情况除外；

③其区别在于将某一设计要素整体置换为该类产品的惯常设计的相应设计要素，例如，将带有图案和色彩的饼干桶的形状由正方体置换为长方体；

④其区别在于将对比设计作为设计单元按照该种类产品的常规排列方式作重复排列或者将其排列的数量作增减变化，例如，将影院座椅成排重复排列或者将其成排座椅的数量作增减；

⑤其区别在于互为镜像对称。

110.【2018 年第 43 题】下列哪些情形构成相同或实质相同的外观设计？

A. 形状、图案均相同的红色书包和绿色书包

B. 形状、图案均相同的白色透明塑料杯与白色透明玻璃杯

C. 图案、色彩均相同的长方体饼干桶和正方体饼干桶

D. 形状、图案、色彩均相同的电话机与玩具电话，二者的内部结构不同

【解题思路】

外观设计相同或者实质相同的前提是进行对比的相关产品属于同一个大类，电话和玩具电话属于不同大类，即使双方的形状、图案、色彩均相同，也不构成相同的外观设计。“相同”指的是一模一样，形状、图案均相同的白色透明塑料杯与白色透明玻璃杯。双方的区别是材料，而外观设计不保护材料，故属于“相同”。而“实质相同”指的是双方存在一点差异，如 A 选项的书包颜色不同，C 选项的饼干桶形状不同。

【参考答案】 ABC

111.【2019 年第 41 题】下列哪些情形可以将两件产品的外观设计认定为实质相同的外观设计？

A. 图案和色彩完全相同的毛巾和地毯

B. 互为镜像对称的手表

C. 仅有具体叶片数不同的百叶窗

D. 仅将形状由正方体改为长方体的带有图案和色彩的饼干桶

【解题思路】

外观设计实质相同的判断仅限于相同或者相近种类的产品外观设计，毛巾和地毯不属于同一个大类，即使两者图案和色彩完全相同也不构成实质相同的外观设计。另外，实质相同意味着存在一定的细微差异，镜像对称、叶片数不同或者正方体和长方体都存在一定的差异。

【参考答案】 BCD

（二）判断方式

1. 单独对比

《专利审查指南》第 4 部分第 5 章第 5.2.1 节规定了单独对比。

一般应当用一项对比设计与涉案专利

进行单独对比，而不能将两项或者两项以上对比设计结合起来与涉案专利进行对比。

涉案专利包含有若干项具有独立使用价值的产品的外观设计的，例如，成套产品外观设计或者同一产品两项以上的相似外观设计，可以用不同的对比设计与其所对应的各项外观设计分别进行单独对比。

涉案专利是由组装在一起使用的至少两个构件构成的产品的外观设计的，可以将与其构件数量相对应的明显具有组装关系的构件结合起来作为一项对比设计与涉案专利进行对比。

2. 直接观察

《专利审查指南》第 4 部分第 5 章第 5.2.2 节规定了直接观察。

在对比时应当通过视觉进行直接观察，不能借助放大镜、显微镜、化学分析等其他工具或者手段进行比较，不能由视觉直接分辨的部分或者要素不能作为判断的依据。例如，有些纺织品用视觉观看其形状、图案和色彩是相同的，但在放大镜下观察，其纹路有很大的不同。

112.【2008 年第 74 题】在进行外观设计相同或者相近似判断时，下列哪些说法是正确的？

A. 一般应当用一项在先设计与被比设计进行单独对比

B. 只需将两项外观设计的主要部分进行对比

C. 可以借助放大镜、显微镜、化学手段对外观设计进行观察

D. 仅以产品的外观作为判断的对象

【解题思路】

外观设计采用单独对比，进行对比是采用直接观察，不能使用工具。在进行对比的时候，采用的是“整体观察、综合判断”的方式，不能从外观设计的部分或者局部出发得出判断结论。在判断外观设计相同或相近似时，先要判断产品类别是否相同或者近似，D 选项的错误在于表达得不够准确和全面。

【参考答案】 A

3. 仅以产品的外观作为判断的对象

《专利审查指南》第 4 部分第 5 章第 5.2.3 节规定了仅以产品的外观作为判断的对象。

在对比时应当仅以产品的外观作为判断的对象，考虑产品的形状、图案、色彩这三个要素产生的视觉效果。在涉案专利仅以部分要素限定其保护范围的情况下，其余要素在与对比设计比较时不予考虑。

在涉案专利为产品零部件的情况下，仅将对比设计中与涉案专利相对应的零部件部分作为判断对象，其余部分不予考虑。

对于外表使用透明材料的产品而言，通过人的视觉能观察到的其透明部分以内的形状、图案和色彩，应当视为该产品的外观设计的一部分。

113.【2006 年第 58 题】以下有关外观设计相同或相近似判断的观点中哪些是正确的？

A. 对于外观设计无法看清的部分，可使用放大镜进行观察

B. 汽车和玩具汽车不属于同一种类的产品

C. 对于伞具这类产品，应当以其出售时的形状来判断

D. 外观设计相同和相近似判断仅以产品的外观作为判断的对象

【解题思路】

外观设计判断的方式就是在模拟一般消费者在日常生活中对相关外观设计的认知。消费者在看观察商品时不大可能会使用放大镜去详细的观察。产品是否类似，要考虑性能、用途、原料、形状以及消费渠道等各种因素。汽车和玩具汽车虽然都带有“汽车”二字，但根据上述标准，明显不属于同一类产品。变化状态的产品，其形状应当是以正常使用时的状态为参考标准，对伞来说应当是其使用时的状态。外观设计总是与相关产品结合在一起，在判断时不能抛开产品来判断设计。如果产品不相同且不相类似，那就没必要对外观设计进行比较。

【参考答案】 B

4. 整体观察、综合判断

《专利审查指南》第4部分第5章第5.2.4节规定了整体观察、综合判断的含义。

对比时应当采用整体观察、综合判断的方式。所谓整体观察、综合判断是指由涉案专利与对比设计的整体来判断，而不从外观设计的部分或者局部出发得出判断结论。

5. 设计要素的判断

《专利审查指南》第4部分第5章第5.2.6节规定了设计要素的判断标准。

对于产品外观设计整体形状而言，圆形和三角形、四边形相比，其形状有较大差异，通常不能认定为实质相同，但产品形状是惯常设计的除外。对于包装盒这类产品，应当以其使用状态下的形状作为判断依据。

图案不同包括题材、构图方法、表现方式及设计纹样等因素的不同，色彩的不同也可能使图案不同。如果题材相同，但其构图方法、表现方式、设计纹样不相同，则通常也不构成图案的实质相同。

产品外表出现的包括产品名称在内的文字和数字应当作为图案予以考虑，而不应当考虑字音、字义。

对色彩的判断要根据颜色的色相、纯度和明度三个属性以及两种以上颜色的组合、搭配进行综合判断。色相指各类色彩的相貌称谓，例如朱红、湖蓝、柠檬黄、粉绿等；纯度即彩度，指色彩的鲜艳程度；明度指色彩的亮度。白色明度最高，黑色明度最低。

单一色彩的外观设计仅作色彩改变，两者仍属于实质相同的外观设计。

（三）不存在抵触申请

1. 抵触申请的定义

《专利审查指南》第4部分第5章第5节规定了抵触申请的含义。

在涉案专利申请日以前任何单位或者个人向专利局提出并且在申请日以后（含申请日）公告的同样的外观设计专利申请，称为抵触申请。其中，同样的外观设计是指外观设计相同或者实质相同。

2. 构成抵触申请的条件

《专利法》第23条第1款规定：“授予专利权的外观设计，应当不属于现有设计；也没有任何单位或者个人就同样的外观设计在申请日以前向国务院专利行政部门提出过申请，并记载在申请日以后公告的专利文件中。”为避免对同样的外观设计专利申请重复授权，当存在抵触申请时，后申请的外观设计就不具备新颖性。

3. 抵触申请的判断依据

判断对比设计是否构成涉案专利的抵触申请时，应当以对比设计所公告的专利文件全部内容为判断依据。与涉案专利要求保护的产品的外观设计进行比较时，判断对比设计中是否包含有与涉案专利相同或者实质相同的外观设计。例如，涉案专利请求保护色彩，对比设计所公告的为带有色彩的外观设计，即使对比设计未请求保护色彩，也可以将对比设计中包含有该色彩要素的外观设计与涉案专利进行比较；又如，对比设计所公告的专利文件含有使用状态参考图，即使该使用状态参考图中包含有不要求保护的外观设计，也可以将其与涉案专利进行比较，判断是否为相同或者实质相同的外观设计。

114.【2010 年第 19 题】在外观设计专利无效宣告程序中，判断对比设计是否构成涉案专利的抵触申请时，下列说法哪些是正确的？

A. 涉案专利请求保护色彩，对比设计所公告的虽然为带有色彩的外观设计，但其明确不请求保护色彩，此种情况下不能将对比设计中包含有该色彩要素的外观设计与涉案专利进行比较

B. 涉案专利请求保护色彩，对比设计所公告的为带有色彩的外观设计，其虽明确不请求保护色彩，但仍可以将对比设计中包含有该色彩要素的外观设计与涉案专利进行比较

C. 对比设计所公告的使用状态参考图中包含有不要求保护的外观设计，在与涉案专利进行比较时，不考虑该不要求保护的外观设计

D. 对比设计所公告的使用状态参考图中包含有不要求保护的外观设计，在与涉案专利进行比较时，应当考虑该不要求保护的外观设计

【解题思路】

抵触申请可以用来判断新颖性，而不仅仅用于避免重复授权，故适用“全文比对”的方式。在外观设计中，即使在先申请中的相关图片并没有要求获得保护，也不影响其用来破坏在后申请的新颖性。

【参考答案】 BD

（四）与现有设计或者现有设计特征的组合相比具有明显的区别

1. 不具有明显区别的情形

《专利审查指南》第 4 部分第 5 章第 6 节规定了不具有明显区别的情形。

根据《专利法》第 23 条第 2 款的规定：“授予专利权的外观设计与现有设计或者现有设计特征的组合相比，应当具有明显区别。”涉案专利与现有设计或者现有设计特征的组合相比不具有明显区别是指如下几种情形：

（1）涉案专利与相同或者相近种类产品现有设计相比不具有明显区别。

（2）涉案专利是由现有设计转用得到的，二者的设计特征相同或者仅有细微差别，且该具体的转用手法在相同或者相近种类产品的现有设计中存在启示。

（3）涉案专利是由现有设计或者现有设计特征组合得到的，所述现有设计与涉案专利的相应设计部分相同或者仅有细微差别，且该具体的组合手法在相同或者相近种类产品的现有设计中存在启示。对于涉案专利是由现有设计通过转用和组合之后得到的，应当依照（2）（3）所述规定综合考虑。

应当注意的是，上述转用和 / 或组合后产生独特视觉效果的除外。

现有设计特征，是指现有设计的部分

设计要素或者其结合，如现有设计的形状、图案、色彩要素或者其结合，或者现有设计的某组成部分的设计，如整体外观设计产品中的零部件的设计。

115.【2017 年第 17 题】下列哪个情形不属于专利法第二十三条第二款所述的“现有设计特征”？

A. 现有设计的形状、图案、色彩要素或者其结合

B. 现有设计的产品名称

C. 现有设计的某组成部分的设计

D. 现有设计整体外观设计产品中的零部件的设计

【解题思路】

现有设计特征是指现有设计的部分设计要素或者其结合，关键点落在“设计”上。外观设计的产品名称则不属于现有设计特征。如果外观设计产品名称也属于现有设计特征，那就意味着对现有产品（如电视机）的改进不可能获得外观设计的授权，因为新设计的产品也被称为电视机。

【参考答案】 B

2. 与相同或者相近种类产品现有设计对比

《专利审查指南》第 4 部分第 5 章第 6.1 节规定了与相同或者相近种类产品现有设计对比的审查。

如果一般消费者经过对涉案专利与现有设计的整体观察可以看出，二者的差别对于产品外观设计的整体视觉效果不具有显著影响，则涉案专利与现有设计相比不具有明显区别。显著影响的判断仅限于相同或者相近种类的产品外观设计。在确定涉案专利与相同或者相近种类产品现有设计相比是否具有明显区别时，一般还应当综合考虑如下因素：

（1）对涉案专利与现有设计进行整体观察时，应当更关注使用时容易看到的部位，使用时容易看到部位的设计变化相对于不容易看到或者看不到部位的设计变化，通常对整体视觉效果更具有显著影响。例如，电视机的背面和底面在使用过程中不被一般消费者关注，因而在使用过程中容易看到部位设计的变化相对于不容易看到的背面和看不到的底面设计的变化对整体视觉效果通常更具有显著的影响。但有证据表明，在不容易看到部位的特定设计对于一般消费者能够产生引人注目的视觉效果的除外。

（2）当产品上某些设计被证明是该类产品的惯常设计（如易拉罐产品的圆柱形状设计）时，其余设计的变化通常对整体视觉效果更具有显著的影响。例如，在型材的横断面周边构成惯常的矩形的情况下，型材横断面其余部分的变化通常更具有显著的影响。

（3）由产品的功能唯一限定的特定形状对整体视觉效果通常不具有显著的影响。例如，凸轮曲面形状是由所需要的特定运动行程唯一限定的，其区别对整体视觉效果通常不具有显著影响；汽车轮胎的圆形形状是由功能唯一限定的，其胎面上的花纹对整体视觉效果更具有显著影响。

（4）若区别点仅在于局部细微变化，则其对整体视觉效果不足以产生显著影响，二者不具有明显区别。例如，涉案专利与对比设计均为电饭煲，区别点仅在于二者控制按钮的形状不同；且控制按钮在电饭煲中仅为一个局部细微的设计，在整体设计中所占

比例很小，其变化不足以对整体视觉效果产生显著影响。

（5）对于包括图形用户界面的产品外观设计，如果涉案专利其余部分的设计为惯常设计，其图形用户界面对整体视觉效果更具有显著的影响。

应当注意的是，外观设计简要说明中设计要点所指设计并不必然对外观设计整体视觉效果具有显著影响，不必然导致涉案专利与现有设计相比具有明显区别。例如，对于汽车的外观设计，简要说明中指出其设计要点在于汽车底面，但汽车底面的设计对汽车的整体视觉效果并不具有显著影响。

显著影响的判断方式参照《专利审查指南》第4部分第5章第4.2节的规定。

116.【2019年第7题】下列属于相近种类的外观设计产品的是？

A．机械表和电子表

B．玩具汽车和汽车

C．带MP3的手表和普通手表

D．毛巾和地毯

【解题思路】

相近种类的产品意味着产品并不相同，但也不是相差很远。机械表和电子表内部构造不同，但功能相同，都是"表"，属于相同种类的产品。玩具汽车属于玩具，汽车属于交通工具，双方功能截然不同，不属于相近种类的产品。毛巾用来擦身体，地毯则是铺在地上，功能并不相同，同样不属于相近种类的产品。带MP3的手表除了具备手表的功能外，还可以用来听音乐，该产品和单纯的手表在功能上有差别，故双方属于相近种类的外观设计产品。

【参考答案】 C

3. 现有设计的转用

《专利审查指南》第4部分第5章第6.2.2节规定了现有设计的转用的含义。

转用，是指将产品的外观设计应用于其他种类的产品。模仿自然物、自然景象以及将无产品载体的单纯形状、图案、色彩或者其结合应用到产品的外观设计中，也属于转用。

以下几种类型的转用属于明显存在转用手法的启示的情形，由此得到的外观设计与现有设计相比不具有明显区别：

（1）单纯采用基本几何形状或者对其仅作细微变化得到的外观设计；

（2）单纯模仿自然物、自然景象的原有形态得到的外观设计；

（3）单纯模仿著名建筑物、著名作品的全部或者部分形状、图案、色彩得到的外观设计；

（4）由其他种类产品的外观设计转用得到的玩具、装饰品、食品类产品的外观设计。

上述情形中产生独特视觉效果的除外。

117.【2018年第44题】下列哪些情形属于涉案专利与现有设计或者现有设计特征的组合相比不具有明显区别：

A．涉案专利为蛋糕的外观设计，其设计模仿的是自然界青椒的原有形态

B．涉案专利为玩具汽车的外观设计，其形状、图案、色彩与现有甲壳虫汽车的形状、图案、色彩仅有细微差别

C．涉案专利为电饭煲的外观设计，其与申请日前已经公开销售的一款电饭煲仅在开盖按钮的形状设计上不同

D．涉案专利为盘子的外观设计，其形

状与现有的一款盘子的形状相同，其边缘一圈图案与一款布料上的圆环形图案相同，图片显示盘子底色为浅黄色，图案为金色，但简要说明未声明请求保护的外观设计包含有色彩

【解题思路】

外观设计属于智力成果，故需要和现有的外观设计或者现有设计特征的组合相比具有明显区别。对自然界青椒原有形态的模仿、对现有的甲壳虫汽车进行依样画葫芦的设计以及对现有电饭煲仅进行细微的改动，都不属于智力劳动。至于D选项的盘子，由于该盘子底部的颜色不属于保护范围，故不予考虑。此外，该盘子本质上是对现有盘子的形状和图案的简单结合，同样不属于智力劳动。

【参考答案】 ABCD

4. 现有设计及其特征的组合

《专利审查指南》第4部分第5章第6.2.3节规定了现有设计及其特征的组合的含义。

组合包括拼合和替换，是指将两项或者两项以上设计或者设计特征拼合成一项外观设计，或者将一项外观设计中的设计特征用其他设计特征替换。以一项设计或者设计特征为单元重复排列而得到的外观设计属于组合设计。上述组合也包括采用自然物、自然景象以及无产品载体的单纯形状、图案、色彩或者其结合进行的拼合和替换。

5. 转用或组合手法的启示

以下几种类型的组合属于明显存在组合手法的启示的情形，由此得到的外观设计属于与现有设计或者现有设计特征的组合相比没有明显区别的外观设计：

（1）将相同或者相近种类产品的多项现有设计原样或者作细微变化后进行直接拼合得到的外观设计。例如，将多个零部件产品的设计直接拼合为一体形成的外观设计。

（2）将产品外观设计的设计特征用另一项相同或者相近种类产品的设计特征原样或者作细微变化后替换得到的外观设计。

（3）将产品现有的形状设计与现有的图案、色彩或者其结合通过直接拼合得到该产品的外观设计；或者将现有设计中的图案、色彩或者其结合替换成其他现有设计的图案、色彩或者其结合得到的外观设计。

上述情形中产生独特视觉效果的除外。

6. 独特视觉效果

《专利审查指南》第4部分第5章第6.2.4节规定了独特视觉效果的含义。

独特视觉效果，是指涉案专利相对于现有设计产生了预料不到的视觉效果。在组合后的外观设计中，如果各项现有设计或者设计特征在视觉效果上并未产生呼应关系，而是各自独立存在、简单叠加，通常不会形成独特视觉效果。外观设计如果具有独特视觉效果，则与现有设计或者现有设计特征的组合相比具有明显区别。

（五）不与在先权利相冲突

1. 与他人在先取得的合法权利相冲突的含义

《专利审查指南》第4部分第5章第7节规定了与他人在先取得的合法权利相冲突的含义。

一项外观设计专利权被认定与他人在申请日（有优先权的，指优先权日）之前已经取得的合法权利相冲突的，应当宣告该项外观设计专利权无效。

118.【2006年第27题】某屏风厂未经

许可将画家陈某未公开发表的绘画作品印制在其设计的屏风上，并申请和获得了外观设计专利。该屏风产品在市场上销售很好。陈某发现后认为该屏风厂侵犯了他的著作权。根据上述情况，判断以下哪些说法是正确的？

A. 由于屏风厂享有外观设计专利权，因此并不侵犯陈某的著作权

B. 陈某可以以屏风厂的外观设计专利权与其在先取得的合法权利相冲突为由，向专利复审委员会请求宣告屏风厂的专利权无效

C. 由于陈某的作品没有公开发表，因此不影响屏风厂外观设计申请的新颖性，该外观设计专利权不应当被宣告无效

D. 陈某可以其著作权受到侵害为由，直接向人民法院提起诉讼，要求屏风厂承担侵权责任

【解题思路】

不同性质的权利存在冲突很常见，享有一个权利并不意味着该权利不会和其他权利冲突。对著作权人来说，该外观设计专利权是对自己权利的侵害，排除侵害的方式就是宣告专利无效。著作权人的权利受到侵害，自然有权提起侵权诉讼。

【参考答案】 BD

2.“合法权利”的主要类型

《专利纠纷规定》第12条："专利法第二十三条第三款所称的合法权利，包括就作品、商标、地理标志、姓名、企业名称、肖像，以及有一定影响的商品名称、包装、装潢等享有的合法权利或者权益。"

119.【2017年第68题】《专利法》第23条第3款中授予专利权的外观设计不得与他人在申请日前取得的合法权利相冲突中的合法权利的类型包括以下哪些？

A. 商号权

B. 在先专利权

C. 肖像权

D. 著作权

【解题思路】

在先的合法权利指的是专利权之外的其他权利，商号权、肖像权和著作权符合要求，著作权为就作品享有的权利，商号权为就企业名称享有的权利。外观设计是一种艺术，包括图案、形状和色彩三个要素。商标中可以有图片，著作权中有图片和照片，肖像权中有自然人的照片，知名商品特有的包装上也有图案，这些权利都有可能与外观设计冲突。另外，外观设计上也可能有文字，这个文字如果写的是某个企业的名称，那就有可能和企业名称权冲突。如果是在先权利是专利权，通过《专利法》第22条第1款所规定的新颖性规则就可以限制，没有必要再在第3款中进行重复规定。

【参考答案】 ACD

3. 外观设计和著作权冲突的判断标准

《专利审查指南》第4部分第5章第7.2节规定了外观设计和著作权冲突的判断标准。

在先著作权，是指在涉案专利申请日之前，他人通过独立创作完成作品或者通过继承、转让等方式合法享有的著作权。其中作品是指受中华人民共和国著作权法及其实施条例保护的客体。

在接触或者可能接触他人享有著作权的作品的情况下，未经著作权人许可，在涉案专利中使用了与该作品相同或者实质性相

似的设计，从而导致涉案专利的实施将会损害在先著作权人的相关合法权利或者权益的，应当判定涉案专利权与在先著作权相冲突。

120.【2018 年第 8 题】授予专利权的外观设计不得与他人在申请日以前已经取得的著作权相冲突。判定外观设计专利权与在先著作权相冲突的标准是：

A. 外观设计与作品中的设计相同或者实质相同

B. 外观设计与作品中的设计相同或者实质性相似

C. 外观设计与作品中的设计相同或者相近似

D. 外观设计与作品中的设计相同或者无明显区别

【解题思路】

根据与原型偏离度从小到大的顺序进行排列，依次是“相同”“实质相同”“无明显区别”和“实质性相似”。而“相近似”则包含了“实质相同”和“无明显区别”两种情形。相同指的是双方一模一样，而实质相同则是存在一点区别，如百叶窗的叶片数量不同或者互为镜像对称。外观设计专利的授权条件之一是和现有设计或现有设计的组合相比具有明显区别，该法条的表述与发明或实用新型的创造性标准类似，要求双方的差异比较明显。“实质性相似”是著作权中的概念，是在“相似”的基础上再偏离一点。如采用整体观感法判断时，涉案作品抄袭的痕迹很明显，就容易得出实质性相似的结论。判定外观设计专利权与在先著作权相冲突时，采用的是能够延伸到最远距离的“相同或者实质性相似”标准。

【参考答案】 B

4. 与在先权利相冲突的判断

在无效宣告程序中请求人应就其主张进行举证，包括证明其是在先权利的权利人或者利害关系人，以及在先权利有效。

第三章　对专利申请文件要求

【基本要求】

掌握发明、实用新型和外观设计专利申请文件应当满足的各项要求。

第一节　发明和实用新型专利申请文件

《专利法》第 26 条第 1 款："申请发明或者实用新型专利的，应当提交请求书、说明书及其摘要和权利要求书等文件。"

一、请求书

（一）发明和实用新型专利申请请求书的法律效力

请求书是申请人向国家知识产权局表示请求授予专利权的愿望的一种书面文件。这种请求在有些国家要以明示的语言予以表达，而在我国这种请求是默示的，即申请人只要填写了"发明专利请求书"或者"实用新型专利请求书"，并且交到国家知识产权局，就认为其表示了请求授予专利权的愿望。

请求书实际上是国家知识产权局统一印制的一种表格。申请发明专利的，使用"发明专利请求书"；申请实用新型专利的，使用"实用新型专利请求书"。两种请求书的内容基本相同。

（二）请求书应当包含的主要内容及其应当满足的要求

《专利法》第 26 条第 2 款："请求书应当写明发明或者实用新型的名称，发明人的姓名，申请人姓名或者名称、地址，以及其他事项。"

《专利审查指南》第 1 部分第 1 章第 4.1 节具体规定了对请求书各个部分应当满足的要求。

1. 发明名称

《专利审查指南》第 1 部分第 1 章第 4.1.1 节规定了发明名称。

请求书中的发明名称和说明书中的发明名称应当一致。发明名称应当简短、准确地表明发明专利申请要求保护的主题和类型。发明名称中不得含有非技术词语，例如人名、单位名称、商标、代号、型号等；也不得含有含糊的词语，如"及其他""及其类似物"等；也不得仅使用笼统的词语，致使未给出任何发明信息，如仅用"方法""装置""组合物""化合物"等词作为发明名称。

发明名称一般不得超过 25 个字；特殊情况下，如化学领域的某些发明，可以允许最多到 40 个字。

1.【2014 年第 33 题】下列哪些发明名称符合相关规定？

A. 一种北京电器设备

B. 一种手表及其生产方法

C．一种具有引线端的电器元件

D．一种橡胶绝缘材料及其他

【解题思路】

发明名称中不应该有"北京"这个地名，D中的"及其他"也不清楚，排除。

【参考答案】 BC

2.【2016年第11题】下列各项所示实用新型的名称，哪个是正确的？

A．一种苹果牌手机

B．一种轮胎及包含该轮胎的汽车

C．一种遥控技术

D．一种睡袋及其使用方法

【解题思路】

实用新型的名称不能包括商标，"遥控技术"中的"技术"过于笼统，不知道是一种方法还是一种装置。另外，实用新型不保护方法，睡袋的使用方法不属于实用新型的保护范围。

【参考答案】 B

2. 发明人

《专利审查指南》第1部分第1章第4.1.2节规定了发明人的含义。

《专利法实施细则》第13条规定，发明人是指对发明创造的实质性特点作出创造性贡献的人。在专利局的审查程序中，审查员对请求书中填写的发明人是否符合该规定不作审查。

发明人应当是个人，请求书中不得填写单位或者集体，例如不得写成"××课题组"等。发明人应当使用本人真实姓名，不得使用笔名或者其他非正式的姓名。多个发明人的，应当自左向右顺序填写。不符合规定的，审查员应当发出补正通知书。申请人改正请求书中所填写的发明人姓名的，应当提交补正书、当事人的声明及相应的证明文件。

发明人可以请求专利局不公布其姓名。提出专利申请时请求不公布发明人姓名的，应当在请求书"发明人"一栏所填写的相应发明人后面注明"（不公布姓名）"。不公布姓名的请求提出之后，经审查认为符合规定的，专利局在专利公报、专利申请单行本、专利单行本以及专利证书中均不公布其姓名，并在相应位置注明"请求不公布姓名"字样，发明人也不得再请求重新公布其姓名。提出专利申请后请求不公布发明人姓名的，应当提交由发明人签字或者盖章的书面声明；但是专利申请进入公布准备后才提出该请求的，视为未提出请求，审查员应当发出视为未提出通知书。外国发明人中文译名中可以使用外文缩写字母，姓和名之间用圆点分开，圆点置于中间位置，例如"M·琼斯"。

3.【2013年第64题】蓝天公司科研人员田幸和林福在公司的科研工作中完成了一项发明创造，该公司就该发明创造向国家知识产权局提交了一件发明专利申请。请求书中发明人一栏的填写哪些符合规定？

A．蓝天公司

B．田幸 林福

C．田幸 林福（不公布姓名）

D．蓝天公司 田幸 林福

【解题思路】

发明人必须是自然人，不能是单位。另外，发明人如果请求不公布姓名，可以在请求书中提出。

【参考答案】 BC

4.【2017年第32题】李某作为发明

人完成了一项职务发明创造，其所在的甲公司就此项发明创造提出了发明专利申请。那么，以下哪些说法是正确的？

A．在提出专利申请后，李某请求不公布其姓名，则应当提交李某签字或盖章的书面声明

B．在提出专利申请时，李某请求不公布其姓名，则应当在请求书“发明人”一栏所填写的李某姓名后注明“(不公布姓名)”

C．李某不公布其姓名的请求被批准后，专利局在专利公报、专利单行本中不公布其姓名，但在专利证书中公布其姓名

D．在专利申请进入公报编辑后，李某请求不公布其姓名，则李某的请求将视为未提出

【解题思路】

发明人的署名权应当受到尊重，除非权利人自己要求放弃，否则不能剥夺。在提出申请时在请求书中提出不公布姓名的申请最为简便。发明人请求不公布姓名的机会不应当只有在提起申请时一次，如果那时没提出，应该在后面还有机会。在提出申请后请求不公布姓名，需要提供发明人签字或盖章的书面声明，以证明这是发明人自己的真实意思。如果已经进入公布准备程序，再进行修改就会影响到专利申请的及时公布，故此时就已经晚了。不公布姓名的请求被批准后，那发明人的姓名在任何专利文献上都不会出现，不然就没有意义。需要注意的是D选项中的表述，现行2010年《专利审查指南》中的表述是“公布准备”，2006年《审查指南》中的表述是“公报编辑”，双方用词上稍微有些差异，但实质意义没有变化。本题其实是2007年第13题进行细微修改而来，出题者将原来的“张某”改为“李某”并调换了A选项、B选项的位置，将原题中专利证书中也不公布姓名改为本题中专利证书中需公布姓名。不过，忘记了根据《专利审查指南》，将“公报编辑”改为“公布准备”。

【参考答案】 ABD

3. 申请人

（1）申请人是本国人。

职务发明，申请专利的权利属于单位；非职务发明，申请专利的权利属于发明人。

申请人是中国单位或者个人的，应当填写其名称或者姓名、地址、邮政编码、组织机构代码或者居民身份证件号码。申请人是个人的，应当使用本人真实姓名，不得使用笔名或者其他非正式的姓名。申请人是单位的，应当使用正式全称，不得使用缩写或者简称。请求书中填写的单位名称应当与所使用的公章上的单位名称一致。不符合规定的，审查员应当发出补正通知书。申请人改正请求书中所填写的姓名或者名称的，应当提交补正书、当事人的声明及相应的证明文件。

5.【2013年第35题】下列哪些主体可以作为专利法规定的申请人？

A．中国中央电视台

B．清华大学教务处

C．北京市民李某

D．专利代理人张某

【解题思路】

教务处属于学校的内设机构，不是独立的民事主体，不能作为申请人。专利代理师在执业期间不能申请专利。北京市民李某和中国中央电视台则没有问题。顺便需要提及的是，即使李某是精神病人或者未成年

人，也可以作为申请人。

【参考答案】 AC

6.【2017 年第 33 题】下列哪些情形中专利申请人的填写不符合规定？

A．正式全称为北京某电子科技股份有限公司的企业在提交的专利申请中，专利申请人一栏填写的是“北京某电子公司”

B．某大学提交的专利申请中，专利申请人一栏填写的是“某大学科研处”

C．外国某大学教授约翰·史密斯提交的专利申请中，专利申请人一栏填写的是“约翰·史密斯教授”

D．张某在其提交的专利申请中，专利申请人一栏填写的是其笔名“风行”

【解题思路】

专利申请人如果是自然人，那必须用身份证上的姓名，不能用笔名或者昵称；专利申请人如果是公司，则必须用营业执照上的名称，不能将“电子科技股份有限公司”简称为“电子公司”。专利申请人必须具有民事主体资格，大学科研处不是独立的民事主体，不能作为申请人。申请人遵循“众生平等”的原则，不能在名字之后加上头衔。

【参考答案】 ABCD

（2）申请人是外国人、外国企业或者外国其他组织。

《专利法》第 17 条规定，在中国没有经常居所或者营业所的外国人、外国企业或者外国其他组织在中国申请专利的，依照其所属国同中国签订的协议或者共同参加的国际条约，或者依照互惠原则，根据本法办理。

申请人是外国人、外国企业或者外国其他组织的，应当填写其姓名或者名称、国籍或者注册的国家或者地区。

申请人是个人的，其中文译名中可以使用外文缩写字母，姓和名之间用圆点分开，圆点置于中间位置，如“M·琼斯”。姓名中不应当含有学位、职务等称号，如“××博士、××教授”等。申请人是企业或者其他组织的，其名称应当使用中文正式译文的全称。对于申请人所属国法律规定具有独立法人地位的某些称谓允许使用。

（3）本国申请人与外国申请人共同申请。

本国申请人与外国申请人共同申请专利的，本国申请人适用对本国申请人的规定，外国申请人适用对外国申请人的规定。

7.【2008 年第 31 题】下列哪些情形中专利申请人的填写不符合规定？

A．××大学提交的专利申请中，专利申请人一栏填写的是“××大学科研处”

B．正式名称为中国某石油化工集团公司的企业在其提交的专利申请中，专利申请人一栏填写的是“某石化集团”

C．拥有博士学位的达蒙·琼斯提交的专利申请中，专利申请人一栏填写的是“达蒙·琼斯博士”

D．尼古拉斯·H. 约翰逊提交的专利申请中，专利申请人一栏填写的是“尼古拉斯·H. 约翰逊”

【解题思路】

申请人可以是自然人，也可以是单位，但必须是独立的民事主体。“科研处”为大学内设机构，不是独立民事主体，不能作为申请人。申请人必须使用全称，B 选项中“某石化集团”不符合规定。申请人不能带有头衔，C 选项中带有博士，不符合要求。外国申请人的译名中可以带有字母，D 选项符合规定。

【参考答案】 ABC

8.【2018 年第 32 题】关于申请人，下列说法正确的是：

A. 中国内地申请人是个人的，在提交专利申请时应当填写其姓名、地址、居民身份证件号码等信息

B. 申请人是外国企业的，如果其在中国有营业场所的，应当提供当地工商行政管理部门（市场监督管理部门）出具的证明文件

C. 申请人是外国人的，如果其在中国有经常居所，应当提交公安部门出具的已在中国居住一年以上的证明文件

D. 申请人是外国人的，如果其所属国不是巴黎公约成员国或者世界贸易组织成员，其所属国法律也没有明文规定依互惠原则给外国人以专利保护的条款的，申请人也不能提供相关文件证明其所属国承认中国公民和单位可以按照该国国民的同等条件，在该国享有专利权及其他相关权利的，则其在中国的申请应当被驳回

【解题思路】

姓名、地址、居民身份证件号码等信息属于确定自然人身份的基本信息，需要在提交专利申请时写明。外国企业在中国有无营业所，涉及是否需要委托专利代理机构的问题，属于重要事实，需要提交有权机关出具的证明文件。外国人在中国是否有经常居所，同样涉及是否需要委托专利代理机构的问题，故也需要提交证据证明。需要强调的是，该外国人所要证明的是“可在”中国居住一年以上，而不是“已在”中国居住一年以上。外国人在中国有权申请专利，需要符合公约成员、存在互惠关系或实际上予以保护这三种条件之一。

【参考答案】 ABD

4. 联系人

《专利审查指南》第 1 部分第 1 章第 4.1.4 节规定了联系人的审查内容。

申请人是单位且未委托专利代理机构的，应当填写联系人，联系人是代替该单位接收专利局所发信函的收件人。联系人应当是本单位的工作人员，必要时审查员可以要求申请人出具证明。申请人为个人且需由他人代收专利局所发信函的，也可以填写联系人。联系人只能填写一人。填写联系人的，还需要同时填写联系人的通信地址、邮政编码和电话号码。

9.【2014 年第 41 题】下列关于请求书中所填写事项的说法哪些是正确的？

A. 发明人在提出专利申请后请求国家知识产权局不公布其姓名的，应当提交发明人签字或盖章的书面声明

B. 国家知识产权局认为请求书中填写的外国申请人的国籍有疑义时，可以通知申请人提供国籍证明

C. 申请人是单位的，必须指定本单位的一名工作人员作为联系人

D. 无论申请人是中国人还是外国人，其填写的地址都应当是中国境内的地址

【解题思路】

如果请求不公布发明人的姓名，那自然应该是发明人自己的真实意思表示，提交签字盖章的书面声明是应有之义。如果认为外国申请人的国籍有疑义，那要求提供证据也很正常。申请人是单位且未委托代理机构的，才需要指定联系人。申请人的地址如果

必须是中国境内的地址，那就意味在中国境内没有办事机构或营业所的外国申请人就难以申请专利。

【参考答案】 AB

10.【2016 年第 45 题】发明专利申请请求书中出现的下列哪些情形不符合相关规定？

A．申请人一栏填写为“李力 高级工程师”

B．发明人一栏填写为“王明 赵伟（不公开姓名）”

C．联系人一栏填写为“张宇，王量”

D．发明名称一栏填写为“一种发电装置”

【解题思路】

申请人之间一律平等，写明自己的职称试图谋取一些优待不符合平等原则。申请人可以请求不公布姓名，此时应在请求书中写明不公布姓名。B 选项中用的是“不公开”而不是“不公布”，不过这两个词汇并没有实质性差异，考生不必吹毛求疵。联系人只能是一人，不能是两人，不然就不知道文件该寄给哪位。

【参考答案】 AC

5. 代表人

申请人有两人以上且未委托专利代理机构的，除《专利审查指南》另有规定或请求书中另有声明外，以第一署名申请人为代表人。请求书中另有声明的，所声明的代表人应当是申请人之一。除直接涉及共有权利的手续外，代表人可以代表全体申请人办理在专利局的其他手续。直接涉及共有权利的手续包括：提出专利申请，委托专利代理，转让专利申请权、优先权或者专利权，撤回专利申请，撤回优先权要求，放弃专利权等。直接涉及共有权利的手续应当由全体权利人签字或者盖章。

11.【2011 年第 16 题】下列有关代表人的说法哪些是正确的？

A．多个申请人以书面形式提出专利申请且未委托专利代理机构的，除请求书中另有声明的外，以请求书中指明的第一申请人为代表人

B．多个申请人提出电子申请且未委托专利代理机构的，以提交电子申请的电子申请用户为代表人

C．申请人为单位的，其联系人为代表人

D．代表人可以代表全体申请人办理撤回专利申请的手续

【解题思路】

如果是多个申请人且未委托代理机构，则专利局的文件寄给哪位就会存在困难，此时默认排在第一的申请人为代表人，用来接收中间文件。联系人则是该代表人中具体接收专利局所发信函的收件人，如代表人为 A 公司，联系人则是该公司的行政人员甲。代表人不能代表全体申请人办理直接涉及共有权利的手续。

【参考答案】 AB

12.【2017 年第 7 题】代表人可以代表全体申请人在国家知识产权局办理下列哪种手续？

A．提出专利申请

B．委托专利代理

C．转让专利申请权

D．答复补正通知书

【解题思路】

代表人不能代表全体申请人办理直接涉及共有权利的手续，代表人不能行使提出专利申请和转让专利申请权等共有权利。委托合同需要全体委托人和代理人之间存在信任关系，故不能由代表人根据自己的喜好来选择。

【参考答案】 D

6. 专利代理机构、专利代理师

《专利审查指南》第1部分第1章第4.1.6节规定了专利代理机构、专利代理师的审查标准。

专利代理机构应当依照专利代理条例的规定经国家知识产权局批准成立。

专利代理机构的名称应当使用其在国家知识产权局登记的全称，并且要与加盖在申请文件中的专利代理机构公章上的名称一致，不得使用简称或者缩写。请求书中还应当填写国家知识产权局给予该专利代理机构的机构代码。

专利代理师，是指获得专利代理人资格证书、在合法的专利代理机构执业的人员。在请求书中，专利代理师应当使用其真实姓名，同时填写联系电话。一件专利申请的专利代理师不得超过两人。

7. 地址

《专利审查指南》第1部分第1章第4.1.7节规定了地址的审查标准。

请求书中的地址（包括申请人、专利代理机构、联系人的地址）应当符合邮件能够迅速、准确投递的要求。本国的地址应当包括所在地区的邮政编码，以及省（自治区）、市（自治州）、区、街道门牌号码和电话号码，或者省（自治区）、县（自治县）、镇（乡）、街道门牌号码和电话号码，或者直辖市、区、街道门牌号码和电话号码。有邮政信箱的，可以按照规定使用邮政信箱。地址中可以包含单位名称，但单位名称不得代替地址，例如不得仅填写“××省××大学”。外国的地址应当注明国别、市（县、州），并附具外文详细地址。

（三）应当随同请求书提交的各类证明文件及其主要内容

《专利审查指南》第5部分第1章第6节规定了相关证明文件。

专利申请审批程序中常用的证明文件有非职务发明证明、国籍证明、经常居所证明、注册地或经常营业所所在地证明、申请人资格证明、优先权证明（在先申请文件副本）、优先权转让证明、生物材料样品保藏证明、申请人（或专利权人）名称变更或者权利转移证明、文件寄发日期证明等。

各种证明文件应当由有关主管部门出具或者由当事人签署。各种证明文件应当提供原件；证明文件是复印件的，应当经公证或者由主管部门加盖公章予以确认（原件在专利局备案确认的除外）。

13.【2010年第34题】有下列哪些情形的，申请人应当在请求书中予以声明或者说明？

A. 同一申请人就同样的发明创造同日分别提出发明专利申请和实用新型专利申请

B. 申请专利的发明创造是依赖遗传资源完成的

C. 要求优先权

D. 要求提前公布发明专利申请

【解题思路】

需要在请求书中加以声明或说明的内

容应该都是实质性问题。A 选项涉及一发明一申请原则，B 选项涉及是否可以获得授权，C 选项涉及新颖性的认定，都属于实质性问题，需要尽快加以说明，A 选项、B 选项、C 选项符合题意。D 选项中的提前公布属于程序问题，申请人可以在受理之后再提出申请。专利申请表格中的确有提前公布一栏，但在注意事项中写明“若填写此栏，不需要再提交发明专利请求提前公布声明”。这就意味着申请人还可以通过以后递交“发明专利请求提前公布声明”来实现提前公开。

【参考答案】 ABC

二、权利要求书

（一）权利要求书

1. 权利要求书的法律效力

《专利法》第 64 条第 1 款 ：“发明或者实用新型专利权的保护范围以其权利要求的内容为准，说明书及附图可以用于解释权利要求的内容。”

2. 权利要求的类型

《专利审查指南》第 2 部分第 2 章第 3.1.1 节对权利的类型作出了规定。

（1）按照性质划分，权利要求有两种基本类型，即物的权利要求和活动的权利要求，或者简单地称为产品权利要求和方法权利要求。第一种基本类型的权利要求包括人类技术生产的物（产品、设备）；第二种基本类型的权利要求包括有时间过程要素的活动（方法、用途）。属于物的权利要求有物品、物质、材料、工具、装置、设备等权利要求；属于活动的权利要求有制造方法、使用方法、通讯方法、处理方法以及将产品用于特定用途的方法等权利要求。

（2）按照内容划分，权利要求可以分为独立权利要求和从属权利要求。《专利法实施细则》第 20 条规定 ：“权利要求书应当有独立权利要求，也可以有从属权利要求。独立权利要求应当从整体上反映发明或者实用新型的技术方案，记载解决技术问题的必要技术特征。从属权利要求应当用附加的技术特征，对引用的权利要求作进一步限定。”

《专利审查指南》第 2 部分第 2 章第 3.1.2 节对独立权利要求和从属权利要求的判断进行了明确的解释。

独立权利要求应当从整体上反映发明或者实用新型的技术方案，记载解决技术问题的必要技术特征。

必要技术特征是指，发明或者实用新型为解决其技术问题所不可缺少的技术特征，其总和足以构成发明或者实用新型的技术方案，使之区别于背景技术中所述的其他技术方案。

判断某一技术特征是否为必要技术特征，应当从所要解决的技术问题出发并考虑说明书描述的整体内容，不应简单地将实施例中的技术特征直接认定为必要技术特征。

在一件专利申请的权利要求书中，独立权利要求所限定的一项发明或者实用新型的保护范围最宽。

如果一项权利要求包含了另一项同类型权利要求中的所有技术特征，且对该另一项权利要求的技术方案作了进一步的限定，则该权利要求为从属权利要求。由于从属权利要求用附加的技术特征对所引用的权利要求作了进一步的限定，所以其保护范围落在其所引用的权利要求的保护范围之内。

从属权利要求中的附加技术特征，可

以是对所引用的权利要求的技术特征作进一步限定的技术特征，也可以是增加的技术特征。

一件专利申请的权利要求书中，应当至少有一项独立权利要求。当有两项或者两项以上独立权利要求时，写在最前面的独立权利要求被称为第一独立权利要求，其他独立权利要求称为并列独立权利要求。审查员应当注意，有时并列独立权利要求也引用在前的独立权利要求，例如，“一种实施权利要求 1 的方法的装置，……”“一种制造权利要求 1 的产品的方法，……”“一种包含权利要求 1 的部件的设备，……”“与权利要求 1 的插座相配合的插头，……”等。这种引用其他独立权利要求的权利要求是并列的独立权利要求，而不能被看作是从属权利要求。对于这种引用另一权利要求的独立权利要求，在确定其保护范围时，被引用的权利要求的特征均应予以考虑，而其实际的限定作用应当最终体现在对该独立权利要求的保护主题产生了何种影响。

在某些情况下，形式上的从属权利要求（即其包含有从属权利要求的引用部分），实质上不一定是从属权利要求。例如，独立权利要求 1 为：“包括特征 X 的机床”。在后的另一项权利要求为：“根据权利要求 1 所述的机床，其特征在于用特征 Y 代替特征 X”。在这种情况下，后一权利要求也是独立权利要求。审查员不得仅从撰写的形式上判定在后的权利要求为从属权利要求。

14.【2006 年第 29 题】以下关于权利要求的说法哪些是正确的？

A. 独立权利要求不具有新颖性，从属于该独立权利要求的从属权利要求有可能具有新颖性

B. 独立权利要求具有新颖性，从属于该独立权利要求的从属权利要求有可能不具有新颖性

C. 从属权利要求不具有创造性，其所从属的独立权利要求不可能具有创造性

D. 从属权利要求不具有实用性，其所从属的独立权利要求有可能具有实用性

【解题思路】

从属权利要求（以下简称“从权”）是对独立权利要求（以下简称“独权”）的进一步限定。如果从权增加的技术特征能够使其区别于现有技术，那即使独权没有新颖性，从权也具有新颖性。独权的保护范围大于从权，大的都有新颖性，小的自然也应该有。从权的范围比独权要小，从权都没有创造性，那独权更不可能有。从权是对独权的限定，即使独权有实用性，从权也可以加入一些不具备实用性的技术特征，导致丧失实用性。需要注意的是，B 选项、C 选项没有考虑优先权的问题。如果独权具有优先权，从权不具有，那可能出现极端情形，即某技术方案可以破坏从权的新颖性和创造性，但不能破坏独权的新颖性和创造性。在这种情况下，B 选项正确，C 选项错误。但考试不会考得这么复杂，这里姑且认为 B 选项错误，C 选项正确。

【参考答案】 ACD

15.【2011 年第 67 题】下列关于必要技术特征的说法哪些是正确的？

A. 必要技术特征是发明或者实用新型为解决其技术问题所不可缺少的技术特征

B. 实施例中的技术特征通常可以直接认定为必要技术特征

C. 必要技术特征的总和足以构成发明或者实用新型的技术方案

D. 任何一个必要技术特征均可使发明或者实用新型的技术方案区别于背景技术的其他技术方案

【解题思路】

在判断必要技术特征时，不应简单地将实施例中的技术特征直接认定为必要技术特征。实施例可以写得非常具体，而权利要求则是对实施例的概括。使发明或者实用新型的技术方案区别于背景技术的是必要技术特征的总和而不是任何一个必要技术特征。

【参考答案】 AC

16.【2013 年第 79 题】下列哪些权利要求属于独立权利要求？

A. 一种实施权利要求 1 所述方法的设备，……

B. 一种包含权利要求 1 所述设备的装置，……

C. 一种与权利要求 1 所述插座相配合的插头，……

D. 根据权利要求 1 所述的组合物，其特征在于用特征 Y 代替权利要求 1 中的特征 X

【解题思路】

ABCD 选项中涉及的权利要求都不是对独立权利要求中的技术特征进一步的限定，也不是在这基础上增加新的技术特征，故这些权利要求属于并列的独立权利要求。A 选项中，权利要求 1 的主题是方法，后续权利要求的主题是实现该方法的设备；B 选项中，主题从权利要求 1 的设备变成了包含该设备的装置；C 选项中，主题从插座变成了插头。D 选项中不存在主题的变化，但没有对权利要求 1 的技术特征做进一步的限定或者增加技术特征，而是进行了技术特征的替代，也就是说该权利要求中不存在权利要求 1 中的 X，自然也不属于从属权利要求。

【参考答案】 ABCD

17.【2019 年第 51 题】下列关于权利要求的说法正确的是？

A. 独立权利要求应当记载解决发明所有技术问题的必要技术特征

B. 从属权利要求可以增加新的技术特征

C. 如果一项权利要求引用了在前的其他权利要求，则该权利要求为从属权利要求

D. 不论是独立权利要求，还是从属权利要求，所限定的技术方案都应当是完整的

【解题思路】

发明如果解决的技术问题不止一个，独立权利要求记载解决其中一个技术问题的必要技术特征即可。从属权利要求可以增加新的技术特征，也可以对独立权利要求的技术特征作进一步限定。从属权利要求除引用在前的其他权利要求外，还有一个条件是权利要求的类型必须相同，不能一个是产品一个是方法。权利要求的技术方案应当完整，不管是独立权利要求还是从属权利要求都是如此。

【参考答案】 BD

3. “权利要求书应当以说明书为依据”的含义

《专利审查指南》第 2 部分第 2 章第 3.2.1 节规定了权利要求书以说明书为依据的含义。

权利要求书应当以说明书为依据，是指权利要求应当得到说明书的支持。权利要

求书中的每一项权利要求所要求保护的技术方案应当是所属技术领域的技术人员能够从说明书充分公开的内容中得到或概括得出的技术方案，并且不得超出说明书公开的范围。

权利要求通常由说明书记载的一个或者多个实施方式或实施例概括而成。权利要求的概括应当不超出说明书公开的范围。如果所属技术领域的技术人员可以合理预测说明书给出的实施方式的所有等同替代方式或明显变型方式都具备相同的性能或用途，则应当允许申请人将权利要求的保护范围概括至覆盖其所有的等同替代或明显变型的方式。对于权利要求概括得是否恰当，审查员应当参照与之相关的现有技术进行判断。开拓性发明可以比改进性发明有更宽的概括范围。

4. 权利要求书没有得到说明书支持的主要情形

（1）对于用上位概念概括或用并列选择方式概括的权利要求，应当审查这种概括是否得到说明书的支持。如果权利要求的概括包含申请人推测的内容，而其效果又难以预先确定和评价，应当认为这种概括超出了说明书公开的范围。如果权利要求的概括使所属技术领域的技术人员有理由怀疑该上位概括或并列概括所包含的一种或多种下位概念或选择方式不能解决发明或者实用新型所要解决的技术问题，并达到相同的技术效果，则应当认为该权利要求没有得到说明书的支持。

例如，对于“用高频电能影响物质的方法”这样一个概括较宽的权利要求，如果说明书中只给出一个“用高频电能从气体中除尘”的实施方式，对高频电能影响其他物质的方法未作说明，而且所属技术领域的技术人员也难以预先确定或评价高频电能影响其他物质的效果，则该权利要求被认为未得到说明书的支持。

再如，对于“控制冷冻时间和冷冻程度来处理植物种子的方法”这样一个概括较宽的权利要求，如果说明书中仅记载了适用于处理一种植物种子的方法，未涉及其他种类植物种子的处理方法，而且园艺技术人员也难以预先确定或评价处理其他种类植物种子的效果，则该权利要求也被认为未得到说明书的支持。除非说明书中还指出了这种植物种子和其他植物种子的一般关系，或者记载了足够多的实施例，使园艺技术人员能够明白如何使用这种方法处理植物种子，才可以认为该权利要求得到了说明书的支持。

（2）对于一个概括较宽又与整类产品或者整类机械有关的权利要求，如果说明书中有较好的支持，并且也没有理由怀疑发明或者实用新型在权利要求范围内不可以实施，那么，即使这个权利要求范围较宽也是可以接受的。但是当说明书中给出的信息不充分，所属技术领域的技术人员用常规的实验或者分析方法不足以把说明书记载的内容扩展到权利要求所述的保护范围时，审查员应当要求申请人作出解释，说明所属技术领域的技术人员在说明书给出信息的基础上，能够容易地将发明或者实用新型扩展到权利要求的保护范围；否则，应当要求申请人限制权利要求。例如，对于“一种处理合成树脂成型物来改变其性质的方法”的权利要求，如果说明书中只涉及热塑性树脂的实施例，而且申请人又不能证明该方法也适用于热固性树脂，那么申请人就应当把权利要求限制在热塑性树脂的范围内。

通常，对产品权利要求来说，应当尽量避免使用功能或者效果特征来限定发明。只有在某一技术特征无法用结构特征来限定，或者技术特征用结构特征限定不如用功能或效果特征来限定更为恰当，而且该功能或者效果能通过说明书中规定的实验或者操作或者所属技术领域的惯用手段直接和肯定地验证的情况下，使用功能或者效果特征来限定发明才可能是允许的。

（3）对于权利要求中所包含的功能性限定的技术特征，应当理解为覆盖了所有能够实现所述功能的实施方式。对于含有功能性限定的特征的权利要求，应当审查该功能性限定是否得到说明书的支持。如果权利要求中限定的功能是以说明书实施例中记载的特定方式完成的，并且所属技术领域的技术人员不能明了此功能还可以采用说明书中未提到的其他替代方式来完成；或者所属技术领域的技术人员有理由怀疑该功能性限定所包含的一种或几种方式不能解决发明或者实用新型所要解决的技术问题，并达到相同的技术效果，则权利要求中不得采用覆盖了上述其他替代方式或者不能解决发明或实用新型技术问题的方式的功能性限定。

此外，如果说明书中仅以含糊的方式描述了其他替代方式也可能适用，但对所属技术领域的技术人员来说，并不清楚这些替代方式是什么或者怎样应用这些替代方式，则权利要求中的功能性限定也是不允许的。另外，纯功能性的权利要求得不到说明书的支持，因此也是不允许的。

在判断权利要求是否得到说明书的支持时，应当考虑说明书的全部内容，而不是仅限于具体实施方式部分的内容。如果说明书的其他部分也记载了有关具体实施方式或实施例的内容，从说明书的全部内容来看，能说明权利要求的概括是适当的，则应当认为权利要求得到了说明书的支持。

（4）对于包括独立权利要求和从属权利要求或者不同类型权利要求的权利要求书，需要逐一判断各项权利要求是否都得到了说明书的支持。独立权利要求得到说明书支持并不意味着从属权利要求也必然得到支持；方法权利要求得到说明书支持也并不意味着产品权利要求必然得到支持。

当要求保护的技术方案的部分或全部内容在原始申请的权利要求书中已经记载而在说明书中没有记载时，允许申请人将其补入说明书。但是权利要求的技术方案在说明书中存在一致性的表述，并不意味着权利要求必然得到说明书的支持。只有当所属技术领域的技术人员能够从说明书充分公开的内容中得到或概括得出该项权利要求所要求保护的技术方案时，记载该技术方案的权利要求才被认为得到了说明书的支持。

18.【2012 年第 68 题】下列哪些权利要求得不到说明书的支持？

选项	权利要求	说明书
A	一种碱性蛋白酶酶解蚕蛹蛋白的方法，……其中酶解反应液 pH 值为 5.0 ～ 8.0	仅公开了一个酶解反应液 pH 值为 7.5 的实施例
B	一种废渣处理方法，……其中 A 步骤的处理温度是 380 ～ 400℃	技术方案部分所记载的 A 步骤的处理温度是 350 ～ 400℃，两个实施例中 A 步骤的处理温度分别是 380℃和 400℃

续表

选项	权利要求	说明书
C	一种柔性电纺丝喷嘴，……制作该喷嘴的材料为金属……	仅记载了制作该喷嘴的材料是铜，并明确说明用铜制作电纺丝喷嘴是利用其软金属特性
D	一种图像处理设备，包括：触摸屏，……	文字部分未提及触摸屏，但在附图中绘制了具有触摸屏的图像处理设备

【解题思路】

A选项中pH为5.0和8.0这两个数值在说明书中都没出现，权利要求书没有得到说明书的支持。C选项中仅仅提到了铜，不能上位到金属。B选项中380℃和400℃都在说明书中提及，权利要求书得到了说明书的支持；在判断权利要求是否得到说明书的支持时，应当考虑说明书的全部内容，附图属于说明书的一部分，D选项中的触摸屏在附图中有提及，能得到说明书的支持。

【参考答案】AC

19.【2013年第97题】下列说法哪些是正确的？

A．权利要求书请求保护一种制造某产品的方法及通过该方法制造出的产品，如果其方法权利要求得到说明书的支持，则应当认为其产品权利要求也得到说明书的支持

B．由于独立权利要求的保护范围大于其从属权利要求，因此如果独立权利要求得到说明书的支持，则应当认为其从属权利要求也得到说明书的支持

C．在判断权利要求是否得到说明书的支持时，应当考虑说明书的全部内容，而不是仅限于具体实施方式部分的内容

D．如果一项权利要求是纯功能性的，则该项权利要求得不到说明书的支持

【解题思路】

对不同类型的权利要求需要分别进行考察，方法权利要求得到说明书的支持并不意味着产品权利要求也能得到支持，独立权利要求得到说明书的支持不意味着从属权利要求也得到了支持。实施例只是说明书的一部分，在判断权利要求书是否得到说明书的支持时，自然不能仅限于实施例，而要考虑说明书中的全部内容。专利保护的是通过某种技术手段来实现某项功能，如果权利要求为纯功能性，那就意味着要把所有能实现这种功能的技术方案纳入其中，这和专利权人对社会作出的贡献不相适应，故纯功能性的权利要求是不允许的，得不到说明书的支持。

【参考答案】CD

20.【2019年第55题】下列关于权利要求是否得到说明书支持的说法正确的是？

A．在判断权利要求是否得到说明书的支持时，仅限于考虑具体实施方式部分的内容

B．权利要求通常由说明书记载的一个或者多个实施方式概括而成

C．权利要求的技术方案在说明书中存在一致性的表述，并不意味着权利要求必然得到说明书的支持

D．纯功能性的权利要求得不到说明书的支持

【解题思路】

在判断权利要求是否得到说明书的支持时，要将说明书作为一个整体来判断，具体实施方式仅仅是说明书中的一部分。权利要求书为了扩大保护范围，通常会将说明书中的多个实施方式进行概括。说明书中存在

和权利要求书一致的表述，但如果所属领域的技术人员并不能实施该技术方案，则权利要求照样没有得到说明书的支持。纯功能性的权利要求意味着将所有能实现该功能的技术方案都概括在内，而说明书不可能穷尽所有的技术方案。

【参考答案】 BCD

5.“权利要求书应当清楚、简要地表述要求保护范围”的含义

《专利审查指南》第2部分第2章第3.2.2节规定了权利要求中“清楚”的含义。

权利要求书是否清楚，对于确定发明或者实用新型要求保护的范围是极为重要的。

权利要求书应当清楚，一是指每一项权利要求应当清楚，二是指构成权利要求书的所有权利要求作为一个整体也应当清楚。

首先，每项权利要求的类型应当清楚。一方面，权利要求的主题名称应当能够清楚地表明该权利要求的类型是产品权利要求还是方法权利要求。不允许采用模糊不清的主题名称，例如，“一种……技术”，或者在一项权利要求的主题名称中既包含有产品又包含有方法；例如，“一种……产品及其制造方法”。

另一方面，权利要求的主题名称还应当与权利要求的技术内容相适应。

产品权利要求适用于产品发明或者实用新型，通常应当用产品的结构特征来描述。特殊情况下，当产品权利要求中的一个或多个技术特征无法用结构特征予以清楚地表征时，允许借助物理或化学参数表征；当无法用结构特征并且也不能用参数特征予以清楚地表征时，允许借助于方法特征表征。使用参数表征时，所使用的参数必须是所属技术领域的技术人员根据说明书的教导或通过所属技术领域的惯用手段可以清楚而可靠地加以确定的。

方法权利要求适用于方法发明，通常应当用工艺过程、操作条件、步骤或者流程等技术特征来描述。

用途权利要求属于方法权利要求。但应当注意从权利要求的撰写措辞上区分用途权利要求和产品权利要求。例如，“用化合物X作为杀虫剂”或者“化合物X作为杀虫剂的应用”是用途权利要求，属于方法权利要求，而“用化合物X制成的杀虫剂”或者“含化合物X的杀虫剂”，则不是用途权利要求，而是产品权利要求。

其次，每项权利要求所确定的保护范围应当清楚。权利要求的保护范围应当根据其所用词语的含义来理解。一般情况下，权利要求中的用词应当理解为相关技术领域通常具有的含义。在特定情况下，如果说明书中指明了某词具有特定的含义，并且使用了该词的权利要求的保护范围由于说明书中对该词的说明而被限定得足够清楚，这种情况也是允许的。但此时也应要求申请人尽可能修改权利要求，使得根据权利要求的表述即可明确其含义。

21.【2015年第50题】下列权利要求的主题名称中，哪些不能清楚表明权利要求的类型？

A. 根据权利要求1，所述装置包括圆筒

B. 一种空气净化机作为空气加湿器的应用

C. 用二氯丙酸作为除草剂

D．一种自动修复计算机系统元件的技术

【解题思路】

权利要求的类型应当清楚，要么是产品要么是方法。A选项中，如果要表明权利要求的类型，应该表述为“根据权利要求1所述的XXX，所述装置包括圆筒”。A选项中缺少了“所述的XXX”，而判断权利要求是产品还是方法就落在“所述的XXX”上。A选项中在逗号之后虽然也有“装置”的表述，但方法权利要求中也可以带有装置，因此不能靠逗号之后的表述来确定权利要求的类型。B选项和C选项都很清楚地表明为方法权利要求，D选项中的“技术”表述不清，可能是产品，也可能是方法。

【参考答案】 AD

22.【2018年第40题】下列发明专利申请的权利要求，哪些请求保护的范围是不清楚的（不考虑选项中的省略号部分的内容）：

A．一种非易失性存储器的操作方法，包括……执行-抹除过程，其中井电压远大于基底电压

B．一种装饰照明装置，包括照明灯及连接的导线，该导线的电阻很小

C．一种含三水合氧化铝的牙膏，其中三水合氧化铝的平均粒度小于30微米，优选5～20微米

D．一种制备产品A的方法，其特征在于……将混合物最高加热到不低于80℃的温度

【解题思路】

专利说明书中的用语应当具备确定的含义，清楚地说明相关内容。A选项中的“远大于”和B选项中的“很小”，意思都不清晰。C选项中，“小于30微米”这个范围中包含了“5～20微米”，用“优选”来将两者并列也会导致不清楚。D选项中“最高……不低于”的表述本身自相矛盾，正确的表述应该是“最高……不超过”或者是“不低于”。

【参考答案】 ABCD

23.【2019年第10题】下列权利要求的主题名称清楚的是？

A．一种双向气缸的密封技术

B．一种高聚合塑料及其制造方法

C．一种气悬浮柔性物质的输送及定位

D．一种使用砖坯回转窑传输装置生产保温砖的方法

【解题思路】

A选项中的“密封技术”可能是一种产品，也可能是一种方法；B选项中既有产品也有方法；C选项中没有写明是产品还是方法。这三项的主题名称都不清楚。符合单一性的产品和方法可以合案申请，故发明专利申请的名称可以是“产品＋方法”，但权利要求的类型必须明确，要么是产品，要么是方法。

【参考答案】 D

《专利审查指南》第2部分第2章第3.2.3节规定了“简要”的含义。

权利要求书应当简要，一是指每一项权利要求应当简要，二是指构成权利要求书的所有权利要求作为一个整体也应当简要。例如，一件专利申请中不得出现两项或两项以上保护范围实质上相同的同类权利要求。

权利要求的数目应当合理。在权利要求书中，允许有合理数量的限定发明或者实用新型优选技术方案的从属权利要求。权利

要求的表述应当简要，除记载技术特征外，不得对原因或者理由作不必要的描述，也不得使用商业性宣传用语。

为避免权利要求之间相同内容的不必要重复，在可能的情况下，权利要求应尽量采取引用在前权利要求的方式撰写。

6. 权利要求书中不得采用的用语

首先，权利要求中不得使用含义不确定的用语，如"厚""薄""强""弱""高温""高压""很宽范围"等，除非这种用语在特定技术领域中具有公认的确切含义，如放大器中的"高频"。对没有公认含义的用语，如果可能，应选择说明书中记载的更为精确的措辞替换上述不确定的用语。

其次，权利要求中不得出现"例如""最好是""尤其是""必要时"等类似用语。因为这类用语会在一项权利要求中限定出不同的保护范围，导致保护范围不清楚。当权利要求中出现某一上位概念后面跟一个由上述用语引出的下位概念时，应当要求申请人修改权利要求，允许其在该权利要求中保留其中之一，或将两者分别在两项权利要求中予以限定。

再次，在一般情况下，权利要求中不得使用"约""接近""等""或类似物"等类似的用语，因为这类用语通常会使权利要求的范围不清楚。当权利要求中出现了这类用语时，审查员应当针对具体情况判断使用该用语是否会导致权利要求不清楚，如果不会，则允许。

复次，除附图标记或者化学式及数学式中使用的括号之外，权利要求中应尽量避免使用括号，以免造成权利要求不清楚，例如"(混凝土)模制砖"。然而，具有通常可接受含义的括号是允许的，例如"(甲基)丙烯酸酯""含有 10% ～ 60%(重量)的 A"。

最后，构成权利要求书的所有权利要求作为一个整体也应当清楚，这是指权利要求之间的引用关系应当清楚。

24.【2011 年第 62 题】权利要求中的下列哪些表述存在不清楚的缺陷?

A. 一种多挡变速器，包括多个行星齿轮组尤其是三个行星齿轮组……

B. 一种用于接收机变换器的放大器，其特征在于该放大器是高频放大器……

C. 一种往复活塞发动机，其特征在于泵油凸轮机构包括泵油（点火）触轮……

D. 一种等离子喷涂方法，高温喷涂时的喷枪功率为 90 ～ 120kW……

【解题思路】

A 选项中的"尤其是"将"多个"及其下位概念"三个"并列，C 选项中的括号，D 选项中的"高温"都会导致权利要求不清楚。B 选项表述清楚。

【参考答案】 ACD

25.【2015 年第 52 题】一件专利申请的权利要求书如下：

"1. 一种散热装置，包括进气管、出气管和散热箔。

2. 根据权利要求 1 所述的散热装置，其特征在于，所述散热箔为金属（铝）箔。

3. 根据权利要求 1 所述的散热装置，其特征在于，所述出气管的形状如附图 1 所示。

4. 根据权利要求 1 所述的散热装置，其特征在于，所述散热箔为金属箔，最好为铜箔。

5. 根据权利要求 1 所述的散热装置，其特征在于，所述进气管的形状为螺旋状。”

上述权利要求中哪些存在撰写错误？

A．权利要求 2

B．权利要求 3

C．权利要求 4

D．权利要求 5

【解题思路】

权利要求 2 中使用了括号，“金属（铝）箔”含义不清，不知道是所有金属箔都可以还是必须为铝箔。权利要求 3 中有“如附图 1 所示”的表述，不符合要求。权利要求 4 中有“最好为”的表述，非铜制的散热箔是否属于权利要求保护的范围不清楚。

【参考答案】 ABC

26.【2019 年第 9 题】下列权利要求表述清楚的是？

A. 一种组合物，其包括 A 和 B，其中，A 是 C 等

B．一种燃烧器，其特征在于混合燃烧室有正切方向的燃料进料口

C．一种储气罐，其由金属例如钢制成

D．一种醇，其链长约为 3 个碳原子

【解题思路】

A 选项中的“A 是 C 等”意味着 C 之外还有其他内容，不清楚。C 选项中通过“例如”连接上位概念“金属”和下位概念“钢”，同样导致不清楚。D 选项中“约为 3 个碳原子”，那 2 个或者 4 个碳原子是否符合也不清楚。

【参考答案】 B

7. 权利要求书的编号规则

《专利审查指南》第 2 部分第 2 章第 3.3 节规定了权利要求的撰写规定。

权利要求的保护范围是由权利要求中记载的全部内容作为一个整体限定的，因此每一项权利要求只允许在其结尾处使用句号。

权利要求书有几项权利要求的，应当用阿拉伯数字顺序编号。

8. 对权利要求书中使用的科技术语的要求

权利要求中使用的科技术语应当与说明书中使用的科技术语一致。权利要求中可以有化学式或者数学式，但是不得有插图。除绝对必要外，权利要求中不得使用“如说明书……部分所述”或者“如图……所示”等类似用语。绝对必要的情况是指当发明或者实用新型涉及的某特定形状仅能用图形限定而无法用语言表达时，权利要求可以使用“如图……所示”等类似用语。

权利要求中通常不允许使用表格，除非使用表格能够更清楚地说明发明或者实用新型要求保护的主题。

27.【2010 年第 20 题】下列哪些权利要求的撰写符合规定？

A．一种书架，由托板和支杆组成，所述托板固定在所述支杆上，其特征在于所述托板上具有两个以上的孔。

B．一种折合可调式鱼竿架，其特征在于包括鱼竿托架、转动头、防前倾撑架、升降调节杆和如图 3 所示的升降调节管。

C．一种新型免缝被，优选由被套和被絮两大部分构成，被套上留有可把被子翻转过来的口，其特征在于所述被絮固定于被套内的固定装置上。

D．一种由丝、绢、棉布、针织、化纤等面料制成的围涎，其特征在于领口处装有系物，当系物系在一起时，构成蝴蝶状的围

涎，当解开系物时，可展开成一平面。

【解题思路】

A选项中“两个以上”属于清楚的表述，符合权利要求的撰写规定。B选项中使用了“如图3所示”，且不属于绝对必要的情形，不符合规定。C选项中使用了“优选”的表述，D选项中使用了“等”，表述都不清楚，不符合撰写要求。

【参考答案】 A

28.【2012年第71题】下列关于发明专利申请权利要求书的说法哪些是正确的？

A. 权利要求书应当记载发明的技术特征

B. 权利要求书有几项权利要求的，应当用阿拉伯数字顺序编号

C. 权利要求书中可以有插图

D. 权利要求书中可以有化学式或者数学式

【解题思路】

权利要求中不能有插图，C选项排除。权利要求用来划定保护范围，这个范围需要通过技术特征组成的技术方案来描述。实践中通常都是用阿拉伯数字来排序，权利要求也不例外。化学式和数学式可以简洁的表达相关信息，使用在权利要求书中可以明确保护范围。

【参考答案】 ABD

9. 权利要求书中采用附图标记的规则

权利要求中的技术特征可以引用说明书附图中相应的标记，以帮助理解权利要求所记载的技术方案。但是，这些标记应当用括号括起来，放在相应的技术特征后面。附图标记不得解释为对权利要求保护范围的限制。

29.【2019年第66题】下列关于权利要求的说法正确的是？

A. 权利要求中不允许使用表格

B. 权利要求除记载技术特征外，可以对原因或者理由作少量的描述，以便使得权利要求简要，但不得使用商业性宣传用语

C. 附图标记不得解释为对权利要求保护范围的限制

D. 权利要求中可以使用数学式或者化学式

【解题思路】

权利要求通常不能使用表格，例外是指通过表格来表达更为清楚的情形。权利要求就是纯粹地记载保护的范围，原因或者理由应当在说明书中解释。附图标记是让公众更好地理解附图，而不是限制权利要求保护的范围。数学式和化学式作为科学语言，可以清晰明了地表达技术方案，明确权利要求保护的范围。

【参考答案】 CD

10. 权利要求的撰写举例

通常，一项权利要求用一个自然段表述。但是当技术特征较多，内容和相互关系较复杂，借助于标点符号难以将其关系表达清楚时，一项权利要求也可以用分行或者分小段的方式描述。

通常，开放式的权利要求宜采用“包含”“包括”“主要由……组成”的表达方式，其解释为还可以含有该权利要求中没有述及的结构组成部分或方法步骤。封闭式的权利要求宜采用“由……组成”的表达方式，其一般解释为不含有该权利要求所述以外的结构组成部分或方法步骤。

一般情况下，权利要求中包含有数值

范围的，其数值范围尽量以数学方式表达，例如，“≥ 30℃”“＞ 5”等。通常，“大于”“小于”“超过”等理解为不包括本数；“以上”“以下”“以内”等理解为包括本数。

30.【2012 年第 30 题】一件发明专利的权利要求如下：

“1. 一种衬底组合物，包含 J 和 K，其中 J 的浓度小于 3.5%，K 的浓度大于 0.1%。

2. 根据权利要求 1 所述的衬底组合物，其中 J 的浓度为 1.0% ～ 3.5%。

3. 根据权利要求 1 所述的衬底组合物，其中 K 的浓度为 0.1% ～ 2.0%。”

下列含有 J 和 K 的衬底组合物，哪个落入了该专利的保护范围？

A. J 浓度为 1.0%，K 的浓度为 0.1%

B. J 浓度为 0.5%，K 的浓度为 0.2%

C. J 浓度为 4.0%，K 的浓度为 1.0%

D. J 浓度为 3.5%，K 的浓度为 2.0%

【解题思路】

独立权利要求的保护范围最为广泛，故只要考虑上面 4 个选项是否落在权利要求 1 的范围内即可。考生需要注意的是，大于的含义是不包括本数。A 选项中 K 的浓度为 0.1%，不在权利要求 1 的范围内，排除。C 选项中 J 的浓度为 4.0%，同样不在权利要求 1 的范围内，排除。D 选项中 J 的浓度为 3.5%，也不在权利要求 1 的范围内。

【参考答案】 B

在得到说明书支持的情况下，允许权利要求对发明或者实用新型作概括性的限定。通常，概括的方式有以下两种：

（1）用上位概念概括。例如，用“气体激光器”概括氦氖激光器、氩离子激光器、一氧化碳激光器、二氧化碳激光器等。又如用“$C_1 \sim C_4$烷基”概括甲基、乙基、丙基和丁基。再如，用“皮带传动”概括平皮带、三角皮带和齿形皮带传动等。

（2）用并列选择法概括，即用“或者”或者“和”并列几个必择其一的具体特征。例如，“特征 A、B、C 或者 D”。又如，“由 A、B、C 和 D 组成的物质组中选择的一种物质”等。

采用并列选择法概括时，被并列选择概括的具体内容应当是等效的，不得将上位概念概括的内容，用“或者”与其下位概念并列。另外，被并列选择概括的概念，应含义清楚。例如，在“A、B、C、D 或者类似物（设备、方法、物质）”这一描述中，“类似物”这一概念含义是不清楚的，因而不能与具体的物或者方法（A、B、C、D）并列。

31.【2008 年第 69 题】请判断下列哪些权利要求存在撰写错误？

A. 根据权利要求 2 所述的脱除硫氧化物的技术，其中所述加热步骤中加热温度为 20 ～ 25℃。

B. 根据权利要求 1 所述的割草机，其中所述滑块 2 通过弹性部件 7 与所述驱动臂 5 连接。

C. 根据权利要求 1 所述的润滑油组合物，其中所述组分 X 的含量为所述润滑油组合物总重量的 75% ～ 80%。

D. 根据权利要求 2 所述的方法，其中所述溶剂是有机溶剂、水或乙醇。

【解题思路】

A 选项中的描述是“技术”，没有指明是产品还是方法，主题不清楚。B 选项中引用了附图标记，但没有用括号。D 选项中乙醇属于有机溶剂的一种，上下位概念不能并列。

【参考答案】 ABD

（二）独立权利要求

《专利审查指南》第2部分第2章第3.3.1节规定了独立权利要求的撰写规定。

1. 独立权利要求的撰写要求

《专利法实施细则》第20条第2款："独立权利要求应当从整体上反映发明或者实用新型的技术方案，记载解决技术问题的必要技术特征。"

2."记载解决技术问题的必要技术特征"的含义

必要技术特征的总和应当足以构成一项发明或者实用新型的技术方案，并使之与已知的技术方案相比具有新颖性和创造性。

3. 独立权利要求的前序部分应当记载的内容

独立权利要求的前序部分需要写明要求保护的发明或者实用新型技术方案的主题名称和发明或者实用新型主题与最接近的现有技术共有的必要技术特征。

4. 独立权利要求的特征部分应当记载的内容

独立权利要求的特征部分使用"其特征是……"或者类似的用语，写明发明或者实用新型区别于最接近的现有技术的技术特征。这些特征和前序部分写明的特征合在一起，限定发明或者实用新型要求保护的范围。

5. 划分独立权利要求的前序部分和特征部分的原则和方式

《专利法实施细则》第21条第3款规定，一项发明或者实用新型应当只有一项独立权利要求，并且写在同一发明或者实用新型的从属权利要求之前。这一规定的本意是为了使权利要求书从整体上更清楚、简要。

独立权利要求的前序部分中，发明或者实用新型主题与最接近的现有技术共有的必要技术特征，是指要求保护的发明或者实用新型技术方案与最接近的一份现有技术文件中所共有的技术特征。在合适的情况下，选用一份与发明或者实用新型要求保护的主题最接近的现有技术文件进行"划界"。

独立权利要求的前序部分中，除写明要求保护的发明或者实用新型技术方案的主题名称外，仅需写明那些与发明或实用新型技术方案密切相关的、共有的必要技术特征。例如，一项涉及照相机的发明，该发明的实质在于照相机布帘式快门的改进，其权利要求的前序部分只要写出"一种照相机，包括布帘式快门……"就可以了，不需要将其他共有特征，例如透镜和取景窗等照相机零部件都写在前序部分中。独立权利要求的特征部分，应当记载发明或者实用新型的必要技术特征中与最接近的现有技术不同的区别技术特征。这些区别技术特征与前序部分中的技术特征一起，构成发明或者实用新型的全部必要技术特征，限定独立权利要求的保护范围。

独立权利要求分两部分撰写的目的，在于使公众更清楚地看出独立权利要求的全部技术特征中哪些是发明或者实用新型与最接近的现有技术所共有的技术特征，哪些是发明或者实用新型区别于最接近的现有技术的特征。

6. 允许不采用两部分方式撰写独立权利要求的情形

根据《专利法实施细则》第21条第2

款的规定，发明或者实用新型的性质不适于用上述方式撰写的，独立权利要求也可以不分前序部分和特征部分，如下列情况：

（1）开拓性发明；

（2）由几个状态等同的已知技术整体组合而成的发明，其发明实质在组合本身；

（3）已知方法的改进发明，其改进之处在于省去某种物质或者材料，或者是用一种物质或材料代替另一种物质或材料，或者是省去某个步骤；

（4）已知发明的改进在于系统中部件的更换或者其相互关系上的变化。

（三）从属权利要求

《专利审查指南》第2部分第2章第3.3.2节规定了从属权利要求的撰写规定。

1. 从属权利要求的撰写要求

根据《专利法实施细则》第22条第1款的规定，发明或者实用新型的从属权利要求应当包括引用部分和限定部分，按照下列规定撰写：（1）引用部分：写明引用的权利要求的编号及其主题名称；（2）限定部分：写明发明或者实用新型附加的技术特征。

从属权利要求只能引用在前的权利要求。引用两项以上权利要求的多项从属权利要求只能以择一方式引用在前的权利要求，并不得作为被另一项多项从属权利要求引用的基础，即在后的多项从属权利要求不得引用在前的多项从属权利要求。

32.【2016年第13题】某专利申请的权利要求书如下：

“1. 一种枕头，其特征在于：由枕套和枕芯组成。

2. 根据权利要求1所述的枕套，其特征在于：枕套中间设置为凹面。

3. 根据权利要求1所述的枕头，其特征在于：凹面深度为8cm。

4. 根据权利要求1和3所述的枕头，其特征在于：枕套两端设置两个如附图所示的不同高度的平面。”

上述从属权利要求有几处错误？

A. 2

B. 3

C. 4

D. 5

【解题思路】

权利要求2为权利要求1的从属权利要求，但权利要求2主题为“枕套”，和权利要求1的主题“枕头”不一致。权利要求3为权利要求1的从属权利要求，其进一步限定的“凹面”在权利要求1中并没有出现。权利要求4引用了两项权利要求，用的是“和”，没有采用择一的方式引用。只有在绝对必要的情况下，权利要求中才能使用“如图……所示”的表述，权利要求4中的“两个如附图所示的不同高度的平面”并非上述绝对必要的情形。

【参考答案】 C

33.【2016年第47题】关于发明专利申请权利要求的撰写，下列哪些说法是正确的？

A. 权利要求书中使用的科技术语应当与说明书中的一致，权利要求书中可以有数学式

B. 如果一项权利要求包含了另一项权利要求中的所有技术特征，且对该另一项权利要求的技术方案作进一步限定，则该权利要求为从属权利要求

C. 某独立权利要求为：“1. 一种茶杯，

包括部件 A 和 B，其特征在于：还包括部件 C”。其从属权利要求可以对部件 C 进行限定，但不能再对部件 A 进行限定

D. 引用两项以上权利要求的多项从属权利要求，可以以择一方式引用在前的权利要求，并不得作为另一项多项从属权利要求的基础

【解题思路】

为避免发生歧义，权利要求书中使用的科技术语应当与说明书中的一致。数学式和化学式属于该领域内的通用语言，可以出现在权利要求中。独立权利要求和从属权利要求需要类型相同，B 选项中没有强调类型相同这一要素。从属权利要求可以对独立权利要求做进一步的限定，至于进一步限定的技术特征，是在前序部分还是在特征部分不是问题。从属权利要求可以引用多个在前的权利要求，但需要择一引用，并不能多项引多项。

【参考答案】 AD

2. 从属权利要求的引用部分应当记载的内容

从属权利要求的引用部分应当写明引用的权利要求的编号，其后应当重述引用的权利要求的主题名称。例如，一项从属权利要求的引用部分应当写成：“根据权利要求 1 所述的金属纤维拉拔装置……”

34.【2011 年第 30 题】某发明专利申请的权利要求 1 如下：“权利要求 1：一种半导体器件，包括部件 A、B、C。”

下列哪些权利要求的撰写存在缺陷？

A. 权利要求 2：如权利要求 1 所述的制造半导体器件的方法，其特征在于 d

B. 权利要求 2：制造如权利要求 1 所述的半导体器件的方法，其特征在于 e

C. 权利要求 2：如权利要求 1 所述的半导体器件，其特征在于所述部件 f 由铜制成

D. 权利要求 2：如权利要求 1 所述的半导体器件，其特征在于还包括部件 g

【解题思路】

A 选项改变了独立权利要求的主题，C 选项中进一步限定的技术特征部件 f 在独立权利要求中没有出现。

【参考答案】 AC

35.【2007 年第 18 题】一件专利申请的权利要求 1 如下：一种用于脱除氮氧化物的催化剂，其特征在于由整体式沸石载体和负载于所述载体上的活性组分组成，所述活性组分由化合物 X 和 Y 组成。在得到说明书支持的情况下，下面哪些权利要求 2 的撰写存在错误？

A. 权利要求 2：根据权利要求 1 所述的用于脱除氮氧化物的催化剂装置，还包括外壳和将所述催化剂固定于所述外壳上的支架

B. 权利要求 2：根据权利要求 1 所述的用于脱除氮氧化物的催化剂，其中所述化合物 X 占所述活性组分总重量的 10% 至 35%，最好是占所述活性组分总重量的 15% 至 20%

C. 权利要求 2：根据权利要求 1 所述的用于脱除氮氧化物的催化剂，其中所述化合物 X 占所述活性组分总重量的 10% 至 35%

D. 权利要求 2：根据权利要求 1 所述的用于脱除硫氧化物和氮氧化物的催化剂，其中所述化合物 X 占所述活性组分总重量的

10% 至 35%

【解题思路】

权利要求 1 的主题是用于脱除氮氧化物的“催化剂”，A 选项中的主题是用于脱除氮氧化物的“催化剂装置”，从催化剂变成了装置；D 选项中的主题是“于脱除硫氧化物和氮氧化物的催化剂”，增加了“硫氧化物”。A 和 D 选项的主题名称都和权利要求 1 不一致。B 选项中的表述含有“最好是”，导致保护范围不清晰。

【参考答案】 ABD

3. 从属权利要求的限定部分应当记载的内容

从属权利要求的限定部分可以对在前的权利要求（独立权利要求或者从属权利要求）中的技术特征进行限定。在前的独立权利要求采用两部分撰写方式的，其后的从属权利要求不仅可以进一步限定该独立权利要求特征部分中的特征，也可以进一步限定前序部分中的特征。

36.【2007 年第 3 题】一件专利申请的权利要求 1 撰写如下：一种冷饮杯，具有以导热材料制成的内杯胆和外杯胆，其特征是：在内、外杯胆之间的夹层内封装有蓄冷剂，所述蓄冷剂选自一种相变温度在 −18 ～ 0℃范围的蓄冷材料。在都能够得到说明书支持的情况下，下列哪些权利要求的撰写形式不符合规定？

A. 如权利要求 1 所述的冷饮杯，其特征是：所述蓄冷剂选自一种相变温度在 −10 ～ −5℃范围的蓄冷材料。

B. 如权利要求 1 所述的冷饮杯，其特征是：所述蓄冷剂选自一种相变温度在 0 ～ 10℃范围的蓄冷材料。

C. 如权利要求 1 所述的冷饮杯，其特征是：所述蓄冷剂选自一种相变温度在大约 −20 ～ −5℃范围的蓄冷材料。

D. 如权利要求 1 所述的冷饮杯，其特征是：所述蓄冷剂选自一种相变温度为 0℃的蓄冷材料。

【解题思路】

独立权利要求中的温度范围为 −18 ～ 0℃，B 和 C 选项中的温度范围并不在上述范围之内，不属于对独立权利要求的进一步限定。

【参考答案】 BC

37.【2010 年第 4 题】一件发明专利申请的独立权利要求如下：

“1. 一种电动研磨装置，包括研磨柄，所述研磨柄一端的端部为研磨体，其特征在于所述研磨体的端部具有凸起，所述凸起的外表面粘结有由金刚石颗粒组成的微粒层。”

下列哪些从属权利要求存在不清楚的缺陷？

A. 根据权利要求 1 所述的电动研磨装置，所述端部为圆锥形。

B. 根据权利要求 1 所述的电动研磨装置，其特征在于所述凸起的外表面上设置一条以上的凹槽。

C. 根据权利要求 1 所述的电动研磨装置，所述磨损指示剂为一种可见染料。

D. 根据权利要求 1 所述的电动研磨装置，所述微粒层的厚度小于 0.5mm，最好小于 0.3mm。

【解题思路】

权利要求 1 中提到了 2 个端部：“研磨柄一端的端部”和“研磨体的端部”，A 选项中进一步限定的是哪个端部不清楚。在权利要求 1 中并未提到“磨损指示剂”，C 选项中不能引用。D 选项中出现了“最好”的表述，不清楚。

【参考答案】 ACD

4. 多项从属权利要求的含义

多项从属权利要求，是指引用两项以上权利要求的从属权利要求，多项从属权利要求的引用方式，包括引用在前的独立权利要求和从属权利要求，以及引用在前的几项从属权利要求。

当从属权利要求是多项从属权利要求时，其引用的权利要求的编号应当用“或”或者其他与“或”同义的择一引用方式表达。例如，从属权利要求的引用部分写成下列方式：“根据权利要求 1 或 2 所述的……”“根据权利要求 2、4、6 或 8 所述的……”或者“根据权利要求 4 至 9 中任一权利要求所述的……”

38.【2012 年第 90 题】下列关于从属权利要求的说法哪些是正确的？

A．从属权利要求只能引用独立权利要求

B．从属权利要求只能进一步限定独立权利要求特征部分中的特征

C．从属权利要求的引用部分应当写明引用的权利要求的编号，其后应当重述引用的权利要求的主题名称

D．一项多项从属权利要求不得作为另一项多项从属权利要求的引用基础

【解题思路】

从属权利要求也可以引用从属权利要求，不一定非要引用独立权利要求；从属权利要求也可以对独立权利要求前序部分的技术特征进行限定。

【参考答案】 CD

5. 对多项从属权利要求的引用关系的限制

一项引用两项以上权利要求的多项从属权利要求不得作为另一项多项从属权利要求的引用基础。例如，权利要求 3 为“根据权利要求 1 或 2 所述的摄像机调焦装置……”如果多项从属权利要求 4 写成“根据权利要求 1、2 或 3 所述的摄像机调焦装置……”则是不允许的，因为被引用的权利要求 3 是一项多项从属权利要求。

直接或间接从属于某一项独立权利要求的所有从属权利要求都应当写在该独立权利要求之后，另一项独立权利要求之前。

39.【2009 年第 81 题】下列关于从属权利要求的说法哪些是正确的？

A．从属权利要求可以对独立权利要求前序部分的技术特征进行限定

B．从属权利要求必须写在所有独立权利要求之后

C．引用两项权利要求的从属权利要求不能作为另一项从属权利要求引用的基础

D．从属权利要求可以包含独立权利要求中没有提及的附加技术特征

【解题思路】

从属权利要求可以对独立权利要求中的技术特征作进一步限定，至于该技术特征是在前序部分还是在特征部分并不是问题。直接或间接从属于某一项独立权利要求的所有从属权利要求相当于该独立权利要求的子女，自然应当都跟在自己的父母（独立权利要求）身后。从属权利要求不能多项引多项，但并不是说多项从属权利要求就不能被

引用，单独引用还是可以的。从属权利要求对独立权利要求进行限定，也可以增加技术特征。

【参考答案】 AD

三、说明书及说明书附图

（一）说明书

1. 说明书的法律效力

说明书及附图主要用于清楚、完整地描述发明或者实用新型，使所属技术领域的技术人员能够理解和实施该发明或者实用新型。权利要求书应当以说明书为依据，清楚、简要地限定要求专利保护的范围。根据《专利法》第 64 条第 1 款的规定，发明或者实用新型专利权的保护范围以其权利要求的内容为准，说明书及附图可以用于解释权利要求的内容。

2. 说明书应当公开发明、实用新型的含义

《专利审查指南》第 2 部分第 2 章第 2.1 节规定了说明书应当满足的要求。

《专利法》第 26 条第 3 款规定，说明书应当对发明或者实用新型作出清楚、完整的说明，以所属技术领域的技术人员能够实现为准。说明书对发明或者实用新型作出的清楚、完整的说明，应当达到所属技术领域的技术人员能够实现的程度。也就是说，说明书应当满足充分公开发明或者实用新型的要求。

（1）清楚。

《专利审查指南》第 2 部分第 2 章第 2.1.1 节规定了说明书“清楚”的标准。

说明书的内容应当清楚，具体应满足下述要求：

第一，主题明确。说明书应当从现有技术出发，明确地反映出发明或者实用新型想要做什么和如何去做，使所属技术领域的技术人员能够确切地理解该发明或者实用新型要求保护的主题。换句话说，说明书应当写明发明或者实用新型所要解决的技术问题以及解决其技术问题采用的技术方案，并对照现有技术写明发明或者实用新型的有益效果。上述技术问题、技术方案和有益效果应当相互适应，不得出现相互矛盾或不相关联的情形。

第二，表述准确。说明书应当使用发明或者实用新型所属技术领域的技术术语。说明书的表述应当准确地表达发明或者实用新型的技术内容，不得含混不清或者模棱两可，以致所属技术领域的技术人员不能清楚、正确地理解该发明或者实用新型。

（2）完整。

《专利审查指南》第 2 部分第 2 章第 2.1.2 节规定了说明书“完整”的标准。

完整的说明书应当包括有关理解、实现发明或者实用新型所需的全部技术内容。

一份完整的说明书应当包含下列各项内容：

第一，帮助理解发明或者实用新型不可缺少的内容。例如，有关所属技术领域、背景技术状况的描述以及说明书有附图时的附图说明等。

第二，确定发明或者实用新型具有新颖性、创造性和实用性所需的内容。例如，发明或者实用新型所要解决的技术问题，解决其技术问题采用的技术方案和发明或者实用新型的有益效果。

第三，实现发明或者实用新型所需的

内容。例如，为解决发明或者实用新型的技术问题而采用的技术方案的具体实施方式。

对于克服了技术偏见的发明或者实用新型，说明书中还应当解释为什么说该发明或者实用新型克服了技术偏见，新的技术方案与技术偏见之间的差别以及为克服技术偏见所采用的技术手段。

应当指出，凡是所属技术领域的技术人员不能从现有技术中直接、唯一地得出的有关内容，均应当在说明书中描述。

（3）能够实现。

《专利审查指南》第2部分第2章第2.1.3节规定了说明书“能够实现”的标准。

所属技术领域的技术人员能够实现，是指所属技术领域的技术人员按照说明书记载的内容，就能够实现该发明或者实用新型的技术方案，解决其技术问题，并且产生预期的技术效果。

说明书应当清楚地记载发明或者实用新型的技术方案，详细地描述实现发明或者实用新型的具体实施方式，完整地公开对于理解和实现发明或者实用新型必不可少的技术内容，达到所属技术领域的技术人员能够实现该发明或者实用新型的程度。审查员如果有合理的理由质疑发明或者实用新型没有达到充分公开的要求，则应当要求申请人予以澄清。以下各种情况由于缺乏解决技术问题的技术手段而被认为无法实现：

①说明书中只给出任务和/或设想，或者只表明一种愿望和/或结果，而未给出任何使所属技术领域的技术人员能够实施的技术手段；

②说明书中给出了技术手段，但对所属技术领域的技术人员来说，该手段是含混不清的，根据说明书记载的内容无法具体实施；

③说明书中给出了技术手段，但所属技术领域的技术人员采用该手段并不能解决发明或者实用新型所要解决的技术问题；

④申请的主题为由多个技术手段构成的技术方案，对于其中一个技术手段，所属技术领域的技术人员按照说明书记载的内容并不能实现；

⑤说明书中给出了具体的技术方案，但未给出实验证据，而该方案又必须依赖实验结果加以证实才能成立。例如，对于已知化合物的新用途发明，通常情况下，需要在说明书中给出实验证据来证实其所述的用途以及效果，否则将无法达到能够实现的要求。

40.【2006年第81题】下述哪些属于说明书未充分公开发明或实用新型的情况？

A. 一种在天空中形成一层能阻隔冰雹降落的屏障而防止冰雹对农作物伤害的方法，但在说明书中未给出如何形成屏障的技术手段

B. 一种方法，其中要采用一种催化剂，在说明书中指出该催化剂为由本申请人在先向国家知识产权局提出的发明专利申请（给出了申请号）中的催化剂，该在先申请中给出了该催化剂的化学结构式及其制造方法，并在本申请的申请日后、公开日前公布

C. 说明书中仅给出了虽能解决技术问题但效果较差的技术方案而将最佳实施方案作为技术秘密保留而未写入说明书

D. 一种涉及新蛋白质的发明专利申请，说明书中未提供任何实验数据，但在审查期间补充了实验数据供审查员参考

【解题思路】

A选项中没有给出实现屏障的技术手段。B选项中的催化剂在先申请已经公开，不需要再次重复说明；C选项中虽然没有提供最佳实施方案，但还是可以解决技术问题。D选项中，根据2017年《专利审查指南》的修改，对于申请日之后补交的实验数据，审查员应当予以审查。不过，这并不意味着补充数据后就能克服原来的公开不充分问题，如：（1）补充的数据还是不够，如需要补充10个数据才能实现充分公开，但申请人只补充了5个。（2）补充的数据不能从原申请文件中得出。《专利审查指南》2020年的修改中明确规定，补交实验数据所证明的技术效果应当是所属技术领域的技术人员能够从专利申请公开的内容中得到的，D选项中也没有这方面的限定。因此，D选项不严密。考试应该不会考得这么模棱两可。考生了解知识点的变化就可以，至于D选项是否选择，就不要太纠结。

【参考答案】 AD

41.【2018年第39题】下列专利申请，存在可能导致该申请被驳回的实质性缺陷的有：

A. 请求保护的发明是一种固体燃料。该燃料包含助燃剂“神威9号”。但说明书中并未对该助燃剂“神威9号”做任何具体说明，仅在背景技术部分指出某国防专利具体记载了该助燃剂，并提供了具体的国防专利的申请号、授权公告日

B. 请求保护的发明是一种使用交流电的点烟器，其无需将交流电转换为直流电，而是直接使用交流电驱动点烟器。说明书中只记载了该点烟器可使用交流电，而没有记载该点烟器的具体结构

C. 请求保护的发明是一种有机化合物，但申请说明书中记载的该化合物结构鉴定图谱信息与其化学分子结构明显矛盾，且说明书记载的其他信息不足以澄清该矛盾的

D. 请求保护的发明是一种抗癌组合物，但说明书中记载的该组合物的全部成分均选自绿豆、淀粉、蔗糖、食用胶

【解题思路】

专利可以作为申请人与社会的一项契约，申请人以充分公开其发明创造为代价，获得社会对其发明创造的保护。A选项没有对助燃剂“神威9号”作出充分的说明，其援引的又是处于保密状态的国防专利，未充分公开其发明创造。B选项中点烟器的创新点就是直接使用交流电驱动，这和点烟器的结构直接相关，而专利申请并没有公开具体结构。C选项中化合物的图谱信息可以用来解析化合物的具体结构，如果双方存在明显的矛盾，则申请人需要在说明书中予以解释说明，否则存在信息虚假之嫌。D选项中绿豆、淀粉、蔗糖、食用胶都不具备抗癌功效，申请人需要给出充分的证据来证明其组合在一起居然出现抗癌的“神迹”。

【参考答案】 ABCD

《专利审查指南》第2部分第10章第3.1节规定了化学产品发明充分公开的标准。

这里所称的化学产品包括化合物、组合物以及用结构和/或组成不能够清楚描述的化学产品。要求保护的发明为化学产品本身的，说明书中应当记载化学产品的确认、化学产品的制备以及化学产品的用途。

42.【2009年第84题】某项发明涉及一种新的化合物，如果申请发明专利时要求

保护该化合物，则说明书中应当记载下列哪些内容？

A．该化合物的确认

B．该化合物的制备

C．该化合物的用途

D．该化合物的商业前景

【解题思路】

说明书充分公开的目的是使本领域技术人员能够实施该发明，发明的商业前景与能否实施发明无关，没必要写入说明书。化合物的确认、制备和用途都是和该化合物相关的技术问题，需要在说明书中记载。

【参考答案】 ABC

43.【2011年第25题】下列哪些情形将导致说明书不能满足充分公开发明的要求？

A．一项设备发明，说明书中记载了该设备的结构及三种组装方法，其中两种方法都不能够组装出所述设备

B．一项组合物发明，其中一种组分是公知产品，但使用效果不佳，不及采用发明人制备的该组分，说明书中未记载发明人制备该组分的方法

C．一项生产方法发明，其中一项工艺参数对于产品性能较为重要，但说明书中未提及该参数，不掌握该参数就不能使用该方法

D．一项新化合物发明，说明书摘要中记载了该产品的用途及效果，但说明书中未记载该产品的用途及效果

【解题思路】

说明书中只要有一种方法能够组装出该设备就满足了充分公开的要求。使用效果不佳，但能够使用就满足了充分公开的要求。没有披露使用该方法发明的关键参数就没能满足充分公开的要求。摘要中的记载不能作为说明书中公开的内容。

【参考答案】 CD

《专利审查指南》第2部分第10章第3.2节规定了化学产品用途发明充分公开的标准。

对于化学产品用途发明，在说明书中应当记载所使用的化学产品、使用方法及所取得的效果，使本领域技术人员能够实施该用途发明。如果所使用的产品是新的化学产品，则说明书对于该产品的记载应当满足本章第3.1节的要求。如果本领域的技术人员无法根据现有技术预测该用途，则应当记载对于本领域技术人员来说，足以证明该物质可以用于所述用途并能解决所要解决的技术问题或者达到所述效果的实验数据。

44.【2012年第88题】阿司匹林是已知药物，具有解热镇痛的功效，现有技术中用作感冒药的成分。某项发明涉及阿司匹林的新用途，该发明对现有技术的贡献在于实验证实阿司匹林能有效防治心血管疾病。如对此发明申请专利，说明书中不能缺少下列哪些内容？

A．阿司匹林的制备方法

B．阿司匹林用于防治心血管疾病的使用方法

C．证明阿司匹林具有解热镇痛功效的实验数据

D．证明阿司匹林能防治心血管疾病的实验数据

【解题思路】

专利说明书需要公开的应该是那些未知的信息，阿司匹林是已知药物，制备方法

和解热镇痛的功效都是已知的，没有必要再多此一举地在说明书中提及。用阿司匹林防治心血管疾病的方法和相关实验数据是未知信息，需要在说明书中详细阐述。

【参考答案】 BD

《专利审查指南》第2部分第10章第3.5节规定了补交的实验数据的审查标准。

判断说明书是否充分公开，以原说明书和权利要求书记载的内容为准。

对于申请日之后申请人为满足《专利法》第22条第3款、第26条第3款等要求补交的实验数据，审查员应当予以审查。补交实验数据所证明的技术效果应当是所属技术领域的技术人员能够从专利申请公开的内容中得到的。

45.【2017年第81题】以下说法哪些是正确的？

A. 对于申请人在申请日之后补交的实验数据，因不是原说明书和权利要求书记载的内容，审查员不应予以考虑

B. 判断说明书是否充分公开，应当以原说明书和权利要求书记载的内容为准

C. 对于申请人在申请日之后补交的实验数据，只有在申请人证明了其是在申请日前完成的情况下，审查员才应予以考虑

D. 申请人在申请日之后补交的实验数据所证明的技术效果应当是所属技术领域的技术人员能够从专利申请公开的内容中得到的

【解题思路】

2017年，《专利审查指南》在第2部分第10章关于化学领域发明专利审查的规定中进行了修改，增加了第3.5节关于补充实验数据的内容。2020年，《专利审查指南》又对此进行了修改。这种补充应当仅限于化学领域，不过题中并没有给出相应的限定，故本题实际上并不严谨。这里姑且不考虑不够严谨的问题。根据《专利审查指南》2017年的修改，补交的数据说明技术效果并非绝对禁止。如果本领域技术人员能够从专利申请公开的内容中得到，则该数据可以接受。至于该数据是否是在申请日前完成的不是关键，很多情况下可能是在审查过程中发现需要补充实验数据，从而重新做实验来获得数据。这种情形应当可以允许，因为并没有增加原申请文件中不能得到的内容。说明书充分公开是为了让本领域技术人员可以重复实现该发明创造，而权利要求是对说明书中技术方案的概括，本领域技术人员在理解技术方案时，也可以参照权利要求的内容，故在判断说明书是否充分公开时，应当以原说明书和权利要求书记载的内容为准。

【参考答案】 BD

3. 说明书应当包含的主要内容

《专利审查指南》第2部分第2章第2.2节规定了说明书应当包含的主要内容。

根据《专利法实施细则》第17条的规定，发明或者实用新型专利申请的说明书应当写明发明或者实用新型的名称，该名称应当与请求书中的名称一致。说明书应当包括以下组成部分：

（1）技术领域：写明要求保护的技术方案所属的技术领域；

（2）背景技术：写明对发明或者实用新型的理解、检索、审查有用的背景技术；有可能的，并引证反映这些背景技术的文件；

（3）发明或者实用新型内容：写明发

明或者实用新型所要解决的技术问题以及解决其技术问题采用的技术方案，并对照现有技术写明发明或者实用新型的有益效果；

（4）附图说明：说明书有附图的，对各幅附图作简略说明；

（5）具体实施方式：详细写明申请人认为实现发明或者实用新型的优选方式；必要时，举例说明；有附图的，对照附图说明。

发明或者实用新型的说明书应当按照上述方式和顺序撰写，并在每一部分前面写明标题，除非其发明或者实用新型的性质用其他方式或者顺序撰写能够节约说明书的篇幅并使他人能够准确理解其发明或者实用新型。

发明或者实用新型说明书应当用词规范、语句清楚，并且不得使用“如权利要求……所述的……”一类的引用语，也不得使用商业性宣传用语。

发明专利申请包含一个或者多个核苷酸或者氨基酸序列的，说明书应当包括符合规定的序列表。

46.【2012 年第 96 题】实用新型专利申请的说明书应当包括下列哪些内容？

A．背景技术

B．技术方案

C．附图说明

D．具体实施方式

【解题思路】

实用新型必须有附图，故附图说明是实用新型说明书中的必备内容。至于背景技术、技术方案和具体实施方式，属于说明书中必须具有的内容。

【参考答案】 ABCD

47.【2017 年第 72 题】以下关于说明书的说法正确的是？

A．说明书中不得使用商品名称

B．说明书中不得使用“如权利要求……所述的……”一类的引用语

C．说明书中不得使用商业性宣传用语

D．说明书中不得采用自定义词

【解题思路】

说明书的表述必须清楚，避免公众误解。商品名称并非绝对的禁忌，有时发明创造必须要使用某公司生产的产品，此时除了商品名称外申请人也恐怕没有更好的词汇来描述。当然，这种情况下申请人需要注明商品的型号、规格、性能及制造单位，从而帮助本领域技术人员能重复实现该发明创造。说明书的作用是用来解释权利要求的，在说明书中使用“如权利要求……所述的……”一类的引用语，那就变成通过权利要求书来解释说明书，颠倒了双方的功能。说明书应当是对技术方案的阐述，用来进行广告宣传并不合适。如果某个技术术语还没有标准的表达，那申请人只能自己进行命名，使用自定义词汇。当然此时申请人需要对该术语进行明确的界定和说明。

【参考答案】 BC

4. 说明书的整体撰写要求

《专利审查指南》第 2 部分第 2 章第 2.2.7 节规定了对说明书的整体撰写要求。

说明书应当用词规范，语句清楚。即说明书的内容应当明确，无含混不清或者前后矛盾之处，使所属技术领域的技术人员容易理解。

说明书应当使用发明或者实用新型所属技术领域的技术术语。对于自然科学名

词，国家有规定的，应当采用统一的术语。国家没有规定的，可以采用所属技术领域约定俗成的术语，也可以采用鲜为人知或者最新出现的科技术语，或者直接使用外来语（中文音译或意译词）——但是其含义对所属技术领域的技术人员来说必须是清楚的，不会造成理解错误。必要时可以采用自定义词，在这种情况下，应当给出明确的定义或者说明。一般来说，不应当使用在所属技术领域中具有基本含义的词汇来表示其本意之外的其他含义，以免造成误解和语义混乱。说明书中使用的技术术语与符号应当前后一致。

说明书应当使用中文，但是在不产生歧义的前提下，个别词语可以使用中文以外的其他文字。在说明书中第一次使用非中文技术名词时，应当用中文译文加以注释或者使用中文给予说明。

例如，在下述情况下可以使用非中文表述形式：

（1）本领域技术人员熟知的技术名词可以使用非中文形式表述，例如用“EPROM”表示可擦除可编程只读存储器，用“CPU”表示中央处理器；但在同一语句中连续使用非中文技术名词可能造成该语句难以理解的，则不允许。

（2）计量单位、数学符号、数学公式、各种编程语言、计算机程序、特定意义的表示符号（例如，中国国家标准缩写“GB”）等可以使用非中文形式。

此外，所引用的外国专利文献、专利申请、非专利文献的出处和名称应当使用原文，必要时给出中文译文，并将译文放置在括号内。

说明书中的计量单位应当使用国家法定计量单位，包括国际单位制计量单位和国家选定的其他计量单位。必要时可以在括号内同时标注本领域公知的其他计量单位。

说明书中无法避免使用商品名称时，其后应当注明其型号、规格、性能及制造单位。

说明书中应当避免使用注册商标来确定物质或者产品。

5. 说明书各部分应当满足的撰写要求

（1）名称。

《专利审查指南》第 2 部分第 2 章第 2.2.1 节规定了说明书名称。

发明或者实用新型的名称应当清楚、简要，写在说明书首页正文部分的上方居中位置。

发明或者实用新型的名称应当按照以下各项要求撰写：

①说明书中的发明或者实用新型的名称与请求书中的名称应当一致，一般不得超过 25 个字，特殊情况下，例如，化学领域的某些申请，可以允许最多 40 个字；

②采用所属技术领域通用的技术术语，最好采用国际专利分类表中的技术术语，不得采用非技术术语；

③清楚、简要、全面地反映要求保护的发明或者实用新型的主题和类型（产品或者方法），以利于专利申请的分类，例如，一件包含拉链产品和该拉链制造方法两项发明的申请，其名称应当写成“拉链及其制造方法”；

④不得使用人名、地名、商标、型号或者商品名称等，也不得使用商业性宣传用语。

（2）技术领域。

《专利审查指南》第2部分第2章第2.2.2节规定了技术领域的含义。

发明或者实用新型的技术领域应当是要求保护的发明或者实用新型技术方案所属或者直接应用的具体技术领域，而不是上位的或者相邻的技术领域，也不是发明或者实用新型本身。该具体的技术领域往往与发明或者实用新型在国际专利分类表中可能分入的最低位置有关。例如，一项关于挖掘机悬臂的发明，其改进之处是将背景技术中的长方形悬臂截面改为椭圆形截面。其所属技术领域可以写成“本发明涉及一种挖掘机，特别是涉及一种挖掘机悬臂”（具体的技术领域），而不宜写成“本发明涉及一种建筑机械”（上位的技术领域），也不宜写成“本发明涉及挖掘机悬臂的椭圆形截面”或者“本发明涉及一种截面为椭圆形的挖掘机悬臂”（发明本身）。

48.【2006年第30题】下面哪些是说明书“技术领域”部分应当满足的要求？

A. 技术领域应当是要求保护的发明或者实用新型技术方案所属或者直接应用的具体技术领域

B. 技术领域应当是要求保护的发明或者实用新型技术方案所属具体技术领域的上位技术领域

C. 技术领域中需要写入所要求保护的发明或者实用新型独立权利要求技术方案中的区别技术特征

D. 技术领域应当是要求保护的发明或者实用新型技术方案相邻的技术领域

【解题思路】

既然标题是“技术领域”，那自然应当写最为接近的直接应用的技术领域。“上位”是为了扩大权利要求的保护范围，和将该发明或实用新型准确归类是两个概念。区别技术特征是权利要求中的内容，不是技术领域的内容。

【参考答案】 A

（3）背景技术。

《专利审查指南》第2部分第2章第2.2.3节规定了背景技术的审查标准。

发明或者实用新型说明书的背景技术部分应当写明对发明或者实用新型的理解、检索、审查有用的背景技术，并且尽可能引证反映这些背景技术的文件。尤其要引证包含发明或者实用新型权利要求书中的独立权利要求前序部分技术特征的现有技术文件，即引证与发明或者实用新型专利申请最接近的现有技术文件。说明书中引证的文件可以是专利文件，也可以是非专利文件，例如，期刊、杂志、手册和书籍等。引证专利文件的，至少要写明专利文件的国别、公开号，最好包括公开日期；引证非专利文件的，要写明这些文件的标题和详细出处。

此外，在说明书背景技术部分中，还要客观地指出背景技术中存在的问题和缺点，但是，仅限于涉及由发明或者实用新型的技术方案所解决的问题和缺点。在可能的情况下，说明存在这种问题和缺点的原因以及解决这些问题时曾经遇到的困难。

引证文件还应当满足以下要求：

①引证文件应当是公开出版物，除纸件形式外，还包括电子出版物等形式。

②所引证的非专利文件和外国专利文件的公开日应当在本申请的申请日之前；所引证的中国专利文件的公开日不能晚于本申

请的公开日。

③引证外国专利或非专利文件的，应当以所引证文件公布或发表时的原文所使用的文字写明引证文件的出处以及相关信息，必要时给出中文译文，并将译文放置在括号内。

如果引证文件满足上述要求，则认为本申请说明书中记载了所引证文件中的内容。但是这样的引证方式是否达到充分公开发明或者实用新型的要求，参见《专利审查指南》第2部分第2章第2.2.6节。

49.【2013年第9题】某中国发明专利申请的申请日为2009年6月1日，公布日为2011年3月1日。该申请的说明书背景技术部分不能引证下列哪个文件？

A. 申请日为2009年5月31日、公布日为2011年2月25日的欧洲专利申请

B. 申请日为2009年4月1日、公布日为2011年3月1日的中国专利申请

C. 印刷日为2009年5月的某中文期刊

D. 公开日为2009年5月19日存在于互联网的相关文件

【解题思路】

一般来说，背景技术是申请人在提交申请的时候可以看到的技术，C选项、D选项的公开日期都在申请日之前，申请人可以看到，符合要求。需要注意的是，如果背景技术是专利文件中记载的内容，那么要求不同。外国专利申请需要在本申请的申请日（2009年6月1日）之前公开，中国专利申请则只需要不迟于本申请的公布日（2011年3月1日）即可。

【参考答案】 A

（4）发明或者实用新型的内容。

《专利审查指南》第2部分第2章第2.2.4节规定了发明或者实用新型的内容。

本部分应当清楚、客观地写明以下内容：

①要解决的技术问题。发明或者实用新型所要解决的技术问题，是指发明或者实用新型要解决的现有技术中存在的技术问题。发明或者实用新型专利申请记载的技术方案应当能够解决这些技术问题。发明或者实用新型所要解决的技术问题应当按照下列要求撰写：

（i）针对现有技术中存在的缺陷或不足；

（ii）用正面的、尽可能简洁的语言客观而有根据地反映发明或者实用新型要解决的技术问题，也可以进一步说明其技术效果。

对发明或者实用新型所要解决的技术问题的描述不得采用广告式宣传用语。

②技术方案。一件发明或者实用新型专利申请的核心是其在说明书中记载的技术方案。

《专利法实施细则》第17条第1款第3项所说的写明发明或者实用新型解决其技术问题所采用的技术方案是指清楚、完整地描述发明或者实用新型解决其技术问题所采取的技术方案的技术特征。在技术方案这一部分，至少应反映包含全部必要技术特征的独立权利要求的技术方案，还可以给出包含其他附加技术特征的进一步改进的技术方案。

说明书中记载的这些技术方案应当与权利要求所限定的相应技术方案的表述相一致。

③有益效果。说明书应当清楚、客观地写明发明或者实用新型与现有技术相比所具有的有益效果。

有益效果是指由构成发明或者实用新型的技术特征直接带来的，或者是由所述的技术特征必然产生的技术效果。

有益效果是确定发明是否具有“显著的进步”，实用新型是否具有“进步”的重要依据。

（5）附图说明。

《专利审查指南》第2部分第2章第2.2.5节规定了附图说明的审查标准。

说明书有附图的，应当写明各幅附图的图名，并且对图示的内容作简要说明。在零部件较多的情况下，允许用列表的方式对附图中具体零部件名称列表说明。

附图不止1幅的，应当对所有附图作出图面说明。

（6）具体实施方式。

《专利审查指南》第2部分第2章第2.2.6节规定了具体实施方式的含义。

①概述。实现发明或者实用新型的优选的具体实施方式是说明书的重要组成部分，它对于充分公开、理解和实现发明或者实用新型，支持和解释权利要求都是极为重要的。因此，说明书应当详细描述申请人认为实现发明或者实用新型的优选的具体实施方式。在适当情况下，应当举例说明；有附图的，应当对照附图进行说明。

优选的具体实施方式应当体现申请中解决技术问题所采用的技术方案，并应当对权利要求的技术特征给予详细说明，以支持权利要求。

对优选的具体实施方式的描述应当详细，使发明或者实用新型所属技术领域的技术人员能够实现该发明或者实用新型。

实施例是对发明或者实用新型的优选的具体实施方式的举例说明。实施例的数量应当根据发明或者实用新型的性质、所属技术领域、现有技术状况以及要求保护的范围来确定。

当一个实施例足以支持权利要求所概括的技术方案时，说明书中可以只给出一个实施例。当权利要求（尤其是独立权利要求）覆盖的保护范围较宽，其概括不能从一个实施例中找到依据时，应当给出至少两个不同实施例，以支持要求保护的范围。当权利要求相对于背景技术的改进涉及数值范围时，通常应给出两端值附近（最好是两端值）的实施例，当数值范围较宽时，还应当给出至少一个中间值的实施例。

②各类型的实施方式。在发明或者实用新型技术方案比较简单的情况下，如果说明书涉及技术方案的部分已经就发明或者实用新型专利申请所要求保护的主题作出了清楚、完整的说明，说明书就不必在涉及具体实施方式部分再作重复说明。

对于产品的发明或者实用新型，实施方式或者实施例应当描述产品的机械构成、电路构成或者化学成分，说明组成产品的各部分之间的相互关系。对于可动作的产品，只描述其构成不能使所属技术领域的技术人员理解和实现发明或者实用新型时，还应当说明其动作过程或者操作步骤。

对于方法的发明，应当写明其步骤，包括可以用不同的参数或者参数范围表示的工艺条件。

在具体实施方式部分，对最接近的现

有技术或者发明或实用新型与最接近的现有技术共有的技术特征，一般来说可以不作详细的描述，但对发明或者实用新型区别于现有技术的技术特征以及从属权利要求中的附加技术特征应当足够详细地描述，以所属技术领域的技术人员能够实现该技术方案为准。应当注意的是，为了方便专利审查，也为了帮助公众更直接地理解发明或者实用新型，对于那些就满足《专利法》第26条第3款的要求而言必不可少的内容，不能采用引证其他文件的方式撰写，而应当将其具体内容写入说明书。

对照附图描述发明或者实用新型的优选的具体实施方式时，使用的附图标记或者符号应当与附图中所示的一致，并放在相应的技术名称的后面，不加括号。例如，对涉及电路连接的说明，可以写成“电阻3通过三极管4的集电极与电容5相连接”，不得写成“3通过4与5连接”。

50.【2013年第63题】下列说法哪些是正确的？

A. 实施例是对发明或者实用新型的优选的具体实施方式的举例说明

B. 一项权利要求涉及数值范围0~100，说明书中必须给出0和100两个端值的实施例

C. 当一个实施例足以支持权利要求所概括的技术方案时，说明书中可以只给出一个实施例

D. 说明书中可以有引证文件，但对于那些就满足说明书公开充分的要求而言必不可少的内容，不能采用引证其他文件的方式撰写，而应当将其具体内容写入说明书

【解题思路】

就像卖水果的要把好的放在上面一样，在实施例中也得写出一些优选的方式，不然如果都是最糟糕的方式，技术效果很差，那创造性恐怕会有问题。如果权利要求涉及的数值范围是0～100，那说明书中给出1和99的实施例也是可以的，就差一点儿也很难说就会有实质性的变化。如果一定要是0和100那恐怕有些过于僵化。实施例的作用是支持权利要求，如果实施例足够典型，就它一个就够，那就没必要多写。对说明书充分公开必不可少的内容，藏着掖着放在引证文件中恐怕并不合适，应当大大方方地写在说明书中。

【参考答案】 ACD

51.【2016年第12题】下列说法哪个是正确的？

A. 某项权利要求中记载“温度超过100℃”，是指温度大于100℃，不包括100℃本数在内

B. 某项组合物权利要求中记载了某组分含量的数值范围“10～20重量份”，为了支持该数值范围，说明书实施例中必须相应给出10重量份和20重量份的实施例

C. 一项制备方法权利要求可以撰写如下：一种生产薄膜的技术，其特征在于将树脂A、填料B、抗氧剂C加入混合机中混合，然后将混合物热成型为薄膜

D. 一项使用方法权利要求可以撰写如下：一种化合物K，该化合物用作杀虫剂

【解题思路】

“超过”用数学符号来表示就是“>”，不包括本数；“以上”用数学符号来表示就是“≥”，包括本数。涉及数值范围的权利，

要求应当给出端值附近的实施例，但不是说必须提供这两个端值的实施例，如提供9.5重量份的实施例也可以。权利要求书的类型应当清楚，C选项中的“技术”类型不明确，应当改为“方法”；D选项中的主题名称为“化合物”，属于产品权利要求，但要求保护的是其用作杀虫剂的应用，两者类型不一致。

【参考答案】 A

（二）说明书附图

《专利审查指南》第2部分第2章第2.3节规定了说明书附图的审查标准。

1. 说明书附图的法律效力

附图是说明书的一个组成部分。《专利法》第64条第1款规定：“发明或者实用新型专利权的保护范围以其权利要求的内容为准，说明书及附图可以用于解释权利要求的内容。”

2. 说明书附图与说明书文字部分的关系

附图的作用在于用图形补充说明文字部分的描述，使人能够直观地、形象化地理解发明或者实用新型的每个技术特征和整体技术方案。对于机械和电学技术领域中的专利申请，说明书附图的作用尤其明显。因此，说明书附图应该清楚地反映发明或者实用新型的内容。

3. 实用新型说明书的附图

对发明专利申请，用文字足以清楚、完整地描述其技术方案的，可以没有附图。

实用新型专利申请的说明书必须有附图。

一件专利申请有多幅附图时，在用于表示同一实施方式的各幅图中，表示同一组成部分（同一技术特征或者同一对象）的附图标记应当一致。说明书中与附图中使用的相同的附图标记应当表示同一组成部分。说明书文字部分中未提及的附图标记不得在附图中出现，附图中未出现的附图标记也不得在说明书文字部分中提及。

附图中除了必需的词语外，不应当含有其他的注释；但对于流程图、框图一类的附图，应当在其框内给出必要的文字或符号。

52.【2014年第94题】下列关于发明或者实用新型说明书附图的说法哪些是正确的？

A. 如果发明专利申请的文字足以清楚、完整地描述其技术方案，则可以没有附图

B. 如果实用新型专利申请的文字足以清楚、完整地描述其技术方案，则可以没有附图

C. 附图中未出现的附图标记不得在说明书文字部分中提及

D. 附图中不得出现文字

【解题思路】

发明可以没有附图，但实用新型必须要有。说明书文字部分提到的附图标记如果在附图中没有，那就存在说明书不清楚的问题，附图中可以有必要的文字。

【参考答案】 AC

53.【2017年第13题】提出实用新型专利申请时，如果没有附图，国家知识产权局将如何处理？

A. 发出补正通知书要求申请人补交附图

B. 发出审查意见通知书要求申请人补交附图

C. 不予受理，并发出不予受理通知书

D．予以处理，并发出受理通知书

【解题思路】

实用新型保护的是具有特定的形状和构造的产品。如果没有附图，只有文字，很难揭示其具体的结构和形状，故实用新型专利申请必须有附图。如果申请文件中没有附图，那国家知识产权局不会受理。

【参考答案】 C

54.【2019 年第 53 题】实用新型专利申请的说明书附图可以包括？

A．工艺流程图

B．工程蓝图

C．曲线图

D．照片

【解题思路】

B 选项工程蓝图是蓝色的，但说明书附图需要用黑色墨水绘制。D 选项照片容易忽略物体的相关细节，难以和通过制图获得的图片相比。需要注意的是，外观设计可使用照片，但实用新型不可以。

【参考答案】 AC

四、说明书摘要及摘要附图

（一）说明书摘要的法律效力

《专利审查指南》第 2 部分第 2 章第 2.4 节规定了说明书摘要的相关内容。

摘要是说明书记载内容的概述，它仅是一种技术信息，不具有法律效力。

摘要的内容不属于发明或者实用新型原始记载的内容，不能作为以后修改说明书或者权利要求书的根据，也不能用来解释专利权的保护范围。

55.【2016 年第 15 题】关于实用新型专利申请，下列说法哪个是正确的？

A．说明书摘要可以作为修改说明书的依据

B．说明书附图不得仅有表示产品效果、性能的附图

C．说明书文字部分可以有表格，必要时也可以有插图，例如流程图

D．原始说明书附图不清晰，可以通过重新确定申请日方式补入清晰附图

【解题思路】

说明书摘要仅仅是提供一种技术信息，不属于原始记载的内容，不能作为修改说明书的依据。实用新型说明书的功能是充分公开该实用新型，如果仅仅描述了产品的效果和性能，但该产品的结构并不清楚，那显然没有做到充分公开。说明书文字部分可以有表格，但插图应当是说明书附图的内容。缺少附图补交会重新确定申请日，用清晰附图替换原来模糊的附图不会导致重新确定申请日，因为并没有加入新的信息。

【参考答案】 B

56.【2017 年第 70 题】下列有关说明书摘要的说法哪些是正确的？

A．说明书摘要仅是一种技术情报，不具有法律效力

B．说明书摘要属于发明或者实用新型原始记载的内容

C．说明书摘要不能用来解释专利权的保护范围

D．有附图的专利申请，申请人还应当提供一幅最能说明该发明或者实用新型技术特征的附图作为摘要附图

【解题思路】

说明书摘要是经过浓缩的技术信息，相当于说明书内容的一个大纲。摘要中的信

息经过了浓缩，必然会带来损失，因此只能作为技术情报，不属于原始公开的范围，也不能用来解释权利要求。摘要既然是从说明书中摘出来的要点，摘要附图自然应当是说明书附图中的一张，并且应当是最具有代表性的那张。

【参考答案】ACD

（二）说明书摘要文字部分的撰写要求

《专利审查指南》第1部分第1章第4.5.1节规定了摘要文字部分的撰写要求。

摘要文字部分应当写明发明的名称和所属的技术领域，清楚反映所要解决的技术问题，解决该问题的技术方案的要点以及主要用途。未写明发明名称或者不能反映技术方案要点的，应当通知申请人补正；使用了商业性宣传用语的，可以通知申请人删除或者由审查员删除；审查员删除的，应当通知申请人。

摘要文字部分不得使用标题，文字部分（包括标点符号）不得超过300个字。摘要超过300个字的，可以通知申请人删节或者由审查员删节；审查员删节的，应当通知申请人。

（三）说明书摘要附图的选择

《专利审查指南》第1部分第1章第4.5.2节规定了摘要附图的选择标准。

说明书有附图的，申请人应当提交一幅最能说明该发明技术方案主要技术特征的附图作为摘要附图。摘要附图应当是说明书附图中的一幅。申请人未提交摘要附图的，审查员可以通知申请人补正，或者依职权指定一幅，并通知申请人。审查员确认没有合适的摘要附图可以指定的，可以不要求申请人补正。

申请人提交的摘要附图明显不能说明发明技术方案主要技术特征的，或者提交的摘要附图不是说明书附图之一的，审查员可以通知申请人补正，或者依职权指定一幅，并通知申请人。

摘要附图的大小及清晰度应当保证在该图缩小到4厘米×6厘米时，仍能清楚地分辨出图中的各个细节。

摘要中可以包含最能说明发明的化学式，该化学式可被视为摘要附图。

此外，摘要文字部分出现的附图标记应当加括号。

57.【2013年第51题】下列关于实用新型专利申请的说法哪些是正确的？

A. 说明书摘要文字部分（包括标点符号）不得超过300个字

B. 说明书摘要文字部分应写清反映技术方案要点的内容

C. 说明书摘要和摘要附图不属于实用新型原始记载的内容

D. 说明书摘要附图可以不是说明书附图之一

【解题思路】

说明书摘要是对技术方案的浓缩，需要比较简略，自然在字数上会有限制，即300字。摘要是对技术方案的简略说明，需要说明技术方案要点的内容。摘要既然是从说明书中摘出来的要点，摘要附图自然应当是说明书附图中的一张。顺便提一下，在化学领域，化学式最能说明发明的内容，信息含量高，应当放入摘要中，该化学式可以视为摘要附图。

【参考答案】ABC

58.【2015年第54题】关于实用新型

专利申请的附图，下列说法哪些是错误的？

A．摘要附图应是从说明书附图中选出的能够反映技术方案的附图

B．如果说明书文字足以清楚的描述所要求保护的产品的形状，可以没有附图

C．说明书附图可以是彩色照片

D．结构复杂的实用新型专利申请允许有两幅摘要附图

【解题思路】

摘要附图是从说明书附图中选出的最具有代表性的附图，摘要附图只能有一幅。毕竟专利文件的扉页位置有限，放不下两张附图。另外，实用新型必须有附图，一般情况下该附图不能是照片。

【参考答案】 BCD

五、发明和实用新型专利申请的单一性

（一）单一性的概念

《专利法》第 31 条："一件发明或者实用新型专利申请应当限于一项发明或者实用新型。属于一个总的发明构思的两项以上的发明或者实用新型，可以作为一件申请提出。

一件外观设计专利申请应当限于一项外观设计。同一产品两项以上的相似外观设计，或者用于同一类别并且成套出售或者使用的产品的两项以上外观设计，可以作为一件申请提出。"

1. 单一性要求

《专利审查指南》第 2 部分第 6 章第 2.1.1 节规定了单一性要求。

单一性，是指一件发明或者实用新型专利申请应当限于一项发明或者实用新型，属于一个总的发明构思的两项以上发明或者实用新型，可以作为一件申请提出。也就是说，如果一件申请包括几项发明或者实用新型，则只有在所有这几项发明或者实用新型之间有一个总的发明构思使之相互关联的情况下才被允许。这是专利申请的单一性要求。

专利申请应当符合单一性要求的主要原因是：

（1）经济上的原因：为了防止申请人只支付一件专利的费用而获得几项不同发明或者实用新型专利的保护。

（2）技术上的原因：为了便于专利申请的分类、检索和审查。缺乏单一性不影响专利的有效性，因此缺乏单一性不应当作为专利无效的理由。

59.【2014 年第 7 题】下列关于单一性的说法哪个是正确的？

A．申请人可以通过多缴费用而将不具备单一性的多项发明保留在同一件申请中

B．如果不具备单一性的多项发明属于同一个专利分类号，则允许在一件专利申请中提出

C．如果两项发明属于一个总的发明构思，则它们具备单一性

D．如果两项发明的主题名称完全相同，则它们必然具备单一性

【解题思路】

单一性要求两项发明属于一个总的发明构思，在技术上相互关联，包含一个或者多个相同或者相应的特定技术特征。为了便于申请的分类和检索，缺乏单一性的多项发明创造不能在一件申请中提出，即使申请人多缴费用也不行。多项发明的名称相同或者

是属于同一个分类号，并不意味着其发明构思相同。

【参考答案】 C

2. 总的发明构思的含义

《专利审查指南》第2部分第6章第2.1.2节规定了总的发明构思的含义。

《专利法实施细则》第34条规定，可以作为一件专利申请提出的属于一个总的发明构思的两项以上的发明或者实用新型，应当在技术上相互关联，包含一个或者多个相同或者相应的特定技术特征，其中特定技术特征是指每一项发明或者实用新型作为整体，对现有技术作出贡献的技术特征。

上述条款定义了一种判断一件申请中要求保护两项以上的发明是否属于一个总的发明构思的方法。也就是说，属于一个总的发明构思的两项以上的发明在技术上必须相互关联，这种相互关联是以相同或者相应的特定技术特征表示在它们的权利要求中的。

60.【2015年第56题】下列选项中的发明哪些一定具有单一性？

A. 具有相同的技术特征的多项发明

B. 具有相应的技术特征的多项发明

C. 属于一个总的发明构思的多项发明

D. 具有相应的特定技术特征的多项发明

【解题思路】

具有单一性的多项发明创造需要属于一个总的发明构思，具有相同或相应的“特定”技术特征。如果具有相同的技术特征就具有单一性，那由于菜刀和轮船都具有“制作材料为金属”这一相同的技术特征，就能作为一件专利申请了。

【参考答案】 CD

61.【2016年第52题】某发明专利申请的权利要求如下：

“1. 一种混合器，其特征在于包括由材料A制成的搅拌器、形状为B形的混合室。

2. 一种制造混合器的方法，所述的混合器包括搅拌器和混合室，其特征在于搅拌器由材料A制成。

3. 根据权利要求2所述的方法，其特征在于包括步骤C，将混合室形状制成B形。

4. 一种用权利要求1的混合器制造混凝土的方法，其特征在于包括将原料送入混合室并进行搅拌的步骤。”

现有技术公开的混合器包括搅拌器及混合室，其中搅拌器由材料A制成。经审查，本发明权利要求1因包括B形混合室而具备创造性，下列说法哪些是正确的？

A. 权利要求1、2之间具有单一性

B. 权利要求1、3之间具有单一性

C. 权利要求3、4之间具有单一性

D. 权利要求1、4之间具有单一性

【解题思路】

B形混合室属于特定技术特征，权利要求1、权利要求3和权利要求4都包含了此技术特征，故上述权利要求之间具有单一性。权利要求2不包括B形混合室这一特定技术特征，其与权利要求1的共同技术特征为搅拌器由材料A制成，不过该技术特征不属于特定技术特征，故权利要求1和权利要求2之间不存在单一性。

【参考答案】 BCD

3. 特定技术特征的含义

上述条款还对特定技术特征作了定义。特定技术特征是专门为评定专利申请单一性而提出的一个概念，应当把它理解为体现发明对现有技术作出贡献的技术特征，也就是使发明相对于现有技术具有新颖性和创造性的技术特征，并且应当从每一项要求保护的发明的整体上考虑后加以确定。因此，《专利法》第31条第1款所称的“属于一个总的发明构思”是指具有相同或者相应的特定技术特征。

62.【2006年第35题】一件发明专利申请的权利要求书包括下列权利要求：

权利要求1：一种含有防尘物质X的涂料。

权利要求2：制备权利要求1的涂料的方法。

权利要求3：应用权利要求1的涂料喷涂制品的方法。

权利要求4：根据权利要求3的方法喷涂得到的一种制品。

权利要求5：用于权利要求3方法的一种喷涂机，其特征在于有一喷嘴C能使涂料均匀分布在制品上。

与现有技术相比，含有物质X的涂料是新的并具有创造性，喷嘴C也是新的并具有创造性。

请判断以下哪些结论是正确的？

A. 权利要求1至5具有单一性

B. 权利要求1至4具有单一性

C. 权利要求1至3具有单一性

D. 权利要求3与权利要求5具有单一性

【解题思路】

权利要求1、2和3都包含特定技术特征“含有防尘物质X的涂料”，故具有单一性。权利要求3的应用喷涂制品方法中使用了含有防尘物质X的涂料，使用该喷涂方法获得的权利要求4所述的制品必然包括了含有防尘物质X的涂料，因此，权利要求1、2、3、4中都含有相同的特定技术特征，故权利要求1至4具有单一性。权利要求5虽然是引用了权利要求3，但并不是对权利要求3的从属权利要求。权利要求3解决的技术问题是防尘，权利要求5所解决的技术问题是均匀喷涂，两者缺乏相同或相应的特定技术特征，不具有单一性。

【参考答案】 BC

（二）判断单一性的原则和方法

《专利审查指南》第2部分第6章第2.2.1节规定了判断单一性的原则和方法。

属于一个总的发明构思的两项以上发明的权利要求可以按照以下六种方式之一撰写；但是，不属于一个总的发明构思的两项以上独立权利要求，即使按照所列举的六种方式中的某一种方式撰写，也不能允许在一件申请中请求保护：

（1）不能包括在一项权利要求内的两项以上产品或者方法的同类独立权利要求；

（2）产品和专用于制造该产品的方法的独立权利要求；

（3）产品和该产品的用途的独立权利要求；

（4）产品、专用于制造该产品的方法和该产品的用途的独立权利要求；

（5）产品、专用于制造该产品的方法和为实施该方法而专门设计的设备的独立权利要求；

（6）方法和为实施该方法而专门设计的设备的独立权利要求。

1. 检索前单一性的判断

《专利审查指南》第2部分第6章第2.2.2

节规定了检索前单一性的判断。

在对包含在一件申请中的两项以上发明进行检索之前，应当首先判断它们之间是否明显不具有单一性。如果这几项发明没有包含相同或相应的技术特征，或所包含的相同或相应的技术特征均属于本领域惯用的技术手段，则它们不可能包含相同或相应的体现发明对现有技术作出贡献的特定技术特征，因而明显不具有单一性。

2. 检索后单一性的判断

《专利审查指南》第2部分第6章第2.2.2节同样规定了检索后单一性的判断。

对于不明显缺乏单一性的两项以上发明，即需要通过检索之后才能判断单一性的情形，通常采用以下的分析方法：

（1）将第一项发明的主题与相关的现有技术进行比较，确定体现发明对现有技术作出贡献的特定技术特征。

（2）判断第二项发明中是否存在一个或者多个与第一项发明相同或者相应的特定技术特征，从而确定这两项发明是否在技术上相关联。

（3）如果在发明之间存在一个或者多个相同或者相应的特定技术特征，即存在技术上的关联，则可以得出它们属于一个总的发明构思的结论。相反，如果各项发明之间不存在技术上的关联，则可以作出它们不属于一个总的发明构思的结论，进而确定它们不具有单一性。

以下结合单一性的基本概念、审查原则及判断方法举例说明单一性的审查要点。

63.【2008年第57题】一件发明专利申请的权利要求书包括下列权利要求：

权利要求1：一种陶瓷材料M。

权利要求2：一种权利要求1所述陶瓷材料M的制备方法，其特征在于烧结温度为2000℃。

权利要求3：一种权利要求1所述的陶瓷材料M作为人造骨骼的用途。

权利要求4：一种由权利要求1所述陶瓷材料M制成的人造骨骼，其特征在于具有椭球形空心。

权利要求5：一种由权利要求1所述陶瓷材料M制成的茶杯，其特征在于具有两个杯把。

下列说法哪些是正确的？

A．如果权利要求1不具有新颖性和创造性，则权利要求4、5一定不具有单一性

B．如果权利要求1不具有新颖性和创造性，则权利要求3、4一定不具有单一性

C．如果权利要求1具有新颖性和创造性，则权利要求2、3一定具有单一性

D．如果权利要求1具有新颖性和创造性，则权利要求3、4一定具有单一性

【解题思路】

在A选项中，由于权利要求4和权利要求5拥有的相同特定技术特征是“陶瓷材料M”，因此，如果“陶瓷材料M”不具有新颖性和创造性，则权利要求4和权利要求5一定不具有单一性。B选项中，权利要求3和权利要求4拥有的相同特定技术特征是“陶瓷材料M制成的人造骨骼”。因此，如果“陶瓷材料M”不具有新颖性和创造性，并不一定导致“陶瓷材料M制成的人造骨骼”不具有新颖性和创造性，故权利要求3和权利要求4一定不具有单一性的说法不成立。C、D选项中，由于权利要求2、3、4都是权利要求1的从属权利要求，拥有相同的特

定技术特征“陶瓷材料M”。因此，如果权利要求1具有新颖性和创造性，则从属权利要求2、3、4之间必然具有单一性。

【参考答案】 ACD

64.【2010年第24题】某发明专利申请的权利要求如下：

“1. 一种栽培装置，包括栽培盘、溢流管、支架和灌溉管路。

2. 根据权利要求1所述的装置，其特征在于所述栽培盘以M方式设置。

3. 根据权利要求1所述的装置，其特征在于所述支架由材料N制成。

4. 根据权利要求1所述的装置，其特征在于还包括以材料N制成的形状为P的凹槽。

5. 根据权利要求1所述的装置，其特征在于所述支架为两个。”

已知权利要求1不具备新颖性和创造性，M、N、P均为特定技术特征且互不相关。下列说法哪些是正确的？

A. 权利要求2、3之间具有单一性

B. 权利要求3、4之间具有单一性

C. 权利要求4、5之间具有单一性

D. 权利要求2、5之间具有单一性

【解题思路】

由于权利要求1不具有新颖性和创造性，权利要求2的特定技术特征为栽培盘以M方式设置，权利要求3的特定技术特征为支架由材料N制成，权利要求4的特定技术特征为以材料N制成的形状为P的凹槽，权利要求5的特定技术特征为支架为两个。综上，只有权利要求3、4具有特定技术特征N，符合单一性的规定。

【参考答案】 B

3. 同类独立权利要求的单一性判断

《专利审查指南》第2部分第6章第2.2.2.1节规定了同类独立权利要求的单一性。

【例1】

权利要求1：一种传送带X，特征为A。

权利要求2：一种传送带Y，特征为B。

权利要求3：一种传送带Z，特征为A和B。

现有技术中没有公开具有特征A或B的传送带，从现有技术来看，具有特征A或B的传送带不是显而易见的，且A与B不相关。

说明：权利要求1和权利要求2没有记载相同或相应的技术特征，也就不可能存在相同或者相应的特定技术特征。因此，它们在技术上没有相互关联，不具有单一性。权利要求1中的特征A是体现发明对现有技术作出贡献的特定技术特征，权利要求3中包括了该特定技术特征A：两者之间存在相同的特定技术特征，具有单一性。类似地，权利要求2和权利要求3之间存在相同的特定技术特征B，具有单一性。

【例2】

权利要求1：一种发射器，特征在于视频信号的时轴扩展器。

权利要求2：一种接收器，特征在于视频信号的时轴压缩器。

权利要求3：一种传送视频信号的设备，包括权利要求1的发射器和权利要求2的接收器。

现有技术中既没有公开也没有暗示在本领域中使用时轴扩展器和时轴压缩器，这种使用不是显而易见的。

说明：权利要求 1 的特定技术特征是视频信号时轴扩展器，权利要求 2 的特定技术特征是视频信号时轴压缩器，它们之间相互关联不能分开使用，两者是彼此相应的特定技术特征，权利要求 1 与 2 有单一性；权利要求 3 包含了权利要求 1 和 2 两者的特定技术特征，因此它与权利要求 1 或与权利要求 2 均有单一性。

【例 3】

权利要求 1：一种插头，特征为 A。

权利要求 2：一种插座，特征与 A 相应。

现有技术中没有公开和暗示具有特征 A 的插头及相应的插座，这种插头和插座不是显而易见的。

说明：权利要求 1 与 2 具有相应的特定技术特征，其要求保护的插头和插座是相互关联且必须同时使用的两种产品，因此有单一性。

【例 4】

权利要求 1：一种用于直流电动机的控制电路，所说的电路具有特征 A。

权利要求 2：一种用于直流电动机的控制电路，所说的电路具有特征 B。

权利要求 3：一种设备，包括一台具有特征 A 的控制电路的直流电机。

权利要求 4：一种设备，包括一台具有特征 B 的控制电路的直流电机。

从现有技术来看，特征 A 和 B 分别是体现发明对现有技术作出贡献的技术特征，而且特征 A 和 B 完全不相关。

说明：特征 A 是权利要求 1 和 3 的特定技术特征，特征 B 是权利要求 2 和 4 的特定技术特征，但 A 与 B 不相关。因此，权利要求 1 与 3 之间或者权利要求 2 与 4 之间有相同的特定技术特征，因而有单一性；而权利要求 1 与 2 或 4 之间，或者权利要求 3 与 2 或 4 之间没有相同或相应的特定技术特征，因而无单一性。

【例 5】

权利要求 1：一种灯丝 A。

权利要求 2：一种用灯丝 A 制成的灯泡 B。

权利要求 3：一种探照灯，装有用灯丝 A 制成的灯泡 B 和旋转装置 C。

与现有技术公开的用于灯泡的灯丝相比，灯丝 A 是新的并具有创造性。

说明：该三项权利要求具有相同的特定技术特征灯丝 A，因此它们之间有单一性。

65.【2019 年第 48 题】某发明专利申请的权利要求书如下：

“1. 一种复合材料 A。

2. 一种用复合材料 A 制成的调温装置 B。

3. 一种鱼缸 D，装有用复合材料 A 制成的调温装置 B 和照明装置 C。

4. 一种制造照明装置 C 的方法。”

与现有技术相比，复合材料 A 具有创造性，照明装置 C 是现有技术。下列说法正确的是?

A. 权利要求 1 和 2 之间具有单一性

B. 权利要求 1 和 3 之间具有单一性

C. 权利要求 1 和 4 之间具有单一性

D. 权利要求 3 和 4 之间具有单一性

【解题思路】

复合材料 A 具有创造性，权利要求 1、2 和 3 都涉及复合材料 A，故这几个权利要求之间存在单一性。权利要求 4 并不涉及复合材料 A，与其他权利要求不具有单一性。

【参考答案】 AB

【例 6】

权利要求 1：一种制造产品 A 的方法 B。

权利要求 2：一种制造产品 A 的方法 C。

权利要求 3：一种制造产品 A 的方法 D。

与现有技术相比，产品 A 是新的并具有创造性。

说明：产品 A 是上述三项方法权利要求的相同的特定技术特征，这三项方法 B、C、D 之间有单一性。当然，产品 A 本身还可以有一项产品权利要求。如果产品 A 是已知的，则其不能作为特定技术特征，这时应重新判断这三项方法的单一性。

【例 7】

权利要求 1：一种树脂组合物，包括树脂 A、填料 B 及阻燃剂 C。

权利要求 2：一种树脂组合物，包括树脂 A、填料 B 及抗静电剂 D。

本领域中树脂 A、填料 B、阻燃剂 C 及抗静电剂 D 分别都是已知的，且 AB 组合不体现发明对现有技术的贡献，而 ABC 的组合形成了一种性能良好的不易燃树脂组合物，ABD 的组合也形成了一种性能良好的防静电树脂组合物，它们分别具有新颖性和创造性。

说明：尽管这两项权利要求都包括相同的特征 A 和 B，但是，A、B 及 AB 组合都不体现发明对现有技术的贡献，权利要求 1 的特定技术特征是 ABC 组合，权利要求 2 的特定技术特征是 ABD 组合，两者不相同也不相应。因此，权利要求 2 与权利要求 1 没有单一性。

4. 不同类独立权利要求的单一性判断

《专利审查指南》第 2 部分第 6 章第 2.2.2.2 节规定了不同种类独立权利要求的单一性。

【例 8】

权利要求 1：一种化合物 X。

权利要求 2：一种制备化合物 X 的方法。

权利要求 3：化合物 X 作为杀虫剂的应用。

（1）第一种情况：化合物 X 具有新颖性和创造性。

说明：化合物 X 是这三项权利要求相同的技术特征。由于它是体现发明对现有技术作出贡献的技术特征，即特定技术特征，因此，权利要求 1、权利要求 2、权利要求 3 存在相同的特定技术特征，权利要求 1、权利要求 2 和权利要求 3 有单一性。

（2）第二种情况：通过检索发现化合物 X 与现有技术相比不具有新颖性或创造性。

说明：权利要求 1 不具有新颖性或创造性，不能被授予专利权。权利要求 2 和权利要求 3 之间的相同技术特征仍为化合物 X，但是，由于化合物 X 对现有技术没有作出贡献，故不是相同的特定技术特征，而且，权利要求 2 和权利要求 3 之间也没有相应的特定技术特征。因此，权利要求 2 和权利要求 3 之间不存在相同或相应的特定技术特征，缺乏单一性。

【例 9】

权利要求 1：一种高强度、耐腐蚀的不锈钢带，主要成分为（按 % 重量计）Ni=2.0 ～ 5.0，Cr=15 ～ 19，Mo=1 ～ 2 及平衡量的 Fe；带的厚度为 0.5 ～ 2.0mm，其伸长率为 0.2% 时屈服强度超过 $50kg/mm^2$。

权利要求 2：一种生产高强度、耐腐蚀不锈钢带的方法，该带的主要成分为（按 % 重量计）Ni=2.0 ～ 5.0，Cr=15 ～ 19，Mo=1 ～ 2 及平衡量的 Fe，该方法包括以下次序的工艺步骤：

（1）热轧至 2.0 ～ 5.0mm 的厚度；

（2）退火该经热轧后的带子，退火温度为 800 ～ 1000℃；

（3）冷轧该带子至 0.5 ～ 2.0mm 厚度；

（4）退火：温度为 1120 ～ 1200℃，时间为 2 ～ 5 分钟。

与现有技术相比，伸长率为 0.2% 时屈服强度超过 $50kg/mm^2$ 的不锈钢带具有新颖性和创造性。

说明：权利要求 1 与 2 之间有单一性。该产品权利要求 1 的特定技术特征是伸长率为 0.2% 时屈服强度超过 $50kg/mm^2$。权利要求 2 中的工艺步骤正是为生产出具有这样的屈服强度的不锈钢带而采用的加工方法，虽然在权利要求 2 的措辞中没有体现出这一点，但是从说明书中可以清楚地看出。因此，这些工艺步骤就是与产品权利要求 1 所限定的强度特征相应的特定技术特征。

本例的权利要求 2 也可以写成引用权利要求 1 的形式，而不影响它们之间的单一性，如：

权利要求 2：一种生产权利要求 1 的不锈钢带的方法，包括以下工艺步骤[步骤（1）至（4）同前所述，此处省略]。

【例 10】

权利要求 1：一种含有防尘物质 X 的涂料。

权利要求 2：应用权利要求 1 所述的涂料涂布制品的方法，包括以下步骤：（1）用压缩空气将涂料喷成雾状；（2）将雾状的涂料通过一个电极装置 A 使之带电后再喷涂到制品上。

权利要求 3：一种喷涂设备，包括一个电极装置 A。

与现有技术相比，含有物质 X 的涂料是新的并具有创造性，电极装置 A 也是新的并具有创造性。但是，用压缩空气使涂料雾化以及使雾化涂料带电后再直接喷涂到制品上的方法是已知的。

说明：权利要求 1 与 2 有单一性，其中含 X 的涂料是它们相同的特定技术特征；权利要求 2 与 3 也有单一性，其中电极装置 A 是它们相同的特定技术特征。但权利要求 1 与 3 缺乏单一性，因为它们之间缺乏相同或者相应的特定技术特征。

66.【2014 年第 90 题】一件发明专利申请的权利要求如下：

“1. 一种含有防尘物质 X 的涂料。

2. 应用权利要求 1 所述的涂料喷涂制品的方法，包括以下步骤：

（1）用压缩空气将涂料喷成雾状；

（2）将雾状的涂料通过一个电极装置 Y 使之带电后再喷涂到制品上。

3. 一种喷涂设备，包括一个电极装置 Y。”

含有物质 X 的涂料和电极装置 Y 是体现发明对现有技术作出贡献的技术特征。但用压缩空气使涂料雾化以及使雾化涂料带电后再喷涂到制品上的方法是已知的。哪些权利要求之间具有单一性？

A. 权利要求 1 和权利要求 2

B．权利要求 1 和权利要求 3

C．权利要求 2 和权利要求 3

D．权利要求 1、权利要求 2 和权利要求 3

【解题思路】

防尘涂料和该防尘涂料喷涂制品的方法，都具有特定技术特征 X，具有单一性。防尘涂料喷涂制品的方法和喷涂设备都具有特定技术特征 Y，具有单一性。防尘涂料和电极则没有相同或者相应的特定技术特征，不具有单一性。

【参考答案】 AC

【例 11】

权利要求 1：一种处理纺织材料的方法，其特征在于用涂料 A 在工艺条件 B 下喷涂该纺织材料。

权利要求 2：根据权利要求 1 的方法喷涂得到的一种纺织材料。

权利要求 3：权利要求 1 方法中用的一种喷涂机，其特征在于有一喷嘴 C 能使涂料均匀分布在纺织材料上。

现有技术中公开了用涂料处理纺织品的方法，但是，没有公开权利要求 1 的用一种特殊的涂料 A 在特定的工艺条件 B 下（如温度、辐照度等）喷涂的方法；而且，权利要求 2 的纺织材料具有预想不到的特性。喷嘴 C 是新的并具有创造性。

说明：权利要求 1 的特定技术特征是由于选用了特殊的涂料而必须相应地采用的特定的工艺条件；而在采用该特殊涂料和特定工艺条件处理之后得到了权利要求 2 所述的纺织材料。因此，权利要求 1 与权利要求 2 具有相应的特定技术特征，有单一性。权利要求 3 的喷涂机与权利要求 1 或权利要求 2 无相应的特定技术特征，因此权利要求 3 与权利要求 1 或权利要求 2 均无单一性。

67.【2012 年第 45 题】一件发明专利申请的权利要求如下：

“1. 一种处理纺织材料的方法，其特征在于用涂料 L 在工艺条件 M 下喷涂该纺织材料。

2. 根据权利要求 1 的方法喷涂得到的一种纺织材料。

3. 权利要求 1 方法中用的一种喷涂机，其特征在于有一喷嘴 N 能使涂料均匀分布在纺织材料上。”

现有技术中公开了用涂料处理纺织品的方法，但是，没有公开权利要求 1 的用一种特殊的涂料 L 在特定的工艺条件 M 下喷涂的方法，而且，权利要求 2 的纺织材料具有预想不到的特性。喷嘴 N 是新的并具备创造性。下列说法哪些是正确的？

A．权利要求 1、2 之间不具有单一性

B．权利要求 1、3 之间不具有单一性

C．权利要求 2、3 之间不具有单一性

D．权利要求 1、2、3 之间都具有单一性

【解题思路】

权利要求 1 为方法，权利要求 2 为根据该方法获得的产品，两者具有相应的特定技术特征 L 和 M，存在单一性。权利要求 1 中的涂料 L 和工艺条件 M 并不会对权利要求 3 中的喷涂机的结构产生影响，双方缺乏单一性。

【参考答案】 BC

【例 12】

权利要求 1：一种制造方法，包括步骤 A 和 B。

权利要求2：为实施步骤A而专门设计的设备。

权利要求3：为实施步骤B而专门设计的设备。

没有检索到任何与权利要求1方法相关的现有技术文献。

说明：步骤A和B分别为两个体现发明对现有技术作出贡献的特定技术特征，权利要求1与2或者权利要求1与3之间有单一性。权利要求2与3之间由于不存在相同的或相应的特定技术特征，因而没有单一性。

68.【2014年第28题】某发明专利申请的权利要求如下：

"1. 一种饮用水净化装置，其特征在于包含外壳和滤芯。

2. 根据权利要求1所述的装置，其特征在于所述外壳由材料X制成。

3. 根据权利要求1所述的装置，其特征在于所述滤芯由材料Y制成。

4. 制备权利要求1所述的装置的方法，其特征在于包括将外壳和由材料Y制成的滤芯组装的步骤。

5. 用权利要求1所述的装置净化水的方法，其特征在于包括步骤Z。"

已知权利要求1不具备新颖性和创造性，X、Y、Z均为特定技术特征且互不相关。下列说法哪个是正确的？

A. 权利要求2、3之间具有单一性

B. 权利要求2、4之间具有单一性

C. 权利要求3、4之间具有单一性

D. 权利要求4、5之间具有单一性

【解题思路】

权利要求3和权利要求4之间有特定技术特征Y，具有单一性。权利要求2、权利要求3之间，权利要求2、权利要求4之间和权利要求4、权利要求5之间则没有单一性。

【参考答案】 C

【例13】

权利要求1：一种燃烧器，其特征在于混合燃烧室有正切方向的燃料进料口。

权利要求2：一种制造燃烧器的方法，其特征在于其中包括使混合燃烧室形成具有正切方向燃料进料口的步骤。

权利要求3：一种制造燃烧器的方法，其特征在于浇铸工序。

权利要求4：一种制造燃烧器的设备，其特征在于该设备有一个装置X，该装置使燃料进料口按正切方向设置在混合燃烧室上。

权利要求5：一种制造燃烧器的设备，其特征在于有一个自动控制装置D。

权利要求6：一种用权利要求1的燃烧器制造炭黑的方法，其特征在于其中包括使燃料从正切方向进入燃烧室的步骤。

现有技术公开了具有非切向的燃料进料口和混合室的燃烧器，从现有技术来看，带有正切方向的燃料进料口的燃烧器既不是已知的，也不是显而易见的。

说明：权利要求1、权利要求2、权利要求4与权利要求6有单一性，它们的特定技术特征都涉及正切方向的进料口。而权利要求3或权利要求5与权利要求1、权利要求2、权利要求4或权利要求6之间不存在相同或相应的特定技术特征，所以权利要求3或权利要求5与权利要求1、权利要求2、权利要求4或权利要求6之间无单一性。此外，权利要求3与权利要求5之间也无单一性。

69.【2007年第24题】一件发明专利申请首次公开了一种具有新颖性和创造性的结构式为X的化合物，其可以用来对医疗器械进行消毒。与现有技术相比，其消毒效果更好，制造成本明显降低。该发明专利申请的权利要求书包括下列权利要求：

权利要求1：一种化合物，其结构式为X。

权利要求2：一种消毒组合物，其活性成分为结构式为X的化合物。

权利要求3：权利要求1所述的化合物用来消毒医疗器械的用途。

权利要求4：一种消毒医疗器械的方法，其特征在于使用权利要求2的消毒组合物进行消毒。

权利要求5：一种医疗器械，包括部件Y，其特征在于所述器械是使用权利要求4所述的方法消毒过的。

请判断以下哪些结论是正确的？

A. 权利要求1与权利要求2具有单一性

B. 权利要求2与权利要求3具有单一性

C. 权利要求3与权利要求4具有单一性

D. 权利要求4与权利要求5具有单一性

【解题思路】

本题中，由于结构式为X的化合物具有新颖性和创造性，因此可以被认定是对现有技术作出贡献的特定技术特征。权利要求1和权利要求2都明确记载了该技术特征；权利要求3和权利要求4通过分别回引权利要求1和权利要求2而包含了该技术特征。因此，权利要求1～4在技术上相互关联，属于一个总的发明构思，具有单一性。权利要求5要求保护的主题为一种医疗器械，使用权利要求4所述的方法进行消毒对该医疗器械本身的结构不会带来任何影响。也就是说，使用权利要求4所述的方法进行消毒，对权利要求5所请求保护的主题不具有实际的限定作用。对权利要求5有限定作用的是"部件Y"，该特征不同于前述特定技术特征"结构式为X的化合物"，故权利要求5与权利要求1～4之间不具有单一性。

【参考答案】ABC

5. 从属权利要求的单一性判断

《专利审查指南》第2部分第6章第2.2.2.3节规定了从属权利要求的单一性。

根据本章第2.2.1节（5）所述的原则，凡符合规定的从属权利要求，与其所引用的独立权利要求之间不存在缺乏单一性的问题，即使该从属权利要求还包含另外的发明。

例如，一项独立权利要求是一种生产铸铁的新方法。在一个具体的实施例中，提出了在某一温度范围内按所说的方法生产铸铁。在此情况下，对该温度范围可撰写一项从属权利要求，即使在独立权利要求中没有提到温度，也不应当对该从属权利要求提出缺乏单一性的意见。

又如，权利要求1是制造产品A的方法，其特征是使用B为原料；权利要求2是按照权利要求1制造产品A的方法，其特征是所述的原料B是由C制备的。由于权利要求2包含了权利要求1的全部特征，所以无论由C制造B的方法本身是否是一项发明，均不能认为权利要求1与2之间缺乏单一性。

再如，权利要求1是一种汽轮机的叶片，其特征在于该叶片有某种特定的形状；权利要求2是按照权利要求1所述的汽轮机叶片，其特征是该叶片是由合金A制造的。在该例中，即使合金A是新的，它本身可构成一项独立的发明，且它在汽轮机叶片中的应用是有创造性的，也不应当对权利要求2与权利要求1之间的单一性提出意见。

应当注意，在某些情况下，形式上的从属权利要求，实际上是独立权利要求，有可能存在缺乏单一性的问题。例如，权利要求1是一种接触器，具有特征A、B和C；权利要求2是一种权利要求1的接触器，而其中特征C由特征D代替。由于权利要求2并没有包括权利要求1的全部特征，因此不是从属权利要求，而是独立权利要求。应当按照同类的独立权利要求的单一性审查原则来判断它们的单一性。

在一项独立权利要求因缺乏新颖性、创造性等原因不能被授予专利权的情况下，其从属权利要求之间有可能存在缺乏单一性的问题。

【例如】

权利要求1：一种显示器，具有特征A和B。

权利要求2：权利要求1所述的显示器，具有另一特征C。

权利要求3：权利要求1所述的显示器，具有另一特征D。

（1）第一种情况：与现有技术公开的显示器相比，权利要求1所述的具有特征A和B的显示器具有新颖性和创造性。

说明：权利要求2和权利要求3是进一步限定权利要求1保护范围的从属权利要求，因此，权利要求1、权利要求2和权利要求3具有单一性。

（2）第二种情况：从两份现有技术文献的结合来看，权利要求1所述的显示器不具有创造性。而特征C和D分别是对现有技术作出贡献的技术特征，并且两者完全不相关。

说明：由于权利要求1不具有创造性而不能被授予专利权，剩下的权利要求2和权利要求3实际上应视为独立权利要求来确定其是否具有单一性。而权利要求2中的特定技术特征C与权利要求3中的特定技术特征D不相同也不相应，因此，权利要求2和权利要求3无单一性。

70.【2009年第76题】一件发明专利申请中首次公开了化合物M可有效治疗X、Y和Z三种疾病的用途。该发明专利申请的权利要求书包括下列权利要求：

“1. 一种化合物M。

2. 化合物M在制备用于治疗疾病X的药物中的用途。

3. 化合物M在制备用于治疗疾病Y的药物中的用途。

4. 化合物M在制备用于治疗疾病Z的药物中的用途。”

审查意见指出：化合物M已经被现有技术公开，权利要求2～4不具有单一性。下列哪些修改方式能够克服上述单一性缺陷？

A. 保留权利要求2，删除其余三项权利要求

B. 删除权利要求1和权利要求3，保留权利要求2和4

C. 保留权利要求4，删除其余三项权利要求

D. 删除权利要求1，将权利要求2、3和4的技术方案合并在一项权利要求中

【解题思路】

由于化合物M已经被现有技术公开，导致权利要求2～4不具有单一性，因此删掉其他权利要求，仅保留一个权利要求中的一项技术方案的修改方式，克服了不具有单一性的缺陷。B选项中，由于保留了权利要求2和4，而这两项权利要求不包含相同或者相应的技术特征，因此不具有单一性。需要注意的是，在发明和实用新型中，不但各个权利要求之间要具有单一性，权利要求本身也需要具备单一性。权利要求2、3和4是三个平行的技术方案，它们之间没有特定技术特征，合并在一起依然会存在单一性问题。

【参考答案】 AC

71.【2013年第5题】下列说法哪个是正确的？

A. 同一组从属权利要求之间必然具有单一性

B. 若独立权利要求具有新颖性，则其从属权利要求之间必然具有单一性

C. 若独立权利要求具有创造性，则其从属权利要求之间必然具有单一性

D. 若从属权利要求的限定部分还包括了不同于独立权利要求的其他发明，则该从属权利要求和该独立权利要求之间不具有单一性

【解题思路】

如果独立权利要求缺乏新颖性和创造性，那该独立权利要求的从属权利要求可能缺乏单一性。考生需要注意的是，同一组从属权利要求之间必然具有单一性的前提是独立权利要求同时具有新颖性和创造性，仅有新颖性是不够的。在一般情况下，权利要求具有创造性，那必然具有新颖性，故若独立权利要求具有创造性，那其从属权利要求就具有单一性。

【参考答案】 C

六、对于涉及生物材料申请的特殊要求

（一）涉及生物材料申请的请求书应当满足的要求

《专利审查指南》第1部分第1章第5.2.1节规定了涉及生物材料的申请的核查标准。

对于涉及生物材料的申请，申请人除应当使申请符合专利法及其实施细则的有关规定外，还应当办理下列手续：

（1）在申请日前或者最迟在申请日（有优先权的，指优先权日），将该生物材料样品提交至国家知识产权局认可的生物材料样品国际保藏单位保藏。

（2）在请求书和说明书中注明保藏该生物材料样品的单位名称、地址、保藏日期和编号，以及该生物材料的分类命名（注明拉丁文名称）。

（3）在申请文件中提供有关生物材料特征的资料。

（4）自申请日起4个月内提交保藏单位出具的保藏证明和存活证明。

72.【2015年第11题】关于涉及生物

材料的专利申请，下列哪个情形是符合生物材料保藏要求的？

A．申请人自申请日起第2个月在国家知识产权局认可的保藏单位进行了生物保藏，并提交了保藏及存活证明

B．申请人于申请日前2个月在国家知识产权局认可的保藏单位进行了生物保藏，自申请日起第6个月提交了保藏及存活证明

C．申请人于申请日前半个月在国家知识产权局认可的保藏单位进行了生物保藏，自申请日起第2个月提交了保藏及存活证明

D．为防止泄密，申请人于申请日前2个月在其学校的国家重点生物实验室自行进行了生物保藏，自申请日起第2个月提交了保藏及存活证明

【解题思路】

生物领域具有特殊性，如果本领域技术人员无法获得生物材料，则无法重复实现该发明。专利制度是用公开换取保护，故需要申请人在申请日前就将生物材料进行保藏。生物材料的保藏此时为专利申请中的一个不可或缺的部分，提交时间需要和申请文件同步，可提前不能落后，A选项是在申请日之后第二个月，不符合要求。保藏机构接收样品后，出具保藏证明需要花费的时间可能比较短，但存活证明需要样品在数个月后依然存活才能出具，故出具存活证明的时间是在申请日起4个月，B选项是在第6个月。为何不是优先权之日起4个月，因为此时在后申请可能都还没有提交，如先提交存活证明国家知识产权局不知道这是针对哪个专利，主角尚未登场时不应该让配角先出场。生物材料的保藏必须是在国家知识产权局认可的保藏单位，D选项放在自己学校的生物实验室，不符合要求。

【参考答案】 C

73.【2018年第42题】下列哪些情况视为未保藏生物材料？

A．申请日为2017年6月1日，优先权日为2016年9月1日，保藏日期为2017年1月1日，提交保藏证明和存活证明的日期为2017年6月1日

B．申请日为2017年6月1日，优先权日为2016年9月1日，保藏日期为2016年9月1日，提交保藏证明和存活证明的日期为2017年12月1日

C．申请日为2017年6月1日，优先权日为2016年9月1日，保藏日期为2017年3月1日，提交保藏证明和存活证明的日期为2017年7月1日，同日提交了放弃优先权声明

D．申请日为2017年6月1日，优先权日为2016年9月1日，保藏日期为2016年9月1日，提交保藏证明和存活证明的日期为2017年8月1日，后发现请求书和申请文件均没有记载保藏信息，于2017年12月1日提交了补正

【解题思路】

生物材料的保藏日期最晚是优先权日当天，因为作为优先权基础的在先申请也需要在实际申请日之前提交生物材料保藏，以满足充分公开的要求。A选项中的保藏日期在优先权日之后，不符合要求。提交保藏证明和存活证明的日期为实际申请日起4个月内，因为保藏单位出具这两种证明需要时间，尤其是存活证明只能在微生物存活一段时间后才能够出具。B选项中出具存活证明的日期为申请日之后6个月，同样不满足要

求。C 选项申请人放弃了优先权，故按照实际申请日起算，符合要求。申请人更正保藏信息的期限是自申请日起 4 个月，D 选项为 6 个月，不符合要求。

【参考答案】 ABD

（二）涉及生物材料申请的说明书应当满足的要求

《专利审查指南》第 2 部分第 10 章第 9.2.1 节规定了涉及生物材料申请的说明书应当满足的要求。

对于涉及公众不能得到的生物材料的专利申请，应当在请求书和说明书中均写明生物材料的分类命名、拉丁文学名、保藏该生物材料样品的单位名称、地址、保藏日期和保藏编号。在说明书中第一次提及该生物材料时，除描述该生物材料的分类命名、拉丁文学名以外，还应当写明其保藏日期、保藏该生物材料样品的保藏单位全称及简称和保藏编号；此外，还应当将该生物材料的保藏日期、保藏单位全称及简称和保藏编号作为说明书的一个部分集中写在相当于附图说明的位置。如果申请人按时提交了符合《专利法实施细则》第 24 条规定的请求书、保藏证明和存活证明，但未在说明书中写明与保藏有关的信息，允许申请人在实质审查阶段根据请求书的内容将相关信息补充到说明书中。

74.【2014 年第 62 题】下列说法哪些是正确的？

A. 申请专利的发明涉及公众不能得到的新的生物材料，并且对该生物材料的说明不足以使所属领域的技术人员实施其发明的，则应当在申请日前或者最迟在申请日（有优先权的，指优先权日）将该生物材料的样品提交国家知识产权局认可的保藏单位保藏

B. 涉及生物材料样品保藏的专利申请应当在请求书和说明书中写明该生物材料的分类命名（注明拉丁文名称）、保藏该生物材料样品的单位名称、地址、保藏日期和保藏编号

C. 依赖遗传资源完成的发明创造，申请人应当在专利申请文件中说明该遗传资源的直接来源和原始来源；申请人无法说明原始来源的，应当陈述理由

D. 遗传资源来源披露登记表中的内容可被视为原申请记载的内容，可以作为修改说明书和权利要求书的基础

【解题思路】

在生物技术领域，为了满足充分公开的要求，需要将生物材料予以保藏，并说明保藏的具体情况。依赖遗传资源完成的发明创造，需要披露遗传资源的来源，遗传资源来源披露登记表中的内容不属于原始记载的内容。

【参考答案】 ABC

（三）生物材料样品国际保藏单位

国家知识产权局认可的保藏单位是指布达佩斯条约承认的生物材料样品国际保藏单位，其中包括位于我国北京的中国微生物菌种保藏管理委员会普通微生物中心（CGMCC）、位于武汉的中国典型培养物保藏中心（CCTCC）和位于广州的广东省微生物菌种保藏中心（GDMCC）。

（四）保藏证明

《中国典型培养物中心用于专利程序的微生物保藏办法》第 7 条规定："保藏中心在收到保藏请求和微生物培养物时，应当给

请求人书面证明，其内容包括：①保藏单位的名称和地址；②请求人的姓名或者名称和地址；③收到微生物培养物的日期；④保藏中心给予该项保藏微生物的保藏号；⑤保藏中心盖章或者负责人签字。”《中国微生物菌种保藏管理委员会普通微生物中心用于专利程序的微生物保藏办法》第5条作出了同样的规定。

（五）存活证明

《中国典型培养物中心用于专利程序的微生物保藏办法》第10条规定：“保藏中心应当自收到微生物培养物之日起一个月内，对请求保藏的微生物进行存活性试验。上述试验结果除应当在保藏单位登记外，还应当通知请求人和专利局。”《中国微生物菌种保藏管理委员会普通微生物中心用于专利程序的微生物保藏办法》第8条作出了同样的规定。

（六）提供保藏要求的法律意义

《专利审查指南》第2部分第10章第9.2.1节规定了生物材料保藏的法律意义。

《专利法》第26条第3款规定，说明书应当对发明或者实用新型作出清楚、完整的说明，以所属技术领域的技术人员能够实现为准。

通常情况下，说明书应当通过文字记载充分公开申请专利保护的发明。在生物技术这一特定的领域中，有时由于文字记载很难描述生物材料的具体特征，即使有了这些描述也得不到生物材料本身，所属技术领域的技术人员仍然不能实施发明。在这种情况下，为了满足《专利法》第26条第3款的要求，应按规定将所涉及的生物材料到国家知识产权局认可的保藏单位进行保藏。

如果申请涉及的完成发明必须使用的生物材料是公众不能得到的，而申请人却没有按《专利法实施细则》第24条的规定进行保藏，或者虽然按规定进行了保藏，但是未在申请日或者最迟自申请日起4个月内提交保藏单位出具的保藏证明和存活证明的，审查员应当以申请不符合《专利法》第26条第3款的规定驳回该申请。

（七）提交生物材料样品保藏的期限

根据《专利法实施细则》第24条第1项的规定，申请人需要在申请日前或者最迟在申请日（有优先权的，指优先权日），将该生物材料的样品提交国务院专利行政部门认可的保藏单位保藏。

（八）提交保藏证明和存活证明的期限

根据《专利法实施细则》第24条第1项的规定，申请人需在申请时或者最迟自申请日起4个月内提交保藏单位出具的保藏证明和存活证明；期满未提交证明的，该样品视为未提交保藏。

75.【2010年第86题】金某就一种新微生物于2008年9月29日在韩国首次提出了发明专利申请S1。2009年6月29日，金某就该微生物的培育方法在韩国首次提出了发明专利申请S2。2009年10月4日，金某就该微生物及其培育方法向世界知识产权组织国际局提出了PCT申请S3，该PCT申请未指定中国。2009年11月24日，金某委托某专利代理事务所就该微生物及其培育方法在中国提出了发明专利申请S4，并要求享有S1、S2和S3的优先权。S4申请中涉及的新微生物需要保藏。关于S4申请中涉及的微生物样品的保藏，下列说法哪些是正确的？

A. 金某应当最迟于2010年1月24日

将该微生物样品提交保藏

B．金某应当将该微生物样品提交国家知识产权局认可的保藏单位保藏

C．金某应当最迟于2010年1月24日在请求书和说明书中写明该微生物的分类命名

D．金某应当最迟于2010年3月24日提交保藏证明和存活证明

【解题思路】

微生物样品提交保藏的目的是充分公开，因此需要在第一次申请的时候即提交。金某的S系列申请中最早申请的是S1，申请日期是2008年9月29日，故此时就应该将微生物样品提交保藏。向我国国家知识产权局申请的，提交的保藏单位应当是国家知识产权局所认可的单位。需要注意的是，我国于1995年正式加入《国际承认用于专利程序的微生物保存布达佩斯条约》，申请人保藏生物材料样品的单位不再限于国务院专利行政部门指定的单位，也包括符合条约规定的国际保藏单位，故上述选项的用语是“认可”而不是“指定”。微生物的具体保藏情况、保藏证明和存活证明的提交截止日期是申请日后4个月内。

【参考答案】BD

76.【2019年第11题】下列哪个情形符合生物材料保藏要求？

A．申请人自申请日起第4个月在国家知识产权局认可的保藏单位进行了生物保藏，并提交了保藏及存活证明

B．申请人于申请日前4个月在国家知识产权局认可的保藏单位进行了生物保藏，在申请日后的第5个月提交了保藏及存活证明

C．申请人于申请日前1个月在国家知识产权局认可的保藏单位进行了生物保藏，在申请日后的第2个月提交了保藏及存活证明

D．申请人于申请日当天在其学校的国家重点生物实验室自行进行了生物保藏，在申请日后的第2个月提交了保藏及存活证明

【解题思路】

专利申请需要符合的一个要件是“充分公开”，其标准是所属领域的技术人员能够实现该发明创造。在生物领域，情况比较特殊，技术人员如不能获得相关生物材料，则很难重现该发明创造。为此，申请人需要在申请日之前（最晚在申请日当天）将相关生物材料在国家知识产权局所认可的保藏单位进行保藏。保藏单位出具保藏证明和存活证明需要时间，尤其是后者需要保藏一定时间后取出，然后测试其是否还具备活性，故这两份证明是在申请日后4个月内提交。

【参考答案】C

《专利审查指南》第2部分第10章第9.2.3节规定了核苷酸或氨基酸序列表。

（1）当发明涉及由10个或更多核苷酸组成的核苷酸序列，或由4个或更多L-氨基酸组成的蛋白质或肽的氨基酸序列时，应当递交根据国家知识产权局发布的《核苷酸和/或氨基酸序列表和序列表电子文件标准》撰写的序列表。

（2）序列表应作为单独部分来描述并置于说明书的最后。此外申请人还应当提交记载有核苷酸或氨基酸序列表的计算机可读形式的副本。有关序列表的提交参见第1部分第1章4.2节。

如果申请人提交的计算机可读形式的核苷酸或氨基酸序列表与说明书和权利要求

书中书面记载的序列表不一致，则以书面提交的序列表为准。

77.【2013年第84题】张某于2010年5月23日向国家知识产权局提交了一件涉及新生物材料的发明专利申请，该申请的优先权日为2009年9月10日，申请文件中含有11项权利要求、25页说明书和10页核苷酸序列表。该生物材料公众不能得到，并且对该生物材料的说明不足以使所属领域的技术人员实施该发明。下列说法哪些是正确的？

A．张某应当在申请费的缴纳期限内缴纳申请附加费

B．张某应当在2010年5月23日前将该生物样品提交至国家知识产权局认可的保藏单位保藏

C．张某应当在申请的同时提交与该序列表相一致的计算机可读形式的副本

D．张某应当在2010年9月23日前提交生物材料样品的保藏证明和存活证明

【解题思路】

张某的专利申请中有11项权利要求，超过了10项，需要缴纳申请附加费。申请附加费的缴纳期限和申请费相同。张某的申请有优先权，应当在优先权日之前保存样品，并且在申请日之后4个月内提交保藏证明和存活证明。张某的申请中有10页核苷酸列表，需要提交计算机可读形式的副本。

【参考答案】 ACD

七、对涉及遗传资源申请的特殊要求

（一）遗传资源的直接来源、遗传资源的原始来源

遗传资源的直接来源，主要是指申请人获得该遗传资源的直接渠道。遗传资源的原始来源是指该遗传资源的自然生长地或者采集地，而不是指该物种在历史上的起源地。例如，申请人从基因库或者种子库中获得遗传资源，该基因库或者种子库就是获得该遗传资源的直接来源，该基因库或者种子库所记载的该种子的提供国及其详细地点就是获取该遗传资源的原始来源。如果申请人是通过直接从我国某森林中采集某种植物从而获取其遗传基因并利用该基因开发了一种新药，则该森林所在地既是获取该遗传资源的直接来源，也是获取该遗传资源的原始来源。

（二）遗传资源来源披露登记表的填写

《专利审查指南》第1部分第1章第5.3节规定了涉及遗传资源的申请。

就依赖遗传资源完成的发明创造申请专利，申请人应当在请求书中对于遗传资源的来源予以说明，并填写遗传资源来源披露登记表，写明该遗传资源的直接来源和原始来源。申请人无法说明原始来源的，应当陈述理由。对于不符合规定的，审查员应当发出补正通知书，通知申请人补正。期满未补正的，审查员应当发出视为撤回通知书。补正后仍不符合规定的，该专利申请应当被驳回。

78.【2012年第62题】申请人就一件依赖遗传资源完成的发明向国家知识产权局提出了专利申请，并同时提交了遗传资源来源披露登记表。下列说法哪些是正确的？

A．申请人应当在请求书中说明该发明是依赖遗传资源完成的

B．该登记表中应当写明遗传资源的直接来源

C. 该登记表中应当写明遗传资源的原始来源，无法说明原始来源的，应当陈述理由

D. 该登记表经补正仍不符合规定的，国家知识产权局应当驳回该专利申请

【解题思路】

关于遗传资源来源的披露，实质上是充分公开的问题，在请求书中予以说明并披露直接来源和原始来源都是这一原则的体现。如果无法说明原始来源，那也需要作出解释。补正后不符合规定，那就驳回。

【参考答案】 ABCD

79.【2019 年第 38 题】关于涉及遗传资源的专利申请，下列说法正确的是?

A. 对违反法律、行政法规的规定获取遗传资源，并依赖该遗传资源完成的发明创造，不授予专利权

B. 专利法所称依赖遗传资源完成的发明创造，是指利用遗传资源的遗传功能完成的发明创造

C. 依赖遗传资源完成的发明创造，申请人只需在专利申请文件中说明遗传资源的直接来源

D. 遗传资源，是指取自人体、动物、植物或者微生物等含有遗传功能单位并具有实际或者潜在价值的材料

【解题思路】

为保护国内的遗传资源，专利法规定对违反法律、行政法规的规定获取遗传资源，并依赖该遗传资源完成的发明创造，不授予专利权。遗传资源来自动物、植物或者微生物，含有遗传功能单位，如 DNA 和 RNA。所谓依赖遗传资源完成的发明创造，是指利用遗传资源的遗传功能完成的发明创造。猪肉中含有遗传资源，但如果仅是将其剁成肉馅制作肉包子，那就没有利用其遗传功能。依赖遗传资源完成的发明创造，申请人除了需要说明遗传资源的直接来源之外，还需要说明原始来源。本题源自 2016 年第 49 题，略有修改。

【参考答案】 ABD

第二节　外观设计专利申请文件

《专利法》第 27 条 :“申请外观设计专利的，应当提交请求书、该外观设计的图片或者照片以及对该外观设计的简要说明等文件。申请人提交的有关图片或者照片应当清楚地显示要求专利保护的产品的外观设计。”

《专利法实施细则》第 29 条 :“国务院专利行政部门认为必要时，可以要求外观设计专利申请人提交使用外观设计的产品样品或者模型。样品或者模型的体积不得超过 30 厘米 ×30 厘米 ×30 厘米，重量不得超过 15 公斤。易腐、易损或者危险品不得作为样品或者模型提交。”

80.【2008 年第 2 题】下列哪些说法是正确的?

A. 申请外观设计专利的，应当提交请求书，请求书中应当写明使用该外观设计的产品

B. 申请外观设计专利的，应当提交简要说明，简要说明中应当有对产品技术效果的说明

C. 申请外观设计专利的，应当提交外观设计的图片或者照片

D．国家知识产权局认为有必要时，可以要求申请人提交外观设计产品样品

【解题思路】

申请外观设计需要提交请求书，另外，外观设计是同具体产品结合在一起的，故请求书中应当说明使用该外观设计的产品。外观设计保护的是一种艺术设计，只用语言文字难以清楚的界定，故必须存在图片或照片。当然，只是图片和照片，没有文字进行补充说明，也不容易准确地界定保护范围，故外观设计必须提交简要说明。外观设计保护的是艺术设计，不是技术方案，简要说明中不应该出现产品技术效果的说明。有时仅从申请人提交的图片或者照片中，难以看清楚该外观设计的全貌，此时国务院专利行政部门就有可能要求申请人提交使用该外观设计的产品样品或者模型。

【参考答案】 ACD

81.【2012 年第 98 题】申请外观设计专利时，下列哪些内容应当在简要说明中写明？

A．外观设计产品的名称

B．外观设计产品的用途

C．外观设计产品的性能

D．外观设计产品的设计要点

【解题思路】

简要说明是为了对外观设计进行说明，产品的性能不能用来帮助判断外观设计产品所属的种类，对性能的说明也有商业广告之嫌。

【参考答案】 ABD

一、请求书

（一）外观设计专利申请请求书的法律效力

与发明和实用新型相同，申请外观设计的，同样需要提交请求书。请求书是申请人向国家知识产权局请求授予外观设计专利的愿望的文件。申请外观设计专利填写请求书时应当使用国家知识产权局印制的标准表格，其中应当写明的内容绝大部分与申请发明或实用新型专利的请求书相同。

（二）请求书应当包含的主要内容及其应当满足的要求

请求书应当包括使用外观设计的产品名称、设计人、申请人、联系人、代表人、专利代理机构、专利代理师、地址以及其他事项。除了使用外观设计的产品名称方面的规定外，其他事项基本上与发明或实用新型一致。外观设计中的设计人就相当于发明中的发明人。

《专利审查指南》第 1 部分第 3 章第 4.1.1 节规定了使用外观设计的产品名称的表述要求。

使用外观设计的产品名称对图片或者照片中表示的外观设计所应用的产品种类具有说明作用。使用外观设计的产品名称应当与外观设计图片或者照片中表示的外观设计相符合，准确、简明地表明要求保护的产品的外观设计。产品名称一般应当符合国际外观设计分类表中小类列举的名称。产品名称一般不得超过 20 个字。

产品名称通常还应当避免下列情形：

（1）含有人名、地名、国名、单位名称、商标、代号、型号或以历史时代命名的

产品名称；

（2）概括不当、过于抽象的名称，例如“文具”“炊具”“乐器”“建筑用物品”等；

（3）描述技术效果、内部构造的名称，例如“节油发动机”“人体增高鞋垫”“装有新型发动机的汽车”等；

（4）附有产品规格、大小、规模、数量单位的名称，如“21 英寸电视机”“中型书柜”“一副手套”等；

（5）以外国文字或无确定的中文意义的文字命名的名称，如“克莱斯酒瓶”，但已经众所周知并且含义确定的文字可以使用，如“DVD 播放机”“LED 灯”“USB 集线器”等。

82.【2016 年第 50 题】下列在外观设计请求书中填写的使用外观设计的产品名称哪些是正确的？

A．LED 灯

B．办公用品

C．图形用户界面

D．成套沙发

【解题思路】

办公用品这个概念过于宽泛，不符合要求。LED 属于已经众所周知并且含义确定的外国文字，符合要求。外观设计需和产品结合，光“图形用户界面”看不出是手机还是电脑的界面。“成套”沙发中虽然有个“套”字，但这属于常见的表述。类似的还有“方凳”和“圆桌”，虽然描绘了产品的形状，但依然属于符合要求的外观设计名称。

【参考答案】 AD

（三）应当随同请求书提交的各类证明文件及其主要内容

应当随同请求书提交的证明文件主要包括以下情形：

（1）申请是分案申请的，提交原申请文件的副本；要求优先权的，还应当提交原申请的优先权文件副本。

（2）要求优先权的，在 3 个月内提交第一次提出的专利申请文件的副本。

（3）要求不丧失新颖性宽限期的，应当自申请日起两个月内提交证明文件。

二、图片或照片

（一）外观设计图片或者照片的法律效力

《专利法》第 64 条第 2 款：“外观设计专利权的保护范围以表示在图片或者照片中的该产品的外观设计为准，简要说明可以用于解释图片或者照片所表示的该产品的外观设计。”

（二）图片或者照片的提交要求

《专利审查指南》第 1 部分第 3 章第 4.2 节规定了外观设计图片或者照片的基本要求。

1. 立体产品的视图要求

《专利法》第 27 条第 2 款规定，申请人提交的有关图片或者照片应当清楚地显示要求专利保护的产品的外观设计。

就立体产品的外观设计而言，产品设计要点涉及六个面的，应当提交六面正投影视图；产品设计要点仅涉及一个或几个面的，应当至少提交所涉及面的正投影视图和立体图，并应当在简要说明中写明省略视图的原因。

2. 平面产品的视图要求

就平面产品的外观设计而言，产品设计要点涉及一个面的，可以仅提交该面正投影视图；产品设计要点涉及两个面的，应当提交两面正投影视图。

3. 必要是需要提交的其他图形

申请人在必要时，还应当提交该外观设计产品的展开图、剖视图、剖面图、放大图以及变化状态图。

申请人可以提交参考图，参考图通常用于表明使用外观设计的产品的用途、使用方法或者使用场所等。

4. 色彩的要求

色彩包括黑白灰系列和彩色系列。对于简要说明中声明请求保护色彩的外观设计专利申请，图片的颜色应当着色牢固、不易褪色。

83.【2017 年第 64 题】下列各图是一款食物料理机的外观设计专利申请的视图，已知主视图和立体图正确，下列哪些视图明显错误？

A. 左视图

B. 右视图

C. 俯视图

D. 仰视图

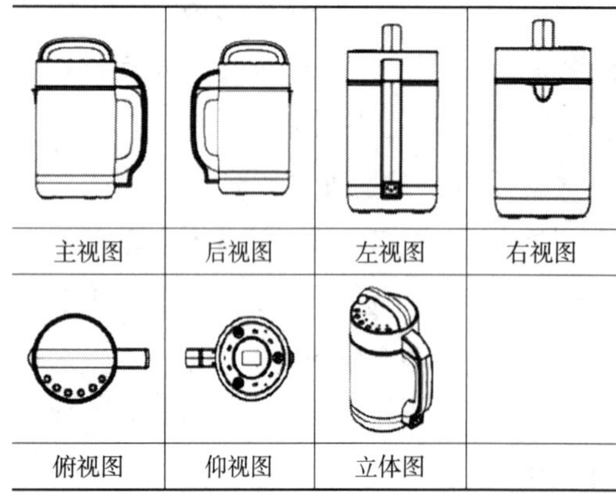

【解题思路】

主视图正确，显示的是料理机的把手在右侧。左视图是从左侧看，把手应当被料理机主体遮挡住看不见。右视图是从右边看，应当能看见把手。立体图显示，料理机顶盖上除了 6 个较大的圆孔外，还有 6 个较小的孔，俯视图中这些孔没有体现。仰视图是从底部往上看，把手应该是在右侧而不是左侧。

【参考答案】 ABCD

84.【2018 年第 45 题】下列各图是一款电饭煲的外观设计专利申请的视图，已知主视图和立体图正确，下列哪些视图明显错误？

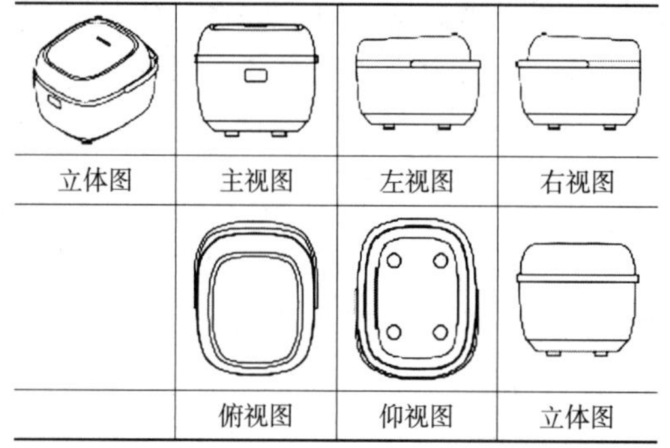

A. 左视图

B. 右视图

C. 俯视图

D. 仰视图

【解题思路】

左视图是从产品的左侧观看，右视图则是在右侧观看。在本题中，左视图和右视图刚好对调。俯视图中缺少了盖子上的长条形出气孔。

【参考答案】 ABC

5. 视图名称及其标注

《专利审查指南》第 1 部分第 3 章第 4.2.1 节规定了视图的名称及其标注的基本要求。

六面正投影视图的视图名称，是指主视图、后视图、左视图、右视图、俯视图和仰视图。其中主视图所对应的面应当是使用时通常朝向消费者的面或者最大程度反映产品的整体设计的面。例如，带杯把的杯子的主视图应是杯把在侧边的视图。

各视图的视图名称应当标注在相应视图的正下方。

对于成套产品，应当在其中每件产品的视图名称前以阿拉伯数字顺序编号标注，并在编号前加“套件”字样。例如，对于成套产品中的第 4 套件的主视图，其视图名称为套件 4 主视图。

对于同一产品的相似外观设计，应当在每个设计的视图名称前以阿拉伯数字顺序编号标注，并在编号前加“设计”字样。例如，设计 1 主视图。

组件产品，是指由多个构件相结合构成的一件产品。分为无组装关系、组装关系唯一或者组装关系不唯一的组件产品。对于组装关系唯一的组件产品，应当提交组合状态的产品视图；对于无组装关系或者组装关系不唯一的组件产品，应当提交各构件的视图，并在每个构件的视图名称前以阿拉伯数字顺序编号标注，并在编号前加“组件”字样。例如，对于组件产品中的第 3 组件的左视图，其视图名称为：组件 3 左视图。对于有多种变化状态的产品的外观设计，应当在其显示变化状态的视图名称后，以阿拉伯数字顺序编号标注。

6. 图片的绘制

《专利审查指南》第 1 部分第 3 章第 4.2.2 节规定了图片的绘制。

图片应当参照我国技术制图和机械制图国家标准中有关正投影关系、线条宽度以及剖切标记的规定绘制，并应当以粗细均匀的实线表达外观设计的形状。不得以阴影线、指示线、虚线、中心线、尺寸线、点划线等线条表达外观设计的形状。可以用两条平行的双点划线或自然断裂线表示细长物品的省略部分。图面上可以用指示线表示剖切位置和方向、放大部位、透明部位等，但不得有不必要的线条或标记。图片应当清楚地表达外观设计。

图片可以使用包括计算机在内的制图工具绘制，但不得使用铅笔、蜡笔、圆珠笔绘制，也不得使用蓝图、草图、油印件。对于使用计算机绘制的外观设计图片，图面分辨率应当满足清晰的要求。

85.【2017 年第 16 题】下列关于外观设计专利申请中提交的图片或照片，不符合规定的是？

A. 图片的绘制使用双点划线来表示细长物品的省略部分

B. 在图片中用指示线表示剖切位置和剖切方向

C. 对需要依靠衬托物来清楚显示产品外观设计的申请，拍摄照片时保留了衬托物

D. 对产品设计中不要求进行专利保护的结构采用虚线绘制

【解题思路】

细长物品的省略部分可以用两条平行的双点划线绘制，A 选项去除了“两条”和“平行”这两个修饰语，强调的是用来绘制的线条为“双点划线”。这种表述并没有问题。用指示线表示剖切位置和剖切方向符合机械制图的要求。拍摄照片时保留衬托物是为了更好地显示外观设计。外观设计的绘图当中不能够用虚线来表示外观设计的形状，不要求进行保护的部分可以在简要说明中进行说明。

【参考答案】 D

7. 照片的拍摄

《专利审查指南》第1部分第3章第4.2.3节规定了照片的拍摄要求。

（1）照片应当清晰，避免因对焦等原因导致产品的外观设计无法清楚地显示。

（2）照片背景应当单一，避免出现该外观设计产品以外的其他内容。产品和背景应有适当的明度差，以清楚地显示产品的外观设计。

（3）照片的拍摄通常应当遵循正投影规则，避免因透视产生的变形影响产品的外观设计的表达。

（4）照片应当避免因强光、反光、阴影、倒影等影响产品的外观设计的表达。

（5）照片中的产品通常应当避免包含内装物或者衬托物，但对于必须依靠内装物或者衬托物才能清楚地显示产品的外观设计时，则允许保留内装物或者衬托物。

86.【2010年第13题】下列关于外观设计专利申请中的图片或者照片的说法哪些是正确的？

A. 照片中的产品不允许包含内装物或者衬托物

B. 图片可以使用铅笔、蜡笔、圆珠笔绘制

C. 照片的拍摄通常应当遵循正投影规则，避免因透视产生的变形影响产品的外观设计的表达

D. 透明产品的外观设计，外层与内层有两种以上形状、图案和色彩时，应当分别表示出来

【解题思路】

一般来说，照片中的产品不允许包含内装物或衬托物，但如果必须靠内装物才能显示产品外观时，则允许保留。外观设计申请是正式的法律文件，铅笔、蜡笔和圆珠笔绘制的图片容易被篡改，不符合要求。

【参考答案】 CD

8. 图片或者照片的缺陷

《专利审查指南》第1部分第3章第4.2.4节规定了图片或者照片的缺陷的审核标准。

对于图片或者照片中的内容存在缺陷的专利申请，审查员应当向申请人发出补正通知书或者审查意见通知书。根据《专利法》第33条的规定，申请人对专利申请文件的修改不得超出原图片或者照片表示的范围。所述缺陷主要是指下列各项：

（1）视图投影关系有错误，如投影关系不符合正投影规则、视图之间的投影关系不对应或者视图方向颠倒等。

（2）外观设计图片或者照片不清晰，图片或者照片中显示的产品图形尺寸过小；或者虽然图形清晰，但因存在强光、反光、阴影、倒影、内装物或者衬托物等而影响产品外观设计的正确表达。

（3）外观设计图片中的产品绘制线条包含有应删除或修改的线条，如视图中的阴影线、指示线、虚线、中心线、尺寸线、点划线等。

（4）表示立体产品的视图有下述情况的：

①各视图比例不一致；

②产品设计要点涉及六个面，而六面正投影视图不足，但下述情况除外：

后视图与主视图相同或对称时可以省略后视图；

左视图与右视图相同或对称时可以省略左视图（或右视图）；

俯视图与仰视图相同或对称时可以省略俯视图（或仰视图）；

大型或位置固定的设备和底面不常见的物品可以省略仰视图。

（5）表示平面产品的视图有下述情况的：

①各视图比例不一致；

②产品设计要点涉及两个面，而两面正投影视图不足，但后视图与主视图相同或对称的情况以及后视图无图案的情况除外。

（6）细长物品，如量尺、型材等，绘图时省略了中间一段长度，但没有使用两条平行的双点划线或自然断裂线断开的画法。

（7）剖视图或剖面图的剖面及剖切处的表示有下述情况的：

①缺少剖面线或剖面线不完全；

②表示剖切位置的剖切位置线、符号及方向不全或缺少上述内容（但可不给出表示从中心位置处剖切的标记）。

（8）有局部放大图，但在有关视图中没有标出放大部位的。

（9）组装关系唯一的组件产品缺少组合状态的视图；无组装关系或者组装关系不唯一的组件产品缺少必要的单个构件的视图。

（10）透明产品的外观设计，外层与内层有两种以上形状、图案和色彩时，没有分别表示出来。

三、简要说明

（一）简要说明的法律效力

《专利法》第64条第2款："外观设计专利权的保护范围以表示在图片或者照片中的该产品的外观设计为准，简要说明可以用于解释图片或者照片所表示的该产品的外观设计。"

87.【2010年第51题】下列有关外观设计专利申请简要说明的说法哪些是正确的？

A. 申请外观设计专利时，应当提交简要说明

B. 在简要说明中应当写明设计要点

C. 外观设计专利申请人自申请日起两个月内，可以对简要说明提出主动修改

D. 在侵权判断过程中，简要说明可以用于解释图片或者照片所表示的该产品的外观设计

【解题思路】

简要说明是外观设计申请文件的必要组成部分，用来说明哪些性质重要，但又在图片或照片中难以指明的内容。设计要点无疑很重要，并且在图片中无法表示，那就应该出现在简要说明中。为了尽快申请，申请人可能申请得比较匆忙，考虑不周，需要给予补救的机会。外观设计和实用新型没有实质审查，补救的机会就是在申请日起两个月内主动修改。简要说明的地位类似于发明和实用新型中的说明书，可以用来解释专利权的保护范围。

【参考答案】 ABCD

（二）简要说明应当包括的内容

《专利审查指南》第1部分第3章第4.3节规定了简要说明应当包括的内容。

《专利法》第64条第2款规定，外观设计专利权的保护范围以表示在图片或者照片中的该产品的外观设计为准，简要说明可以用于解释图片或者照片所表示的该产品的外观设计。

根据《专利法实施细则》第28条的规定，简要说明应当包括下列内容：

（1）外观设计产品的名称。简要说明中的产品名称应当与请求书中的产品名称一致。

（2）外观设计产品的用途。简要说明中应当写明有助于确定产品类别的用途。对于具有多种用途的产品，简要说明应当写明所述产品的多种用途。

（3）外观设计的设计要点。设计要点是指与现有设计相区别的产品的形状、图案及其结合，或者色彩与形状、图案的结合，或者部位。对设计要点的描述应当简明扼要。

（4）指定一幅最能表明设计要点的图片或者照片。指定的图片或者照片用于出版专利公报。

88.【2016年第51题】某外观设计专利在其简要说明中说明请求保护色彩，下列哪些说法是正确的？

A．该专利要求保护的外观设计为图片或照片所示包含有色彩的外观设计

B．该专利要求保护的外观设计为以色彩设计为设计要点的外观设计

C．在判断被诉设计是否落入该专利的保护范围时，应重点考虑色彩对整体视觉效果的影响

D．在判断被诉设计是否落入授权专利的保护范围时，应将该专利中的色彩设计以及图片或照片所示其他设计作整体观察、综合判断

【解题思路】

既然外观设计在简要说明中要求保护色彩，那该专利保护的就是图片或照片所示包含有色彩的外观设计，在判断保护范围时也需要考虑色彩的因素。不过，外观设计要求保护色彩并不意味着色彩为设计要点，在判断专利保护范围时，色彩也不需要重点考虑。

【参考答案】 AD

89.【2017年第65题】下列哪些内容可以在外观设计简要说明中写明？

A．一个玻璃水杯，写明该产品由透明材料制成

B．一套茶具，写明套件1为茶壶，套件2为茶杯，套件3为茶碟

C．一款汽车，写明其为新能源动力驱动

D．一幅花布，写明其单元图案为四方连续无限定边界并请求保护色彩

【解题思路】

产品由透明材料制成，会对外观有影响，应当写入简要说明。配套产品中写明各个套件的名称有利于公众理解外观设计。外观设计保护的是艺术而不是技术，汽车由新能源动力驱动属于技术领域。花布的连续无固定边界以及色彩都属于外观设计的保护范围，为帮助公众理解，应当写入简要说明。

【参考答案】 ABD

90.【2019年第50题】以下哪些内容可以在外观设计简要说明中写明？

A．外观设计产品的技术效果

B．外观设计产品的底部是透明的

C．外观设计产品的内部结构

D．请求保护的外观设计包含有色彩

【解题思路】

外观设计保护的是外部可以看到的设计，并且属于“艺术”范畴，故产品的内部

结构和技术效果没必要写入简要说明。产品的透明部位和色彩对外观设计的视觉效果有影响，需要在简要说明中写明。

【参考答案】 BD

（三）应当在简要说明中写明的情形

此外，下列情形应当在简要说明中写明：

（1）请求保护色彩或者省略视图的情况。

如果外观设计专利申请请求保护色彩，应当在简要说明中声明。

如果外观设计专利申请省略了视图，申请人通常应当写明省略视图的具体原因，如因对称或者相同而省略；如果难以写明的，也可仅写明省略某视图，如大型设备缺少仰视图，可以写为"省略仰视图"。

（2）对同一产品的多项相似外观设计提出一件外观设计专利申请的，应当在简要说明中指定其中一项作为基本设计。

（3）对于花布、壁纸等平面产品，必要时应当描述平面产品中的单元图案两方连续或者四方连续等无限定边界的情况。

（4）对于细长物品，必要时应当写明细长物品的长度采用省略画法。

（5）如果产品的外观设计由透明材料或者具有特殊视觉效果的新材料制成，必要时应当在简要说明中写明。

（6）如果外观设计产品属于成套产品，必要时应当写明各套件所对应的产品名称。

简要说明不得使用商业性宣传用语，也不能用来说明产品的性能和内部结构。

91.【2009 年第 33 题】申请外观设计专利时，下列哪些内容可以在简要说明中写明？

A. 商业性宣传用语

B. 产品的性能和内部结构

C. 设计要点及其所在部位

D. 产品由具有特殊视觉效果的新材料制成

【解题思路】

申请专利并不是广告宣传，不管是发明、实用新型还是外观设计，商业性宣传用语都是禁止的。产品的性能属于技术领域，内部结构不是消费者所能看到的部分，都不属于外观设计的保护范围，自然都不能出现在简要说明中。设计要点和特殊视觉效果的新材料对外观设计有着重要的影响，且难以通过图片或照片本身来表达，应该出现在简要说明中。

【参考答案】 CD

92.【2011 年第 44 题】外观设计专利申请简要说明中含有的下列哪些内容不符合相关规定？

A. 外观设计产品的名称为"人体增高鞋垫"

B. 外观设计产品是一种用来烧开水的电器，热效率高、省电

C. 设计要点在于产品表面的图案美观大方

D. 指定主视图和俯视图用于出版专利公报

【解题思路】

A 选项的名称中描述了技术效果，B 选项描绘了技术效果，都不符合规定。设计要点是指与现有设计相区别的产品的形状、图案及其结合，或者色彩与形状、图案的结合，美观大方不是设计要点。专利公报上使用的图片只能有一张，且应该是最能体现外

观设计要点的那张图片。

【参考答案】 ABCD

四、涉及图形用户界面的外观设计申请

《专利审查指南》第1部分第3章第4.4节规定了涉及图形用户界面的外观设计申请的审查标准。

涉及图形用户界面的产品外观设计是指产品设计要点包括图形用户界面的设计。

（一）产品名称

《专利审查指南》第1部分第3章第4.4.1节规定了产品名称的基本要求

产品名称包括图形用户界面的产品外观设计名称，应表明图形用户界面的主要用途和其所应用的产品，一般要有“图形用户界面”字样的关键词，动态图形用户界面的产品名称要有“动态”字样的关键词。如：“带有温控图形用户界面的冰箱”“手机的天气预报动态图形用户界面”“带视频点播图形用户界面的显示屏幕面板”。

不应笼统仅以“图形用户界面”名称作为产品名称，如：“软件图形用户界面”“操作图形用户界面”。

93.【2017年第63题】下列在请求书中写明的使用外观设计的产品名称哪些不正确？

A. 带有图形用户界面的手机

B. 手动工具

C. 祛皱美白精华素包装瓶

D. 小米运动手环

【解题思路】

手动工具过于抽象，扳手、螺丝刀、剪刀乃至锤子都是手动工具。包装瓶这一名称中没有必要加上祛皱美白精华素这种带有广告宣传的描述。小米运动手环则带有商标名称。根据《专利审查指南》2019年的修改，图形用户界面外观设计专利申请需要写明图形用户界面的用途和应用的产品，A选项中没有写明图形用户界面的用途，不正确。

【参考答案】 ABCD

（二）外观设计图片或照片

《专利审查指南》第1部分第3章第4.4.2节规定了外观设计图片或照片的基本要求。

包括图形用户界面的产品外观设计应当满足本部分第三章第4.2节的规定。对于设计要点仅在于图形用户界面的，应当至少提交一幅包含该图形用户界面的显示屏幕面板的正投影视图。

如果需要清楚地显示图形用户界面设计在最终产品中的大小、位置和比例关系，需要提交图形用户界面所涉及面的一幅正投影最终产品视图。

图形用户界面为动态图案的，申请人应当至少提交一个状态的图形用户界面所涉及面的正投影视图作为主视图；其余状态可仅提交图形用户界面关键帧的视图作为变化状态图，所提交的视图应能唯一确定动态图案中动画完整的变化过程。标注变化状态图时，应根据动态变化过程的先后顺序标注。

对于用于操作投影设备的图形用户界面，除提交图形用户界面的视图之外，还应当提交至少一幅清楚显示投影设备的视图。

94.【2019年第49题】提交外观设计申请的视图时，下列说法正确的是？

A. 对于立体产品的外观设计，产品设计要点涉及六个面的，应当提交六面正投影视图

B. 对于组装关系唯一的组件产品的外观设计，应当提交组合状态的视图

C. 对于平面产品的外观设计，产品设计要点涉及一个面的，可以仅提交该面正投影视图

D. 对于图形用户界面的产品外观设计，应当提交整体产品外观设计视图

【解题思路】

外观设计的申请文件需要充分公开该设计，故如果产品设计要点涉及六个面，就需要提交六面正投影视图，如果仅涉及一个面，则提交该面的正投影视图即可。组件产品的组装关系如果唯一，那提交组合状态的视图可以清晰地表明该设计的内容；如果组装关系有很多种，如积木，那就不可能要求将所有的组合状态的视图都提交。2019年《专利审查指南》修改前，一件图形用户界面申请只能局限在一种特定的产品上，故需要提交整体产品外观设计视图。这样的规定不利于那些可以同时适用于手机、电脑屏幕的通用图形用户界面的保护。2019年《专利审查指南》修改后，弱化了图形用户界面与最终产品的联系，解决了图形用户界面在一类或多类产品上通用保护的问题。对于设计要点仅在于图形用户界面的申请，将视图要求简化为至少提交一幅包含该图形用户界面的显示屏幕面板的正投影视图，从而将图形用户界面与其具体所应用的产品脱钩。同时对于这种通用性图形用户界面，要求在简要说明中以穷举的形式明确其应用的最终产品。

【参考答案】 ABC

（三）简要说明

《专利审查指南》第1部分第3章第4.4.3节规定了简要说明。

包括图形用户界面的产品外观设计应在简要说明中清楚说明图形用户界面的用途，并与产品名称中体现的用途相对应。如果仅提交了包含该图形用户界面的显示屏幕面板的正投影视图，应当穷举该图形用户界面显示屏幕面板所应用的最终产品，例如，“该显示屏幕面板用于手机、电脑”。必要时说明图形用户界面在产品中的区域、人机交互方式以及变化过程等。

五、外观设计专利申请的单一性

（一）同一产品的两项以上的相似外观设计

1. 同一产品的认定

《专利审查指南》第1部分第3章第9.1.1节规定了同一产品的含义。

根据《专利法》第31条第2款的规定，一件申请中的各项外观设计应当为同一产品的外观设计。例如，均为餐用盘的外观设计。如果各项外观设计分别为餐用盘、碟、杯、碗的外观设计，虽然各产品同属于国际外观设计分类表中的同一大类，但并不属于同一产品。

2. 相似外观设计的判断方式

《专利审查指南》第1部分第3章第9.1.2节规定了相似外观设计的判断方式。

根据《专利法实施细则》第35条第1款的规定，同一产品的其他外观设计应当与简要说明中指定的基本外观设计相似。

判断相似外观设计时，应当将其他外观设计与基本外观设计单独进行对比。

初步审查时，对涉及相似外观设计的申请，应当审查其是否明显不符合《专利法》第31条第2款的规定。一般情况下，经整

体观察，如果其他外观设计和基本外观设计具有相同或者相似的设计特征，并且二者之间的区别点在于局部细微变化、该类产品的惯常设计、设计单元重复排列或者仅色彩要素的变化等情形，则通常认为二者属于相似的外观设计。

95.【2010 年第 74 题】简要说明中指定设计 1 为基本设计，下列设计哪些能作为设计 1 的相似设计与设计 1 在一件外观设计专利申请中提出?

A. 设计 2

B. 设计 3

C. 设计 4

D. 设计 2、设计 3、设计 4

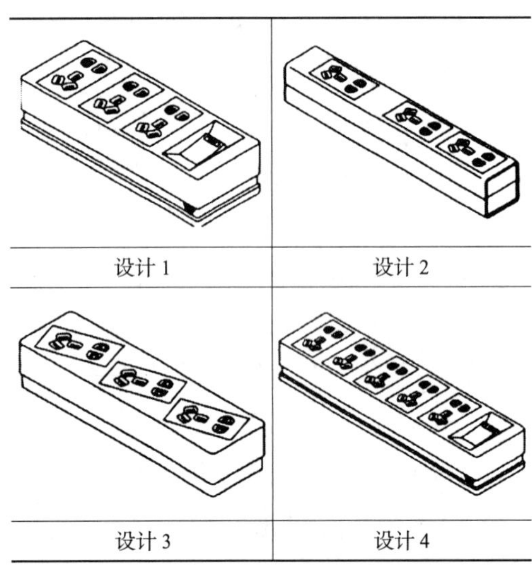

设计 1　设计 2　设计 3　设计 4

【解题思路】

设计 2、设计 3 与设计 1 明显不同的一点是都没有开关，且基本单元和插座主轴的角度与设计 1 不同，故不属于相似的外观设计。设计 4 与设计 1 相比在于设计单元重复排列，属于相似的外观设计。

【参考答案】 C

3. 相似外观设计的项数

《专利审查指南》第 1 部分第 3 章第 9.1 节规定了同一产品的两项以上的相似外观设计申请的审查标准。

根据《专利法》第 31 条第 2 款的规定，同一产品两项以上的相似外观设计可以作为一件申请提出。

一件外观设计专利申请中的相似外观设计不得超过 10 项。超过 10 项的，审查员应发出审查意见通知书，申请人修改后未克服缺陷的，驳回该专利申请。

（二）成套产品的外观设计

1. 成套产品的外观设计的定义

《专利审查指南》第 1 部分第 3 章第 9.2 节规定了成套产品的外观设计的含义。

《专利法实施细则》第 35 条第 2 款规定，用于同一类别并且成套出售或者使用的产品并且具有相同设计构思的两项以上外观设计，可以作为一件申请提出。

成套产品是指由两件以上（含两件）属于同一大类、各自独立的产品组成，各产品的设计构思相同，其中每一件产品具有独立的使用价值，而各件产品组合在一起又能体现出其组合使用价值的产品，如由咖啡杯、咖啡壶、牛奶壶和糖罐组成的咖啡器具。

2. 同一类别

《专利审查指南》第 1 部分第 3 章第 9.2.1 节规定了同一类别的含义。

根据《专利法》第 31 条第 2 款以及《专利法实施细则》第 35 条第 2 款的规定，两项以上（含两项）外观设计可以作为一件申请提出的条件之一是该两项以上外观设计的产品属于同一类别，即该两项以上外观设计的产品属于国际外观设计分类表中的同一大类。

需要说明的是，产品属于同一大类并非是合案申请的充分条件，其还应当满足《专利法》第31条第2款有关成套出售或者使用以及属于相同设计构思的要求。

3. 成套出售或者使用

《专利审查指南》第1部分第3章第9.2.2节规定了成套出售或者使用的含义。

《专利法实施细则》第35条第2款所述的成套出售或者使用，指习惯上同时出售或者同时使用并具有组合使用价值。

（1）同时出售，是指外观设计产品习惯上同时出售。例如，由床罩、床单和枕套等组成的多套件床上用品。为促销而随意搭配出售的产品，如书包和铅笔盒，虽然在销售书包时赠送铅笔盒，但是这不应认为是习惯上同时出售，不能作为成套产品提出申请。

（2）同时使用，是指产品习惯上同时使用。也就是说，使用其中一件产品时，会产生使用联想，从而想到另一件或另几件产品的存在，而不是指在同一时刻同时使用这几件产品。例如，咖啡器具中的咖啡杯、咖啡壶、糖罐、牛奶壶等。

96.【2009年第62题】下列有关就成套产品提出一件外观设计专利申请的说法哪些是正确的？

A. 构成成套产品的各产品应当属于国际外观设计分类表中的同一小类

B. 成套产品应当是习惯上同时出售、同时使用的两件以上的产品

C. 成套产品的设计构思应当相同

D. 构成成套产品的各产品的外观设计必须分别符合授予专利权的条件，才能对该申请授予专利权

【解题思路】

根据细则，成套产品应当属于同一大类而不再是同一小类。成套产品应当是同时出售或同时使用，B中用顿号连接“同时出售”和“同时使用”，表达的是并列的“和”而不是选择的“或”，排除。

【参考答案】 CD

97.【2016年第53题】下列哪些选项所示外观设计可以作为一件外观设计专利申请提出？

A. 轿车和轿车车模的相似外观设计

B. 设计构思相同的床、床头柜的外观设计

C. 咖啡杯和咖啡壶的成套产品外观设计，以及与其中的咖啡杯相似的另一款咖啡杯外观设计

D. 仅有色彩差别的产品包装盒的两项外观设计

【解题思路】

轿车和车模不属于同一大类，即使设计构思相似，也不能作为一件外观设计提出。床和床头柜属于同一类别并且成套出售或者使用的产品，可以作为一件外观设计专利申请提出。两项仅有色彩差别的包装盒属于同一产品的类似设计，可以作为一件外观设计专利申请提出。能够作为一件申请提出的可以是类似的咖啡杯a1、a2、a3、a4，或者是成套的产品咖啡杯A、咖啡壶B，但不能将a1和A、B作为一件申请提出。

【参考答案】 BD

4. 各产品的设计构思相同

设计构思相同，是指各产品的设计风格是统一的，即对各产品的形状、图案或者其结合以及色彩与形状、图案的结合所作出

的设计是统一的。

（1）形状的统一，是指各个构成产品都以同一种特定的造型为特征，或者各构成产品之间以特定的造型构成组合关系，即认为符合形状统一。

（2）图案的统一，是指各产品上图案设计的题材、构图、表现形式等方面应当统一。若其中有一方面不同，则认为图案不统一，如咖啡壶上的设计以兰花图案为设计题材，而咖啡杯上的设计图案为熊猫，由于图案所选设计题材不同，则认为图案不统一，不符合统一和谐的原则，因此不能作为成套产品合案申请。

（3）对于色彩的统一，不能单独考虑，应当与各产品的形状、图案综合考虑。当各产品的形状、图案符合统一协调的原则时，在简要说明中没有写明请求保护色彩的情况下，设计构思相同；在简要说明中写明请求保护色彩的情况下，如果产品的色彩风格一致则设计构思相同；如果各产品的色彩变换较大，破坏了整体的和谐，则不能作为成套产品合案申请。

（三）成套产品中不应包含相似外观设计

成套产品外观设计专利申请中不应包含某一件或者几件产品的相似外观设计。例如，一项包含餐用杯和碟的成套产品外观设计专利申请中，不应再包括所述杯和碟的两项以上的相似外观设计。

对不符合上述规定的申请，审查员应当发出审查意见通知书要求申请人修改。

（四）合案申请的外观设计应当分别具备授权条件

《专利审查指南》第 1 部分第 3 章第 9.3 节规定合案申请的外观设计应当分别具备授权条件。

需要注意的是，无论是涉及同一产品的两项以上的相似外观设计，还是成套产品的外观设计专利申请，其中的每一项外观设计或者每件产品的外观设计除了应当满足上述合案申请的相关规定外，还应当分别具备其他授权条件；如果其中的一项外观设计或者一件产品的外观设计不具备授权条件，则应当删除该项外观设计或者该件产品的外观设计，否则该专利申请不能被授予专利权。

第四章　申请获得专利权的程序及手续

【基本要求】

熟悉专利申请程序中的基本概念；熟悉发明、实用新型和外观设计专利的申请及审查流程；掌握关于专利申请及审查程序的规定和原则；熟悉与专利申请有关的手续及其文件。

第一节　基本概念

一、申请日

（一）申请日的确定

《专利审查指南》第5部分第3章第2.3.1节对申请日的确定作出了具体的规定。

向专利局受理处或者代办处窗口直接递交的专利申请，以收到日为申请日；通过邮局邮寄递交到专利局受理处或者代办处的专利申请，以信封上的寄出邮戳日为申请日；寄出的邮戳日不清晰无法辨认的，以专利局受理处或者代办处收到日为申请日，并将信封存档。通过速递公司递交到专利局受理处或者代办处的专利申请，以收到日为申请日。邮寄或者递交到专利局非受理部门或者个人的专利申请，其邮寄日或者递交日不具有确定申请日的效力，如果该专利申请被转送到专利局受理处或者代办处，以受理处或者代办处实际收到日为申请日。分案申请以原申请的申请日为申请日，并在请求书上记载分案申请递交日。

《专利法实施细则》第40条："说明书中写有对附图的说明但无附图或者缺少部分附图的，申请人应当在国务院专利行政部门指定的期限内补交附图或者声明取消对附图的说明。申请人补交附图的，以向国务院专利行政部门提交或者邮寄附图之日为申请日；取消对附图的说明的，保留原申请日。"

1.【2010年第15题】在专利申请符合受理条件的情况下，下列哪些申请的申请日可以确定为2010年4月26日？

A. 申请人以邮寄方式递交的申请，寄出的邮戳日为2010年4月26日

B. 国家知识产权局专利代办处于2010年4月26日收到申请人通过速递公司递交的专利申请

C. 申请人以邮寄方式递交到国家知识产权局某审查员的专利申请，邮戳日为2010年4月26日，该审查员于2010年4月27日将其递交受理处

D. 国家知识产权局电子专利申请系统于2010年4月26日接收到的电子申请

【解题思路】

通过邮局递交，那么申请日为寄出的邮戳日，如果是速递公司，那只能是收到日，双方并不一致。专利申请有严格的程序，不能直接寄给审查员。直接寄给审查员的，没有法律效力，只能以审查员提交到受

理处的日期为准。国家知识产权局正在大力推广电子申请，通过电子申请提交的，进入国家知识产权局系统的日期即为申请日。

【参考答案】 ABD

2.【2015年第13题】在下列哪个情形下，国家知识产权局将重新确定申请日？

A．甲通过邮局寄交的专利申请，因邮戳不清，国家知识产权局以收到日作为申请日，甲于收到受理通知书一个月后提交了邮局出具的寄出日期有效证明

B．乙的实用新型专利申请的说明书中写有对附图3的说明，但缺少相关附图，接到审查员发出的补正通知后，乙删除了该附图说明

C．丙提交的发明专利申请文件中缺少说明书摘要，一个月后丙补交了说明书摘要

D．丁提出的分案申请请求书中原案申请日填写错误，三天后经补正符合规定

【解题思路】

申请人如果认为国家知识产权局给出的申请日与实际不符，可以申请更正。不过，申请更正需要在收到受理通知书后一个月之内提起，A项中为一个月以后。确定申请日的前提是申请文件齐全。说明书附图属于申请公开的内容，可以用来解释权利要求，是申请文件中的重要组成部分。有附图说明但缺少相应附图时，申请人有两个选择：补交附图或者删除对附图的说明。如果补交附图，那就以提交或邮寄附图之日为申请日。如果当事人认为自己在说明书所写的附图说明是不需要的，那可以取消该附图说明。申请人取消附图说明后，并没有对申请文件产生实质性的影响，不存在与其他申请人进行不公平竞争的问题，故可以维持原申请日。至于说明书摘要，仅仅是一种技术信息，不会影响到该发明申请的保护范围和公开范围，故缺少摘要并不会影响申请日期。分案申请中母案的申请日如填写有误，审查员会要求申请人补正，补正符合要求的，审查员会重新确定申请日。

【参考答案】 D

3.【2018年第1题】甲、乙、丙、丁分别就无人驾驶汽车用摄像装置各自独立地先后完成了同样的发明创造，并就该发明创造分别向国家知识产权局提交了专利申请。根据下述选项所述的情形，则应当被授予专利权的是：

A．甲于2014年8月1日向国家知识产权局受理部门提交的符合规定的发明专利申请文件

B．乙于2014年8月6日向国家知识产权局受理部门提交的符合规定的发明专利申请文件，并享有2013年8月6日的优先权

C．丙于2013年8月1日通过顺丰速递向国家知识产权局受理部门寄交的符合规定的发明专利申请文件，国家知识产权局受理部门于2013年8月2日收到该申请文件

D．丁于2013年7月30日通过邮局向国家知识产权局受理部门寄交的符合规定的发明专利申请文件，国家知识产权局受理部门于2013年8月8日收到该申请文件

【解题思路】

我国实行先申请原则，甲、乙、丙、丁就同样的发明创造提起专利申请，专利权授予最先申请的人。甲直接向国家知识产权局受理部门提交申请，申请日为2014年8月1日；乙享有优先权，优先权日为2013

年8月6日；丙通过速递公司提交申请，申请日为收到日2013年8月2日；丁通过邮局寄送申请文件，申请日为寄出日2013年7月30日。在四个申请人中，丁的申请日最早，应当被授予专利权。

【参考答案】 D

（二）申请日的作用

申请日在《专利法》上有极大的重要性，主要体现在以下几个方面：

（1）申请文件经专利行政部门确定申请日，给予申请号以后，就正式取得《专利法》上“专利申请”的地位。而且，由于我国采用“先申请原则”，这种专利申请，对于以后他人就同样的发明创造所提交的申请而言，是“先申请”的地位，只有该先申请才能获得专利权。

4.【2011年第34题】赵某于2010年5月7日完成一项发明创造，并于2010年5月11日下午到当地的代办处面交了专利申请。王某于2010年5月4日独立完成同样的发明创造，并于2010年5月10日通过速递公司提交申请文件，国家知识产权局受理处于次日上午收到该申请文件。如果两件申请均符合其他授权条件，则专利权应当授予谁？

A. 赵某

B. 王某

C. 赵某和王某

D. 赵某和王某协商确定的申请人

【解题思路】

赵某于2010年5月11日向代办处提交申请，申请日就是5月11日。王某通过速递公司提交文件，应该按照国家知识产权局的收到日期来计算申请日，这里也是5月11日。双方同日申请，《专利法》中没有同日申请就采用发明在先的规定，故只能由双方来协商确定。如果协商不成，则两个申请都会被驳回。

【参考答案】 D

（2）对发明、实用新型来说，申请日（有优先权的，指优先权日）是判断对比文件是否属于现有技术或抵触申请，从而判断该发明或实用新型是否具备新颖性和创造性的时间界限；对外观设计来说，申请日也是判断对比文件是否属于现有设计或抵触申请，从而判断外观设计是否符合授权标准的界限。

（3）第一次申请的申请日是以后就相同主题提出专利申请的优先权日。对于发明和实用新型专利申请来说，在首次申请日（优先权日）起12个月内，申请人又就相同主题在本国或者外国提出专利申请的，可以享有优先权；对于外观设计专利申请而言，在首次申请日6个月内，申请人又就相同主题在外国提出外观设计保护的申请的，可以享有优先权。

（4）发明专利申请的申请日是对发明专利申请提出实质性审查请求的3年期限的起算日，如果该申请享有优先权，则自优先权日起计算。如果在期限内不提出实质审查的请求，该申请即被视为撤回。

（5）申请日是专利权期限的起算日。不管是否有优先权，专利权期限的起算日都是该专利的实际申请日。

（6）发明专利申请的公布时间是自申请日（有优先权的，指优先权日）起18个月届满之时。

5.【2007年第10题】一件享有外国优

先权的发明专利申请的优先权日为2006年2月20日，申请日为2007年2月7日。以下说法哪些是正确的？

A. 该申请自2007年2月7日起满十八个月即行公布

B. 申请人提出实质审查请求的期限为自2006年2月20日起三年

C. 如果该项专利申请被授予专利权，则其保护期限自2007年2月7日起计算

D. 2006年2月20日以前在出版物上公开发表的技术属于该发明专利申请的现有技术

【解题思路】

发明专利从申请日起满18个月公布，有优先权的，从优先权日起满18个月公布。提出实质审查的时间是从优先权日起3年。专利的保护期限是从申请日起计算。在优先权日之前公开发表的技术属于现有技术。

【参考答案】 BCD

二、优先权

（一）优先权的定义

优先权原则源自于1883年签订的《保护工业产权巴黎公约》，目的是便于缔约国国民在其本国提出专利或者商标申请后向其他缔约国提出申请。所谓优先权，是指申请人在一个缔约国第一次提出申请后，可以在一定期限内就同一主题向其他缔约国申请保护，其在后申请在某些方面被视为是在第一次申请的申请日提出的。换句话说，申请人提出的在后申请与其他人在其首次申请之后就同一主题所提出的申请相比，享有优先的地位，这是"优先权"一词的由来。

（二）优先权日

《专利法》第29条："申请人自发明或者实用新型在外国第一次提出专利申请之日起十二个月内，或者自外观设计在外国第一次提出专利申请之日起六个月内，又在中国就相同主题提出专利申请的，依照该外国同中国签订的协议或者共同参加的国际条约，或者依照相互承认优先权的原则，可以享有优先权。

申请人自发明或者实用新型在中国第一次提出专利申请之日起十二个月内，或者自外观设计在中国第一次提出专利申请之日起六个月内，又向国务院专利行政部门就相同主题提出专利申请的，可以享有优先权。"

【提醒】

2020年《专利法》修改后，增加了外观设计专利的国内优先权，期限同样是6个月。该修改可以理解为2008年《专利法》修改后的一个"迟来的配套措施"。在2008年之前，外观设计专利申请只能是一件单独的产品A，此时国内优先权并无多大意义。因为如果要享有优先权，在后申请也必须与在先申请相同的A，在后申请提出后，在先申请视为撤回。申请人折腾这么一次，除了A的保护期从在后申请之日起算，能够延长几个月之外，并不能获得其他利益。2008年《专利法》修改后，允许同一产品的相似外观设计和成套产品的外观设计在一件专利申请中提出，此时外观设计的国内优先权就有存在的价值。如在先申请为产品A，在后申请与之配套的产品B，此时就可以通过国内优先权将两者并在一件申请中。

（三）优先权的期限

根据《专利法》第29条，优先权的起

算日是首次申请的申请日，其中发明和实用新型的优先权期限是12个月，外观设计的优先权期限是6个月。

（四）优先权的种类

优先权可以分为外国优先权和本国优先权（国内优先权）。设立本国优先权，为本国发明人提出和修改专利提供方便是国际上十分普遍的做法。

1. 享有外国优先权的条件

《专利审查指南》第2部分第3章第4.1.1节规定了享有外国优先权的条件。

享有外国优先权的专利申请应当满足以下条件：

（1）申请人就相同主题的发明创造在外国第一次提出专利申请（以下简称“外国首次申请”）后又在中国提出专利申请（以下简称“中国在后申请”）。

（2）就发明和实用新型而言，中国在后申请之日不得迟于外国首次申请之日起12个月。

（3）申请人提出首次申请的国家或政府间组织应当是同中国签有协议或者共同参加国际条约，或者相互承认优先权原则的国家或政府间组织。

享有外国优先权的发明创造与外国首次申请审批的最终结果无关，只要该首次申请在有关国家或政府间组织中获得了确定的申请日，就可作为要求外国优先权的基础。

6.【2016年第60题】申请X是申请Y所要求优先权的在先申请。申请X在说明书中记载了由技术特征a、b构成的技术方案，在权利要求书中记载了技术特征b、c构成的技术方案，在说明书摘要中记载了技术特征a、c构成的技术方案。申请Y要求保护的下列哪些技术方案可以要求申请X的优先权？

A. 技术特征b、c构成的技术方案

B. 技术特征a、b构成的技术方案

C. 技术特征a、c构成的技术方案

D. 技术特征a、b、c构成的技术方案

【解题思路】

作为优先权基础的在先技术方案可以记载在权利要求书中，也可以记载在说明书中。由于说明书摘要不属于公开的内容，仅记载在说明书摘要中的技术特征a、c构成的技术方案不可以要求优先权。技术特征a、b、c构成的技术方案在先申请中并没有直接记载，同样不能作为优先权的基础。

【参考答案】 AB

《专利审查指南》第2部分第3章第4.1.2节规定了相同主题的发明创造的定义。

《专利法》第29条所述的相同主题的发明或者实用新型，是指技术领域、所解决的技术问题、技术方案和预期的效果相同的发明或者实用新型。但应注意这里所谓的相同，并不意味在文字记载或者叙述方式上完全一致。

审查员应该注意，对于中国在后申请权利要求中限定的技术方案，只要已记载在外国首次申请中就可享有该首次申请的优先权，而不必要求其包含在该首次申请的权利要求书中（有关优先权的核实适用本部分第8章第4.6节的规定）。

7.【2014年第60题】在判断是否享有优先权时，下列关于“相同主题的发明创造”的说法哪些是错误的？

A. 对发明或者实用新型而言，相同主题的发明创造仅指权利要求相同

B. 技术领域相同、技术方案相似的发明或者实用新型属于相同主题的发明创造

C. 能够解决完全相同的技术问题的发明或者实用新型都属于相同主题的发明创造

D. 能够达到完全相同的预期效果的发明或者实用新型都属于相同主题的发明创造

【解题思路】

在后申请权利要求中的技术方案，如果记载在首次申请的说明书中，同样可以构成相同主题的发明创造。相同的发明创造要求技术方案相同而不是相似。能够解决完全相同的技术问题的技术方案可以有很多种，所谓条条大路通罗马。这些技术方案可能截然不同，不属于相同主题的发明创造。同样，达到完全相同的预期效果的技术方案也可以有很多种。

【参考答案】 ABCD

8.【2018 年第 59 题】某申请人在 12 个月内向国家知识产权局先后提交了 2 份申请请求保护一种可燃气体，其中两份申请的区别仅在于记载的可燃气体中的氧气体积含量不同、其他特征相同，且该在先申请是申请人在中国的首次申请。则以下情况中，在后申请可以要求享有在先申请的优先权的是：

A. 在先申请权利要求的氧气体积含量为 20% ～ 50%，在后申请权利要求的氧气体积含量为 30% ～ 60%。但在先申请既没有记载氧气含量范围为 50% ～ 60%，也没明确记载氧气含量为 30%。

B. 在先申请权利要求的氧气体积含量为 20% ～ 50% 并在说明书记载了氧气体积含量可以为 30%，在后申请权利要求的氧气体积含量为 30% ～ 60%。

C. 在先申请权利要求的氧气体积含量为 20% ～ 50% 并在说明书记载了氧气体积含量可以为 30%、35%，在后申请权利要求的氧气体积含量分别为 30%、35%、50%。

D. 在先申请权利要求的氧气体积含量分别为 20%、50%，但在该在先申请的说明书中没有记载氧气含量为 20% ～ 50% 之间的范围内的技术方案，在后申请权利要求的氧气体积含量为 20% ～ 50%。

【解题思路】

能获得优先权的必须是“相同的主题”。根据立法原意，在后申请权利要求的保护范围小于在先申请的也符合要求。A、B 选项中，在先申请中氧气含量都为 20% ～ 50%，在后申请则都为 30% ～ 60%，数值范围仅部分重叠，不符合要求。D 选项中，在先申请为两个端点 20% 和 50%，在后申请则要求保护一个区间 20% ～ 50%，也不符合要求。只有 C 选项，在后申请要求保护的三个点 30%、35%、50% 都落入在先申请要求保护的范围 20% ～ 50% 内，并且在先申请中对 30%、35% 这两个数值也有记载。需要注意的是，考试结束后公布的考题征求意见版中，B 选项在后申请中氧气体积含量为 30% ～ 60%，之后出版的官方真题解析中，含量变为 30% ～ 50%。按照后面的版本，则 B 选项也是正确的。

【参考答案】 C

2. 享有本国优先权的条件

《专利审查指南》第 2 部分第 3 章第 4.2.1 节规定了享有本国优先权的条件。

享有本国优先权的专利申请应当满足以下条件：

（1）只适用于发明或者实用新型专利申请；

（2）申请人就相同主题的发明或者实用新型在中国第一次提出专利申请（以下简称“中国首次申请”）后又向专利局提出专利申请（以下简称“中国在后申请”）；

（3）中国在后申请之日不得迟于中国首次申请之日起 12 个月。

【提醒】

2020 年《专利法》修改后，外观设计专利也能享有本国优先权，期限是 6 个月。不过《专利审查指南》尚未进行适应性的修改。

被要求优先权的中国在先申请的主题有下列情形之一的，不得作为要求本国优先权的基础：

（1）已经要求外国优先权或者本国优先权的，但要求过外国优先权或者本国优先权而未享有优先权的除外；

（2）已经被授予专利权的；

（3）属于按照《专利法实施细则》第 42 条规定提出的分案申请。

应当注意，当申请人要求本国优先权时，作为本国优先权基础的中国首次申请，自中国在后申请提出之日起即被视为撤回。

9.【2009 年第 77 题】申请人刘某于 2008 年 6 月 18 日向国家知识产权局提交了一件发明专利申请。下列由刘某就相同主题提出的在先申请，哪些可以作为其要求本国优先权的基础？

A. 申请日为 2007 年 9 月 14 日的中国发明专利申请，刘某已在该申请的基础上提出分案申请

B. 申请日为 2007 年 6 月 20 日的中国实用新型专利申请，但该申请因为没有缴纳申请费已被视为撤回

C. 申请日为 2007 年 6 月 22 日的中国实用新型专利申请，该申请于 2008 年 6 月 13 日被公告授予专利权

D. 申请日为 2007 年 7 月 25 日的中国发明专利申请，该申请享有申请日为 2006 年 8 月 15 日的美国专利申请的优先权

【解题思路】

在判断一项在先申请是否可以作为本国优先权的基础时，需要考虑两个原则：一是防止重复授权，二是不能超过优先权期限。为防止重复授权，申请人要求本国优先权的，其在先申请自后一申请提出之日起即视为撤回。只有还没有授权时，才能谈到撤回的问题，已经授权的就无法撤回，故不能作为优先权的基础。如果是发出了授权通知书但还没有办理登记手续，没进行公告，那还有挽回余地，可以享有优先权。为防止超过优先权期限，在先申请不能已经要求过优先权。如 D 为申请日为 2007 年 7 月 25 日的中国发明专利申请，该申请享有申请日为 2006 年 8 月 15 日的美国专利申请的优先权，如果该申请还能要求优先权，那整个优先权期限就会回溯到 2006 年 8 月 15 日，超过 12 个月。分案申请也是如此，分案享受原案的申请日，要求优先权也会超过优先权期限。至于视为被撤回的申请，在先被提出分案的母案申请，它们不会导致重复授权，也不会超过优先权期限，可以成为要求优先权的基础。另外，发明和实用新型保护的都是技术，可以通过优先权制度进行转换；外观设计保护的是艺术，不能通过优先权转化为发

明或实用新型。

【参考答案】 AB

10.【2015年第18题】下列说法哪个是正确的?

A. 分案申请不能作为要求本国优先权的基础

B. 申请人可以以发明专利申请为基础,提出实用新型专利分案申请

C. 要求本国优先权的在后申请的发明人应当与在先申请的发明人一致或者部分一致

D. 申请人应当在其分案申请递交日起三个月内提交原申请的申请文件副本,期满未提交的,分案申请将被视为未提出

【解题思路】

分案申请享有母案申请的申请日,如果可以作为优先权的基础,那容易突破优先权的期限。分案申请不能改变申请类别,原案申请为发明的,不能提出实用新型的分案申请。如果想改变类别,可以通过要求优先权来实现。与在先申请的发明人一致是对分案申请的要求而不是对享受优先权的在后申请的要求。考生可以这么理解,在后申请可能是另外一批发明人在借鉴了在先发明的基础上作出了新的发明创造,故在后申请的发明人不一致也很正常;而分案申请是从母案中分出来的,发明人自然也应该是母案中的那批人,至少也是其中部分人员。提交分案申请时,原申请文件副本需要同时提交。

【参考答案】 A

(五)优先权的效力

《专利审查指南》第2部分第3章第4.1.3节规定了优先权的效力。

申请人在外国首次申请后,就相同主题的发明创造在优先权期限内向中国提出的专利申请,都看作是在该外国首次申请的申请日提出的,不会因为在优先权期间内,即首次申请的申请日与在后申请的申请日之间任何单位和个人提出了相同主题的申请或者公布、利用这种发明创造而失去效力。

此外,在优先权期间内,任何单位和个人可能会就相同主题的发明创造提出专利申请。由于优先权的效力,任何单位和个人提出的相同主题发明创造的专利申请不能被授予专利权。也就是说,由于有作为优先权基础的外国首次申请的存在,使得从外国首次申请的申请日起至中国在后申请的申请日中间,由任何单位和个人提出的相同主题的发明创造专利申请,因失去新颖性而不能被授予专利权。

11.【2006年第22题】对于一件要求外国优先权的发明专利申请,在其优先权期限内发生的下列哪些事件不会损害其新颖性?

A. 他人就相同主题在我国提出另外一件实用新型专利申请

B. 他人将相同主题的发明创造在一本国外刊物上公开

C. 一家企业在我国境内实施相同主题的发明创造

D. 其作为优先权基础的在先申请在外国被授予专利权

【解题思路】

享有优先权的核心效力就在于判断在后申请新颖性和创造性的时间标准为优先权日,因此,优先权日以后发生的相关事件与在后申请的新颖性无关。

【参考答案】 ABCD

12.【2011 年第 3 题】在专利申请享有优先权的情况下，下列哪些期限是以专利申请的优先权日作为起算日？

A. 专利权的期限

B. 发明专利申请提出实质审查请求的期限

C. 缴纳优先权请求费的期限

D. 缴纳专利年费的期限

【解题思路】

实质审查请求以优先权日为起算日，专利权的期限、缴纳申请费、年费以及优先权请求费则以实际申请日为起算日。专利年费从属于保护期限，保护日是从实际申请日起算，那年费也应该从申请日起算。实质审查制度是给申请人一段时间评估相关技术是否具有商业前景，从而有进行实质审查的必要。这种评估应该是在申请人第一次进行申请的时候就已经开始了，故如果相关申请有优先权的，那应该从优先权日开始起算。

【参考答案】 B

（六）多项优先权

1. 外国多项优先权和外国部分优先权

《专利审查指南》第 2 部分第 3 章第 4.1.4 节规定了外国多项优先权和外国部分优先权

根据《专利法实施细则》第 32 条第 1 款的规定，申请人在一件专利申请中，可以要求一项或者多项优先权；要求多项优先权的，该申请的优先权期限从最早的优先权日起计算。

关于外国多项优先权和外国部分优先权的规定如下：

（1）要求多项优先权的专利申请，应当符合《专利法》第 31 条及《专利法实施细则》第 34 条关于单一性的规定。

（2）作为多项优先权基础的外国首次申请可以是在不同的国家或政府间组织提出的。例如，中国在后申请中，记载了两个技术方案 A 和 B。其中，A 是在法国首次申请中记载的，B 是在德国首次申请中记载的，两者都是在中国在后申请之日以前 12 个月内分别在法国和德国提出的。在这种情况下，中国在后申请就可以享有多项优先权，即 A 享有法国的优先权日，B 享有德国的优先权日。如果上述的 A 和 B 是两个可供选择的技术方案，申请人用“或”结构将 A 和 B 记载在中国在后申请的一项权利要求中，则中国在后申请同样可以享有多项优先权，即有不同的优先权日。但是，如果中国在后申请记载的一项技术方案是由两件或者两件以上外国首次申请中分别记载的不同技术特征组合成的，则不能享有优先权。例如，中国在后申请中记载的一项技术方案是由一件外国首次申请中记载的特征 C 和另一件外国首次申请中记载的特征 D 组合而成的，而包含特征 C 和 D 的技术方案未在上述两件外国首次申请中记载，则中国在后申请就不能享有以此两件外国首次申请为基础的外国优先权。

（3）要求外国优先权的申请中，除包括作为外国优先权基础的申请中记载的技术方案外，还可以包括一个或多个新的技术方案。例如，中国在后申请中除记载了外国首次申请的技术方案外，还记载了对该技术方案进一步改进或者完善的新技术方案，如增加了反映说明书中新增实施方式或实施例的从属权利要求，或者增加了符合单一性的独立权利要求。在这种情况下，审查员不得以中国在后申请的权利要求书中增加的技术方案未在外国首次申请中记载为理由，拒绝给予优先权，或者将其驳回；而应当对于该中国在后申请中所要求的与外国首次申请中相同主题的发明创造给予优先权，有效日期为外国首次申请的申请日，即优先权日，其余的则以中国在后申请之日为申请日。该中国在后申请中有部分技术方案享有外国优先权，故称为外国部分优先权。

13.【2019 年 第 13 题】甲 2001 年 10 月向美国提出首次申请，其中权利要求请求保护技术方案 A1，说明书还描述了技术方案 A2。甲后于 2001 年 12 月向德国也提出一份申请，其中权利要求请求保护技术方案 A1 和 A3。2002 年 5 月，甲又向中国国家知识产权局提出申请，请求保护技术方案 A1、A2 和 A3，并要求享有美国和德国的优先权。下列说法正确的是？

A．方案 A1、A3 能享有优先权，A2 不能享有优先权

B．方案 A1、A2 能享有优先权，A3 不能享有优先权

C．方案 A3 能享有优先权，A1、A2 不能享有优先权

D．A1、A2 和 A3 都能享有优先权

【解题思路】

判断 A1、A2 和 A3 是否有可以享有优先权的条件是看首次记载该技术方案的专利申请文件距此次中国申请的时间是否超过了 12 个月。本题中，技术方案 A1 和 A2 首次在美国申请中提出，距中国申请为 7 个月，技术方案 A3 则首次在德国申请中提出，距中国申请为 5 个月。为此，技术方案 A1、A2 和 A3 都能享有优先权。

【参考答案】 D

2. 本国多项优先权和本国部分优先权

《专利审查指南》第 2 部分第 3 章第 4.2.4 节规定了本国多项优先权和本国部分优先权的适用条件。

《专利法实施细则》第 32 条第 1 款的规定不仅适用于外国多项优先权，也适用于本国多项优先权。关于本国多项优先权和本国部分优先权的规定如下：

（1）要求多项优先权的专利申请，应当符合《专利法》第 31 条及《专利法实施细则》第 34 条关于单一性的规定。

（2）一件中国在后申请中记载了多个技术方案。例如，记载了 A、B 和 C 三个方案，它们分别在三件中国首次申请中记载过，则该中国在后申请可以要求多项优先权，即 A、B、C 分别以其中国首次申请的申请日为优先权日。

（3）一件中国在后申请中记载了技术方案 A 和实施例 a_1、a_2、a_3，其中只有 a_1 在中国首次申请中记载过，则该中国在后申请中 a_1 可以享有本国优先权，其余则不能享有本国优先权。

（4）一件中国在后申请中记载了技术方案 A 和实施例 a_1、a_2。技术方案 A 和实施例 a_1 已经记载在中国首次申请中，则在后申请中技术方案 A 和实施例 a_1 可以享有本国优先权，实施例 a_2 则不能享有本国优先权。

应当指出，本款情形在技术方案 A 要求保护的范围仅靠实施例 a_1 支持不够的时候，申请人为了使方案 A 得到支持，可以补充实施例 a_2。但是，如果 a_2 在中国在后申请提出时已经是现有技术，则应当删除 a_2，并

将A限制在由 a_1 支持的范围内。

（5）继中国首次申请和在后申请之后，申请人又提出第二件在后申请。中国首次申请中仅记载了技术方案 A_1；第一件在后申请中记载了技术方案 A_1 和 A_2，其中 A_1 已享有中国首次申请的优先权；第二件在后申请记载了技术方案 A_1、A_2 和 A_3。对第二件在后申请来说，其中方案 A_2 可以要求第一件在后申请的优先权；对于方案 A_1，由于该第一件在后申请中方案 A_1 已享有优先权，因而不能再要求第一件在后申请的优先权，但还可要求中国首次申请的优先权。

14.【2010 年第 69 题】在先申请记载了某种粘结剂，其中环氧树脂的含量为 30% ～ 60%，该申请还公开了环氧树脂含量为 40% 的实施例，该粘结剂的其他技术特征与在后申请相同。在后申请要求保护的技术方案中环氧树脂的含量为下列哪些数值的，可以享有在先申请的优先权？

A. 30% ～ 40%

B. 40%

C. 50%

D. 60%

【解题思路】

在先申请公开了 30% ～ 60% 这个范围和 40% 这三个数值，但没有公开 50% 这个数值，故 C 选项不能享有优先权。

【参考答案】 ABD

15.【2013 年第 94 题】在满足其他条件的情况下，下列关于发明专利申请优先权的说法哪些是正确的？

A. 在判断能否享有优先权时，应当判断在后申请要求保护的技术方案是否记载在在先申请的说明书、权利要求书和摘要中

B. 在后申请记载两个技术方案，在先申请的只记载了其中的一个技术方案，则在后申请的两个技术方案都不能享有优先权

C. 在后申请记载了两个技术方案，这两个技术方案分别记载在不同的在先申请中，则该在后申请的两个技术方案都能享有优先权

D. 如果在后申请的技术方案仅记载在在先申请的说明书中，而没有记载在权利要求书中，该技术方案也能享有优先权

【解题思路】

在后申请中的技术方案要获得优先权，那必须记载在在先申请中，记载的地方可以是说明书，也可以是权利要求书，但不能是摘要，因为摘要不属于原始记载的内容。如果在后申请中包含了多个技术方案，那只有记载在在先申请中的技术方案才能享受优先权。

【参考答案】 CD

三、申请号

（一）申请号的组成

专利申请号的组成方面的内容主要是来自国家知识产权局制定的《专利申请号标准》。

专利申请号，是指国家知识产权局受理一件专利申请时给予该专利申请的一个标识号码，用 12 位阿拉伯数字表示，包括申请年号、申请种类号和申请流水号三个部分。

（二）申请号的含义

按照由左向右的次序，专利申请号中的第 1 ～ 4 位数字表示受理专利申请的年号，第 5 位数字表示专利申请的种类，第 6 ～ 12

位数字（共 7 位）为申请流水号，表示受理专利申请的相对顺序。

申请号中的年号采用公元纪年，例如，2004 表示专利申请的受理年份为公元 2004 年。

专利申请号中的申请种类号用 1 位数字表示，所使用数字的含义规定如下：1 表示发明专利申请；2 表示实用新型专利申请；3 表示外观设计专利申请；8 表示进入中国国家阶段的 PCT 发明专利申请；9 表示进入中国国家阶段的 PCT 实用新型专利申请。上述申请种类号中未包含的其他阿拉伯数字在作为种类号使用时的含义由国家知识产权局另行规定。

专利申请号中的申请流水号用 7 位连续数字表示，一般按照升序使用，例如从 0000001 开始，顺序递增，直至 9999999。每一自然年度的专利申请号中的申请流水号重新编排，即从每年 1 月 1 日起，新发放的专利申请号中的申请流水号不延续上一年度所使用的申请流水号，而是从 0000001 重新开始编排。

校验位，是指以专利申请号中使用的数字组合作为源数据经过计算得出的 1 位阿拉伯数字（0 至 9）或大写英文字母 X。

专利申请号编号规则如下图所示：

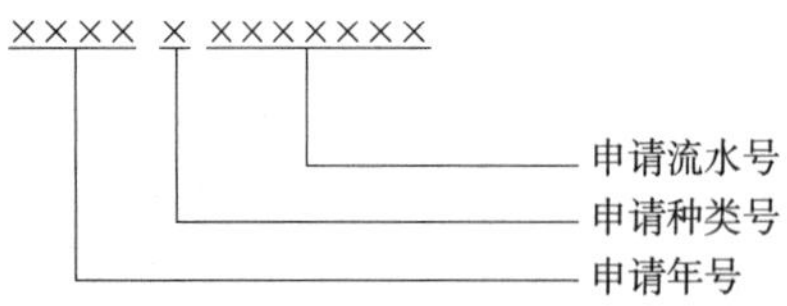

16.【2009 年第 92 题】下列哪些是中国发明专利申请号？

A．85101808

B．200710062709.4

C．01900001.4

D．94116472.1

【解题思路】

根据《专利申请号标准》的规定，B 选项为 2007 年申请的发明专利，选择。另外，在 2003 年 9 月 30 日（含当日）之前给予的专利申请号在 2003 年 10 月 1 日之后不进行升位和更换，在《专利法》规定的各种法定程序中继续使用原有专利申请号。原先的申请号为 8 位，不包括校验位。前两位为年份，第 3 位为申请种类号。A 和 D 选项符合，C 选项错误。

【参考答案】 ABD

17.【2019 年第 89 题】下列哪些选项所示申请号为实用新型专利申请？

A．201430465498.X

B．201290004238.0

C．201320278122.1

D．201140376384.3

【解题思路】

根据《专利申请号标准》标准，国内的实用新型专利申请的种类号（第五位）为 2，PCT 申请中，实用新型的种类号则为 9。

【参考答案】 BC

（三）申请号的给出

《专利审查指南》第 5 部分第 3 章第 2.3.1 节规定，专利申请符合受理条件的，专利局应当按照专利申请的类别和专利申请的先后顺序给出相应的专利申请号，号条贴在请求书和案卷夹上。

《专利审查指南》第 5 部分第 3 章第 2.3.2.1 节规定，对符合受理条件的分案申请，专利局应当受理，给出专利申请号，以原申请的申请日为申请日，并记载分案申请递交日。

《专利审查指南》第5部分第3章第2.3.2.2节规定，国际申请进入国家阶段之后提出的分案申请，审查员除了按照一般专利申请的受理条件对分案申请进行受理审查外，还应当核实分案申请请求书中是否填写了原申请的申请日和原申请的申请号，该原申请的申请日应当是其国际申请日，原申请的申请号是进入国家阶段时专利局给予的申请号，并应当在其后的括号内注明原申请的国际申请号。

（四）申请号的作用

申请号通常用于专利局内部各类申请和审批流程中的文档管理，也是申请人与其进行有关专利事务联系的依据，如申请文件的补正、各种通知的答复、各种费用的缴纳、异议或无效请求的提出等都以申请号为依据。申请号还经常是引证同族专利中所有文献的唯一标识。

四、期限

（一）期限的种类

《专利法》及其实施细则规定的期限包括法定期限和指定期限两种。

1. 法定期限

《专利审查指南》第5部分第7章第1.1节规定了法定期限的含义。

法定期限是指《专利法》及其实施细则规定的各种期限。例如，发明专利申请的实质审查请求期限（《专利法》第35条第1款的规定）、申请人办理登记手续的期限（《专利法实施细则》第54条第1款的规定）。

2. 指定期限

《专利审查指南》第5部分第7章第1.2节规定了指定期限的含义。

指定期限是指审查员在根据专利法及其实施细则作出的各种通知中，规定申请人（或专利权人）、其他当事人作出答复或者进行某种行为的期限。例如，根据《专利法》第37条的规定，专利局对发明专利申请进行实质审查后，认为不符合《专利法》规定的，应当通知申请人，要求其在指定的期限内陈述意见，或者对其申请进行修改，该期限由审查员指定。又如，根据《专利法实施细则》第3条第2款的规定，当事人根据《专利法》及其实施细则规定提交的各种证件和证明文件是外文的，专利局认为必要时，可以要求当事人在指定期限内提交中文译文，该期限也由审查员指定。

指定期限一般为两个月。发明专利申请的实质审查程序中，申请人答复第一次审查意见通知书的期限为4个月。对于较为简单的行为，也可以给予1个月或更短的期限。上述指定期限自推定当事人收到通知之日起计算。

（二）期限的计算

1. 期限的起算日

《专利审查指南》第5部分第7章第2.1节规定了期限的起算日的含义。

（1）自申请日、优先权日、授权公告日等固定日期起计算。

大部分法定期限自申请日、优先权日、授权公告日等固定日期起计算。例如，《专利法》第42条规定的专利权的期限均自申请日起计算。《专利法》第29条第1款规定要求外国优先权的发明或者实用新型专利申请应当在12个月内提出，该期限的起算日为在外国第一次提出专利申请之日（优先权日）。

（2）自通知和决定的推定收到日起计算。

全部指定期限和部分法定期限自通知和决定的推定收到日起计算。例如，审查员根据《专利法》第37条的规定指定申请人陈述意见或者修改其申请的期限（指定期限）是自推定申请人收到审查意见通知书之日起计算；《专利法实施细则》第54条第1款规定的申请人办理登记手续的期限（法定期限）是自推定申请人收到授予专利权通知之日起计算。

推定收到日为自专利局发出文件之日（该日期记载在通知和决定上）起满15日。例如，专利局于2001年7月4日发出的通知书，其推定收到日为2001年7月19日。

2. 期限的届满日

《专利审查指南》第5部分第7章第2.2节规定了期限的届满日的含义。

期限起算日加上法定或者指定的期限即为期限的届满日。相应的行为应当在期限届满日之前、最迟在届满日当天完成。

3. 期限的计算

《专利审查指南》第5部分第7章第2.3节规定了期限的计算方法。

期限的第一日（起算日）不计算在期限内。期限以年或者月计算的，以其最后一月的相应日（与起算日相对应的日期）为期限届满日；该月无相应日的，以该月最后一日为期限届满日。例如，一件发明专利申请的申请日为1998年6月1日，其实质审查请求期限的届满日应当是2001年6月1日。又如，专利局于2008年6月6日发出审查意见通知书，指定期限为两个月，其推定收到日是2008年6月21日（遇休假日不顺延），则期限届满日应当是2008年8月21日。再如，专利局于1999年12月16日发出的通知书，其推定收到日是1999年12月31日，如果该通知书的指定期限为两个月，则期限届满日应当是2000年2月29日。

期限届满日是法定休假日或者移用周休息日的，以法定休假日或者移用周休息日后的第一个工作日为期限届满日，该第一个工作日为周休息日的，期限届满日顺延至周一。法定休假日包括国务院发布的《全国年节及纪念日放假办法》第2条规定的全体公民放假的节日和《国务院关于职工工作时间的规定》第7条第1款规定的周休息日。

18.【2007年第23题】国家知识产权局于2006年6月2日向申请人王某发出了第一次审查意见通知书，要求其在四个月内答复。王某2006年6月5日收到了该通知书。已知2006年国庆节的放假日期为10月1日至10月7日。王某在未提出延期请求的情况下应当在下列哪个日期之前答复第一次审查意见通知书？

A．2006年10月2日

B．2006年10月5日

C．2006年10月8日

D．2006年10月17日

【解题思路】

国家知识产权局的发文日为6月2日，推定王某6月17日收到。答复期限是4个月，故王某应当在10月17日前答复。

【参考答案】 D

（三）期限的延长

《专利审查指南》第5部分第7章第4.1节规定了延长期限请求的相关标准。

1. 允许延长的期限种类

可以请求延长的期限仅限于指定期限。但在无效宣告程序中，专利复审和无效部门指定的期限不得延长。

19.【2013 年第 3 题】下列哪个期限可以延长？

A. 提出实质审查请求的期限

B. 答复复审通知书的期限

C. 专利权的期限

D. 无效宣告程序中专利复审委员会指定的期限

【解题思路】

能够延长的期限仅限于指定期限。另外，在无效宣告程序中有两方当事人，如果一方要求延长期限，那对另一方恐怕不利，故无效宣告程序中专利复审和无效部门指定的期限不得延长。

【参考答案】 B

20.【2015 年第 63 题】下列哪些期限经请求可以延长？

A. 复审请求补正通知书中指定的补正期限

B. 提交作为优先权基础的在先申请文件副本的期限

C. 无效宣告请求补正通知书中指定的补正期限

D. 第一次审查意见通知书中指定的答复期限

【解题思路】

可以延长的期限仅包括指定期限，且不包括无效宣告程序中专利复审和无效部门指定的期限。无效宣告程序中有两方当事人，如果一方要求延长期限，那对另一方恐怕不利，故无效宣告程序中专利复审和无效部门指定的期限不得延长。复审请求补正通知书中指定的补正期限和答复审查意见通知书的期限符合要求，可以延长。提交在先申请文件副本的期限为法定期限，不得延长。

【参考答案】 AD

2. 请求延长期限的理由

当事人因正当理由不能在期限内进行或者完成某一行为或者程序时，可以请求延长期限。

3. 请求延长期限的手续

请求延长期限的，应当在期限届满前提交延长期限请求书，说明理由，并缴纳延长期限请求费。延长期限请求费以月计算。

21.【2012 年第 58 题】下列关于期限延长的说法哪些是正确的？

A. 可以延长的期限仅限于指定期限

B. 无效宣告程序中，专利复审委员会指定的期限可以延长

C. 当事人请求延长期限的，最迟应当在期限届满日提出请求并缴纳延长期限请求费

D. 请求人对不予延长期限的审批通知书不服的，可以直接向人民法院起诉

【解题思路】

可以延长的期限仅为指定期限，法定期限不得延长。另外，指定期限也不是都能延长，如在无效宣告程序中，审查机构的指定期限不得延长。延长期限必须在期限届满前提出，期限届满之后就等于人的最后一口气没有了，接下去就应该是期限的恢复。如果某项行为有严格的期限限制，那该行为的费用缴纳期限应当和行为适用相同的期限，如延长期限申请、提起专利复审等，都有严格的时间限制，这些行为的费用缴纳期限应

当和该行为的期限一致。只有那些没有严格的期限限制的行为，如变更著录项目或提起专利无效请求，才能以该行为提起之日作为缴费的起算点。不予延长期限属于具体行政行为，耽误期限会影响到实体权利，请求人不服可以提起诉讼。

【参考答案】 ACD

22.【2014 年第 46 题】国家知识产权局于 2013 年 12 月 16 日针对某发明专利申请发出第二次审查意见通知书，要求申请人在收到该通知书之日起 2 个月内陈述意见，申请人于 2013 年 12 月 20 日收到该通知书。若申请人请求延长该答复期限，下列说法哪些是正确的？

A．申请人应当于 2014 年 2 月 20 日前提交延长期限请求书

B．申请人可以于 2014 年 2 月 28 日提交延长期限请求书

C．申请人可以请求将该答复期限延长 6 个月

D．申请人应当在答复期限届满前缴纳延长期限请求费

【解题思路】

审查意见通知书为 12 月 16 日发出，推定申请人 12 月 31 日收到，2 个月的答复期之后便是 2 月 28 日，申请人需要在该日前提交延长期限请求书并缴纳延长期限请求费。另外，请求延长的期限不得超过 2 个月。

【参考答案】 BD

（四）耽误期限的处分

1. 处分的种类

《专利审查指南》第 5 部分第 7 章第 5.2 节规定了耽误期限处分的种类。

因耽误期限作出的处分决定主要包括：视为撤回专利申请权、视为放弃取得专利权的权利、专利权终止、不予受理、视为未提出请求和视为未要求优先权等。

处分决定的撰写应当符合本部分第 6 章第 1.2 节的规定，并自期限届满日起满 1 个月后作出。

23.【2018 年第 79 题】下列哪些是国家知识产权局因申请人或专利权人耽误期限而可能作出的处分决定？

A．视为未提出请求

B．视为未要求优先权

C．视为放弃取得专利权的权利

D．专利权终止

【解题思路】

如果申请人耽误了办理授予专利权登记手续的期限，那就会被视为放弃取得专利权的权利。专利年费滞纳期满仍未缴纳或者缴足专利年费或者滞纳金的，会导致专利权的终止。视为未提出请求的处分决定使用范围很广泛，如专利权人耽误了缴纳著录项目变更手续费的期限，则视为未提出著录项目变更申报请求。申请人逾期未提交专利申请文件副本的，会被视为未要求优先权。

【参考答案】 ABCD

2. 补救措施

《专利审查指南》第 5 部分第 7 章第 6 节规定了耽误期限的补救措施，即权利的恢复。

《专利法实施细则》第 6 条第 1 款和第 2 款规定了当事人因耽误期限而丧失权利之后，请求恢复其权利的条件。该条第 5 款又规定，不丧失新颖性的宽限期、优先权期限、专利权期限和侵权诉讼时效这四种期限

被耽误而造成的权利丧失，不能请求恢复权利。

根据《专利法实施细则》第6条第2款规定请求恢复权利的，应当自收到专利局或者专利复审和无效部门的处分决定之日起2个月内提交恢复权利请求书，说明理由，并同时缴纳恢复权利请求费；根据《专利法实施细则》第6条第1款规定请求恢复权利的，应当自障碍消除之日起2个月内，最迟自期限届满之日起2年内提交恢复权利请求书，说明理由，必要时还应当附具有关证明文件。

当事人在请求恢复权利的同时，应当办理权利丧失前应当办理的相应手续，消除造成权利丧失的原因。例如，申请人因未缴纳申请费，其专利申请被视为撤回后，在请求恢复其申请权的同时，还应当补缴规定的申请费。

24.【2013年第41题】李某于2011年10月20日向国家知识产权局提交了一件要求法国优先权的专利申请，在先申请的申请日为2010年10月21日。由于李某未在规定期限内提交在先申请文件副本，因此收到了发文日为2012年2月29日的视为未要求优先权通知书。现李某欲恢复权利，下列说法哪些是正确的？

A. 李某最迟应当在2012年5月15日办理恢复手续

B. 李某应当提交恢复权利请求书并说明理由

C. 李某应当缴纳恢复费

D. 李某应当在提交恢复权利请求书的同时提交在先申请文件副本

【解题思路】

李某应当在收到通知书之日起2个月内提出恢复请求。发文日为2月29日，视为收到日为15日后，再加上2个月就是5月15日。另外需要注意，期限届满日是法定假日的，顺延到第一个工作日，以方便当事人。提出恢复请求时需要解释理由，补办手续。

【参考答案】 ABCD

25.【2017年第43题】以下哪些情况可以请求恢复权利？

A. 未在期限内答复补正通知书而造成视为撤回的

B. 未在期限内提交不丧失新颖性宽限期的证明文件而造成视为未要求不丧失新颖性宽限期的

C. 分案申请的原申请要求了优先权，而分案申请在提出时未填写优先权声明的

D. 作为本国优先权的在先申请已经被视为撤回的

【解题思路】

权利的恢复是对当事人因各种原因耽搁期限导致权利丧失的一种救济，不过这种救济不能导致一些法律硬性规定的期限变相延长，如申请人耽搁了6个月的新颖性宽限期、12个月的优先权期限、20年的发明专利保护期限以及3年的诉讼时效，则不得恢复。B选项涉及的情形是在6个月宽限期内提起了专利申请，但没有在申请日起2个月内提交相关证明文件，此种情形可以恢复权利。为避免重复授权，在后申请要求享有在先申请的优先权的，在先申请视为撤回。如果在先申请的此种撤回可以被恢复，则会导

致重复授权。

【参考答案】 ABC

26.【2018 年第 78 题】因当事人延误了下列哪些期限而导致其权利丧失的，不能予以恢复？

A. 优先权期限

B. 提出复审请求的期限

C. 提出实质审查请求的期限

D. 不丧失新颖性的宽限期

【解题思路】

优先权期限和不丧失新颖性的期限都是硬性规定的法定期限，直接影响到新颖性和创造性的判断，不能通过恢复程序来延长。

【参考答案】 AD

五、费用

（一）费用的类别

《专利法实施细则》第 93 条："向国务院专利行政部门申请专利和办理其他手续时，应当缴纳下列费用：（一）申请费、申请附加费、公布印刷费、优先权要求费；（二）发明专利申请实质审查费、复审费；（三）专利登记费、公告印刷费、年费；（四）恢复权利请求费、延长期限请求费；（五）著录事项变更费、专利权评价报告请求费、无效宣告请求费。

前款所列各种费用的缴纳标准，由国务院价格管理部门、财政部门会同国务院专利行政部门规定。"

【提醒】

2018 年 4 月 12 日，财政部和国家发展改革委发布了《关于停征免征和调整部分行政事业性收费有关政策的通知》，财税〔2018〕37 号，自 2018 年 8 月 1 日起，停征专利收费（国内部分）中的专利登记费、公告印刷费、著录事项变更费（专利代理机构、代理人委托关系的变更），PCT（《专利合作条约》）专利申请收费（国际阶段部分）中的传送费；对符合条件的申请人，专利年费的减缴期限由自授予专利权当年起 6 年内，延长至 10 年内；对符合条件的发明专利申请，在第一次审查意见通知书答复期限届满前（已提交答复意见的除外），主动申请撤回的，允许退还 50% 的专利申请实质审查费。

27.【2008 年第 3 题】申请人在国家知识产权局办理下列哪些手续时需要缴纳费用？

A. 请求撤回其专利申请

B. 请求提前公布其发明专利申请

C. 对驳回其专利申请的决定不服请求复审

D. 请求将其委托的代理机构由甲变更为乙

【解题思路】

根据细则，复审和著录项目变更需要缴纳费用。专利制度的一个重要价值取向是注重公共利益的维护，撤回专利申请和提前公开都对公众有利，为鼓励这两种行为，对它们不应该收费。

【参考答案】 CD

（二）费用的减缴

《专利审查指南》第 5 部分第 2 章第 3 节规定了费用减缓的相关标准。

申请人（或专利权人）缴纳专利费用有困难的，可以根据专利费用减缓办法向专利局提出费用减缓的请求。

1. 允许请求减缴的费用种类

《专利收费减缴办法》第 2 条：“专利申请人或者专利权人可以请求减缴下列专利收费：

（一）申请费（不包括公布印刷费、申请附加费）；

（二）发明专利申请实质审查费；

（三）年费（自授予专利权当年起六年内的年费）；

（四）复审费。”

28.【2009 年第 25 题】下列哪些专利费用均可以予以减缓？

A. 申请费、自授予专利权当年起 3 年内的年费、复审费

B. 申请费、专利登记费、复审费

C. 申请费、申请附加费、自授予专利权当年起五年内的年费、复审费

D. 申请费、自授予专利权当年起 3 年内的年费、优先权要求费、复审费

【解题思路】

2015 年，国家知识产权局发布了《专利收费减缴办法》，该办法将费用的“减缓”改为“减缴”。减缓包含了减缴和缓缴，意味着今后可能还会补缴，明确为减缴之后就不会再有歧义。另外，该办法将原来可以减缴 3 年内的年费延长到 6 年。此外，目前已经取消了申请维持费、中止程序请求费、强制许可请求费、强制许可使用费的裁决请求费，减免项目中自然也就没有了申请维持费。考生可以通过这样的方式来记忆：发明专利申请的流程：递交申请—3 年后申请实质审查—审查员驳回，请求复审—复审成功—专利授权—开始交年费。费用减缓的就是这个环节中最主要的费用，即申请费、实质审查费、复审费、前 6 年的年费。另外需要注意，从 2018 年 8 月 1 日起停征专利登记费，年费减缴期限从 6 年延长到 10 年。

【参考答案】 无

2. 请求减缴的手续及其审批

《专利收费减缴办法》第 5 条：“专利申请人或者专利权人只能请求减缴尚未到期的收费。减缴申请费的请求应当与专利申请同时提出，减缴其他收费的请求可以与专利申请同时提出，也可以在相关收费缴纳期限届满日两个半月之前提出。未按规定时限提交减缴请求的，不予减缴。”

《专利收费减缴办法》第 7 条：“个人请求减缴专利收费的，应当在收费减缴请求书中如实填写本人上年度收入情况，同时提交所在单位出具的年度收入证明；无固定工作的，提交户籍所在地或者经常居住地县级民政部门或者乡镇人民政府（街道办事处）出具的关于其经济困难情况证明。

企业请求减缴专利收费的，应当在收费减缴请求书中如实填写经济困难情况，同时提交上年度企业所得税年度纳税申报表复印件。在汇算清缴期内，企业提交上上年度企业所得税年度纳税申报表复印件。

事业单位、社会团体、非营利性科研机构请求减缴专利收费的，应当提交法人证明材料复印件。”

29.【2009 年第 70 题】申请人李某和胡某欲就其共同提交的发明专利申请提出费用减缓请求，下列说法哪些是正确的？

A. 李某和胡某必须在提出发明专利申请的同时提出费用减缓请求

B. 李某和胡某可以请求减缓发明专利申请实质审查费

C．费用减缓请求书可以由李某单独提出，并由李某在费用减缓请求书上签字

D．李某和胡某在费用减缓请求书上应当如实填写年收入情况，并提交县级以上人民政府管理专利工作的部门出具的关于其经济困难情况的证明

【解题思路】

在专利局受理申请之后，申请人或专利权人还可以就尚未到期的费用请求减缓，实质审查费可以减缓。费用减缓是对实体权利的处分，应当由全体申请人或者专利权人共同提出。自然人请求减缴专利收费的，收入证明应当由知道其经济状况的单位出具，如该申请人的工作单位，如果没有工作单位则可以是政府的民政部门。政府管理专利工作的部门实际并不知道申请人的经济情况，不适宜作为证明单位。

【参考答案】 B

30.【2018年第48题】李某与甲公司共同提出一份发明专利申请的同时，提出费用减缴请求，并指定李某为代表人，因甲公司不具有费减资格，国家知识产权局做出不予费减决定。则以下说法错误的是：

A．李某与甲公司应当在指定期限内足额缴纳申请费及其他需要在受理程序中缴纳的费用，否则该申请将被视为撤回

B．如果甲公司在下一年具备费减资格条件，对于尚未到期的费用，李某与甲公司可以在相关收费缴纳期限届满日两个半月之前继续提出费用减缴请求

C．在甲公司具备费减资格条件后，李某与甲公司继续提出费用减缴请求的，其在费用减缴请求书中只需填写甲公司的信息即可，并且无须再次提交李某的费减资格证明

D．专利授权公告第二年李某与甲公司获得70%费减比例后，将该专利权转让给冯某和乙公司的，则冯某和乙公司可在费减年限内继续享有年费70%的费减比例，无须提出新的费用减缓请求

【解题思路】

两个申请人共同提起的专利申请，如果要申请减缴费用，需要双方都符合要求，故减缴请求书中需要同时填写李某和甲公司的信息，并提交双方各自的费减资格证明。李某和甲公司第一次申请减缴费用时因甲公司不符合资格被驳回，在第二次申请时，甲公司具有资格，但也许李某此时却时过境迁不符合条件，故必须再次提交李某的费减资格证明。费用减缴资格存在人身依附性，专利转让后，新的申请人如果想继续享有减免的资格，则需要另行提起申请。

【参考答案】 CD

（三）费用的缴纳期限

《专利审查指南》第5部分第2章第1节规定了费用缴纳的期限。

（1）申请费的缴纳期限是自申请日起2个月内，或者自收到受理通知书之日起15日内。需要在该期限内缴纳的费用有优先权要求费和申请附加费以及发明专利申请的公布印刷费。

优先权要求费是指申请人要求外国优先权或者本国优先权时，需要缴纳的费用，该项费用的数额以作为优先权基础的在先申请的项数计算。

申请附加费是指申请文件的说明书（包括附图、序列表）页数超过30页或者权利要求超过10项时需要缴纳的费用，该项费用的数额以页数或者项数计算。

公布印刷费是指发明专利申请公布需要缴纳的费用。未在规定的期限内缴纳或者缴足申请费（含公布印刷费、申请附加费）的，该申请被视为撤回。未在规定的期限内缴纳或者缴足优先权要求费的，视为未要求优先权。

（2）实质审查费的缴纳期限是自申请日（有优先权要求的，自最早的优先权日）起3年内。该项费用仅适用于发明专利申请。

（3）延长期限请求费的缴纳期限是在相应期限届满之日前。该项费用以要求延长的期限长短（以月为单位）计算。

（4）恢复权利请求费的缴纳期限是自当事人收到专利局确认权利丧失通知之日起2个月内。

（5）复审费的缴纳期限是自申请人收到专利局作出的驳回决定之日起3个月内。

（6）专利登记费、授权当年的年费以及公告印刷费的缴纳期限是自申请人收到专利局作出的授予专利权通知书和办理登记手续通知书之日起2个月内。

（7）年费及其滞纳金的缴纳期限参照第5部分第9章第2.2.1节的规定。

（8）著录事项变更费、专利权评价报告请求费、无效宣告请求费的缴纳期限是自提出相应请求之日起1个月内。

31.【2013年第25题】下列有关费用缴纳期限的说法哪个是正确的？

A. 延长期限请求费应当自提出请求之日起一个月内缴纳

B. 优先权要求费应当自提出优先权要求之日起两个月内缴纳

C. 申请费应当自申请日起两个月或者自收到受理通知书之日起15日内缴纳

D. 复审费应当自申请人收到国家知识产权局作出的驳回决定之日起两个月内缴纳

【解题思路】

延长期限请求费是在相应期限届满之日前，申请人要延长期限的，需在期限届满之前提出申请并交纳费用。一般来说，缴费属于提起某个行为的附属物，如果行为本身有期限限制，那费用也需要在该期限内缴纳。延长期限请求和申请复审都有期限限制，其缴费行为也需要在该期限内完成。申请费的缴纳期限是申请日起两个月内或者收到受理通知书之日起15日内，如果申请文件的权利要求超过10项，需缴纳申请附加费；如果主张优先权，需缴纳优先权要求费。申请附加费和优先权要求费的缴纳期限应和申请费一起提交。

【参考答案】 C

32.【2014年第34题】王某向国家知识产权局提交了一件申请日为2014年5月7日，优先权日为2013年5月8日的发明专利申请，受理通知书的发文日为2014年5月12日。下列关于该申请费用的说法哪些是正确的？

A. 王某最迟应当在2014年7月7日缴纳申请费

B. 王某在缴纳申请费的同时，还应当缴纳优先权要求费和实质审查费

C. 若王某在2014年5月28日提出费用减缓请求，则申请费不能减缓

D. 若王某未在规定期限内缴纳优先权要求费，该申请将被视为撤回

【解题思路】

申请费的缴纳期限是自申请日起两个

月内，或者自收到受理通知书之日起15日内。两个期限不同的，自然是选择后面的一个。本题中申请日为5月7日，两个月后为7月7日。实质审查费是在自申请日（有优先权要求的，自最早的优先权日）起三年内。专利局受理专利申请后，申请费不再减缓。优先权要求费只和优先权有关，没有缴纳只会影响到无法享受优先权，不会殃及池鱼地导致申请视为撤回。

【参考答案】 AC

33.【2019年第67题】下列关于优先权的说法正确的是？

A. 申请人要求本国优先权的，其在先申请自在后申请提出之日起即视为撤回

B. 申请人要求外国优先权的，应当自在后申请日起两个月内提交在先申请文件副本

C. 申请人要求优先权的，应当在缴纳申请费的同时缴纳优先权要求费

D. 申请人要求优先权的，应当在申请的时候提出书面声明

【解题思路】

为防止重复授权，申请人要求本国优先权的，其在先申请自在后申请提出之日起即视为撤回。申请人要求外国优先权的，首先需要在申请的时候提出书面声明。2020年《专利法》修改后，提交在先申请文件副本的日期为首次申请之日起16个月内，申请人提交文件副本的期限至少延长了1个月。申请人要求优先权需要缴纳优先权要求费。

【参考答案】 ACD

（四）费用的缴纳方式

《专利审查指南》第5部分第2章第2节规定了费用的支付和结算方式。

费用可以直接向专利局（包括专利局各代办处）缴纳，也可以通过邮局或者银行汇付，或者以规定的其他方式缴纳。专利局代办处的收费范围另行规定。

1. 银行或邮局汇付

费用通过邮局或者银行汇付的，应当在汇单上写明正确的申请号（或专利号）以及缴纳的费用名称，且不得设置取款密码。不符合上述规定的，视为未办理缴费手续。

在汇单上还应当写明汇款人姓名或者名称及其通讯地址（包括邮政编码）。同一专利申请（或专利）缴纳的费用为两项以上的，应当分别注明每项费用的名称和金额，并且各项费用的金额之和应当等于缴纳费用的总额。

同一汇单中包括多个专利申请（或专利），其缴纳费用的总额少于各项专利申请（或专利）费用金额之和的，处理方法如下：

（1）缴费人对申请号（或专利号）标注顺序号的，按照标注的顺序分割费用；

（2）缴费人未对申请号（或专利号）标注顺序号的，按照从左至右，从上至下的顺序分割费用。

造成其中部分专利申请（或专利）费用金额不足或者无费用的，视为未办理缴费手续。

在中国内地没有经常居所或者营业所的当事人使用外币向专利局缴纳费用的，应当使用指定的外币，并通过专利代理机构办理，但另有规定的除外。

34.【2007年第56题】当事人通过邮局汇付专利费用的，应当在汇单上写明下列哪些信息？

A. 申请日

B. 发明名称

C. 缴纳的费用名称

D. 申请号或者专利号

【解题思路】

缴费时，需要让国家知识产权局知道是缴纳的哪件专利的哪个费用。每件专利的申请号和专利号是唯一的，根据这个号码可以确定为哪件专利。申请日和发明名称则不是唯一的，根据这两项无法确定某个特定的专利。至于要说明缴纳的费用名称，那是应有之义。

【参考答案】 CD

35.【2007 年第 61 题】下列有关视为未办理缴费手续的说法哪些是正确的？

A. 申请人在汇单上未写明申请号，视为未办理缴费手续

B. 申请人在汇单上未写明费用名称，视为未办理缴费手续

C. 将多件专利申请的费用经同一汇单汇出，造成该笔费用无法分割的，视为未办理缴费手续

D. 将一件专利申请的多项费用经同一汇单汇出，汇出的费用总额少于各项费用的金额之和，造成该笔费用无法分割的，视为未办理交费手续

【解题思路】

申请号和费用名称是缴费时必须提供的信息，缺少则无法完成缴费。《专利审查指南》考虑到当事人汇款方便，允许将多件专利申请的费用经过同一汇单寄出，故 C 选项排除。一件专利的多项费用经过同一汇单汇出，汇出的总费用小于各项费用金额之和的，会将费用进行分割，其中部分费用金额不足的，该部分视为未办理交费手续。

【参考答案】 AB

2. 现金、支票或移动终端面付

根据《专利法实施细则》第 94 条第 3 款的规定，直接向国务院专利行政部门缴纳费用的，以缴纳当日为缴费日。直接缴纳费用的，缴费方式可以是现金、支票或通过移动终端面付，即通过微信、支付宝进行缴费。

3. 缴费日

费用通过邮局汇付，且在汇单上写明申请号（或专利号）以及费用名称的，以邮局取款通知单上的汇出日为缴费日。邮局取款通知单上的汇出日与中国邮政普通汇款收据上收汇邮戳日表明的日期不一致的，以当事人提交的中国邮政普通汇款收据原件或者经公证的收据复印件上表明的收汇邮戳日为缴费日。审查员认为当事人提交的证据有疑义时，可以要求当事人提交汇款邮局出具的加盖部门公章的证明材料。

费用通过银行汇付，且写明申请号（或专利号）以及费用名称的，以银行实际汇出日为缴费日。当事人对缴费日有异议，并提交银行出具的加盖部门公章的证明材料的，以证明材料确认的汇出日重新确定缴费日。

费用通过邮局或者银行汇付，未写明申请号（或专利号）的，费用退回。费用退回的，视为未办理缴费手续。

因缴费人信息填写不完整或者不准确，造成费用不能退回或者退款无人接收的，费用暂时存入专利局账户（以下简称“暂存”）。费用入暂存的，视为未办理缴费手续。

各种费用以人民币结算。按照规定应当使用外币支付的费用，按照汇出该费用之

日国家规定的汇兑率折合成人民币后结算。

36.【2011 年第 54 题】下列关于专利费用缴费日的说法哪些是正确的？

A. 申请人于 2010 年 12 月 22 日直接向国家知识产权局缴纳费用，则缴费日为 2010 年 12 月 22 日

B. 申请人通过邮局汇付费用并在汇单上写明了规定事项，其邮戳日为 2010 年 12 月 22 日，国家知识产权局收到日为 2010 年 12 月 24 日，则缴费日为 2010 年 12 月 24 日

C. 申请人通过银行汇付费用并在汇单上写明了规定事项，银行实际汇出日为 2010 年 12 月 22 日，国家知识产权局收到日为 2010 年 12 月 24 日，则缴费日为 2010 年 12 月 22 日

D. 申请人于 2010 年 12 月 22 日到邮局汇付费用，汇单上未写申请号，费用被退回，申请人一周后正确缴纳了费用，则缴费日为 2010 年 12 月 22 日

【解题思路】

直接向国家知识产权局缴费的，缴纳当日为缴费日，通过邮局或者银行汇付的，邮局汇出的邮戳日和银行实际汇出日为缴费日。如费用被退回，则以后来缴纳之日为缴费日。

【参考答案】 AC

4. 缴费信息的补充

《专利审查指南》第 5 部分第 2 章第 7 节规定了补充缴费信息的方式。

费用通过邮局或者银行汇付时遗漏必要缴费信息的，可以在汇款当日通过传真或者电子邮件的方式补充。补充完整缴费信息的，以汇款日为缴费日。当日补充不完整而再次补充的，以专利局收到完整缴费信息之日为缴费日。

补充缴费信息的，应当提供邮局或者银行的汇款单复印件、所缴费用的申请号（或专利号）及各项费用的名称和金额。同时，应当提供接收收据人的姓名或者名称、地址、邮政编码等信息。补充缴费信息如不能提供邮局或者银行的汇款单复印件的，还应当提供汇款日期、汇款人姓名或者名称、汇款金额、汇款单据号等信息。

（五）专利费用的退款、暂存和查询

1. 暂存

《专利审查指南》第 5 部分第 2 章第 4.1 节规定了费用的暂存。

由于费用汇单字迹不清或者缺少必要事项造成既不能开出收据又不能退款的，应当将该款项暂存在专利局账户上。经缴款人提供证明后，对于能够查清内容的，应当及时开出收据或者予以退款。开出收据的，以出暂存之日为缴费日。但是，对于自收到专利局关于权利丧失的通知之日起 2 个月内向专利局提交了证据，表明是由于银行或者邮局原因导致汇款暂存的，应当以原汇出日为缴费日。暂存满 3 年仍无法查清其内容的，进行清账上缴。

2. 退款的原则

《专利审查指南》第 5 部分第 2 章第 4.2.1 节规定了退款的原则。

多缴、重缴、错缴专利费用的，当事人可以自缴费日起 3 年内，提出退款请求。符合规定的，专利局应当予以退款。

《专利审查指南》第 5 部分第 2 章第 4.2.1.2 节规定了专利局主动退款的情形。

下列情形一经核实，专利局应当主动退款。

（1）专利申请已被视为撤回或者撤回专利申请的声明已被批准后，并且在专利局作出发明专利申请进入实质审查阶段通知书之前，已缴纳的实质审查费。

（2）在专利权终止或者宣告专利权全部无效的决定公告后缴纳的年费。

（3）恢复权利请求审批程序启动后，专利局作出不予恢复权利决定的，当事人已缴纳的恢复权利请求费及相关费用。

《专利审查指南》第5部分第2章第4.2.1.3节规定了不予退款的情形。

对多缴、重缴、错缴的费用，当事人在自缴费日起3年后才提出退款请求的；当事人不能提供错缴费用证据的；在费用减缓请求被批准之前已经按照规定缴纳的各种费用，当事人又请求退款的。

3. 退款的请求

（1）退款请求的提出。

《专利审查指南》第5部分第2章第4.2.2.1节规定了退款请求的提出。

退款请求人应当是该款项的缴款人。申请人（或专利权人）、专利代理机构作为非缴款人请求退款的，应当声明是受缴款人委托办理退款手续。

请求退款应当书面提出、说明理由并附具相应证明，例如，专利局开出的费用收据复印件、邮局或者银行出具的汇款凭证等。提供邮局或者银行的证明应当是原件，不能提供原件的，应当提供经出具部门加盖公章确认的或经公证的复印件。

退款请求应当注明申请号（或专利号）和要求退款的款项的信息（如票据号、费用金额等）及收款人信息。当事人要求通过邮局退款的，收款人信息包括姓名、地址和邮政编码；当事人要求通过银行退款的，收款人信息包括姓名或者名称、开户行、账号等信息。

（2）退款的处理。

《专利审查指南》第5部分第2章第4.2.2.2节规定了退款的处理：

经核实可以退款的，专利局应当按照退款请求中注明的收款人信息退款。

退款请求中未注明收款人信息的，退款请求人是申请人（或专利权人）或专利代理机构的，应当按照文档中记载的相应的地址和姓名或者名称退款。

完成退款处理后，审查员应当发出退款审批通知书。经核实不予退款的，审查员应当在退款审批通知书中说明不予退款的理由。

37.【2008年第80题】申请人宋某委托某专利代理公司提交了一件专利申请，该专利代理公司于2007年4月17日按规定缴纳了申请费，申请人宋某于2007年4月30日也缴纳了申请费，由于宋某缴纳的申请费属于重缴费用，因此可以请求退款。下列关于退款手续的说法哪些是正确的？

A. 请求退款应当书面提出、说明理由并附具相应证明

B. 宋某可以委托专利代理公司接收退款

C. 退款请求中未注明接收退款的收款人姓名的，则退款的收款人仅能为专利代理机构

D. 退款请求应当最迟于2008年4月30日提出

【解题思路】

退款请求是一种正式的请求，需要书

面提出，说明理由并提供证据。代理公司可以代理专利申请，自然也可以接收退款。退款请求中未注明收款人信息的，则按照文档中记载的相应的地址和姓名或者名称退款。2010年《专利审查指南》修改之后，退款请求的期限从1年延长到3年。

【参考答案】 AB

4. 退款的效力

《专利审查指南》第5部分第2章第4.2.3节规定了退款的效力。

被退的款项视为自始未缴纳。

38.【2012年第40题】下列关于退款的说法哪些是正确的？

A. 对于多缴的专利费用，当事人自缴费日起3年内提出退款请求的，国家知识产权局应当予以退还

B. 在专利权终止后缴纳的年费，国家知识产权局应当主动退款

C. 专利代理机构作为非缴款人请求退款的，应当声明是受缴款人委托办理退款手续

D. 被退的款项视为自始未缴纳

【解题思路】

申请退款的期限是自缴费日起3年内。专利权终止后缴纳的年费，国家知识产权局应主动退款。专利代理机构不是缴款人，申请时要说明是受缴款人的委托。款项退还后，就当是从未交过。

【参考答案】 ABCD

5. 查询费用的范围和方式

《专利审查指南》第5部分第2章第5节规定了费用的查询范围和方式。

当事人需要查询费用缴纳情况的，应当提供银行汇单复印件或者邮局汇款凭证复印件（未收到专利局收费收据的）或者提供收据复印件（已收到专利局收费收据的）。查询时效为1年，自汇出费用之日起算。

（六）费用种类的转换

《专利审查指南》第5部分第2章第6节规定了费用种类的转换。

对于同一专利申请（或专利）缴纳费用时，费用种类填写错误的，缴纳该款项的当事人可以在转换后费用的缴纳期限内提出转换费用种类请求并附具相应证明，经专利局确认后可以对费用种类进行转换。但不同申请号（或专利号）之间的费用不能转换。

当事人缴纳的费用种类明显错误，审查员可以依职权对费用种类进行转换。依职权转换费用种类的，应当通知当事人。

费用种类转换的，缴费日不变。

39.【2016年第57题】关于费用转换，下列说法哪些是正确的？

A. 当事人请求转换费用种类的，应当在转换后费用的缴纳期限内提出请求并附具相应证明

B. 费用种类转换的，缴费日不变

C. 费用种类转换的，缴费日应确定为当事人提出转换费用请求之日

D. 不同专利申请之间的费用不能转换

【解题思路】

如果要将费用A转换为费用B，自然需要在费用B的缴纳期限内提出，否则费用B已经过了缴纳期限。至于附具相应证明，那是应有之义。费用种类转换是一种便利专利申请人或专利权人的制度，缴费日是费用实际缴纳之日，费用虽然发生了转换，但实际缴纳费用的日期并没有变化。费用转换仅限于同一专利申请，不同专利申请之间

的费用不能转换。

【参考答案】ABD

第二节 专利的申请及审查流程

一、专利的申请及受理

（一）申请发明、实用新型和外观设计专利应提交的文件及形式

《专利审查指南》第5部分第2章规定了办理专利申请的形式。

专利申请手续应当以书面形式（纸件形式）或者电子文件形式办理。

1. 书面形式

《专利审查指南》第5部分第1章第2.1节规定了专利申请的书面形式。

申请人以书面形式提出专利申请并被受理的，在审批程序中应当以纸件形式提交相关文件。除另有规定外，申请人以电子文件形式提交的相关文件视为未提交。

以口头、电话、实物等非书面形式办理各种手续的，或者以电报、电传、传真、电子邮件等通信手段办理各种手续的，均视为未提出，不产生法律效力。

40.【2009年第32题】英国某公司在我国申请专利，其下列做法哪些符合相关规定？

A. 委托其在我国设立的独资公司办理专利申请事宜

B. 申请文件中发明人的署名为George W.Smith博士

C. 在我国提交专利申请的同时，要求享有其3个月前就同样发明在欧洲专利局首次提出的专利申请的优先权

D. 以传真形式向国家知识产权局提交专利申请

【解题思路】

该英国公司在我国没有经常居所或营业所，必须通过代理机构申请。专利申请面前人人平等，申请人不应该带有学位。该英国公司的在先申请在3个月前，在12个月的优先权期限内，且该公司在提起申请的时候要求优先权，符合程序。申请人不能以传真的方式提交申请。考生需要注意，2010年《专利法实施细则》修改前，PCT申请进入国家阶段可以使用传真方式，然后申请人应当自发送传真之日起14天内向国家知识产权局提交传真件的原件。细则修改之后，取消了以传真方式提交PCT国际申请进入中国国家阶段的各类文件。

【参考答案】C

2. 电子文件形式

《专利审查指南》第5部分第1章第2.2节规定了专利申请的电子文件形式。

申请人以电子文件形式提出专利申请并被受理的，在审批程序中应当通过电子专利申请系统以电子文件形式提交相关文件，另有规定的除外。不符合规定的，该文件视为未提交。

3. 标准表格

《专利审查指南》第5部分第1章第4节规定了专利申请的标准表格。

办理专利申请（或专利）手续时应当使用专利局制定的标准表格。标准表格由专利局按照一定的格式和样式统一制定、修订和公布。

但是，申请人在答复补正通知书或者审查意见通知书时，提交的补正书或者意见

陈述书为非标准格式的，只要写明申请号，表明是对申请文件的补正，并且签字或者盖章符合规定的，可视为文件格式符合要求。

4. 证明文件

《专利审查指南》第5部分第1章第6节规定了专利申请的证明文件。

专利申请审批程序中常用的证明文件有非职务发明证明、国籍证明、经常居所证明、注册地或经常营业所所在地证明、申请人资格证明、优先权证明（在先申请文件副本）、优先权转让证明、生物材料样品保藏证明、申请人（或专利权人）名称变更或者权利转移证明、文件寄发日期证明等。

各种证明文件应当由有关主管部门出具或者由当事人签署。各种证明文件应当提供原件；证明文件是复印件的，应当经公证或者由主管部门加盖公章予以确认（原件在专利局备案确认的除外）。

5. 文件份数

《专利审查指南》第5部分第1章第7节规定了专利申请的文件份数。

申请人提交的专利申请文件应当一式两份，原本和副本各一份，其中发明或者实用新型专利申请的请求书、说明书、说明书附图、权利要求书、说明书摘要、摘要附图应当提交一式两份，外观设计专利申请的请求书、图片或者照片、简要说明应当提交一式两份，并应当注明其中的原本。申请人未注明原本的，专利局指定一份作为原本。两份文件的内容不同时，以原本为准。

除《专利法实施细则》和审查指南另有规定以及申请文件的替换页外，向专利局提交的其他文件（如专利代理委托书、实质审查请求书、著录项目变更申报书、转让合同等）为一份。文件需要转送其他有关方的，专利局可以根据需要在通知书中规定文件的份数。

41.【2007年第73题】下列说法哪些是正确的？

A. 以书面形式申请专利的，应当向国家知识产权局提交申请文件一式两份

B. 专利申请文件应当使用中文

C. 向国家知识产权局提交的各种文件中涉及外国人名、地名和科技术语的，应当注明原文

D. 申请人委托专利代理机构向国家知识产权局申请专利和办理其他专利事务的，应当同时提交委托书，写明委托权限

【解题思路】

专利申请文件需要一式两份。中国的专利申请，自然应当使用中文。外国人名、地名和科技术语如果没有统一的中文译文，才需要提供原文。委托代理机构，需要提交委托书，注明委托权限。

【参考答案】 ABD

6. 签字或者盖章

《专利审查指南》第5部分第1章第8节规定了专利申请的签字或盖章。

向专利局提交的专利申请文件或者其他文件，应当按照规定签字或者盖章。其中未委托专利代理机构的申请，应当由申请人（或专利权人）、其他利害关系人或者其代表人签字或者盖章，办理直接涉及共有权利的手续，应当由全体权利人签字或者盖章；委托了专利代理机构的，应当由专利代理机构盖章，必要时还应当由申请人（或专利权人）、其他利害关系人或者其代表人签字或者盖章。

42.【2007年第46题】以下哪些意见陈述书的签署是符合规定的？

A. 父子二人共同提出了一件专利申请，且未委托代理机构，父亲是第一申请人，儿子是代表人，由父亲在签章栏内签字

B. 九位申请人共同提出了一件专利申请，且未委托代理机构，该九人都在签章栏内签字

C. 两人共同提出了一件专利申请，且委托了代理机构，仅由代理人在签章栏内签字

D. 某单位提出了一件专利申请，且未委托代理机构，由该单位在签章栏内加盖公章

【解题思路】

顾名思义，代表人就是可以代表其他申请人的人。A选项中父子没有委托代理机构，儿子是代表人，应当由他签字。如果没有委托代理机构，那申请人共同签字也可以。委托代理机构的，应当由代理机构盖章而不是仅由代理人签字。单位未委托代理结构，则由单位加盖公章。

【参考答案】 BD

（二）专利申请的受理

《专利审查指南》第5部分第3章第1节规定了专利申请的受理地点。

1. 专利局代办处

专利局的受理部门包括专利局受理处和专利局各代办处。专利局受理处负责受理专利申请及其他有关文件，代办处按照相关规定受理专利申请及其他有关文件。专利复审和无效部门可以受理与复审和无效宣告请求有关的文件。

《广州代办处专利申请须知》第3条：“代办处专利申请受理的范围：

1. 可以受理的专利申请文件和其他文件

（1）内地申请人提交的发明、实用新型、外观设计专利申请文件；

（2）外国申请人及港、澳、台地区的申请人委托依法设立的专利代理机构提交的专利申请文件；

（3）与专利申请文件一同提交的其他文件。

2. 不能受理的专利申请文件和其他文件

（1）PCT申请文件及其他文件；

（2）专利申请被受理后提交的其他文件。”

43.【2009年第45题】国家知识产权局设立的广州代办处不能受理下列哪些申请？

A. 美国居民Jack委托某专利代理机构直接到广州代办处提交的发明专利申请

B. 在日本学习的深圳居民张某从日本邮寄到广州代办处的发明专利申请

C. 湖南郴州居民李某从郴州邮寄到广州代办处的实用新型专利申请

D. 广州居民胡某直接到广州代办处提交的要求国内优先权的发明专利申请

【解题思路】

随着专利局各代办处的发展，业务能力的不断提高，同时也为了方便申请人，目前各代办处受理的案件范围已经超过了《专利审查指南》的规定。如在广州代办处，明确规定不能受理的文件仅包括PCT申请以及专利申请被受理后提交的其他文件。分案申请、要求国内优先权的申请以及外国申请人提出的申请代办处已经可以受理。不过，国家知识产权局本身也不会受理直接从国外

邮寄的申请，代办处自然也不会受理。

【参考答案】 B

44.【2012年第86题】山西人王某欲申请一件实用新型专利，他可以向下列哪些机构提交申请文件？

A. 国家知识产权局专利局受理处

B. 山西省知识产权局

C. 国家知识产权局专利局实用新型审查部

D. 国家知识产权局专利局西安代办处

【解题思路】

专利的受理部门包括国家知识产权局专利受理处和各地的代办处。省级知识产权局不受理专利申请，国家知识产权局的审查部只负责审查，不负责受理。

【参考答案】 AD

2. 受理地点

专利局受理处和代办处应当开设受理窗口。未经过受理登记的文件，不得进入审批程序。

专利局受理处和代办处的地址由专利局以公告形式公布。邮寄或者直接交给专利局的任何个人或者非受理部门的申请文件和其他有关文件，其邮寄文件的邮戳日或者提交文件的提交日都不具有确定申请日和递交日的效力。

3. 专利申请的受理

（1）受理条件。

《专利审查指南》第5部分第3章第2.1节规定了受理条件。

专利申请符合下列条件的，专利局应当受理：

①申请文件中有请求书。该请求书中申请专利的类别明确；写明了申请人姓名或者名称及其地址。

②发明专利申请文件中有说明书和权利要求书；实用新型专利申请文件中有说明书、说明书附图和权利要求书；外观设计专利申请文件中有图片或者照片和简要说明。

③申请文件是使用中文打字或者印刷的。全部申请文件的字迹和线条清晰可辨，没有涂改，能够分辨其内容。发明或者实用新型专利申请的说明书附图和外观设计专利申请的图片是用不易擦去的笔迹绘制，并且没有涂改。

④申请人是外国人、外国企业或者外国其他组织的，符合《专利法》第18条第1款的有关规定，其所属国符合《专利法》第17条的有关规定。

⑤申请人是香港、澳门特别行政区或者台湾地区的个人、企业或者其他组织的，符合本指南第1部分第1章第6.1.1节的有关规定。

（2）不受理情形。

《专利审查指南》第5部分第3章第2.2节规定了不受理的情形。

专利申请有下列情形之一的，专利局不予受理：

①发明专利申请缺少请求书、说明书或者权利要求书的；实用新型专利申请缺少请求书、说明书、说明书附图或者权利要求书的；外观设计专利申请缺少请求书、图片或照片或者简要说明的。

②未使用中文的。

③不符合本章第2.1节（3）中规定的受理条件的。

④请求书中缺少申请人姓名或者名称，或者缺少地址的。

⑤外国申请人因国籍或者居所原因，明显不具有提出专利申请的资格的。

⑥在中国内地没有经常居所或者营业所的外国人、外国企业或者外国其他组织作为第一署名申请人，没有委托专利代理机构的。

⑦在中国内地没有经常居所或者营业所的香港、澳门特别行政区或者台湾地区的个人、企业或者其他组织作为第一署名申请人，没有委托专利代理机构的。

⑧直接从外国向专利局邮寄的。

⑨直接从香港、澳门特别行政区或者台湾地区向专利局邮寄的。

⑩专利申请类别（发明、实用新型或者外观设计）不明确或者难以确定的。

分案申请改变申请类别的。

45.【2011年第20题】对下列哪些情形下的专利申请，国家知识产权局不予受理？

A. 分案申请改变申请类别

B. 外观设计专利申请缺少简要说明

C. 专利申请类别不明确

D. 申请文件直接从美国邮寄给国家知识产权局

【解题思路】

分案申请不得改变类别，简要说明是外观设计申请的必要文件。专利申请需要明确类别，否则连申请号都无法确定。国外申请人申请专利时必须委托代理机构，申请文件不能从国外直接邮寄。

【参考答案】 ABCD

46.【2015年第66题】专利申请文件有下列哪些情形时，国家知识产权局不予受理？

A. 发明专利申请文件缺少说明书摘要

B. 实用新型专利申请文件没有说明书附图

C. 外观设计专利申请文件缺少简要说明

D. 说明书正文未使用中文

【解题思路】

说明书摘要不属于原始公开的内容，缺乏摘要并不会导致不予受理这样严重的后果。实用新型涉及的都是具有相应空间形状和构造的产品，俗话说百闻不如一见，一张图片中能包含的信息可能超过千言万语。为了清楚地描述实用新型的技术方案，必须要有说明书附图。外观设计的简要说明可以用来解释图片或者照片中的该产品的外观设计，对限定保护范围具有重要作用，属于申请时必须提交的重要文件。中国的官方语言是中文，专利申请文件自然应当使用中文。

【参考答案】 BCD

47.【2019年第64题】下列专利申请文件不予受理的是？

A. 直接从台湾地区向国家知识产权局邮寄的申请文件

B. 提交分案申请时从原案的实用新型专利申请改变为发明专利申请

C. 涉及核苷酸序列的发明专利申请，未提交相应序列表的计算机可读形式的副本

D. 请求书中没有申请人或代理机构签章

【解题思路】

台湾地区的申请人如在中国大陆地区没有营业场所或经常住所，则需要委托代理机构，直接从台湾地区邮寄意味着并没有委托代理机构。分案申请不能改变专利的类

别，要改变类别可以考虑通过优先权来实现。涉及核苷酸序列的发明专利申请，未提交相应序列表的计算机可读形式的副本则需要补正。同样，请求书中没有申请人或代理机构签章也需要补正。

【参考答案】 AB

（3）受理程序。

《专利审查指南》第5部分第3章第2.1节规定了专利申请的受理程序。

专利申请符合受理条件的，受理程序如下：①确定收到日；②核实文件数量；③确定申请日；④给出申请号；⑤记录邮件挂号号码；⑥审查费用减缓请求书；⑦采集与核实数据；⑧发出通知书；⑨扫描文件。

4. 其他文件的接收

《专利审查指南》第5部分第3章第2.3.2.1节规定了国家申请的分案申请的受理程序。

对于国家申请的分案申请除按照一般专利申请的受理条件对分案申请进行受理审查外，还应当对分案申请请求书中是否填写了原申请的申请号和原申请的申请日进行审查。分案申请请求书中原申请的申请号填写正确，但未填写原申请的申请日的，以原申请号所对应的申请日为申请日。分案申请请求书中未填写原申请的申请号或者填写的原申请的申请号有误的，按照一般专利申请受理。

对符合受理条件的分案申请，专利局应当受理，给出专利申请号，以原申请的申请日为申请日，并记载分案申请递交日。

《专利审查指南》第5部分第3章第2.3.2.2节规定了进入国家阶段的国际申请的分案申请的受理程序。

国际申请进入国家阶段之后提出的分案申请，审查员除了按照一般专利申请的受理条件对分案申请进行受理审查外，还应当核实分案申请请求书中是否填写了原申请的申请日和原申请的申请号，该原申请的申请日应当是其国际申请日，原申请的申请号是进入国家阶段时专利局给予的申请号，并应当在其后的括号内注明原申请的国际申请号。

5. 申请日的改正

《专利审查指南》第5部分第3章第4节规定了专利申请的申请日的改正。

申请人收到专利申请受理通知书之后认为该通知书上记载的申请日与邮寄该申请文件日期不一致的，可以请求专利局更正申请日。

专利局受理处收到申请人的申请日更正请求后，应当检查更正请求是否符合下列规定：

（1）在递交专利申请文件之日起两个月内或者申请人收到专利申请受理通知书1个月内提出。

（2）附有收寄专利申请文件的邮局出具的寄出日期的有效证明，该证明中注明的寄出挂号号码与请求书中记录的挂号号码一致。

符合上述规定的，应予更正申请日；否则，不予更正申请日。

准予更正申请日的，应当作出重新确定申请日通知书，送交申请人，并修改有关数据；不予更正申请日的，应当对此更正申请日的请求发出视为未提出通知书，并说明理由。

当事人对专利局确定的其他文件递交

日有异议的，应当提供专利局出具的收到文件回执、收寄邮局出具的证明或者其他有效证明材料。证明材料符合规定的，专利局应当重新确定递交日并修改有关数据。

48.【2011年第50题】王某通过邮局向国家知识产权局寄交了一件专利申请后，发现国家知识产权局确定的申请日与其实际寄出申请的日期不符。若王某欲请求国家知识产权局更正申请日，则下列说法哪些是正确的？

A. 王某应当在寄交申请之日起两个月内或者收到受理通知书一个月内提出申请日更正请求

B. 王某应当在寄交申请之日起两个月内或者收到受理通知书15日内提出申请日更正请求

C. 王某在提出申请日更正请求的同时，应当一并提交收寄申请的邮局出具的寄出日期的有效证明

D. 王某在提出申请日更正请求的同时，应当一并提交能证明其为该申请申请人的有效证明材料

【解题思路】

申请人提交更正请求的时间是申请之日起两个月或者收到受理通知书一个月内。申请更正的是日期，故需要提供的证据也是有关申请日期方面的证据，申请人的资格不需要提供证明。

【参考答案】 AC

6. 受理程序中错误的更正

《专利审查指南》第5部分第3章第5节规定了专利申请的受理程序中错误的改正。

专利局受理处或者代办处在受理工作中出现的错误一经发现，应当及时更正，并发出修改更正通知书，同时修改有关数据。对专利局内部错投到各审查部门的文件应当及时退回受理处，并注明退回原因。

7. 查询

《专利审查指南》第5部分第3章第6节规定了专利申请的查询方式和时效。

专利局受理处设置收文登记簿。当事人除能提供专利局或者专利局代办处的收文回执或者受理通知书外，以收文登记簿的记载为准。

查询时效为1年，自提交该文件之日起算。

（三）文件的递交和送达

1. 递交日的确定

《专利审查指南》第5部分第3章第2.3.1节专利申请的受理程序中涉及了递交日的确定。

向专利局受理处或者代办处窗口直接递交的专利申请，以收到日为申请日；通过邮局邮寄递交到专利局受理处或者代办处的专利申请，以信封上的寄出邮戳日为申请日；寄出的邮戳日不清晰无法辨认的，以专利局受理处或者代办处收到日为申请日，并将信封存档。通过速递公司递交到专利局受理处或者代办处的专利申请，以收到日为申请日。邮寄或者递交到专利局非受理部门或者个人的专利申请，其邮寄日或者递交日不具有确定申请日的效力，如果该专利申请被转送到专利局受理处或者代办处，以受理处或者代办处实际收到日为申请日。分案申请以原申请的申请日为申请日，并在请求书上记载分案申请递交日。

2. 文件递交的方式

申请文件可以当面递交也可以通过邮

寄的方式递交，专利局的受理部门包括专利局受理处和专利局各代办处。

《专利法实施细则》第 120 条："向国务院专利行政部门邮寄有关申请或者专利权的文件，应当使用挂号信函，不得使用包裹。

除首次提交专利申请文件外，向国务院专利行政部门提交各种文件、办理各种手续的，应当标明申请号或者专利号、发明创造名称和申请人或者专利权人姓名或者名称。

一件信函中应当只包含同一申请的文件。"

3. 其他有关文件的提交

《专利审查指南》第 5 部分第 3 章第 3.1 节规定了其他文件的受理条件。

申请后当事人提交的其他文件符合下列条件的，专利局应当受理：

（1）各文件中注明了该文件所涉及专利申请的申请号（或专利号），并且仅涉及一件专利申请（或专利）。

（2）各文件用中文书写，字迹清晰、字体工整，并且用不易擦去的笔迹完成；外文证明材料附有中文清单。专利局受理处、代办处、专利复审和无效部门收到申请人（或专利权人）或者其他相关当事人递交的与专利申请有关的其他文件时，应当检查和核对全部文件。

4. 文件统一格式

递交的专利申请文件应当使用国家知识产权局制作的统一表格，使用计算机中文打字或者印刷，一式两份。

5. 文件送达方式

《专利审查指南》第 5 部分第 6 章第 2.1 节规定了文件的送达方式。

（1）邮寄。

邮寄送达文件是指通过邮局把通知和决定送交当事人。除另有规定外，邮寄的文件应当挂号，并应当在计算机中登记挂号的号码、收件人地址和姓名、文件类别、所涉及的专利申请号、发文日期、发文部门。邮寄被退回的函件要登记退函日期。

（2）直接送交。

经专利局同意，专利代理机构可以在专利局指定的时间和地点，按时接收通知和决定。特殊情况下经专利局同意，当事人本人也可以在专利局指定的时间和地点接收通知和决定。除受理窗口当面交付受理通知书和文件回执外，当面交付其他文件时应当办理登记签收手续。特殊情况下，应当由当事人在申请案卷上签字或者盖章，并记录当事人身份证件的名称、号码和签发单位。

（3）电子方式送达。

对于以电子文件形式提交的专利申请，专利局以电子文件形式向申请人发出各种通知书、决定和其他文件的，申请人应当按照电子专利申请系统用户注册协议规定的方式接收。

（4）公告送达。

专利局发出的通知和决定被退回的，审查员应当与文档核对；如果确定文件因送交地址不清或者存在其他原因无法再次邮寄的，应当在专利公报上通过公告方式通知当事人。自公告之日起满 1 个月，该文件视为已经送达。

49.【2007 年第 79 题】国家知识产权局做出的通知和决定可以通过下列哪些方式送达当事人？

A. 邮寄

B．直接送交

C．电子方式送达

D．公告送达

【解题思路】

面对面直接送交自然最保险，不过一般都是通过邮寄送达。通过电子方式提交的申请，通知决定也会通过电子方式送达。如果申请人实在联系不到，那只能是公告送达。

【参考答案】 ABCD

50．【2012 年第 6 题】国家知识产权局对黄某的专利申请于 2012 年 1 月 20 日发出了补正通知书。该补正通知书因收件人地址不详被退回。随后，国家知识产权局于 2012 年 4 月 9 日在专利公报上通过公告方式通知申请人。则该补正通知书的送达日为哪天？

A．2012 年 2 月 4 日

B．2012 年 4 月 9 日

C．2012 年 4 月 24 日

D．2012 年 5 月 9 日

【解题思路】

公告送达的，送达日为公告日后 1 个月。通过邮寄送达，时间为发文日后 15 日，公告送达则翻倍。

【参考答案】 D

6. 文件送达的确定

《专利审查指南》第 5 部分第 6 章第 2.2 节规定了文件送达的收件人。

（1）当事人未委托专利代理机构。

当事人未委托专利代理机构的，通知和决定的收件人为请求书中填写的联系人。若请求书中未填写联系人的，收件人为当事人；当事人有两个以上时，请求书中另有声明指定非第一署名当事人为代表人的，收件人为该代表人；除此之外，收件人为请求书中第一署名当事人。

（2）当事人已委托专利代理机构。

当事人委托了专利代理机构的，通知和决定的收件人为该专利代理机构指定的专利代理师。专利代理师有两个的，收件人为该两名专利代理师。

（3）其他情况。

当事人无民事行为能力的，在专利局已被告知的情况下，通知和决定的收件人是法定监护人或者法定代理人。

7. 送达日的确定

《专利审查指南》第 5 部分第 6 章第 2.3 节规定了送达日。

（1）邮寄、直接送交和电子方式送达。

通过邮寄、直接送交和电子方式送达的通知和决定，自发文日起满 15 日推定为当事人收到通知和决定之日。对于通过邮寄的通知和决定，当事人提供证据，证明实际收到日在推定收到日之后的，以实际收到日为送达日。

（2）公告送达。

通知和决定是通过在专利公报上公告方式通知当事人的，以公告之日起满 1 个月推定为送达日。当事人见到公告后可以向专利局提供详细地址，要求重新邮寄有关文件，但仍以自公告之日起满 1 个月为送达日。

51．【2019 年第 58 题】下列关于电子申请的说法正确的是？

A．国家知识产权局电子专利申请系统收到电子文件的日期为递交日

B．申请人提交电子申请文件的日期为递交日

C. 通过电子方式发送的通知书，以实际下载日为当事人收到通知书之日

D. 通过电子方式发送的通知书，自发文日起满15日推定为当事人收到通知书之日

【解题思路】

电子申请的递交日为国家知识产权局电子专利申请系统收到电子文件的日期，这意味着如果因系统故障，文件未被接收，则风险在申请人这边。电子方式送达和邮寄送达，都是从发文日起满15日推定当事人收到。

【参考答案】 AD

（四）申请在香港特别行政区获得专利保护

根据《关于香港回归后中国内地和香港专利申请若干问题的说明》的规定，香港回归后仍设有单独的专利制度，履行香港原有的《专利条例》和《注册外观设计条例》。有关申请人提出的国际申请要想在香港获得专利保护，必须办理有关香港的专利申请手续。

1. 关于国际申请在香港特别行政区获得专利保护的问题

申请人在提出的国际申请中指定中国并希望其申请在香港获得专利保护的，除应向中国专利局办理有关手续外，还应当按照香港《专利条例》的有关规定办理标准专利的请求注册批予手续或短期专利的请求批予手续。

要求获得中国发明专利的国际申请在进入中国国家阶段后，申请人为获得香港标准专利的保护，应当向香港知识产权署办理标准专利的注册手续，即自该申请由中国专利局以中文公布之日起6个月内，或者该申请已由国际局以中文公布的、自中国专利局国家申请号通知书发文日起6个月内，向香港知识产权署办理记录请求手续；并自该申请由中国专利局授予专利权之日起6个月内向香港知识产权署办理注册与批予请求手续。

要求获得中国实用新型专利的国际申请人为使其国际申请也获得香港短期专利的保护，应当在进入中国国家阶段之日起6个月内，或自中国专利局国家申请号通知书发文日起6个月内，向香港知识产权署办理短期专利的批予请求手续。

52.【2007年第83题】要求获得中国发明专利的国际申请在进入中国国家阶段后，申请人为获得香港标准专利的保护，应当向香港知识产权署办理下列哪些手续？

A. 自该申请由国际局公布之日起六个月内，向香港知识产权署办理记录请求手续

B. 该申请由国际局以英文公布的，自该申请由国家知识产权局以中文公布之日起六个月内，向香港知识产权署办理记录请求手续

C. 该申请已由国际局以中文公布的，自国家知识产权局国家申请号通知书发文日起六个月内，向香港知识产权署办理记录请求手续

D. 自该申请由国家知识产权局授予专利权之日起六个月内向香港知识产权署办理注册与批予请求手续

【解题思路】

根据《关于香港回归后中国内地和香港专利申请若干问题的说明》中的相关内容，

BCD 正确。A 选项的国际公布需要是中文公布。

【参考答案】 BCD

2. 关于中国发明专利申请在香港特别行政区获得专利保护的问题

向中国专利局提出发明专利申请的申请人，为获得香港标准专利的保护，应当按照香港《专利条例》的有关规定，向香港知识产权署办理标准专利的注册手续，即自该申请由中国专利局公布之日起 6 个月内向香港知识产权署办理记录请求手续；并自该申请由中国专利局授予专利权之日起 6 个月内向香港知识产权署办理注册与批予请求手续。

53.【2013 年第 92 题】某公司就一项技术方案向国家知识产权局提出了发明专利申请，并欲获得香港标准专利的保护。下列说法哪些是正确的？

A. 该公司应当在向国家知识产权局提出申请的同时声明要求获得香港标准专利保护

B. 该公司应当自该申请的申请日起六个月内向香港知识产权署办理记录请求手续

C. 该公司应当自该申请的公布之日起六个月内向香港知识产权署办理记录请求手续

D. 该公司应当自该申请的授权之日起六个月内向香港知识产权署办理注册与批予请求手续

【解题思路】

申请人想在中国香港特别行政区获得专利保护，自然是向特别行政区提出请求，A 选项中是向国家知识产权局提出声明，不符。在专利公开之后，才好办理记录请求手续，B 选项中是在申请日起 6 个月，发明专利都还没有公开，不适合。因为香港特别行政区没有进行实质审查的能力，因此中国发明专利在香港特别行政区获得保护基本上要依靠国家知识产权局的审查，也就是专利公开后向香港知识产权署提出记录请求，获得授权后在香港登记注册。

【参考答案】 CD

3. 关于要求获得香港短期专利或注册外观设计保护的问题

要求获得香港短期专利（除前述通过国际申请途径外）或注册外观设计保护的，应当按照香港《专利条例》或《注册外观设计条例》的规定，向香港知识产权署办理有关手续。

根据香港《专利条例规则》的规定，要求获得香港短期专利保护的，还应提交包括中国专利局在内的国际检索单位或香港知识产权署指定的专利当局所作的检索报告。

（五）国务院专利行政部门处理专利申请和请求的原则

《专利法》第 21 条第 1 款："国务院专利行政部门应当按照客观、公正、准确、及时的要求，依法处理有关专利的申请和请求。"

（六）委托专利代理

1. 委托专利代理机构

《专利审查指南》第 1 部分第 1 章第 6.1.1 节规定了委托专利代理机构的适用条件。

根据《专利法》第 18 条第 1 款的规定，在中国内地没有经常居所或者营业所的外国人、外国企业或者外国其他组织在中国申请专利和办理其他专利事务，或者作为第一署名申请人与中国内地的申请人共同申请专利和办理其他专利事务的，应当委托专利代理机构办理。审查中发现上述申请人申请专利和办理其他专利事务时，未委托专利代理机构的，审查员应当发出审查意见通知书，通知申请人在指定期限内答复。申请人在指定期限内未答复的，其申请被视为撤回；申请人陈述意见或者补正后，仍然不符合《专利法》第18条第1款规定的，该专利申请应当被驳回。

中国内地的单位或者个人可以委托专利代理机构在国内申请专利和办理其他专利事务。委托不符合规定的，审查员应当发出补正通知书，通知专利代理机构在指定期限内补正。期满未答复或者补正后仍不符合规定的，应当向申请人和被委托的专利代理机构发出视为未委托专利代理机构通知书。

在中国内地没有经常居所或者营业所的香港、澳门或者台湾地区的申请人向专利局提出专利申请和办理其他专利事务，或者作为第一署名申请人与中国内地的申请人共同申请专利和办理其他专利事务的，应当委托专利代理机构办理。未委托专利代理机构的，审查员应当发出审查意见通知书，通知申请人在指定期限内答复。申请人在指定期限内未答复的，审查员应当发出视为撤回通知书；申请人陈述意见或者补正后仍不符合规定的，该专利申请应当被驳回。

委托的双方当事人是申请人和被委托的专利代理机构。申请人有两个以上的，委托的双方当事人是全体申请人和被委托的专利代理机构。被委托的专利代理机构仅限一家，《专利审查指南》另有规定的除外。专利代理机构接受委托后，应当指定该专利代理机构的专利代理师办理有关事务，被指定的专利代理师不得超过两名。

54.【2013年第22题】在中国设有办事处的美国某公司欲就其一项发明创造在中国申请专利。该公司可以通过下列哪种方式提交其申请？

A. 直接通过国家知识产权局电子申请系统提交

B. 委托美国专利代理机构提交

C. 委托中国专利代理机构提交

D. 指派其在中国的员工提交

【解题思路】

在中国没有营业地的外国公司申请专利时必须委托中国的代理机构。考生需要注意的是，办事处并不是营业地。

【参考答案】 C

55.【2016年第18题】在满足其他受理条件的情况下，下列哪个专利申请应当予以受理？

A. 某台湾地区的个人作为第一署名申请人，其经常居住地和详细地址均位于台湾地区，未委托专利代理机构

B. 某在中国内地没有营业所的香港企业作为第一署名申请人与深圳某企业共同申请专利，未委托专利代理机构

C. 某澳门居民作为第一署名申请人，其经常居住地和详细地址均位于澳门，未委托专利代理机构，指定居住于中国内地的亲友作为联系人

D. 某营业所位于上海的外国独资企业申请专利，未委托专利代理机构

【解题思路】

在中国没有经常居所的港澳台地区的自然人或企业，作为第一署名申请人申请专利，需要委托专利代理机构。营业所位于上海的外国独资企业，因为营业地在中国，故

属于中国企业，申请专利可以不委托专利代理机构。

【参考答案】 D

2. 委托书

《专利审查指南》第1部分第1章第6.1.2节规定了委托书的基本内容。

申请人委托专利代理机构向专利局申请专利和办理其他专利事务的，应当提交委托书。委托书应当使用专利局制定的标准表格，写明委托权限、发明创造名称、专利代理机构名称、专利代理师姓名，并应当与请求书中填写的内容相一致。在专利申请确定申请号后提交委托书的，还应当注明专利申请号。申请人是个人的，委托书应当由申请人签字或者盖章；申请人是单位的，应当加盖单位公章，同时也可以附有其法定代表人的签字或者盖章；申请人有两个以上的，应当由全体申请人签字或者盖章。此外，委托书还应当由专利代理机构加盖公章。

申请人委托专利代理机构的，可以向专利局交存总委托书；专利局收到符合规定的总委托书后，应当给出总委托书编号，并通知该专利代理机构。已交存总委托书的，在提出专利申请时可以不再提交专利代理委托书原件，而提交总委托书复印件，同时写明发明创造名称、专利代理机构名称、专利代理师姓名和专利局给出的总委托书编号，并加盖专利代理机构公章。

56.【2009年第47题】下列哪些项目应当在专利代理委托书中写明？

A. 委托权限

B. 发明创造名称

C. 专利代理机构名称

D. 专利代理人姓名

【解题思路】

一份完整的委托书，应该包括委托人、受托人、委托事项以及委托权限。专利代理师不能以个人的名义接受委托，受托方应该是专利代理机构。具体的事项是由代理师来完成的，委托书上也应该有代理师的姓名。委托事项则需要通过发明创造名称来界定，如果已有专利申请号，则需要加上申请号进一步界定。在专利代理中还存在代理权限的区别，因此，委托权限也需要注明。上述内容全选。

【参考答案】 ABCD

57.【2010年第88题】金某就一种新微生物于2008年9月29日在韩国首次提出了发明专利申请S1。2009年6月29日，金某就该微生物的培育方法在韩国首次提出了发明专利申请S2。2009年10月4日，金某就该微生物及其培育方法向世界知识产权组织国际局提出了PCT申请S3，该PCT申请未指定中国。2009年11月24日，金某委托某专利代理事务所就该微生物及其培育方法在中国提出了发明专利申请S4，并要求享有S1、S2和S3的优先权。S4申请中涉及的新微生物需要保藏。下列有关金某委托该专利代理事务所的说法哪些是正确的？

A. 该事务所应当是国家知识产权局指定的专利代理机构

B. 该事务所可以以其合伙人的名义与金某签订委托合同

C. 金某可以要求该事务所指派其指定的专利代理人承办代理业务

D. 该事务所向国家知识产权局提交的委托书中应当写明委托权限

【解题思路】

2008年《专利法》第三次修改后，专利代理机构取消了指定一说。代理机构必须以机构的名义与当事人签订委托合同。当事人如果信任某代理师，要求该代理师具体承办业务，也是人情之常。专利代理师在从事代理业务时，委托权限不尽相同，故委托书中应当写明权限。

【参考答案】 CD

3. 解除委托和辞去委托

《专利审查指南》第1部分第1章第6.7.2.4节规定了办理解除委托和辞去委托手续的程序。

办理解除委托或者辞去委托手续的，应当事先通知对方当事人。

解除委托时，申请人（或专利权人）应当提交著录项目变更申报书，并附具全体申请人（或专利权人）签字或者盖章的解聘书，或者仅提交由全体申请人（或专利权人）签字或者盖章的著录项目变更申报书。

辞去委托时，专利代理机构应当提交著录项目变更申报书，并附具申请人（或专利权人）或者其代表人签字或者盖章的同意辞去委托声明，或者附具由专利代理机构盖章的表明已通知申请人（或专利权人）的声明。

变更手续生效（即发出手续合格通知书）之前，原专利代理委托关系依然有效，且专利代理机构已为申请人（或专利权人）办理的各种事务在变更手续生效之后继续有效。变更手续不符合规定的，审查员应当向办理变更手续的当事人发出视为未提出通知书；变更手续符合规定的，审查员应当向当事人发出手续合格通知书。

对于第一署名申请人是在中国内地没有经常居所或者营业所的外国申请人的专利申请，在办理解除委托或者辞去委托手续时，申请人（或专利权人）应当同时委托新的专利代理机构，否则不予办理解除委托或者辞去委托手续，审查员应当发出视为未提出通知书。

对于第一署名申请人是在中国内地没有经常居所或者营业所的香港、澳门特别行政区或者台湾地区申请人的专利申请，在办理解除委托或者辞去委托手续时，申请人（或专利权人）应当同时委托新的专利代理机构，否则不予办理解除委托或者辞去委托手续，审查员应当发出视为未提出通知书。

58.【2010年第47题】下列关于解除或者辞去专利代理委托的说法哪些是正确的？

A. 办理解除委托或者辞去委托手续的，应当事先通知对方当事人

B. 专利申请人解除委托时，应当提交著录项目变更申报书

C. 专利代理机构辞去委托时，应当提交由全体委托人签字或盖章的同意辞去委托声明

D. 办理解除委托或者辞去委托的手续生效前，原专利代理关系依然有效

【解题思路】

解除了委托手续，那另一方自然应该知道。专利的著录项目中，有一项就是代理机构。解除了委托，那该项目就需要变更，提交的就是著录项目申报书。辞去委托时，除了全体委托人签字或者盖章外，代表人签字盖章亦可。解除委托生效前，原代理关系

的效力还未解除，依然有效。

【参考答案】ABD

59.【2019年第15题】关于委托专利代理机构办理专利事务，下列说法正确的是？

A．在苏州设立的某日本独资企业在中国申请专利，必须委托专利代理机构

B．某英国公司作为第一署名申请人与北京某国有企业共同在中国申请专利，必须委托专利代理机构

C．香港、澳门或者台湾地区的申请人向国家知识产权局提交专利申请，必须委托专利代理机构

D．委托专利代理机构申请专利的，解除委托时必须征得专利代理机构的同意

【解题思路】

本题参考答案为B，笔者认为本题没有答案。在中国设立的外资企业同样属于中国企业，申请专利可以不委托专利代理机构。外国申请人和港澳台地区的申请人如果在中国大陆地区没有经常居所或营业所，则单独提起专利申请或者作为第一申请人提起专利申请，都需要委托专利代理机构。B和C选项中的英国企业和港澳台地区的申请人都没有提及经常居所或营业所的情况，故不能认为必须委托专利代理机构。委托合同是建立在双方的信任基础之上，其解除并不需要获得对方的同意。

【参考答案】无

（七）指定代表人

《专利审查指南》第1部分第1章第4.1.5节规定了代表人的含义。

1. 代表人的指定

申请人有两人以上且未委托专利代理机构的，除本指南另有规定或请求书中另有声明外，以第一署名申请人为代表人。请求书中另有声明的，所声明的代表人应当是申请人之一。

2. 代表人的权利

除直接涉及共有权利的手续外，代表人可以代表全体申请人办理在专利局的其他手续。直接涉及共有权利的手续包括提出专利申请，委托专利代理，转让专利申请权、优先权或者专利权，撤回专利申请，撤回优先权要求，放弃专利权等。直接涉及共有权利的手续应当由全体权利人签字或者盖章。

60.【2016年第58题】专利申请人为多人且未委托专利代理机构的，其代表人可以代表全体申请人办理下列哪些手续？

A．委托专利代理

B．答复审查意见通知书

C．办理延长期限请求

D．撤回优先权要求

【解题思路】

代表人不能够办理直接涉及共有权利的手续。专利代理机构的水平对专利申请的质量有着密切的影响，优先权要求涉及新颖性的判定，这两项都会对专利申请产生巨大的影响，故委托专利代理机构和撤回优先权要求不能由代表人办理。

【参考答案】BC

61.【2018年第49题】江苏某企业作为第一署名的申请人与国外某公司共同申请专利，由这家江苏企业通过其电子申请注册用户的权限以电子申请的方式提出专利申请，并指定其常驻上海的员工叶某为联系人，以下说法错误的是：

A．由于共同申请人之一为国外公司，

所以应当委托依法设立的专利代理机构提交专利申请

B. 由于该江苏企业为提交电子申请的电子申请用户，所以该江苏企业应当为共同专利申请的代表人

C. 代表人可以代表全体申请人办理涉及共有权利之外的其他手续，例如提出提前公开声明、提出实质审查请求、提交意见陈述书

D. 如果该国外公司在南京设有办事机构，则可以同时指定其办事机构的工作人员为第二联系人

【解题思路】

国内企业和外国企业共同提起专利申请，是否需要委托代理机构取决于第一署名人是谁。江苏企业作为第一申请人，可以不委托专利代理机构。联系人的任务是接收专利申请中间文件，如果有两名联系人，国家知识产权局就不知道应该将文件寄给哪位。如专利是通过电子申请方式提出的，那么中间文件通过电子途径发给提起申请的用户最为方便。既然江苏企业为提交电子申请的电子申请用户，那该企业作为代表人办理相关手续也最为方便。为避免纠纷，代表人不能办理直接涉及共有权利的相关手续，如专利转让、放弃优先权等。

【参考答案】 AD

（八）优先权请求

《专利审查指南》第1部分第1章第6.2节规定了要求优先权的含义。

要求优先权，是指申请人根据《专利法》第29条的规定向专利局要求以其在先提出的专利申请为基础享有优先权。申请人要求优先权应当符合《专利法》第29条、第30条,《专利法实施细则》第31条、第32条以及巴黎公约的有关规定。

申请人就相同主题的发明或者实用新型在外国第一次提出专利申请之日起12个月内，或者就相同主题的外观设计在外国第一次提出专利申请之日起6个月内，又在中国提出申请的，依照该国同中国签订的协议或者共同参加的国际条约，或者依照相互承认优先权的原则，可以享有优先权。这种优先权称为外国优先权。

申请人就相同主题的发明或者实用新型在中国第一次提出专利申请之日起12个月内，又以该发明专利申请为基础向专利局提出发明专利申请或者实用新型专利申请的，或者又以该实用新型专利申请为基础向专利局提出实用新型专利申请或者发明专利申请的，可以享有优先权。这种优先权称为本国优先权。

62.【2006年第44题】李某2005年12月5日向国家知识产权局提交了一份发明专利申请，该申请要求了其2005年12月1日在日本提交的专利申请的优先权。在初审阶段，李某又要求增加一项2004年12月5日在日本提交的专利申请的优先权。下列哪些说法是正确的？

A. 李某不可以增加优先权要求，优先权要求只能在提交专利申请的同时提出

B. 李某可以增加优先权要求，但需要提交新的发明专利请求书

C. 李某不可以增加优先权要求，该增加的优先权要求超出了十二个月期限

D. 李某可以增加优先权要求，但需提交一份著录项目变更申报书

【解题思路】

优先权要求必须在提交申请的时候同时提出，后续阶段不能提出新的优先权请求。2020 年《专利法》修改后，提交在先申请副本的期限改为第一次提出申请之日（即优先权日）起 16 个月内。如果要求优先权的在后申请是在首次申请的第 12 个月提出，根据新的规则，提交优先权副本的时间是在后申请提出之日起 4 个月内，比原来多了 1 个月。

【参考答案】 A

1. 要求外国优先权

（1）要求优先权声明。

《专利审查指南》第 1 部分第 1 章第 6.2.1.2 节规定了要求优先权声明的基本内容。

申请人要求优先权的，应当在提出专利申请的同时在请求书中声明；未在请求书中提出声明的，视为未要求优先权。

申请人在要求优先权声明中应当写明作为优先权基础的在先申请的申请日、申请号和原受理机构名称；未写明或者错写在先申请日、申请号和原受理机构名称中的一项或者两项内容，而申请人已在规定的期限内提交了在先申请文件副本的，审查员应当发出办理手续补正通知书，期满未答复或者补正后仍不符合规定的，审查员应当发出视为未要求优先权通知书。

要求多项优先权而在声明中未写明或者错写某个在先申请的申请日、申请号和原受理机构名称中的一项或者两项内容，而申请人已在规定的期限内提交了该在先申请文件副本的，审查员应当发出办理手续补正通知书，期满未答复或者补正后仍不符合规定的，视为未要求该项优先权，审查员应当发出视为未要求优先权通知书。

（2）在先申请文件副本。

《专利审查指南》第 1 部分第 1 章第 6.2.1.3 节规定了在先申请文件副本。

作为优先权基础的在先申请文件的副本应当由该在先申请的原受理机构出具。在先申请文件副本的格式应当符合国际惯例，至少应当表明原受理机构、申请人、申请日、申请号；不符合规定的，审查员应当发出办理手续补正通知书，期满未答复或者补正后仍不符合规定的，视为未提交在先申请文件副本，审查员应当发出视为未要求优先权通知书。

（3）在后申请的申请人。

《专利审查指南》第 1 部分第 1 章第 6.2.1.4 节规定了在后申请的申请人的审查标准。

要求优先权的在后申请的申请人与在先申请文件副本中记载的申请人应当一致，或者是在先申请文件副本中记载的申请人之一。

申请人完全不一致，且在先申请的申请人将优先权转让给在后申请的申请人的，应当在提出在后申请之日起 3 个月内提交由在先申请的全体申请人签字或者盖章的优先权转让证明文件。在先申请具有多个申请人，且在后申请具有多个与之不同的申请人的，可以提交由在先申请的所有申请人共同签字或者盖章的转让给在后申请的所有申请人的优先权转让证明文件；也可以提交由在先申请的所有申请人分别签字或者盖章的转让给在后申请的申请人的优先权转让证明文件。

申请人期满未提交优先权转让证明文

件或者提交的优先权转让证明文件不符合规定的，审查员应当发出视为未要求优先权通知书。

【提醒】

优先权转让证明文件的提交期限应当和在先申请文件副本一致，这样审查员看到在先申请副本中申请人完全不一致时，可以从优先权转让文件中确认在后申请人享有优先权。不过，2020 年《专利法》修改后，提交在先申请文件的时间变为首次申请之日（即优先权日）的 16 个月内，而《专利审查指南》尚未进行适应性修改，所规定的优先权转让证明的提交期限还是在后申请之日起 3 个月内。这就会导致转让证明的提交期限早于提交在先申请副本的期限。为避免这个问题，提交优先权转让证明的期限应当也修改为在先申请之日起 16 个月内。

63.【2014 年第 15 题】张某向国家知识产权局提交一件要求德国优先权的发明专利申请，该德国专利申请的申请人为张某和于某。下列说法哪个是正确的？

A. 由于该申请与德国专利申请的申请人不完全一致，因此应当提交优先权转让证明文件

B. 张某应当在提出在后申请之日起 4 个月内提交在先申请文件副本

C. 若张某未在请求书中声明要求优先权，可以请求恢复该德国优先权

D. 若张某未在规定期限内提交在先申请文件副本，该优先权要求将被视为未要求

【解题思路】

只有在后申请人和在先申请人完全不一致的情况下，才需要提供优先权转让证明。《专利法》于 2020 年修改后，在先申请文件副本的期限改为首次申请之日起 16 个月内提出。如果没有在请求书中声明要求优先权，则视为未要求优先权。如果未在规定期限内提交在先申请文件副本，该优先权要求视为未提出。

【参考答案】 D

64.【2018 年第 47 题】关于优先权的说法，哪些是错误的：

A. 申请人要求外国优先权的，必须在提出专利申请的同时在请求书中声明并同时提交在先申请文件副本

B. 申请人要求外国优先权的，其在先申请文件副本中记载的申请人与在后申请的申请人完全不一致的，应当于在后申请之日起 3 个月内提交优先权转让证明，否则优先权不成立

C. 申请人提出在后申请之前，其在先申请已被授予专利权的，本国优先权不能成立，申请人声明放弃已取得的在先申请专利权的情形除外

D. 申请人要求撤回优先权要求的，应当提交全体申请人或其代表人签字或者盖章的撤回优先权声明

【解题思路】

2020 年《专利法》修改后，申请人要求优先权的，提交在先申请文件副本的日期是首次申请之日起 16 个月内，而不是提出在后专利申请的同时。为避免重复授权，申请人要求本国优先权的，其在先申请被视为撤回。如果在先申请已经被授权，就无法撤回，故此时不能再主张优先权。放弃专利权毕竟还存在请求恢复的可能，故即使申请人声明放弃已取得的在先申请专利权也不例外。撤回优先权要求直接涉及判断新颖性和创造性的

日期，属于重大事项，必须全体申请人签字。

【参考答案】 ACD

2. 要求本国优先权

65.【2019 年第 69 题】下列关于优先权的说法正确的是?

A. 要求外国优先权的发明专利申请，其在先申请只能是发明申请

B. 要求本国优先权的发明专利申请，其在先申请可以是发明专利申请，也可以是实用新型专利申请

C. 要求外国优先权的实用新型专利申请，其在先申请可以是发明专利申请，也可以是实用新型专利申请

D. 外观设计专利申请不能作为本国优先权的基础

【解题思路】

发明和实用新型保护的都是“技术”，可以通过优先权制度来进行转换。外观设计保护的是“艺术”，不能作为发明和实用新型的在先申请。申请人主张优先权意味着在先申请被视为撤回，而 2008 年《专利法》修改前，一件外观设计申请只能涉及一项设计，故撤回再先的申请，然后替换成与之相同的在后申请并没有意义。现在类似的外观设计和成套产品的外观设计可以在一件申请中提出，故 2020 年《专利法》修改后，外观设计也开始享有本国优先权。

【参考答案】 BC

（1）要求优先权声明。

《专利审查指南》第 1 部分第 1 章第 6.2.2.2 节规定了要求优先权声明的审查标准。

申请人要求优先权的，应当在提出专利申请的同时在请求书中声明；未在请求书中提出声明的，视为未要求优先权。申请人在要求优先权声明中应当写明作为优先权基础的在先申请的申请日、申请号和原受理机构名称（中国）。未写明或者错写上述各项中的一项或者两项内容的，审查员应当发出办理手续补正通知书，期满未答复或者补正后仍不符合规定的，审查员应当发出视为未要求优先权通知书。

要求多项优先权而在声明中未写明或者错写某个在先申请的申请日、申请号和原受理机构名称中的一项或者两项内容的，审查员应当发出办理手续补正通知书，期满未答复或者补正后仍不符合规定的，视为未要求该项优先权，审查员应当发出视为未要求优先权通知书。

66.【2015 年第 59 题】下列关于优先权的说法哪些是正确的?

A. 申请人要求本国优先权的，其在先申请自在后申请提出之日起即视为撤回

B. 申请人要求外国优先权的，应当自在后申请日起两个月内提交在先申请文件副本

C. 申请人要求优先权的，应当在缴纳申请费的同时缴纳优先权要求费

D. 申请人要求优先权的，应当在申请的时候提出书面声明

【解题思路】

申请人要求优先权的，应该在申请的时候提出书面声明，提交在先专利申请文件副本的日期则针对发明、实用新型和外观设计三种专利类型并不相同。发明和实用新型为首次申请日起 16 个月，外观设计为在后申请日起 3 个月内。不管是哪种专利类型，B 选项都不正确。为避免重复授权，申请人要求本国优先权的，其在先申请自在后申请

提出之日起即视为撤回。

【参考答案】 ACD

（2）在先申请文件副本。

《专利审查指南》第1部分第1章第6.2.2.3节规定了在先申请文件副本。

在先申请文件的副本，由专利局根据规定制作。申请人要求本国优先权并且在请求书中写明了在先申请的申请日和申请号的，视为提交了在先申请文件副本。

（3）在后申请的申请人。

《专利审查指南》第1部分第1章第6.2.2.4节规定了在后申请的申请人。

要求优先权的在后申请的申请人与在先申请中记载的申请人应当一致；不一致的，在后申请的申请人应当在提出在后申请之日起3个月内提交由在先申请的全体申请人签字或者盖章的优先权转让证明文件。在后申请的申请人期满未提交优先权转让证明文件，或者提交的优先权转让证明文件不符合规定的，审查员应当发出视为未要求优先权通知书。

67.【2017年第45题】申请人于2017年5月15日提交一件发明专利申请，并于2017年5月22日收到受理通知书。该申请要求了一项美国优先权，优先权日为2016年6月3日，则以下关于在先申请文件副本的说法正确的是？

A. 应当在2017年8月15日前提交在先申请文件副本

B. 应当在2017年8月22日前提交在先申请文件副本

C. 应当提交在先申请文件副本的中文题录译文

D. 国家知识产权局通过电子交换等途径从该受理机构获得在先申请文件副本的，可以视为申请人提交了经该受理机构证明的在先申请文件副本

【解题思路】

2020年《专利法》修改后，提交在先申请文件副本的时间是作为优先权基础的首次申请的提交之日2016年6月3日起16个月内，即2017年10月3日之前。考虑到国庆的7天假期，应该延长到假期后的首个工作日10月8日。优先权文件是美国专利，属于外文证明材料，需要提交中文题录译文，载明最为关键的信息。考虑到外文或者摘要的翻译毕竟需要花费一定的成本，出于节约的目的，审查员在认为有必要的情况下，才会要求申请人提交。国家知识产权局如果能从受理机构获得在先申请文件副本，那就没有必要去要求申请人重复提交。

【参考答案】 CD

68.【2019年第63题】申请人甲于2015年3月1日向国家知识产权局提出一件发明专利申请，并要求两项外国优先权，优先权日分别为2014年3月1日和2014年6月1日。2015年8月1日其请求撤回优先权日为2014年3月1日的优先权。下列期限计算正确的是？

A. 该申请经初步审查符合要求的，自2014年3月1日起满十八个月即行公布

B. 该申请人提出实质审查请求的期限届满日为2017年3月1日

C. 该申请经初步审查符合要求的，自2014年6月1日起满十八个月即行公布

D. 该申请人提出实质审查请求的期限届满日为2017年6月1日

【解题思路】

甲的专利申请如果不撤回最先的优先权，则会在2014年3月1日起满18个月即行公布，即在2015年9月1日公布。为保障及时公布，国家知识产权局在9月1日之前就会准备相关文件，如果申请人想撤回优先权，需要给国家知识产权局3个月以上的准备时间。甲在2015年8月1日申请撤回最先的优先权时，离公布日只剩一个月，已经错过机会，故该申请还是会按原计划公布。不过申请实质审查的期限是优先权日起3年内，甲的此次撤回对实质审查来说还算及时，故实质审查请求是根据在后的优先权日进行计算。

【参考答案】 AD

二、保密申请与向国外申请请求的审查

（一）保密的范围

《专利审查指南》第5部分第5章第1节规定了保密的范围。

《专利法》第4条规定的保密范围是涉及国家安全或者重大利益两个方面的发明创造。

根据《专利法实施细则》第7条第1款的规定，专利局受理的专利申请涉及国防利益需要保密的，应当及时移交国防专利机构进行审查。

根据《专利法实施细则》第7条第2款的规定，专利局认为其受理的发明或者实用新型专利申请涉及国防利益以外的国家安全或者重大利益需要保密的，应当及时作出按照保密专利申请处理的决定，并通知申请人。

1. 涉及国家安全的发明创造

一般而言，所谓涉及国家安全的发明创造主要是指国防专用或者对国防有重大价值的发明创造，如新式武器或者用于武器上的新式部件等。

2. 涉及重大利益的发明创造

涉及国家重大利益的发明创造是指涉及国防以外的其他重大利益，如会影响国家经济、科技实力的发明创造。这些发明创造的公开会损害国家的政治、经济利益或者削弱国家的经济、科技实力。

（二）保密申请的审查

1. 专利申请的保密确定

《专利审查指南》第5部分第5章第3节规定了专利申请的保密确定，包括申请人提出保密请求的保密确定和专利局自行进行的保密确定两种。

申请人认为其发明或者实用新型专利申请涉及国家安全或者重大利益需要保密的，应当在提出专利申请的同时，在请求书上作出要求保密的表示，其申请文件应当以纸件形式提交。申请人也可以在发明专利申请进入公布准备之前，或者实用新型专利申请进入授权公告准备之前，提出保密请求。

申请人在提出保密请求之前已确定其申请的内容涉及国家安全或者重大利益需要保密的，应当提交有关部门确定密级的相关文件。

69.【2007年第93题】下列哪些说法是正确的？

A. 发明专利申请涉及国防方面的国家秘密需要保密的，由国防专利局受理

B. 保密专利申请的实质审查按照与一般发明专利申请相同的基准进行

C. 保密请求可以由发明专利申请人提出

D. 保密专利申请的授权公告仅公布专利申请日、授权公告日、专利号和分类号

【解题思路】

原《专利法实施细则》第8条第1款的表述是“发明专利申请涉及国防方面的国家秘密需要保密的，由国防专利局受理”，2010年细则修改后第7条第1款的表述是“专利申请涉及国防利益需要保密的，由国防专利机构受理并进行审查”。新细则除了在文字表述上的调整外，还将保密申请的范围从原先的发明扩大到发明和实用新型。根据2008年修改后的《专利法》，A项依然正确。保密审查除了需要保密外，审查基准和其他申请相同。保密确定可以由申请人提出保密请求，也可由专利局自行认定。保密专利申请的公告中不包括分类号，以免泄露该保密申请所处的技术领域。

【参考答案】 ABC

2. 保密专利申请的审批流程

《专利审查指南》第5部分第5章第4节规定了保密专利申请的审批流程。

（1）涉及国防利益需要保密的专利申请，由国防专利局进行审查。经审查没有发现驳回理由的，由专利局根据国防专利局的审查意见作出授予国防专利权的决定，并委托国防专利局颁发国防专利证书，同时在专利公报上公告国防专利的专利号、申请日和授权公告日。

国防专利复审和无效部门作出宣告国防专利权无效决定的，专利局应当在专利公报上公告专利号、授权公告日、无效宣告决定号和无效宣告决定日。

（2）涉及国防利益以外的国家安全或者重大利益需要保密的发明或者实用新型专利申请，由专利局按照以下程序进行审查和管理。

对于发明专利申请，初步审查和实质审查按照与一般发明专利申请相同的基准进行。初步审查合格的保密专利申请不予公布，实质审查请求符合规定的，直接进入实质审查程序。经实质审查没有发现驳回理由的，作出授予保密发明专利权的决定，并发出授予发明专利权通知书和办理登记手续通知书。

对于实用新型专利申请，初步审查按照与一般实用新型专利申请相同的基准进行。经初步审查没有发现驳回理由的，作出授予保密实用新型专利权的决定，并发出授予实用新型专利权通知书和办理登记手续通知书。

保密专利申请的授权公告仅公布专利号、申请日和授权公告日。

70.【2006年第47题】以下关于保密专利申请审批程序的说法中哪些是正确的？

A. 初步审查按照与一般发明专利申请不同的基准进行

B. 初步审查合格的保密专利申请不予公布

C. 实质审查按照与一般发明专利申请相同的基准进行

D. 对保密专利申请授予专利权不进行任何形式的公告

【解题思路】

保密专利除了需要保密外，初步审查和实质审查的基准和其他申请并不存在差异。既然是保密申请，初步审查合格之后不

会公布。保密审查并不是任何内容都不公告，专利号、申请日和授权公告日还是会进行公告的。

【参考答案】 BC

71.【2018年第10题】关于保密专利的审查，以下说法错误的是：

A. 申请人认为其发明或者实用新型专利申请涉及国家安全或者重大利益需要保密的，应当在提出专利申请的同时，在请求书上作出要求保密的表示，其申请文件不得以电子申请的形式提交

B. 专利申请涉及国防利益需要保密的，由国防专利机构受理并进行审查，经审查没有发现驳回理由的，由国家知识产权局根据国防专利机构的审查意见作出授予国防专利权的决定并颁发国防专利证书

C. 国家知识产权局认为其受理的发明或者实用新型专利申请涉及国防利益以外的国家安全或者重大利益需要保密的，应及时作出按照保密专利申请处理的决定，并通知申请人

D. 保密专利申请的授权公告仅公布专利号、申请日和授权公告日，发明或者实用新型专利解密后，应当进行解密公告

【解题思路】

电子申请系统的保密性不能满足保密申请的要求，故申请人如申请保密专利，则不得通过电子申请系统提交。国防专利权的授权由国家知识产权局作出，但国防专利证书的颁发由国家知识产权局委托给国防专利局实施。除了申请人请求保密外，国家知识产权局也会发挥主观能动性，自行作出按照保密专利申请的决定。保密专利申请授权后仅公布专利号、申请日和授权公告日，不包括分类号，因为分类号会暴露该专利所属的技术领域。

【参考答案】 B

3. 保密专利申请（或专利）的解密程序

《专利审查指南》第5部分第5章第5节规定了专利申请（或专利）的解密程序。

（1）申请人（或专利权人）提出解密请求。

保密专利申请的申请人或者保密专利的专利权人可以书面提出解密请求。提出保密请求时提交了有关部门确定密级的相关文件的，申请人（或专利权人）提出解密请求时，应当附具原确定密级的部门同意解密的证明文件。

专利局对提出解密请求的保密专利申请（或专利）进行解密确定，并将结果通知申请人。

（2）专利局定期解密。

专利局每两年对保密专利申请（或专利）进行一次复查，经复查认为不需要继续保密的，通知申请人予以解密。

（三）向外申请专利的保密审查

《专利法》第19条第1款：任何单位或者个人将在中国完成的发明或者实用新型向外国申请专利的，应当事先报经国务院专利行政部门进行保密审查。保密审查的程序、期限等按照国务院的规定执行。

《专利法》第19条第4款：对违反本条第1款规定向外国申请专利的发明或者实用新型，在中国申请专利的，不授予专利权。

72.【2017年第9题】以下哪种情况不需要进行向外国申请专利的保密审查？

A. 外国公司将在中国完成的发明向外

国申请专利

B．外国个人将在中国完成的发明提交PCT国际申请

C．中国公司将在中国完成的实用新型向外国申请专利

D．中国个人将在中国完成的外观设计向外国申请专利

【解题思路】

保密审查涉及的是“技术”，而外观设计属于“艺术”，不存在保密审查必要。保密审查所涉及的发明创造需要在中国国内完成，至于申请人是中国公司还是外国公司并没有关系，与申请的是国内专利还是向外国申请专利也没有关系。

【参考答案】 D

73.【2019年第40题】关于专利申请的保密审查，下列说法正确的是？

A．就发明、实用新型、外观设计向外国申请专利或者证书的，应当事先报经国务院专利行政部门进行保密审查

B．任何中国单位或者个人完成的发明或者实用新型向外国申请专利的，应当事先报经国务院专利行政部门进行保密审查

C．申请人向国家知识产权局提出专利国际申请的，无须再提出保密审查请求

D．任何外国人或外国企业将在中国完成的发明或者实用新型向外国申请专利的，应当事先报经国务院专利行政部门进行保密审查

【解题思路】

发明和实用新型属于“技术”，对外申请会涉及保密问题，而外观设计属于“艺术”，对外申请并不需要进行保密审查。保密的前提是有必要性，如果发明创造的主要部分是在国外完成的，那国家知识产权局进行保密审查毫无意义。保密审查实行“属地原则”，如果发明创造是在国内完成的，则不管申请人是中国人还是外国人，都需要先进行保密审查。申请人向国家知识产权局提出专利国际申请的，默认为同时提出了保密审查请求，无须再另外提出保密审查请求。

【参考答案】 CD

1.“在中国完成的发明或者实用新型”的含义

《专利法实施细则》第8条第1款：“专利法第二十条所称在中国完成的发明或者实用新型，是指技术方案的实质性内容在中国境内完成的发明或者实用新型。”

74.【2011年第41题】关于向外国申请专利前的保密审查，下列说法哪些是正确的？

A．中国人拟就其在外国完成的发明创造向外国申请专利的，不需事先报经国家知识产权局进行保密审查

B．不论发明人是中国人还是外国人，只要拟就在中国完成的实用新型向外国申请专利的，都应当事先报经国家知识产权局进行保密审查

C．只有技术方案的全部内容在中国完成的发明或者实用新型拟向外国申请专利的，才需要报经国家知识产权局进行保密审查

D．拟就在中国完成的外观设计向外国申请专利的，不需事先报经国家知识产权局进行保密审查

【解题思路】

保密审查实行的是“属地主义”，不管申请人是中国人还是外国人，在中国完成的

发明创造都需要进行保密审查；反之，在国外完成的，即使是中国人作出的发明创造，也不需要进行保密审查。判断是在国内完成的还是在国外完成的标准是发明创造中的实质性部分是在何地完成。保密审查针对的是发明和实用新型，不包括外观设计，因为外观设计属于“艺术”而不是“技术”。

【参考答案】 ABD

75.【2015 年第 65 题】下列哪些发明创造向外国申请专利前，需要经过国家知识产权局的保密审查？

A．某外资公司在深圳完成的发明

B．李某在浙江完成的外观设计

C．资料收集在天津完成，技术方案的实质性内容在纽约完成的某发明

D．某中资企业在北京完成的实用新型

【解题思路】

使用保密审查的应该是技术领域的内容，外观设计属于艺术领域，不适用保密审查。另外，保密审查适用的是在中国完成的发明创造，只在中国进行了资料收集，但技术方案的实质性内容在国外完成的，不算是在中国完成的发明创造。保密审查在被审查主题方面一视同仁，只要是在中国完成的发明创造，不管是中资公司、外资公司还是合资公司，都需要进行保密审查。

【参考答案】 AD

2. 保密审查请求的提出

《专利审查指南》第 5 部分第 5 章第 6 节规定了向外国申请专利的保密审查。

《专利法》第 19 款规定，任何单位或者个人将在中国完成的发明或者实用新型向外国申请专利的，应当事先报经专利局进行保密审查。

《专利法》第 19 款规定，对违反本条第 1 款规定向外国申请专利的发明或者实用新型，在中国申请专利的，不授予专利权。

根据《专利法实施细则》第 8 条第 2 款的规定，任何单位或者个人将在中国完成的发明或者实用新型向外国申请专利的，应当采用下列方式之一请求专利局进行保密审查：

（1）直接向外国申请专利或者向有关国外机构提交专利国际申请的，应当事先向专利局提出请求，并详细说明其技术方案；

（2）向专利局申请专利后拟向外国申请专利或者向有关国外机构提交专利国际申请的，应当在向外国申请专利或者向有关国外机构提交专利国际申请前向专利局提出请求。向专利局提交专利国际申请的，视为同时提出了保密审查请求。

76.【2015 年第 85 题】中国的甲公司将其拥有的一项专利申请权转让给美国的乙公司。下列说法哪些是正确的？

A．该转让须经国家知识产权局进行保密审查

B．该转让应当订立书面合同

C．该转让自合同订立之日起生效

D．该转让要向国家知识产权局登记后方可生效

【解题思路】

专利分为发明、实用新型和外观设计三种，如果对外转让的是外观设计，那就不涉及保密审查的问题。专利申请权的转让比较复杂，需要订立书面合同。一般情况下，如果不是附期限或者附条件的合同，合同都是从订立之日起生效。不过合同生效并不意味着专利权的转让已经完成，转让双方还需

要去国家知识产权局登记，国家知识产权局登记之后，专利权的转让才最终完成。

【参考答案】 BD

77.【2015 年第 98 题】某中国申请人于 2012 年 2 月 26 日就其在中国完成的一项发明创造向国家知识产权局提交了一件 PCT 国际申请。下列说法哪些是正确的？

A. 该 PCT 国际申请是向国家知识产权局提出的，因此视为同时提出了保密审查请求

B. 申请人应当委托依法设立的专利代理机构办理 PCT 国际申请的相关事务

C. 申请人应当在 2014 年 2 月 26 日前办理进入中国国家阶段的手续

D. 在办理进入中国国家阶段手续时，申请人可以选择要求获得发明专利或者实用新型专利

【解题思路】

中国申请人向国外申请发明或者实用新型专利的，需要进行保密审查。为节约程序，申请人通过国家知识产权局申请 PCT 专利，视为同时提出了保密审查请求。中国申请人申请专利时，可以委托专利代理机构，也可以不委托，申请 PCT 专利也不例外。申请人办理进入国家阶段的期限是 32 个月而不是 2 年。PCT 进入中国时，申请人可以选择保护类型为发明或者是实用新型，二者只能选择其一。

【参考答案】 AD

3. 保密审查的程序

《专利审查指南》第 5 部分第 5 章第 6.1.2 节规定了保密审查的程序。

请求人未在其请求递交日起 4 个月内收到向外国申请专利保密审查意见通知书的，可以就该技术方案向外国申请专利。

请求人未在其请求递交日起 6 个月内收到向外国申请专利保密审查决定的，可以就该技术方案向外国申请专利。

《专利法实施细则》第 9 条所称申请人未在其请求递交日起 4 个月或 6 个月内收到相应通知或决定，是指专利局发出相应通知或决定的推定收到日未在规定期限内。

78.【2018 年第 37 题】某国内企业想就其最新研发的产品技术向中国及其在“一带一路”沿线的主要市场所在国申请专利，以下说法正确的有：

A. 该企业拟在向国家知识产权局申请专利后又向外国申请专利的，应当在提交专利申请同时或之后向国家知识产权局提交向外国申请专利保密审查请求书，向外国申请专利的内容应当与该专利申请的内容一致

B. 该企业未在其向外国申请专利保密审查请求书递交日起 4 个月内收到向外国申请专利保密审查通知的，可以就该技术方案向外国申请专利

C. 该企业未经国家知识产权局进行保密审查而直接向外国申请专利的，其在中国提出的专利申请不能被授予专利权

D. 该企业向国家知识产权局提交国际申请的，视为同时提出向外国申请专利保密审查请求，国际申请需要保密的，国家知识产权局审查部门应自申请日起 3 个月内向该企业发出因国家安全原因不再传送登记本和检索本的通知书

【解题思路】

申请人如果将在中国完成的发明创造向外国申请专利，应当先报经国家知识产权局进行保密审查。如果申请人先申请国内专

利，再向外国申请专利，则只要提交保密审查的时间是在对外申请之前就符合要求，具体是在提交国内申请的同时还是在这之后都没问题。如果企业在提交保密审查请求之日起4个月内没有收到国家知识产权局的通知，就默认为不涉及保密问题，可以向外国申请专利。如果企业违背保密审查的规定，代价是该申请不能在中国获得专利权。如果企业向国家知识产权局提交国际申请，为简化程序，默认为同时提出了保密审查请求。如果需要保密，国家知识产权局应当在3个月内向申请人发送相关通知。

【参考答案】 ABCD

4. 擅自向外申请专利的法律后果

《专利法》第19条第4款："对违反本条第一款规定向外国申请专利的发明或者实用新型，在中国申请专利的，不授予专利权。"

三、发明专利申请的初步审查程序

（一）发明专利申请初步审查的范围

《专利审查指南》第1部分第1章第1节规定了发明专利初步审查的范围，包括：（1）申请文件的形式审查；（2）申请文件的明显实质性缺陷审查；（3）其他文件的形式审查；（4）有关费用的审查。

（二）发明专利申请初步审查的原则

《专利审查指南》第1部分第1章第2节规定了初步审查的原则。

初步审查程序中，审查员应当遵循以下审查原则。

1. 保密原则

审查员在专利申请的审批程序中，根据有关保密规定，对于尚未公布、公告的专利申请文件和与专利申请有关的其他内容，以及其他不适宜公开的信息负有保密责任。

2. 书面审查原则

审查员应当以申请人提交的书面文件为基础进行审查，审查意见（包括补正通知）和审查结果应当以书面形式通知申请人。初步审查程序中，原则上审查员和申请人不进行会晤。

3. 听证原则

审查员在作出驳回决定之前，应当将驳回所依据的事实、理由和证据通知申请人，至少给申请人一次陈述意见和/或修改申请文件的机会。审查员作出驳回决定时，驳回决定所依据的事实、理由和证据，应当是已经通知过申请人的，不得包含新的事实、理由和/或证据。

4. 程序节约原则

在符合规定的情况下，审查员应当尽可能提高审查效率，缩短审查过程。对于存在可以通过补正克服的缺陷的申请，审查员应当进行全面审查，并尽可能在一次补正通知书中指出全部缺陷。对于申请文件中文字和符号的明显错误，审查员可以依职权自行修改，并通知申请人。对于存在不可能通过补正克服的实质性缺陷的申请，审查员可以不对申请文件和其他文件的形式缺陷进行审查，在审查意见通知书中可以仅指出实质性缺陷。

除遵循以上原则外，审查员在作出视为未提出、视为撤回、驳回等处分决定的同时，应当告知申请人可以启动的后续程序。

（三）文件的形式审查

根据《专利审查指南》第1部分第1章第1节的规定，申请文件的形式审查，包括专利申请是否包含《专利法》第26条规定的申请文件（发明或实用新型的申请文件），以及这些文件格式上是否明显不符合《专利法实施细则》第16～19条、第23条，是否符合《专利法实施细则》第2条、第3条、第26条第2款、第119条、第121条的规定。

79.【2013年第87题】下列关于说明书的说法哪些是正确的？

A. 说明书第一页第一行应当写明发明名称

B. 说明书中涉及核苷酸或者氨基酸序列的，应当将该序列表作为说明书的一个单独部分

C. 说明书文字部分可以有化学式、数学式或者表格，必要时可以有插图

D. 说明书应当用阿拉伯数字顺序编写页码

【解题思路】

说明书文字部分不能有插图，如果需要有图示，完全可以放在附图中，没必要放在文字部分。说明书作为一份技术文献，第一页第一行写个标题是应有之义，最合适的标题自然是发明名称。氨基酸序列单独作为说明书的一个部分，也有利于公众阅读和理解。一般印刷的书籍都是用阿拉伯数字编码，说明书也不例外。

【参考答案】 ABD

（四）手续合法性审查

根据《专利审查指南》第1部分第1章第1节的规定，手续合法性的审查包括与专利申请有关的其他手续和文件是否符合《专利法》第10条、第24条、第29条、第30条以及《专利法实施细则》第2条、第3条、第6条、第7条、第15条第3款和第4款、第24条、第30条、第31条第1款至第3款、第32条、第33条、第36条、第40条、第42条、第43条、第45条、第46条、第86条、第87条、第100条的规定。

（五）明显实质性缺陷审查

根据《专利审查指南》第1部分第1章第1节的规定，申请文件的明显实质性审查，包括专利申请是否明显属于《专利法》第5条、第25条规定的情形，是否不符合《专利法》第17条、第18条第1款、第19条第1款的规定，是否明显不符合《专利法》第2条第2款、第26条第5款、第31条第1款、第33条或者《专利法实施细则》第17条、第19条的规定。

（六）涉及生物材料申请的审查

根据《专利审查指南》第1部分第1章第5.2节的规定，初步审查中，对于已在规定期限内提交保藏证明的，审查员应当根据保藏证明核实下列各项内容：（1）保藏单位是否为国家知识产权局认可的生物材料样品国际保藏单位。（2）保藏日期是否在申请日之前或者在申请日（有优先权的，指优先权日）当天。（3）保藏及存活证明和请求书中的填写项目是否一致。

（七）提前公布声明

《专利审查指南》第1部分第1章第6.5节规定了提前公布声明的适用和审查。

提前公布声明只适用于发明专利申请。申请人提出提前公布声明不能附有任何条件。提前公布声明不符合规定的，审查员应当发出视为未提出通知书；符合规定的，在专利申请初步审查合格后立即进入公布准备。进入公布准备后，申请人要求撤销提前公布声明的，该要求视为未提出，申请文件

照常公布。

80.【2013年第18题】下列关于发明专利申请提前公布的说法哪个是正确的？

A．申请人应当在提出发明专利申请的同时提交提前公布声明

B．申请人应当在提交提前公布声明的同时缴纳提前公布费

C．申请人应当在发明专利申请初步审查合格之前提交提前公布声明

D．申请人提出提前公布声明不能附有任何条件

【解题思路】

专利申请的提前公布有利于社会公众早日接触到相关技术，符合专利法的宗旨。从这点出发，提前公布的条件应当比较宽松，如在专利申请公布之前应该都可以申请提前公布，提前公布也不应该收取费用。当然，提前公布如果还附有条件那就不够爽快。

【参考答案】 D

81.【2014年第93题】申请人张某在提交一件发明专利申请的同时提交了提前公布声明。下列说法哪些是正确的？

A．张某可以在该提前公布声明中附加若干条件

B．若该提前公布声明符合规定，则该申请在初步审查合格后立即进入公布准备

C．若该提前公布声明符合规定，张某在该申请进入公布准备后要求撤销该提前公布声明的，该要求视为未提出，申请文件照常公布

D．若该提前公布声明不符合规定，国家知识产权局应当发出补正通知书

【解题思路】

提前公布不能附加条件。提前公布如果符合要求，那就需要尽快公布，初审合格之后马上着手比较合适。如果都进入公布准备，箭在弦上不得不发，想撤回就晚了。提前公布声明不符合规定的，视为未提出。

【参考答案】 BC

82.【2018年第50题】某申请人于2017年4月19日向国家知识产权局提出一项发明专利申请A，并要求其在2017年1月6日就相同主题提出的发明专利申请B作为该申请A的优先权，2017年7月12日该申请A经初步审查合格，以下说法正确的是：

A．申请人未针对该发明专利申请A提出提前公开声明的，国家知识产权局应当于2018年7月6日公布该发明专利申请

B．申请人在发明专利申请A的请求书中一并提出提前公开声明的，在2017年7月12日起进入公布准备阶段

C．申请人提出提前公开声明的，只要该申请未公布，随时可以要求撤销提前公布声明

D．发明专利申请公布的著录事项主要包括国际专利分类号、申请号、公布号（出版号）、申请日、优先权日、申请人事项、发明人、专利代理等事项

【解题思路】

发明专利申请通常是在申请日起满18个月公布，如果有优先权，则从优先权之日起算。涉案专利的优先权日为2017年1月6日，满18个月为2018年7月6日。发明申请如果提前公开，公众可以早日知晓。为此，如果申请人请求提前公开，会在初审合

格后立即公布，涉案专利初审合格日为2017年7月12日。专利的公布需要相关程序准备，如果已经进入公布准备程序，申请人再撤销提前公布声明就晚了。发明专利申请公布的著录事项应当记载该专利的重要信息，分类号、申请号、公布号、申请日等都属于此类信息，都需要公布。

【参考答案】 ABD

四、发明专利申请的实质审查程序

（一）实质审查请求

《专利法》第35条："发明专利申请自申请日起三年内，国务院专利行政部门可以根据申请人随时提出的请求，对其申请进行实质审查；申请人无正当理由逾期不请求实质审查的，该申请即被视为撤回。

国务院专利行政部门认为必要的时候，可以自行对发明专利申请进行实质审查。"

1. 实质审查请求的期限

《专利审查指南》第1部分第1章第6.4.1节规定了实质审查请求的期限。

实质审查请求应当在自申请日（有优先权的，指优先权日）起3年内提出，并在此期限内缴纳实质审查费。

发明专利申请人请求实质审查时，应当提交在申请日（有优先权的，指优先权日）前与其发明有关的参考资料。

83.【2008年第71题】2004年11月9日，中国公司甲向国家知识产权局提交了一件发明专利申请。2005年4月28日，美国公司乙就同样的发明在我国提交了一件发明专利申请，并要求享有其于2004年5月11日在美国提交的首次申请的优先权，该优先权要求符合规定。2005年11月25日，乙的申请被国家知识产权局公布。下列哪些说法是正确的？

A. 乙应当在2005年6月28日前向国家知识产权局提交美国申请文件的副本

B. 乙最迟应当于2007年5月11日提出实质审查请求，否则其申请将被视为撤回

C. 如果乙在法定期限届满时仍未提出实质审查请求，则乙的申请不会影响甲的申请被授予专利权

D. 如果乙的申请在我国被授予专利权，则该专利权将于2024年5月11日届满

【解题思路】

2020年《专利法》修改后，乙公司要求发明专利的优先权，则在先申请文件的副本应当是在优先权之日起16个月内提交。乙申请的优先权日是2004年5月11日，故提交在先申请文件副本的时间是9月11日之前。实质审查请求有优先权日的，从优先权日起3年内提出。乙如果未提出实质审查请求，则申请被视为撤回。不过在乙撤回之前，该申请已经公开，构成甲的抵触申请，故甲的申请不能获得授权。专利权的计算起点是申请日而不是优先权日。

【参考答案】 B

84.【2015年第16题】一件享有外国优先权的发明专利申请，优先权日为2011年2月20日，申请日为2012年2月7日。下列说法哪个是错误的？

A. 该申请自2012年2月7日起满18个月即行公布

B. 申请人提出实质审查请求的期限为自2011年2月20日起3年

C. 如果该项专利申请被授予专利权，则其保护期限自2012年2月7日起算

D．2011 年 2 月 20 日以前公开的相关技术属于该发明专利申请的现有技术

【解题思路】

享有优先权的申请，现有技术的判断日期、18 个月公开的起算日期和提起实质审查的日期都从优先权日起算，保护期限则从实际申请日起算。

【参考答案】 A

2. 请求实质审查的人

根据《专利法》第 35 条，发明专利申请的实质审查程序主要依据申请人的实质审查请求而启动。此外，国家知识产权局认为必要的时候也可以主动对发明专利进行实质审查。

3. 实质审查请求手续

《专利审查指南》第 1 部分第 1 章第 6.4.2 节规定了实质性审查的程序。

对实质审查请求的审查按照下述要求进行：

（1）在实质审查请求的提出期限届满前 3 个月时，申请人尚未提出实质审查请求的，审查员应当发出期限届满前通知书。

（2）申请人已在规定期限内提交了实质审查请求书并缴纳了实质审查费，但实质审查请求书的形式仍不符合规定的，审查员可以发出视为未提出通知书；如果期限届满前通知书已经发出，则审查员应当发出办理手续补正通知书，通知申请人在规定期限内补正；期满未补正或者补正后仍不符合规定的，审查员应当发出视为未提出通知书。

（3）申请人未在规定的期限内提交实质审查请求书，或者未在规定的期限内缴纳或者缴足实质审查费的，审查员应当发出视为撤回通知书。

（4）实质审查请求符合规定的，在进入实质审查程序时，审查员应当发出发明专利申请进入实质审查阶段通知书。

85.【2011 年第 12 题】在下列哪些情形下，实质审查请求将被视为未提出？

A．申请人自申请日起两年内提交了实质审查请求书并缴纳了实质审查费，但实质审查请求书的形式不符合规定

B．国家知识产权局对实质审查请求发出办理手续补正通知书，申请人在规定期限内补正，但补正后仍不符合要求

C．申请人提交了符合规定的实质审查请求书，但未在规定期限内缴足实质审查费

D．申请人在提交申请的同时提交了符合规定的实质审查请求书，但未同时缴纳实质审查费

【解题思路】

申请人提交了符合规定的实质审查请求书，但未在规定期限内缴足实质审查费，审查员应当发出视为撤回通知书。实质审查费的缴纳期限是自申请日（有优先权要求的，自最早的优先权日）起 3 年内，并不是要在提起实质审查的同时缴纳。视为未提出针对的是文件方面不符合规定的申请，视为撤回则针对的是期满未答复或者是没有及时缴纳费用的申请。

【参考答案】 AB

86.【2014 年第 67 题】申请人耽误下列哪些期限将导致专利申请被视为撤回？

A．缴纳申请费的期限

B．提出实质审查请求的期限

C．答复第一次审查意见通知书的期限

D．办理授予专利权登记手续的期限

【解题思路】

视为撤回就意味着专利还没有授权，如果授权应该是视为放弃专利权。A、B 和 C 选项中专利都还没有授权。D 选项中已经授权，应该是视为放弃取得专利权。

【参考答案】 ABC

87.【2017 年第 44 题】一件发明专利申请，申请日是 2017 年 3 月 3 日，优先权日是 2016 年 4 月 5 日，申请人欲提交实质审查请求，以下说法正确的是？

A. 申请人应当最晚于 2019 年 4 月 5 日前提出实质审查请求

B. 申请人应当最晚于 2020 年 3 月 3 日前提出实质审查请求

C. 申请人可以在提出实质审查请求时提交对申请的主动修改文件

D. 申请人成功办理费用减缴手续的，实质审查请求费可以减缴

【解题思路】

提出实质审查的最晚期限是自专利申请日起 3 年内，有优先权的为优先权日起 3 年内。涉案专利的优先权日为 2016 年 4 月 5 日，提起实质审查的期限应当是在 2019 年 4 月 5 日之前。申请人在提出实质审查时或者是收到国家知识产权局作出的发明进入实质审查阶段的通知书之日起 3 个月内，可以进行主动修改。实质审查请求费在减缴的范围内。

【参考答案】 ACD

（二）实质审查程序中的基本原则

《专利审查指南》第 2 部分第 8 章第 2.2 节规定了实质审查程序中的基本原则。

1. 请求原则

除专利法及其实施细则另有规定外，实质审查程序只有在申请人提出实质审查请求的前提下才能启动。审查员只能根据申请人依法正式呈请审查（包括提出申请时、依法提出修改时或者答复审查意见通知书时）的申请文件进行审查。

2. 听证原则

在实质审查过程中，审查员在作出驳回决定之前，应当给申请人提供至少一次针对驳回所依据的事实、理由和证据陈述意见和 / 或修改申请文件的机会，即审查员作出驳回决定时，驳回所依据的事实、理由和证据应当在之前的审查意见通知书中已经告知过申请人。

3. 程序节约原则

在对发明专利申请进行实质审查时，审查员应当尽可能地缩短审查过程。换言之，审查员要设法尽早地结案。因此，除非确认申请根本没有被授权的前景，审查员应当在第一次审查意见通知书中，将申请中不符合专利法及其实施细则规定的所有问题通知申请人，要求其在指定期限内对所有问题给予答复，尽量地减少与申请人通信的次数，以节约程序。

但是，审查员应当注意，不得以节约程序为理由而违反请求原则和听证原则。

88.【2019 年第 20 题】有关发明专利申请实质审查程序，下列说法正确的是？

A. 实质审查程序所遵循的原则有程序节约原则、公平原则、听证原则、请求原则

B. 实质审查程序中不会接受申请人主动提交的不符合有关修改时机规定的修改文本

C. 实质审查程序只有在申请人提出实质审查请求后才能启动

D. 在实质审查程序中可以采用会晤、

电话讨论和现场调查等辅助手段

【解题思路】

发明申请的实质审查程序中并未提到公平原则。诚然，公平原则无疑是一项重要的原则，但其并不是实质审查程序中所具有代表性的原则。为了节约程序，申请人主动提交的修改文本即使不符合修改时机，审查员也可以酌情予以接受。实质审查程序除申请人提起外，国家知识产权局认为有必要的也可以主动提起。在实质审查程序中，为查明相关事实，会晤、电话讨论和现场调查等辅助手段都可以使用。

【参考答案】 D

（三）实质审查

1. 审查的文本

《专利审查指南》第2部分第8章第4.1节规定了实质审查的文本范围。

审查员首次审查所针对的文本通常是申请人按照《专利法》及其实施细则规定提交的原始申请文件或者应专利局初步审查部门要求补正后的文件。

申请人在提出实质审查请求时，或者在收到专利局发出的发明专利申请进入实质审查阶段通知书之日起的3个月内，对发明专利申请进行了主动修改的，无论修改的内容是否超出原说明书和权利要求书记载的范围，均应当以申请人提交的经过该主动修改的申请文件作为审查文本。

89.【2012年第18题】王某于2007年1月9日向国家知识产权局提交了一件发明专利申请，并于2008年10月2日提出了实质审查请求。国家知识产权局于2008年12月5日发出发明专利申请进入实质审查阶段通知书。王某在下列哪个日期主动提交的修改文本应当作为审查的文本？

A. 2008年9月2日

B. 2008年12月1日

C. 2009年2月6日

D. 2009年4月8日

【解题思路】

国家知识产权局发出通知的时间是2008年12月5日，推定王某于12月20日收到，在接下来的3个月内为主动修改的期限，在此阶段提交的文本应当作为审查的文本，C选项符合要求。

【参考答案】 C

90.【2019年第71题】下列哪些修改文本可以作为发明专利申请的审查文本？

A. 申请人在提出实质审查请求时提交的经主动修改的文本

B. 申请人在收到国家知识产权局发出的发明专利申请进入实质审查阶段通知书之日起三个月内提交的经主动修改，但内容超出了原申请文件记载的范围的文本

C. 申请人提交的修改不符合实施细则第51条第1款的规定，但国家知识产权局审查员认为其消除了原申请文件存在的应当消除的缺陷，并且符合专利法第33条的规定

D. 申请人在收到国家知识产权局发出的发明专利申请进入实质审查阶段通知书之日起三个月内多次对申请文件进行了主动修改，其最后一次提交的修改文本

【解题思路】

发明专利申请的主动修改时机为提出实质审查请求时，或者在收到国家知识产权局发出的发明专利申请进入实质审查阶段通知书之日起三个月内。在这两个期限内提交

的修改文本自然可以作为审查文本。如果申请人在这期限内进行了多次修改，那自然以最新版本为准。修改是否超范围是在进行审查之后才能被发现，故超范围并不影响修改其作为审查文本。为了节约程序，在主动期限外提交的修改文本如果有利于专利审查的进行，也可以被接受为审查文本。

【参考答案】 ABCD

2. 检索

根据《专利审查指南》第2部分第8章第4.5节的规定，原则上每一件发明专利申请在被授予专利权之前都应当进行检索。

专利申请的全部主题明显属于第2部分第7章第10节情形的，审查员不必检索即可发出第一次审查意见通知书。

《专利审查指南》第2部分第7章第10节所规定的不必检索的情况为：

一件申请的全部主题属于下列情形之一的，审查员对该申请不必进行检索：

（1）属于《专利法》第5条或者第25条规定的不授予专利权的情形；

（2）不符合《专利法》第2条第2款规定的；

（3）不具备实用性；

（4）说明书和权利要求书未对该申请的主题作出清楚、完整的说明，以至于所属技术领域的技术人员不能实现。

3. 对缺乏单一性申请的处理

《专利审查指南》第2部分第8章第4.4节规定了缺乏单一性申请的处理。

专利申请缺乏单一性的缺陷有时是明显的，有时要通过检索与审查后才能确定。缺乏单一性的缺陷既可能存在于相互并列的独立权利要求之间，也可能因所引用的独立权利要求不具备新颖性或创造性而存在于相互并列的从属权利要求之间，还可能存在于一项权利要求的多个并列技术方案之间。

4. 优先权的核实

《专利审查指南》第2部分第8章第4.6.1节规定了需要核实优先权的情况。

审查员应当在检索后确定是否需要核实优先权。当检索得到的所有对比文件的公开日都早于申请人所要求的优先权日时，不必核实优先权。

5. 全面审查

《专利审查指南》第2部分第8章第4.7节规定了全面审查的原则。

为节约程序，审查员通常应当在发出第一次审查意见通知书之前对专利申请进行全面审查，即审查申请是否符合专利法及其实施细则有关实质方面和形式方面的所有规定。

6. 不全面审查的情况

《专利审查指南》第2部分第8章第4.8节规定了不全面审查的情况。

对于一件发明专利申请，通常应当按照本章第4.7节的要求进行全面审查，以节约程序。

但是，申请文件存在严重不符合《专利法》及其实施细则规定的缺陷的，即存在《专利法实施细则》第53条所列情形的缺陷，并且该申请不可能被授予专利权的，审查员可以对该申请不作全面审查；在审查意见通知书中仅指出对审查结论起主导作用的实质缺陷即可，此时指出其次要的缺陷和/或形式方面的缺陷是没有实际意义的。

7. 对公众意见的处理

《专利审查指南》第2部分第8章第4.9

节规定了对公众意见的处理。

任何人对不符合《专利法》规定的发明专利申请向专利局提出的意见，应当存入该申请文档中供审查员在实质审查时考虑。如果公众的意见是在审查员发出授予专利权的通知之后收到的，就不必考虑。专利局对公众意见的处理情况，不必通知提出意见的公众。

91.【2017年第84题】申请人王某的发明专利申请公布后，另一家企业提交了多篇与该专利申请相关的文献，并提出了该申请不应当被授予专利权的意见。以下说法正确的是？

A. 只有申请人王某或者利害关系人有权就该申请向国务院专利行政部门提出意见

B. 该企业提交的文献和意见应当存入该申请文档中，供审查员在实质审查时考虑

C. 如果该企业提交的相关文献和意见是在审查员发出授予专利权的通知之后收到的，可以不必考虑

D. 专利局应当将该意见的处理情况通知该企业

【解题思路】

专利权是一种对世权，专利授权后，原则上任何主体未经专利权人许可都不能实施该专利。为此，社会公众中的任何一个人都应该有权对权利进行挑战，这体现在专利申请公开后提公众意见和专利授权后提无效申请两个方面。专利局对公众意见也是持欢迎态度，因为该意见对专利审查有益，故公众提交的文献和意见应当入档，供后期进行实质审查时考虑。如果审查员已经发出授权通知书，再另起波澜就会影响到专利局的公信力，这个时候的公众意见就已经错过时机，审查员不会再予以考虑。发明专利审查的期限比较长，从公众提意见到整个实质审查程序结束，需要经过很长的时间。在这段时间内，提意见者的联系方式可能早就发生了变化，专利局不一定能通知到对方。另外，提起公众意见的个体为了保密，不暴露自己，往往会找个“稻草人”来提意见。考虑到这两方面的原因，专利局不承担通知义务。

【参考答案】 BC

92.【2019年第60题】发明专利申请的实质审查程序中，国家知识产权局对公众意见的处理，下列说法正确的是？

A. 在审查过程中，不必考虑公众提出的意见

B. 任何人对不符合专利法规定的发明专利申请提出的意见，应当存入该申请文档中供在实质审查时考虑

C. 如果公众的意见是在发出授予专利权的通知之后收到的，就不必考虑

D. 对公众意见的处理情况，需要通知提出意见的公众

【解题思路】

公众意见对发明专利的实质审查有益，故相关意见会存入申请文档供审查员在实质审查过程中考虑。如果专利申请已经发出授权通知，此时审查已经完毕，收到公众意见也没机会考虑。提出意见的公众一般都会匿名，故国家知识产权局也不会将公众意见的处理情况通知该公众。

【参考答案】 BC

8. 审查意见通知书

《专利审查指南》第2部分第8章第4.10.1节规定了审查意见通知书的总体要求。

审查员对申请进行实质审查后，通常以审查意见通知书的形式，将审查的意见和倾向性结论通知申请人。

在任何情况下，审查的意见都应当说明理由，明确结论，并引用《专利法》或《专利法实施细则》的相关条款，但不应当写入带有个人感情色彩的词语。为了使申请人尽快地作出符合要求的修改，必要时审查员可以提出修改的建议供申请人修改时参考。如果申请人接受审查员的建议，应当正式提交经过修改的文件，审查员在通知书中提出的修改建议不能作为进一步审查的文本。

为了加快审查程序，应当尽可能减少审查意见通知书的次数。因此，除该申请因存在严重实质性缺陷而无授权前景或者审查员因申请缺乏单一性而暂缓继续审查之外，第一次审查意见通知书应当写明审查员对申请的实质方面和形式方面的全部意见。此外，在审查文本不符合《专利法》第33条规定的情况下，审查员也可以针对审查文本之外的其他文本提出审查意见，供申请人参考。

93.【2013年第44题】下列关于审查意见通知书的说法哪些是正确的？

A. 在任何情况下，第一次审查意见通知书都应当写明审查员对申请的实质方面和形式方面的全部意见

B. 在审查意见通知书中可以提出修改的建议供申请人修改时参考

C. 申请由于不具备新颖性而不可能被授予专利权的，通知书中可以仅对独立权利要求进行评述，不对从属权利要求进行评述

D. 审查文本超出原说明书和权利要求书记载范围的，审查员可以针对审查文本之外的其他文本提出审查意见，供申请人参考

【解题思路】

如果专利申请实在缺乏授权的前景，那形式方面的一些意见也就没有必要都写上。比如发明申请就是用永动机，就没必要再去分析新颖性和创造性问题。独立权利要求没有新颖性，从属权利要求对其进一步限定之后还是有可能有创造性，故必须对从属权利要求进行评述。

【参考答案】 BD

9. 继续审查

《专利审查指南》第2部分第8章第4.11节规定了继续审查的标准。

在申请人答复第一次审查意见通知书之后，审查员应当对申请继续进行审查，考虑申请人陈述的意见和/或对申请文件作出的修改。审查员应当在审查程序的各阶段，使用相同的审查标准。

10. 会晤

《专利审查指南》第2部分第8章第4.12.1节规定了会晤的启动。

不管是审查员约请的，还是申请人要求的会晤，都应当预先约定。可采用会晤通知书或通过电话来约定，会晤通知书的副本和约定会晤的电话记录应当存放在申请案卷中。在会晤通知书或约定会晤的电话记录中，应当写明经审查员确认的会晤内容、时间和地点。如果审查员或者申请人准备在会晤中提出新的文件，应当事先提交给对方。

会晤日期确定后一般不得变动；必须变动时，应当提前通知对方。申请人无正当理由不参加会晤的，审查员可以不再安排会晤，而通过书面方式继续审查。

94.【2018年第60题】有关会晤，下

列说法正确的是：

A．会晤应当是在审查员已发出第一次审查意见通知书之后进行

B．审查员可以根据案情需要约请申请人会晤，申请人也可以要求会晤

C．除非另有声明或者委托了代理机构，共有专利申请的单位或者个人都应当参加会晤

D．申请人委托了专利代理机构的，会晤必须有代理人参加

【解题思路】

2019年《专利审查指南》修改后，不再要求会晤应当在审查员发出第一次审查意见通知书之后进行。审查员是先阅卷了解案情，发现问题后发出审查意见通知书。审查员还没发第一次审查意见通知书并不意味着他还没阅卷。会晤的目的是加快审查，申请人和审查员都可以主动提出。申请人与审查员会晤属于重要的程序事项，故共有申请人都应当参加。如果申请人委托了代理机构，则申请相关的事项都由代理人和审查员沟通，此时代理人必须参加，申请人就不一定需要参加。

【参考答案】 BCD

《专利审查指南》第2部分第8章第4.12.2节规定了会晤地点和参加人。

会晤应当在专利局指定的地点进行，审查员不得在其他地点同申请人就有关申请的问题进行会晤。

会晤由负责审查该申请的审查员主持。必要时，可以邀请有经验的其他审查员协助。实习审查员主持的会晤，应当有负责指导的审查员参加。

申请人委托了专利代理机构的，会晤必须有代理人参加。参加会晤的代理人应当出示代理人执业证。申请人更换代理人的，应当办理著录项目变更手续，并在著录项目变更手续合格后由变更后的代理人参加会晤。在委托代理机构的情况下，申请人可以与代理人一起参加会晤。

申请人没有委托专利代理机构的，申请人应当参加会晤；申请人是单位的，由该单位指定的人员参加，该参加会晤的人员应当出示证明其身份的证件和单位出具的介绍信。

上述规定也适用于共同申请人。除非另有声明或者委托了代理机构，共有专利申请的单位或者个人都应当参加会晤。

必要时，发明人受申请人的指定或委托，可以同代理人一起参加会晤，或者在申请人未委托代理机构的情况下受申请人的委托代表申请人参加会晤。

参加会晤的申请人或代理人等的总数，一般不得超过两名；两个以上单位或者个人共有一项专利申请，又未委托代理机构的，可以按共同申请的单位或个人的数目确定参加会晤的人数。

95.【2007年第67题】以下有关实质审查程序中会晤的说法哪些是错误的？

A．申请人可以不参加会晤，仅由其委托的代理人和发明人参加会晤

B．申请人可以在会晤时提交新的文件，审查员应当就该新提交的文件与申请人进行讨论并记录讨论的情况

C．代理人与审查员约定会晤后，当会晤内容仅涉及专业技术问题时，代理人可以不参加会晤，可以仅由申请人与审查员会晤

D．在专利申请进入实质审查程序后，

为了帮助审查员理解说明书的内容，便于其作出第一次审查意见通知书，申请人和代理人可以与审查员举行会晤

【解题思路】

代理的意思就是让代理人以被代理人的名义去从事某些法律行为。如果有代理人，申请人自然可以不去。在职务发明的情况下，申请人是单位，不一定了解技术，由发明人去参加更为合适。会晤的前提是审查员对要讨论的情况已经比较了解，如申请人在会晤中提交新的文件，审查员事先没有看过，难以进行有实质意义的讨论。如果会晤内容涉及专业技术问题，代理人也必须参加，不然就无法根据会晤的结果修改相应的申请文件。2019年《专利审查指南》修改后，不再要求会晤在审查员发出第一次审查意见通知书后进行。审查员是先阅卷了解案情再发审查意见，没发审查意见并不意味着还没阅卷。

【参考答案】BC

《专利审查指南》第2部分第8章第4.12.3节规定了会晤记录的适用。

会晤记录不能代替申请人的正式书面答复或者修改。即使在会晤中，双方就如何修改申请达成了一致的意见，申请人也必须重新提交正式的修改文件，审查员不能代为修改。

96.【2014年第45题】下列关于专利审查程序中会晤和电话讨论的说法哪些是正确的？

A．会晤地点可以由申请人选择

B．会晤应当是在审查员已发出第一次审查意见通知书之后进行

C．申请人（或者代理人）签字或盖章的会晤记录可以代替申请人的正式书面答复或者修改

D．电话讨论仅适用于解决次要的且不会引起误解的形式方面的缺陷所涉及的问题

【解题思路】

如果是申请人选择，那申请人可能选择在高级餐厅会晤，这显然不妥。为此，会晤地点应当是专利局指定的地点。会晤的目的是讨论案情，前提是审查员对申请内容已经有了一定的了解。审查员是先阅卷了解案情再发审查意见，没发审查意见并不意味着还没阅卷。为此，2019年《专利审查指南》修改后，不再要求会晤需要在审查员发出第一次审查意见通知书后进行。申请人没收到审查意见通知书，恐怕也不清楚申请中存在什么问题，双方见面也难以进行讨论。2019年《专利审查指南》修改后，扩大了电话讨论的范围，不再限于形式方面的缺陷。

【参考答案】无

11. 电话讨论和其他方式

《专利审查指南》第2部分第8章第4.13节规定了电话讨论及其他方式的讨论。

在实质审查过程中，审查员与申请人可以就发明和现有技术的理解、申请文件中存在的问题等进行电话讨论，也可以通过视频会议、电子邮件等其他方式与申请人进行讨论。必要时，审查员应当记录讨论的内容，并将其存入申请案卷。

对于讨论中审查员同意的修改内容，属于本章第5.2.4.2节和第6.2.2节所述的情况的，审查员可以对这些明显错误依职权进行修改。除审查员可依职权修改的内容以外，对审查员同意的修改内容均需要申请人正式提交经过该修改的书面文件，审查员应

当根据该书面修改文件作出审查结论。

12. 取证和现场调查

《专利审查指南》第2部分第8章第4.14节规定了取证和现场调查。

一般来说，在实质审查程序中审查员不必要求申请人提供证据，因为审查员的主要职责是向申请人指出申请不符合专利法及其实施细则规定的问题。如果申请人不同意审查员的意见，那么，由申请人决定是否提供证据来支持其主张。如果申请人决定提供证据，审查员应当给予申请人一个适当的机会，使其能提供任何可能有关的证据，除非审查员确信提供证据也达不到有益的目的。

申请人提供的证据可以是书面文件或者实物模型。例如，申请人提供有关发明的技术优点方面的资料，以证明其申请具有创造性；又如，申请人提供实物模型进行演示，以证明其申请具有实用性等。

如果某些申请中的问题，需要审查员到现场调查方能得到解决，则应当由申请人提出要求，经负责审查该申请的实质审查部的部长批准后，审查员方可去现场调查。调查所需的费用由专利局承担。

97.【2011年第71题】下列关于实质审查程序中的取证和现场调查的说法哪些是正确的？

A. 一般说来，在实质审查程序中审查员不必要求申请人提供证据

B. 申请人提供的证据只能是书面文件而不能是实物模型

C. 如果申请人不同意审查员的意见，则由申请人决定是否提供证据来支持其主张

D. 审查员到现场调查的，调查所需的费用由申请人承担

【解题思路】

申请人提供的证据可以是书面文件，也可以是实物模型，关键是能够起到证明作用。审查员去现场调查的，费用由专利局承担。

【参考答案】 AC

（四）驳回决定和授权通知

1. 驳回申请的条件

《专利审查指南》第2部分第8章第6.1.1节规定了驳回申请的条件。

审查员在作出驳回决定之前，应当将其经实质审查认定申请属于《专利法实施细则》第53条规定的应予驳回情形的事实、理由和证据通知申请人，并给申请人至少一次陈述意见和/或修改申请文件的机会。

2. 驳回的种类

《专利审查指南》第2部分第8章第6.1.2节规定了驳回的种类。

《专利法实施细则》第53条规定的驳回发明专利申请的情形如下：

（1）专利申请的主题违反法律、社会公德或者妨害公共利益，或者申请的主题是违反法律、行政法规的规定获取或者利用遗传资源，并依赖该遗传资源完成的，或者申请的主题属于《专利法》第25条规定的不授予发明专利权的客体；

（2）专利申请不是对产品、方法或者其改进所提出的新的技术方案；

（3）专利申请所涉及的发明在中国完成，且向外国申请专利前未报经专利局进行保密审查的；

（4）专利申请的发明不具备新颖性、创造性或实用性；

（5）专利申请没有充分公开请求保护

的主题，或者权利要求未以说明书为依据，或者权利要求未清楚、简要地限定要求专利保护的范围；

（6）专利申请是依赖遗传资源完成的发明创造，申请人在专利申请文件中没有说明该遗传资源的直接来源和原始来源；对于无法说明原始来源的，也没有陈述理由；

（7）专利申请不符合专利法关于发明专利申请单一性的规定；

（8）专利申请的发明是依照《专利法》第9条的规定不能取得专利权的；

（9）独立权利要求缺少解决技术问题的必要技术特征；

（10）申请的修改或者分案的申请超出原说明书和权利要求书记载的范围。

98.【2007年第97题】下列哪些情形属于发明专利申请经实质审查应当予以驳回的情形？

A. 说明书没有对发明做出清楚、完整的说明，致使所属技术领域的技术人员无法实现

B. 引用两项以上权利要求的多项从属权利要求，没有以择一的方式引用在前的权利要求

C. 独立权利要求缺少解决技术问题的必要技术特征

D. 权利要求书没有以说明书为依据，说明要求专利保护的范围

【解题思路】

根据契约理论，专利制度是以公开换取社会对相关技术在一定时间内的保护，如果说明书没有充分公开，那自然不应当获得保护。独立权利要求缺少解决技术问题的必要技术特征，那就是在划定保护范围上存在重大瑕疵，应该驳回。权利人所能获得的保护不能超过他的贡献，故权利要求书如果不以说明书为依据，也不能获得保护。权利要求多项引用多项属于撰写上的瑕疵，性质没有上面几个选项严重，不应该导致“灭顶之灾”。

【参考答案】 ACD

99.【2012年第97题】下列哪些情形属于发明专利申请经实质审查应当予以驳回的情形？

A. 权利要求未以说明书为依据

B. 分案申请超出原说明书和权利要求书记载的范围

C. 专利申请所涉及的发明在中国完成，且向外国申请专利前未报经国家知识产权局进行保密审查

D. 专利申请是依赖遗传资源完成的发明创造，申请人在专利申请文件中没有说明该遗传资源的直接来源

【解题思路】

权利要求书需要以说明书为依据，申请人获得保护的范围应当不超过其贡献。分案申请本质上属于一种特殊的修改，同样适用修改不得超范围的原则。在中国完成的专利向外申请要履行保密义务，不披露遗传资源的直接来源属于公开不充分。不过C选项和D选项涉及的保密审查和披露遗传资源的直接来源属于初步审查的内容，而本题问的是实质审查程序，故C和D需要排除。

【参考答案】 AB

3. 驳回决定的组成

《专利审查指南》第2部分第8章第6.1.3节规定了驳回决定的组成。

驳回决定应当包括如下两部分。

（1）标准表格。

标准表格中各项应当按照要求填写完整；申请人有两个以上的，应当填写所有申请人的姓名或者名称。

（2）驳回决定正文。

驳回决定正文包括案由、驳回的理由以及决定三个部分。

4. 发出授权通知的条件

《专利审查指南》第2部分第8章第6.2.1节规定了发出授予专利权的通知书的条件。

发明专利申请经实质审查没有发现驳回理由的，专利局应当作出授予专利权的决定。在作出授予专利权的决定之前，应当发出授予发明专利权的通知书。授权的文本，必须是经申请人以书面形式最后确认的文本。

（五）实质审查程序的终止、中止和恢复

《专利审查指南》第2部分第8章第7节规定了实质审查程序的终止、中止和恢复。

1. 程序的终止

《专利审查指南》第2部分第8章第7.1节规定了程序的终止。

发明专利申请的实质审查程序，因审查员作出驳回决定且决定生效，或者发出授予专利权的通知书，或者因申请人主动撤回申请，或者因申请被视为撤回而终止。

对于驳回或者授权的申请，审查员应当在其案卷封面上的“实审”一栏内写明“驳回”或者“授权”字样，并且盖章。

对于每件申请，审查员应当建立个人审查档案，便于今后查询、统计。

2. 程序的中止

《专利审查指南》第2部分第8章第7.2节规定了程序的终止。

实质审查程序可能因专利申请权归属纠纷的当事人根据《专利法实施细则》第86条第1款的规定提出请求而中止或因财产保全而中止。一旦审查员接到程序中止调回案卷的通知，应当在规定的期限内将案卷返还流程管理部门。

3. 程序的恢复

《专利审查指南》第2部分第8章第7.3节规定了程序的恢复。

专利申请因不可抗拒的事由或正当理由耽误《专利法》或其实施细则规定的期限或者专利局指定的期限造成被视为撤回而导致程序终止的，根据《专利法实施细则》第6条第1款和第2款的规定，申请人可以向专利局请求恢复被终止的实质审查程序，权利被恢复的，专利局恢复实质审查程序。

对于因专利申请权归属纠纷当事人的请求而中止的实质审查程序，在专利局收到发生法律效力的调解书或判决书后，凡不涉及权利人变动的，应及时予以恢复；涉及权利人变动的，在办理相应的著录项目变更手续后予以恢复。若自上述请求中止之日起1年内，专利申请权归属纠纷未能结案，请求人又未请求延长中止的，专利局将自行恢复被中止的实质审查程序。

审查员在接到流程管理部门送达的有关恢复审查程序的书面通知和专利申请案卷后，应当重新启动实质审查程序。

100.【2006年第53题】当事人因专利申请权纠纷而请求中止实质审查程序。关于该中止的实质审查程序，以下哪些说法是正确的？

A. 凡不涉及权利人变动的，国家知识产权局在收到发生法律效力的调解决定或判

决书后，应当及时予以恢复

B. 凡涉及权利人变动的，国家知识产权局在收到发生法律效力的调解决定或判决书后，如果当事人办理了相应的著录项目变更手续，则应予以恢复

C. 如果自请求中止之日起一年内，专利申请权纠纷未能结案，请求人又未请求延长中止的，国家知识产权局将自行恢复

D. 只能依当事人的请求才能恢复

【解题思路】

国家知识产权局收到相关调解决定或者判决书后，如果不涉及权利人变动，那就直接恢复，如果涉及权利人变动，那完成相关手续后恢复。程序恢复如果只能依当事人的请求才能启动，那当事人如果不请求，势必永远停在那里，这显然不合理。恢复程序的另一种情形就是期限届满，这里的期限为1年。

【参考答案】 ABC

101.【2011年第75题】下列说法哪些是正确的？

A. 申请人因不可抗拒的事由超出法定期限导致专利申请被视为撤回，专利审查程序终止的，申请人可以请求恢复被终止的审查程序

B. 对于因专利申请权归属纠纷当事人的请求而中止的实质审查程序，在国家知识产权局收到发生法律效力的调解书或者判决书后，不涉及权利人变动的，应当予以恢复

C. 自请求中止专利审查程序之日起1年内，专利申请权归属纠纷未能结案，请求人又未请求延长中止的，专利申请将被视为撤回

D. 无效宣告程序不能因财产保全而中止

【解题思路】

自请求中止专利审查程序之日起1年内，专利申请权归属纠纷未能结案，请求人又未请求延长中止的，专利局将自行恢复被中止的实质审查程序。财产保全会导致无效宣告程序中止。

【参考答案】 AB

102.【2015年第69题】当事人因专利申请权的归属发生纠纷，可以请求国家知识产权局中止下列哪些程序？

A. 专利申请的初审程序

B. 授予专利权程序

C. 放弃专利申请权手续

D. 变更专利申请权手续

【解题思路】

如果因专利申请权的归属发生纠纷，为了避免真正权利人的利益受到损害，与专利相关的程序都应该中止，如初审程序、授权程序、放弃或者变更专利申请权手续等。

【参考答案】 ABCD

五、实用新型专利申请的初步审查

（一）实用新型专利申请初步审查的范围

根据《专利审查指南》第1部分第2章第1节的规定，实用新型专利申请初步审查的范围包括：（1）申请文件的形式审查；（2）申请文件的明显实质性缺陷审查；（3）其他文件的形式审查；（4）有关费用的审查。需要注意的是，实用新型和发明专利申请初步审查的范围有所不同。

（二）实用新型专利申请初步审查的审查原则

《专利审查指南》第1部分第2章第

2节规定了实用新型专利申请初步审查的原则。

与发明专利申请初步审查的原则相同，实用新型专利申请的审查原则同样包括保密原则、书面审查原则、听证原则和程序节约原则。

（三）文件的形式审查

根据《专利审查指南》第1部分第2章第1节的规定，实用新型专利申请文件的形式审查，包括专利申请是否包含《专利法》第26条规定的申请文件，以及这些文件是否符合《专利法实施细则》第2条、第3条、第16～23条、第40条、第42条、第43条第2款和第3款、第51条、第52条、第119条、第121条的规定。

（四）手续合法性审查

根据《专利审查指南》第1部分第2章第1节的规定，实用新型专利申请的手续合法性审查，包括与专利申请有关的其他手续和文件是否符合《专利法》第10条第2款、第24条、第29条、第30条以及《专利法实施细则》第2条、第3条、第6条、第15条、第30条、第31条第1～3款、第32条、第33条、第36条、第45条、第86条、第100条、第119条的规定。

（五）明显实质性缺陷审查

根据《专利审查指南》第1部分第2章第1节的规定，实用新型专利申请文件的明显实质性缺陷审查，包括专利申请是否明显属于《专利法》第5条、第25条规定的情形，是否不符合《专利法》第17条、第18条第1款、第19条第1款的规定，是否明显不符合《专利法》第2条第3款、第22条第2款或第4款、第26条第3款或第4款、第31条第1款、第33条或《专利法实施细则》第17～22条、第43条第1款的规定，是否依照《专利法》第9条规定不能取得专利权。

103.【2016年第62题】对于实用新型专利申请，下列哪些情况可能在初步审查程序中被驳回？

A. 权利要求得不到说明书支持

B. 权利要求所要求保护的技术方案不具备新颖性

C. 权利要求所保护的技术方案不具备单一性

D. 说明书缺少要求保护的产品的形状或构造图

【解题思路】

实用新型的初步审查包括申请文件的形式审查、申请文件的明显实质性缺陷审查、其他文件的形式审查和有关费用的审查。权利要求得不到说明书的支持、新颖性和单一性属于明显的实质性缺陷。说明书缺少要求保护的产品的形状或构造图有两种理解：(1) 申请文件中一张附图都没有，此时违背了实用新型专利申请必须有附图的原则，无法通过形式审查；(2) 有附图，但缺少产品的形状或构造图，则权利要求中要求保护的技术方案无法获得说明书的支持，属于明显的实质性缺陷。

【参考答案】 ABCD

（六）授权通知或驳回决定

《专利审查指南》第1部分第2章第3.1节规定了实用新型专利权通知的授予

实用新型专利申请经初步审查没有发现驳回理由的，审查员应当作出授予实用新型专利权通知。能够授予专利权的实用新型专利申请包括不需要补正就符合初步审查要求的专利申请，以及经过补正符合初步审查要求的专利申请。

104.【2009年第35题】下列有关实用新型专利申请的说法哪些是正确的？

A．实用新型专利申请缺少说明书附图的，国家知识产权局不予受理

B．在初步审查中，国家知识产权局应当对实用新型是否明显不具备创造性进行审查

C．属于一个总的发明构思的两项以上的实用新型，可以作为一件实用新型专利申请提出

D．对于不需要补正就符合初步审查要求的实用新型专利申请，国家知识产权局可以直接作出授予实用新型专利权的决定

【解题思路】

实用新型涉及产品的形状和构造，必须要有附图，不然就难以清楚地描述发明。故实用新型没有附图，国家知识产权局不予受理。创造性的审查必须要进行检索，并且判断过程比较复杂，在初步审查程序中无法完成。符合单一性的实用新型，可以作为一件申请提出。专利申请如果不需要补正，那自然可以直接授权。

【参考答案】 ACD

《专利审查指南》第1部分第2章第3.5.1节规定了实用新型专利申请的驳回条件：

申请文件存在审查员认为不可能通过补正方式克服的明显实质性缺陷，审查员发出审查意见通知书后，在指定的期限内申请人未提出有说服力的意见陈述和/或证据，也未针对通知书指出的缺陷进行修改，例如仅改变了错别字或改变了表述方式，审查员可以作出驳回决定。如果是针对通知书指出的缺陷进行了修改，即使所指出的缺陷仍然存在，也应当给申请人再次陈述和/或修改文件的机会。对于此后再次修改涉及同类缺陷的，如果修改后的申请文件仍然存在已通知过申请人的缺陷，审查员可以作出驳回决定。

申请文件存在可以通过补正方式克服的缺陷，审查员针对该缺陷已发出过两次补正通知书，并且在指定的期限内经申请人陈述意见或者补正后仍然没有消除的，审查员可以作出驳回决定。

105.【2008年第28题】下列哪些说法是正确的？

A．实用新型专利申请无附图的，国家知识产权局不予受理并通知申请人

B．对于存在不可能通过补正方式克服的明显实质性缺陷的实用新型专利申请，国家知识产权局将发出审查意见通知书

C．实用新型专利申请经过初步审查符合规定的，自申请日起满18个月即行公布

D．申请人收到国家知识产权局发出的补正通知书后，未在指定期限内补正的，其申请将被视为撤回

【解题思路】

实用新型必须有附图，没有附图则国家知识产权局不予受理。虽然某些缺陷不可能通过补正方式克服，但根据听证原则，应该给申请人发表意见的机会。实用新型经过初步审查符合规定的，即予以公布。18个月是发明专利的公开时间。申请人收到补正通知书后不补正的，就是默认了相关事实。不过，默认相关事实并不一定会导致申请视为撤回。如国内申请人在委托专利代理机构时

不符合相关规定，则结果是视为未委托。

【参考答案】 AB

六、外观设计专利申请的初步审查

（一）外观设计专利申请初步审查的范围

根据《专利审查指南》第1部分第3章第1节的规定，外观设计专利申请初步审查的范围包括申请文件的形式审查、申请文件的明显实质性缺陷审查、其他文件的形式审查和有关费用的审查。

（二）文件的形式审查

根据《专利审查指南》第1部分第3章第1节的规定，申请文件的形式审查，包括专利申请是否具备《专利法》第27条第1款规定的申请文件，以及这些文件是否符合《专利法实施细则》第2条、第3条第1款、第16条、第27条、第28条、第29条、第35条第3款、第51条、第52条、第119条、第121条的规定。

（三）手续合法性审查

根据《专利审查指南》第1部分第3章第1节的规定，其他文件的形式审查，包括与专利申请有关的其他手续和文件是否符合《专利法》第24条、第29条第1款、第30条，以及《专利法实施细则》第6条、第15条第3款和第4款、第30条、第31条、第32条第1款、第33条、第36条、第42条、第43条第2款和第3款、第45条、第86条、第100条的规定。

（四）明显实质性缺陷的审查

根据《专利审查指南》第1部分第3章第1节的规定，申请文件的明显实质性缺陷审查，包括专利申请是否明显属于《专利法》第5条第1款、第25条第1款第6项规定的情形，或者不符合《专利法》第17条、第18条第1款的规定，或者明显不符合《专利法》第2条第4款、第23条第1款、第27条第2款、第31条第2款、第33条，以及《专利法实施细则》第43条第1款的规定，或者依照《专利法》第9条规定不能取得专利权。

2013年9月16日，国家知识产权局对《专利审查指南》进行了修改。根据旧的《专利审查指南》，审查员在审查外观设计是否明显不具有新颖性或者是明显违反了一发明创造一专利原则时，一般不进行检索，除非涉及非正常申请。根据新的《专利审查指南》，在审查这两项时，审查员一般需要进行检索。

106.【2018年第56题】关于非正常申请专利行为的说法，正确的是：

A. 同一单位或者个人提交多件不同材料、组分、配比、部件等简单替换或者拼凑的专利申请，属于非正常申请专利的行为

B. 同一单位或者个人提交多件实验数据或者技术效果明显编造的专利申请，属于非正常申请专利的行为

C. 对于非正常申请专利的行为情节严重的，自本年度起五年内不予资助或者奖励

D. 通过非正常申请专利的行为骗取资助和奖励，情节严重构成犯罪的，依法移送有关机关追究刑事责任

【解题思路】

非正常专利申请的关键就是“非正常”，与通常的专利申请不同。提交多份技术方案极为相似的专利申请，或者是编造专利申请，明显不正常。有些非正常申请的申请人

的目的是骗取政府资助和奖励，故对其的惩罚需要对症下药。如果通过非正常申请专利的行为骗取资助和奖励，情节严重构成犯罪的，就应当承担刑事责任。

【参考答案】 ABCD

（五）授权通知或驳回决定

1. 授予专利权的通知

《专利审查指南》第 1 部分第 3 章第 3.1 节规定了授予专利权的通知。

外观设计专利申请经初步审查没有发现驳回理由的，审查员应当作出授予外观设计专利权通知。能够授予专利权的外观设计专利申请包括不需要补正就符合初步审查要求的专利申请，以及经过补正符合初步审查要求的专利申请。

2. 申请的驳回

《专利审查指南》第 1 部分第 3 章第 3.5 节规定了申请的驳回。

申请文件存在明显实质性缺陷，在审查员发出审查意见通知书后，经申请人陈述意见或者修改后仍然没有消除的，或者申请文件存在形式缺陷，审查员针对该缺陷已发出过两次补正通知书，经申请人陈述意见或者补正后仍然没有消除的，审查员可以作出驳回决定。

驳回决定正文应当包括案由、驳回的理由和决定三部分内容。

七、答复和修改

（一）涉及发明专利申请的答复和修改

1. 答复的期限

《专利审查指南》第 2 部分第 8 章第 5.1 节规定了发明申请答复的期限。

对专利局发出的审查意见通知书，申请人应当在通知书指定的期限内作出答复。

申请人的答复可以仅仅是意见陈述书，也可以进一步包括经修改的申请文件（替换页和/或补正书）。申请人在其答复中对审查意见通知书中的审查意见提出反对意见或者对申请文件进行修改时，应当在其意见陈述书中详细陈述其具体意见，或者对修改内容是否符合相关规定以及如何克服原申请文件存在的缺陷予以说明。例如当申请人在修改后的权利要求中引入新的技术特征以克服审查意见通知书中指出的该权利要求不具有创造性的缺陷时，应当在其意见陈述书中具体指出该技术特征可以从说明书的哪些部分得到，并说明修改后的权利要求具有创造性的理由。

申请人可以请求专利局延长指定的答复期限。但是，延长期限的请求应当在期限届满前提出。有关延长期限请求的处理适用本指南第 5 部分第 7 章第 4 节的规定。专利局收到申请人的答复之后即可以开始后续的审查程序，如果后续审查程序的通知书或者决定已经发出，对于此后在原答复期限内申请人再次提交的答复，审查员不予考虑。

107.【2010 年第 43 题】在实质审查期间，国家知识产权局发出的审查意见通知书指出，专利申请未充分公开权利要求中要求保护的技术方案。申请人可以采取下列哪些答复方式？

A. 在意见陈述书中指出，上述未充分公开的内容属于本领域的公知常识，因此无须写入专利申请文件，并随附了证明上述内容为申请日前公知常识的证据

B. 在意见陈述书中指出，原申请文件

不存在上述未充分公开的缺陷，并说明了理由

C. 将仅记载在原说明书摘要中的内容补入说明书的文字部分，并说明了理由

D. 在意见陈述书中指出，未充分公开的内容已记载在原说明书背景技术部分所引用的申请日前已公开的文献中

【解题思路】

当审查员认为申请属于公开不充分时，代理人往往会陷入两难的境地：如果同意审查员的意见，补充相关材料，那就因为修改超范围而被驳回；如果不同意，又不能说服审查员，那就会由于公开不充分被驳回。答复这样的审查意见，比较合理的方法就是主张公知常识、在背景技术所引用的公开文献中已经有记载，或者主张申请文件中不存在这方面的缺陷。另外，说明书摘要不属于原始公开的范围，不能将其纳入到说明书中。

【参考答案】 ABD

2. 答复的方式

《专利审查指南》第2部分第8章第5.1.1节规定了答复的方式。

对于审查意见通知书，申请人应当采用专利局规定的意见陈述书或补正书的方式，在指定的期限内作出答复。申请人提交的无具体答复内容的意见陈述书或补正书，也是申请人的正式答复，对此审查员可理解为申请人未对审查意见通知书中的审查意见提出具体反对意见，也未克服审查意见通知书所指出的申请文件中存在的缺陷。

申请人的答复应当提交给专利局受理部门。直接提交给审查员的答复文件或征询意见的信件不视为正式答复，不具备法律效力。

108.【2015年第73题】下列关于申请人答复审查意见通知书的说法哪些是正确的？

A. 申请人可以仅仅陈述意见，也可以修改申请文件

B. 申请人可以在答复期限届满后提出延长答复期限的请求

C. 申请人直接提交给审查员的答复文件不具备法律效力

D. 答复第一次审查意见通知书的期限是四个月

【解题思路】

申请人如果觉得审查意见的观点不对，自己的申请文件没问题，那就可以不修改申请文件。延长期限的请求需要在期限届满前提出。答复文件应该提交给专利局受理部门，不能直接寄给审查员。答复第一次审查意见通知书的时间最长，为4个月，答复第二次、第三次审查意见通知书的时间则比第一次的短。

【参考答案】 ACD

3. 答复的签署

《专利审查指南》第2部分第8章第5.1.2节规定了答复的签署。

申请人未委托专利代理机构的，其提交的意见陈述书或者补正书，应当有申请人的签字或者盖章；申请人是单位的，应当加盖公章；申请人有两个以上的，可以由其代表人签字或者盖章。

申请人委托了专利代理机构的，其答复应当由其所委托的专利代理机构盖章，并由委托书中指定的专利代理师签字或者盖章。专利代理师变更之后，由变更后的专利代理师签字或者盖章。

申请人未委托专利代理机构的，如果

其答复没有申请人的签字或者盖章（当申请人有两个以上时，应当有全部申请人的签字或盖章，或者至少有其代表人的签字或盖章），审查员应当将该答复退回初步审查部门处理。

申请人委托了专利代理机构的，如果其答复没有专利代理机构盖章，或者由申请人本人作出了答复，审查员应当将该答复退回初步审查部门处理。

如果申请人或者委托的专利代理师发生变更，则审查员应当核查案卷中是否有相应的著录项目变更通知单；没有该通知单的，审查员应当将答复退回初步审查部门处理。

109.【2012 年第 15 题】下列关于申请人对审查意见通知书答复的哪种说法是正确的？

A．申请人为单位，且未委托专利代理机构的，其答复应当加盖公章并应当有发明人的签字或者盖章

B．申请人为单位，但委托了专利代理机构的，其答复应当由其所委托的专利代理机构盖章，并由委托书中指定的专利代理人签字或者盖章

C．申请人为个人，且未委托专利代理机构的，其答复只需要由联系人签字或者盖章

D．申请人为个人，但委托了专利代理机构的，其答复只需要委托书中指定的专利代理人签字或者盖章

【解题思路】

发明人并不是专利申请人，答复审查意见时没有必要让发明人签章。专利代理中，申请人委托的是代理机构，答复审查意见上要有代理机构的公章，代理机构指定了代理师，审查意见上也要有代理师的签字盖章。联系人的作用是接收专利局所发的信函，联系人不是申请人，不能由联系人签字盖章。

【参考答案】 B

110.【2013 年第 75 题】赵某和李某自行提交了一件发明专利申请，赵某是该申请的代表人。2009 年 6 月 16 日赵某收到了发文日为 2009 年 6 月 11 日的第一次审查意见通知书。下列说法哪些是正确的？

A．赵某和李某应当在 2009 年 10 月 26 日前答复该审查意见通知书

B．对审查意见通知书的答复可以仅由赵某签字

C．对审查意见通知书的答复可以仅仅是意见陈述书

D．对审查意见通知书的答复可以直接提交给审查员

【解题思路】

第一次答复审查意见通知书的期限是 4 个月，发文日为 6 月 11 日，推定赵某 6 月 26 日收到，答复期限就是 10 月 26 日。赵某是代表人，有权签字。如果申请人认为审查员的意见是错误的，申请文件不需要修改，只要进行意见陈述就可以。答复审查意见是公事，应当提交给专利受理部门，不应当直接提交给审查员。

【参考答案】 ABC

111.【2014 年第 9 题】下列关于答复审查意见通知书的说法哪个是正确的？

A．申请人可以通过电子邮件的方式答复审查意见通知书

B．申请人可以将意见陈述书直接寄给

审查其申请的审查员

C. 申请人委托了专利代理机构的，仍然可以自行答复审查意见通知书

D. 申请人未委托专利代理机构的，其提交的意见陈述书应当有申请人的签字或者盖章

【解题思路】

答复审查意见通知书不能通过电子邮件提交。意见陈述书需要提交给专利受理部门，不能直接寄给审查员。申请人委托代理机构的，审查意见通知书需要通过代理机构进行答复；未委托代理机构的，那自然只能申请人自己答复，此时需要申请人签字盖章。

【参考答案】 D

4. 修改的时机

《专利审查指南》第2部分第8章第5.2节规定了修改的时机。

根据《专利法实施细则》第51条第1款的规定，发明专利申请人在提出实质审查请求时以及在收到专利局发出的发明专利申请进入实质审查阶段通知书之日起的3个月内，可以对发明专利申请主动提出修改。

根据《专利法实施细则》第51条第3款的规定，申请人在收到专利局发出的审查意见通知书后修改专利申请文件，应当针对通知书指出的缺陷进行修改。

112.【2011年第19题】申请人于2011年3月1日提出了实质审查请求，国家知识产权局于2011年3月22日发出了进入实质审查程序通知书。申请人在下列哪些日期主动提交修改文件符合相关规定？

A. 2011年3月12日

B. 2011年6月15日

C. 2011年7月6日

D. 2011年7月22日

【解题思路】

申请人提起主动修改的时机是提出实质审查请求时和受到国家知识产权局发出的进入实质审查阶段通知书之日起3个月内。本题中，国家知识产权局发出通知书的时间是3月22日，推定4月6日收到，在4月6日～7月6日之前都可以主动提交修改文件。

【参考答案】 BC

113.【2017年第77题】关于实质审查程序中主动修改时机，以下说法错误的是？

A. 申请人在提出实质审查请求时，可以对发明专利申请进行主动修改

B. 申请人在收到国务院专利行政部门发出的发明专利申请进入实质审查阶段通知书之日起的4个月内，可以对发明专利申请进行主动修改

C. 申请人在发明专利申请授权前，都可以对发明专利申请进行主动修改

D. 申请人在收到国务院专利行政部门发出的第一次审查意见通知书后，可以对发明专利申请进行主动修改

【解题思路】

发明的主动修改时机有两个，申请人在提起实质审查请求时和收到国家知识产权局发出的发明进入实质审查程序之日起3个月内。超过时间点后，申请人只能根据审查部门发出的审查意见进行修改。

【参考答案】 BCD

5. 修改的要求

《专利审查指南》第2部分第8章第5.2.1节对修改的要求作出了规定。

《专利法》第33条对修改的内容与范围

作出了规定。《专利法实施细则》第51条第1款对主动修改的时机作出了规定，《专利法实施细则》第51条第3款对答复审查意见通知书时的修改方式作出了规定。

（1）修改的内容与范围。

在实质审查程序中，为了使申请符合专利法及其实施细则的规定，对申请文件的修改可能会进行多次。审查员对申请人提交的修改文件进行审查时，要严格掌握《专利法》第33条的规定。不论申请人对申请文件的修改属于主动修改还是针对通知书指出的缺陷进行的修改，都不得超出原说明书和权利要求书记载的范围。原说明书和权利要求书记载的范围包括原说明书和权利要求书文字记载的内容和根据原说明书和权利要求书文字记载的内容以及说明书附图能直接地、毫无疑义地确定的内容。申请人在申请日提交的原说明书和权利要求书记载的范围，是审查上述修改是否符合《专利法》第33条规定的依据，申请人向专利局提交的申请文件的外文文本和优先权文件的内容，不能作为判断申请文件的修改是否符合《专利法》第33条规定的依据。但进入国家阶段的国际申请的原始提交的外文文本除外，其法律效力参见本指南第3部分第2章第3.3节。

如果修改的内容与范围不符合《专利法》第33条的规定，则这样的修改不能被允许。

（2）主动修改的时机。

《专利审查指南》第2部分第8章第5.2.1.2节规定了主动修改的时机。

申请人仅在下述两种情形下可对其发明专利申请文件进行主动修改：在提出实质审查请求时；在收到专利局发出的发明专利申请进入实质审查阶段通知书之日起的3个月内。

在答复专利局发出的审查意见通知书时，不得再进行主动修改。

114.【2007年第88题】申请人提交了一件发明专利申请，后发现权利要求的保护范围过窄，现欲对权利要求进行修改，下列哪些说法是正确的？

A. 可以在国家知识产权局发出授权通知书或驳回决定前的任何时间提交修改后的权利要求书

B. 修改后的权利要求书不得超出申请日提交的原说明书及其摘要、权利要求书记载的范围

C. 修改后的权利要求书不得超出申请日提交的原说明书和权利要求书记载的范围

D. 可以在提出实质审查请求时提交修改后的权利要求书

【解题思路】

申请人提出主动修改的时间受到严格限制，只有在提出实质审查请求时或者是在收到进入实质审查阶段通知书之日起3个月内。摘要不属于原始公开的内容，在判断是否修改超范围的时候不需要考虑摘要。

【参考答案】 CD

（3）答复审查意见通知书时的修改方式。

《专利审查指南》第2部分第8章第5.2.1.3节规定了答复审查意见通知书时的修改方式。

根据《专利法实施细则》第51条第3款的规定，在答复审查意见通知书时，对申请文件进行修改的，应当针对通知书指出的

缺陷进行修改。如果修改的方式不符合《专利法实施细则》第 51 条第 3 款的规定，则这样的修改文本一般不予接受。

然而，对于虽然修改的方式不符合《专利法实施细则》第 51 条第 3 款的规定，但其内容与范围满足《专利法》第 33 条要求的修改，只要经修改的文件消除了原申请文件存在的缺陷，并且具有被授权的前景，这种修改就可以被视为针对通知书指出的缺陷进行的修改，因而经此修改的申请文件可以接受。这样处理有利于节约审查程序。但是，当出现下列情况时，即使修改的内容没有超出原说明书和权利要求书记载的范围，也不能被视为是针对通知书指出的缺陷进行的修改，因而不予接受。

①主动删除独立权利要求中的技术特征，扩大了该权利要求请求保护的范围。

例如，申请人从独立权利要求中主动删除技术特征，或者主动删除一个相关的技术术语，或者主动删除限定具体应用范围的技术特征，即使该主动修改的内容没有超出原说明书和权利要求书记载的范围，只要修改导致权利要求请求保护的范围扩大，则这种修改不予接受。

②主动改变独立权利要求中的技术特征，导致扩大了请求保护的范围。

例如，申请人主动将原权利要求中的技术特征“螺旋弹簧”修改为“弹性部件”，尽管原说明书中记载了“弹性部件”这一技术特征，但由于这种修改扩大了请求保护的范围，因而不予接受。

又如，本章第 5.2.3.2 节（1）的例 1～例 4 中，即使这四种改变后的内容在原说明书中有记载，也不予接受，因为这样的修改扩大了其请求保护的范围。

③主动将仅在说明书中记载的与原来要求保护的主题缺乏单一性的技术内容作为修改后权利要求的主题。

例如，一件有关自行车新式把手的发明专利申请，申请人在说明书中不仅描述了新式把手，而且还描述了其他部件，例如，自行车的车座等。经实质审查，权利要求限定的新式把手不具备创造性。在这种情况下，申请人作出主动修改，将权利要求限定为自行车车座。由于修改后的主题与原来要求保护的主题之间缺乏单一性，这种修改不予接受。

④主动增加新的独立权利要求，该独立权利要求限定的技术方案在原权利要求书中未出现过。

⑤主动增加新的从属权利要求，该从属权利要求限定的技术方案在原权利要求书中未出现过。

115.【2012 年第 55 题】在下列哪些情况下，申请人在答复审查意见通知书时所作的修改即使没有超出原说明书和权利要求书记载的范围，也不能被视为是针对通知书指出的缺陷进行的修改？

A. 主动删除独立权利要求中的技术特征，扩大了该权利要求请求保护的范围

B. 主动改变独立权利要求中的技术特征，导致扩大了请求保护的范围

C. 主动将仅在说明书中记载的与原来要求保护的主题缺乏单一性的技术内容作为修改后的权利要求的主题

D. 主动增加新的从属权利要求，该从属权利要求限定的技术方案在原权利要求书中未出现过

【解题思路】

答复审查意见时的修改应当按照审查意见进行，上述4项都是申请人未按照审查意见的要求，“主动”进行的修改，且这些修改也不是为了消除原申请文件存在的缺陷，都不符合要求，全部选择。

【参考答案】 ABCD

116.【2016年第61题】关于申请人对发明专利申请的修改，以下说法哪些是正确的？

A. 在提出实质审查请求时，以及收到发明申请进入实质审查阶段通知书之日起3个月内，申请人可以对发明专利申请主动提出修改

B. 主动修改时，可以扩大原权利要求请求保护的范围，但不能超出原说明书及权利要求书的记载范围

C. 在答复审查意见通知书时对申请文件进行修改的，通常只能针对通知书指出的缺陷进行修改

D. 答复审查意见通知书时对申请文件进行修改的，只要修改文本未超出原说明书及权利要求书的记载范围均应当被接受

【解题思路】

主动修改的时机为提出实质审查请求时以及收到发明申请进入实质审查阶段通知书之日起3个月内。主动修改不能超出原说明书及权利要求书记载的范围，如果说明书记载的温度范围是0～100℃，而权利要求保护的仅仅是30～50℃，在主动修改时把要求保护的范围扩大到0～100℃也是可以的。在答复审查意见的修改中，原则上应当针对通知书的缺陷进行修改。如果不是针对通知书指出的缺陷，也不是为了消除原申请文件中存在的缺陷，那该修改方式即使没有超过原说明书和权利要求书的记载，也不能被接受。

【参考答案】 ABC

6. 允许的修改

《专利审查指南》第2部分第8章第5.2.2节规定了允许的修改。

这里所说的“允许的修改”，主要指符合《专利法》第33条规定的修改。

（1）对权利要求书的修改。

《专利审查指南》第2部分第8章第5.2.2.1节规定了对权利要求书的修改。

对权利要求书的修改主要包括通过增加或变更独立权利要求的技术特征，或者通过变更独立权利要求的主题类型或主题名称以及其相应的技术特征，来改变该独立权利要求请求保护的范围；增加或者删除一项或多项权利要求；修改独立权利要求，使其相对于最接近的现有技术重新划界；修改从属权利要求的引用部分，改正其引用关系，或者修改从属权利要求的限定部分，以清楚地限定该从属权利要求请求保护的范围。对于上述修改，只要经修改后的权利要求的技术方案已清楚地记载在原说明书和权利要求书中，就应该允许。

允许的对权利要求书的修改，包括下述各种情形：

①在独立权利要求中增加技术特征，对独立权利要求作进一步的限定，以克服原独立权利要求无新颖性或创造性、缺少解决技术问题的必要技术特征、未以说明书为依据或者未清楚地限定要求专利保护的范围等缺陷。只要增加了技术特征的独立权利要求所述的技术方案未超出原说明书和权利要求

书记载的范围，这样的修改就应当被允许。

②变更独立权利要求中的技术特征，以克服原独立权利要求未以说明书为依据、未清楚地限定要求专利保护的范围或者无新颖性或创造性等缺陷。只要变更了技术特征的独立权利要求所述的技术方案未超出原说明书和权利要求书记载的范围，这种修改就应当被允许。

对于含有数值范围技术特征的权利要求中数值范围的修改，只有在修改后数值范围的两个端值在原说明书和/或权利要求书中已确实记载且修改后的数值范围在原数值范围之内的前提下，才是允许的。例如，权利要求的技术方案中，某温度为20～90℃，对比文件公开的技术内容与该技术方案的区别是其所公开的相应的温度范围为0～100℃，该文件还公开了该范围内的一个特定值40℃，因此，审查员在审查意见通知书中指出该权利要求无新颖性。如果发明专利申请的说明书或者权利要求书还记载了20～90℃范围内的特定值40℃、60℃和80℃，则允许申请人将权利要求中该温度范围修改成60～80℃或者60～90℃。

③变更独立权利要求的类型、主题名称及相应的技术特征，以克服原独立权利要求类型错误或者缺乏新颖性或创造性等缺陷。只要变更后的独立权利要求所述的技术方案未超出原说明书和权利要求书记载的范围，就可允许这种修改。

④删除一项或多项权利要求，以克服原第一独立权利要求和并列的独立权利要求之间缺乏单一性，或者两项权利要求具有相同的保护范围而使权利要求书不简要，或者权利要求未以说明书为依据等缺陷。这样的修改不会超出原权利要求书和说明书记载的范围，因此是允许的。

⑤将独立权利要求相对于最接近的现有技术正确划界。这样的修改不会超出原权利要求书和说明书记载的范围，因此是允许的。

⑥修改从属权利要求的引用部分，改正引用关系上的错误，使其准确地反映原说明书中所记载的实施方式或实施例。这样的修改不会超出原权利要求书和说明书记载的范围，因此是允许的。

⑦修改从属权利要求的限定部分，清楚地限定该从属权利要求的保护范围，使其准确地反映原说明书中所记载的实施方式或实施例。这样的修改不会超出原说明书和权利要求书记载的范围，因此是允许的。

117.【2007年第69题】一件有关多层层压板的发明专利申请，其说明书中描述了外层为聚乙烯或聚丙烯的层压板结构，独立权利要求限定的结构外层为聚乙烯。申请人在提出实质审查请求时对申请文件进行了修改。以下哪些修改是允许的？

A．修改独立权利要求，将外层的聚乙烯修改为“聚乙烯或聚丙烯”

B．修改独立权利要求，将外层的聚乙烯修改为“聚丙烯”

C．修改独立权利要求，将外层的聚乙烯修改为“塑料”

D．修改说明书，将外层为聚乙烯或聚丙烯修改为“聚乙烯”

【解题思路】

说明书中的描述为聚乙烯或聚丙烯，A选项中将外层的聚乙烯修改为“聚乙烯或聚丙烯”没有超出原权利要求书和说明书的范围；同样，B选项将外层的聚乙烯修改为“聚丙烯”也没有超过原权利要求书和说明书的范围。D选项中将外层为聚乙烯或聚丙烯修改为“聚乙烯”也没有超范围。C选项将聚乙烯改为“塑料”，而从原始申请文件中并不能直接、毫无疑义地确定，故这种修改超过了原权利要求书和说明书记载的范围。

【参考答案】 ABD

118.【2007年第74题】申请人在答复第一次审查意见通知书时所作的下列哪些修改是符合规定的？

A. 申请人在原始申请文件中仅记载了喷墨打印机，第一次审查意见通知书指出其权利要求缺乏创造性，于是申请人在答复时将权利要求书修改为要求保护一种激光打印机

B. 原始权利要求书有两项独立权利要求，分别要求保护打气筒及其制造方法，在答复第一次审查意见通知书时，申请人为了克服原申请涉及打气筒的权利要求缺乏创造性的缺陷，将权利要求书修改为仅要求保护打气筒的制造方法

C. 在原始说明书和权利要求书中，所记载的某温度范围为0～95℃，且说明书中公开了该温度范围内的特定值40℃、60℃和80℃。对比文件所公开的技术内容与该申请的区别仅在于温度范围的不同，对比文件中公开的温度为0～100℃。审查员在审查意见通知书中指出该申请的权利要求无新颖性，于是申请人将权利要求中该温度范围修改成60～80℃

D. 在原始说明书中记载的某温度为>50℃，原始独立权利要求中相应特征表述为50℃以上，申请人在答复审查意见通知书时按审查员意见将其修改为大于50℃

【解题思路】

A选项中，原申请文件中并没有记载激光打印机，申请人将喷墨打印机改为激光打印机，超过了原权利要求书和说明书的范围。B选项是权利要求的删除，不可能导致超范围。考生需要注意，删除权利要求和删除技术特征不同。删除技术特征会导致保护范围的扩大，而删除整个权利要求则删除的是整个的技术方案，不会导致保护范围扩大。C选项原权利要求的范围已经丧失了新颖性，原说明书记载了40℃、60℃和80℃这三个端值，故将权利要求修改为两个端值之间的范围是被允许的。D选项是根据审查员的意见进行的修改，服从审查员的意见一般是不会超范围。

【参考答案】 BCD

119.【2008年第53题】一件发明专利申请的权利要求1包含“在反应容器底部中心设置喷嘴，所述喷嘴由金属材料制成”的特征，说明书中记载的对应技术内容为“在反应容器底部中心设置喷嘴，所述喷嘴由铜合金、铝合金或不锈钢制成”。在该申请进入实质审查阶段8个月后发出的第一次审查意见通知书中，审查员指出权利要求1中所记载的“所述喷嘴由金属材料制成”概括了一个较宽的保护范围，因而得不到说明书的支持。申请人为答复审查意见对申请文件进行的下列哪些修改是允许的？

A. 删除权利要求1中记载的“所述喷嘴由金属材料制成”这一技术特征

B. 将权利要求1修改为“在反应容器底部中心设置喷嘴，所述喷嘴由金属合金制成”

C. 将权利要求1修改为“在反应容

器底部中心设置喷嘴，所述喷嘴由不锈钢制成”

D. 没有对权利要求 1 进行修改，将记载于原说明书中的另一技术方案补入权利要求书中作为与权利要求 1 并列的独立权利要求，同时在意见陈述书中陈述权利要求 1 可以得到说明书支持的理由

【解题思路】

权利要求书中的技术特征越少，则保护范围就越大，如“人”的范围就比“女人”要大。从权利要求 1 中删除“所述喷嘴由金属材料制成”这一技术特征，扩大了该权利要求请求保护的范围。即使这种删除没有超过原权利要求书和说明书的范围，也是不允许的。审查员的意见是，从说明书中记载的“铜合金、铝合金或不锈钢”不能上位为“金属材料”，B 选项中将“金属材料”改为“金属合金”，范围略有缩小，但还是得不到说明书的支持。C 选项中的“不锈钢”是说明书中明确提到的内容，用来替换原权利要求书中的“金属材料”，缩小了范围，可以获得说明书的支持。D 选项中主动增加新的独立权利要求，该独立权利要求限定的技术方案在原权利要求书中未出现过，即使没有超过原权利要求书和说明书的范围，也不能被接受。

【参考答案】 C

120.【2013 年第 55 题】申请人在答复审查意见通知书时所进行的下列哪些修改可以被接受？

A. 主动增加新的独立权利要求，该独立权利要求限定的技术方案在原权利要求书中未出现过

B. 删除一项权利要求中的并列技术方案

C. 将独立权利要求相对于最接近的现有技术正确划界

D. 修改通知书中未指出的多项从属权利要求引用多项权利要求的缺陷

【解题思路】

专利申请人修改权利要求书，不能超过原说明书和权利要求书记载的范围。增加新的独立权利要求，明显超范围，排除。

【参考答案】 BCD

121.【2018 年第 62 题】实质审查程序中，关于申请文件中数值范围的修改，以下说法错误的是：

A. 原权利要求中的数值范围是 20 ～ 90，原说明书中还记载了特定数值 40、60、80，可以允许申请人将其修改为 20 ～ 40 或者 60 ～ 80 的数值范围

B. 原权利要求中的数值范围是 40 ～ 90，原说明书中还记载了特定数值 20、60、80，可以允许申请人将其修改为 20 ～ 60 或者 80 ～ 90 的数值范围

C. 原始文本中记载了数值为 20 和 60 的点值，允许申请人将其修改为 20 ～ 60 的数值范围

D. 原权利要求中记载了 60 ～ 90 的数值范围，原说明书中还记载了特定数值 30，可以允许申请人将其修改成为 30 ～ 90 这一数值范围

【解题思路】

对数值范围的修改需要满足两个条件：①修改后的端点值应当在原说明书和（或）权利要求书中已确实记载；②修改后的数值范围在原数值范围之内。B 选项中，“20 ～ 60”超过了原来“40 ～ 90”的范围，也超过了

原来的两个端点"20"和"60"的范围。同理，"30 ～ 90" 也超过了 "60 ～ 90" 的范围。

【参考答案】 BCD

（2）对说明书及其摘要的修改。

《专利审查指南》第 2 部分第 8 章第 5.2.2.2 节规定了对说明书及其摘要的修改。

对于说明书的修改，主要有两种情况：一种是针对说明书中本身存在的不符合《专利法》及其实施细则规定的缺陷作出的修改，另一种是根据修改后的权利要求书作出的适应性修改。上述两种修改只要不超出原说明书和权利要求书记载的范围，则都是允许的。

①修改发明名称，使其准确、简要地反映要求保护的主题的名称。如果独立权利要求的类型包括产品、方法和用途，则这些请求保护的主题都应当在发明名称中反映出来。发明名称应当尽可能简短，一般不得超过 25 个字，特殊情况下，如化学领域的某些专利申请，可以允许最多 40 个字。

②修改发明所属技术领域。该技术领域是指该发明在国际专利分类表中的分类位置所反映的技术领域。为便于公众和审查员清楚地理解发明和其相应的现有技术，应当允许修改发明所属技术领域，使其与国际专利分类表中最低分类位置涉及的领域相关。

③修改背景技术部分，使其与要求保护的主题相适应。独立权利要求按照《专利法实施细则》第 21 条的规定撰写的，说明书背景技术部分应当记载与该独立权利要求前序部分所述的现有技术相关的内容，并引证反映这些背景技术的文件。如果审查员通过检索发现了比申请人在原说明书中引用的现有技术更接近所要求保护的主题的对比文件，则应当允许申请人修改说明书，将该文件的内容补入这部分，并引证该文件，同时删除描述不相关的现有技术的内容。应当指出，这种修改实际上使说明书增加了原申请的权利要求书和说明书未曾记载的内容，但由于修改仅涉及背景技术而不涉及发明本身，且增加的内容是申请日前已经公知的现有技术，因此是允许的。

④修改发明内容部分中与该发明所解决的技术问题有关的内容，使其与要求保护的主题相适应，即反映该发明的技术方案相对于最接近的现有技术所解决的技术问题。当然，修改后的内容不应超出原说明书和权利要求书记载的范围。

⑤修改发明内容部分中与该发明技术方案有关的内容，使其与独立权利要求请求保护的主题相适应。如果独立权利要求进行了符合《专利法》及其实施细则规定的修改，则允许该部分作相应的修改；如果独立权利要求未作修改，则允许在不改变原技术方案的基础上，对该部分进行理顺文字、改正不规范用词、统一技术术语等修改。

⑥修改发明内容部分中与该发明的有益效果有关的内容。只有在某（些）技术特征在原始申请文件中已清楚地记载，而其有益效果没有被清楚地提及，但所属技术领域的技术人员可以直接地、毫无疑义地从原始申请文件中推断出这种效果的情况下，才允许对发明的有益效果作合适的修改。

⑦修改附图说明。申请文件中有附图，但缺少附图说明的，允许补充所缺的附图说明；附图说明不清楚的，允许根据上下文作出合适的修改。

⑧修改最佳实施方式或者实施例。这

种修改中允许增加的内容一般限于补入原实施方式或者实施例中具体内容的出处以及已记载的反映发明的有益效果数据的标准测量方法（包括所使用的标准设备、器具）。如果由检索结果得知原申请要求保护的部分主题已成为现有技术的一部分，则申请人应当将反映这部分主题的内容删除，或者明确写明其为现有技术。

⑨修改附图。删除附图中不必要的词语和注释，可将其补入说明书文字部分之中；修改附图中的标记使之与说明书文字部分相一致；在文字说明清楚的情况下，为使局部结构清楚起见，允许增加局部放大图；修改附图的阿拉伯数字编号，使每幅图使用一个编号。

⑩修改摘要。通过修改使摘要写明发明的名称和所属技术领域，清楚地反映所要解决的技术问题、解决该问题的技术方案的要点以及主要用途；删除商业性宣传用语；更换摘要附图，使其最能反映发明技术方案的主要技术特征。

修改由所属技术领域的技术人员能够识别出的明显错误，即语法错误、文字错误和打印错误。对这些错误的修改必须是所属技术领域的技术人员能从说明书的整体及上下文看出的唯一的正确答案。

122.【2007 年第 92 题】申请人在收到发明专利申请进入实质审查阶段通知书一周内提交了修改后的申请文件，下列哪些修改是不允许的？

A. 将原权利要求书中记载的最能说明发明的化学式补入说明书摘要中

B. 原权利要求书和说明书中记载了加热温度范围为 35 ～ 75℃，原说明书中还记载了加热温度优选为 50℃，将权利要求书中对应的加热温度范围修改为 50 ～ 75℃

C. 原权利要求书中记载了弹性支持物，原说明书中仅记载了螺旋弹簧支持物，将弹性支持物补入说明书中

D. 原权利要求书和说明书中记载了制备扶手的材料为铝合金，将权利要求书中对应的制备扶手的材料修改为金属合金

【解题思路】

说明书摘要不属于原始公开的内容，对摘要的修改不会超范围。B 选项减小了温度范围，且修改的端值 50℃是原始记载中的内容，不会超范围。C 选项是将权利要求书中的内容补入说明书中，这种修改也是被允许的。D 选项中将原申请中下位的铝合金改为上位的金属合金，超过了原权利要求书和说明书的范围，这样的修改不能被允许。

【参考答案】 D

123.【2011 年第 53 题】下列对专利申请说明书的修改哪些符合相关规定？

A. 将发明名称的字数缩减到 45 个字

B. 补充实验数据以说明发明的有益效果

C. 补入实施方式和实施例以说明在权利要求请求保护的范围内发明能够实施

D. 申请文件中有附图但缺少附图说明，将所缺附图说明补入说明书中

【解题思路】

发明名称一般不得超过 25 个字，特殊情况下最多不得超过 40 个字。补充实验数据、实施方式或者实施例超过了原权利要求书和说明书的范围，允许补充附图的说明。需要强调的是，补充实验数据证明技术效果，2017 年，《专利审查指南》的修改是放

在第2部分第10章关于化学领域的申请审查中，这意味着本修改只适用于化学领域的例外。本题中没有限定技术领域，更没有指明该有益效果能否从原申请文件中直接推断出，故不需要考虑这一问题。

【参考答案】 D

124.【2019年第59题】下列关于发明专利申请说明书的修改，说法正确的是?

A. 申请人在进行修改时，不可以在申请文件中补入实施方式和实施例以说明在权利要求请求保护的范围内发明能够实施

B. 申请人在进行修改时，不可以在申请文件中补入已记载的反映发明的有益效果数据的标准测量方法

C. 申请人在进行修改时，在文字说明清楚的情况下，为使局部结构清楚可见，允许增加局部放大图

D. 申请人在进行修改时，在不超出原说明书和权利要求书记载的范围的前提下，可以修改发明内容部分中与该发明所解决的技术问题有关的内容，使其与要求保护的主题相适应

【解题思路】

申请人的修改不能超过原说明书和权利要求书记载的范围，补充实施方式和实施例必然超过原范围。发明创造有哪些有益效果属于直接相关的内容，而有益效果的测量方法并不直接相关，故允许加入。局部放大图仅是让局部结构更为清楚，并没有引入新的信息。D选项中已经写明此种修改并没有超过原说明书和权利要求书的记载范围，符合要求。

【参考答案】 ACD

7. 不允许的修改

《专利审查指南》第2部分第8章第5.2.3节规定了不允许的修改。

作为一个原则，凡是对说明书（及其附图）和权利要求书作出不符合《专利法》第33条规定的修改，均是不允许的。

具体地说，如果申请的内容通过增加、改变和/或删除其中的一部分，致使所属技术领域的技术人员看到的信息与原申请记载的信息不同，而且又不能从原申请记载的信息中直接地、毫无疑义地确定，那么，这种修改就是不允许的。

这里所说的申请内容，是指原说明书（及其附图）和权利要求书记载的内容，不包括任何优先权文件的内容。

（1）不允许的增加。

《专利审查指南》第2部分第8章第5.2.3.1节规定了不允许的增加。

不能允许的增加内容的修改，包括下述几种：

①将某些不能从原说明书（包括附图）和/或权利要求书中直接明确认定的技术特征写入权利要求和/或说明书。

②为使公开的发明清楚或者使权利要求完整而补入不能从原说明书（包括附图）和/或权利要求书中直接地、毫无疑义地确定的信息。

③增加的内容是通过测量附图得出的尺寸参数技术特征。

④引入原申请文件中未提及的附加组分，导致出现原申请没有的特殊效果。

⑤补入了所属技术领域的技术人员不能直接从原始申请中导出的有益效果。

⑥补入实验数据以说明发明的有益效

果，和/或补入实施方式和实施例以说明在权利要求请求保护的范围内发明能够实施。

⑦增补原说明书中未提及的附图，一般是不允许的；如果增补背景技术的附图，或者将原附图中的公知技术附图更换为最接近现有技术的附图，则应当允许。

125.【2008年第82题】在收到进入实质审查阶段通知书后两周内，申请人提交的对申请文件所进行的下列修改哪些是不允许的？

A. 由于原权利要求1的主题名称为"一种猪饲料"，据此将说明书的发明所属技术领域由"涉及一种动物饲料"修改为"涉及一种猪饲料"

B. 将未在原权利要求书和原说明书中明确记载，但由原说明书附图2测量得出的"反应容器的高度与直径的比例为3∶1"的技术内容补入说明书实施例中

C. 将说明书附图中的反应器壁标记由"2"修改为"5"，使之与原说明书文字部分使用的对应附图标记相一致

D. 删除附图1中的文字注释，并将所删除的文字注释补入说明书的附图说明部分中，而该文字注释在原权利要求书和原说明书文字部分中没有记载

【解题思路】

A选项将技术领域从"动物饲料"修改为更为具体化的"猪饲料"，使之与国际专利分类表中最低分类位置涉及的领域相关；此外，修改的内容在权利要求书中有记载，故这种修改是允许的。通过测量附图得出的尺寸参数技术特征加入到说明书实施例中，超过了原说明书和权利要求书记载的范围，不能被允许。修改附图标记使之与说明书文字部分相一致，本质上是一种笔误的改正，不会超范围。说明书附图是说明书的组成部分，删除其中的文字注释将其补入说明书附图中，本质上是一种内容的转移，不会导致超范围。

【参考答案】B

126.【2009年第26题】申请人在提出实质审查请求时对申请文件作出的下列哪些修改是不符合相关规定的？

A. 在说明书中补入所属技术领域的技术人员不能直接从原权利要求书和说明书中导出的有益效果

B. 在说明书实施例中补入原权利要求书和说明书未记载的实验数据以说明发明的有益效果

C. 将仅在原摘要中记载的技术方案补入到说明书中

D. 用原说明书附图2替换原摘要附图作为新的摘要附图，使其更能反映发明技术方案的主要技术特征

【解题思路】

A、B选项在题意中就明确表示已经超过了说明书和权利要求书的范围。C中说明书摘要不属于原始公开的范围，将摘要中的内容补入说明书中，超过了原始公开的范围。摘要不属于原始公开的内容，故替换摘要附图不会导致超范围，何况替换的图也是来自说明书附图。

【参考答案】ABC

127.【2015年第72题】下列关于说明书附图的修改，哪些未超出原说明书和权利要求书记载的范围？

A. 增加的内容是通过测量附图得出的尺寸参数技术特征

B．将记载于优先权文件中、但未记载在本申请中的附图追加至本申请中

C．将说明书附图中的文字注释删除，并增补到说明书中

D．在文字说明清楚的情况下，为使局部结构清楚起见，增加局部放大图

【解题思路】

说明书附图中的尺寸参数本质上是一种示意图，在侵权案件中被控侵权产品如果结构和专利相同，仅仅是尺寸参数上有差异，那同样构成侵权。从这点来看，尺寸参数并不是原先说明书所公开的内容，故对说明书进行修改时增加测量附图得出尺寸参数超过了原说明书和权利要求书记载的范围。优先权文件中的内容如果未记载在本申请中，那就不属于在先申请公开的内容，不能补充进本申请中。说明书附图中的文字注释也属于说明书所公开的内容，将其删除后增补到说明书中本质上就是移动了一个位置，未增加新的内容，这是允许的。在文字说明清楚的情况下，增加局部放大图是为了让局部结构更加清楚，未引入新的内容，这也是允许的。

【参考答案】 CD

128.【2017 年第 83 题】申请人在提出实质审查请求时对申请文件作出的以下哪些修改是不被允许的？

A．在说明书中补入所属技术领域的技术人员不能直接从原始申请中导出的有益效果

B．在说明书中补入原权利要求书和说明书未记载的实验数据以说明发明的有益效果

C．将仅在摘要中记载的技术方案补入到说明书中

D．将原附图中的公知技术附图更换为最接近现有技术的附图

【解题思路】

申请人对申请文件的修改不能超过原申请文件所记载的范围，如果有益效果不能从原始申请中直接导出，那该修改就超过原申请公开的范围。关于补充实验数据说明有益效果，《专利审查指南》在 2017 年的修改是放在第 2 部分第 10 章，属于仅限于化学领域使用的例外规则。本题并没有限定技术领域，故不需要考虑该规定，更何况未说明该数据是否可以从原说明书的内容中直接推断出。说明书摘要不属于在先公开的内容，不能作为修改说明书的依据。

【参考答案】 ABC

（2）不允许的改变。

《专利审查指南》第 2 部分第 8 章第 5.2.3.2 节规定了不允许的改变。

不能允许的改变内容的修改，包括下述几种：

①改变权利要求中的技术特征，超出了原权利要求书和说明书记载的范围。

【例 1】

原权利要求限定了一种在一边开口的唱片套。附图中也只给出了一幅三边胶接在一起、一边开口的套子视图。如果申请人后来把权利要求修改成“至少在一边开口的套子”，而原说明书中又没有任何地方提到过“一个以上的边可以开口”，那么，这种改变超出了原权利要求书和说明书记载的范围。

【例 2】

原权利要求涉及制造橡胶的成分，不能将其改成制造弹性材料的成分，除非原说

明书已经清楚地指明。

【例3】

原权利要求请求保护一种自行车闸，后来申请人把权利要求修改成一种车辆的闸，而从原权利要求书和说明书不能直接得到修改后的技术方案。这种修改也超出了原权利要求书和说明书记载的范围。

【例4】

用不能从原申请文件中直接得出的“功能性术语+装置”的方式，来代替具有具体结构特征的零件或者部件。这种修改超出了原权利要求书和说明书记载的范围。

②由不明确的内容改成明确具体的内容而引入原申请文件中没有的新的内容。

例如，一件有关合成高分子化合物的发明专利申请，原申请文件中只记载在“较高的温度”下进行聚合反应。当申请人看到审查员引证的一份对比文件中记载了在40℃下进行同样的聚合反应后，将原说明书中“较高的温度”改成“高于40℃的温度”。虽然“高于40℃的温度”的提法包括在“较高的温度”范围内，但是，所属技术领域的技术人员，并不能从原申请文件中理解到“较高的温度”是指“高于40℃的温度”。因此，这种修改引入了新内容。

③将原申请文件中的几个分离的特征，改变成一种新的组合，而原申请文件没有明确提及这些分离的特征彼此间的关联。

④改变说明书中的某些特征，使得改变后反映的技术内容不同于原申请文件记载的内容，超出了原说明书和权利要求书记载的范围。

【例1】

一件有关多层层压板的发明专利申请，其原申请文件中描述了几种不同的层状安排的实施方式，其中一种结构是外层为聚乙烯。如果申请人修改说明书，将外层的聚乙烯改变为聚丙烯，那么，这种修改是不允许的。因为修改后的层压板完全不同于原来记载的层压板。

【例2】

原申请文件中记载了“例如螺旋弹簧支持物”的内容，说明书经修改后改变为“弹性支持物”，导致将一个具体的螺旋弹簧支持方式，扩大到一切可能的弹性支持方式，使所反映的技术内容超出了原说明书和权利要求书记载的范围。

【例3】

原申请文件中限定温度条件为10℃或者300℃，后来说明书中修改为10～300℃，如果根据原申请文件记载的内容不能直接地、毫无疑义地得到该温度范围，则该修改超出了原说明书和权利要求书记载的范围。

【例4】

原申请文件中限定组合物的某成分的含量为5%或者45%～60%，后来说明书中修改为5%～60%，如果根据原申请文件记载的内容不能直接地、毫无疑义地得到该含量范围，则该修改超出了原说明书和权利要求书记载的范围。

129.【2013年第83题】下列哪些修改超出了原说明书和权利要求书记载的范围？

A. 原说明书和权利要求书中仅记载了组合物的某成分含量为5%或者45%～50%，申请人将上述含量修改为5%～50%

B. 原说明书和权利要求书中仅记载了在“高压”下进行反应，申请人将“高压”修改为“7 ～ 10 个大气压”

C.“一种车辆的闸”仅记载于原摘要中，申请人将原说明书中记载的“一种自行车闸”修改为“一种车辆的闸”

D. 原说明书和权利要求书中未记载“弹性材料”，申请人将原权利要求书中记载的“橡胶”修改为“弹性材料”

【解题思路】

A 选项中，原权利要求中 5% ～ 45% 并不在保护范围内，修改后却进入了保护范围。B 选项中高压变为“7 ～ 10 个大气压”没有依据。C 选项中摘要中记载的内容不能加入说明书。D 选项中的“弹性材料”原申请文件中没有记载。

【参考答案】 ABCD

130.【2018 年第 61 题】以下哪些情况属于不允许的修改：

A. 原申请文件仅记载了弹簧，将其修改为原申请说明书或权利要求书中未记载的“弹性部件”

B. 原申请文件仅记载了较高的温度，将其修改为原申请说明书或权利要求书中未记载的“大于 200℃”

C. 将说明书中对某一技术特征的具体描述补充到权利要求对应的技术特征部分中

D. 将不同实施例的内容进行组合得到没有记载在原申请文件的新技术方案

【解题思路】

修改不得超范围，将“弹簧”改为其上位概念“弹性部件”扩大了保护范围；“较高的温度”并不对应“大于 200℃”；不同实施例的组合也引入了原申请中没有的新内容。

【参考答案】 ABD

131.【2019 年第 65 题】一件发明专利申请的说明书记载了数值范围 40 ～ 120mm，说明书附图记载了特定值 80mm、130mm，并且在摘要中公开了特定值 50mm。下列哪些修改是允许的？

A. 将权利要求中的数值范围修改成 40 ～ 80mm

B. 将权利要求中的数值范围修改成 50 ～ 80mm

C. 将权利要求中的数值范围修改成 80 ～ 120mm

D. 将权利要求中的数值范围修改成 40 ～ 130mm

【解题思路】

50mm 的数值仅记载在摘要中，说明书中没有记载，故不能作为新数值范围的端点。80mm 和 130mm 的数值在原说明书有记载，理论上都有作为新的数值范围端点的可能性。不过，40 ～ 130mm 的范围超过了原来 40 ～ 120mm 的范围，故需要排除。

【参考答案】 AC

（3）不允许的删除。

《专利审查指南》第 2 部分第 8 章第 5.2.3.3 节规定了不允许的删除。

不能允许删除某些内容的修改，包括下述几种：

①从独立权利要求中删除在原申请中明确认定为发明的必要技术特征的那些技术特征，即删除在原说明书中始终作为发明的必要技术特征加以描述的那些技术特征；或者从权利要求中删除一个与说明书记载的技

术方案有关的技术术语；或者从权利要求中删除在说明书中明确认定的关于具体应用范围的技术特征。

例如，将“有肋条的侧壁”改成“侧壁”。又例如，原权利要求是“用于泵的旋转轴密封……”修改后的权利要求是“旋转轴密封”。上述修改都是不允许的，因为在原说明书中找不到依据。

②从说明书中删除某些内容而导致修改后的说明书超出了原说明书和权利要求书记载的范围。

例如，一件有关多层层压板的发明专利申请，其说明书中描述了几种不同的层状安排的实施方式，其中一种结构是外层为聚乙烯。如果申请人修改说明书，将外层的聚乙烯这一层去掉，那么，这种修改是不允许的。因为修改后的层压板完全不同于原来记载的层压板。

③如果在原说明书和权利要求书中没有记载某特征的原数值范围的其他中间数值，而鉴于对比文件公开的内容影响发明的新颖性和创造性，或者鉴于当该特征取原数值范围的某部分时发明不可能实施，申请人采用具体“放弃”的方式，从上述原数值范围中排除该部分，使得要求保护的技术方案中的数值范围从整体上看来明显不包括该部分，由于这样的修改超出了原说明书和权利要求书记载的范围，因此除非申请人能够根据申请原始记载的内容证明该特征取被“放弃”的数值时，本发明不可能实施，或者该特征取经“放弃”后的数值时，本发明具有新颖性和创造性，否则这样的修改不能被允许。

例如，要求保护的技术方案中某一数值范围为 X_1=600 ～ 10000，对比文件公开的技术内容与该技术方案的区别仅在于其所述的数值范围为 X_2=240 ～ 1500，因为 X_1 与 X_2 部分重叠，故该权利要求无新颖性。申请人采用具体“放弃”的方式对 X_1 进行修改，排除 X_1 中与 X_2 相重叠的部分，即 600 ～ 1500，将要求保护的技术方案中该数值范围修改为 X_1>1500 至 X_1=10000。如果申请人不能根据原始记载的内容和现有技术证明本发明在 X_1>1500 至 X_1=10000 的数值范围相对于对比文件公开的 X_2=240 ～ 1500 具有创造性，也不能证明 X_1 取 600 ～ 1500 时，本发明不能实施，则这样的修改不能被允许。

132.【2006 年第 49 题】一件有关多层层压板的发明专利申请，其权利要求和说明书中描述了外层为聚乙烯的层压板结构。若申请人对申请文件进行修改，以下哪些修改是不允许的？

A. 修改说明书，将外层的聚乙烯改变为聚丙烯

B. 修改说明书，将外层的聚乙烯去掉

C. 修改说明书，将外层的聚乙烯修改为防腐层

D. 修改说明书，将外层的聚乙烯修改为塑料层

【解题思路】

A 中将聚乙烯改为聚丙烯，改变后的层压板不属于原来的层压板，修改超范围。同样，B 项去掉聚乙烯层，改变后的层压板也不属于原来的层压板，修改超范围。C 中将聚乙烯修改为防腐层，使得修改后的说明书完全不同于原先的说明书。D 中将下位的聚乙烯层改为上位的塑料层，而从原始申请文

件中不能直接得出该上位概念，故说明书的修改超过了原权利要求书和说明书的范围。

【参考答案】 ABCD

133.【2011年第80题】在答复审查意见通知书时，下列哪些修改即使没有超出原说明书和权利要求书记载的范围，也不符合相关规定？

A．主动将独立权利要求中的“一种用于汽车的供油装置”修改为“一种供油装置”

B．主动将独立权利要求中的技术特征“螺栓连接”修改为“固定连接”

C．主动将独立权利要求中的技术特征“弹性部件”修改为“弹簧件”

D．主动删除一项从属权利要求

【解题思路】

“汽车供油装置”中删除了“汽车”之后，扩大了范围。“螺栓连接”修改为“固定连接”后，同样范围扩大。

【参考答案】 AB

8. 修改的方式

《专利审查指南》第2部分第8章第5.2.4节规定了修改的具体方式。

（1）提交替换页。

《专利审查指南》第2部分第8章第5.2.4.1节规定了提交替换页的方式。

根据《专利法实施细则》第52条的规定，说明书或者权利要求书的修改部分，应当按照规定格式提交替换页。替换页的提交有两种方式：

①提交重新打印的替换页和修改对照表

这种方式适用于修改内容较多的说明书、权利要求书以及所有作了修改的附图。申请人在提交替换页的同时，要提交一份修改前后的对照明细表。

②提交重新打印的替换页和在原文复制件上作出修改的对照页

这种方式适用于修改内容较少的说明书和权利要求书。申请人在提交重新打印的替换页的同时提交直接在原文复制件上修改的对照页，使审查员更容易察觉修改的内容。

（2）审查员依职权修改。

《专利审查指南》第2部分第8章第5.2.4.2节规定了审查员依职权修改。

通常，对申请的修改必须由申请人以正式文件的形式提出。对于申请文件中个别文字、标记的修改或者增删及对发明名称或者摘要的明显错误的修改，审查员可以依职权进行，并通知申请人。此时，应当使用钢笔、签字笔或者圆珠笔作出清楚明显的修改，而不得使用铅笔进行修改。

134.【2014年第50题】在发出授予专利权的通知书前，允许审查员对准备授权的文本依职权作出下列哪些修改？

A．修改摘要中明显的错误

B．修改明显不适当的发明名称

C．将权利要求中洗衣机的高度850m修改为本领域技术人员能够确定的850mm

D．根据说明书的内容，将权利要求中的“氯化纳”修改为“氯化钠”

【解题思路】

审查员依照职权修改只能是发明名称或者是摘要的明显错误或者是个别文字的错误，C选项中的单位错误不属于此列。

【参考答案】 ABD

（二）涉及实用新型专利申请的答复和修改

1. 通知书的答复

《专利审查指南》第1部分第2章第3.4节规定了实用新型专利申请通知书的答复。

申请人在收到补正通知书或者审查意见通知书后，应当在指定的期限内补正或者陈述意见。申请人对专利申请进行补正的，应当提交补正书和相应修改文件替换页。申请文件的修改替换页应当一式两份，其他文件只需提交一份。对申请文件的修改，应当针对通知书指出的缺陷进行修改。修改的内容不得超出申请日提交的说明书和权利要求书记载的范围。

135.【2014年第99题】下列有关答复实用新型专利申请通知书的说法哪些是正确的？

A. 申请人在收到补正通知书或者审查意见通知书后，应当在指定的期限内补正或者陈述意见

B. 申请人在对补正通知书进行答复时，申请文件的修改替换页和其他文件均应提交一式两份

C. 申请人在对专利申请文件进行修改时，其修改的内容不得超出申请日提交的说明书和权利要求书记载的范围

D. 申请人在对补正通知书进行答复时，申请人有两个以上的，补正书上必须有全体申请人的签章

【解题思路】

收到通知书后，应当及时答复，A选项正确。申请文件的修改替换页需要提交一式两份，其他文件则只需要一份，B选项错误。对申请文件的修改不能超范围，C选项正确。申请人如果有两个以上的，可以由代表人签章，D选项错误。

【参考答案】 AC

2. 允许的修改

《专利审查指南》第1部分第2章第8节规定了实用新型专利申请中允许的修改。

根据《专利法》第33条的规定，申请人可以对其实用新型专利申请文件进行修改，但是，对申请文件的修改不得超出原说明书和权利要求书记载的范围。应当注意的是：

（1）对明显错误的更正，不能被认为超出了原说明书和权利要求书记载的范围。所谓明显错误，是指不正确的内容可以从原说明书、权利要求书的上下文中清楚地判断出来，没有作其他解释或者修改的可能。

（2）对于附图中明显可见并有唯一解释的结构，允许补入说明书并写入权利要求书中。

根据《专利法实施细则》第51条的规定，申请人可以自申请日起两个月内对实用新型专利申请文件主动提出修改。此外，申请人在收到专利局的审查意见通知书或者补正通知书后，应当针对通知书指出的缺陷进行修改。

136.【2017年第60题】涉及实用新型的以下说法，哪些是不正确的？

A. 自申请日起3个月内，实用新型专利申请人对申请文件提出的修改属于主动修改，专利局应予以接受

B. 相同主题的外观设计专利申请可以作为实用新型专利申请的本国优先权基础

C. 分案申请可以作为实用新型专利申请的本国优先权基础

D. 申请人在修改实用新型的申请文件时，即使是对明显错误的更正，这样的修改也将超出原说明书和权利要求书记载的范围

【解题思路】

实用新型申请的主动修改是申请日起2个月内而不是3个月内。外观设计保护的“艺术”，实用新型保护的是“技术”，前者不能作为后者的优先权基础。分案申请享有原申请的申请日，如果能作为优先权的基础，则很容易超过12个月的优先权期限。如果对明显错误的修正会超过原申请文件记载的范围，那就意味着明显错误没有修改的余地，这显然不合理。

【参考答案】 ABCD

3. 不允许的修改

《专利审查指南》第1部分第2章第8节规定了实用新型专利申请中不允许的修改。

根据《专利法》第33条的规定，申请人可以对其实用新型专利申请文件进行修改。但是，对申请文件的修改不得超出原说明书和权利要求书记载的范围。

如果申请人对申请文件进行修改时，加入了所属技术领域的技术人员不能从原说明书和权利要求书中直接地、毫无疑义地确定的内容，这样的修改被认为超出了原说明书和权利要求书记载的范围。

申请人从申请中删除某个或者某些特征，也有可能导致超出原说明书和权利要求书记载的范围。

说明书中补入原权利要求书中记载而原说明书中没有描述过的技术特征，并作了扩大其内容的描述的，被认为修改超出了原说明书和权利要求书记载的范围。

说明书中补入原说明书和权利要求书中没有记载的技术特征并且借助原说明书附图表示的内容不能毫无疑义地确定的，被认为修改超出了原说明书和权利要求书记载的范围。

137.【2006年第56题】李某于2005年10月23日提出了一件名称为“一种节约水箱”的实用新型专利申请，其于2005年11月2日对申请文件进行了主动补正。下列那些修改是不允许的？

A. 将权利要求中限定的“喷射泵与潜水泵呈30度～60度角”修改为“喷射泵与潜水泵呈20度～80度角”

B. 将权利要求书中记载的“副箱体上方有一个敞口”这一特征补入说明书

C. 将实用新型名称修改为“一种节水水箱”

D. 将说明书中记载的制造该水箱的方法补入权利要求书

【解题思路】

A选项中申请人将“30度～60度角”修改为“20度～80度角”明显超过了原申请的范围，不能允许。B选项中申请人将权利要求书中记载的内容加入说明书中，没有超过原权利要求书和说明书记载的范围。C选项将实用新型名称从“节约水箱”改为“节水水箱”，不涉及权利要求书和说明书内容的改变，只是让名称更加贴切。实用新型只保护产品，不保护方法，故将制造该水箱的方法补入权利要求书不被允许。

【参考答案】 AD

4. 申请人主动修改

《专利审查指南》第1部分第2章第8.1节规定了申请人主动修改。

对于申请人的主动修改，审查员应当首先核对提出修改的日期是否在自申请日起两个月内。对于超过两个月的修改，如果修改的文件消除了原申请文件存在的缺陷，并且具有被授权的前景，则该修改文件可以接受。对于不予接受的修改文件，审查员应当发出视为未提出通知书。

对于在两个月内提出的主动修改，审查员应当审查其修改是否超出原说明书和权利要求书记载的范围。修改超出原说明书和权利要求书记载的范围的，审查员应当发出审查意见通知书，通知申请人该修改不符合《专利法》第33条的规定。申请人陈述意见或补正后仍然不符合规定的，审查员可以根据《专利法》第33条和《专利法实施细则》第44条的规定作出驳回决定。

138.【2015年第21题】下列关于实用新型专利申请的主动修改，哪个说法是正确的？

A．申请人可以自申请日起2个月内提出主动修改

B．申请人可以自收到受理通知书之日起3个月内提出主动修改

C．超出修改期限的修改文件，国家知识产权局一律不予接受

D．对权利要求书的修改仅限于权利要求的删除、合并和技术方案的删除

【解题思路】

实用新型和外观设计主动修改的期限是申请日期2个月内。发明有实质性审查，主动修改的期限是提出实质审查请求或者是收到国家知识产权局发出的实质审查通知书之日起3个月内。主动修改在期限上的要求还是比较宽松的，如果超过了期限，但进行的修改有利于授权，那实体问题会优于期限这个程序问题，国家知识产权局会对修改文件予以接受。主动修改的范围比较宽松，D选项的要求是无效宣告程序中对权利要求进行的要求。另外，2017年《专利审查指南》还修改了无效宣告程序中的修改方式，将权利要求的合并改为对权利要求的进一步限定。

【参考答案】 A

5. 针对通知书指出的缺陷进行修改

《专利审查指南》第1部分第2章第8.2节规定了针对通知书指出的缺陷进行修改。

对于申请人答复通知书时所作的修改，审查员应当审查该修改是否超出原说明书和权利要求书记载的范围以及是否针对通知书指出的缺陷进行修改。对于申请人提交的包含有并非针对通知书所指出的缺陷进行修改的修改文件，如果其修改符合《专利法》第33条的规定，并消除了原申请文件存在的缺陷，且具有授权的前景，则该修改可以被视为是针对通知书指出的缺陷进行的修改，经此修改的申请文件应当予以接受。

6. 审查员依职权修改的内容

《专利审查指南》第1部分第2章第8.3节规定了审查员依职权的修改。

审查员在作出授予实用新型专利权通知前，可以对申请文件中文字和符号的明显错误依职权进行修改。依职权修改的内容如下：

（1）请求书：修改申请人地址或联系人地址中漏写、错写或者重复填写的省（自治区、直辖市）、市、邮政编码等信息。

（2）说明书：修改明显不适当的实用新型名称和／或所属技术领域；改正错别

字、错误的符号、标记等；修改明显不规范的用语；增补说明书各部分所遗漏的标题；删除附图中不必要的文字说明等。

（3）权利要求书：改正错别字、错误的标点符号、错误的附图标记、附图标记增加括号。但是，可能引起保护范围变化的修改，不属于依职权修改的范围。

（4）摘要：修改摘要中不适当的内容及明显的错误，指定摘要附图。

审查员依职权修改的内容，应当在文档中记载并通知申请人。

139.【2012 年第 33 题】下列哪些内容是审查员可以依职权进行修改的？

A．摘要中的打印错误

B．权利要求书中的错别字

C．权利要求书中的技术术语

D．说明书中的语法错误

【解题思路】

审查员可以依职权修改的是那些文字和符号的明显错误，A、B、D 选项选择。权利要求书中的技术术语的含义对发明创造的保护范围有着重要的影响，不能由审查员单方面的理解说了算，不能纳入审查员依职权进行修改的范围。

【参考答案】 ABD

（三）涉及外观设计专利申请的答复和修改

1. 通知书的答复

《专利审查指南》第 1 部分第 3 章第 3.4 节规定了外观专利申请通知书的答复。

申请人在收到补正通知书或者审查意见通知书后，应当在指定的期限内补正或者陈述意见。申请人对专利申请进行补正的，应当提交补正书和相应修改文件替换页。申请文件的修改替换页应当一式两份，其他文件只需提交一份。对申请文件的修改，应当针对通知书指出的缺陷进行。修改的内容不得超出申请日提交的图片或者照片表示的范围。

申请人期满未答复的，审查员应当根据情况发出视为撤回通知书或者其他通知书。申请人因正当理由难以在指定的期限内作出答复的，可以提出延长期限请求。

对于因不可抗拒事由或者因其他正当理由耽误期限而导致专利申请被视为撤回的，申请人可以在规定的期限内向专利局提出恢复权利的请求。

2. 图片或照片的形式缺陷

《专利审查指南》第 1 部分第 3 章第 4.2.4 节规定了图片或者照片的缺陷。

对于图片或者照片中的内容存在缺陷的专利申请，审查员应当向申请人发出补正通知书或者审查意见通知书。根据《专利法》第 33 条的规定，申请人对专利申请文件的修改不得超出原图片或者照片表示的范围。所述缺陷主要是指下列各项：

（1）视图投影关系有错误，如投影关系不符合正投影规则、视图之间的投影关系不对应或者视图方向颠倒等。

（2）外观设计图片或者照片不清晰，图片或者照片中显示的产品图形尺寸过小；或者虽然图形清晰，但因存在强光、反光、阴影、倒影、内装物或者衬托物等而影响产品外观设计的正确表达。

（3）外观设计图片中的产品绘制线条包含有应删除或修改的线条，如视图中的阴影线、指示线、虚线、中心线、尺寸线、点画线等。

（4）表示立体产品的视图有下述情况的：①各视图比例不一致。②产品设计要点涉及六个面，而六面正投影视图不足，但下述情况除外：后视图与主视图相同或对称时可以省略后视图；左视图与右视图相同或对称时可以省略左视图（或右视图）；俯视图与仰视图相同或对称时可以省略俯视图（或仰视图）；大型或位置固定的设备和底面不常见的物品可以省略仰视图。

（5）表示平面产品的视图有下述情况的：①各视图比例不一致；②产品设计要点涉及两个面，而两面正投影视图不足，但后视图与主视图相同或对称的情况以及后视图无图案的情况除外。

（6）细长物品例如量尺、型材等，绘图时省略了中间一段长度，但没有使用两条平行的双点画线或自然断裂线断开的画法。

（7）剖视图或剖面图的剖面及剖切处的表示有下述情况的：①缺少剖面线或剖面线不完全；②表示剖切位置的剖切位置线、符号及方向不全或缺少上述内容（但可不给出表示从中心位置处剖切的标记）。

（8）有局部放大图，但在有关视图中没有标出放大部位的。

（9）组装关系唯一的组件产品缺少组合状态的视图；无组装关系或者组装关系不唯一的组件产品缺少必要的单个构件的视图。

（10）透明产品的外观设计，外层与内层有两种以上形状、图案和色彩时，没有分别表示出来。

140.【2009年第87题】外观设计专利申请存在下列哪些缺陷的，国家知识产权局在初步审查程序中应当向申请人发出补正通知书？

A．视图投影关系不符合正投影规则

B．有局部放大图，但在有关视图中没有标出放大部位的

C．一件专利申请包含两项以上明显不符合单一性条件的外观设计

D．图片或者照片所表示的设计明显不属于外观设计专利保护的客体

【解题思路】

根据2006年修改前的《审查指南》，对于图片或者照片中的内容存在形式缺陷的专利申请，审查员发出补正通知书；对于图片或照片中的内容存在明显实质性缺陷的专利申请，审查员发出审查意见通知书。A和B选项属于形式缺陷，发补正通知书，C和D选项属于实质性缺陷，无法补正，应该发审查意见通知书。不过，《专利法》及其实施细则第三次修改后，图片或者照片的缺陷原则上不再区别是形式缺陷还是实质缺陷，审查员可以根据所审案件的图片或者照片的具体情况，发出补正通知书或者审查意见通知书。根据2010年修改后的《专利审查指南》，上述题目没有答案。

【参考答案】 无

3. 申请人主动修改

《专利审查指南》第1部分第3章第10.1节规定了外观设计申请中申请人的主动修改。

对于申请人的主动修改，审查员应当首先核对提出修改的日期是否在自申请日起两个月内。对于超过两个月的修改，如果修改的文件消除了原申请文件存在的缺陷，并且具有被授权的前景，则该修改文件可以接受。对于不接受的修改文件，审查员应当发

出视为未提出通知书。

对于在两个月内提出的主动修改，审查员应当审查其修改是否超出原图片或者照片表示的范围。修改超出原图片或者照片表示的范围的，审查员应当发出审查意见通知书，通知申请人该修改不符合《专利法》第33条的规定。申请人陈述意见或补正后仍然不符合规定的，审查员可以根据《专利法》第33条和《专利法实施细则》第44条第2款的规定作出驳回决定。

141.【2007年第84题】外观设计专利申请的申请人在申请日起两个月内对申请文件提出了主动修改，下列哪些修改是允许的？

A. 原请求书中的产品名称为“21英寸电视机”，修改后为“电视机”

B. 原图片显示的产品形状仅为圆形设计，修改后增加了椭圆形设计

C. 原视图名称为“正视图”，修改后为“主视图”

D. 原简要说明中写有对外观设计产品的技术性能的说明，修改后将其删除

【解题思路】

外观设计同样需要遵守修改不得超范围的原则，这里的范围指的是原图片或者照片表示的范围。将原请求书中不符合要求的产品名称“21英寸电视机”改为符合要求的“电视机”，修正视图名称中的明显错误，删除简要说明中不应当存在的关于产品性能的说明，都没有超过原图片或者照片表示的范围。B选项中所述的修改时新增了产品的椭圆形设计，故超出了原图片表示的范围，这种修改不被允许。

【参考答案】 ACD

142.【2010年第46题】外观设计专利申请的申请人在申请日起两个月内对申请文件提出了主动修改，下列修改哪些是允许的？

A. 修改明显错误的产品名称

B. 根据其他视图的表达，将左视图与右视图的视图名称对调

C. 删除简要说明中关于产品内部结构的描述

D. 删除简要说明中关于产品技术效果的描述

【解题思路】

修改产品名称和对视图名称的对调，属于对明显错误的修改，不会超过原申请的范围。外观设计属于艺术领域，不保护技术相关的内容，故删除产品技术效果的内容符合要求。外观设计保护的是外部可以看到的内容，不包括内容结构，删除产品内部结构的表述也符合要求。上述内容事实上也属于审查员主动修改的内容，既然审查员都可以主动修改，那申请人自己进行修改当然更没有问题。

【参考答案】 ABCD

4. 针对通知书指出的缺陷进行修改

《专利审查指南》第1部分第3章第10.2节规定了外观设计申请中申请人针对通知书指出的缺陷进行修改。

对于针对通知书指出的缺陷进行的修改，审查员应当审查该修改是否超出原图片或者照片表示的范围以及是否是针对通知书指出的缺陷进行的修改。对于申请人提交的包含有并非针对通知书所指出的缺陷进行修改的修改文件，如果其修改符合《专利法》第33条的规定，并消除了原申请文件存在

的缺陷，且具有授权的前景，则该修改可以被视为是针对通知书指出的缺陷进行的修改，经此修改的申请文件应当予以接受。申请人提交的修改文件超出了原图片或者照片表示的范围的，审查员应当发出审查意见通知书，通知申请人该修改不符合《专利法》第33条的规定，申请人陈述意见或补正后仍然不符合规定的，审查员可以根据《专利法》第33条和《专利法实施细则》第44条第2款的规定作出驳回决定。

143.【2018年第46题】申请人对外观设计专利申请文件的下列哪些修改符合《专利法》第33条的规定：

A. 将左视图与右视图的视图名称交换

B. 将回转体的中心线删除

C. 将T恤衫胸前的文字图案与后背的卡通图案交换

D. 将仰视图镜像对称变换，使其与其他视图投影关系对应

【解题思路】

外观设计专利申请文件的修改需要遵循修改不得超范围的原则。如果是对明显错误的修正，如删除明显多余的线条，改正视图名称或投影关系的错误，则不会超出范围。事实上，这些也是审查员能够主动修改的内容。T恤衫胸前和后背的图案交换后，就不再属于原先的外观设计。

【参考答案】ABD

5. 审查员依职权修改的内容

《专利审查指南》第1部分第3章第10.3节规定了外观设计申请中审查员依职权的修改。

初步审查中，审查员可以对申请文件中出现的明显错误依职权进行修改，并通知申请人。依职权修改的内容主要指以下几个方面：

（1）明显的产品名称错误；

（2）明显的视图名称错误；

（3）明显的视图方向错误；

（4）外观设计图片中的产品绘制线条包含有应删除的线条，如阴影线、指示线、中心线、尺寸线、点画线等；

（5）简要说明中写有明显不属于简要说明可以写明的内容，如关于产品内部结构、技术效果的描述、产品推广宣传等用语；

（6）申请人在简要说明中指定的最能表明设计要点的图片或者照片明显不恰当；

（7）请求书中，申请人地址或联系人地址漏写、错写或者重复填写的省（自治区、直辖市）、市、邮政编码等信息。

审查员依职权修改的内容，应当在文档中记载并通知申请人。

144.【2018年第9题】对于外观设计专利申请，下列哪项不属于审查员可以依职权修改的内容：

A. 明显的产品名称错误

B. 申请人在简要说明中指定的最能表明设计要点的图片或者照片明显不恰当

C. 简要说明中有宣传用语

D. 相似外观设计申请，申请人在简要说明中未指定基本设计

【解题思路】

审查员可以依职权修改的都是那些明显的错误，如产品名称错误、指定的照片明显不恰当，或者是简要说明中带有宣传用语等。相似外观设计中，哪个属于基本设计

涉及权利人的重要利益，不能由审查员来指定。

【参考答案】 D

八、分案申请

所谓分案申请，是指申请人所提交的申请文件不符合专利申请主题的单一性要求时，申请人需要修改原申请文件，把删除的部分内容再分成一件或多件专利，然后再向国务院专利行政部门提出新的申请。这种申请就称为分案申请，简称为“分案”，原申请则称为“母案”。

（一）分案的情形

《专利审查指南》第2部分第6章第3.1节规定了需要进行分案的情形。

一件申请有下列不符合单一性情况的，审查员应当要求申请人对申请文件进行修改（包括分案处理），使其符合单一性要求。

（1）原权利要求书中包含不符合单一性规定的两项以上发明。

（2）在修改的申请文件中所增加或替换的独立权利要求与原权利要求书中的发明之间不具有单一性。

（3）独立权利要求之一缺乏新颖性或创造性，其余的权利要求之间缺乏单一性。

（二）分案申请请求书

《专利审查指南》第1部分第1章第5.1.1节规定了分案申请的请求书方面的内容。

分案申请的请求书中应当正确填写原申请的申请日，申请日填写有误的，审查员应当发出补正通知书，通知申请人补正。期满未补正的，审查员应当发出视为撤回通知书；补正符合规定的，审查员应当发出重新确定申请日通知书。

请求书中应当正确填写原申请的申请号。原申请是国际申请的，申请人还应当在所填写的原申请的申请号后的括号内注明国际申请号。不符合规定的，审查员应当发出补正通知书，通知申请人补正。期满未补正的，审查员应当发出视为撤回通知书。

145.【2009年第13题】赵某于2008年1月8日向国家知识产权局提交了一件发明专利申请，后于2009年3月30日就该申请提出了分案申请。下列说法哪些是正确的？

A. 由于超出了12个月的期限，国家知识产权局将不受理赵某的分案申请

B. 如果赵某提出的分案申请为实用新型专利申请，则国家知识产权局将不受理赵某的分案申请

C. 如果赵某在分案申请中正确地填写了原申请号但未填写原申请日，则国家知识产权局将不受理赵某的分案申请

D. 如果赵某在分案申请中正确地填写了原申请日但未填写原申请号，则国家知识产权局将按照一般专利申请受理

【解题思路】

分案申请并无12个月的限制，只要是在专利登记之前，都可以提起。考生可以这样理解：分案申请是申请人将原来的一件申请分立成两件或者是两件以上的申请，不会扩大原先的保护范围，不涉及公共利益。同时，一件申请变为两件，申请人以后要缴纳的费用也会加倍，国家可以收到更多的费用。基于这两个原因，政府对分案申请提出的时间不会限制得很严格，只要在母案结案之前都可以提起分案。B选项中赵某将发明转化为实用新型，国家知识产权局不予受

理，正确。申请人可以通过要求国内优先权实现发明和实用新型的类型转换，但不能通过分案申请来改变类别。每件专利申请对应唯一的一个申请号，知道申请号就可以很方便地查到相关专利。没有写上申请日并不影响确定申请日，如果不予受理，不合理。反过来，国家知识产权局每天受理的申请成千上万，仅仅知道申请日无法确定是哪件申请。申请人知道申请号但不填写，存在过错，该不利后果就应当由他来承担。没有申请号，但该申请还是符合普通申请的要求，故这种分案申请国家知识产权局将作为普通申请处理。

【参考答案】 BD

146.【2019年第12题】某发明专利申请已经被视为撤回且未恢复权利，针对该申请提出的分案申请，下列说法正确的是？

A. 分案申请视为未提出，该分案申请作新申请处理

B. 分案申请视为未提出，该分案申请作结案处理

C. 分案申请成立与否取决于其内容是否超出原申请公开的范围

D. 分案申请不成立，该分案申请将被驳回

【解题思路】

提出分案申请的前提是母案尚未结案，本题中的母案已经被视为撤回并且未恢复权利，不能以该案为基础进行分案。该分案同时也不符合新申请的要求，故只能视为未提出，审查员不用考虑分案内容是否超范围，直接作结案处理。

【参考答案】 B

《专利法实施细则》第43条第1款："依照本细则第42条规定提出的分案申请，可以保留原申请日，享有优先权的，可以保留优先权日，但是不得超出原申请记载的范围。"

147.【2014年第18题】某公司就申请日为2013年8月21日、优先权日为2013年5月21日的专利申请提出分案申请，该分案申请通过邮局邮寄到国家知识产权局受理处，寄出的邮戳日为2014年4月15日，受理处于2014年4月18日收到该分案申请。下列哪个日期为该分案申请的申请日？

A. 2014年4月15日

B. 2014年4月18日

C. 2013年8月21日

D. 2013年5月21日

【解题思路】

分案申请保留原申请的申请日，即2013年8月21日。

【参考答案】 C

（三）分案申请的申请人和发明人

《专利审查指南》第1部分第1章第5.1.1节规定了分案申请的申请人方面的内容。

分案申请的申请人应当与提出分案申请时原申请的申请人相同。针对分案申请提出再次分案申请的申请人应当与该分案申请的申请人相同。不符合规定的，审查员应当发出分案申请视为未提出通知书。

分案申请的发明人应当是原申请的发明人或者是其中的部分成员。针对分案申请提出的再次分案申请的发明人应当是该分案申请的发明人或者是其中的部分成员。对于不符合规定的，审查员应当发出补正通知书，通知申请人补正。期满未补正的，审查员应当发出视为撤回通知书。

148.【2006年第50题】下列哪些分案申请不符合规定？

A．甲对其已经驳回且已生效的发明专利申请提出的分案申请

B．乙对其已经主动撤回的外观设计专利申请提出的分案申请

C．丙对其正在初审中的发明专利申请提出的实用新型专利分案申请

D．丁将原申请中的发明人A、B和C减少为分案申请中的B和C

【解题思路】

母案如已经被驳回且已经生效，想通过分案来曲线救国，保留部分申请是不可能的。B选项已经主动撤回了，想通过分案再获得保护属于出尔反尔，试图重收覆水，不符合规定。分案不能改变类别，C选项试图将发明转化为实用新型。母案中可能包含了多个技术方案，分案则只包括了其中的部分技术方案。有些发明人只对其中的部分技术方案作出了实质性贡献，在提出分案时，发明人数量有所减少非常正常。

【参考答案】 ABC

149.【2013年第76题】某公司于2009年12月5日向国家知识产权局提交了一件发明专利申请X，该公司于2012年4月1日针对申请X提出了分案申请Y。下列关于分案申请Y的说法哪些是正确的？

A．分案申请Y的发明人可以是申请X发明人中的部分成员

B．分案申请Y与申请X的申请人不相同的，应当提交有关申请人变更的证明材料

C．就分案申请Y提出实质审查请求的期限届满日为2012年12月5日

D．分案申请Y可以是发明专利申请，也可以是实用新型专利申请

【解题思路】

分案申请的发明人可以是母案中的部分发明人，比如母案包括A、B两个部分，甲负责A部分，乙负责B部分。B部分通过分案，那发明人变成乙一个人也很正常。2019年《专利审查指南》修改后，要求分案申请的申请人和原申请的申请人一致，不再允许原申请人将分案的权利转让给他人。虽然本题涉及的是2012年的情形，但本解析都用现有的法律规定答题。分案申请保留原申请日，故提出实质审查的期限是2012年12月5日。

【参考答案】 AC

（四）分案申请的时间

《专利审查指南》第1部分第1章第5.1.1节规定了分案申请的时间。

申请人最迟应当在收到专利局对原申请作出授予专利权通知书之日起两个月期限（即办理登记手续的期限）届满之前提出分案申请。上述期限届满后，或者原申请已被驳回，或者原申请已撤回，或者原申请被视为撤回且未被恢复权利的，一般不得再提出分案申请。

对于审查员已发出驳回决定的原申请，自申请人收到驳回决定之日起3个月内，不论申请人是否提出复审请求，均可以提出分案申请；在提出复审请求以后以及对复审决定不服提起行政诉讼期间，申请人也可以提出分案申请。

（五）按审查意见再次提出分案申请的递交时间

因审查员发出分案通知书或审查意见

通知书中指出分案申请存在单一性的缺陷，申请人按照审查员的审查意见再次提出分案申请的，再次提出分案申请的递交时间应当以该存在单一性缺陷的分案申请为基础审核。不符合规定的，不得以该分案申请为基础进行分案，审查员应当发出分案申请视为未提出通知书，并作结案处理。

150.【2007 年第 41 题】国家知识产权局以邮寄方式向申请人发出了办理登记手续通知书和授予专利权通知书，其发文日为 2005 年 5 月 24 日，申请人于 2005 年 6 月 4 日收到了该通知书。如果申请人欲提出分案申请，则最迟应当在下列哪天提出？

A. 2005 年 7 月 24 日

B. 2005 年 8 月 4 日

C. 2005 年 8 月 8 日

D. 2005 年 8 月 24 日

【解题思路】

申请人提出分案申请的最晚时间是在收到授权通知书之日起 2 个月内，即在办理登记手续之前。本题中，国家知识产权局的发文日为 2005 年 5 月 24 日，推定收到日为 6 月 8 日，故最晚时间为 8 月 8 日。

【参考答案】 C

（六）分案申请的类别

《专利审查指南》第 1 部分第 1 章第 5.1.1 节规定了分案申请的请求书方面的内容。

一件专利申请包括两项以上发明的，申请人可以主动提出或者依据审查员的审查意见提出分案申请。分案申请应当以原申请（第一次提出的申请）为基础提出。分案申请的类别应当与原申请的类别一致。分案申请应当在请求书中填写原申请的申请号和申请日；对于已提出过分案申请的，申请人需要针对该分案申请再次提出分案申请的，还应当在原申请的申请号后的括号内填写该分案申请的申请号。

151.【2008 年第 99 题】美国某公司于 2003 年 5 月 8 日向国家知识产权局提交了一件要求了美国优先权的发明专利申请，并在规定期限内递交了美国在先申请文件副本，办理了实质审查请求的相关手续。由于不符合单一性要求，该公司于 2006 年 7 月 5 日提出了分案申请。下列针对分案申请的哪些说法是正确的？

A. 虽然该公司针对原申请已经办理了实质审查请求的相关手续，但针对分案申请仍应在 2006 年 9 月 5 日前提交实质审查请求书并缴纳实质审查费

B. 如果该分案申请被授予专利权，则其专利权的保护期限应当自 2006 年 7 月 5 日起计算

C. 虽然该公司提出的原申请为发明专利申请，但在提出分案申请时可以将申请类型由发明改为实用新型

D. 由于该公司已经针对原申请提交了优先权文件副本，因此针对分案申请只要提交优先权文件副本的复印件即可

【解题思路】

申请人进行分案后，一件专利申请就变成了两件。先前办理的实质审查手续只是针对原先的申请，不涉及分案。对分出来的申请，需要重新办理实质审查的手续并缴纳费用。分案申请保留原申请日，如果必须是在原申请之日起 3 年内对分案提起实质审查，那对一些分案申请比较晚的案件就是不切实际的，故在分案提起比较晚的情况下，提起实质审查的时间起算点之一应该是提出

分案申请的时间，期限为两个月。题中的分案申请提起日为2006年7月5日，加上两个月，应为9月5日。分案申请保留原申请日，专利权的保护期限也是从原申请日算起。分案申请不能改变专利类型。复印件如果能和原件进行对照，其法律效力就能获得肯定。既然原申请的优先权文件副本已经提交，因此，分案提交复印件后，国家知识产权局也完全可以和原件进行比对。

【参考答案】 AD

152.【2011年第91题】张某受其所在公司指派完成一项发明。该公司就此项发明于2009年10月30日向国家知识产权局提出发明专利申请F1。2010年7月12日该公司针对申请F1提出分案申请F2。2010年10月20日该公司对申请F2再次提出分案申请F3。申请F3的授权公告日为2011年7月29日。下列关于申请F3的说法哪些是正确的？

A．申请F3的请求书中应当填写申请F1的申请号和申请日

B．申请F3的请求书中应当填写申请F2的申请号

C．申请F3可以是实用新型专利申请

D．申请F3的内容不得超出申请F1记载的范围

【解题思路】

分案申请应当在请求书中填写原申请的申请号和申请日；对于已提出过分案申请，申请人需要针对该分案申请再次提出分案申请的，还应当在原申请的申请号后的括号内填写该分案申请的申请号。分案申请不得改变原申请的类别，也不得超过原申请公开的范围。

【参考答案】 ABD

（七）分案申请的文本

《专利审查指南》第2部分第6章第3.2节规定了分案申请的文本。

分案申请应当在其说明书的起始部分，即发明所属技术领域之前，说明本申请是哪一件申请的分案申请，并写明原申请的申请日、申请号和发明创造名称。

在提交分案申请时，应当提交原申请文件的副本；要求优先权的，还应当提交原申请的优先权文件副本。

（八）分案申请的内容

《专利审查指南》第2部分第6章第3.2节规定了分案申请的内容。

分案申请的内容不得超出原申请记载的范围。否则，应当以不符合《专利法实施细则》第43条第1款或者《专利法》第33条规定为由驳回该分案申请。

153.【2010年第57题】下列关于分案申请的说法哪些是正确的？

A．分案申请可以保留原申请的申请日

B．复审程序中不得提出分案请求

C．分案申请的原申请号填写正确但未填写原申请日的，国家知识产权局将不予受理

D．分案申请未填写原申请号的，国家知识产权局将按照一般专利申请受理

【解题思路】

分案申请可以保留原案的申请日。不能提起分案的情形是母案已经被驳回、撤回或者视为撤回。在复审程序中，只要专利申请还没有被驳回，就可以分案。写了申请号就可以确定是哪件专利申请，国家知识产权局应当受理。如果没有写明原申请号，无法确定原先的申请是哪件，不过此时的这份申

请虽然不符合分案申请的要求，但还是符合一般申请的条件，故国家知识产权局应当按照一般申请受理。

【参考答案】 AD

154.【2017 年第 73 题】关于分案申请，以下说法正确的是？

A. 分案申请的内容不得超出原申请记载的范围

B. 分案申请的权利要求书与分案以后的原申请的权利要求书应当分别要求保护不同的发明

C. 分案申请的说明书与分案以后的原申请的说明书必须相同

D. 分案申请应当在其说明书的起始部分说明本申请是哪一件申请的分案申请

【解题思路】

分案申请在某种程度上可以视为对申请文件的一种特别修改，需要遵循修改不得超范围的基本原则。为防止重复授权，分案申请和原申请应当分别要求保护不同的发明创造。分案申请的说明书在不超过原申请范围的前提下，只要能支持分案申请的权利要求即可。如果原申请要求保护技术方案 A 和 B，分案申请只要求保护 B，那就没有必要把和 A 相关的内容也写入分案申请的说明书中。

【参考答案】 ABD

（九）发明和实用新型分案申请的说明书和权利要求书

《专利审查指南》第 2 部分第 6 章第 3.2 节规定了发明和实用新型分案申请的说明书和权利要求书。

分案以后的原申请与分案申请的权利要求书应当分别要求保护不同的发明；而它们的说明书可以允许有不同的情况。例如，分案前原申请有 A、B 两项发明；分案之后，原申请的权利要求书若要求保护 A，其说明书可以仍然是 A 和 B，也可以只保留 A；分案申请的权利要求书若要求保护 B，其说明书可以仍然是 A 和 B，也可以只是 B。

155.【2011 年第 59 题】一件实用新型专利申请要求保护 X 和 Y 两个技术方案，X、Y 之间缺乏单一性。对于审查员要求分案的通知，申请人的下列哪些做法符合相关规定？

A. 在原申请的说明书中保留 X、Y 的内容，权利要求书只要求保护 Y

B. 在原申请的说明书中删除有关 X 的内容，权利要求书要求保护 X 和 Y

C. 提交分案申请，在其说明书中删除有关 X 的内容，权利要求书只要求保护 Y

D. 提交分案申请，在其说明书中保留 X、Y 的内容，权利要求书只要求保护 X

【解题思路】

单一性针对的是权利要求，故需要将没有单一性的两个权利要求分为两件申请。至于说明书，可以与原申请一致，也可以删除不具有单一性的方案。

【参考答案】 ACD

156.【2016 年第 65 题】关于分案申请，下列说法正确的是？

A. 分案申请的类别应当与原申请的类别一致

B. 收到原申请的驳回决定后提出的分案申请均应被视为未提出

C. 分案申请与原申请的权利要求书应当分别保护不同的技术方案

D. 分案申请所要求保护的技术方案不

得超出原申请记载的范围

【解题思路】

申请人可以通过主张国内优先权来实现实用新型和发明类型的转换，不过无法通过分案申请来实现转换专利类别。为避免重复授权，分案申请和原申请的权利要求书保护范围应当不同。分案申请是为了克服单一性问题而设置的制度，如果分案可以超过原申请文件记载的范围，那显然与设立该制度的宗旨不符。专利申请如果收到驳回通知书，但该通知书还未生效，则依然可以提起分案申请。

【参考答案】 ACD

（十）外观设计分案申请的特殊规定

《专利审查指南》第1部分第3章第9.4.2节规定了外观设计分案申请的特殊规定。

"1. 原申请中包含两项以上外观设计的，分案申请应当是原申请中的一项或几项外观设计，并且不得超出原申请表示的范围。

2. 原申请为产品整体外观设计的，不允许将其中的一部分作为分案申请提出，例如，一件专利申请请求保护的是摩托车的外观设计，摩托车的零部件不能作为分案申请提出。"

九、审查的顺序

（一）一般原则

《专利审查指南》第5部分第7章第8.1节规定了一般原则。

对于发明、实用新型和外观设计专利申请，一般应当按照申请提交的先后顺序启动初步审查；对于发明专利申请，在符合启动实审程序的其他条件前提下，一般应当按照提交实质审查请求书并缴纳实质审查费的先后顺序启动实质审查；另有规定的除外。

（二）优先审查

《专利审查指南》第5部分第7章第8.2节规定了优先审查。

对涉及国家、地方政府重点发展或鼓励的产业，对国家利益或者公共利益具有重大意义的申请，或者在市场活动中具有一定需求的申请等，由申请人提出请求，经批准后，可以优先审查，并在随后的审查过程中予以优先处理。按照规定由其他相关主体提出优先审查请求的，依照规定处理。适用优先审查的具体情形由《专利优先审查管理办法》规定。

但是，同一申请人同日（仅指申请日）对同样的发明创造既申请实用新型又申请发明的，对于其中的发明专利申请一般不予优先审查。

《专利优先审查管理办法》第3条："有下列情形之一的专利申请或者专利复审案件，可以请求优先审查：

（一）涉及节能环保、新一代信息技术、生物、高端装备制造、新能源、新材料、新能源汽车、智能制造等国家重点发展产业；

（二）涉及各省级和设区的市级人民政府重点鼓励的产业；

（三）涉及互联网、大数据、云计算等领域且技术或者产品更新速度快；

（四）专利申请人或者复审请求人已经做好实施准备或者已经开始实施，或者有证据证明他人正在实施其发明创造；

（五）就相同主题首次在中国提出专利申请又向其他国家或者地区提出申请的该中国首次申请；

（六）其他对国家利益或者公共利益具有重大意义需要优先审查。”

《专利优先审查管理办法》第 5 条：“对专利申请、专利复审案件提出优先审查请求，应当经全体申请人或者全体复审请求人同意；对无效宣告案件提出优先审查请求，应当经无效宣告请求人或者全体专利权人同意。

处理、审理涉案专利侵权纠纷的地方知识产权局、人民法院或者仲裁调解组织可以对无效宣告案件提出优先审查请求。”

《专利优先审查管理办法》第 8 条：“申请人提出发明、实用新型、外观设计专利申请优先审查请求的，应当提交优先审查请求书、现有技术或者现有设计信息材料和相关证明文件；除本办法第 3 条第 5 项的情形外，优先审查请求书应当由国务院相关部门或者省级知识产权局签署推荐意见。

当事人提出专利复审、无效宣告案件优先审查请求的，应当提交优先审查请求书和相关证明文件；除在实质审查或者初步审查程序中已经进行优先审查的专利复审案件外，优先审查请求书应当由国务院相关部门或者省级知识产权局签署推荐意见。

地方知识产权局、人民法院、仲裁调解组织提出无效宣告案件优先审查请求的，应当提交优先审查请求书并说明理由。”

《专利优先审查管理办法》第 11 条：“对于优先审查的专利申请，申请人应当尽快作出答复或者补正。申请人答复发明专利审查意见通知书的期限为通知书发文日起两个月，申请人答复实用新型和外观设计专利审查意见通知书的期限为通知书发文日起十五日。”

157.【2018 年第 55 题】关于优先审查，以下说法错误的是：

A. 专利申请人或者复审请求人已经做好实施准备或者已经开始实施，或者有证据证明他人正在实施其发明创造的，属于可以请求优先审查的情形之一

B. 处理、审理涉案专利侵权纠纷的地方知识产权局、人民法院或者仲裁调解组织可以对无效宣告案件提出优先审查请求

C. 申请人提出发明或者实用新型专利申请优先审查的，必须提交由国务院相关部门或者省级知识产权局签署推荐意见的优先审查请求书和现有技术材料

D. 对于优先审查的发明或者实用新型专利申请，申请人应当在审查意见通知书发文日起 2 个月内进行答复，否则将停止优先审查并按普通程序处理

【解题思路】

专利申请人如果已经开始实施专利，则该专利的授权对其更为紧迫，优先审查具有正当性。如果他人正在实施其发明创造，那申请人也需要及时授权，以便尽早启动维权程序。如果被无效的专利涉及侵权纠纷，则加快无效程序有利于侵权案件尽早结案，故地方知识产权局和法院可以提出优先审查请求。专利优先审查属于享受特权，故原则上需要由国务院相关部门或省级知识产权局推荐。不过，为鼓励申请人向国外申请专利，如果申请人就涉案专利又向国外提起申请的，就不需要前述证明。对于优先审查的专利申请，申请人答复发明专利审查意见通知书的期限为通知书发文日起 2 个月，实用新型和外观设计则为 15 日。

【参考答案】 CD

158.【2019年第61题】根据国家知识产权局令第七十六号《专利优先审查管理办法》，下列哪些情形的专利申请或者专利复审案件，可以请求优先审查？

A. 涉及节能环保、新一代信息技术、生物、高端装备制造、新能源、新材料、新能源汽车、智能制造等国家重点发展产业

B. 涉及互联网、大数据、云计算等领域且技术或者产品更新速度快

C. 专利申请人或者复审请求人已经做好实施准备或者已经开始实施，或者有证据证明他人正在实施其发明创造

D. 就相同主题首次在中国提出专利申请又向其他国家或者地区提出申请的该中国首次申请

【解题思路】

优先审查应当具备合理的理由，如A选项为支持国家重点发展产业，B选项为更新换代快的技术领域的现实需要，C选项为正在实施的专利需要获得及时保护，D选项则为鼓励申请人向国外申请专利。

【参考答案】 ABCD

（三）延迟审查

《专利审查指南》第5部分第7章第8.3节规定了延迟审查的适用及时效。

申请人可以对发明和外观设计专利申请提出延迟审查请求。发明专利延迟审查请求，应当由申请人在提出实质审查请求的同时提出，但发明专利申请延迟审查请求自实质审查请求生效之日起生效；外观设计延迟审查请求，应当由申请人在提交外观设计申请的同时提出。延迟期限为自提出延迟审查请求生效之日起1年、2年或3年。延迟期限届满后，该申请将按顺序待审。必要时，专利局可以自行启动审查程序并通知申请人，申请人请求的延迟审查期限终止。

（四）国务院专利行政部门自行启动

《专利审查指南》第5部分第7章第8.4节规定了专利局自行启动。

对于专利局自行启动实质审查的专利申请，可以优先处理。

十、专利权的授予及授权后的程序

（一）专利权的授予

1. 授权程序

（1）授予专利权通知。

《专利审查指南》第5部分第9章第1.1.1节规定了授予专利权的通知。

发明专利申请经实质审查、实用新型和外观设计专利申请经初步审查，没有发现驳回理由的，专利局应当作出授予专利权的决定，颁发专利证书，并同时在专利登记簿和专利公报上予以登记和公告。专利权自公告之日起生效。

在授予专利权之前，专利局应当发出授予专利权的通知书。

（2）办理登记手续通知。

《专利审查指南》第5部分第9章第1.1.2节规定了办理登记手续通知。

专利局发出授予专利权通知书的同时，应当发出办理登记手续通知书，申请人应当在收到该通知之日起两个月内办理登记手续。

（3）登记手续。

《专利审查指南》第5部分第9章第1.1.3节规定了登记手续。

申请人在办理登记手续时，应当按照办理登记手续通知书中写明的费用金额缴纳

专利登记费、授权当年（办理登记手续通知书中指明的年度）的年费、公告印刷费，同时还应当缴纳专利证书印花税。

159.【2011 年第 81 题】申请人在办理专利权登记手续时应当缴纳下列哪些费用？

A．专利登记费

B．授权当年的年费

C．公告印刷费

D．专利证书工本费

【解题思路】

专利授权的时候会登记并公告，故当初规定了登记费和公告印刷费。专利授权后要缴纳年费，故办理手续时也需要缴纳第一年的年费。另外，申请人需要缴纳的是专利证书印花税而不是专利证书工本费。需要注意，从 2018 年 8 月 1 日起停征专利登记费和公告印刷费，年费减免的期限从原来的 6 年延长到 10 年。

【参考答案】 B

（4）颁发专利证书、登记和公告授权决定。

《专利审查指南》第 5 部分第 9 章第 1.1.4 节规定了颁发专利证书、登记和公告授予专利权的相关内容。

申请人在规定期限之内办理登记手续的，专利局应当颁发专利证书，并同时予以登记和公告，专利权自公告之日起生效。

（5）视为放弃取得专利权的权利。

《专利审查指南》第 5 部分第 9 章第 1.1.5 节规定了视为放弃取得专利权的权利。

专利局发出授予专利权的通知书和办理登记手续通知书后，申请人在规定期限内未按照规定办理登记手续的，应当发出视为放弃取得专利权通知书。

（6）避免重复授权的处理。

《专利审查指南》第 3 部分第 2 章第 5.6 节规定了避免重复授权的审查。

如果进入国家阶段的国际申请要求的是在中国提出的在先申请的优先权，或者要求的是已经进入中国国家阶段的在先国际申请的优先权，则可能造成重复授权。为避免重复授权，对此两件专利申请的审查，适用判断同样的发明创造的相关原则。

2. 专利证书

（1）专利证书的格式。

《专利审查指南》第 5 部分第 9 章第 1.2.1 节规定了专利证书的构成。

专利证书由证书首页和专利单行本构成。

专利证书应当记载与专利权有关的重要著录事项、国家知识产权局印记、局长签字和授权公告日等。

著录事项包括专利证书号（顺序号）、发明创造名称、专利号（即申请号）、专利申请日、发明人或者设计人姓名和专利权人姓名或者名称。当 1 件专利的著录事项过长，在 1 页纸上记载有困难的，可以增加附页；证书中的专利单行本的总页数超过 100 页，则自第 101 页起以续本形式制作。

160.【2011 年第 57 题】外观设计专利单行本包括下列哪些部分？

A．扉页、说明书、权利要求书、说明书附图

B．扉页、彩色外观设计图片或者照片、简要说明

C．请求书、彩色外观设计图片或者照片、简要说明

D．扉页、权利要求书、彩色外观设计

图片或者照片、简要说明

【解题思路】

外观设计专利单行本中没有权利要求书，A、D 选项排除。单行本中有扉页，没有请求书，C 排除。剩余的选项只有 B。

【参考答案】 B

（2）专利证书副本。

《专利审查指南》第 5 部分第 9 章第 1.2.2 节规定了专利证书副本。

一件专利有两名以上专利权人的，根据共同权利人的请求，专利局可以颁发专利证书副本。对同一专利权颁发的专利证书副本数目不能超过共同权利人的总数。专利权终止后，专利局不再颁发专利证书副本。

颁发专利证书后，因专利权转移发生专利权人变更的，专利局不再向新专利权人或者新增专利权人颁发专利证书副本。

专利证书副本标有"副本"字样。专利证书副本与专利证书正本格式、内容应当一致。颁发专利证书副本应当收取专利证书副本费和印花税。

161.【2014 年第 88 题】下列关于专利证书副本的说法哪些是正确的？

A. 一件专利有两名以上专利权人的，根据共同权利人的请求，国家知识产权局可以颁发专利证书副本

B. 无论有多少共同权利人，对同一专利权只能颁发一份专利证书副本

C. 专利权终止后，国家知识产权局不再颁发专利证书副本

D. 颁发专利证书后，因专利权转移发生专利权人变更的，国家知识产权局不再向新专利权人颁发专利证书副本

【解题思路】

在颁发专利证书的时候，根据共同权利人的请求，可以多颁发几个副本，做到人手一本。一旦过了颁证这天，即使情况发生了变化，也不会再颁发新的副本。专利权终止后，再颁发专利证书副本就失去了意义。

【参考答案】 ACD

（3）专利证书的更换。

《专利审查指南》第 5 部分第 9 章第 1.2.3 节规定了专利证书的更换。

专利权权属纠纷经地方知识产权管理部门调解或者人民法院调解或者判决后，专利权归还请求人的，在该调解或者判决发生法律效力后，当事人可以在办理变更专利权人手续合格后，请求专利局更换专利证书。专利证书损坏的，专利权人可以请求更换专利证书。专利权终止后，专利局不再更换专利证书。因专利权的转移、专利权人更名发生专利权人姓名或者名称变更的，均不予更换专利证书。

162.【2018 年第 51 题】关于专利证书，以下说法正确的是：

A. 授予专利权时，专利证书上记载的内容与专利登记簿是一致的，在法律上具有同等效力

B. 一件专利有两名以上专利权人的，根据共同权利人的请求，国家知识产权局可以颁发专利证书副本，但颁发的专利证书副本数目不能超过共同权利人的总数

C. 专利证书损坏的，专利权人可以请求重新制作专利证书，专利权终止的除外

D. 因专利权的转移、专利权人更名发生专利权人姓名或者名称变更的，可以请求更换专利证书

【解题思路】

专利授权时，专利证书上的内容和专利登记簿一致，效力也相同。如果一件专利有数名专利权人，则人手一本专利证书比较符合国情。国家知识产权局默认只发一本证书，专利权人要实现人手一本则需要提起申请。专利证书损坏，权利人可以请求更换证书，但专利权转移时国家知识产权局不会颁发新的证书。

【参考答案】 ABC

（4）专利证书打印错误的更正。

《专利审查指南》第5部分第9章第1.2.4节规定了专利证书打印错误的更正。

专利证书中存在打印错误时，专利权人可以退回该证书，请求专利局更正。专利局经核实为打印错误的，应予更正，并应当将更换的证书发给专利权人。原证书记载"已更换"字样后存入专利申请案卷。

专利证书遗失的，除专利局的原因造成的以外，不予补发。

（5）电子专利证书。

对于授权公告日在2020年3月3日（含当日）之后的专利电子申请，国家知识产权局将通过专利电子申请系统颁发电子专利证书，不再颁发纸质专利证书。如有需要，电子申请注册用户可以通过专利电子申请网站（http://cponline.cnipa.gov.cn）提出请求，获取一份纸质专利证书。

3. 专利登记簿

（1）专利登记簿的格式。

《专利审查指南》第5部分第9章第1.3.1节规定了专利登记簿的格式。

专利局授予专利权时应当建立专利登记簿。专利登记簿登记的内容包括专利权的授予，专利申请权、专利权的转移，保密专利的解密，专利权的无效宣告，专利权的终止，专利权的恢复，专利权的质押、保全及其解除，专利实施许可合同的备案，专利实施的强制许可以及专利权人姓名或者名称、国籍、地址的变更。

上述事项一经作出即在专利登记簿中记载，专利登记簿登记的事项以数据形式储存于数据库中，制作专利登记簿副本时，按照规定的格式打印而成，加盖证件专用章后生效。

163.【2006年第51题】下列哪些属于专利登记簿登记的事项？

A. 专利权的质押、保全及其解除

B. 专利权的无效宣告

C. 专利权的恢复

D. 专利权人的姓名或者名称、国籍和地址的变更

【解题思路】

专利登记簿是国家知识产权局设置的向社会公众公开的用于登记专利申请和与专利权有关事项的记事簿。上述4项都是有关专利权的重要事项，都应该记载在专利登记簿中。

【参考答案】 ABCD

（2）专利登记簿的效力。

《专利审查指南》第5部分第9章第1.3.2节规定了专利登记簿的效力。

授予专利权时，专利登记簿与专利证书上记载的内容是一致的，在法律上具有同等效力；专利权授予之后，专利的法律状态的变更仅在专利登记簿上记载，由此导致专利登记簿与专利证书上记载的内容不一致的，以专利登记簿上记载的法律状态为准。

（3）专利登记簿副本。

《专利审查指南》第5部分第9章第1.3.3节规定了专利登记簿副本。

专利登记簿副本依据专利登记簿制作。专利权授予公告之后，任何人都可以向专利局请求出具专利登记簿副本。请求出具专利登记簿副本的，应当提交办理文件副本请求书并缴纳相关费用。

164.【2008年第12题】下列有关专利登记簿的说法哪些是正确的？

A. 国家知识产权局在受理专利申请后即行建立专利登记簿

B. 只有专利权人及其委托的专利代理机构可以请求国家知识产权局出具专利登记簿副本

C. 专利登记簿与专利证书中记载的专利权人不一致时，以专利登记簿记载的为准

D. 因未缴纳年费造成专利权终止的，应当在专利登记簿中予以登记

【解题思路】

专利登记簿在授权之后才会设立，并不是在受理专利申请之后就设立。专利登记簿的作用是向公众知晓相关专利的情况，故任何人都可以请求国家知识产权局出具专利登记簿副本。专利证书在专利授权时颁发，颁发后即使相关事项发生变化也不会修改，专利登记簿中的内容则会随时更新。两者如果不一致，自然以专利登记簿的内容为准。专利权终止属于有关专利权的重大事项，应当在专利登记簿中予以登记。

【参考答案】 CD

165.【2018年第12题】以下关于专利登记簿的说法，哪一个是错误的？

A. 专利权授予之后，专利登记簿与专利证书上记载的内容不一致的，以专利登记簿上记载的法律状态为准

B. 专利权授予公告之后，任何人都可以向国家知识产权局请求出具专利登记簿副本，专利权失效的除外

C. 请求出具专利登记簿副本的，应当提交办理文件副本请求书并缴纳相关费用

D. 国家知识产权局授予专利权时建立专利登记簿，授予专利权以前发生的专利申请权转移、专利申请实施许可合同备案等事项均属于专利登记簿登记的内容

【解题思路】

专利局在专利授权后会设立专利登记簿，登记簿上的内容实时更新，故如果其内容和专利证书不一致，以登记簿为准。专利登记簿记载了一件授权专利在其娘胎里（专利申请阶段）到生命终止（专利权失效）整个周期内的经历，包括专利申请权的转移、专利转让等事项。失效的专利毕竟也曾经受到过保护，公众想要了解该专利在保护期间内发生了哪些事项属于正当要求。当然，公众要获得专利登记簿副本，需要提出请求并缴纳费用。

【参考答案】 B

（二）专利权的终止

专利权的终止包括专利权期满的终止和专利权人没有按照规定的终止。

1. 年费

《专利审查指南》第5部分第9章第2.2.1节规定了年费。

授予专利权当年的年费应当在办理登记手续的同时缴纳，以后的年费应当在上一年度期满前缴纳。缴费期限届满日是申请日在该年的相应日。

《专利审查指南》第5部分第9章第2.2.1.1节规定了专利年度。

专利年度从申请日起算，与优先权日、授权日无关，与自然年度也没有必然联系。例如，一件专利申请的申请日是1999年6月1日，该专利申请的第一年度是1999年6月1日～2000年5月31日，第二年度是2000年6月1日～2001年5月31日，以此类推。

166.【2008年第85题】申请人孔某于2003年7月14日提交了一件发明专利申请，国家知识产权局于2006年11月24日发出授予专利权通知书和办理登记手续通知书，通知书中告知申请人缴纳年费、申请维持费、登记费、印花税。在申请人缴费后，国家知识产权局于2007年4月13日颁发专利证书并予以公告。下列哪些说法是正确的？

A. 该专利权自2007年4月13日生效

B. 该专利权的期限自2007年4月13日起算

C. 要求孔某缴纳的申请维持费是第3年度的维持费

D. 孔某可以在办理登记手续的同时缴纳第5年度的年费

【解题思路】

专利权从公告之日起生效，不过专利权是从申请日起算的。2010年《专利审查指南》第三次修改后，取消了申请维持费。年费的缴纳期限是根据申请日计算，本案专利的申请日为2003年7月14日，第5年度的年费缴费日是2007年7月14日前。孔某办理登记的时间为2007年4月13日，还不需要缴纳第5年度的年费。当然年费可以提前缴纳，申请人理论上也可以一次性把20年的专利费用都预先缴纳，但这不是考试的角度。需要注意的是，从2018年8月1日起停征专利登记费。

【参考答案】 A

167.【2016年第19题】一件发明专利申请的优先权日为2012年7月18日，申请日为2013年6月30日，国家知识产权局于2016年1月20日发出授予发明专利权通知书，告知申请人自收到通知书之日起两个月内办理登记手续，申请人在办理登记手续时，应缴纳第几年度的年费？

A. 第1年度

B. 第2年度

C. 第3年度

D. 第4年度

【解题思路】

专利申请年度仅和申请日相关，与优先权日和授权日无关。本题中专利申请的第1年度为2013年6月30日～2014年6月29日，第2年度为2014年6月30日～2015年6月29日，第3年度为2015年6月30日～2016年6月29日。申请人登记手续时，处于第3年度，应当缴纳该年度的年费。

【参考答案】 C

2. 滞纳金

《专利审查指南》第5部分第9章第2.2.1.3节规定了滞纳金的缴纳规则。

专利权人未按时缴纳年费（不包括授予专利权当年的年费）或者缴纳的数额不足的，可以在年费期满之日起6个月内补缴，补缴时间超过规定期限但不足1个月时，不缴纳滞纳金。补缴时间超过规定时间1个月或以上的，缴纳按照下述计算方法算出的相应数额的滞纳金：

（1）超过规定期限1个月（不含1整月）

至2个月（含2个整月）的，缴纳数额为全额年费的5%。

（2）超过规定期限2～3个月（含3个整月）的，缴纳数额为全额年费的10%。

（3）超过规定期限3～4个月（含4个整月）的，缴纳数额为全额年费的15%。

（4）超过规定期限4～5个月（含5个整月）的，缴纳数额为全额年费的20%。

（5）超过规定期限5～6个月的，缴纳数额为全额年费的25%。

凡在6个月的滞纳期内补缴年费或者滞纳金不足需要再次补缴的，应当依照再次补缴年费或者滞纳金时所在滞纳金时段内的滞纳金标准，补足应当缴纳的全部年费和滞纳金。例如，年费滞纳金5%的缴纳时段为5月10日～6月10日，滞纳金为45元，但缴费人仅交了25元。缴费人在6月15日补缴滞纳金时，应当依照再次缴费日所对应的滞纳期时段的标准10%缴纳。该时段滞纳金金额为90元，还应当补缴65元。凡因年费和/或滞纳金缴纳逾期或者不足而造成专利权终止的，在恢复程序中，除补缴年费之外，还应当缴纳或者补足全额年费25%的滞纳金。

3. 期满终止

《专利审查指南》第5部分第9章第2.1节规定了专利权期满终止的规则。

发明专利权的期限为20年，实用新型专利权和外观设计专利权期限为10年，均自申请日起计算。例如，一件实用新型专利的申请日是1999年9月6日，该专利的期限为1999年9月6日～2009年9月5日，专利权期满终止日为2009年9月6日（遇节假日不顺延）。

专利权期满时应当及时在专利登记簿和专利公报上分别予以登记和公告，并进行失效处理。

168.【2019年第18题】一件实用新型专利的申请日为2000年5月15日，授权公告日为2001年6月20日，关于专利权期限，下列说法正确的是？

A. 该专利的期限为2000年5月15日至2020年5月14日（周四）

B. 该专利的期限为2000年5月16日至2010年5月15日

C. 该专利期满终止日为2010年5月15日（周六）

D. 该专利期满终止日为2010年5月17日（周一）

【解题思路】

实用新型的保护期限为10年，从申请日当天起算。本题就是2000年5月15日至2010年5月14日，终止日为2010年5月15日。为防止当事人损失期限利益，针对诉讼时效、提交文件的期限等，如果期限最后一日是节假日，则可以延长到之后的第一个工作日。不过专利保护期届满后，权利人也没什么可做的了，故此时期限并不延长。

【参考答案】 C

4. 欠费终止

《专利审查指南》第5部分第9章第2.2.2节规定了专利权人没有按照规定缴纳年费的终止。

专利年费滞纳期满仍未缴纳或者缴足专利年费或者滞纳金的，自滞纳期满之日起两个月后审查员应当发出专利权终止通知书。专利权人未启动恢复程序或者恢复权利请求未被批准的，专利局应当在终止通知书发出4个月后，进行失效处理，并在专利公报上公告。

专利权自应当缴纳年费期满之日起终止。

《专利法》第44条："有下列情形之一的，专利权在期限届满前终止：

（一）没有按照规定缴纳年费的；

（二）专利权人以书面声明放弃其专利权的。

专利权在期限届满前终止的，由国务院专利行政部门登记和公告。"

169.【2012年第16题】下列关于专利权终止的哪种说法是正确的？

A. 专利权终止后都可以请求恢复权利

B. 终止的专利权视为自始即不存在

C. 专利权终止后继续在产品上标注专利标识的，构成假冒专利

D. 对终止的专利权不能提出无效宣告请求

【解题思路】

由于未按时缴纳年费导致的专利权终止可以请求恢复权利，但专利期满后终止不可能恢复权利。专利终止不溯及既往，而专利被无效后视为自始不存在，故专利终止后还可以提无效宣告请求。专利权终止后，产品就不再是专利产品，标注专利标识自然构成假冒专利。

【参考答案】 C

170.【2014年第29题】某专利申请日为2006年5月10日，国家知识产权局于2012年6月15日发出缴费通知书，通知专利权人缴纳第7年度的年费及滞纳金。专利权人逾期未缴纳年费及滞纳金，国家知识产权局于2013年1月25日发出专利权终止通知书，专利权人未提出恢复权利的请求。该专利权应当自哪日起终止？

A. 2012年5月9日

B. 2012年5月10日

C. 2012年6月15日

D. 2013年1月25日

【解题思路】

专利权人未缴纳第7年度的年费，那专利应该在第6年度结束后终止，即2012年5月10日。

【参考答案】 B

5. 主动放弃专利权

《专利审查指南》第5部分第9章第2.3节规定了专利权人放弃专利权的办理程序。

授予专利权后，专利权人随时可以主动要求放弃专利权。专利权人放弃专利权的，应当提交放弃专利权声明，并附具全体专利权人签字或者盖章同意放弃专利权的证明材料，或者仅提交由全体专利权人签字或者盖章的放弃专利权声明。委托专利代理机构的，放弃专利权的手续应当由专利代理机构办理，并附具全体申请人签字或者盖章的同意放弃专利权声明。主动放弃专利权的声明不得附有任何条件。放弃专利权只能放弃一件专利的全部，放弃部分专利权的声明视为未提出。

放弃专利权声明经审查，不符合规定的，审查员应当发出视为未提出通知书；符合规定的，审查员应当发出手续合格通知书，并将有关事项分别在专利登记簿和专利公报上登记和公告。放弃专利权声明的生效日为手续合格通知书的发文日，放弃的专利权自该日起终止。专利权人无正当理由不得要求撤销放弃专利权的声明。除非在专利权非真正拥有人恶意要求放弃专利权后，专利

权真正拥有人（应当提供生效的法律文书来证明）可要求撤销放弃专利权声明。

171.【2009年第54题】陈某和李某委托某专利代理机构向国家知识产权局提交了一件专利申请。该申请被授予专利权后，陈某和李某欲放弃该专利权。下列说法哪些是正确的？

A. 放弃专利权的手续既可以由该专利代理机构办理，也可以由陈某或者李某办理

B. 在办理放弃专利权手续时，应当提交陈某或者李某签字同意的放弃专利权声明

C. 陈某和李某既可以放弃全部专利权，也可以放弃部分专利权

D. 放弃专利权的生效日为手续合格通知书的发文日

【解题思路】

陈某和李某委托了专利代理机构，放弃专利权的手续应当由专利代理机构办理。在办理手续时，应当附陈某和李某双方签字或者盖章同意放弃专利权的声明。放弃专利权只能放弃一件专利权的全部。放弃专利权是全部放弃，专利权人无效自己的专利则只能部分无效，这两种程序互补。放弃专利权声明的生效日为手续合格通知书的发文日。

【参考答案】 D

12.【2013年第65题】下列哪些行为应当经国家知识产权局登记才能生效？

A. 转让专利权

B. 许可他人实施专利权

C. 书面声明放弃专利权

D. 质押专利权

【解题思路】

专利权是谁的，现在是否还有效以及权利上是否设定了限制无疑属于重要事项，需广而告之，故专利权的转让、放弃和质押需要登记才能生效。专利权是否许可了他人虽然也很重要，但毕竟还存在默认许可的情形，如某人对某种机器甲和用该机器专门生产某产品乙的方法都申请了专利，买家购买了该机器用于生产产品乙，此时应该认为买家获得了专利权人的默示许可。这种默示许可中，双方没有书面的许可合同，买家也可能成千上万，要求全部都去登记不现实。从相关法规的名称上也能看出，质押是“登记”，专利许可是“备案”。专利许可合同是在生效3个月内去备案，表明在备案之前合同已经生效。

【参考答案】 ACD

173.【2018年第13题】关于放弃专利权声明的说法，以下说法错误的是：

A. 一项专利权包含多项发明创造的，专利权人可以放弃全部专利权，也可以放弃部分专利权

B. 申请人在办理授予专利权登记手续程序中，未缴纳年费的，视为放弃取得专利权

C. 对于同一申请人同日（仅指申请日）对同样的发明创造既申请实用新型又申请发明专利的，在先获得授权的实用新型专利权尚未终止的，申请人若不愿修改发明专利申请避免重复授权，则应当提交放弃实用新型专利权的声明

D. 专利权处于质押状态的，未经质权人同意，专利权人无权放弃专利权

【解题思路】

专利权人放弃专利只能放弃全部，无效自己的专利则只能无效部分，两项制度互补。专利权的获得和维持需要缴纳费用，申

请人如果在办理专利权登记手续时不缴纳年费，则不会获得授权。为防止重复授权，对同样的发明创造同时申请实用新型和发明专利的，如果发明专利不修改保护范围，那就需要在专利授权前放弃实用新型专利。专利权如处于质押状态，专利权人放弃专利会损害质权人的利益，故此时放弃专利需要获得质权人同意。

【参考答案】 A

174.【2019 年第 94 题】甲委托某专利代理机构申请了一项发明专利。下列有关甲放弃该项权利的说法正确的是？

A．甲随时可以主动要求放弃该项专利权

B．甲可以要求放弃该项专利权中的某个特定部分

C．放弃专利权的手续应当由该专利代理机构办理

D．甲放弃专利权后，该专利权视为自始即不存在

【解题思路】

放弃专利权属于向社会做贡献，值得鼓励，故在期限上没有限制，甲可以随时主动放弃。专利权人放弃专利权只能放弃全部，无效自己的专利这种只能部分无效，两者互补。委托专利代理机构的，相关事项都由专利代理机构处理，放弃专利权也不例外。放弃专利权是从放弃之日起不存在，与无效自始不存在不同。

【参考答案】 AC

十一、其他手续

（一）专利申请撤回请求

《专利审查指南》第 1 部分第 1 章第 6.6 节规定了专利申请撤回请求的相关内容。

1. 撤回专利申请的时间

授予专利权之前，申请人随时可以主动要求撤回其专利申请。

175.【2013 年第 98 题】宋某委托专利代理机构提交了一件发明专利申请，现欲撤回该申请。下列说法哪些是正确的？

A．撤回专利申请声明可以在专利申请被授予专利权之前随时提出

B．宋某可以不通过专利代理机构自行办理撤回专利申请的手续

C．宋某撤回其专利申请应当缴纳相应的费用

D．撤回专利申请声明在作好公布专利申请文件的印刷准备工作后提出的，申请文件仍予公布

【解题思路】

撤回专利申请，就是把技术贡献给了社会，当然应该受到鼓励，如果还要收费就说不过去。撤回申请的时间也应该尽量宽松，只要还没授权就可以。当然，已经做好公布专利申请文件的印刷准备工作，那再撤回申请就来不及了。宋某既然委托了代理机构，那撤回专利申请的事情自然由代理机构处理。

【参考答案】 AD

2. 撤回专利申请的程序

申请人撤回专利申请的，应当提交撤回专利申请声明，并附具全体申请人签字或者盖章同意撤回专利申请的证明材料，或者仅提交由全体申请人签字或者盖章的撤回专利申请声明。委托专利代理机构的，撤回专利申请的手续应当由专利代理机构办理，并附具全体申请人签字或者盖章同意撤回专利申请的证明材料，或者仅提交由专利代理机

构和全体申请人签字或者盖章的撤回专利申请声明。

撤回专利申请不得附有任何条件。

176.【2014 年第 51 题】某公司欲撤回其自行提交的一件发明专利申请。下列说法哪些是正确的?

A. 该公司应当提交撤回专利申请声明，并缴纳相应费用

B. 该申请被撤回后，不能作为任何在后申请的优先权基础

C. 该公司撤回该专利申请不得附有任何条件

D. 撤回专利申请的生效日为撤回手续合格通知书的发文日

【解题思路】

专利申请如果是公开之后再撤回，那就等于是将技术方案贡献给了社会，无疑有利于技术进步，专利制度无疑应该鼓励这种行为。因此，撤回专利申请不需要缴纳费用，也可以作为优先权的基础。当然，撤回申请也不应该附有条件，生效日为手续合格通知书的发文日。

【参考答案】 CD

3. 提出撤回专利申请声明后的效力

撤回专利申请声明不符合规定的，审查员应当发出视为未提出通知书；符合规定的，审查员应当发出手续合格通知书。撤回专利申请的生效日为手续合格通知书的发文日。对于已经公布的发明专利申请，还应当在专利公报上予以公告。申请人无正当理由不得要求撤销撤回专利申请的声明；但在申请权非真正拥有人恶意撤回专利申请后，申请权真正拥有人（应当提交生效的法律文书来证明）可要求撤销撤回专利申请的声明。

撤回专利申请的声明是在专利申请进入公布准备后提出的，申请文件照常公布或者公告，但审查程序终止。

177.【2008 年第 49 题】在下列哪些情形下专利申请将被视为撤回?

A. 申请人的一件专利申请要求了一项本国优先权，但他在请求书中错写了在先申请的申请日

B. 发明专利申请人对国家知识产权局发出的实质审查意见通知书无正当理由逾期没有答复

C. 分案申请的申请人收到国家知识产权局发出的要求其提交原申请文件副本的补正通知书后，未在指定期限内补交

D. 申请人收到国家知识产权局发出的授予专利权通知书后，未在规定的期限内办理登记手续

【解题思路】

A 选项是在优先权方面出现了瑕疵，至多不能享有优先权，不应该殃及池鱼，让整个专利被视为撤回。国家知识产权局发出实质审查意见后，如果申请人不答复，那就是默认放弃该专利。分案申请需要提交在先申请，不提交，也就是默认放弃该分案申请。收到国家知识产权局的授权通知后，不去办理手续，同样是默认为放弃。不过，国家知识产权局发出授权通知后，这就不是专利申请了，故不是默认为撤回专利申请，而是默认放弃取得的专利权。

【参考答案】 BC

178.【2018 年第 52 题】某申请人于 2017 年 8 月 25 日针对其所提发明专利申请提出撤回专利申请声明，2017 年 8 月 30 日国家知识产权局公布该申请，国家知识产权

局于2017年9月6日针对该撤回专利申请声明发出手续合格通知书，并于2017年10月18日对撤回专利申请声明进行公告，以下说法哪些是错误的？

A. 撤回专利申请的生效日为2017年9月6日

B. 撤回专利申请的生效日为2017年10月18日

C. 撤回专利申请的声明是在专利申请公布前提出的，所以国家知识产权局不应当公布该申请

D. 国家知识产权局对该撤回专利申请的声明做出审查结论前，该公司有权随时撤回该声明

【解题思路】

专利申请公开后，申请人如果撤回申请，对公众有利，故政策倾向是尽早使撤回手续生效。手续合格通知书发出日早于公告日，选择前者。同理，国家知识产权局也不会给申请人撤销撤回申请的机会，除非有正当的理由。如果撤回专利申请的声明是在专利申请进入公布准备后提出的，那就晚了，专利申请依然会公布。

【参考答案】 BCD

（二）著录项目变更

1. 著录项目变更申报书

《专利审查指南》第1部分第1章第6.7.1.1节规定了著录项目变更申报书的提交。

办理著录项目变更手续应当提交著录项目变更申报书。一件专利申请的多个著录项目同时发生变更的，只需提交一份著录项目变更申报书；一件专利申请同一著录项目发生连续变更的，应当分别提交著录项目变更申报书；多件专利申请的同一著录项目发生变更的，即使变更的内容完全相同，也应当分别提交著录项目变更申报书。

2. 著录项目变更手续费

《专利审查指南》第1部分第1章第6.7.1.2节规定了著录项目变更手续费。

办理著录项目变更手续应当按照规定缴纳著录项目变更手续费（著录事项变更费）。专利局公布的专利收费标准中的著录项目变更手续费，是指一件专利申请每次每项申报著录项目变更的费用。针对一项专利申请（或专利），申请人在一次著录项目变更申报手续中对同一著录项目提出连续变更，视为一次变更。申请人请求变更发明人和/或申请人（或专利权人）的，应当缴纳著录项目变更手续费200元，请求变更专利代理机构和/或专利代理师的，应当缴纳著录项目变更手续费50元。

例如，在一次著录项目变更申报手续中，申请人请求将一件专利申请的申请人从甲变更为乙，再从乙变更为丙，视为一次申请人变更，应当缴纳著录项目变更手续费200元。若同时变更发明人姓名，申请人也只需缴纳一项著录项目变更手续费200元。

又如，在一次著录项目变更申报手续中，申请人请求将一件专利申请的申请人从甲变更为乙，同时变更专利代理机构和代理人，申请人应当缴纳著录项目变更手续费200元和代理机构、代理人变更手续费50元。

【提醒】

根据2018年4月12日，财政部和国家发展改革委发布了《关于停征免征和调整部分行政事业性收费有关政策的通知》，财税

〔2018〕37号，自2018年8月1日起，停征著录事项变更费（专利代理机构、代理人委托关系的变更）。为此，《专利审查指南》中关于变更代理机构和代理人的费用不再需要缴纳。

179.【2017年第46题】申请人甲提交了一份专利申请，后欲将该申请转让给乙，乙想委托代理机构办理专利相关事务。这种情况下应当如何办理著录项目变更手续，以下说法正确的是？

A. 办理手续时，应当提交两份著录项目变更申报书

B. 办理手续时，应当提交申请权由甲转让给乙的转让证明以及乙与代理机构签订的专利代理委托书

C. 申请人应当自提出著录项目变更申报书后2个月内缴纳变更费250元

D. 该手续可以由乙委托的专利代理机构办理

【解题思路】

题中的专利申请需要办理专利权人的变更和代理机构的变更两项著录项目，不过一件专利申请的多个著录项目同时发生变更的，只需提交一份著录项目变更申报书。办理著录项目变更需要相应的证据支持，专利转让证明用来证明权利人从甲变成了乙，专利代理委托书用来证明该代理机构为乙的代理人。著录项目变更费需要在提出变更申请后一个月内提出，而不是两个月。在2018年8月1日前，变更专利权人的著录项目变更费为200元，变更代理机构为50元。从2018年8月1日起，不再征收变更代理机构的50元变更费。专利权转移后，著录项目变更由新的权利人来办理顺理成章，有代理机构的，与专利申请相关的事项自然应当由代理机构办理。

【参考答案】 BD

3. 著录项目变更手续费缴纳期限

《专利审查指南》第1部分第1章第6.7.1.3节规定了著录项目变更手续费的缴纳期限。

著录项目变更手续费应当自提出请求之日起1个月内缴纳，另有规定的除外；期满未缴纳或者未缴足的，视为未提出著录项目变更申报。

4. 办理著录项目变更手续的人

《专利审查指南》第1部分第1章第6.7.1.4节规定了办理著录项目变更手续的人。

未委托专利代理机构的，著录项目变更手续应当由申请人（或专利权人）或者其代表人办理；已委托专利代理机构的，应当由专利代理机构办理。因权利转移引起的变更，也可以由新的权利人或者其委托的专利代理机构办理。

5. 著录项目变更证明文件

（1）申请人（或专利权人）姓名或者名称变更。

《专利审查指南》第1部分第1章第6.7.2.1节规定了申请人（或专利权人）姓名或者名称变更。

①个人因更改姓名提出变更请求的，应当提交户籍管理部门出具的证明文件。

②个人因填写错误提出变更请求的，应当提交本人签字或者盖章的声明及本人的身份证明文件。

③企业法人因更名提出变更请求的，应当提交工商行政管理部门出具的证明文件。

④事业单位法人、社会团体法人因更名提出变更请求的，应当提交登记管理部门出具的证明文件。

⑤机关法人因更名提出变更请求的，应当提交上级主管部门签发的证明文件。

⑥其他组织因更名提出变更请求的，应当提交登记管理部门出具的证明文件。

⑦外国人、外国企业或者外国其他组织因更名提出变更请求的，应当参照以上各项规定提交相应的证明文件。

⑧外国人、外国企业或者外国其他组织因更改中文译名提出变更请求的，应当提交申请人（或专利权人）的声明。

180.【2009 年第 12 题】下列有关申请人姓名或者名称变更的说法哪些是正确的？

A. 我国公民因更改姓名提出变更请求的，应当提交本人签字或者签章的声明

B. 我国企业法人因更名提出变更请求的，应当提交工商行政管理部门出具的证明文件

C. 外国企业因更名提出变更请求的，应当提交该企业签章的声明

D. 外国人因更改中文译名提出变更请求的，应当提交申请人的声明

【解题思路】

从另一个角度上来说，本题考查的是证据证明力方面的问题。申请人在提起专利申请时，需要使用自己的正式名称。如果是个人，那就是身份证上的姓名。如果是单位，那也是单位的正式的全称。个人要更改姓名或者单位要更改名称，都需要通过相关管理部门的审核。因此，个人或者单位的声明并不具有法律效力，只有来自相关管理部门的证明才具有证明力。至于企业的译名，那并不是正式名称，企业单方面就有权改变，不需要相关部门的证明。

【参考答案】 BD

（2）专利申请权（或专利权）转移。

《专利审查指南》第 1 部分第 1 章第 6.7.2.2 节规定了专利申请权（或专利权）转移。

①申请人（或专利权人）因权属纠纷发生权利转移提出变更请求的，如果纠纷是通过协商解决的，应当提交全体当事人签字或者盖章的权利转移协议书。如果纠纷是由地方知识产权管理部门调解解决的，应当提交该部门出具的调解书；如果纠纷是由人民法院调解或者判决确定的，应当提交生效的人民法院调解书或者判决书，对一审法院的判决，收到判决书后，审查员应当通知其他当事人，确认是否提起上诉，在指定的期限内未答复或者明确不上诉的，应当依据此判决书予以变更；提起上诉的，当事人应当提交上级人民法院出具的证明文件，原人民法院判决书不发生法律效力；如果纠纷是由仲裁机构调解或者裁决确定的，应当提交仲裁调解书或者仲裁裁决书。

②申请人（或专利权人）因权利的转让或者赠与发生权利转移提出变更请求的，应当提交双方签字或者盖章的转让或者赠与合同。必要时还应当提交主体资格证明，例如：有当事人对专利申请权（或专利权）转让或者赠与有异议的；当事人办理专利申请权（或专利权）转移手续，多次提交的证明文件相互矛盾的；转让或者赠与协议中申请人或专利权人的签字或者盖章与案件中记载的签字或者盖章不一致的。该合同是由单位订立的，应当加盖单位公章或者合同专用章。公民订立合同的，由本人签字或者盖

章。有多个申请人（或专利权人）的，应当提交全体权利人同意转让或者赠与的证明材料。

181.【2019年第68题】专利权质押期间的专利权转移，应当提交下列哪些文件？

A. 转让人和受让人签章的转让合同

B. 质权人和出质人同意变更的证明文件

C. 如果受让人继续委托同一代理机构，应当重新提交专利代理委托书

D. 如果受让人不再委托代理机构，应当提交解聘代理机构的解聘书

【解题思路】

专利权的转让需要有转让合同。被质押的专利进行转让需要获得质权人的同意，故还需要提交质押双方同意变更的文件。专利受让人和转让人的代理机构并没有委托关系，故如果不委托该代理机构，不需要提供解聘书，如果继续委托该代理机构，则需要提交新的专利代理委托书。

【参考答案】 ABC

182.【2019年第84题】上海公司甲欲将其中国发明专利权转让给香港公司乙，下列说法正确的是？

A. 在转让前应当事先获得当地管理专利工作的部门审核批准

B. 甲公司与乙公司应当订立书面转让合同

C. 办理转让手续时需出具《技术出口许可证》或《自由出口技术合同登记证书》

D. 该专利权的转让自转让合同签订之日起生效

【解题思路】

上海公司将发明专利转让给香港公司，需要获得对外贸易主管部门（商务部）的批准而不是地方知识产权局的批准。专利的转让需要签订书面合同，自由出口技术需要《自由出口技术合同登记证书》，限制出口技术需要《技术出口许可证》。专利权的转让并不是自合同签订之日起生效，而是自国家知识产权局转让登记之日起生效。

【参考答案】 BC

③专利申请权（或专利权）转让（或赠与）涉及外国人、外国企业或者外国其他组织的，应当符合下列规定：

（i）转让方、受让方均是外国人、外国企业或者外国其他组织的，应当提交双方签字或者盖章的转让合同。

（ii）对于发明或者实用新型专利申请（或专利），转让方是中国内地的个人或者单位，受让方是外国人、外国企业或者外国其他组织的，应当出具国务院商务主管部门颁发的《技术出口许可证》或者《自由出口技术合同登记证书》，或者地方商务主管部门颁发的《自由出口技术合同登记证书》，以及双方签字或者盖章的转让合同。

（iii）转让方是外国人、外国企业或者外国其他组织，受让方是中国内地个人或者单位的，应当提交双方签字或者盖章的转让合同。

183.【2014年第77题】北京的甲公司委托某专利代理机构向国家知识产权局提交了一件外观设计专利申请，现欲将该申请的申请人变更为德国的乙公司，乙公司仍委托该专利代理机构。则该专利代理机构在办理著录项目变更手续时，应当提交下列哪些文件？

A. 著录项目变更申报书

B. 双方签字或盖章的转让合同

C. 乙公司签字或盖章的委托书

D. 国务院商务主管部门颁发的《技术出口许可证》

【解题思路】

外观设计属于“艺术”而不是“技术”，转让给外国公司不需要获得技术出口许可证。办理著录项目变更需要有申报书；需要有合同来证明甲公司将申请转让给了乙公司；需要证明代理机构获得了乙公司的委托。

【参考答案】 ABC

184.【2012年第91题】北京人韩某将其拥有的一项发明专利权转让给美国某公司，现欲到国家知识产权局办理登记手续。下列说法哪些是正确的?

A. 登记手续可以由该美国公司委托的中国专利代理机构办理

B. 办理手续时，应当附具双方当事人签字或者盖章的转让合同

C. 办理手续时，应当附具《技术出口许可证》或者《自由出口技术合同登记证书》

D. 登记手续应当在签订专利权转让合同之日起1个月内办理

【解题思路】

专利权的转移需要当事人在国家知识产权局登记，美国公司去办理时自然可以委托代理机构进行。转让合同用于证明转让行为存在，技术出口许可证/自由出口技术合同登记证书用于证明该技术转让符合国家技术出口的规定。《专利法》规定专利许可合同需要在合同签订之日起3个月内办理备案，但没有规定专利转让合同登记的期限。考生可以这么理解，专利转让是从登记之日起生效，如果当事人不去登记，则无法完成转让，利益受损的是当事人自己，因此也没有必要再规定一个登记手续的办理期限。

【参考答案】 ABC

④申请人（或专利权人）是单位，因其合并、分立、注销或者改变组织形式提出变更请求的，应当提交登记管理部门出具的证明文件。

⑤申请人（或专利权人）因继承提出变更请求的，应当提交经公证的当事人是唯一合法继承人或者当事人已包括全部法定继承人的证明文件。除另有明文规定外，共同继承人应当共同继承专利申请权（或专利权）。

⑥专利申请权（或专利权）因拍卖提出变更请求的，应当提交有法律效力的证明文件。

⑦专利权质押期间的专利权转移，除应当提交变更所需的证明文件外，还应当提交质押双方当事人同意变更的证明文件。

（3）发明人变更。

《专利审查指南》第1部分第1章第6.7.2.3节规定了发明人变更。

①因发明人更改姓名提出变更请求的，参照本章第6.7.2.1节第1项的规定。

②因漏填或者错填发明人提出变更请求的，应当提交由全体申请人（或专利权人）和变更前全体发明人签字或者盖章的证明文件。

③因发明人资格纠纷提出变更请求的，参照本章第6.7.2.2节第1项的规定。

④因更改中文译名提出变更请求的，应当提交发明人声明。

185.【2013年第56题】某公司提交了一件发明专利申请，现该公司欲增加漏填的

发明人。该公司应当办理下列哪些手续？

A．提交著录项目变更申报书

B．缴纳著录项目变更费

C．提交由全体申请人和变更前全体发明人签章的证明文件

D．提交申请权转让证明

【解题思路】

发明人不是专利权人，不需要提交申请权转让证明，只要变更著录项目并缴纳费用。2018年8月1日后变更代理机构和代理人的著录项目费不再征收，不过本题涉及的是变更发明人，不在免除之列。另外，增加发明人需要申请人和发明人出具证明，证明增加的人选也是发明人。

【参考答案】 ABC

186.【2018年第53题】关于发明人变更，以下说法错误的是：

A．甲公司员工张某、李某和赵某共同做出一项职务发明创造并由甲公司提出发明专利申请。该申请公布2个月后，赵某通过国家知识产权局网站查询到其未记载在发明人之中，甲公司可以以漏填发明人赵某为由向国家知识产权局提出著录项目变更请求

B．乙公司员工王某、刘某共同做出一项职务发明创造并由乙公司提出专利申请。该申请进入办理授权登记手续阶段时，乙公司与王某、刘某共同商议拟通过著录项目变更的方式在专利证书上增加仅负责组织工作的孙某为共同发明人

C．丙公司在提交专利申请时因经办人书写错误，将发明人傅某的名字写错，拟通过著录项目变更的方式对发明人进行更正

D．甲某在将其所拥有的一项发明专利申请转让给乙某时，除提出变更专利申请人的请求之外，还可以请求将该专利申请的发明人变更为从未参与本发明创造的乙某

【解题思路】

发明人应当是对发明创造的实质性特点作出创造性贡献的人，仅负责组织工作的孙某不能作为发明人。同理，专利权的转让也不能让无关人等摇身一变成为发明人。

【参考答案】 BD

187.【2019年第19题】下列关于发明人的说法正确的是？

A．发明人是指对发明创造的实质性特点做出创造性贡献的人

B．请求书中发明人可以填写为“某课题组”

C．申请人提交文件后发现发明人姓名的文字有错误，将“王立”错写成“王丽”，申请人应通过补正更正

D．发明人就其完成的任何发明创造均有权申请专利

【解题思路】

发明人应当是对发明创造的实质性特点作出创造性贡献的人。发明人必须是自然人，不能是单位或课题组之类。发明人是谁属于重要事项，更正需要通过程序比较严格的发明人变更程序来修改，而不是通过补正这种简单的程序来更正。发明人如果完成的是职务发明创造，则申请专利的权利属于单位。

【参考答案】 A

（4）专利代理机构及代理人变更。

《专利审查指南》第1部分第1章第6.7.2.4节规定了专利代理机构及代理人变更。

①专利代理机构更名、迁址的，应当

首先在国家知识产权局主管部门办理备案的注册变更手续。注册变更手续生效后，由专利局统一对其代理的全部有效专利申请及专利进行变更处理。专利代理师的变更应当由专利代理机构办理个案变更手续。

②办理解除委托或者辞去委托手续的，应当事先通知对方当事人。

解除委托时，申请人（或专利权人）应当提交著录项目变更申报书，并附具全体申请人（或专利权人）签字或者盖章的解聘书，或者仅提交由全体申请人（或专利权人）签字或者盖章的著录项目变更申报书。

辞去委托时，专利代理机构应当提交著录项目变更申报书，并附具申请人（或专利权人）或者其代表人签字或者盖章的同意辞去委托声明，或者附具由专利代理机构盖章的表明已通知申请人（或专利权人）的声明。

③申请人（或专利权人）更换专利代理机构的，应当提交由全体申请人（或专利权人）签字或者盖章的对原专利代理机构的解除委托声明以及对新的专利代理机构的委托书。

④专利申请权（或专利权）转移的，变更后的申请人（或专利权人）委托新专利代理机构的，应当提交变更后的全体申请人（或专利权人）签字或者盖章的委托书；变更后的申请人（或专利权人）委托原专利代理机构的，只需提交新增申请人（或专利权人）签字或者盖章的委托书。

（5）申请人（或专利权人）国籍变更。

申请人（或专利权人）变更国籍的，应当提交身份证明文件。

（6）证明文件的形式要求。

①提交的各种证明文件中，应当写明申请号（或专利号）、发明创造名称和申请人（或专利权人）姓名或者名称。

②一份证明文件仅对应一次著录项目变更请求，同一著录项目发生连续变更的，应当分别提交证明文件。

③各种证明文件应当是原件。证明文件是复印件的，应当经过公证或者由出具证明文件的主管部门加盖公章（原件在专利局备案确认的除外）；在外国形成的证明文件是复印件的，应当经过公证。

6. 著录项目变更手续的审批

《专利审查指南》第1部分第1章第6.7.3节规定了著录项目变更手续的审批。

审查员应当依据当事人提交的著录项目变更申报书和附具的证明文件进行审查。著录项目变更申报手续不符合规定的，应当向办理变更手续的当事人发出视为未提出通知书；著录项目变更申报手续符合规定的，应当向有关当事人发出手续合格通知书，通知著录项目变更前后的情况，应当予以公告的，还应当同时通知准备公告的卷期号。

7. 著录项目变更的生效

《专利审查指南》第1部分第1章第6.7.4节规定了著录项目变更的生效。

（1）著录项目变更手续自专利局发出变更手续合格通知书之日起生效。专利申请权（或专利权）的转移自登记日起生效，登记日即上述的手续合格通知书的发文日。

（2）著录项目变更手续生效前，专利局发出的通知书以及已进入专利公布或公告准备的有关事项，仍以变更前为准。

188.【2010年第25题】在某项专利

的登记簿中，姜某和董某是专利权人，陈某是发明人。现当事人欲将专利权人变更为陈某，发明人变更为姜某和董某。下列说法哪些是正确的？

A．对于该两项变更，只需提交一份著录项目变更申报书

B．由于对两项著录项目进行变更，因此需分别缴纳著录项目变更手续费

C．该著录项目变更手续既可以由姜某和董某办理，也可以由陈某办理

D．该著录项目变更手续应当自国家知识产权局发出变更手续合格通知书之日起生效

【解题思路】

著录项目申报书是根据专利申请的数量来计算。一件专利申请有多个著录项目，如果同时发生变化，也只需要提交一份申报书；反之多件专利申请的同一项著录项目发生变更，那就需要提交多份申报书。著录项目变更手续费则是按照变更手续的数量收费，发明人和专利权人属于同一个著录项目之内，故改变发明人和专利权人只需要支付一项著录项目变更手续费。著录项目变更手续可以由原权利人办理，也可以由新权利人办理。著录项目变更手续由国家知识产权局发出通知书后生效。需要注意的是，2018年8月1日之后，停征变更代理机构和代理人的著录项目变更费，但本题变更的是专利权人和发明人，不免费。

【参考答案】 ACD

（三）请求恢复权利

1. 适用范围

《专利审查指南》第5部分第7章第6.1节规定了权利恢复的适用范围。

《专利法实施细则》第6条第1款和第2款规定了当事人因耽误期限而丧失权利之后，请求恢复其权利的条件。该条第5款又规定，不丧失新颖性的宽限期、优先权期限、专利权期限和侵权诉讼时效这四种期限被耽误而造成的权利丧失，不能请求恢复权利。

189.【2012年第87题】下列哪些情形中的申请人可以请求恢复要求优先权的权利？

A．在申请时未在请求书中提出优先权声明

B．要求优先权声明中在先申请的申请日填写正确，但未在规定期限内提交在先申请文件副本

C．要求优先权声明中在先申请的申请号填写正确，但未在规定期限内缴纳优先权要求费

D．提出了撤回优先权声明，国家知识产权局发出了手续合格通知书

【解题思路】

未提出优先权声明和优先权撤回后，都不能恢复。是否提出了优先权声明属于本质问题，如未提出就没法挽回，未提交在线申请文件副本或者是未缴纳费用则属于小过错，还有挽回的余地。

【参考答案】 BC

190.【2019年第70题】当事人因不可抗拒的事由延误规定期限并导致权利丧失的，可以在规定的期限内请求恢复权利。下列哪些期限不适用这一规定？

A．专利权期限

B．优先权期限

C．请求实质审查的期限

D. 不丧失新颖性的宽限期

【解题思路】

专利权期限、优先权期限和不丧失新颖性的宽限期直接涉及专利权保护的实质性问题，而请求实质审查的期限只是一个程序方面的期限，故后者可以请求恢复。

【参考答案】 ABD

2. 恢复权利请求手续的办理

《专利审查指南》第5部分第7章第6.2节规定了请求恢复权利的手续。

根据《专利法实施细则》第6条第2款规定请求恢复权利的，应当自收到专利局或者专利复审和无效部门的处分决定之日起两个月内提交恢复权利请求书，说明理由，并同时缴纳恢复权利请求费；根据《专利法实施细则》第6条第1款规定请求恢复权利的，应当自障碍消除之日起两个月内，最迟自期限届满之日起两年内提交恢复权利请求书，说明理由，必要时还应当附具有关证明文件。

当事人在请求恢复权利的同时，应当办理权利丧失前应当办理的相应手续，消除造成权利丧失的原因。例如，申请人因未缴纳申请费，其专利申请被视为撤回后，在请求恢复其申请权的同时，还应当补缴规定的申请费。

3. 恢复权利请求的审批

《专利审查指南》第5部分第7章第6.2节规定了请求恢复权利的期限。

根据《专利法实施细则》第6条第2款规定请求恢复权利的，应当自收到专利局或者专利复审和无效部门的处分决定之日起两个月内提交恢复权利请求书，说明理由，并同时缴纳恢复权利请求费；根据《专利法实施细则》第6条第1款规定请求恢复权利的，应当自障碍消除之日起两个月内，最迟自期限届满之日起两年内提交恢复权利请求书，说明理由，必要时还应当附具有关证明文件。

191.【2008年第38题】申请人因正当理由未在规定期限内办理专利权登记手续，造成其取得实用新型专利权的权利被视为放弃的，应如何办理恢复手续？

A. 在收到视为放弃取得专利权通知书之日起3个月内，缴纳年费、登记费、印花税、公告印刷费和恢复权利请求费

B. 在收到视为放弃取得专利权通知书之日起2个月内，缴纳年费、登记费、公告印刷费和恢复权利请求费，提交恢复权利请求书

C. 在收到视为放弃取得专利权通知书之日起3个月内，缴纳年费、登记费、印花税、公告印刷费和各年度的维持费，提交恢复权利请求书和相关证明材料

D. 在收到视为放弃取得专利权通知书之日起2个月内，缴纳年费、登记费、印花税、公告印刷费和恢复权利请求费，提交恢复权利请求书和相关证明材料

【解题思路】

当事人办理恢复期限手续的时间为收到通知书之日起2个月，A、C选项为3个月，排除。在本题中，当事人在提出恢复请求时，需要提供恢复权利请求书，必要时还需要提供相关证据材料，并且一并完成专利权登记手续并交纳相关费用。从2018年8月1日起停征专利登记费和公告印刷费，B和D选项都涉及了这两项费用，错误。

【参考答案】 无

192.【2009年第44题】申请人王某未在规定期限内缴纳办理专利权登记手续所需的费用，于2008年7月11日收到视为放弃取得专利权通知书，该通知书的发文日为2008年7月4日。现王某欲恢复权利，则下列说法哪些是正确的？

A. 王某应当于2008年9月4日前办理恢复手续

B. 王某应当提交恢复权利请求书并说明理由

C. 王某应当缴纳恢复费1000元

D. 王某应当在提交恢复权利请求书的同时缴纳办理专利权登记手续所需的费用

【解题思路】

请求恢复权利的，应当提交恢复权利请求书，说明理由，缴纳恢复权利请求费。本题中，通知书的发文日为2008年7月4日，从发文日起加15日为推定收到日，申请人收到通知书的日期为2008年7月19日，再加两个月，王某应于2008年9月19日前办理恢复手续。恢复权利请求费为1000元。

【参考答案】 BCD

（四）请求中止

1. 中止的定义

《专利审查指南》第5部分第7章第7节规定了中止程序。

中止，是指当地方知识产权管理部门或者人民法院受理了专利申请权（或专利权）权属纠纷，或者人民法院裁定对专利申请权（或专利权）采取财产保全措施时，专利局根据权属纠纷的当事人的请求或者人民法院的要求中止有关程序的行为。

2. 请求中止的条件

《专利审查指南》第5部分第7章第7.1节规定了请求中止的条件。

请求专利局中止有关程序应当符合下列条件：

（1）当事人请求中止的，专利申请权（或专利权）权属纠纷已被地方知识产权管理部门或者人民法院受理；人民法院要求协助执行对专利申请权（或专利权）采取财产保全措施的，应当已作出财产保全的民事裁定。

（2）中止的请求人是权属纠纷的当事人或者对专利申请权（或专利权）采取财产保全措施的人民法院。

3. 请求中止的手续和审批

《专利审查指南》第5部分第7章第7.3.1.1节规定了权属纠纷的当事人请求中止的手续。

专利申请权（或专利权）权属纠纷的当事人请求专利局中止有关程序的，应当符合下列规定：

（1）提交中止程序请求书；

（2）附具证明文件，即地方知识产权管理部门或者人民法院的写明专利申请号（或专利号）的有关受理文件正本或者副本。

193.【2007年第98题】以下有关中止程序的哪些说法是正确的？

A. 当事人因专利权归属发生纠纷已向人民法院起诉的，可以请求国家知识产权局中止正在进行的无效宣告请求审查程序

B. 在中止专利权有关程序期间，国家知识产权局对专利权人姓名或者名称不予变更

C. 当事人请求中止有关程序的，应当以书面形式提出中止请求，并附具管理专利工作的部门或者人民法院的有关受理文件副本

D．当事人请求国家知识产权局中止有关程序的，应当自提出请求之日起两个月内缴纳中止程序请求费

【解题思路】

专利权无效宣告请求和专利权的转让都属于中止的范围。要请求中止，自然需要提出请求并附上相应的证据。《专利法实施细则》第三次修改后，中止程序请求费已经删除。

【参考答案】 ABC

《专利审查指南》第5部分第7章第7.3.2.1节规定了因协助执行财产保全而中止的手续。

因人民法院要求协助执行财产保全措施需要中止有关程序的，应当符合下列规定：

①人民法院应当将对专利申请权（或专利权）进行财产保全的民事裁定书及协助执行通知书送达专利局指定的接收部门，并提供人民法院的通讯地址、邮政编码和收件人姓名。

②民事裁定书及协助执行通知书应当写明要求专利局协助执行的专利申请号（或专利号）、发明创造名称、申请人（或专利权人）的姓名或者名称、财产保全期限等内容。

（3）要求协助执行财产保全的专利申请（或专利）处于有效期内。

4. 中止的范围

《专利审查指南》第5部分第7章第7.2节规定了中止的范围。

中止的范围是指：

（1）暂停专利申请的初步审查、实质审查、复审、授予专利权和专利权无效宣告程序；

（2）暂停视为撤回专利申请、视为放弃取得专利权、未缴年费终止专利权等程序；

（3）暂停办理撤回专利申请、放弃专利权、变更申请人（或专利权人）的姓名或者名称、转移专利申请权（或专利权）、专利权质押登记等手续。

中止请求批准前已进入公布或者公告准备的，该程序不受中止的影响。

5. 中止的期限

《专利审查指南》第5部分第7章第7.4.1节规定了权属纠纷的当事人请求中止的期限。

对于专利申请权（或专利权）权属纠纷的当事人提出的中止请求，中止期限一般不得超过1年，即自中止请求之日起满1年的，该中止程序结束。

有关专利申请权（或专利权）权属纠纷在中止期限1年内未能结案，需要继续中止程序的，请求人应当在中止期满前请求延长中止期限，并提交权属纠纷受理部门出具的说明尚未结案原因的证明文件。中止程序可以延长一次，延长的期限不得超过6个月。不符合规定的，审查员应当发出延长期限审批通知书并说明不予延长的理由；符合规定的，审查员应当发出延长期限审批通知书，通知权属纠纷的双方当事人。

《专利审查指南》第5部分第7章第7.4.3节规定了涉及无效宣告程序的中止期限。

对涉及无效宣告程序中的专利，应权属纠纷当事人请求的中止，中止期限不超过1年，中止期限届满专利局将自行恢复有关程序。

194.【2008年第98题】王某于2005年8月5日提交了一件发明专利申请，其所在公司以申请专利的权利应当属于该公司为由向人民法院提起诉讼，并于2007年2月19日向国家知识产权局提出中止请求。下列哪些说法是正确的？

A. 该公司在提出中止请求时应当提交中止程序请求书、附具人民法院出具的受理通知书正本或者副本

B. 该公司应当于2007年3月19日前缴纳中止程序请求费

C. 在2007年8月19日前该公司未请求延长中止的，国家知识产权局自行恢复有关程序

D. 执行中止期间，王某不得办理权利转让、放弃权利等手续

【解题思路】

请求中止需要提交请求书并附上相关的证据及法院的受理通知书。《专利法实施细则》2010年修订后，取消了中止程序请求费。当事人请求中止的期限是1年，在2008年2月19日前未请求延长中止，国家知识产权局才会自行恢复程序。

【参考答案】 AD

195.【2013年第60题】甲、乙二人因专利申请权的归属发生纠纷，乙向人民法院提起诉讼。在诉讼过程中，乙请求中止有关专利申请程序。下列说法哪些是正确的？

A. 应当向国家知识产权局提出中止请求

B. 乙应当提交中止程序请求书和人民法院写明申请号的受理文件副本

C. 在中止期间，甲提交的撤回专利申请声明的审批手续应当暂停办理

D. 中止的期限为1年，不能延长

【解题思路】

专利申请是国家知识产权局受理的，要请求中止自然也是向国家知识产权局提起。请求中止的，需要提供证据，法院受理案件的通知书足以证明发生了纠纷并被法院受理。中止期间，影响专利权的程序都会被暂停。中止程序可以延长，否则权属纠纷还没有解决，中止期限却因为期限到了而重新启动，那请求人的利益就难获保障。

【参考答案】 ABC

6. 中止程序的结束

《专利审查指南》第5部分第7章第7.5.1节规定了权属纠纷的当事人提出的中止程序的结束。

中止期限届满，专利局自行恢复有关程序，审查员应当向权属纠纷的双方当事人发出中止程序结束通知书。

对于尚在中止期限内的专利申请（或专利），地方知识产权管理部门作出的处理决定或者人民法院作出的判决产生法律效力之后（涉及权利人变更的，在办理著录项目变更手续之后），专利局应当结束中止程序。

（五）案卷及登记簿的查阅、复制和保存

1. 查阅和复制原则

《专利审查指南》第5部分第4章第5.1节规定了查阅和复制的原则。

（1）专利局对公布前的发明专利申请、授权公告前的实用新型和外观设计专利申请负有保密责任。在此期间，查阅和复制请求人仅限于该案申请人及其专利代理师。

（2）任何人均可向专利局请求查阅和复制公布后的发明专利申请案卷和授权后的

实用新型和外观设计专利申请案卷。

（3）对于已经审结的复审案件和无效宣告案件的案卷，原则上可以查阅和复制。

（4）专利局、专利复审和无效部门对尚未审结的复审和无效案卷负有保密责任。对于复审和无效宣告程序中的文件，查阅和复制请求人仅限于该案当事人。

（5）案件结论为视为未提出、不予受理、主动撤回、视为撤回的复审和无效案卷，对于复审和无效宣告程序中的文件，查阅和复制请求人仅限于该案当事人。

（6）专利局、专利复审和无效部门根据审查需要要求当事人提供的各种文件，原则上可以查阅和复制。但查阅和复制行为可能存在损害当事人合法权益，或者涉及个人隐私或者商业秘密等情形的除外。

（7）涉及国家利益或者因专利局、专利复审和无效部门内部业务及管理需要在案卷中留存的有关文件，不予查阅和复制。

196.【2009 年第 61 题】下列说法哪些是正确的？

A. 申请人有权查阅和复制专利案卷中的所有文件

B. 对于公布前的发明专利申请案卷，申请人及其代理人可以请求查阅和复制

C. 对于复审和无效宣告程序中的文件，该案当事人可以请求查阅和复制

D. 任何人均可以请求查阅或者复制已经公布的发明专利申请的案卷

【解题思路】

并不是所有的文件都可以查阅和复制，如果案卷还没有公开，那在查阅和复制方面就必然会有所限制。如果发明专利还没有公布，则处于保密状态，不对社会公众开放。对申请人来说，这是他自己的发明，应该有权查阅；对代理人来说，他是负有保密义务的人。因此，申请人及其代理人可以查阅和复制公布前的申请。同理，当事人可以查阅复审和无效宣告程序中的文件。发明专利公布后以及实用新型和外观设计授权之后，就已经向社会公开，社会公众都有权进行查阅和复制。

【参考答案】 BCD

2. 允许查阅和复制的内容

《专利审查指南》第 5 部分第 4 章第 5.2 节规定了允许查阅和复制的内容。

（1）对于公布前的发明专利申请、授权公告前的实用新型和外观设计专利申请，该案申请人或者代理人可以查阅和复制该专利申请案卷中的有关内容，包括申请文件，与申请直接有关的手续文件，以及在初步审查程序中向申请人发出的通知书和决定书、申请人对通知书的答复意见正文。

（2）对于已经公布但尚未公告授予专利权的发明专利申请案卷，可以查阅和复制该专利申请案卷中的有关内容，包括申请文件，与申请直接有关的手续文件，公布文件，在初步审查程序中向申请人发出的通知书和决定书、申请人对通知书的答复意见正文，以及在实质审查程序中向申请人发出的通知书、检索报告和决定书。

（3）对于已经公告授予专利权的专利申请案卷，可以查阅和复制的内容包括申请文件，优先权文件，与申请直接有关的手续文件，发明专利申请单行本，发明专利、实用新型专利和外观设计专利单行本，专利登记簿，专利权评价报告，以及在各已审结的审查程序（包括初步审查、实质审查、复审

和无效宣告等）中专利局、专利复审和无效部门向申请人或者有关当事人发出的通知书、检索报告和决定书、申请人或者有关当事人对通知书的答复意见。

（4）对于处在复审程序、无效宣告程序之中尚未结案的专利申请案卷，因特殊情况需要查阅和复制的，经有关方面同意后，参照上述第（1）（2）项的有关规定查阅和复制专利申请案卷中进入当前审查程序以前的内容。

197.【2017 年第 49 题】2017 年 4 月 1 日之后，对于已经公布但尚未公告授予专利权的发明专利申请案卷，可以查阅和复制的案卷内容包括？

A．申请文件以及与申请直接有关的手续文件

B．公布文件

C．在初步审查程序中向申请人发出的通知书和决定书、申请人对通知书的答复意见正文

D．在实质审查程序中向申请人发出的通知书、检索报告和决定书

【解题思路】

专利制度是公开换取保护，已经公布但尚未授权的专利已经处于公开状态，关于该专利的申请案卷中的内容，公众原则上都应该可以查阅和复制。

【参考答案】 ABCD

3. 查阅和复制程序

《专利审查指南》第 5 部分第 4 章第 5.3 节规定了查阅和复制的程序。

查阅和复制专利申请案卷中的文件，应当按照下列顺序进行：

（1）请求人提出书面请求并缴纳规定费用。

（2）专利局工作人员在审核请求人出具的有关证明或者证件后，到案卷所在部门提取案卷，根据本章第 5.2 节的规定对案卷进行整理，取出不允许查阅和复制的文件。

（3）与请求人约定查阅时间并发出查阅通知书。

（4）查阅人凭查阅通知书到指定地点查阅文件，对需要复制的文件进行复制。

（5）专利局工作人员对查阅完毕的专利申请案卷重新整理，并将请求阅档的证明原件和证件复印件存入案卷后，将该案卷退回所在部门。

4. 保存期限

《专利审查指南》第 5 部分第 4 章第 6.1 节规定了案卷的保存期限。

已结案的案卷可分成：未授权结案（视为撤回、撤回和驳回等）的案卷和授权后结案（视为放弃取得专利权、主动放弃专利权、未缴年费专利权终止、专利权期限届满和专利权被宣告全部无效等）的案卷两种。

未授权结案的案卷的保存期限不少于 2 年，一般为 3 年；授权后结案的案卷的保存期限不少于 3 年，一般为 5 年。保存期限自结案日起算。

有分案申请的原申请的案卷的保存期从最后结案的分案的结案日起算。

作出不受理决定的专利申请文件保存期限为 1 年。保存期限自不受理通知书发出之日起算。

5. 销毁

《专利审查指南》第 5 部分第 4 章第 6.2 节规定了案卷的销毁。

销毁前通过计算机作出案卷销毁清册，

该清册记载被销毁的案卷的案卷号、基本著录项目、销毁日期。清册经主管局长签署同意销毁后，由主管案卷部门实施销毁工作。

（六）请求作出实用新型和外观设计专利权评价报告

1. 评价报告的主体

《专利审查指南》第 5 部分第 10 章第 2.2 节规定了请求人资格。

根据《专利法实施细则》第 56 条第 1 款的规定，专利权人或者利害关系人可以请求国家知识产权局作出专利权评价报告。其中，利害关系人是指有权根据《专利法》第 65 条的规定就专利侵权纠纷向人民法院起诉或者请求管理专利工作的部门处理的人，例如专利实施独占许可合同的被许可人和由专利权人授予起诉权的专利实施普通许可合同的被许可人。

请求人不是专利权人或者利害关系人的，其专利权评价报告请求视为未提出。实用新型或者外观设计专利权属于多个专利权人共有的，请求人可以是部分专利权人。

【提醒】

《专利法》2020 年修改后，根据第 66 条第 2 款，请求人也可以是被控侵权人。

198.【2016 年第 20 题】关于实用新型专利权评价报告，下列说法哪个是正确的？

A. 评价报告可以作为审理、处理专利侵权纠纷的证据

B. 只有专利权人有资格作为专利权评价报告的请求人

C. 专利权评价报告仅涉及对新颖性和创造性的评价

D. 请求人对评价报告结论不服的，可以提起行政复议

【解题思路】

专利权评价报告的功能是评估该专利是否稳定，所有可能导致该实用新型专利无效的情形都在该评价报告的评价范围之内，如新颖性、创造性、实用性，是否属于授予专利权的主题以及权利要求是否获得说明书支持等诸多问题。专利权评价报告可以用来作为处理专利侵权纠纷的证据。专利权评价报告的请求人可以是专利权人，也可以是利害关系人，如专利实施独占许可合同的被许可人和专利权人授予起诉权的专利实施普通许可合同的被许可人。2020 年《专利法》修改后，还增加了被控侵权人。控专利权评价报告不是行政决定，专利权人或者利害关系人不能就此提起行政复议和行政诉讼。

【参考答案】 A

199.【2018 年第 89 题】关于实用新型和外观设计的专利权评价报告，以下说法错误的是：

A. 实用新型和外观设计专利侵权纠纷的专利权人和被控侵权人都可以请求国家知识产权局作出专利权评价报告

B. 多个请求人请求作出专利权评价报告的，国家知识产权局分别单独作出评价报告

C. 被告在实用新型或外观设计专利侵权诉讼的答辩期间请求宣告该专利权无效的，当原告出具的专利权评价报告未发现导致该实用新型或外观设计专利权无效的理由时，审理该案的人民法院可以不中止诉讼

D. 专利权评价报告属于国家知识产权局作出的行政决定

【解题思路】

针对专利权评价报告，2020 年《专利法》

修改后，申请人还增加了被控侵权人专利权人和利害关系人带有资格申请。为了避免评价报告内容冲突，以及避免重复劳动，国家知识产权局对同一件专利只作出一份评价报告。如果专利权评价报告显示该专利比较稳定，那法院就没必要中止诉讼。专利权评价报告不属于国家知识产权局作出的行政决定，申请人对其内容不服也没法申请复议。

【参考答案】 BD

2. 评价报告的客体

《专利审查指南》第 5 部分第 10 章第 2.1 节规定了专利权评价报告请求的客体。

专利权评价报告请求的客体应当是已经授权公告的实用新型专利或者外观设计专利，包括已经终止或者放弃的实用新型专利或者外观设计专利。针对下列情形提出的专利权评价报告请求视为未提出：未授权公告的实用新型专利申请或者外观设计专利申请；已被专利复审和无效部门宣告全部无效的实用新型专利或者外观设计专利；国家知识产权局已作出专利权评价报告的实用新型专利或者外观设计专利。

200.【2017 年第 15 题】关于实用新型专利权评价报告，下列说法哪个是正确的？

A. 实用新型专利申请人可以在答复审查意见通知书期间请求对该专利申请作出专利权评价报告，国家知识产权局可应此请求作出评价报告

B. 对于被专利复审委员会宣告全部无效的实用新型专利，专利权人或者利害关系人可以请求国家知识产权局对该专利权作出评价报告

C. 专利权人对于应其请求作出的评价报告结论不服的，由利害关系人再次向国家知识产权局提出评价请求后，国家知识产权局可再次作出专利权评价报告

D. 专利权评价报告作出后，对该专利提出无效宣告请求的请求人可以查阅并复制该评价报告

【解题思路】

专利权评价报告针对的是已经授权的实用新型和外观设计，如果尚未授权或者是已经全部无效，就不能请求作出专利权评价报告。专利权评价报告只作一次，对评价报告不服的不能够请求重新作出。否则两次评价报告的结论不一致，会影响到国家知识产权局的权威性。实用新型和外观设计的专利权评价报告可以理解为对它们作了一次实质性审查。根据专利制度公开换取保护的基本原则，评价报告作出后，社会公众都可以进行查阅和复制。

【参考答案】 D

201.【2017 年第 18 题】下列不属于外观设计专利权评价报告所涉及内容的是？

A. 外观设计是否属于专利法第五条或者第二十五条规定的不授予专利权的情形

B. 外观设计是否属于专利法第二条第四款规定的客体

C. 外观设计是否符合专利法第二十三条第三款的规定

D. 外观设计专利文件的修改是否符合专利法第三十三条的规定

【解题思路】

外观设计专利权评价报告，类似于对外观设计进行一次实质审查。所评价的外观设计是否属于专利法所保护的客体、是否违反法律、社会公德及修改是否超范围都是评价机构能够进行分析的范围。不过外观设计

是否侵犯他人的在先权利，制作评价报告的工作人员无法发现，故不属于评价范围。

【参考答案】 C

202.【2019 年第 57 题】关于专利权评价报告，下列说法错误的是？

A. 国家知识产权局根据专利权人或者利害关系人的请求，对相关发明专利、实用新型专利或者外观设计专利进行检索，作出专利权评价报告

B. 专利权评价报告可以作为人民法院或者管理专利工作的部门审理、处理专利侵权纠纷的证据

C. 专利权人或者利害关系人对专利权评价报告有异议的，可以提起行政复议

D. 已经终止或者放弃的实用新型或者外观设计专利不可以作为专利权评价报告请求的客体

【解题思路】

专利权评价报告可以理解为对专利的实质审查，故适用于实用新型和外观设计，不适用于发明，因为发明授权前已经进行过实质审查。专利权评价报告并不属于行政行为，当事人不服也无法申请复议。已经终止或者放弃的实用新型和外观设计毕竟曾经有受到保护的时间段，故也可以作为专利权评价报告请求的客体。

【参考答案】 ACD

3. 请求的受理条件

根据《专利审查指南》第 5 部分第 10 章第 2 节，在请求作出专利权评价报告时，请求人应当提交专利权评价报告请求书及相关的文件。专利权评价报告请求书应当采用国家知识产权局规定的表格。请求书中应当指明专利权评价报告所针对的文本。请求人是利害关系人的，在提出专利权评价报告请求的同时应当提交相关证明文件。

请求人自提出专利权评价报告请求之日起一个月内未缴纳或者未缴足专利权评价报告请求费的，专利权评价报告请求视为未提出。

专利权评价报告请求的相关事务可以由请求人或者其委托的专利代理机构办理。对于根据专利法第十九条第一款规定应当委托专利代理机构的请求人，未按规定委托的，国家知识产权局应当通知请求人在指定期限内补正。

203.【2008 年第 25 题】甲公司于 2006 年 3 月 10 日完成了一项发明，并开始制造相应的产品。2006 年 8 月 9 日，甲公司就该发明提交了一件发明专利申请。乙公司于 2006 年 7 月 5 日就其独立完成的同样发明创造提出了一件实用新型专利申请。2007 年 5 月 10 日，乙公司的申请被授予实用新型专利权。随后，乙公司向人民法院起诉甲公司侵犯其专利权，甲公司在答辩期内以其先完成该发明为由请求宣告乙公司的专利权无效，并提供了相应的证据。下列哪些说法是正确的？

A. 在侵权诉讼中，甲公司有权要求乙公司出具国家知识产权局作出的专利权评价报告

B. 对甲公司的无效宣告请求，专利复审委员会应当不予受理

C. 甲公司的申请不具备新颖性

D. 甲公司 2007 年 5 月 10 日后在原有范围内继续制造该产品的，不构成对乙公司专利权的侵犯

【解题思路】

有权要求专利权人出具实用新型专利权评价报告的，只能是法院或管理专利工作的部门，侵权诉讼的被告没有这个权利。《专利法》2020年修改后，被告可以花钱请求国家知识产权局出具评价报告，但不能直接要求专利权人出具。宣告专利权无效的理由有很多，但发明在先并不在内。甲公司发明在先，但申请在后，不具有新颖性。甲公司使用在先，享有先使用权。

【参考答案】 BCD

204.【2009年第50题】下列有关专利权评价报告的说法哪些是正确的？

A. 实用新型专利权被授予后，任何人可以请求国家知识产权局对该实用新型专利作出专利权评价报告

B. 专利侵权诉讼涉及实用新型专利权的，人民法院可以要求专利权人出具由国家知识产权局作出的专利权评价报告

C. 省、自治区、直辖市知识产权局处理侵权纠纷涉及实用新型专利权的，可以要求专利权人出具由国家知识产权局作出的专利权评价报告

D. 诉前责令停止侵犯专利权行为的申请涉及实用新型专利权的，申请人应当提交国家知识产权局作出的专利权评价报告

【解题思路】

有权请求作出专利权评价报告的只有专利权人、利害关系人和被控侵权人。能要求专利权人出具专利权评价报告的，只有法院和管理专利工作的部门。实用新型专利涉及侵权纠纷的，可以要求专利权人提供专利权评价报告。如果是申请诉前行为保全，由于对被申请人的利益影响特别大，故应当需要专利权评价报告。

【参考答案】 BCD

205.【2013年第52题】专利权人甲及其专利实施独占许可合同的被许可人乙分别请求国家知识产权局对甲的实用新型专利作出专利权评价报告。下列说法哪些是正确的？

A. 乙在提出专利权评价报告请求的同时应当提交其与甲订立的专利实施独占许可合同或其复印件

B. 甲因缴纳了专利年费，故无须缴纳专利权评价报告请求费

C. 国家知识产权局仅作出一份专利权评价报告

D. 甲或者乙认为专利权评价报告存在错误的，可以向国家知识产权局提起行政复议

【解题思路】

乙是独占许可的被许可人，能证明自己身份的就是独占许可合同。专利权评价报告需要交费。一件专利只作一份评价报告。专利权评价报告并不是行政决定，不能提起复议。

【参考答案】 AC

4. 作出评价报告的部门

《专利法》第66条第2款："专利侵权纠纷涉及实用新型专利或者外观设计专利的，人民法院或者管理专利工作的部门可以要求专利权人或者利害关系人出具由国务院专利行政部门对相关实用新型或者外观设计进行检索、分析和评价后作出的专利权评价报告，作为审理、处理专利侵权纠纷的证据；专利权人、利害关系人或者被控侵权人也可以主动出具专利权评价报告。"

206.【2014年第12题】下列关于专利权评价报告的说法哪个是正确的？

A. 对发明专利可以请求作出专利权评价报告

B. 任何单位或者个人都可以请求制作专利权评价报告

C. 专利权评价报告只能由国家知识产权局作出

D. 专利权人对专利权评价报告的结论不服的，可以申请行政复议

【解题思路】

专利权评价报告适用于实用新型和外观设计，不适用于发明。发明专利要经过实质审查，没有必要再作评价报告。只有专利权人、利害关系人和被控侵权人有权申请制作专利权评价报告。专利权评价报告的作出单位为国家知识产权局。专利权评价报告不属于具体行政行为，对其不服的也不能提起复议。

【参考答案】 C

5. 评价报告的作出

《专利审查指南》第5部分第10章第4节规定了评价报告的作出。

国家知识产权局应当自收到合格的专利权评价报告请求书和请求费后两个月内作出专利权评价报告。

207.【2010年第71题】下列有关实用新型专利权评价报告的说法哪些是正确的？

A. 针对已经作出专利权评价报告的实用新型专利提出的专利权评价报告请求，将被视为未提出

B. 任何人均可以请求国家知识产权局作出实用新型专利权评价报告

C. 请求人可以在一件专利权评价报告请求书中，就同一专利权人的多项实用新型专利权请求作出专利权评价报告

D. 国家知识产权局应当自收到专利权评价报告请求书后3个月内作出专利权评价报告

【解题思路】

已经作出专利权评价报告的实用新型专利，再申请进行评价属于重复劳动，故视为未提出。能申请作出评价报告的只有专利权人和利害关系人。一份请求书只能针对一份实用新型专利。国家知识产权局作出评价报告的时间是2个月而不是3个月。

【参考答案】 A

6. 评价报告的内容

《专利审查指南》第5部分第10章第4.1节规定了专利权评价报告的内容。

专利权评价报告包括反映对比文件与被评价专利相关程度的表格部分，以及该专利是否符合《专利法》及其实施细则规定的授予专利权的条件的说明部分。

7. 评价报告的查阅与复制

《专利审查指南》第5部分第10章第5节规定了专利权评价报告的查阅与复制。

根据《专利法实施细则》第57条的规定，国家知识产权局在作出专利权评价报告后，任何单位或者个人可以查阅或者复制。查阅、复制的相关手续参见本指南第5部分第4章第5.3节的规定。

8. 评价报告的更正

《专利审查指南》第5部分第10章第6节规定了专利权评价报告的更正。

作出专利权评价报告的部门在发现专利权评价报告中存在错误后，可以自行更正。请求人认为专利权评价报告存在需要更

正的错误的，可以请求更正。

更正后的专利权评价报告应当及时发送给请求人。

208.【2015 年第 67 题】下列关于专利权评价报告的说法哪些是正确的？

A．专利权人针对专利权评价报告可以提请行政复议

B．专利权人认为专利权评价报告的结论存在需要更正的错误的，可以请求更正

C．已经终止的实用新型专利不属于专利权评价报告请求的客体

D．专利权评价报告可以作为人民法院审理、处理专利侵权纠纷的证据

【解题思路】

专利权评价报告并不是行政决定，专利权不能就此提起行政复议和行政诉讼。如果专利权评价报告的结论确有错误，根据实事求是的原则，专利权人有权申请更正。已经终止的实用新型毕竟曾经受到过专利制度的保护，对其进行专利权的评价也是可以的，除非是那些尚未授权的专利申请或者是已被彻底无效的专利。专利权评价报告的内容是对相关专利的新颖性和创造性作出判断，这正是法院用来审理专利侵权案件的重要证据。

【参考答案】 BD

9. 评价报告的法律效力

专利权评价报告既不是行政决定，也不是对专利权有效性的正式判定，只是国家知识产权局出具的关于实用新型和外观设计专利权稳定性的证据。专利权是否有效，只能由无效宣告程序来决定。也正因为如此，专利权人和利害关系人不能对专利权评价报告的结论提起行政诉讼。

209.【2007 年第 85 题】甲公司起诉乙公司生产的产品侵犯其拥有的一项实用新型专利权，并出具了国家知识产权局对其实用新型专利作出的检索报告，该报告称未发现导致甲公司实用新型专利丧失新颖性、创造性的技术文献。在答辩期内，乙公司向专利复审委员会提出无效宣告请求，并据此申请中止诉讼。人民法院采取的下列哪些处理方式符合有关规定？

A．告知乙公司可以申请国家知识产权局再次作出检索报告

B．由于乙公司在答辩期内提出无效宣告请求，所以人民法院应当中止诉讼

C．由于甲公司已经出具了未发现导致实用新型专利丧失新颖性、创造性技术文献的检索报告，人民法院可以不中止诉讼

D．委托国家知识产权局对乙公司提出无效宣告请求所依据的证据出具意见后再决定是否中止诉讼

【解题思路】

乙公司出具了专利权评价报告，该报告的结论是没有发现导致该实用新型丧失新颖性、创造性的技术文献，证明该专利具有一定的稳定性。此时，法院可以不中止诉讼，以免因被控侵权人提出无效而不适当地拖延对侵权纠纷的审理或者处理，为专利权人提供及时的法律保护。

【参考答案】 C

（七）关于电子申请的若干规定

《专利审查指南》第 5 部分第 11 章第 1 节规定了电子申请的相关内容。

《专利法实施细则》第 2 条规定，《专利法》及其实施细则规定的各种手续，应当以书面形式或者专利局规定的其他形式办理。

专利局规定的其他形式包括电子文件形式。

电子申请是指以互联网为传输媒介将专利申请文件以符合规定的电子文件形式向专利局提出的专利申请。

《专利法》及其实施细则和《专利审查指南》中关于专利申请和其他文件的规定，除针对以纸件形式提交的专利申请和其他文件的规定之外，均适用于电子申请。

电子文件格式要求由专利局另行规定。

1. 电子申请用户

《专利审查指南》第 5 部分第 11 章第 2 节规定了电子申请用户的含义。

电子申请用户是指已经与国家知识产权局签订电子专利申请系统用户注册协议（以下简称“用户注册协议”），办理了有关注册手续，获得用户代码和密码的申请人和专利代理机构。

2. 电子申请用户注册

《专利审查指南》第 5 部分第 11 章第 3 节规定了电子申请用户注册。

电子申请用户注册方式包括：当面注册、邮寄注册和网上注册。

办理电子申请用户注册手续应当提交电子申请用户注册请求书、签字或者盖章的用户注册协议一式两份以及用户注册证明文件。

《专利审查指南》第 5 部分第 11 章第 2.1 节规定了电子申请代表人的含义。

申请人有两人以上且未委托专利代理机构的，以提交电子申请的电子申请用户为代表人。

3. 电子申请的接收和受理

《专利审查指南》第 5 部分第 11 章第 4 节规定了电子申请的接受和受理。

电子申请受理范围包括：发明、实用新型和外观设计专利申请；进入国家阶段的国际申请；复审和无效宣告请求。

任何单位和个人认为其专利申请需要按照保密专利申请处理的，不得通过电子专利申请系统提交。

专利局电子专利申请系统收到电子文件的日期为递交日。专利局电子专利申请系统收到符合《专利法》及其实施细则规定的专利申请文件之日为申请日。

4. 电子申请的特殊审查规定

《专利审查指南》第 5 部分第 11 章第 5 节规定了电子申请的特殊审查规定。

申请人提出电子申请并被受理的，办理专利申请的各种手续应当以电子文件形式提交。对《专利法》及其实施细则和本指南中规定的必须以原件形式提交的文件，例如，费用减缓证明、专利代理委托书、著录项目变更证明和复审及无效宣告程序中的证据等，应当在专利法及其实施细则和本指南中规定的期限内提交纸件原件。

其中，申请专利时提交费用减缓证明的，申请人还应当同时提交费用减缓证明纸件原件的扫描文件。

210.【2016 年第 63 题】关于针对审查意见通知书的答复，下列说法正确的是？

A. 电子申请的申请人仍可以采用纸件形式提交答复意见

B. 申请人因正当理由难以在指定期限内做出答复的，可以在期限届满前提出不超过 2 个月的延期请求

C. 直接提交给审查员的答复文件不视为正式答复，不具备法律效力

D. 申请人有两个以上且委托了专利代

理机构的，提交答复意见时可以仅由代表人签字

【解题思路】

申请人提出电子申请并被受理的，除了必须以原件方式提交的各种文件外，办理专利申请的各种手续应当以电子文件形式提交，答复意见自然也应当用电子方式提交。答复审查意见通知书的期限属于指定期限，申请人可以申请延长，延长的期限不得超过2个月。申请人的答复意见应当提交给专利局受理部门，不能直接提交给审查员。申请人如果委托了专利代理机构，答复意见应当由专利代理机构提交，并由代理机构指定的专利代理师签字。

【参考答案】 BC

申请人或专利代理机构可以请求将纸件申请转换为电子申请，涉及国家安全或者重大利益需要保密的专利申请除外。

提出请求的申请人或专利代理机构应当是电子申请用户，并且应当通过电子文件形式提出请求。经审查符合要求的，该专利申请后续手续均应当以电子文件形式提交。使用纸件形式提出请求的，审查员应当发出纸件形式的视为未提出通知书。

211.【2012年第72题】下列关于电子申请的说法哪些是正确的？

A. 以电子文件形式提交申请的，以国家知识产权局电子专利申请系统收到电子文件的日期为申请日

B. 国家知识产权局以电子文件形式发出通知书的，以申请人查阅并下载该通知书的日期为收到通知书之日

C. 未委托专利代理机构的多个申请人以电子文件形式提交申请的，以提交电子申请的电子申请用户为代表人

D. 涉及国家安全的专利申请，不得通过国家知识产权局电子专利申请系统提交

【解题思路】

通过电子文件形式提交专利申请可以被理解为向国家知识产权局的“电子窗口”提交申请，故以国家知识产权局电子系统收到电子文件的日期作为申请日。国家知识产权局以电子文件发出通知书的，自发文日起满15日推定为当事人收到通知书之日，与一般发文相同。多个申请人且未委托代理机构，只能以提交电子申请的电子申请用户为代表人，这样便于通过电子形式发文。涉及国家安全的专利申请需要严格保密，电子系统的保密级别不够，不能通过电子系统提交。

【参考答案】 ACD

212.【2017年第50题】以下关于电子申请的特殊规定正确的是？

A. 电子申请的代表人应当是电子申请的注册用户

B. 电子申请的各种手续应当以电子形式提交，必要时应当在规定的期限内提交纸件原件

C. 电子申请受理范围包括：发明、实用新型和外观设计专利申请、进入国家阶段的国际申请以及复审和无效宣告请求

D. 国家知识产权局电子专利申请系统收到符合专利法及其实施细则规定的专利申请文件之日为申请日

【解题思路】

申请人有两人以上且未委托专利代理机构的，由代表人办理专利申请相关手续。如果代表人不是电子申请的注册用户，就无

法通过电子途径提交申请文件和中间文件。既然通过电子途径申请专利，各种手续原则上应当都通过电子形式提交，不然电子申请就没有意义。不过，一些特殊文件例外，如费用减免证明、专利代理委托书等文件，需要提交原件以防伪造。电子申请属于无纸化办公，更符合环保的要求，除了保密申请不能使用电子申请途径外，原则上三类专利的国内申请、国外进入中国的国际申请以及复审无效宣告程序都可以使用电子途径。电子申请好比是申请人在电子途径上“当面”向国家知识产权局提起专利申请，故以国家知识产权局的受理窗口（电子专利申请系统）收到符合要求的申请文件之日为申请日。

【参考答案】 ABCD

5. 电子发文

《专利审查指南》第5部分第11章第6节规定了电子发文的相关内容。

专利局以电子文件形式通过电子专利申请系统向电子申请用户发送各种通知书和决定。电子申请用户应当及时接收专利局电子文件形式的通知书和决定。电子申请用户未及时接收的，不作公告送达。

自发文日起15日内申请人未接收电子文件形式的通知书和决定的，专利局可以发出纸件形式的该通知书和决定的副本。

213.【2011年第60题】下列关于电子申请的说法哪些是正确的？

A．申请人或者专利代理机构只有通过办理合格的电子申请用户注册手续，才能成为电子申请用户

B．申请人可以通过电子申请系统提交包括保密申请在内的各种专利申请

C．进入中国国家阶段的PCT国际申请可以采用电子文件形式提交

D．国家知识产权局以电子发文形式发送的各种通知书和决定，电子申请用户未及时接收的，国家知识产权局应当公告送达

【解题思路】

电子申请的用户需要申请注册，可以是申请人和专利代理机构。电子申请在保密功能上不能满足保密申请的要求，故保密申请不能通过电子系统提交。PCT申请可以通过电子文件形式提交。电子申请用户未能及时接收通知书的，那是电子系统出了问题，用户的地址还是可以找到，故国家知识产权局将发送纸质文件。公告送达针对的是地址不详、无法联系的申请人。

【参考答案】 AC

214.【2016年第67题】下列关于电子申请的说法哪些是正确的？

A．一般情况下，专利局以电子文件形式通过电子专利申请系统向电子申请用户发送各种通知书和决定

B．电子申请用户未及时接收电子文件形式的通知书的，专利局将作出公告送达

C．自发文日起15日内申请人未接收电子文件形式的通知书和决定的，专利局可以发出纸件形式的该通知书和决定的副本

D．电子方式送达的通知和决定，自发文日起满15日推定为当事人收到日

【解题思路】

电子申请情况下，各种通知书和决定以电子文件形式通过电子专利申请系统发送给用户。需要注意的是，用户未及时接收电子文件，专利局也不作公告送达。发文日起15日内，申请人未接收电子文件，专利局会发出纸件形式的副本。公告送达是实在找不

到对方时候的最终手段，而用户的实际地址是知道的，故寄送纸件就可以。电子方式和邮寄方式，都是从发文日起满15日推定当事人收到。

【参考答案】 ACD

十二、国家知识产权局的行政复议

2012年7月18日，国家知识产权局公布了新的《行政复议规程》，新的规程于2012年9月1日起实施。

（一）国家知识产权局行政复议基本概念与手续

1. 复议参加人

《行政复议规程》第2条："公民、法人或者其他组织认为国家知识产权局的具体行政行为侵犯其合法权益的，可以依照本规程向国家知识产权局申请行政复议。"

《行政复议规程》第6条："依照本规程申请行政复议的公民、法人或者其他组织是复议申请人。在具体行政行为作出时其权利或者利益受到损害的其他利害关系人可以申请行政复议，也可以作为第三人参加行政复议。"

2. 复议机构及其职责

《行政复议规程》第3条："国家知识产权局负责法制工作的机构（以下称'行政复议机构'）具体办理行政复议事项，履行下列职责：

（一）受理行政复议申请；

（二）向有关部门及人员调查取证，调阅有关文档和资料；

（三）审查具体行政行为是否合法与适当；

（四）办理一并请求的行政赔偿事项；

（五）拟订、制作和发送行政复议法律文书；

（六）办理因不服行政复议决定提起行政诉讼的应诉事项；

（七）督促行政复议决定的履行；

（八）办理行政复议、行政应诉案件统计和重大行政复议决定备案事项；

（九）研究行政复议工作中发现的问题，及时向有关部门提出行政复议意见或者建议。"

215.【2018年第25题】国家知识产权局负责法制工作的机构作为行政复议机构，不具备下列哪一职能？

A. 向有关部门及人员调查取证，调阅有关文档和资料

B. 办理与行政复议申请一并请求的行政赔偿

C. 办理重大行政复议决定备案事项

D. 确定具体行政行为违法，直接重新作出具体行政行为

【解题思路】

国家知识产权局作为复议机构，在复议过程中为查明事实需要调查取证。如果出现行政行为错误，行政机关往往需要承担赔偿责任，故国家知识产权局办理行政复议申请时，也需要办理与该复议申请一并请求的行政赔偿事项。重大行政复议决定需要备案，便于今后查询。如果国家知识产权局认为具体行政行为违法，则会决定由被申请人重新作出具体行政行为，而不是自己直接作出。

【参考答案】 D

3. 申请与受理

《行政复议规程》第8条规定："公民、

法人或者其他组织认为国家知识产权局的具体行政行为侵犯其合法权益的，可以自知道该具体行政行为之日起60日内提出行政复议申请。因不可抗力或者其他正当理由耽误前款所述期限的，该期限自障碍消除之日起继续计算。”

216.【2018年第36题】甲对国家知识产权局针对其恢复权利请求的审批通知的意见不服而申请行政复议的，以下说法正确的是？

A．甲某应当自收到恢复权利请求审批通知之日起60日内提出行政复议申请

B．甲某可以委托代理人代为参加行政复议

C．行政复议申请受理后，发现甲某又向人民法院提起行政诉讼并被受理的，驳回行政复议申请

D．行政复议申请受理后，行政复议决定作出之前，复议申请人不得撤回行政复议申请

【解题思路】

行政复议的期限通常为自知道该具体行政行为之日起60日内。申请人可以在行政复议程序中委托代理人。根据一事不再理原则，如果申请人同时向法院提起行政诉讼并被受理，考虑到行政诉讼属于终局解决手段，故行政复议应当被驳回。复议申请人可以撤回复议申请，但需要获得复议机关的同意。

【参考答案】 ABC

《行政复议规程》第10条：“行政复议申请应当符合下列条件：

（一）复议申请人是认为具体行政行为侵犯其合法权益的专利申请人、专利权人、集成电路布图设计登记申请人、集成电路布图设计权利人或者其他利害关系人；

（二）有具体的行政复议请求和理由；

（三）属于行政复议的范围；

（四）在法定申请期限内提出。”

《行政复议规程》第15条：“行政复议机构自收到行政复议申请书之日起5日内，根据情况分别作出如下处理：

（一）行政复议申请符合本规程规定的，予以受理，并向复议申请人发送受理通知书；

（二）行政复议申请不符合本规程规定的，决定不予受理并书面告知理由；

（三）行政复议申请书不符合本规程第11条、第12条规定的，通知复议申请人在指定期限内补正；期满未补正的，视为放弃行政复议申请。”

4. 审理与决定

《行政复议规程》第21条：“具体行政行为认定事实清楚，证据确凿，适用依据正确，程序合法，内容适当的，应当决定维持。”

《行政复议规程》第22条：“被申请人不履行法定职责的，应当决定其在一定期限内履行法定职责。”

《行政复议规程》第23条：“具体行政行为有下列情形之一的，应当决定撤销、变更该具体行政行为或者确认该具体行政行为违法，并可以决定由被申请人重新作出具体行政行为：

（一）主要事实不清，证据不足的；

（二）适用依据错误的；

（三）违反法定程序的；

（四）超越或者滥用职权的；

（五）具体行政行为明显不当的；

（六）出现新证据，撤销或者变更原具体行政行为更为合理的。”

217.【2018 年第 54 题】以下哪些情形，行政复议机构应当决定撤销该具体行政行为？

A. 超越职权

B. 主要事实不清，证据不足

C. 行政复议申请人死亡

D. 申请人与被申请人经行政复议机构批准达成和解

【解题思路】

具体行政行为被撤销的原因是该行政行为存在错误，如超越职权，或者主要事实不清，证据不足。行政复议申请人死亡的，则可以由其继承人继续申请复议。申请人与被申请人达成和解，那并不是原行政行为存在错误，故不应当被撤销。

【参考答案】 AB

《行政复议规程》第 24 条："具体行政行为有下列情形之一的，可以决定变更该具体行政行为：

（一）认定事实清楚，证据确凿，程序合法，但是明显不当或者适用依据错误的；

（二）认定事实不清，证据不足，经行政复议程序审理查明事实清楚，证据确凿的。"

《行政复议规程》第 25 条："有下列情形之一的，应当驳回行政复议申请并书面告知理由：

（一）复议申请人认为被申请人不履行法定职责而申请行政复议，行政复议机构受理后发现被申请人没有相应法定职责或者在受理前已经履行法定职责的；

（二）行政复议机构受理行政复议申请后，发现该行政复议申请不符合受理条件的。"

5. 期间与送达

《行政复议规程》第 30 条："期间开始之日不计算在期间内。期间届满的最后一日是节假日的，以节假日后的第一日为期间届满的日期。本规程中有关'5 日''7 日''10 日'的规定是指工作日，不含节假日。"

《行政复议规程》第 31 条："行政复议决定书直接送达的，复议申请人在送达回证上的签收日期为送达日期。行政复议决定书邮寄送达的，自交付邮寄之日起满 15 日视为送达。

行政复议决定书一经送达，即发生法律效力。"

（二）申请复议的范围

1. 可以申请复议的情形

《行政复议规程》第 4 条："除本规程第五条另有规定外，有下列情形之一的，可以依法申请行政复议：

（一）对国家知识产权局作出的有关专利申请、专利权的具体行政行为不服的；

（二）对国家知识产权局作出的有关集成电路布图设计登记申请、布图设计专有权的具体行政行为不服的；

（三）对国家知识产权局专利复审委员会作出的有关专利复审、无效的程序性决定不服的；

（四）对国家知识产权局作出的有关专利代理管理的具体行政行为不服的；

（五）认为国家知识产权局作出的其他具体行政行为侵犯其合法权益的。"

218.【2015 年第 22 题】申请人对国家

知识产权局作出的下列哪个决定不服的，可以向专利复审委员会请求复审？

A．专利申请视为撤回的决定

B．驳回专利申请的决定

C．不予受理专利申请的决定

D．视为未要求优先权的决定

【解题思路】

对驳回专利申请不服的，其救济手段是向国家知识产权局请求复审，其他的行为则可以通过复议来救济。

【参考答案】 B

2. 不能申请复议的情形

《行政复议规程》第 5 条："对下列情形之一，不能申请行政复议：

（一）专利申请人对驳回专利申请的决定不服的；

（二）复审请求人对复审请求审查决定不服的；

（三）专利权人或者无效宣告请求人对无效宣告请求审查决定不服的；

（四）专利权人或者专利实施强制许可的被许可人对强制许可使用费的裁决不服的；

（五）国际申请的申请人对国家知识产权局作为国际申请的受理单位、国际检索单位和国际初步审查单位所作决定不服的；

（六）集成电路布图设计登记申请人对驳回登记申请的决定不服的；

（七）集成电路布图设计登记申请人对复审决定不服的；

（八）集成电路布图设计权利人对撤销布图设计登记的决定不服的；

（九）集成电路布图设计权利人、非自愿许可取得人对非自愿许可报酬的裁决不服的；

（十）集成电路布图设计权利人、被控侵权人对集成电路布图设计专有权侵权纠纷处理决定不服的；

（十一）法律、法规规定的其他不能申请行政复议的情形。"

219.【2009 年第 56 题】在下列哪些情形下，当事人可以向国家知识产权局申请行政复议？

A．专利申请人对不予受理其申请不服的

B．专利代理机构对撤销其机构的处罚不服的

C．专利申请人对复审决定不服的

D．布图设计权利人对撤销布图设计登记的决定不服的

【解题思路】

考生在复习时需要注意行政复议和复审之间的差异。选项 C 和选项 D 应当提起行政诉讼而不能提起复议，错误。

【参考答案】 AB

220.【2019 年第 62 题】下列哪些情形不能申请行政复议？

A．专利申请人对驳回专利申请的决定不服的

B．复审请求人对复审请求审查决定不服的

C．集成电路布图设计登记申请人对驳回登记申请的决定不服的

D．专利权人或者专利实施强制许可的被许可人对强制许可使用费的裁决不服的

【解题思路】

专利申请人对驳回专利申请或集成电路布图设计不服的，救济手段是向国家知识

产权局申请复审。当事人对复审决定不服，则可提起行政诉讼。当事人对专利强制许可使用费的裁决不服，可直接提起行政诉讼。“裁决”已经暗示了在行政系统中是终局决定，不能申请复议。

【参考答案】 ABCD

第五章　专利申请的复审与专利权的无效宣告

【基本要求】

熟悉复审请求与无效宣告请求的审查制度和程序；掌握复审请求与无效宣告请求的审查原则及规定；掌握关于口头审理的规定。

第一节　概要

一、专利复审和无效部门的任务

【提醒】

2019年2月14日，国家知识产权局发布第295号公告。该公告规定，根据中央机构改革部署，国家知识产权局原专利复审委员会并入国家知识产权局专利局，更名为国家知识产权局专利局复审和无效审理部，为国家知识产权局专利局内设机构，不再保留专利复审委员会。机构调整后，专利复审和无效工作以国家知识产权局的名义开展。对复审和无效案件不服的，以国家知识产权局为被告提起行政诉讼。

2020年《专利法》修改后，删除了关于专利复审委员会的规定，不过《专利法实施细则》《专利审查指南》等相关法律法规尚未进行修改。

本书根据考试大纲，将“专利复审委员会”改为“专利复审和无效部门”。不过，为保持历年真题的“原汁原味”，真题中“专利复审委员会”的表述依然保留。

根据《专利法》第41条的规定，专利复审和无效部门对复审请求进行受理和审查，并作出决定。复审请求案件包括对初步审查和实质审查程序中驳回专利申请的决定不服而请求复审的案件。

根据《专利法》第45条和第46条第1款的规定，专利复审和无效部门对专利权无效宣告请求进行受理和审查，并作出决定。

当事人对专利复审和无效部门的决定不服，依法向人民法院起诉的，专利复审和无效部门以国家知识产权局的名义出庭应诉。

1.【2019年第24题】申请人对国家知识产权局作出的下列哪个决定不服可以请求复审？

A. 不予受理实用新型专利申请的决定

B. 视为未要求优先权的决定

C. 发明专利申请视为撤回的决定

D. 驳回外观设计专利申请的决定

【解题思路】

复审的意思就是再审查一次，意味着国家知识产权局在前面已经审查过一次。专利申请在审查之后才会做出驳回决定，其救济手段是复审。不予受理、视为未要求优先权和视为撤回，其救济手段是复议。

【参考答案】D

二、审查原则

《专利审查指南》第4部分第1章第2节规定了复审请求审查程序的基本原则。

复审请求审查程序（简称复审程序）和无效宣告请求审查程序（简称无效宣告程序）中普遍适用的原则包括：合法原则、公正执法原则、请求原则、依职权审查原则、听证原则和公开原则。

（一）合法原则

专利复审和无效部门应当依法行政，复审请求案件（简称复审案件）和无效宣告请求案件（简称无效宣告案件）的审查程序和审查决定应当符合法律、法规、规章等有关规定。

（二）公正执法原则

专利复审和无效部门以客观、公正、准确、及时为原则，坚持以事实为根据，以法律为准绳，独立地履行审查职责，不徇私情，全面、客观、科学地分析判断，作出公正的决定。

（三）请求原则

复审程序和无效宣告程序均应当基于当事人的请求启动。

请求人在专利复审和无效部门作出复审请求或者无效宣告请求审查决定前撤回其请求的，其启动的审查程序终止；但对于无效宣告请求，专利复审和无效部门认为根据已进行的审查工作能够作出宣告专利权无效或者部分无效的决定的除外。

请求人在审查决定的结论已宣布或者书面决定已经发出之后撤回请求的，不影响审查决定的有效性。

2.【2008年第97题】下列哪些说法是正确的？

A. 专利申请人认为国家知识产权局发出的审查意见通知书结论不正确的，可以向专利复审委员会提出复审请求

B. 专利复审委员会针对实用新型和外观设计专利申请的复审决定是终局决定

C. 在作出复审决定之前，复审请求人撤回其复审请求的，专利复审委员会可以依职权决定继续进行审理

D. 在复审程序中，复审请求人可以向专利复审委员会提出进行口头审理的请求，并且说明理由

【解题思路】

专利复审针对的是国家知识产权局的驳回决定，复审请求人认为审查意见通知书结论不正确的应该进行答复。专利复审和无效部门对三类专利复审请求所作出的决定并不是最终结论，申请人如不服可以提起行政诉讼。专利制度的设计很多地方都偏向于公共利益，如果复审请求人撤回其复审请求，即使专利复审和无效部门觉得根据前面的审查，该专利应该被维持的，也不会继续审理，作出维持专利有效的决定，而是任其撤回。此时，根据前面国家知识产权局作出的驳回决定，该专利申请被驳回，公众可以自由使用。复审程序可以是书面审理，当事人要进行口头审理则需要提出请求。

【参考答案】 D

3.【2017年第88题】关于复审程序中的请求原则，下列说法正确的是？

A. 复审程序应基于当事人的请求启动

B. 请求人在专利复审委员会作出复审请求审查决定前撤回其请求的，复审程序终止

C. 请求人撤回其请求的，复审程序终止，但是专利复审委员会认为根据已进行的审查工作能够作出撤销驳回决定的除外

D. 请求人在审查决定已经发出后撤回请求的，不影响审查决定的有效性

【解题思路】

复审程序是专利申请人对被驳回的专利申请的决定不服而提起的救济程序，应当基于当事人的请求而启动。专利制度的设计很多地方都偏向于公共利益，如在无效宣告程序中，当专利复审和无效部门认为根据已进行的审查工作能够宣告专利权无效或者部分无效时，即使无效宣告请求被撤回或者视为撤回，仍然可以继续审理而不是终止审理。如果专利权被全部无效，那公众就可以自由使用；如果被部分无效，那被无效的那部分公众也可以自由使用。在复审程序中，也体现了偏重公共利益的精神。如果复审请求人撤回其复审请求，那即使专利复审委觉得根据前面的审查，该专利应该被维持的，也不会继续审理，而是任其撤回。此时，根据前面国家知识产权局作出的驳回决定，该专利申请被驳回，公众也可以自由使用。如果审查决定已经发出，当事人提出撤回请求就已经晚了，不能影响审查决定的有效性。

【参考答案】 ABD

（四）依职权审查原则

专利复审和无效部门可以对所审查的案件依职权进行审查，而不受当事人请求的范围和提出的理由、证据的限制。

（五）听证原则

在作出审查决定之前，应当给予审查决定对其不利的当事人针对审查决定所依据的理由、证据和认定的事实陈述意见的机会，即审查决定对其不利的当事人已经通过通知书、转送文件或者口头审理被告知过审查决定所依据的理由、证据和认定的事实，并且具有陈述意见的机会。

在作出审查决定之前，在已经根据人民法院或者地方知识产权管理部门作出的生效的判决或者调解决定变更专利申请人或者专利权人的情况下，应当给予变更后的当事人陈述意见的机会。

4.【2012 年第 64 题】下列关于专利复审程序的说法哪些是正确的？

A. 对不予受理专利申请的决定不服的，可以向专利复审委员会提出复审请求

B. 对驳回专利申请的决定不服的，可以向专利复审委员会提出复审请求

C. 专利复审委员会可以对所审查的复审案件依职权进行审查，而不受当事人请求的范围和提出的理由、证据的限制

D. 专利复审委员会可以直接作出维持驳回决定的复审决定，无须给予当事人陈述意见的机会

【解题思路】

对不予受理不服的，应当申请复议而不是复审。从听证原则出发，维持驳回决定的，需要给当事人陈述意见的机会。驳回专利申请的救济是复审，专利复审虽有准司法的性质，但毕竟属于行政程序，专利复审和无效部门具有更多的自主性，可以依职权进行审查。

【参考答案】 BC

（六）公开原则

除了根据国家法律、法规等规定需要保密的案件（包括专利申请人不服初审驳回提出复审请求的案件）以外，其他各种案件

的口头审理应当公开举行，审查决定应当公开出版发行。

5.【2013 年第 17 题】下列关于无效宣告程序的说法哪个是正确的？

A. 对于关系重大经济利益或者社会影响的专利，专利复审委员会可以自行启动无效宣告程序

B. 无效宣告程序中的口头审理都应当公开举行

C. 请求人撤回无效宣告请求的，无效宣告程序一律终止

D. 在无效宣告程序中，专利复审委员会不承担全面审查专利有效性的义务

【解题思路】

无效宣告必须由当事人启动，审理范围限制在当事人提起的理由之内。如果涉及商业秘密，口头审理则不会公开举行，这和民事诉讼是同样的道理。如果专利复审和无效部门已经可以作出决定了，此时撤回无效宣告就已经晚了。

【参考答案】 D

三、合议审查

《专利审查指南》第 4 部分第 1 章第 3 节规定了合议审查。

专利复审和无效部门合议审查的案件，应当由 3 或 5 人组成的合议组负责审查，其中包括组长 1 人、主审员 1 人、参审员 1 或 3 人。

专利复审和无效部门作出维持专利权有效或者宣告专利权部分无效的审查决定以后，同一请求人针对该审查决定涉及的专利权以不同理由或者证据提出新的无效宣告请求的，作出原审查决定的主审员不再参加该无效宣告案件的审查工作。

对于审查决定被人民法院的判决撤销后重新审查的案件，一般应当重新成立合议组。

四、独任审查

《专利审查指南》第 4 部分第 1 章第 4 节规定了独任审查。

对于简单的案件，可以由 1 人独任审查。

五、回避制度

《专利审查指南》第 4 部分第 1 章第 5 节规定了回避制度和从业禁止。

（一）应当自行回避的情形

复审或者无效宣告案件合议组成员有《专利法实施细则》第 37 条规定情形之一的，应当自行回避；合议组成员应当自行回避而没有回避的，当事人有权请求其回避。

专利复审和无效部门主任委员或者副主任委员任职期间，其近亲属不得代理复审或者无效宣告案件；处室负责人任职期间，其近亲属不得代理该处室负责审理的复审或者无效宣告案件。其中，近亲属包括配偶、父母、子女、兄弟姐妹、祖父母、外祖父母、孙子女、外孙子女和其他具有扶养、赡养关系的亲属。专利复审和无效部门主任委员或者副主任委员离职后 3 年内，其他人员离职后 2 年内，不得代理复审或者无效宣告案件。

《专利法实施细则》第 37 条："在初步审查、实质审查、复审和无效宣告程序中，实施审查和审理的人员有下列情形之一的，应当自行回避，当事人或者其他利害关系人可以要求其回避：

（一）是当事人或者其代理人的近亲属的；

（二）与专利申请或者专利权有利害关系的；

（三）与当事人或者其代理人有其他关系，可能影响公正审查和审理的；

（四）专利复审委员会成员曾参与原申请的审查的。”

6.【2017 年第 90 题】复审案件合议组成员有下列哪几种情形的，应当自行回避或当事人有权请求其回避？

A. 曾参与原申请的审查的

B. 与专利申请有利害关系的

C. 是当事人或者其代理人近亲属的

D. 与当事人或者其代理人有其他关系，可能影响公正审查和审理的

【解题思路】

为避免合议组成员不能公正审理案件，《专利法实施细则》规定了回避制度。合议组成员如果参与原申请的审查，那容易先入为主，坚持自己原来的意见。如果合议组成员与专利申请有利害关系，是当事人近亲属或者与当事人有其他关系，都可能会影响案件的公正审理，故需要回避。回避分为两种，觉悟高的应当自行回避，如果该回避不回避，当事人可以请求其回避。

【参考答案】 ABCD

7.【2019 年第 73 题】在下列哪些情形下，审理无效宣告请求案件的合议组成员应当回避？

A. 曾参与过该案件申请阶段的初审审查

B. 曾参与过该案件申请阶段的实质审查

C. 是无效宣告请求人所委托的代理人的弟弟

D. 曾作为合议组长审理过同一请求人针对同一专利权提出的其他无效宣告请求案件

【解题思路】

合议组成员如果之前参与过涉案专利申请的初步审查或者实质审查，由于该专利是通过他授权的，故可能会有先入为主的偏见，认为该专利应当获得维持，故此时他在无效程序中应当回避。合议组成员如果审理过针对该专利的另一次无效，因为涉及的证据不同，故不会有偏见。合议组成员如果是一方当事人代理人的近亲属，则可能影响公正审理。

【参考答案】 ABC

（二）回避请求的提出

当事人请求合议组成员回避的或者认为代理人不符合上述规定的，应当以书面方式提出，并且说明理由，必要时附具有关证据。

（三）回避请求的处理

专利复审和无效部门对当事人提出的请求，应当以书面方式作出决定，并通知当事人。

六、审查决定

（一）审查决定的构成

《专利审查指南》第 4 部分第 1 章第 6.2 节规定了审查决定的构成。

审查决定包括：审查决定的著录项目、法律依据、决定要点、案由、决定的理由、结论和附图。

（二）审查决定的出版

《专利审查指南》第4部分第1章第6.3节规定了审查决定的出版。

专利复审和无效部门对其所做的复审和无效宣告请求审查决定的正文，除所针对的专利申请未公开的情况以外，应当全部公开出版。对于应当公开出版的审查决定，当事人对审查决定不服向法院起诉并已被受理的，在人民法院判决生效后，审查决定与判决书一起公开。

8.【2019年第74题】关于复审和无效宣告请求审查决定的出版，下列说法正确的是？

A. 复审请求审查决定的正文，应当全部公开出版

B. 外观设计无效宣告请求审查决定的正文，应当全部公开出版

C. 只有生效的复审和无效宣告请求审查决定的正文公开出版

D. 对于应当公开出版的审查决定，当事人对审查决定不服向法院起诉并已被受理的，在人民法院判决生效后，审查决定与判决书一起公开

【解题思路】

提起复审的专利申请可能并没有公开，故此时复审请求审查决定书也不应当公开。专利无效审查决定则不存在涉案专利尚未公开的问题，故无效决定应当公开出版。当然，无效决定应当在生效后公开。如案件涉及行政诉讼，则需要等判决生效。

【参考答案】 BD

七、更正及驳回请求

《专利审查指南》第4部分第1章第7节规定了更正及驳回请求。

受理的更正、通知书的更正、审查决定的更正、视为撤回的更正、其他处理决定的更正，可以自收到通知之日起3个月内向人民法院起诉。

八、对专利复审和无效的决定不服的司法救济

（一）可以请求司法救济的情形

申请人不服有关发明、实用新型和外观设计申请的复审决定的，均可以向法院起诉，获得司法救济。

（二）诉讼时效

根据《专利法》第41条第2款的规定，对专利复审和无效部门的复审决定不服的，诉讼时效为收到通知之日起3个月。

（三）管辖法院

北京知识产权法院成立后，对专利复审和无效部门的决定不服的，管辖法院为北京知识产权法院。

9.【2012年第23题】李某对专利复审委员会作出的复审决定不服，可以采用下列哪种方式寻求救济？

A. 要求专利复审委员会重新成立合议组，对该案件重新进行复审

B. 向国家知识产权局申请行政复议

C. 向北京市第一中级人民法院起诉

D. 向北京市高级人民法院起诉

【解题思路】

对复审决定不服的，可以向法院起诉。2014年北京知识产权法院成立后，对专利复审和无效部门决定不服的，需向北京知识产权法院起诉。需要注意的是，根据《最高人民法院关于知识产权法庭若干问题的规定》，

当事人对一审判决不服的，实行“飞跃上诉”，二审法院不再是北京市高级人民法院，而是最高人民法院。

【参考答案】 无

（四）对法院生效判决的执行

《专利审查指南》第4部分第1章第8节规定了对法院生效判决的执行。

（1）复审请求或者无效宣告请求审查决定被人民法院的生效判决撤销后，专利复审和无效部门应当重新作出审查决定。

（2）因主要证据不足或者法律适用错误导致审查决定被撤销的，不得以相同的理由和证据作出与原决定相同的决定。

（3）因违反法定程序导致审查决定被撤销的，根据人民法院的判决，在纠正程序错误的基础上，重新作出审查决定。

10.【2013年第57题】下列关于无效宣告请求审查决定被人民法院生效判决撤销后的审查程序的说法哪些是正确的？

A. 因主要证据不足导致审查决定被撤销的，不得以相同的理由和证据作出与原决定相同的决定

B. 因法律适用错误导致审查决定被撤销的，不得以相同的理由和证据作出与原决定相同的决定

C. 因违反法定程序导致审查决定被撤销的，根据人民法院的判决，在纠正程序错误的基础上，重新作出审查决定

D. 对于审查决定被人民法院的判决撤销后重新审查的案件，必须重新成立合议组

【解题思路】

专利复审和无效部门需要接受法院的判决，不能依然我行我素。重新审查的案件，一般应当重新成立合议组，但《专利审查指南》没有把话说死，那就意味着特殊情况下还是可以不重新成立合议组。如有时决定书的内容已经由法院判决书确定，专利复审和无效部门只能走个过场，依照判决书作出决定，此时合议组的人员是哪些人其实并不重要。

【参考答案】 ABC

11.【2018年第18题】当事人对专利复审委员会作出的审查决定不服而向人民法院起诉，以下说法正确的是：

A. 当事人应当自收到通知之日起6个月内向人民法院起诉

B. 对于撤销原驳回决定的复审决定，复审请求人不得向人民法院起诉

C. 对于专利复审委员会维持专利权有效的审查决定，专利权人不得向人民法院起诉

D. 因主要证据不足或者法律适用错误导致审查决定被人民法院撤销的，专利复审委员会不得以相同的理由和证据作出与原决定相同的决定

【解题思路】

申请人对专利复审和无效部门的决定不服，可以在收到通知之日起3个月内以国家知识产权局为被告向法院提起行政诉讼。专利复审和无效部门的决定如撤销了原驳回决定或者维持专利权有效，则无疑对复审请求人（即专利申请人）有利，正常的当事人都不会因此提起行政诉讼。不过，法律并没有规定当事人只能对不利的复审决定提起诉讼，故在理论上复审请求人提起行政诉讼也没有问题。专利复审和无效部门需要遵守法院的判决，如果法院判决认为主要证据不足或者法律适用错误，则专利复审和无效部门

就需要据此重新作出决定。当然，专利复审和无效部门也可以依据其他理由作出与原决定相同的决定。

【参考答案】D

第二节 专利申请的复审

一、复审程序的性质

《专利审查指南》第4部分第2章第1节规定了复审程序的性质。

复审程序是因申请人对驳回决定不服而启动的救济程序，同时也是专利审批程序的延续。因此，一方面，专利复审和无效部门一般仅针对驳回决定所依据的理由和证据进行审查，不承担对专利申请全面审查的义务；另一方面，为了提高专利授权的质量，避免不合理地延长审批程序，专利复审和无效部门可以依职权对驳回决定未提及的明显实质性缺陷进行审查。

12.【2013年第61题】下列关于复审程序的说法哪些是正确的？

A. 复审程序是专利审批程序的延续

B. 专利复审和无效部门不必对专利申请进行全面审查

C. 原专利审查部门的前置审查不是复审程序的必经程序

D. 对专利复审和无效部门作出的决定不服的，均不能申请行政复议

【解题思路】

复审程序是对驳回申请的救济程序，属于审批程序的延续，专利复审和无效部门主要是对申请人提起复审的内容进行审查。前置审查是复审程序中的必经程序。专利复审和无效部门作出的程序性的决定，可以申请复议。

【参考答案】AB

13.【2017年第26题】专利申请人对驳回决定不服的，可以通过下列哪种程序进行救济？

A. 复议程序

B. 复审程序

C. 申诉程序

D. 异议程序

【解题思路】

对驳回专利申请不服的救济程序是向国家知识产权局专利局复审和无效部门提起复审，对复审结果不服则是向北京知识产权法院提起行政诉讼。

【参考答案】B

二、复审请求的形式审查

《专利审查指南》第4部分第2章第2节规定了复审请求的形式审查。

专利复审和无效部门收到复审请求书后，应当进行形式审查。

（一）形式审查的内容

1. 复审请求客体

《专利审查指南》第4部分第2章第2.1节规定了复审请求客体。

对专利局作出的驳回决定不服的，专利申请人可以向专利复审和无效部门提出复审请求。复审请求不是针对专利局作出的驳回决定的，不予受理。

14.【2017年第92题】关于复审请求案件的范围，下列说法正确的是？

A. 对发明初步审查程序中驳回专利申请的决定不服而请求复审的案件

B．对实用新型初步审查程序中驳回专利申请的决定不服而请求复审的案件

C．对外观设计初步审查程序中驳回专利申请的决定不服而请求复审的案件

D．对发明实质审查程序中驳回专利申请的决定不服而请求复审的案件

【解题思路】

所谓复审顾名思义就是重新再进行一次审查，针对的就是审查程序中的驳回专利申请的情形，请求专利复审和无效部门再次进行审查。发明、实用新型和外观设计都是平等的，都有权进行复审。对发明来说，驳回决定可以是在实质审查程序中，也可以在初步审查程序中；对实用新型和外观设计而言，只能是在初步审查程序中。不管是初审还是实质审查，被驳回都可以请求复审。

【参考答案】 ABCD

15.【2019 年第 25 题】在满足其他受理条件的情况下，下列哪个复审请求应当予以受理？

A．甲和乙共有的发明专利申请被驳回后，甲独自提出复审请求

B．某公司的发明专利申请被驳回，该申请的发明人作为复审请求人提出复审请求

C．申请人自收到驳回决定之日起二个月内提出复审请求

D．申请人对国家知识产权局做出的专利申请视为撤回通知书不服提出复审请求

【解题思路】

专利复审的请求人必须是专利申请人，发明人不具有资格。如果专利是共同申请，则需要全部申请人共同提起。专利复审针对的是驳回专利申请的决定，期限是收到驳回决定之日起 3 个月内。

【参考答案】 C

2. 复审请求人资格

《专利审查指南》第 4 部分第 2 章第 2.2 节规定了复审请求人的资格。

被驳回申请的申请人可以向专利复审和无效部门提出复审请求。复审请求人不是被驳回申请的申请人的，其复审请求不予受理。

被驳回申请的申请人属于共同申请人的，如果复审请求人不是全部申请人，专利复审和无效部门应当通知复审请求人在指定期限内补正；期满未补正的，其复审请求视为未提出。

16.【2008 年第 9 题】王某于 2005 年 8 月向国家知识产权局提出了一件外观设计专利申请，2005 年 10 月王某将该外观设计专利申请权转让给张某，并到国家知识产权局办理了相关手续。国家知识产权局经审查于 2006 年 4 月驳回了该外观设计专利申请。下列哪些说法是正确的？

A．张某对该外观设计专利申请驳回决定不服的，可以向专利复审委员会申请行政复议

B．张某对该外观设计专利申请驳回决定不服的，可以向专利复审委员会提出复审请求

C．王某对该外观设计专利申请驳回决定不服的，可以向专利复审委员会申请行政复议

D．王某对该外观设计专利申请驳回决定不服的，可以向专利复审委员会提出复审请求

【解题思路】

专利复审和无效部门的名字中带有“复审”两字，顾名思义，其进行的程序是复审而不是复议。有权提起复审的应该是申请人，这里的申请人本质上指的是权利人。本题中申请人王某将申请权转让给了张某，故只有张某才有权提起复审请求。

【参考答案】 B

17.【2017 年第 25 题】一项被驳回申请有多个申请人和多个发明人，关于其复审请求的下述哪种说法是正确的？

A. 任何一个或几个申请人提出复审请求都应当被受理

B. 任何一个或几个发明人提出复审请求都应当被受理

C. 只有所有的申请人共同提出复审请求才应当被受理

D. 只有所有的申请人和发明人共同提出复审请求才应当被受理

【解题思路】

提起复审请求是专利申请人的权利。如果有多个申请人，那得由全体申请人共同提出。发明人并不是申请人，没有提起复审的权利。

【参考答案】 C

3. 期限

《专利审查指南》第 4 部分第 2 章第 2.3 节规定了复审请求的期限。

（1）在收到专利局作出的驳回决定之日起 3 个月内，专利申请人可以向专利复审和无效部门提出复审请求；提出复审请求的期限不符合上述规定的，复审请求不予受理。

（2）提出复审请求的期限不符合上述规定，但在专利复审和无效部门作出不予受理的决定后复审请求人提出恢复权利请求的，如果该恢复权利请求符合《专利法实施细则》第 6 条和第 99 条第 1 款有关恢复权利的规定，则允许恢复且复审请求应当予以受理；不符合该有关规定的，不予恢复。

（3）提出复审请求的期限不符合上述规定，但在专利复审和无效部门作出不予受理的决定前复审请求人提出恢复权利请求的，可对上述两请求合并处理；该恢复权利请求符合《专利法实施细则》第 6 条和第 99 条第 1 款有关恢复权利的规定的，复审请求应当予以受理；不符合该有关规定的，复审请求不予受理。

18.【2010 年第 6 题】刘某于 2009 年 5 月 6 日收到国家知识产权局对其专利申请作出的驳回决定。下列做法哪些不符合相关规定？

A. 刘某于 2009 年 9 月 10 日就该驳回决定向专利复审委员会提出复审请求

B. 刘某的妻子王某于 2009 年 7 月 10 日就该驳回决定向专利复审委员会提出复审请求

C. 刘某于 2009 年 9 月 10 日就该驳回决定向国家知识产权局提出行政复议申请

D. 刘某于 2009 年 7 月 10 日就该驳回决定向北京市第一中级人民法院提起行政诉讼

【解题思路】

有权提起复审的应当是申请人，刘某的妻子不是申请人。对驳回决定的救济是向专利复审和无效部门申请复审而不是复议或者是诉讼。提起复审的时间是在收到驳回决定之日起 3 个月内，刘某 2009 年 5 月 6 日收到驳回决定，应该在8月6日前提起复审。

【参考答案】 ABCD

4. 文件形式

《专利审查指南》第4部分第2章第2.4节规定了复审请求的文件形式。

（1）复审请求人应当提交复审请求书，说明理由，必要时还应当附具有关证据。

（2）复审请求书应当符合规定的格式，不符合规定格式的，专利复审和无效部门应当通知复审请求人在指定期限内补正；期满未补正或者在指定期限内补正但经两次补正后仍存在同样缺陷的，复审请求视为未提出。

19.【2011年第38题】下列关于复审请求的说法哪些是正确的？

A. 复审请求人不是被驳回申请的申请人的，专利复审委员会将不予受理复审请求

B. 在收到国家知识产权局作出的驳回决定之日起3个月后，专利申请人向专利复审委员会提出复审请求的，复审请求将一律不予受理

C. 被驳回的申请有两个以上申请人的，如果复审请求人不是全部申请人，专利复审委员会将发出补正通知书

D. 复审请求人提交的复审请求书中未附具证据的，专利复审委员会将通知复审请求人在指定期限内补正

【解题思路】

有权提出复审请求的只能是被驳回申请的申请人。申请人如果提出复审请求时超过了期限，还可以申请恢复权利。共同申请被驳回，应当由全部申请人提出复审请求，部分申请人提起复审的，专利复审和无效部门将会要求补正。提起复审请求一般不需要附有证据，比如驳回的理由是权利要求得不到说明书的支持，双方的争辩基本上都是围绕申请文件来进行。

【参考答案】 AC

20.【2017年第87题】关于复审请求的形式审查，以下说法正确的是？

A. 复审请求人应当提交复审请求书，说明理由，必要时还应当附具有关证据

B. 复审请求人在收到驳回决定之日起三个月内提出了复审请求，但在此期限内未缴纳或者未缴足复审费的，其复审请求视为未提出

C. 复审请求人在专利复审委员会办理委托手续，但提交的委托书中未写明委托权限仅限于办理复审程序有关事务的，应当在指定期限内补正，期满未补正的，视为未委托

D. 复审请求视为未提出或者不予受理的，专利复审委员会应当发出复审请求视为未提出通知书或者复审请求不予受理通知书，通知复审请求人

【解题思路】

申请复审需要提交复审请求书，说明相关理由，这点应无异议。专利复审不一定需要证据，如争辩权利要求是否得到说明书支持，就往往不需要证据。复审请求费的缴纳时间和提起复审申请的期限一致，都是在收到驳回决定之日起3个月内。如果请求人未及时缴纳费用，则复审请求视为未提出。专利申请人委托进行专利申请的代理机构和进行复审的代理机构往往并不是一家，如果在专利复审和无效部门提交的委托手续中没有特别写明委托权限仅限于办理复审手续，那似乎意味着连申请业务也会转移到该代理

机构处理。为避免误解，复审委托书中必须写明仅限于复审业务。专利复审和无效部门不管是对复审请求视为未提出还是不予受理，都应当尊重复审请求人的知情权，需要发出相应的通知书，通知复审请求人，避免请求人失去救济机会。

【参考答案】 ABCD

5. 费用

《专利审查指南》第4部分第2章第2.5节规定了复审请求的费用。

（1）复审请求人在收到驳回决定之日起3个月内提出了复审请求，但在此期限内未缴纳或者未缴足复审费的，其复审请求视为未提出。

（2）在专利复审和无效部门作出视为未提出决定后复审请求人提出恢复权利请求的，如果恢复权利请求符合《专利法实施细则》第6条和第99条第1款有关恢复权利的规定，则允许恢复且复审请求应当予以受理；不符合上述规定的，不予恢复。

（3）在收到驳回决定之日起3个月后才缴足复审费，且在作出视为未提出决定前提出恢复权利请求的，可对上述两请求合并处理；该恢复权利请求符合《专利法实施细则》第6条和第99条第1款有关恢复权利的规定的，复审请求应当予以受理；不符合该有关规定的，复审请求视为未提出。

21.【2009年第64题】国家知识产权局于2008年6月6日向张某发出了驳回其专利申请的决定，如张某不服驳回决定欲提出复审请求，下列做法哪些是正确的？

A. 在2008年9月12日提出复审请求，并同时缴足复审费

B. 在2008年11月6日提出复审请求，并同时提交恢复权利请求书，缴足复审费和恢复权利请求费，说明没有在规定期限内提出复审请求的正当理由

C. 在2008年8月21日提出复审请求，并在2008年9月19日缴足复审费

D. 在2008年9月9日提出复审请求，并在2008年9月24日缴足复审费

【解题思路】

申请人提出复审请求和递交费用的期限都是在收到驳回决定3个月之内。本题中，驳回决定发出日期为2008年6月6日，推定张某15天后收到，那就是2008年6月21日。张某提出复审请求和递交费用的期限都是3个月以内，即2008年9月21日之前。A和C选项中提出请求和缴费都在9月21日之前，符合要求。D选项中在9月24日缴费，超过了期限。张某在2个月的恢复期内提出复审请求，并同时提交恢复权利请求书，缴足复审费和恢复权利请求费，说明没有在规定期限内提出复审请求的正当理由，符合要求。

【参考答案】 ABC

22.【2019年第77题】王某对国家知识产权局驳回其发明专利申请的决定不服，请求复审。下列说法正确的是？

A. 王某的复审请求应当在收到驳回决定之日起三个月内提出

B. 王某可以请求延长提出复审请求的期限

C. 在复审程序中，王某不得请求延长答复审查意见的期限

D. 王某在收到驳回决定之日起三个月内未缴纳或者未缴足复审费的，其复审请求视为未提出

【解题思路】

申请人请求复审的期限为收到驳回决定之日起3个月内，该期限为法定期限，不能延长。在复审程序中，审查员给出的答复审查意见的期限为指定期限，可以延长。复审需要交费，如果没有在规定期限内交费，复审机关不会进行审查。"复审请求视为未提出"的意思是王某之前提交的相关文件就当没有提交过。

【参考答案】 AD

6. 委托手续

《专利审查指南》第4部分第2章第2.6节规定了复审请求的委托手续。

（1）复审请求人委托专利代理机构请求复审或者解除、辞去委托的，应当参照《专利审查指南》第1部分第1章第6.1节的规定在专利局办理手续。但是，复审请求人在复审程序中委托专利代理机构，且委托书中写明其委托权限仅限于办理复审程序有关事务的，其委托手续或者解除、辞去委托的手续应当参照上述规定在专利复审和无效部门办理，无须办理著录项目变更手续。

复审请求人在专利复审和无效部门办理委托手续，但提交的委托书中未写明委托权限仅限于办理复审程序有关事务的，应当在指定期限内补正；期满未补正的，视为未委托。

（2）复审请求人与多个专利代理机构同时存在委托关系的，应当以书面方式指定其中一个专利代理机构作为收件人；未指定的，专利复审和无效部门将在复审程序中最先委托的专利代理机构视为收件人；最先委托的专利代理机构有多个的，专利复审和无效部门将署名在先的视为收件人；署名无先后（同日分别委托）的，专利复审和无效部门应当通知复审请求人在指定期限内指定；未在指定期限内指定的，视为未委托。

（3）对于根据《专利法》第18条第1款规定应当委托专利代理机构的复审请求人，未按规定委托的，其复审请求不予受理。

23.【2014年第52题】甲拟就其被驳回的专利申请提出复审请求。下列说法哪些是正确的？

A. 若甲未在提出复审请求同时缴足复审费，则其复审请求视为未提出

B. 若甲提交的复审请求书不符合规定格式，则其复审请求将被不予受理

C. 若甲委托专利代理机构乙仅为其办理复审程序有关事务，则应当向专利复审和无效部门提交专利代理委托书

D. 若甲与多个专利代理机构同时存在委托关系，则应当以书面方式指定其中一个专利代理机构作为收件人

【解题思路】

复审费的缴纳期限是收到驳回决定之日起的3个月内，并不要求在提起复审的时候一并缴纳。如果是收到驳回决定后1个月提起复审，2个月缴纳费用，那也完全可以。如果复审请求书不符合规定，那应该给补正的机会。如果企业委托专利机构仅办理复审事务的，应当向专利复审和无效部门提交委托书。如果企业和多个代理机构同时存在委托关系，必须要书面指定一个代理机构作为收件人，不然文件就不知该如何送达。

【参考答案】 CD

24.【2018年第19题】关于复审程序中的委托手续，以下说法错误的是：

A．复审请求人在复审程序中委托专利代理机构，且委托书中写明其委托权限仅限于办理复审程序有关事务的，其委托手续应当在专利复审委员会办理

B．复审请求人在专利复审委员会办理委托手续，但提交的委托书中未写明委托权限仅限于办理复审程序有关事务的，应当在指定期限内补正；期满未补正的，视为未委托

C．对于根据《专利法》第18条第1款规定应当委托专利代理机构的复审请求人，未按规定委托的，其复审请求不予受理

D．复审请求人与多个专利代理机构同时存在委托关系的，其复审请求不予受理

【解题思路】

复审请求人在复审程序中委托专利代理机构，其委托的事务就是在专利复审和无效部门代理专利复审事项，应当在专利复审和无效部门办理委托手续。如果委托书有问题，需要补正，未补正则该委托书没有法律效力，会被视为未委托。如果请求人应当委托代理而没有委托，那么在程序上不合格，复审请求不予受理。复审请求人与多个专利代理机构同时存在委托关系，同时也没有指定哪个代理机构为收件人，则专利复审和无效部门会指定最先委托的代理机构为收件人，而不是复审请求不予受理。

【参考答案】 D

（二）形式审查通知书

《专利审查指南》第4部分第2章第2.7节规定了专利复审的形式审查通知书。

（1）复审请求经形式审查不符合《专利法》及其实施细则和审查指南有关规定需要补正的，专利复审和无效部门应当发出补正通知书，要求复审请求人在收到通知书之日起15日内补正。

（2）复审请求视为未提出或者不予受理的，专利复审和无效部门应当发出复审请求视为未提出通知书或者复审请求不予受理通知书，通知复审请求人。

（3）复审请求经形式审查符合《专利法》及其实施细则和审查指南有关规定的，专利复审和无效部门应当发出复审请求受理通知书，通知复审请求人。

25.【2013年第34题】下列关于复审请求受理的说法哪些是正确的？

A．请求人在收到驳回决定3个月后提出复审请求的，专利复审委员会将发出复审请求不予受理通知书

B．复审请求书不符合规定格式的，专利复审委员会将发出复审请求视为未提出通知书

C．复审请求经形式审查符合相关规定的，专利复审委员会将发出复审请求受理通知书

D．复审请求人是在中国没有经常居所的外国人且未委托专利代理机构的，专利复审委员会将发出复审请求不予受理通知书

【解题思路】

复审请求书如果不符合规定格式，那专利复审和无效部门要求申请人补正，期满未补正才视为未提出。如果不给补正的机会，直接视为未提出就过于苛刻。提起复审的期限超过了3个月，以及外国请求人没有申请代理机构的，都违背了专利法中的实质性条款，专利复审和无效部门不予受理。

【参考答案】 ACD

三、复审请求的前置审查

《专利审查指南》第4部分第2章第3节规定了复审请求的前置审查。

根据《专利法实施细则》第62条的规定，专利复审和无效部门应当将经形式审查合格的复审请求书（包括附具的证明文件和修改后的申请文件）连同案卷一并转交作出驳回决定的原审查部门进行前置审查。

原审查部门应当提出前置审查意见，作出前置审查意见书。除特殊情况外，前置审查应当在收到案卷后1个月内完成。

前置审查意见分为下列三种类型：

（1）复审请求成立，同意撤销驳回决定；

（2）复审请求人提交的申请文件修改文本克服了申请中存在的缺陷，同意在修改文本的基础上撤销驳回决定；

（3）复审请求人陈述的意见和提交的申请文件修改文本不足以使驳回决定被撤销，因而坚持驳回决定。

四、复审请求的合议审查

（一）理由和证据的审查

《专利审查指南》第4部分第2章第4.1节规定了理由和证据的审查。

在复审程序中，合议组一般仅针对驳回决定所依据的理由和证据进行审查。

除驳回决定所依据的理由和证据外，合议组发现审查文本中存在下列缺陷的，可以对与之相关的理由及其证据进行审查，并且经审查认定后，应当依据该理由及其证据作出维持驳回决定的审查决定：

（1）足以用在驳回决定作出前已告知过申请人的其他理由及其证据予以驳回的缺陷。

（2）驳回决定未指出的明显实质性缺陷或者与驳回决定所指出缺陷性质相同的缺陷。

例如，驳回决定指出权利要求1不具备创造性，经审查认定该权利要求请求保护的明显是永动机时，合议组应当以该权利要求不符合《专利法》第22条第4款的规定为由作出维持驳回决定的复审决定。

又如，驳回决定指出权利要求1因存在含义不确定的用语，导致保护范围不清楚，合议组发现权利要求2同样因存在此类用语而导致保护范围不清楚时，应当在复审程序中一并告知复审请求人；复审请求人的答复未使权利要求2的缺陷被克服的，合议组应当以不符合《专利法》第26条第4款的规定为由作出维持驳回决定的复审决定。

在合议审查中，合议组可以引入所属技术领域的公知常识，或者补充相应的技术词典、技术手册、教科书等所属技术领域中的公知常识性证据。

26.【2016年第71题】申请人李某的发明专利申请因不具备创造性被驳回，李某不服该驳回决定向专利复审委员会提出了复审请求，关于复审合议审查下列哪些说法是正确的？

A. 如果李某提出复审请求时未修改专利申请文件，专利复审委员会经审查后认为该发明不具备创造性，则可以直接做出维持驳回决定的复审决定

B. 如果李某提出复审请求时提交的申请文件修改内容超出了原始说明书和权利要求书的记载范围，则专利复审委员会可以依

职权对该缺陷进行审查并向李某发出复审通知书

C. 如果专利复审委员会经审查认定该发明明显是永动机，专利复审委员会最终可以以发明不具备实用性为由维持驳回决定

D. 如果专利复审委员会经审查认定该发明明显是永动机，专利复审委员会将直接撤销驳回决定，发回原审查部门重新审理

【解题思路】

专利复审和无效部门在作出维持驳回决定的复审决定前应当给申请人陈述意见的机会，不能够直接作出决定。对于修改超范围这种明显的实质性缺陷，专利复审和无效部门可以依职权进行审查。专利复审和无效部门如果发现不具备实用性这种明显的实质性缺陷，从节约程序的角度出发，可以直接驳回而不需要发回原部门重新审理。

【参考答案】 BC

27.【2018 年第 72 题】无效宣告程序中，下列关于专利复审委员会可以依职权进行审查的说法，正确的是：

A. 无效宣告理由为全部的权利要求不具备创造性，合议组认为涉案专利权保护的主题明显是一种智力活动的规则，属于《专利法》第 25 条第 1 款规定的不授予专利权的客体，合议组可以依职权对该缺陷进行审查

B. 无效宣告理由为独立权利要求 1 不具备创造性，合议组认为该权利要求因不清楚而无法确定其保护范围，不符合《专利法》第 26 条第 4 款的规定，合议组可以依职权对该缺陷进行审查

C. 请求人以权利要求 1 不具备新颖性、从属权利要求 2 不具备创造性为由请求宣告专利权无效，合议组审查后认定权利要求 1 具有新颖性但不具备创造性、从属权利要求 2 不具备创造性，合议组可以依职权对权利要求 1 的创造性进行审查

D. 请求人以权利要求 1 增加了技术特征而导致其不符合《专利法》第 33 条的规定为由请求宣告权利要求 1 无效，而未指出从属权利要求 2 也存在同样的缺陷，专利复审委员会可以引入《专利法》第 33 条的无效宣告理由对从属权利要求 2 进行审查

【解题思路】

不管是法院还是专利复审和无效部门，都可以发挥主观能动性，依照职权主动进行一些审查。专利复审和无效部门依职权审查的情形包括：①驳回决定未指出的明显实质性缺陷，如 A 选项中的不授予专利权的客体，B 选项中的不清楚；②与驳回决定所指出缺陷性质相同的缺陷，如 C 选项中权利要求 1 的创造性问题和申请人提出的权利要求 2 不具备创造性属于同一种缺陷，D 选项中权利要求 2 修改超范围，也与权利要求 1 存在的问题相同。

【参考答案】 ABCD

28.【2019 年第 75 题】复审请求的合议审查中，下列说法正确的是？

A. 在复审程序中，除驳回决定所依据的理由和证据外，合议组发现审查文本中存在其他明显实质性缺陷的，可以依职权对与之相关的理由及其证据进行审查

B. 在复审程序中，合议组只能针对驳回决定所依据的理由和证据进行审查

C. 在合议审查中，合议组可以补充相应的技术词典、技术手册、教科书等所属技术领域中的公知常识性证据

D．为了保证授权专利的质量，合议组可以引入新的对比文件，并告知申请人对此陈述意见

【解题思路】

复审和无效程序中，合议组可以发挥“主观能动性”，对驳回决定所依据的理由和证据之外的其他“明显实质性缺陷”进行审查，也可以引入公知常识性证据。不过合议组如果引入新的对比文件，那就是完全站在复审请求人的对立面，复审程序变成了又一次实质审查。

【参考答案】 AC

（二）修改文本的审查

《专利审查指南》第4部分第2章第4.2节规定了修改文本的审查。

在提出复审请求、答复复审通知书（包括复审请求口头审理通知书）或者参加口头审理时，复审请求人可以对申请文件进行修改。但是，所作修改应当符合《专利法》第33条和《专利法实施细则》第61条第1款的规定。

根据《专利法实施细则》第61条第1款的规定，复审请求人对申请文件的修改应当仅限于消除驳回决定或者合议组指出的缺陷。下列情形通常不符合上述规定：

（1）修改后的权利要求相对于驳回决定针对的权利要求扩大了保护范围；

（2）将与驳回决定针对的权利要求所限定的技术方案缺乏单一性的技术方案作为修改后的权利要求；

（3）改变权利要求的类型或者增加权利要求；

（4）针对驳回决定指出的缺陷未涉及的权利要求或者说明书进行修改。但修改明显文字错误，或者修改与驳回决定所指出缺陷性质相同的缺陷的情形除外。

29.【2014年第68题】某发明专利申请的权利要求如下：

1. 一种产品，包括特征L。

2. 如权利要求1所述的产品，还包括特征M。

3. 如权利要求1或2所述的产品，还包括特征N。”

国家知识产权局经审查以权利要求1、2不具备创造性为由作出驳回决定。复审请求人在复审程序中所做的下列哪些修改或者意见陈述可能会使专利复审委员会作出撤销驳回决定的决定？

A．删除权利要求1和2

B．合并权利要求1和2

C．在意见陈述书中详细说明了权利要求1和2具备创造性的理由

D．修改说明书，完善对应权利要求3产品的技术方案

【解题思路】

国家知识产权局认为权利要求1和2缺乏创造性，但没提到权利要求3，那意味着权利要求3具有创造性，故删除权利要求1和2是按照国家知识产权局的意见修改，是一项可行的策略。权利要求2是权利要求1的从属权利要求，合并权利要求1和2，得到的其实还是权利要求2，依然缺乏创造性。在意见陈述书中陈述权利要求1和2具有创造性，那是针对国家知识产权局的意见进行争辩，也是一项可行的策略。修改说明书，完善技术方案属于修改超范围。

【参考答案】 AC

30.【2015年第24题】复审请求人甲

某在复审程序中对申请文件进行了修改，下列哪个修改符合相关规定？

A．驳回理由是权利要求1不具备创造性，甲某对权利要求进行修改时将权利要求1的类型由方法修改为产品

B．驳回理由是权利要求1得不到说明书支持，甲某对权利要求进行修改时增加了一项从属权利要求

C．驳回理由是权利要求1不具备创造性，甲某对权利要求进行修改时将权利要求1中的一个技术特征删除

D．驳回理由是权利要求1缺少必要技术特征，甲某对权利要求进行修改时将说明书中相应技术方案的特征补入到权利要求1中

【解题思路】

在复审程序中，修改应当仅限于消除驳回决定或者合议组指出的缺陷，D选项正是针对驳回理由进行的修改，符合要求。A选项改变了权利要求的类型，B选项增加了从属权利要求，C选项选择删除技术特征扩大了保护范围，都不符合相关规定。

【参考答案】 D

31.【2017年第89题】复审请求人在复审程序中何时可以对申请文件进行修改？

A．提出复审请求

B．答复复审通知书

C．参加口头审理

D．在复审程序中的任意时间

【解题思路】

申请人在复审程序中可以对申请文件进行修改，但也会有时间限制，不可能在复审程序的任何时间都能进行修改。如果口头辩论已经结束后，还能允许申请人对文件进行修改，那就还需要对修改后的文本再进行审查，复审程序就会无限制地被延长。

【参考答案】 ABC

32.【2019年第21题】甲提出一项发明专利申请，其权利要求书包括独立权利要求1及其从属权利要求2-6。国家知识产权局以独立权利要求1相对于对比文件1和2的结合缺乏创造性为由驳回了该专利申请。甲不服，就此提出复审请求，下列做法不能被允许的是？

A．删除独立权利要求1

B．用从属权利要求2的部分特征进一步限定独立权利要求1，并在从属权利要求2中删除相应的特征

C．将独立权利要求1由产品权利要求改为专用于制造该产品的方法权利要求

D．只陈述独立权利要求1相对于对比文件1和2的结合具备创造性的理由

【解题思路】

国家知识产权局认为独立权利要求1缺乏创造性，甲如果同意该观点，可以删除该独立权利要求，也可以在权利要求1中补充技术特征。甲如果不同意该观点，则可以争辩权利要求1具有创造性。不过改变权利要求1的权利类型超过了修改范围，不能允许。需要注意的是B选项，该操作其实并未改变权利要求2的保护范围。假定权利要求1的技术特征为a，权利要求2的附加技术特征为b和c，则权利要求2的技术特征实际上是a、b和c。现将权利要求1改为a、b，权利要求2中的附加技术特征为c，此时权利要求2的技术特征还是a、b和c。

【参考答案】 C

（三）审查方式

《专利审查指南》第4部分第2章第4.3节规定了审查方式。

针对一项复审请求，合议组可以采取书面审理、口头审理或者书面审理与口头审理相结合的方式进行审查。

根据《专利法实施细则》第63条第1款的规定，有下列情形之一的，合议组应当发出复审通知书（包括复审请求口头审理通知书）或者进行口头审理：

（1）复审决定将维持驳回决定；

（2）需要复审请求人依照专利法及其实施细则和审查指南有关规定修改申请文件，才有可能撤销驳回决定；

（3）需要复审请求人进一步提供证据或者对有关问题予以说明；

（4）需要引入驳回决定未提出的理由或者证据。

针对合议组发出的复审通知书，复审请求人应当在收到该通知书之日起1个月内针对通知书指出的缺陷进行书面答复；期满未进行书面答复的，其复审请求视为撤回。复审请求人提交无具体答复内容的意见陈述书的，视为对复审通知书中的审查意见无反对意见。

针对合议组发出的复审请求口头审理通知书，复审请求人应当参加口头审理或者在收到该通知书之日起1个月内针对通知书指出的缺陷进行书面答复；如果该通知书已指出申请不符合《专利法》及其实施细则和审查指南有关规定的事实、理由和证据，复审请求人未参加口头审理且期满未进行书面答复的，其复审请求视为撤回。

33.【2012年第79题】针对陈某提出的一项发明专利申请，国家知识产权局以权利要求1相对于对比文件1与公知常识的结合不具备创造性为由作出了驳回决定，陈某对驳回决定不服向专利复审委员会提出复审请求。下列说法哪些是正确的？

A. 陈某在提出复审请求时，可以结合证据说明权利要求1相对于对比文件1与公知常识的结合具备创造性

B. 陈某在提出复审请求时，可以对独立权利要求2进行修改，以克服权利要求2没有得到说明书支持的缺陷

C. 专利复审委员会在合议审查中可以引入技术词典作为公知常识证据

D. 专利复审委员会认为权利要求1还存在不清楚的缺陷，拟以此为理由维持驳回决定的，应当发出复审通知书或者进行口头审理

【解题思路】

国家知识产权局的驳回理由是权利要求1不具备创造性，申请人对该理由进行反驳是应有之义。专利复审和无效部门并没有对权利要求2提出意见，陈某对权利要求2修改并不是针对驳回决定所进行的修改，不符合要求。专利复审和无效部门可以引入公知常识。根据听证原则，专利复审和无效部门引入驳回决定未提出的理由，需要给请求人答复的机会。

【参考答案】 ACD

34.【2017年第91题】在复审请求审查过程中，在下列哪些情形下，合议组应当发出复审通知书或进行口头审理？

A. 复审决定将维持原驳回决定的

B. 需要引入驳回决定未提出的理由或者证据的

C. 复审请求的理由成立，将撤销原驳回决定的

D. 需要复审请求人进一步提供证据或者对有关问题予以阐明的

【解题思路】

在复审程序中，如果合议组将作出对复审请求人不利的决定，那么应当给复审请求人争辩的机会。此时，就需要发出复审通知书给请求人答辩的机会，或者进行口头审理，让请求人有机会当庭答辩。复审决定将维持原来的驳回决定、引入驳回决定未提出的理由或者证据都会对复审请求人不利，需要复审请求人进一步提供证据或者对有关问题予以阐明。如果不发出复审通知书或者不进行口头审理，则申请人都没有机会发表意见。对于复审请求成立，将撤销原驳回决定的，那对申请人有利，没有必要再发出复审通知书或进行口头审理。

【参考答案】 ABD

五、复审决定

（一）复审决定的类型

《专利审查指南》第4部分第2章第5节规定了复审审查决定的类型。

复审请求审查决定（简称复审决定）分为下列三种类型：

（1）复审请求不成立，维持驳回决定；

（2）复审请求成立，撤销驳回决定；

（3）专利申请文件经复审请求人修改，克服了驳回决定所指出的缺陷，在修改文本的基础上撤销驳回决定。上述第（2）种类型包括下列情形：

①驳回决定适用法律错误的；

②驳回理由缺少必要的证据支持的；

③审查违反法定程序的，例如，驳回决定以申请人放弃的申请文本或者不要求保护的技术方案为依据；在审查程序中没有给予申请人针对驳回决定所依据的事实、理由和证据陈述意见的机会；驳回决定没有评价申请人提交的与驳回理由有关的证据，以至于可能影响公正审理的；

④驳回理由不成立的其他情形。

35.【2013年第42题】国家知识产权局以李某的发明专利申请权利要求1不具备实用性为由驳回了该申请。李某提出复审请求，同时提交了权利要求书修改替换页。专利复审委员会在复审通知书中指出：（1）修改后的权利要求书超出了原始申请文件记载的范围；（2）驳回决定所针对的权利要求1不具备实用性。下列说法哪些是正确的？

A. 若李某未对申请文件作进一步修改，则专利复审委员会可以以该修改超范围为由维持驳回决定

B. 若李某未对申请文件作进一步修改，则专利复审委员会可以以权利要求1不具备实用性为由维持驳回决定

C. 若李某对申请文件作进一步修改并克服了修改超范围的缺陷，则专利复审委员会应当对修改后的权利要求书是否具备实用性进行审查

D. 若李某对申请文件作进一步修改并克服了修改超范围的缺陷，则专利复审委员会应当撤销驳回决定

【解题思路】

修改超范围是李某进行修改时新产生的问题，专利复审和无效部门指出后，如果李某不作进一步的修改，那可据此为由驳回。专利复审和无效部门没有对修改后的权利要

求1是否具备实用性作出评判，不能直接以此为由驳回李某的申请。也许李某进一步修改克服超范围的缺陷后，并没有克服实用性的缺陷，因此还需要继续审查，不能直接就撤销驳回决定。

【参考答案】 AC

36.【2018年第67题】关于复审请求审查决定，以下说法中正确的是：

A. 驳回决定适用法律错误的，合议组将作出撤销原驳回决定的复审决定

B. 驳回理由缺少必要的证据支持的，合议组将作出撤销原驳回决定的复审决定

C. 驳回决定以申请人放弃的申请文本或者不要求保护的技术方案为依据的，合议组将作出撤销原驳回决定的复审决定

D. 驳回决定没有评价申请人提交的与驳回理由有关的证据，以至可能影响公正审理的，合议组将作出撤销原驳回决定的复审决定

【解题思路】

如果国家知识产权局发出的驳回决定有错误，则专利复审和无效部门应当予以撤销。适用法律错误、缺少证据支持、审查文本错误或者未评价申请人的重要证据都属于严重错误。

【参考答案】 ABCD

37.【2019年第76题】下列关于复审通知书的说法正确的是？

A. 针对合议组发出的复审通知书，复审请求人应当在收到该通知书之日起三个月内进行书面答复

B. 针对合议组发出的复审通知书，复审请求人应当在收到该通知书之日起一个月内进行书面答复

C. 复审决定将维持驳回决定的，合议组应当发出复审通知书

D. 复审请求人提交无具体答复内容的意见陈述书的，视为对复审通知书中的审查意见无反对意见

【解题思路】

复审程序的期限一般在6个月以内，故请求人答复通知书的时间只有1个月。复审决定将维持驳回决定，合议组发出复审通知书是让请求人有一次表达意见的机会。需要注意，C选项并不严谨，因为还可以进行口头审理。复审请求人的意见陈述书中如果没有具体答复内容，那只能认为请求人什么都没说，自然也谈不上有反对意见。

【参考答案】 BCD

（二）复审决定的送交

《专利审查指南》第4部分第2章第6节规定了复审决定的送达。

根据《专利法》第41条第1款的规定，专利复审和无效部门应当将复审决定送达复审请求人。

（三）复审决定的效力

《专利审查指南》第4部分第2章第7节规定了复审决定对原审查部门的效力。

复审决定撤销原审查部门作出决定的，专利复审和无效部门应当将有关的案卷返回原审查部门，由原审查部门继续审批程序。

原审查部门应当执行专利复审和无效部门的决定，不得以同样的事实、理由和证据作出与该复审决定意见相反的决定。

38.【2010年第56题】专利复审委员会基于刘某的复审请求作出了撤销原驳回决定的复审决定。下列说法哪些是正确的？

A. 由于原驳回决定已被撤销，因此原

审查部门应当对刘某的专利申请直接授予专利权

B. 刘某的专利申请将返回原审查部门继续审查

C. 原审查部门补充检索了新的对比文件后，可以依据该对比文件再次驳回刘某的专利申请

D. 原审查部门不同意复审决定的，可以要求专利复审委员会进行再审

【解题思路】

原审查部门需要尊重复审决定。一件专利申请可能存在多个导致驳回的实质性缺陷，专利局在审查时只需要根据其中一个就可以作出驳回决定，当该驳回理由被专利复审和无效部门否决时，专利局完全可以根据另外一个理由作出驳回决定。专利复审和无效部门否决了专利局的驳回决定后，专利局将重新对该申请进行审查，审查过程中自然可以补充检索。

【参考答案】 BC

六、复审程序的中止

复审程序的中止适用《专利审查指南》第5部分第7章第7节的规定，具体内容参见本书第4章第2节第10小节第4项“请求中止”中的内容。

七、复审程序的终止

《专利审查指南》第4部分第2章第9节规定了复审程序的终止。

复审请求因期满未答复而被视为撤回的，复审程序终止。

在作出复审决定前，复审请求人撤回其复审请求的，复审程序终止。

已受理的复审请求因不符合受理条件而被驳回请求的，复审程序终止。

复审决定作出后复审请求人不服该决定的，可以根据《专利法》第41条第2款的规定在收到复审决定之日起3个月内向人民法院起诉；在规定的期限内未起诉或者人民法院的生效判决维持该复审决定的，复审程序终止。

39.【2013年第89题】下列哪些情形会导致复审程序终止？

A. 复审程序涉及的专利申请出现权属纠纷

B. 复审请求人在指定期限内未对复审通知书进行答复而被视为撤回

C. 复审请求人在指定期限内未提交口头审理通知书回执

D. 复审请求人在专利复审委员会作出复审决定前撤回复审请求

【解题思路】

出现权属纠纷只能申请中止程序，等该纠纷处理完毕之后继续进行。请求人逾期未提交回执的，视为不参加口头审理，但程序并不会终止。复审被视为撤回或者主动撤回，则复审程序终止，专利申请最终被驳回，公众使用该技术方案不会受到该专利的限制。专利制度的设计很多地方都偏向于公共利益，如在无效宣告程序中，当专利复审和无效部门认为根据已进行的审查工作能够宣告专利权无效或者部分无效时，即使无效宣告请求被撤回或者视为撤回，仍然可以继续审理而不是终止审理。如果专利被全部宣告无效，那公众就可以自由使用，如果被部分宣告无效，公众也可以自由使用被无效的那部分。

【参考答案】 BD

40.【2017 年第 86 题】针对本案，合议组于 2012 年 12 月 10 日发出撤销驳回决定的复审决定，复审请求人于 2012 年 12 月 22 日收到该决定，下列说法中哪些是不正确的？

A. 复审请求人可以在 2013 年 3 月 22 日之前向人民法院起诉

B. 由于 2013 年 3 月 10 日是星期日，因此，复审请求人最晚可以在 2013 年 3 月 11 日之前向人民法院起诉

C. 复审请求人可以向国家知识产权局提出行政复议

D. 复审请求人不能向人民法院起诉

【解题思路】

复审请求人收到驳回决定的日期为 2012 年 12 月 22 日，应当在 3 个月内起诉，即 2013 年 2 月 22 日之前。在实践中，《专利法实施细则》第 4 条所规定的自文件发出之日起 15 日推定申请人收到的规则，仅限于在国家知识产权局系统中。在行政诉讼中，法院并不认可这一规则，是根据实际收到日来计算。对专利驳回复审的救济手段是提起行政诉讼而不是行政复议。

【参考答案】 BCD

41.【2018 年第 20 题】关于复审程序的终止，以下说法错误的是：

A. 复审请求因期满未答复而被视为撤回的，复审程序终止

B. 在作出复审决定前，复审请求人撤回其复审请求的，复审程序终止

C. 已受理的复审请求因不符合受理条件而被驳回请求的，复审程序终止

D. 复审决定撤销原驳回决定的，复审请求人收到复审决定之日起，复审程序终止

【解题思路】

复审请求如果被撤回或因不符合受理条件而被驳回或者被视为撤回，则复审程序终止。复审决定撤销原驳回决定，对复审请求人是利好消息，但理论上复审请求人依然可以提起诉讼，故此时复审程序还不会终止。

【参考答案】 D

第三节 专利权的无效宣告请求

一、无效宣告请求的性质

《专利审查指南》第 4 部分第 3 章第 1 节规定了无效宣告请求的性质。

根据《专利法》第 45 ～ 47 条、第 64 条和《专利法实施细则》第 65 ～ 72 条的规定制定本章。

无效宣告程序是专利公告授权后依当事人请求而启动的、通常为双方当事人参加的程序。

42.【2010 年第 11 题】甲对乙的专利权提出无效宣告请求，专利复审委员会经审理后作出宣告该专利权无效的决定。乙对该决定不服向人民法院起诉。下列说法哪些是正确的？

A. 应当以甲作为被告

B. 应当以专利复审委员会作为被告

C. 人民法院应当通知甲作为第三人参加诉讼

D. 人民法院应当通知专利复审委员会作为第三人参加诉讼

【解题思路】

对专利复审和无效部门的诉讼属于行政诉讼，由于现在专利复审和无效部门属于国家知识产权局的内设部门，不能独立承担行政责任，故以国家知识产权局为被告，对方当事人为第三人。

【参考答案】C

43.【2017年第96题】以下不属于无效宣告请求客体的是哪几项？

A. 经过实质审查，被专利局驳回的专利申请

B. 已经被人民法院生效判决维持的无效宣告请求审查决定宣告全部无效的专利权

C. 因未缴纳年费已被终止的专利权

D. 同一申请人于同日就同样的发明创造既申请了实用新型又申请了发明专利，在发明专利申请授权之前申请人声明自发明专利申请授权公告之日起放弃的实用新型专利权

【解题思路】

无效宣告的客体是已经公告授权的专利，包括现在依然受到专利权保护的专利和曾经受到专利权保护的专利。无效宣告具有溯及力，被无效的专利视为自始不存在，因未缴纳年费被终止的专利曾经受到过保护，而无效的目的就是将这段曾经受到保护的阶段彻底抹去。对申请人放弃的专利，同样也曾经受到过保护，故也可以被申请无效。被专利局驳回的专利申请，从未受到过保护，故不能成为无效宣告的客体。被全部无效的专利，其存在的痕迹已经被彻底抹去，没有必要再来重复一遍无效的过程。

【参考答案】AB

44.【2018年第21题】关于无效宣告程序，以下说法错误的是：

A. 无效宣告程序是专利公告授权之后方可请求启动的程序

B. 无效宣告程序是依当事人请求而启动的程序

C. 无效宣告程序必须是双方当事人参加的程序

D. 宣告专利权无效的决定，由国家知识产权局登记和公告

【解题思路】

无效宣告是公众挑战已授权专利的有效性，故只能在专利被授权后提起。商标局可以对违反绝对性条款的商标主动宣告无效，但专利无效程序中没有类似的程序，必须由当事人请求而启动。无效程序通常是请求人和专利权人的对抗，如果专利权人不应战，那就变成无效请求人的独角戏。专利被授权还是被无效，都需要由国家知识产权局登记公告，广而告之。

【参考答案】C

二、无效宣告请求应当遵循的其他审查原则

《专利审查指南》第4部分第3章第2节规定了无效宣告请求的审查原则。

在无效宣告程序中，除总则规定的原则外，专利复审和无效部门还应当遵循一事不再理原则、当事人处置原则和保密原则。

45.【2019年第78题】下列哪些是无效宣告程序中应当遵循的审查原则？

A. 公正执法原则、一事不再理原则

B. 请求原则、当事人处置原则

C. 程序节约原则、保密原则

D. 合法原则、禁反言原则

【解题思路】

无效程序中并未提到程序节约原则和禁反言原则。无效程序涉及专利权人和无效请求人，故合议组需要公正执法。无效程序只有经当事人提起才会启动，遵循请求原则。为节约资源，同样的理由和证据不会重复审查，遵循一事不再理原则。无效程序中需要尊重当事人的权利，如撤回无效请求等，遵循当事人处置原则。无效程序如果涉及当事人的商业秘密，则需要保密。无效程序需要遵守法律规定，这是应有之义。

【参考答案】 AB

（一）一事不再理原则

《专利审查指南》第4部分第3章第2.1节规定了一事不再理原则。

对已作出审查决定的无效宣告案件涉及的专利权，以同样的理由和证据再次提出无效宣告请求的，不予受理和审理。

如果再次提出的无效宣告请求的理由（简称无效宣告理由）或者证据因时限等原因未被在先的无效宣告请求审查决定所考虑，则该请求不属于上述不予受理和审理的情形。

46.【2010年第64题】甲对某专利权提出无效宣告请求，专利复审委员会作出了宣告权利要求1无效、维持权利要求2有效的决定。下列说法哪些是正确的?

A. 甲不得再次对该专利权提出无效宣告请求

B. 乙可以以与甲不同的理由和证据请求宣告权利要求2无效

C. 丙认为权利要求2没有被宣告无效的原因是甲未委托代理机构，因此以与甲同样的理由和证据请求宣告权利要求2无效，该请求应当予以受理

D. 无效宣告决定一经作出，针对权利要求1提出的任何无效宣告请求均不予受理

【解题思路】

根据一事不再理原则，对已作出审查决定的无效宣告案件涉及的专利权，以同样的理由和证据再次提出无效宣告请求的，不予受理和审理。A选项中，甲可以用别的理由和证据提起无效申请。B选项中乙采用的是与甲不同的理由和证据，应当被受理。C选项中丙的理由和证据相同，不予受理。D选项中，无效决定尚未生效，当事人以不同的理由和证据提起无效请求，只要理由和证据改变，专利复审和无效部门应当予以受理。案件受理后，该无效请求通常会进入“等待期”，如前面的无效决定生效，后面的无效请求就没必要审理；如前面的无效决定经过行政诉讼被撤销，则后续的无效请求继续审理。

【参考答案】 B

47.【2016年第70题】甲针对乙的发明专利权A提出无效宣告请求，专利复审委员会经审查做出维持专利权A有效的审查决定，在此情况下，甲采取的下列哪些措施符合相关规定?

A. 依据同样的理由和证据再次提起针对发明专利权A的无效宣告请求，要求专利复审委员会重新成立合议组、重新做出审查决定

B. 依据新的证据或理由向专利复审委员会针对发明专利权A提起新的无效宣告请求

C. 针对已经做出的审查决定向北京市知识产权法院起诉

D．针对已经做出的审查决定向国家知识产权局申请行政复议

【解题思路】

根据一事不再理的原则，如果对某个专利再次提起无效申请，那需要提供新的理由或者证据。对无效决定不服的，后续救济程序是向法院提起行政诉讼。

【参考答案】 BC

48.【2016 年第 73 题】甲针对某发明专利提出了无效宣告请求，主张（1）依据产品销售发票 A1 及产品使用说明书 A2 证明该专利不具备新颖性，（2）依据对比文件 D1 和 D2 的结合证明该专利不具备创造性。专利复审委员会经审查认定：（1）由于请求人未能提供 A1 的原件，其真实性不能被确认，故不能证明该专利不具备新颖性；（2）D1、D2 的结合不能证明该专利不具备创造性，故作出维持专利权有效的审查决定。在满足其他受理条件的情况下，针对该发明专利再次提出的下列无效宣告请求哪些应当予以受理？

A．甲以产品销售发票 A1 原件及产品使用说明书 A2 相结合证明该专利不具备新颖性

B．乙以对比文件 D1、D2 作为证据证明该专利不具备创造性

C．丙以对比文件 D1 和对比文件 D3 相结合证明该专利不具备创造性

D．甲以对比文件 D2 和对比文件 D3 相结合证明该专利不具备创造性

【解题思路】

在第一次无效请求程序当中，发票 A1 因为真实性问题没有被接受，合议组没有对 A1 和 A2 的组合能否破坏新颖性进行审查，故在第二次无效决定中，对 A1 和 A2 的组合进行审查并不违背一事不再理原则。D1、D2 的结合能否破坏创造性在第一次无效申请中已经审查过，故第二次审查不予考虑。D1 和 D3 的结合，以及 D2 和 D3 的结合在第一次无效决定中没有审查，第二次审查中可以进行审查。

【参考答案】 ACD

（二）当事人处置原则

《专利审查指南》第 4 部分第 3 章第 2.2 节规定了请求原则。

请求人可以放弃全部或者部分无效宣告请求的范围、理由及证据。对于请求人放弃的无效宣告请求的范围、理由和证据，专利复审和无效部门通常不再审查。

在无效宣告程序中，当事人有权自行与对方和解。对于请求人和专利权人均向专利复审和无效部门表示有和解愿望的，专利复审和无效部门可以给予双方当事人一定的期限进行和解，并暂缓作出审查决定，直至任何一方当事人要求专利复审和无效部门作出审查决定，或者专利复审和无效部门指定的期限已届满。

在无效宣告程序中，专利权人针对请求人提出的无效宣告请求主动缩小专利权保护范围且相应的修改文本已被专利复审和无效部门接受的，视为专利权人承认大于该保护范围的权利要求自始不符合《专利法》及其实施细则的有关规定，并且承认请求人对该权利要求的无效宣告请求，从而免去请求人对宣告该权利要求无效这一主张的举证责任。

在无效宣告程序中，专利权人声明放弃部分权利要求或者多项外观设计中的部分

项的，视为专利权人承认该项权利要求或者外观设计自始不符合《专利法》及其实施细则的有关规定，并且承认请求人对该项权利要求或者外观设计的无效宣告请求，从而免去请求人对宣告该项权利要求或者外观设计无效这一主张的举证责任。

49.【2014年第91题】下列关于无效宣告程序的说法哪些是正确的？

A. 请求人在提出无效宣告请求时提出两项无效理由，在口头审理时可以放弃其中一项无效理由

B. 当事人有权自行与对方和解

C. 专利权人针对请求人提出的无效宣告请求主动缩小权利要求保护范围且相应的修改文本被专利复审委员会接受的，视为专利权人承认大于该保护范围的权利要求自提交修改之日起无效

D. 专利权人声明放弃部分权利要求的，视为专利权人承认请求人对该项权利要求的无效宣告请求

【解题思路】

当事人有权处置自己的权利，如放弃无效理由、与对方和解、缩小或放弃权利要求等，故选择A、B、D选项。C选项中应当是自始无效而不是自提交修改之日起无效，排除。

【参考答案】 ABD

（三）保密原则

在作出审查决定之前，合议组的成员不得私自将自己、其他合议组成员、负责审批的主任委员或者副主任委员对该案件的观点明示或者暗示给任何一方当事人。

为了保证公正执法和保密，合议组成员原则上不得与一方当事人会晤。

三、无效宣告请求的形式审查

（一）形式审查的内容

1. 无效宣告请求客体

《专利审查指南》第4部分第3章第3.1节规定了无效宣告请求的客体。

无效宣告请求的客体应当是已经公告授权的专利，包括已经终止或者放弃（自申请日起放弃的除外）的专利。无效宣告请求不是针对已经公告授权的专利的，不予受理。

专利复审和无效部门作出宣告专利权全部或者部分无效的审查决定后，当事人未在收到该审查决定之日起3个月内向人民法院起诉或者人民法院生效判决维持该审查决定的，针对已被该决定宣告无效的专利权提出的无效宣告请求不予受理。

50.【2014年第58题】吴某于2011年4月10日针对某专利提出无效宣告请求。下列哪些情形下专利复审委员会对该无效宣告请求不予受理？

A. 王某就该专利于2011年4月5日向专利复审委员会提出过无效宣告请求

B. 该专利权于2011年4月8日终止

C. 该专利权自申请日起放弃

D. 该专利权已被专利复审委员会的生效决定宣告全部无效

【解题思路】

不同的人可以对同一专利分别提起无效宣告请求，被终止的专利也可以提起无效宣告请求。从申请日起放弃的专利相当于自始不存在，提起无效宣告请求也没有意义。已经被全部无效的专利也没必要再申请无效。

【参考答案】 CD

51.【2016年第75题】郑某2010年3月1日就同样的发明创造提交了一项实用新型专利申请和一项发明专利申请，并就存在同日申请做了说明，该实用新型专利申请于2010年9月1日获得授权；其发明专利申请于2011年9月1日被公开，并且经过实质审查在郑某于2012年2月1日放弃了上述实用新型专利权后，于2012年6月1日获得授权。2015年3月1日，该发明专利因未交纳年费而终止。在满足其他受理条件的情况下，下列哪些无效宣告请求应当予以受理？

A. 2010年12月2日李某针对上述实用新型专利权提出无效宣告请求

B. 2011年11月9日李某针对上述发明专利申请提出无效宣告请求

C. 2013年1月10日陈某针对上述实用新型专利权提出无效宣告请求

D. 2015年10月8日刘某针对该发明专利权提出无效宣告请求

【解题思路】

在本案涉及的情形下，实用新型的保护期从发明专利获得授权之日起终止。在2010年12月2日，该实用新型处于授权状态，可以申请无效。2011年11月9日，发明专利刚被公开尚未授权，不能提起无效申请。在2013年1月10日、2015年10月8日，实用新型专利和发明专利都已分别终止，但这种终止并非自始无效，故依然可以提起专利无效申请。

【参考答案】 ACD

2. 无效宣告请求人资格

《专利审查指南》第4部分第3章第3.2节规定了无效宣告请求人的资格。

请求人属于下列情形之一的，其无效宣告请求不予受理：

（1）请求人不具备民事诉讼主体资格的。

（2）以授予专利权的外观设计与他人在申请日以前已经取得的合法权利相冲突为理由请求宣告外观设计专利权无效，但请求人不能证明是在先权利人或者利害关系人的。

其中，利害关系人是指有权根据相关法律规定就侵犯在先权利的纠纷向人民法院起诉或者请求相关行政管理部门处理的人。

（3）专利权人针对其专利权提出无效宣告请求且请求宣告专利权全部无效、所提交的证据不是公开出版物或者请求人不是共有专利权的所有专利权人的。

（4）多个请求人共同提出一件无效宣告请求的，但属于所有专利权人针对其共有的专利权提出的除外。

52.【2009年第14题】国家知识产权局于2006年10月27日向李某发出了授予发明专利权通知书和办理登记手续通知书，李某在规定的期限内办理了登记手续，该申请于2007年1月12日被公告授予专利权。该专利权因李某未缴纳年费于2009年9月11日终止。针对该专利权提出的下列无效宣告请求，哪些即使符合其他受理条件也不会被受理？

A. 王某于2007年1月9日提出的无效宣告请求

B. 周某于2008年3月3日提出的无效宣告请求

C. 郑某于2009年10月16日提出的无效宣告请求

D. 李某自己于2008年11月24日提

出的请求宣告其专利权全部无效的无效宣告请求

【解题思路】

顾名思义，无效就是要让已经生效的专利权失去效力，故只能针对已经授权的专利。本案专利于2007年1月12日公告授权，王某于1月9日提起无效宣告请求的时候，该专利还未授权，故不会受理。李某是专利权人，只能提起部分无效请求，且使用的证据应当是公开出版物，而李某申请的是全部无效，不应当被受理。无效的专利被视为自始不存在，而终止的专利曾经存在过，二者法律意义不同，故对已经终止的专利也能提起无效请求。B项为他人在专利权有效期内提起的无效请求，应当受理。对专利权人来说，放弃自己的专利权很容易，填写一个放弃专利权的声明即可，也不需要交费，对发明专利提起无效则需要缴纳3000元的无效宣告请求费。一个理性的人不可能放着光明大道不走而偏要过独木桥。如果真出现发明人请求宣告自己专利全部无效，那里面一般都会有问题，比如说会损害到被许可人的利益。为了避免出现上述情况，国家知识产权局采用了“一刀切”的简化做法，禁止专利权人请求宣告自己的专利全部无效。如果是专利权人请求宣告部分无效，那也需要采用公开出版物作为证据。专利权人申请宣告自己的专利无效只能是部分无效，而放弃专利只能是全部放弃。这两个制度是互补关系。

【参考答案】 AD

53.【2018年第70题】以下哪些情形的无效宣告请求不予受理：

A. 请求人不具备民事诉讼主体资格

B. 请求人甲和乙针对丙的专利共同提出一件无效宣告请求

C. 请求人未结合其提交的所有证据具体说明无效宣告理由

D. 专利权人丙请求宣告其本人的某项专利权全部无效

【解题思路】

不管是无效宣告还是诉讼，申请人或原告都需要具备民事主体资格，在民事诉讼中就体现为诉讼主体资格。民事诉讼可以有两个原告，但无效宣告的请求人只能是一人。如果好几家公司都申请宣告专利权人的某项专利无效，他们只能各自单独提起，不过专利复审和无效部门可以将这些案件合并审理。请求人结合证据说明无效理由是应有之义。专利权人只能申请宣告自己的专利部分无效。如果专利权人想彻底放弃自己的专利权的全部，则可以申请放弃专利权，没有必要走无效程序。

【参考答案】 ABCD

3. 无效宣告请求范围以及理由和证据

《专利审查指南》第4部分第3章第3.3节规定了无效宣告请求的范围以及理由和证据。

（1）无效宣告请求书中应当明确无效宣告请求范围，未明确的，专利复审和无效部门应当通知请求人在指定期限内补正；期满未补正的，无效宣告请求视为未提出。

（2）无效宣告理由仅限于《专利法实施细则》第65条第2款规定的理由，并且应当以《专利法》及其实施细则中有关的条、款、项作为独立的理由提出。无效宣告理由不属于《专利法实施细则》第65条第2款规定的理由的，不予受理。

（3）在专利复审和无效部门就一项专

利权已作出无效宣告请求审查决定后，又以同样的理由和证据提出无效宣告请求的，不予受理，但所述理由或者证据因时限等原因未被所述决定考虑的情形除外。

（4）以授予专利权的外观设计与他人在申请日以前已经取得的合法权利相冲突为理由请求宣告外观设计专利权无效，但是未提交证明权利冲突的证据的，不予受理。

（5）请求人应当具体说明无效宣告理由，提交有证据的，应当结合提交的所有证据具体说明。对于发明或者实用新型专利需要进行技术方案对比的，应当具体描述涉案专利和对比文件中相关的技术方案，并进行比较分析；对于外观设计专利需要进行对比的，应当具体描述涉案专利和对比文件中相关的图片或者照片表示的产品外观设计，并进行比较分析。例如，请求人针对《专利法》第22条第3款的无效宣告理由提交多篇对比文件的，应当指明与请求宣告无效的专利最接近的对比文件以及单独对比还是结合对比的对比方式，具体描述涉案专利和对比文件的技术方案，并进行比较分析。如果是结合对比，存在两种或者两种以上结合方式的，应当首先将最主要的结合方式进行比较分析。未明确最主要结合方式的，则默认第一组对比文件的结合方式为最主要结合方式。对于不同的独立权利要求，可以分别指明最接近的对比文件。

请求人未具体说明无效宣告理由的，或者提交有证据但未结合提交的所有证据具体说明无效宣告理由的，或者未指明每项理由所依据的证据的，其无效宣告请求不予受理。

54.【2017年第29题】无效宣告理由仅限于以下哪项规定的理由？

A．专利法实施细则第四十四条第一款

B．专利法实施细则第六十五条第二款

C．专利法实施细则第六十条第一款

D．专利法实施细则第六十三条第二款

【解题思路】

《专利法实施细则》第65条第2款规定了专利无效宣告的理由。本题实际上考的是对法律条文序号的机械记忆，而不是考查法律条文的内容，这样的考查方式在2006年专利代理师资格考试改革以来，首次出现。

【参考答案】 B

55.【2017年第97题】下列哪些理由不能作为宣告专利权无效的理由？

A、专利权人未在规定期限内缴纳年费

B、权利要求之间不具备单一性

C、权利要求书未以说明书为依据

D、专利申请委托手续不符合相关规定

【解题思路】

宣告专利权无效的理由都是针对专利文件本身所存在的实质性缺陷，而单一性则是为了方便专利局进行文献检索和避免申请人逃避费用，不属于宣告专利权无效的理由。专利权人未按期缴纳年费和委托手续不符合规定，并不是专利申请文件本身的问题，不属于宣告专利权无效的理由。专利制度是公开换取保护，申请人公开的技术方案越多，能获得的保护范围也越大。如果申请人公开的范围很狭窄，但请求获得一个宽泛的保护范围，那显然不合适。如果该问题在审查阶段被发现，可以根据权利要求书未以说明书为依据驳回该专利申请；如果是在专利授权后被发现，则同样可根据该理由请求宣告专利权无效。

【参考答案】 ABD

56.【2019年第80题】下列哪些不能作为宣告专利权无效的理由？

A. 与他人在先取得的合法权利相冲突

B. 权利要求之间缺乏单一性

C. 说明书公开不充分

D. 独立权利要求相对于最接近的现有技术的划界不正确

【解题思路】

单一性仅能够让专利权人节约部分费用，并不是专利本身的实质性缺陷，故不属于无效的理由。权利要求对最接近的现有技术的划界不正确，也不会对保护范围产生重大影响。不管是专利权还是商标权，都不能损害他人的在先权利。专利是以公开换取保护的制度，如果说明书未充分公开，该专利就不应该获得保护。

【参考答案】 BD

4. 文件形式

《专利审查指南》第4部分第3章第3.4节规定了无效宣告请求的文件形式。

无效宣告请求书及其附件应当一式两份，并符合规定的格式。不符合规定格式的，专利复审和无效部门应当通知请求人在指定期限内补正；期满未补正或者在指定期限内补正但经两次补正后仍存在同样缺陷的，无效宣告请求视为未提出。

5. 费用

《专利审查指南》第4部分第3章第3.5节规定了无效宣告请求的费用。

请求人自提出无效宣告请求之日起1个月内未缴纳或者未缴足无效宣告请求费的，其无效宣告请求视为未提出。

6. 委托手续

《专利审查指南》第4部分第3章第3.6节规定了专利无效宣告请求的委托手续。

（1）请求人或者专利权人在无效宣告程序中委托专利代理机构的，应当提交无效宣告程序授权委托书，且专利权人应当在委托书中写明委托权限仅限于办理无效宣告程序有关事务。在无效宣告程序中，即使专利权人此前已就其专利委托了在专利权有效期内的全程代理并继续委托该全程代理的机构的，也应当提交无效宣告程序授权委托书。

（2）在无效宣告程序中，请求人委托专利代理机构的，或者专利权人委托专利代理机构且委托书中写明其委托权限仅限于办理无效宣告程序有关事务的，其委托手续或者解除、辞去委托的手续应当在专利复审和无效部门办理，无须办理著录项目变更手续。

请求人或者专利权人委托专利代理机构而未向专利复审和无效部门提交委托书或者委托书中未写明委托权限的，专利权人未在委托书中写明其委托权限仅限于办理无效宣告程序有关事务的，专利复审和无效部门应当通知请求人或者专利权人在指定期限内补正；期满未补正的，视为未委托。

（3）请求人和专利权人委托了相同的专利代理机构的，专利复审和无效部门应当通知双方当事人在指定期限内变更委托；未在指定期限内变更委托的，后委托的视为未委托，同一日委托的，视为双方均未委托。

（4）对于根据《专利法》第18条第1款的规定，应当委托专利代理机构的请求人，未按规定委托的，其无效宣告请求不予受理。

（5）同一当事人与多个专利代理机构同时存在委托关系的，当事人应当以书面方式指定其中一个专利代理机构作为收件人；未指定的，专利复审和无效部门将在无效宣告程序中最先委托的专利代理机构视为收件人；最先委托的代理机构有多个的，专利复审和无效部门将署名在先的专利代理机构视为收件人；署名无先后（同日分别委托）的，专利复审和无效部门应当通知当事人在指定期限内指定；未在指定期限内指定的，视为未委托。

（6）当事人委托公民代理的，参照有关委托专利代理机构的规定办理。公民代理的权限仅限于在口头审理中陈述意见和接收当庭转送的文件。

（7）对于下列事项，代理人需要具有特别授权的委托书：

①专利权人的代理人代为承认请求人的无效宣告请求；

②专利权人的代理人代为修改权利要求书；

③代理人代为和解；

④请求人的代理人代为撤回无效宣告请求。

（8）上述规定未涵盖事宜参照本指南第1部分第2章第6.1节的规定办理。

57.【2015年第77题】张某针对李某的发明专利提出无效宣告请求，李某在收到无效宣告请求书后，在专利复审委员会指定的答复期限内，采取下列哪些做法是符合相关规定的？

A．以合并方式修改权利要求

B．提交外文期刊及其中文译文作为反证

C．与张某接触，商谈和解事宜

D．委托专利代理机构，在专利复审委员会指定的答复期限内陈述专利权应维持有效的意见

【解题思路】

在无效宣告请求程序中，专利权人修改权利要求书的方式一般限于权利要求和技术方案的删除以及权利要求的进一步限定。权利要求的合并也是属于对权利要求进一步限定的一种方式。无效宣告程序中无效请求人有权提供证据，专利权人自然也有权提供相应的证据来作为反证。专利无效宣告程序是无效请求人和专利权人之间的对抗，根据当事人处置原则，双方可以达成和解。专利代理机构的执业范围包括专利申请、复审和无效，专利权人自然有权在无效宣告程序中委托代理机构。在专利复审和无效部门指定的答复期限内，专利权人可以陈述意见，如果不陈述也不影响专利复审和无效部门的审理。

【参考答案】 ABCD

58.【2016年第76题】关于无效宣告程序中的委托手续，下列说法哪些是正确的？

A．专利权人在专利申请阶段委托的代为办理专利申请以及专利权有效期内全部专利事务的专利代理机构，可以直接代表专利权人在无效宣告程序中办理相关事务，专利权人无须再提交无效宣告程序授权委托书

B．专利权人与多个专利代理机构同时存在委托关系，且未指定收件人的，则在无效宣告程序中最后接受委托的专利代理机构被视为收件人

C. 请求人委托专利代理机构的，其委托手续应当在专利复审委员会办理

D. 请求人先后委托了多个代理机构，可以指定其最先委托的专利代理机构作为收件人

【解题思路】

专利申请程序和无效宣告程序是两个不同的程序，某代理机构虽然可以办理专利申请阶段的全部事务，但并不意味着它就是无效宣告程序当中当然的代理机构。在无效宣告程序中，代理机构还需要另行提供该程序的授权委托书。专利权人与多个专利代理机构同时存在委托关系，且未指定收件人时，应当将最先委托的代理机构视为收件人。无效宣告请求是专利复审和无效部门受理，委托程序自然也应当在专利复审和无效部门办理。

【参考答案】 CD

59.【2018 年第 71 题】无效宣告程序中，以下哪些事项，代理人需要具有特别授权的委托书：

A. 专利权人的代理人赵某在口头审理中删除两项权利要求

B. 专利权人的代理人钱某书面答复无效宣告请求时，对权利要求作出进一步限缩性的修改

C. 口头审理中，请求人的代理人与专利权人商谈和解有关事宜

D. 专利复审委员会作出审查决定之前，请求人的代理人撤回无效宣告请求

【解题思路】

对于那些直接涉及被代理人实质性利益的事项，代理人需要获得特别授权，放弃部分权利要求、对权利要求进行修改、和解及撤回无效宣告请求，都属于实质性事项。

【参考答案】 ABCD

（二）形式审查通知书

《专利审查指南》第 4 部分第 3 章第 3.7 节规定了无效请求形式审查通知书。

（1）无效宣告请求经形式审查不符合《专利法》及其实施细则和审查指南有关规定需要补正的，专利复审和无效部门应当发出补正通知书，要求请求人在收到通知书之日起 15 日内补正。

（2）无效宣告请求视为未提出或者不予受理的，专利复审和无效部门应当发出无效宣告请求视为未提出通知书或者无效宣告请求不予受理通知书，通知请求人。

（3）无效宣告请求经形式审查符合《专利法》及其实施细则和审查指南有关规定的，专利复审和无效部门应当向请求人和专利权人发出无效宣告请求受理通知书，并将无效宣告请求书和有关文件副本转送专利权人，要求其在收到该通知书之日起 1 个月内答复。专利权人就其专利委托了在专利权有效期内的全程代理的，所述无效宣告请求书和有关文件副本转送该全程代理的机构。

（4）受理的无效宣告请求需等待在先作出的专利权无效或部分无效的审查决定生效而暂时无法审查的，专利复审和无效部门应当发出通知书通知请求人和专利权人；在先审查决定生效或者被人民法院生效判决予以撤销后，专利复审和无效部门应当及时恢复审查。

（5）受理的无效宣告请求涉及专利侵权案件的，专利复审和无效部门可以应人民法院、地方知识产权管理部门或者当事人的请求，向处理该专利侵权案件的人民法院或

者地方知识产权管理部门发出无效宣告请求案件审查状态通知书。

四、无效宣告请求的合议审查

（一）审查范围

《专利审查指南》第4部分第3章第4.1节规定了无效宣告请求合议审查的范围。

在无效宣告程序中，专利复审和无效部门通常仅针对当事人提出的无效宣告请求的范围、理由和提交的证据进行审查，不承担全面审查专利有效性的义务。

专利复审和无效部门作出宣告专利权部分无效的审查决定后，当事人未在收到该审查决定之日起3个月内向人民法院起诉或者人民法院生效判决维持该审查决定的，针对该专利权的其他无效宣告请求的审查以维持有效的专利权为基础。

请求人在提出无效宣告请求时没有具体说明的无效宣告理由以及没有用于具体说明相关无效宣告理由的证据，且在提出无效宣告请求之日起1个月内也未补充具体说明的，专利复审和无效部门不予考虑。

请求人增加无效宣告理由不符合本章第4.2节或者补充证据不符合本章第4.3节规定的，专利权人提交或者补充证据不符合本章第4.3节规定的，专利复审和无效部门不予考虑。

专利复审和无效部门在下列情形可以依职权进行审查：

（1）请求人提出的无效宣告理由明显与其提交的证据不相对应的，专利复审和无效部门可以告知其有关法律规定的含义，允许其变更或者依职权变更为相对应的无效宣告理由。例如，请求人提交的证据为同一专利权人在专利申请日前申请并在专利申请日后公开的中国发明专利文件，而无效宣告理由为不符合《专利法》第9条第1款规定的，专利复审和无效部门可以告知请求人《专利法》第9条第1款和第22条第2款的含义，允许其将无效宣告理由变更为该专利不符合《专利法》第22条第2款，或者依职权将无效宣告理由变更为该专利不符合《专利法》第22条第2款。

（2）专利权存在请求人未提及的明显不属于专利保护客体的缺陷，专利复审和无效部门可以引入相关的无效宣告理由进行审查。

（3）专利权存在请求人未提及的缺陷而导致无法针对请求人提出的无效宣告理由进行审查的，专利复审和无效部门可以依职权针对专利权的上述缺陷引入相关无效宣告理由并进行审查。例如，无效宣告理由为独立权利要求1不具备创造性，但该权利要求因不清楚而无法确定其保护范围，从而不存在审查创造性的基础的情形下，专利复审和无效部门可以引入涉及《专利法》第26条第4款的无效宣告理由并进行审查。

（4）请求人请求宣告权利要求之间存在引用关系的某些权利要求无效，而未以同样的理由请求宣告其他权利要求无效，不引入该无效宣告理由将会得出不合理的审查结论的，专利复审和无效部门可以依职权引入该无效宣告理由对其他权利要求进行审查。例如，请求人以权利要求1不具备新颖性、从属权利要求2不具备创造性为由请求宣告专利权无效，如果专利复审和无效部门认定权利要求1具有新颖性，而从属权利要求2不具备创造性，则可以依职权对权利要求1

的创造性进行审查。

（5）请求人以权利要求之间存在引用关系的某些权利要求存在缺陷为由请求宣告其无效，而未指出其他权利要求也存在相同性质的缺陷，专利复审和无效部门可以引入与该缺陷相对应的无效宣告理由对其他权利要求进行审查。例如，请求人以权利要求1增加了技术特征而导致其不符合《专利法》第33条的规定为由请求宣告权利要求1无效，而未指出从属权利要求2也存在同样的缺陷，专利复审和无效部门可以引入《专利法》第33条的无效宣告理由对从属权利要求2进行审查。

（6）请求人以不符合《专利法》第33条或者《专利法实施细则》第43条第1款的规定为由请求宣告专利权无效，且对修改原申请文件记载范围的事实进行了具体的分析和说明，但未提交原申请文件的，专利复审和无效部门可以引入该专利的原申请文件作为证据。

（7）专利复审和无效部门可以依职权认定技术手段是否为公知常识，并可以引入技术词典、技术手册、教科书等所属技术领域中的公知常识性证据。

60.【2008年第64题】针对某件发明专利，请求人在提出无效宣告请求时及在其后的1个月内提交了三份证据：X1、X2和X3，提出的无效宣告理由为Y1、Y2、Y3和Y4，请求人用证据X2和X3具体说明了无效宣告理由Y1，用证据X3具体说明了无效宣告理由Y3，并认为对于无效宣告理由Y4只需要考虑说明书和权利要求书就可不需要其他证据。除此之外，请求人未进行任何其他具体说明。下列哪些说法是正确的？

A. 专利复审委员会对证据X1不予考虑

B. 专利复审委员会对无效宣告理由Y2不予考虑

C. 专利复审委员会对无效宣告理由Y4不予考虑

D. 在口审过程中，请求人主张其提出的证据X2可用于支持无效宣告理由Y4，对此专利复审委员会不予考虑

【解题思路】

在无效宣告程序中，请求人有义务结合证据说明无效的理由。如在提起无效时没有说明，那么需要在提出请求之日起1个月内补充。本题中，请求人对证据X1和无效理由Y2没有加以任何说明，故专利复审和无效部门对其不予以考虑。请求人虽然对无效理由Y4没有提供证据，但对该理由进行了说明，故专利复审和无效部门需要对Y4加以考虑。D选项，当事人在口审的时候才提出主张证据X2可以用于无效宣告理由Y4，已经超过1个月的举证期限，专利复审和无效部门应不予以考虑。

【参考答案】 ABD

（二）无效宣告理由的增加

《专利审查指南》第4部分第3章第4.2节规定了无效宣告理由的增加。

（1）请求人在提出无效宣告请求之日起1个月内增加无效宣告理由的，应当在该期限内对所增加的无效宣告理由具体说明；否则，专利复审和无效部门不予考虑。

（2）请求人在提出无效宣告请求之日起1个月后增加无效宣告理由的，专利复审和无效部门一般不予考虑，但下列情形除外：

①针对专利权人以删除以外的方式修改的权利要求，在专利复审和无效部门指定期限内针对修改内容增加无效宣告理由，并在该期限内对所增加的无效宣告理由具体说明的；

②对明显与提交的证据不相对应的无效宣告理由进行变更的。

61.【2014年第47题】在无效宣告程序中，专利权人对其权利要求进行了删除式修改，同时针对请求人所提交的证据提交了三份反证。请求人采取的下列哪些应对措施是被允许的？

A. 在专利复审委员会指定期限内，针对专利权人修改后的权利要求书增加新的无效宣告理由

B. 在专利复审委员会指定期限内，针对专利权人提交的三份反证补充新的证据，并在该期限内结合该证据具体说明相关的无效宣告理由

C. 对明显与提交的证据不相对应的无效宣告理由进行变更

D. 在口审辩论终结前提交教科书等公知常识性证据，并在该期限内结合该证据具体说明相关无效宣告理由

【解题思路】

权利人的删除式修改并没有增加新的内容，申请人不能为此增加新的无效宣告理由。如果专利权人是以删除外的修改方式对权利要求进行了修改，那就增加了新的内容，应当允许无效请求人对此作出一定的应对。针对权利人的反证，请求人可以提交新的证据予以推翻。明显不对应的错误可以修正，公知常识属于双方均应该知道的信息，故提交期限比较宽松，可以在口头审理辩论终结前提交。

【参考答案】 BCD

（三）举证期限

《专利审查指南》第4部分第3章第4.3节规定了无效宣告请求的举证期限。

1. 请求人举证

《专利审查指南》第4部分第3章第4.3.1节规定了请求人举证。

（1）请求人在提出无效宣告请求之日起1个月内补充证据的，应当在该期限内结合该证据具体说明相关的无效宣告理由；否则，专利复审和无效部门不予考虑。

（2）请求人在提出无效宣告请求之日起1个月后补充证据的，专利复审和无效部门一般不予考虑，但下列情形除外：

①针对专利权人提交的反证，请求人在专利复审和无效部门指定的期限内补充证据，并在该期限内结合该证据具体说明相关无效宣告理由的；

②在口头审理辩论终结前提交技术词典、技术手册和教科书等所属技术领域中的公知常识性证据或者用于完善证据法定形式的公证文书、原件等证据，并在该期限内结合该证据具体说明相关无效宣告理由的。

（3）请求人提交的证据是外文的，提交其中文译文的期限适用该证据的举证期限。

62.【2012年第84题】王某对李某拥有的一项发明专利于2011年3月18日向专利复审委员会提出无效宣告请求，同时提交了对比文件1和2。对于下列哪些增加的无效宣告理由或者证据，专利复审委员会将不予考虑？

A. 王某在2011年4月18日补充了新

的无效宣告理由，但未进行具体说明

B. 王某在2011年4月8日对明显与所提交的对比文件1和2都不相对应的无效宣告理由进行变更

C. 李某在口头审理辩论终结前针对其主张的公知常识补充提交了技术词典并进行了具体说明

D. 王某在2011年4月28日补充提交了对比文件2中的相关段落的中文译文

【解题思路】

在提起无效申请1个月内可以增加无效理由，但需要有理有据。A选项只有理由没有证据，专利复审和无效部门不考虑；D选项中译文提交期限超过了1个月，不考虑。明显和证据不对应的无效理由，在提起无效申请1个月后都可以变更，更不用说是在1个月内。公知常识性证据可以在口头审理辩论终结前提交。

【参考答案】 AD

63.【2018年第68题】甲于2018年7月24日针对乙的某项发明专利权向专利复审委员会提出无效宣告请求。乙对其专利文件进行修改的下列情形，哪些是正确的？

A. 甲于2018年8月28日向专利复审委员会提交了新的日本专利文献，乙应当在收到该文献后，对独立权利要求作出进一步限缩性修改

B. 针对甲的无效宣告请求，乙在答复期限内对说明书作出修改

C. 针对甲于2018年8月22日补充提交的无效理由和证据，乙在答复期限内对该无效理由和证据涉及的独立权利要求作出进一步限缩性修改

D. 口头审理进行中，乙首次提出删除两项权利要求

【解题思路】

甲于2018年8月28日新提交的日本专利文献已经超过1个月的期限，专利复审和无效部门不予受理。既然甲的证据属于无效，那就是没有新的情况，在无效程序中，专利权人不能修改说明书。乙无权对权利要求进一步限缩，从而建立新的防线。甲在2018年8月22日补充提交的无效理由和证据在举证期限内，乙可以针对甲新的进攻作出相应的防御措施。删除权利要求属于放弃原有的防线，并没有引入新的内容，故可以在口头审理过程中提出。

【参考答案】 CD

64.【2018年第73题】请求人赵某于2018年3月15日提出无效宣告请求并被专利复审委员会受理。赵某的无效理由是涉案专利权的全部权利要求均不具备创造性，其提交的现有技术证据包括其从日本获得的某日文期刊出版物A及其中文译文、美国专利公开文献B（英文，但未提交中文译文）等。以下赵某在无效宣告程序中增加的无效理由或补充的证据，专利复审委员会应当予以考虑的有：

A. 赵某于2018年4月16日（工作日）通过中国邮政EMS向专利复审委员会寄交意见陈述书，增加了无效宣告的理由和证据

B. 针对专利权人随后对权利要求作出的进一步限缩性修改，在专利复审委员会指定的期限内，赵某于2018年5月18日提交意见陈述书，但未提交新的证据，仅增加理由具体说明修改后的权利要求相对于出版物A结合本领域公知常识仍不具备创造性

C. 口头审理于2018年6月20日举行，

赵某在口头审理辩论终结前提交的上述日文期刊出版物A的公证文书

D. 口头审理于2018年6月20日举行，赵某在口头审理辩论终结前提交的上述美国专利文献B的中文译文

【解题思路】

赵某的无效宣告请求之日为2018年3月15日，补充证据和理由需要在4月15日前。不过4月15日为周日，故可以顺延到4月16日。专利权人对权利要求进行限缩性修改，作为回应，赵某也可以在指定期限内对修改后的权利要求提出新的无效理由。公证文书没有引入新的技术内容，可以在口头审理辩论终结前提交。

【参考答案】 ABC

65.【2019年第72题】王某提出一项无效宣告请求，理由是权利要求1与对比文件1的区别特征A是所属技术领域的公知常识，因此权利要求1不具备创造性。下列说法正确的是？

A. 王某主张区别特征A是所属技术领域的公知常识，对其主张承担举证责任

B. 王某可以在口审辩论终结前提交公知常识性证据，证明区别特征A是所属领域的公知常识

C. 王某可以通过教科书或者技术词典、技术手册等工具书记载的技术内容来证明A是本领域的公知常识

D. 王某必须在提出无效宣告请求之日起一个月内提交公知常识性证据，证明区别特征A是所属领域的公知常识

【解题思路】

根据“谁主张谁举证”的基本原则，王某需要对技术特征A属于公知常识承担举证责任。公知常识是本领域技术人员都应当知晓的内容，教科书、技术词典等书籍是本领域技术人员常翻阅的书籍，可以作为公知常识的证据。是否属于公知常识的判断比较容易，对方当事人不需要太多的时间准备，故公知常识性证据提交的期限比一般证据宽松，在口审辩论终结前提交就可以。

【参考答案】 ABC

2. 专利权人举证

《专利审查指南》第4部分第3章第4.3.2节规定了专利权人举证。

专利权人应当在专利复审和无效部门指定的答复期限内提交证据，但对于技术词典、技术手册和教科书等所属技术领域中的公知常识性证据或者用于完善证据法定形式的公证文书、原件等证据，可以在口头审理辩论终结前补充。

专利权人提交或者补充证据的，应当在上述期限内对提交或者补充的证据具体说明。

专利权人提交的证据是外文的，提交其中文译文的期限适用该证据的举证期限。

专利权人提交或者补充证据不符合上述期限规定或者未在上述期限内对所提交或者补充的证据具体说明的，专利复审和无效部门不予考虑。

（四）审查方式

《专利审查指南》第4部分第3章第4.4节规定了无效宣告的审查方式。

专利复审和无效部门根据案件审查需要将有关文件转送有关当事人。需要指定答复期限的，指定答复期限为1个月。当事人期满未答复的，视为当事人已得知转送文件中所涉及的事实、理由和证据，并且未提出

反对意见。

当事人提交的意见陈述书及其附件应当一式两份。

66.【2006 年第 14 题】下列有关无效宣告程序的说法哪些是正确的？

A. 专利复审委员会就无效宣告请求做出决定之后，他人又以同样的理由和证据提出无效宣告请求的，专利复审委员会不予受理

B. 在无效宣告程序中，专利复审委员会指定的期限不得延长

C. 无效宣告请求人在无效宣告审查决定作出之前可以撤回无效宣告请求

D. 当事人未在指定期限内答复专利复审委员会发出的转送文件通知书或者无效宣告请求审查通知书的，不影响专利复审委员会审理

【解题思路】

根据一事不再理的原则，当专利复审和无效部门作出决定后，又以同样的理由和证据提出无效宣告请求的，专利复审和无效部门不予受理。这里并没有限定请求人，无论是他人还是原请求人提起的申请，均不予受理。无效宣告请求审查程序中，无效宣告请求人和专利权人的利益对立，前者希望尽早结案，后者则往往希望能尽量拖延。如果专利复审和无效部门的指定期限可以延长，则往往会损害无效请求人的利益，故无效宣告程序中，专利复审和无效部门的指定期限不得延长。当事人可以提起无效宣告请求，自然也有权撤回，不过当事人撤回无效宣告请求后，程序并不必然终止。当事人期满未回复专利复审和无效部门的相关通知书的，不应该影响到专利复审和无效部门的审理，否则当事人很容易通过拒不答复来阻止程序的进行。

【参考答案】 ABCD

在无效宣告程序中，有下列情形之一的，专利复审和无效部门可以向双方当事人发出无效宣告请求审查通知书：

（1）当事人主张的事实或者提交的证据不清楚或者有疑问的；

（2）专利权人对其权利要求书主动提出修改，但修改不符合《专利法》及其实施细则和审查指南有关规定的；

（3）需要依职权引入当事人未提及的理由或者证据的；

（4）需要发出无效宣告请求审查通知书的其他情形。

审查通知书的内容所针对的有关当事人应当在收到该通知书之日起 1 个月内答复。期满未答复的，视为当事人已得知通知书中所涉及的事实、理由和证据，并且未提出反对意见。

（五）案件的合并审理

《专利审查指南》第 4 部分第 3 章第 4.5 节规定了案件的合并审理。

为了提高审查效率和减少当事人负担，专利复审和无效部门可以对案件合并审理。合并审理的情形通常包括：

（1）针对一项专利权的多个无效宣告案件，尽可能合并口头审理；

（2）针对不同专利权的无效宣告案件，部分或者全部当事人相同且案件事实相互关联的，专利复审和无效部门可以依据当事人书面请求或者自行决定合并口头审理。

合并审理的各无效宣告案件的证据不得相互组合使用。

（六）无效宣告程序中文件的修改

《专利审查指南》第4部分第3章第4.6节规定了无效宣告程序中专利文件的修改。

1. 修改原则

《专利审查指南》第4部分第3章第4.6.1节规定了无效宣告程序中专利文件的修改原则。

发明或者实用新型专利文件的修改仅限于权利要求书，其原则是：

（1）不得改变原权利要求的主题名称；

（2）与授权的权利要求相比，不得扩大原专利的保护范围；

（3）不得超出原说明书和权利要求书记载的范围；

（4）一般不得增加未包含在授权的权利要求书中的技术特征。

外观设计专利的专利权人不得修改其专利文件。

67.【2016年第78题】在无效宣告程序中，实用新型专利权人在答复无效宣告请求受理通知书时对其专利文件进行修改，下列哪些方式是允许的？

A. 删除原独立权利要求，将并列从属于原独立权利要求的三项从属权利要求修改为三项并列的独立权利要求

B. 根据请求人提出的现有技术证据，对独立权利要求重新划分前序部分与特征部分

C. 删除独立权利要求，将从属权利要求作为新的独立权利要求书

D. 删除独立权利要求，将两项并列从属权利要求合并作为新的独立权利要求书，并对说明书做适应性修改

【解题思路】

在无效宣告程序中，专利权人对权利要求的修改仅限于权利要求和技术方案的删除、对权利要求的进一步限定以及修改明显的错误。专利权人不能对权利要求进行重新划界，也不能修改说明书。

【参考答案】 AC

68.【2019年第23题】关于专利无效宣告程序，下列说法错误的是？

A. 无效宣告程序是专利公告授权后的程序

B. 无效宣告程序是依当事人请求而启动的程序

C. 无效宣告程序中，专利权人可以修改专利说明书和附图

D. 宣告专利权无效的决定，由国务院专利行政部门登记和公告

【解题思路】

无效宣告程序针对的是已经授权的专利，只能在专利授权后进行。商标权和植物新品种权的无效宣告可以由行政机关主动提起，专利的无效宣告则只能通过当事人请求而启动。在无效宣告程序中，专利权人可以修改权利要求书，但不能修改说明书和附图。专利的授权和被宣告无效，都需要通过登记和公告广而告之

【参考答案】 C

2. 修改方式

《专利审查指南》第4部分第3章第4.6.2节规定了无效宣告程序中专利文件的修改方式。

在满足上述修改原则的前提下，修改权利要求书的具体方式一般限于权利要求的删除、技术方案的删除、权利要求的进一步

限定、明显错误的修正。

权利要求的删除是指从权利要求书中去掉某项或者某些项权利要求，如独立权利要求或者从属权利要求。

技术方案的删除是指从同一权利要求中并列的两种以上技术方案中删除一种或者一种以上技术方案。

权利要求的进一步限定是指在权利要求中补入其他权利要求中记载的一个或者多个技术特征，以缩小保护范围。

69.【2014 年第 95 题】某实用新型专利授权公告的权利要求书为：

“1. 一种电机，特征为 H。

2. 如权利要求 1 所述的电机，特征还有 I 和 J。

3. 如权利要求 1 所述的电机，特征还有 K 和 L。”

在无效宣告程序中，允许专利权人以下列哪些方式修改权利要求书？

A. 在针对无效宣告请求书的答复期限内，将权利要求书修改为“1、一种电机，特征为 H、I、J 和 L。”

B. 在针对请求人增加无效宣告理由的答复期限内，将权利要求书修改为“1、一种电机，特征为 H、I、J、K 和 L。”

C. 在针对专利复审委员会引入的请求人未提及的无效宣告理由的答复期限内，将权利要求书修改为“1、一种电机，特征为 H、I 和 J。”

D. 在口头审理辩论终结前，将权利要求书修改为“1、一种电机，特征为 H、K 和 L。”

【解题思路】

根据《专利审查指南》2017 年的修改，无效宣告程序中，权利人还可以在权利要求中补入记载在其他权利要求中的一个或者多个技术特征。A 选项中的技术方案是在权利要求 2 中增加权利要求 3 中记载的技术特征 L。B 选项为合并权利要求 2 和 3，相当于在权利要求 2 中增加权利要求 3 的技术特征 K 和 L，符合要求。C 选项为原先的权利要求 2，D 选项为原先的权利要求 3，权利人都进行了权利要求的删除，符合要求。

【参考答案】 ABCD

70.【2017 年第 99 题】在无效宣告程序中，专利权人可以通过以下哪些方式对权利要求书进行修改？

A. 删除权利要求

B. 删除技术方案

C. 明显错误的修正

D. 在权利要求中补入其他权利要求中记载的一个或多个技术特征

【解题思路】

2017 年《专利审查指南》进行了部分修改，放宽了无效宣告程序中权利要求的修改方式。原先“权利要求的合并”修改为“权利要求的进一步限定”，即可以在权利要求中补入其他权利要求中记载的一个或多个技术特征，另外还增加“明显错误的修正”这种修改方式。删除权利要求和删除技术方案则是原来就有的修改方式。

【参考答案】 ABCD

3. 修改方式的限制

《专利审查指南》第 4 部分第 3 章第 4.6.3 节规定了修改方式的限制。

在专利复审和无效部门作出审查决定之前，专利权人可以删除权利要求或者权利要求中包括的技术方案。

仅在下列三种情形的答复期限内，专利权人可以以删除以外的方式修改权利要求书。

（1）针对无效宣告请求书；

（2）针对请求人增加的无效宣告理由或者补充的证据；

（3）针对专利复审和无效部门引入的请求人未提及的无效宣告理由或者证据。

71.【2015 年第 79 题】甲于 2013 年 3 月 5 日针对乙的某项发明专利权向专利复审委员会提出无效宣告请求。在以下哪些情形下，乙可以在答复期限内对权利要求作出合并式修改？

A. 针对甲于 2013 年 4 月 7 日补充提交的美国专利文献

B. 针对甲于 2013 年 4 月 2 日补充提交的意见陈述书，其中增加了权利要求 1 缺必要技术特征的理由但没有补充证据

C. 针对甲的无效宣告请求书

D. 针对专利复审委员会依职权引入的理由

【解题思路】

根据 2017 年《专利审查指南》的最新修正，合并式修改改为删除以外的方式修改。专利权人能以删除以外的方式修改权利要求书针对的是无效宣告请求书、专利复审和无效部门依职权引入的理由以及请求人增加的理由或者补充的证据。不过，请求人补充意见陈述或者证据的期限是提起无效申请之日起 1 个月内，A 选项中甲补充提交美国专利已经超过了期限，专利复审和无效部门不会接受该证据，故专利权人也不能以回应该证据为由对权利要求进行修改。

【参考答案】 BCD

72.【2017 年第 100 题】在无效宣告程序中，专利权人可在何时以删除以外的方式修改权利要求书？

A. 在专利复审委员会作出审查决定之前的任何时候

B. 针对无效宣告请求书的答复期限内

C. 针对请求人增加的无效宣告理由的答复期限内

D. 针对专利复审委员会引入的请求人未提及的无效宣告理由或者证据的答复期限内

【解题思路】

根据 2017 年《专利审查指南》的修正，合并式修改上位为删除以外的方式修改。在针对无效宣告请求书的答复期限内，专利权人是刚获知无效进攻，此时修改方式最为灵活，允许通过删除以外的方式进行修改。针对请求人增加的无效宣告理由或者是专利复审和无效部门引入的请求人未提及的无效宣告理由，专利权人也属于第一次面对相关理由，其处境和刚刚收到无效请求书是一样的，故也应当给予其通过删除以外的方式进行充分防御的机会。等到后面，比如口头审理都结束了，权利人就只能进行删除式修改，如放弃某个权利要求或技术方案。

【参考答案】 BCD

73.【2019 年第 79 题】无效宣告程序中，关于专利权人对权利要求进行修改的时机，下列说法正确的是？

A. 任何方式的修改都可以在收到受理通知书之日起一个月内提交

B. 任何方式的修改都可以在收到合议组转送的无效宣告请求补充意见一个月内提交

C. 任何方式的修改都可以在口审当庭提交

D. 删除式修改最迟可以在口头审理辩论终结前提交

【解题思路】

专利权人对权利要求的修改属于针对他人进攻（无效宣告请求、补充意见）的防守，故在收到受理通知书和补充意见后可以进行修改。为了给无效请求人应对的时间，修改需要在1个月内提出。不过，删除式修改属于放弃自己的阵地，没有建立新的防线，故可以在口头审理辩论终结后、合议组作出无效决定前提交。

【参考答案】 AB

五、无效宣告请求程序的中止

复审程序的中止适用《专利审查指南》第5部分第7章第7节的规定，具体内容参见本书第4章第2节第10小节第4项“请求中止”中的内容。

74.【2006年第65题】无效宣告程序中止后，下列哪些情形之一发生时，专利复审委员会恢复审查？

A. 中止请求人要求恢复审查

B. 中止审查已满六个月，并且未收到中止请求人提出的、附具专利权归属纠纷尚未审结证明的延长中止请求

C. 保全期限届满，并且未收到人民法院裁定继续采取保全措施的通知

D. 收到人民法院做出的生效判决副本并且在必要时进行了专利权人变更

【解题思路】

请求人有权申请中止，自然也应该有权恢复审查。由当事人提起的中止，中止期限为1年而不是6个月。期限届满后，如果没有延长，就需要恢复程序。中止程序是为了顺利解决相关纠纷，既然纠纷已经解决并进行了专利权人的变更，那么中止的程序就应该重新启动。

【参考答案】 ACD

六、无效宣告请求审查决定

（一）无效宣告请求审查决定的类型

《专利审查指南》第4部分第3章第5节规定了无效宣告请求决定的类型。

无效宣告请求审查决定分为下列三种类型：

（1）宣告专利权全部无效；

（2）宣告专利权部分无效；

（3）维持专利权有效。

宣告专利权无效包括宣告专利权全部无效和部分无效两种情形。根据《专利法》第47条的规定，宣告无效的专利权视为自始即不存在。

75.【2018年第22题】某发明专利申请于2015年11月20日获得公告授权，专利权人为甲。针对该专利权，乙于2016年5月20日向专利复审委员会提出无效宣告请求，甲随后删除了部分权利要求。专利复审委员会于2016年11月20日作出审查决定，宣告修改后的权利要求维持有效。2017年1月20日，甲将丙公司诉至人民法院，主张丙公司于2016年1月至4月间的销售行为侵犯了该专利权。请问：在甲与丙公司的侵权纠纷中，应当以哪份权利要求书作为审理的基础？

A. 2015年11月20日该专利授权公告时的权利要求书

B．2016年11月20日专利复审委员会审查决定宣告维持有效的权利要求书

C．2016年5月20日乙请求专利复审委员会宣告无效的权利要求书

D．2016年1月至4月间丙公司能够查阅到的权利要求书

【解题思路】

一项专利被部分无效后，被宣告无效的部分视为自始就不存在，被维持的部分(包括修改后的权利要求）也同时视为自始就存在。既然被维持的权利要求被视为自始存在，那么自然以该权利要求作为侵权判定的基础。

【参考答案】 B

76.【2019年第82题】一件申请日为2008年2月10日的发明专利于2019年3月20日被宣告部分无效。专利权人在收到该无效审查决定之日起三个月内未向人民法院起诉。下列说法正确的是?

A．维持有效的权利要求视为自2019年3月20日起有效

B．被宣告无效的权利要求视为自2008年2月10日起即不存在

C．该无效审查决定对2015年已经履行完毕的与被无效专利权有关的专利实施许可合同不具有追溯力

D．该无效审查决定对人民法院2017年针对该专利权作出并已执行的专利侵权的判决具有追溯力

【解题思路】

无效宣告决定遵循“全黑全白”政策，被无效或部分无效的专利视为自始不存在，被维持的专利则视为自始存在。为了保持社会关系的稳定，无效审查决定对无效前已经履行完成的专利许可合同和执行完毕的判决书并不具有追溯力。

【参考答案】 BC

（二）无效宣告请求审查决定的效力

《专利审查指南》第4部分第3章第5节规定了无效宣告请求决定的效力。

一项专利被宣告部分无效后，被宣告无效的部分应视为自始即不存在。但是被维持的部分（包括修改后的权利要求）也同时应视为自始即存在。

《专利纠纷规定》第7条：“人民法院受理的侵犯发明专利权纠纷案件或者经国务院专利行政部门审查维持专利权的侵犯实用新型、外观设计专利权纠纷案件，被告在答辩期间内请求宣告该项专利权无效的，人民法院可以不中止诉讼。”

77.【2008年第79题】甲公司于2005年1月将其发明专利许可乙公司实施，约定每年12月乙公司向甲公司支付使用费10万元。乙公司在2005年实施该专利获利50万元，按约定支付了使用费。乙公司于2006年11月发现一项能够破坏甲公司专利新颖性的现有技术，于是拒绝支付2006年的使用费。2007年2月甲公司起诉乙公司违约。乙公司遂于答辩期内请求宣告该专利权无效并被受理。法院于2007年11月作出终审判决，判决乙公司支付2006年的使用费。2007年12月该专利权被宣告无效，此时乙公司尚未履行判决。下列哪些说法是正确的?

A．由于乙公司在答辩期内请求宣告专利权无效，因此法院应当中止诉讼

B．专利权被宣告无效后，乙公司不必向甲公司支付2006年的使用费

C．尽管专利权被宣告无效，但乙公

司仍需履行判决向甲公司支付2006年的使用费

D. 由于被宣告无效的专利权视为自始即不存在，因此甲公司应当向乙公司返还2005年的许可使用费

【解题思路】

发明专利需经过实质审查，比较稳定，故被告在答辩期内提起无效请求的，法院也可以不中止诉讼。专利被宣告无效后，该专利视为自始不存在，但对已经履行的合同不具有追溯力，除非显失公平。本题中乙公司支付专利费10万元，获利50万元，显然不属于显失公平的情形，无须返还专利费。

【参考答案】 B

（三）无效宣告请求审查决定的送交、登记和公告

《专利审查指南》第4部分第3章第6节规定了无效宣告请求审查决定的送交、登记和公告。

根据《专利法》第46条第1款的规定，专利复审和无效部门应当将无效宣告请求审查决定送达双方当事人。

对于涉及侵权案件的无效宣告请求，在无效宣告请求审理开始之前曾通知有关人民法院或者地方知识产权管理部门的，专利复审和无效部门作出决定后，应当将审查决定和无效宣告审查结案通知书送达有关人民法院或者地方知识产权管理部门。

根据《专利法》第46条第1款的规定，专利复审和无效部门作出宣告专利权无效（包括全部无效和部分无效）的审查决定后，当事人未在收到该审查决定之日起3个月内向人民法院起诉或者人民法院生效判决维持该审查决定的，由专利局予以登记和公告。

78.【2006年第76题】以下有关无效宣告审查决定的哪些说法是正确的？

A. 专利权被宣告部分无效后，其经过修改被予以维持的权利要求应视为自修改之日起存在

B. 专利复审委员会作出维持专利权有效的审查决定后，由国家知识产权局即行登记和公告

C. 专利复审委员会作出宣告专利权无效的审查决定并且该决定生效后，由国家知识产权局登记和公告

D. 对于涉及侵权案件的无效宣告请求，在无效宣告请求审查开始之前曾通知有关人民法院的，专利复审委员会应当在作出决定后，将审查决定和“无效宣告审查结案通知书”送交有关人民法院

【解题思路】

专利权的无效宣告具有溯及既往的效力，如果是全部无效，则该专利视为自始不存在；部分被无效的情况下，被无效部分也视为自始不存在。与此相适应，被维持的部分（包括经修改后的权利要求）则被视为自始存在。国家知识产权局的登记和公告必须要等到尘埃落定之后，专利复审和无效部门的决定并不是终局决定，后面还有司法审查，只能等到决定生效后，才适合进行公告。涉及侵权案件的无效宣告请求，法院往往会中止审理，直到无效决定作出。因此无效决定作出后，专利复审和无效部门应当通知法院。

【参考答案】 CD

七、无效宣告程序中对于同样发明创造的处理

（一）专利权人相同

《专利审查指南》第4部分第7章第2.1节规定了授权公告日不同的情形。

任何单位或者个人认为属于同一专利权人的具有相同申请日（有优先权的，指优先权日）的两项专利权不符合《专利法》第9条第1款的规定而请求专专利复审和无效部门宣告其中授权在前的专利权无效的，在不存在其他无效宣告理由或者其他理由不成立的情况下，专利复审和无效部门应当维持该项专利权有效。任何单位或者个人认为属于同一专利权人的具有相同申请日（有优先权的，指优先权日）的两项专利权不符合专利法第九条第一款的规定而请求专利复审和无效部门会宣告其中授权在后的专利权无效的，专利复审和无效部门经审查后认为构成同样的发明创造的，应当宣告该项专利权无效。

如果上述两项专利权为同一专利权人同日（仅指申请日）申请的一项实用新型专利权和一项发明专利权，专利权人在申请时根据《专利法实施细则》第41条第2款的规定作出过说明，且发明专利权授予时实用新型专利权尚未终止，在此情形下，专利权人可以通过放弃授权在前的实用新型专利权以保留被请求宣告无效的发明专利权。

《专利审查指南》第4部分第7章第2.2节规定了授权公告日相同的情形。

任何单位或者个人认为属于同一专利权人的具有相同申请日（有优先权的，指优先权日）和相同授权公告日的两项专利权不符合《专利法》第9条第1款规定的，可以请求专利复审和无效部门会宣告其中一项专利权无效。

无效宣告请求人仅针对其中一项专利权提出无效宣告请求的，专利复审和无效部门经审查后认为构成同样的发明创造的，应当宣告被请求宣告无效的专利权无效。

两项专利权均被提出无效宣告请求的，专利复审和无效部门一般应合并审理。经审查认为构成同样的发明创造的，专利复审和无效部门应当告知专利权人上述两项专利权构成同样的发明创造，并要求其选择仅保留其中一项专利权。专利权人选择仅保留其中一项专利权的，在不存在其他无效宣告理由或者其他理由不成立的情况下，专利复审和无效部门应当维持该项专利权有效，宣告另一项专利权无效。专利权人未进行选择的，专利复审和无效部门应当宣告两项专利权无效。

79.【2018年第74题】请求人赵某认为，专利权人钱某所拥有的具有相同申请日（有优先权的，指优先权日）、不同授权日的两项专利权不符合《专利法》第9条第1款的规定，向专利复审委员会提出无效宣告请求。针对赵某的无效宣告请求，下列说法正确的是：

A. 赵某请求宣告其中授权在前的专利权无效，在不存在其他无效宣告理由或者其他理由不成立的情况下，专利复审委员会应当维持该项专利权有效

B. 赵某请求宣告其中授权在后的专利权无效，专利复审委员会经审查后认为构成同样的发明创造的，应当宣告该项专利权无效

C. 赵某请求宣告其中任一专利权无效，专利复审委员会经审查后认为两者构成同样的发明创造的，专利复审委员会可以自行决定选择其中一项专利权宣告无效

D. 如果上述两项专利权为钱某同日(仅指申请日）申请的一项实用新型专利权和一项发明专利权，钱某在申请时根据《专利法》实施细则第 41 条第 2 款的规定作出过说明，且发明专利权授予时实用新型专利权尚未终止，在此情形下，钱某可以通过放弃授权在前的实用新型专利权以保留被请求宣告无效的发明专利权

【解题思路】

如果同一申请人同日提出的同样的发明创造授权日不同，则应当被无效掉的是授权在后的专利，专利复审和无效部门不能自行随意选择。A 选项中赵某请求宣告的是授权在先的那项专利，属于目标错误，其主张无法获得支持。B 选项中赵某针对的是授权在后的那项专利，能够获得支持。如果两项专利授权日也相同，那才可以随意选择无效其中任何一项。如果涉及的是同时申请的发明和实用新型，则可以通过放弃实用新型的方式来获得发明的授权。

【参考答案】 ABD

（二）专利权人不同

《专利审查指南》第 4 部分第 7 章第 3 节规定了专利权人不同的情形。

任何单位或者个人认为属于不同专利权人的两项具有相同申请日（有优先权的，指优先权日）的专利权不符合《专利法》第 9 条第 1 款规定的，可以分别请求专利复审和无效部门宣告这两项专利权无效。

两项专利权均被提出无效宣告请求的，专利复审和无效部门一般应合并审理。经审查认为构成同样的发明创造的，专利复审和无效部门会应当告知两专利权人上述两项专利权构成同样的发明创造，并要求其协商选择仅保留其中一项专利权。两专利权人经协商共同书面声明仅保留其中一项专利权的，在不存在其他无效宣告理由或者其他理由不成立的情况下，专利复审和无效部门应当维持该项专利权有效，宣告另一项专利权无效。专利权人协商不成未进行选择的，专利复审和无效部门应当宣告两项专利权无效。

无效宣告请求人仅针对其中一项专利权提出无效宣告请求，专利复审和无效部门经审查认为构成同样的发明创造的，应当告知双方当事人。专利权人可以请求宣告另外一项专利权无效，并与另一专利权人协商选择仅保留其中一项专利权。专利权人请求宣告另外一项专利权无效的，按照本节前述规定处理；专利权人未请求宣告另一项专利权无效的，专利复审和无效部门应当宣告被请求宣告无效的专利权无效。

八、无效宣告程序的终止

（一）无效宣告程序终止的情形

《专利审查指南》第 4 部分第 3 章第 7 节规定了无效宣告程序的终止。

请求人在专利复审和无效部门对无效宣告请求作出审查决定之前，撤回其无效宣告请求的，无效宣告程序终止；但专利复审和无效部门认为根据已进行的审查工作能够作出宣告专利权无效或者部分无效的决定的除外。

请求人未在指定的期限内答复口头审理通知书，并且不参加口头审理，其无效宣

告请求被视为撤回的，无效宣告程序终止；但专利复审和无效部门认为根据已进行的审查工作能够作出宣告专利权无效或者部分无效的决定的除外。

已受理的无效宣告请求因不符合受理条件而被驳回请求的，无效宣告程序终止。

在专利复审和无效部门对无效宣告请求作出审查决定之后，当事人未在收到该审查决定之日起3个月内向人民法院起诉，或者人民法院生效判决维持该审查决定的，无效宣告程序终止。

在专利复审和无效部门作出宣告专利权全部无效的审查决定后，当事人未在收到该审查决定之日起3个月内向人民法院起诉，或者人民法院生效判决维持该审查决定的，针对该专利权的所有其他无效宣告程序终止。

80.【2011年第100题】张某于2008年3月1日向国家知识产权局提交了一件发明专利申请。上述申请于2010年3月1日被公告授予专利权。胡某于2011年3月1日提出宣告上述发明专利权无效的请求，专利复审委员会受理了该请求。胡某于2011年7月20日请求撤回其无效宣告请求，下列哪些情况不影响专利复审委员会继续作出审查决定或不影响已作出的审查决定的有效性？

A．专利复审委员会根据已进行的审查工作能够作出宣告专利权部分无效的决定

B．专利复审委员会根据已进行的审查工作能够作出宣告专利权全部无效的决定

C．审查决定的结论已于2011年7月10日当庭宣布

D．专利复审委员会已于2011年7月18日发出书面审查决定

【解题思路】

一般来说，撤回无效宣告请求会导致程序终止，但如果专利复审和无效部门认为根据已进行的审查工作能够作出宣告专利权无效或者部分无效的决定的除外。审查决定已经当庭宣布或者是发出，那就无法撤回。

【参考答案】 ABCD

81.【2015年第25题】在下列哪个情形下无效宣告程序终止？

A．请求人请求撤回其无效宣告请求，但专利复审委员会认为根据已进行的审查工作能够作出宣告专利权无效的决定

B．专利权人未提交口头审理回执，也未参加口头审理

C．当事人在收到无效宣告请求审查决定之日起3个月内未向人民法院起诉

D．专利复审委员会对无效宣告请求作出维持专利权有效的审查决定

【解题思路】

专利制度的设计很多地方都偏向于公共利益。在无效宣告程序中，当专利复审和无效部门认为根据已进行的审查工作能够宣告专利权无效或者部分无效时，即使无效宣告请求被撤回或者视为撤回，仍然可以继续审查、审理而不是终止审理。如果专利被全部无效，那公众就可以自由使用；如果被部分无效，那被无效的那部分，公众也可以自由使用。专利权人如不参加审理，可以缺席审理。如果专利权人不参加口审就可以终止无效宣告程序的话，那么专利权人为保持自己的专有权有效，都不会去参加无效宣告程序。如果这样，那显然不合理。专利复审和无效部门的无效审查决定需要受到司法审

查，无效决定作出后当事人如果没有起诉，那无效审查决定才生效，此时无效宣告程序终止。

【参考答案】 C

（二）无效宣告程序不终止的情形

《专利法实施细则》第72条第2款规定，专利复审和无效部门作出决定之前，无效宣告请求人撤回其请求或者其无效宣告请求被视为撤回的，无效宣告请求审查程序终止。但是，专利复审和无效部门认为根据已进行的审查工作能够作出宣告专利权无效或者部分无效的决定的，不终止审查程序。

82.【2010年第91题】乙于2008年对甲的发明专利权提出无效宣告请求。专利复审委员会经审理后作出维持该专利权有效的决定，双方均未在法定期限内起诉。乙于2010年2月3日再次对该专利权提出无效宣告请求。专利复审委员会向双方当事人发出口头审理通知书，并告知了口头审理的时间。针对专利复审委员会发出的口头审理通知书，下列哪些情形将导致无效宣告程序终止？

A. 乙未在口头审理通知书指定的期限内答复，且未参加口头审理，但专利复审委员会认为根据已进行的审查工作，能作出宣告专利权无效的决定

B. 甲提交了回执，但未参加口头审理

C. 乙主动撤回了其无效宣告请求，并且专利复审委员会认为根据已进行的审查工作，尚不能作出审查决定

D. 乙在口头审理通知书指定的期限内书面答复表示不参加口头审理

【解题思路】

当事人撤回或视为撤回无效申请时，如专利复审和无效部门根据已经进行的审查工作，已可以作出宣告无效的决定，则程序不终止，反之则终止。甲是专利权人，如不参加审理，可以缺席审理。如果这种情况下是可以终止无效宣告程序，那专利权人为保持自己的专有权有效，都不会去参加无效宣告程序。如果最初出现这样的结果，那显然不合理。

【参考答案】 C

第四节　口头审理

一、口头审理的性质

《专利审查指南》第4部分第4章第1节规定了口头审理的性质。

口头审理是根据《专利法实施细则》第63条、第70条的规定而设置的行政听证程序，其目的在于查清事实，给当事人当庭陈述意见的机会。

二、口头审理的确定

《专利审查指南》第4部分第4章第2节规定了口头审理的确定。

（一）请求口头审理的理由

无效宣告程序的当事人可以依据下列理由请求进行口头审理：

（1）当事人一方要求同对方当面质证和辩论；

（2）需要当面向合议组说明事实；

（3）需要实物演示；

（4）需要请出具过证言的证人出庭作证；

复审请求人可以依据下列理由请求进行口头审理：

（1）需要当面向合议组说明事实或者陈述理由；

（2）需要实物演示。

83.【2006 年第 97 题】在无效宣告请求审查程序中，当事人可以依据下列哪些理由请求进行口头审理？

A. 要求同对方当事人当面质证和辩论

B. 需要当面向合议组说明事实

C. 需要与对方当事人和解

D. 需要请出具过证言的证人作证

【解题思路】

口头审理的目的是为了查清事实，双方和解完全可以私下进行，并不一定需要合议组参与。

【参考答案】 ABD

84.【2007 年第 14 题】下列哪些说法是正确的？

A. 复审请求人在专利复审委员会作出决定前，可以撤回其复审请求

B. 复审请求人认为驳回理由不成立的，可以请求专利复审委员会作出授予专利权的决定

C. 复审请求人需要进行实物演示的，可以请求专利复审委员会进行口头审理

D. 复审请求人在答复复审通知书时，可以修改权利要求但不能修改说明书

【解题思路】

专利权属于私权，如果复审请求人准备放弃自己的权利撤回复审，那是他的自由。专利权是否应该授予，由专利局决定，专利复审和无效部门不能直接授予专利权。实物演示在书面审理中无法做到，因此需要口头审理以利于查清事实。无效宣告程序中，权利人不能修改说明书，但复审程序中请求人还是可以修改说明书的。

【参考答案】 AC

（二）口头审理请求的提出

在无效宣告程序中，有关当事人可以向专利复审和无效部门提出进行口头审理的请求，并且说明理由。请求应当以书面方式提出。

对于尚未进行口头审理的无效宣告案件，专利复审和无效部门在审查决定作出前收到当事人依据上述理由以书面方式提出口头审理请求的，合议组应当同意进行口头审理。

在复审程序中，复审请求人可以向专利复审和无效部门提出进行口头审理的请求，并且说明理由。请求应当以书面方式提出。复审请求人提出口头审理请求的，合议组根据案件的具体情况决定是否进行口头审理。

（三）合议组依职权确定

在无效宣告程序或者复审程序中，合议组可以根据案情需要自行决定进行口头审理。

（四）再次口头审理的确定

针对同一案件已经进行过口头审理的，必要时可以再次进行口头审理。

（五）巡回口头审理的确定

经主任委员或者副主任委员批准，专利复审和无效部门可以进行巡回口头审理，就地审理办案，并承担所需费用。

三、口头审理的通知

《专利审查指南》第 4 部分第 4 章第 3 节规定了口头审理的通知。

（一）口头审理通知书

在无效宣告程序中，确定需要进行口头审理的，合议组应当向当事人发出口头审理通知书，通知进行口头审理的日期和地点等事项。口头审理的日期和地点一经确定一般不再改动；遇特殊情况需要改动的，需经双方当事人同意或者经主任委员或者副主任委员批准。当事人应当在收到口头审理通知之日起7日内向专利复审和无效部门提交口头审理通知书回执。

（二）口头审理通知书回执

合议组应当在口头审理通知书中告知复审请求人，可以选择参加口头审理进行口头答辩，或者在指定的期限内进行书面意见陈述。复审请求人应当在收到口头审理通知书之日起7日内向专利复审和无效部门提交口头审理通知书回执，并在回执中明确表示是否参加口头审理；逾期未提交回执的，视为不参加口头审理。

无效宣告程序或者复审程序的口头审理通知书回执中应当有当事人的签名或者盖章。表示参加口头审理的，应当写明参加口头审理人员的姓名。要求委派出具过证言的证人就其证言出庭作证的，应当在口头审理通知书回执中声明，并且写明该证人的姓名、工作单位（或者职业）和要证明的事实。

85.【2006年第69题】下列关于无效宣告程序中口头审理的说法哪些是正确的？

A. 当事人表示参加口头审理的，应当在“口头审理通知书”回执中注明参加口头审理人员的姓名

B. 要求委派出具过证言的证人就其证言出庭作证的，应当在“口头审理通知书”回执中声明

C.“口头审理通知书”回执中应当有当事人的签名或者盖章

D. 参加口头审理的每方当事人及其代理人的人数不得超过4人

【解题思路】

口头审理回执的作用就是告诉合议组己方参加口头审理的人员以及证人的情况。口头审理回执也是正式的文件，需要当事人签字盖章。口头审理庭面积有限，给当事人安排的座位也不多，故参加口头审理的当事人的人数会有限制，最多不得超过4人。

【参考答案】 ABCD

86.【2015年第26题】复审请求人丁某收到专利复审委员会发出的口头审理通知书后，其下列哪个做法不符合相关规定？

A. 丁某不参加口头审理，委托两名专利代理人参加

B. 丁某在指定的期限内进行书面意见陈述，不参加口头审理

C. 丁某未进行书面意见陈述，在指定日期参加口头审理

D. 丁某与其委托的四名专利代理人在指定的日期参加口头审理

【解题思路】

复审请求人收到口头审理通知书后，可以选择参加口头审理，也可以选择不参加口头审理而是进行书面陈述。另外，如果委托专利代理师，专利代理师必须参加口头审理，而专利权人不参加则没有问题。参加口头审理的每方当事人及其代理人的数量不得超过4人，D选项中丁某加上4名代理人共有5人。

【参考答案】 D

（三）当事人不参加口头审理的法律后果

口头审理通知书中已经告知该专利申请不符合《专利法》及其实施细则和审查指南有关规定的具体事实、理由和证据的，如果复审请求人既未出席口头审理，也未在指定的期限内进行书面意见陈述，其复审请求视为撤回。

87.【2008 年第 29 题】专利复审委员会于 2006 年 7 月 31 日向复审请求人邮寄发出了复审请求口头审理通知书，告知进行口头审理的时间为 2006 年 9 月 8 日，并在该通知书中指明该申请不符合专利法有关规定的事实和理由。下列关于复审请求人收到该通知书后的哪些说法是正确的？

A. 复审请求人应当在 2006 年 9 月 8 日之前提交意见陈述书，否则其复审请求将被视为撤回

B. 复审请求人应当在 2006 年 9 月 8 日之前提交意见陈述书或者按时参加口头审理，否则复审委员会将直接作出审理决定

C. 复审请求人可以在 2006 年 9 月 8 日参加口审或者在 2006 年 9 月 15 日之前提交意见陈述书，既不按时参加口审也未提交意见陈述书的，不影响复审委员会继续审理

D. 复审请求人可以在 2006 年 9 月 8 日参加口审或者在 2006 年 9 月 15 日之前提交意见陈述书，既不按时参加口审也未提交意见陈述书的，其复审请求将被视为撤回

【解题思路】

复审程序的参与者是请求人和专利复审和无效部门双方，如果复审请求人既不按时参加口头审理也不提交意见陈述书，则意味着他放弃了复审，复审请求视为撤回。

【参考答案】 D

无效宣告请求人期满未提交回执，并且不参加口头审理的，其无效宣告请求视为撤回，无效宣告请求审查程序终止。但专利复审和无效部门认为根据已进行的审查工作能够作出宣告专利权无效或者部分无效的决定的除外。专利权人不参加口头审理的，可以缺席审理。

88.【2009 年第 20 题】专利复审委员会针对一项无效宣告请求于 2008 年 12 月 18 日发出口头审理通知书。下列说法哪些是正确的？

A. 当事人应当在 2009 年 1 月 9 日之前提交口头审理通知书回执

B. 请求人期满未提交口头审理通知书回执，也不参加口头审理的，其无效宣告请求将被视为撤回

C. 请求人期满未提交口头审理通知书回执，也不参加口头审理的，专利复审委员会可以缺席审理

D. 专利权人期满未提交口头审理通知书回执，也不参加口头审理的，专利复审委员会可以缺席审理

【解题思路】

专利复审和无效部门于 2008 年 12 月 18 日发出口头审理通知，推定当事人 15 天后收到，加上 7 天的答复时间，当事人应当在 2009 年 1 月 9 日前提交口头审理通知书回执。请求人如果不提交回执，也不参加口头审理，则请求视为撤回。专利权人如果拒不合作，则可以缺席审理。

【参考答案】 ABD

（四）口头审理参加人

参加口头审理的每方当事人及其代理师的数量不得超过4人。回执中写明的参加口头审理人员不足4人的，可以在口头审理开始前指定其他人参加口头审理。一方有多人参加口头审理的，应当指定其中之一作为第一发言人进行主要发言。当事人不能在指定日期参加口头审理的，可以委托其专利代理人或者其他人代表出庭。

当事人依照《专利法》第18条的规定委托专利代理机构代理的，该机构应当指派专利代理师参加口头审理。

89.【2012年第14题】下列有关复审程序中口头审理的哪种说法是正确的？

A. 复审请求人提出口头审理请求后，专利复审委员会必须进行口头审理

B. 在一件复审案件的审理过程中，只能进行一次口头审理

C. 在收到口头审理通知书后，复审请求人必须参加口头审理，否则复审请求视为撤回

D. 参加复审案件口头审理的每方当事人及其代理人的人数不得超过四人

【解题思路】

复审请求人提出口头审理请求后，是否进行口头审理由专利复审和无效部门决定。有些案件比较复杂，一次口头审理往往不能解决问题，那就有必要进行第二次。接到口头审理通知后，复审请求人也可以选择不参加口头审理而是进行书面意见陈述。复审申请人如果不参加口头审理，没能充分阐述自己的理由，受损的也是自己，法律没必要强制他们必须去口头审理。口头审理时每方当事人和代理人总数不得超过4人。

【参考答案】 D

四、口头审理的准备

《专利审查指南》第4部分第4章第4节规定了口头审理前的准备。

在口头审理开始前，合议组应当完成下列工作：

（1）将无效宣告程序中当事人提交的有关文件转送对方；

（2）阅读和研究案卷，了解案情，掌握争议的焦点和需要调查、辩论的主要问题；

（3）举行口头审理前的合议组会议，研究确定合议组成员在口头审理中的分工、调查的顺序和内容、应当重点查清的问题以及口头审理中可能出现的各种情况及处置方案；

（4）准备必要的文件；

（5）口头审理两天前应当公告进行该口头审理的有关信息（口头审理不公开进行的除外）；

（6）口头审理其他事务性工作的准备。

90.【2018年第75题】在复审程序和无效宣告程序的口头审理中，以下说法正确的是：

A. 合议组应当询问当事人是否请求审案人员回避，对于当事人请求审案人员回避的，合议组组长可以宣布中止口头审理

B. 在无效宣告程序的口头审理中，当事人当庭增加理由或者补充证据的，合议组应当根据有关规定判断所述理由或者证据是否予以考虑

C. 在复审程序的口头审理调查后，合

议组可以就有关问题发表倾向性意见，必要时将其认为专利申请不符合专利法及其实施细则和审查指南有关规定的具体事实、理由和证据告知复审请求人，并听取复审请求人的意见

D. 在无效宣告程序的口头审理辩论时，合议组成员不得发表自己的倾向性意见、也不得与任何一方当事人辩论

【解题思路】

为尊重申请人申请回避的权利，合议组在口头审理正式开始前应当询问当事人是否请求审案人员回避。如果申请人提出回避请求，则口头审理应当暂停，先解决回避问题。当事人当庭增加理由和证据，合议组首先要确定这些理由和证据是否满足期限的要求。复审程序只有请求人和合议组两方，在口头审理调查完成后，合议组在了解事实的基础上发表倾向性意见并没有负面影响。无效程序则不同，存在无效请求人和专利权人两方，合议组成员发表的倾向性意见即使是正确的，也会让另一方当事人感觉到强烈的不公平。

【参考答案】 ABCD

五、口头审理的中止

《专利审查指南》第 4 部分第 4 章第 6 节规定了口头审理的中止。

有下列情形之一的，合议组组长可以宣布中止口头审理，并在必要时确定继续进行口头审理的日期：

（1）当事人请求审案人员回避的；

（2）因和解需要协商的；

（3）需要对发明创造进一步演示的；

（4）合议组认为必要的其他情形。

91.【2016 年第 80 题】下列有关口头审理的说法哪些是正确的？

A. 无效宣告请求人可以以需要当面向合议组说明事实为由，请求进行口头审理

B. 参加口头审理的每方当事人及其代理人的数量不得超过三人

C. 当事人请求审案人员回避的，合议组组长可以宣布中止口头审理

D. 若请求人未出席口头审理，则其无效宣告请求视为撤回，该案件的审理结束

【解题思路】

口头审理的理由之一就是说明事实，如果当事人请求回避，合议组的组长需要中止口头审理，对该回避申请进行处理。参加口头审理的每方当事人及其代理人的数量不得超过四人而不是三人，请求人未出席口头审理但提交陈述意见，无效宣告请求不视为撤回。

【参考答案】 AC

六、口头审理的终止

《专利审查指南》第 4 部分第 4 章第 7 节规定了口头审理的终止。

对于事实已经调查清楚、可以作出审查决定并且不属于需要经过主任委员或者副主任委员审核批准的案件，合议组可以当场宣布审查决定的结论。

对于经口头审理拟当场宣布审查决定结论的案件，需要经主任委员或者副主任委员审核批准的，应当在批准后宣布审查决定的结论。

合议组不当场宣布审查决定结论的，由合议组组长作简要说明。

在上述三种情况下，均由合议组组长

宣布口头审理终止。此后，在一定期限内，将决定的全文以书面形式送达当事人。

七、口头审理的其他事项

（一）当事人的缺席

《专利审查指南》第4部分第4章第8节规定了当事人的缺席。

有当事人未出席口头审理的，只要一方当事人的出庭符合规定，合议组按照规定的程序进行口头审理。

（二）当事人中途退庭

《专利审查指南》第4部分第4章第9节规定了当事人中途退庭。

在无效宣告程序或者复审程序的口头审理过程中，未经合议组许可，当事人不得中途退庭。当事人未经合议组许可而中途退庭的，或者因妨碍口头审理进行而被合议组责令退庭的，合议组可以缺席审理。但是，应当就该当事人已经陈述的内容及其中途退庭或者被责令退庭的事实进行记录，并由当事人或者合议组签字确认。

92.【2010年第22题】关于无效宣告程序中的口头审理，下列说法哪些是正确的？

A. 对于尚未进行口头审理的无效宣告案件，专利复审委员会在审查决定作出前，收到当事人以需要实物演示为理由以书面方式提出的口头审理请求的，应当进行口头审理

B. 未经口头审理，专利复审委员会不得作出无效宣告请求审查决定

C. 无效宣告请求人无正当理由拒不提交口头审理回执，也不参加口头审理的，其无效宣告请求视为撤回

D. 参加口头审理的无效宣告请求人无正当理由中途退庭的，其无效宣告请求视为撤回

【解题思路】

需要实物演示属于进行口头审理的理由，另外只要复审决定尚未作出，当事人都可以用书面方式申请口头审理。口头审理并不是无效宣告程序的必经阶段，简单的案子不进行口头审理也完全可以。无效请求人不提交口头审理回执，也不参加口头审理，则无效请求视为撤回。当事人无正当理由中途退庭的，可以缺席审理。

【参考答案】 AC

（三）证人出庭作证

《专利审查指南》第4部分第4章第10节规定了证人出庭作证。

出具过证言并在口头审理通知书回执中写明的证人可以就其证言出庭作证。当事人在口头审理中提出证人出庭作证请求的，合议组可根据案件的具体情况决定是否准许。

证人出庭作证时，应当出示证明其身份的证件。合议组应当告知其诚实作证的法律义务和作伪证的法律责任。出庭作证的证人不得旁听案件的审理。询问证人时，其他证人不得在场，但需要证人对质的除外。

合议组可以对证人进行提问。在双方当事人参加的口头审理中，双方当事人可以对证人进行交叉提问。证人应当对合议组提出的问题作出明确回答，对于当事人提出的与案件无关的问题可以不回答。

93.【2018年第76题】某无效宣告案件的口头审理，关于证人赵某和钱某出庭作证，以下说法正确的是：

A. 赵某是出具过证言并在口头审理通知书回执中写明的证人，可以就其证言出庭作证

B. 钱某是专利权人在口头审理中向合议组提出出庭作证请求的证人，合议组可根据案件的具体情况决定是否准许

C. 赵某和钱某不得旁听案件的审理

D. 合议组询问赵某时，钱某不得在场，但需要钱某与赵某对质的除外

【解题思路】

为避免证据突袭，需要出庭作证的证人应当在之前出具过证言。为让合议庭有所准备，证人出庭事项需要在口头审理通知书回执中写明。证人是否能出庭作证，由合议组决定。为避免证人受到案件审理内容的影响，证人不能旁听案件审理。为避免对证人的干扰，询问赵某时，钱某不能在场，需要两人对质的除外。

【参考答案】 ABCD

（四）记录

《专利审查指南》第4部分第4章第11节规定了记录。

在口头审理中，由书记员或者合议组组长指定的合议组成员进行记录。担任记录的人员应当将重要的审理事项记入口头审理笔录。除笔录外，合议组还可以使用录音、录像设备进行记录。

在重要的审理事项记录完毕后或者在口头审理终止时，合议组应当将笔录交当事人阅读。对笔录的差错，当事人有权请求记录人更正。笔录核实无误后，应当由当事人签字并存入案卷。当事人拒绝签字的，由合议组组长在口头审理笔录中注明。

94.【2011年第98题】张某于2008年3月1日向国家知识产权局提交了一件发明专利申请。上述申请于2010年3月1日被公告授予专利权。胡某于2011年3月1日提出宣告上述发明专利权无效的请求，专利复审委员会受理了该请求，并决定于2011年7月10日举行口头审理。关于本无效宣告请求的口头审理，下列说法哪些是正确的？

A. 张某未到庭但委托了专利代理人出庭，胡某出庭符合规定，则合议组应当正常进行口头审理

B. 胡某未经合议组许可而中途退庭的，其无效宣告请求被视为撤回

C. 出具过证言并在口头审理通知书回执中写明的证人可以就其证言出庭作证

D. 代理张某出庭的代理人发现口头审理笔录中出现了差错，可以请求记录人更正

【解题思路】

口头审理可以委托代理人出庭。胡某未经许可中途退庭，可以缺席审理。出具证言并在口头审理通知书回执中写明的证人可以就其证言出庭作证。笔录中的差错可以请求改正。

【参考答案】 ACD

（五）旁听

《专利审查指南》第4部分第4章第12节规定了旁听。

在口头审理中允许旁听，旁听者无发言权；未经批准，不得拍照、录音和录像，也不得向参加口头审理的当事人传递有关信息。

必要时，专利复审和无效部门可以要求旁听者办理旁听手续。

95.【2014年第74题】下列关于无效

宣告程序口头审理的说法哪些是正确的？

A．专利权人未出席口头审理的，口头审理中止，改期进行

B．出庭作证的证人不能旁听案件的审理

C．旁听人员可以向参加口头审理的当事人传递有关信息

D．合议组和双方当事人均可以对证人进行提问

【解题思路】

专利权人出不出席没关系，只要无效请求人出席，不影响口头审理进行。如果专利权人不出席口头审理就得中止，那就给了专利权人拖延程序的机会，这显然不合理。证人如旁听案件，容易影响其作证。旁听人员如能传递信息，那会干扰庭审。证人出庭是为了查清事实，需要回答合议组和当事人的提问。

【参考答案】 BD

（六）当事人的权利和义务

《专利审查指南》第4部分第4章第13节规定了当事人的权利和义务。

合议组组长应当在口头审理开始阶段告知当事人在口头审理中的权利和义务。

当事人有权请求审案人员回避；无效宣告程序中的当事人有权与对方当事人和解；有权在口头审理中请出具过证言的证人就其证言出庭作证和请求演示物证；有权进行辩论。无效宣告请求人有权请求撤回无效宣告请求，放弃无效宣告请求的部分理由及相应证据，以及缩小无效宣告请求的范围。专利权人有权放弃部分权利要求及其提交的有关证据。复审请求人有权撤回复审请求；有权提交修改文件。

96.【2011年第99题】张某于2008年3月1日向国家知识产权局提交了一件发明专利申请。上述申请于2010年3月1日被公告授予专利权。胡某于2011年3月1日提出宣告上述发明专利权无效的请求，专利复审委员会受理了该请求，并决定于2011年7月10日举行口头审理。在口头审理中，胡某享有下列哪些权利？

A．请求审案人员回避

B．请求撤回无效宣告请求

C．缩小无效宣告请求的范围

D．放弃无效宣告请求的部分理由及相应证据

【解题思路】

胡某是无效宣告请求人，请求审案人员回避是他的程序性权利，撤回无效请求、缩小无效请求范围和放弃部分理由和证据则体现了他自身的意志。

【参考答案】 ABCD

当事人应当遵守口头审理规则，维护口头审理的秩序；发言时应当征得合议组组长同意，任何一方当事人不得打断另一方当事人的发言；辩论中应当摆事实、讲道理；发言和辩论仅限于合议组指定的与审理案件有关的范围；当事人对自己提出的主张有举证责任，反驳对方主张的，应当说明理由；口头审理期间，未经合议组许可不得中途退庭。

97.【2013年第69题】张某就李某的专利权提出无效宣告请求。关于该无效宣告请求的口头审理，下列说法哪些是正确的？

A．李某不参加口头审理，专利复审委员会可以缺席审理

B．因口头审理为公开审理，随李某前

来旁听口头审理的某公司职员可以向李某传递信息

C. 张某可以在口头审理的过程中放弃无效宣告请求的部分理由

D. 口头审理终止后，张某和李某都有权阅读笔录，但对于笔录的差错，不能请求更正

【解题思路】

专利权人不参加口头审理，专利复审和无效部门可以缺席审理。在口头审理中，旁听者只能听不能说。张某为无效请求人，可以对自己的请求进行实体处分，如觉得某些理由不充分，那完全可以放弃。阅读笔录发现错误如果不能更正，那阅读笔录就没有意义。

【参考答案】 AC

98.【2019年第83题】在无效宣告程序口头审理中，当事人有哪些权利和义务？

A. 有权请求审案人员回避

B. 发言和辩论仅限于合议组指定的与审理案件有关的范围

C. 对另一方当事人提出的问题应该予以正面回答

D. 当事人对自己提出的主张有举证责任，反驳对方主张的，应当说明理由

【解题思路】

口头审理程序和诉讼相似，当事人有申请回避的权利。当事人的发言和辩论应围绕着案件事实进行，否则就会变得漫无边际。当事人对另一方提出的问题可以正面回答，也可以反驳。根据“谁主张谁举证”的原则，当事人对自己的主张有举证责任，反驳对方也得有理有据。

【参考答案】 ABD

第五节 无效宣告程序中有关证据问题的规定

一、无效宣告程序中有关证据问题的法律适用

《专利审查指南》第4部分第8章第1节规定了无效宣告程序中有关证据问题的法律适用。

根据《专利法》及其实施细则的有关规定，结合无效宣告案件审查实践，制定本章。

无效宣告程序中有关证据的各种问题，适用《专利审查指南》的规定，指南没有规定的，可参照人民法院民事诉讼中的相关规定。

二、当事人举证

（一）举证责任的分配

《专利审查指南》第4部分第8章第2.1节规定了当事人举证责任的分配。

当事人对自己提出的无效宣告请求所依据的事实或者反驳对方无效宣告请求所依据的事实有责任提供证据加以证明。

在依据前述规定无法确定举证责任承担时，专利复审和无效部门可以根据公平原则和诚实信用原则，综合当事人的举证能力以及待证事实发生的盖然性等因素确定举证责任的承担。

没有证据或者证据不足以证明当事人的事实主张的，由负有举证责任的当事人承担不利后果。

（二）证据的提交

《专利审查指南》第4部分第8章第2.2

节规定，证据的提交除本章规定之外，应当符合本部分第3章第4.3节的规定。

这方面的内容可参照本章第3.4节“无效宣告请求的合议审查”中关于举证期限的规定。

1. 外文证据的提交

《专利审查指南》第4部分第8章第2.2.1节规定了外文证据的提交。

当事人提交外文证据的，应当提交中文译文，未在举证期限内提交中文译文的，该外文证据视为未提交。

当事人应当以书面方式提交中文译文，未以书面方式提交中文译文的，该中文译文视为未提交。

当事人可以仅提交外文证据的部分中文译文。该外文证据中没有提交中文译文的部分，不作为证据使用。但当事人应专利复审和无效部门的要求补充提交该外文证据其他部分的中文译文的除外。

对方当事人对中文译文内容有异议的，应当在指定的期限内对有异议的部分提交中文译文；没有提交中文译文的，视为无异议。

对中文译文出现异议时，双方当事人就异议部分达成一致意见的，以双方最终认可的中文译文为准；双方当事人未能就异议部分达成一致意见的，必要时，专利复审和无效部门可以委托翻译。双方当事人就委托翻译达成协议的，专利复审和无效部门可以委托双方当事人认可的翻译单位进行全文、所使用部分或者有异议部分的翻译。双方当事人就委托翻译达不成协议的，专利复审和无效部门可以自行委托专业翻译单位进行翻译。委托翻译所需翻译费用由双方当事人各承担50%；拒绝支付翻译费用的，视为其承认对方当事人提交的中文译文正确。

99.【2018年第77题】请求人赵某认为专利权人钱某拥有的一项实用新型专利权不具备《专利法》规定的创造性，向专利复审委员会提出无效宣告请求，并提交了日文专利文献作为现有技术证据之一。以下说法正确的是：

A. 赵某应当提交该日文专利文献的中文译文，如果赵某未在举证期限内提交中文译文的，视为未提交

B. 钱某对该日文专利文献的中文译文内容有异议的，应当在指定的期限内对有异议的部分提交中文译文。没有提交中文译文的，视为无异议

C. 赵某和钱某就中文译文的异议部分达成一致意见的，以双方最终认可的中文译文为准

D. 赵某和钱某未能就该日文专利文献的中文译文内容的异议部分达成一致意见，必要时专利复审委员会可以委托翻译，委托翻译所需翻译费用应由赵某和钱某各自承担50%

【解题思路】

专利复审和无效部门审理案件使用的语言是中文，赵某如果不提供日文专利文献的中文翻译，则该证据不会发挥作用。如果专利权人钱某对译文内容有异议，那根据“谁主张谁举证”的原则，需要提交自己认为正确的内容。如果赵某和钱某对译文的异议部分达成一致，那需要尊重他们自己的意见。如果双方意见不一致，那么专利复审和无效部门只能寻求外部翻译机构的帮助，额

外增加的翻译费用由赵某和钱某平均分摊。

【参考答案】 ABCD

2. 域外证据及香港、澳门、台湾地区形成的证据的证明手续

《专利审查指南》第4部分第8章第2.2.2节规定了域外证据及香港、澳门、台湾地区形成的证据的证明手续。

域外证据是指在中华人民共和国领域外形成的证据，该证据应当经所在国公证机关予以证明，并经中华人民共和国驻该国使领馆予以认证，或者履行中华人民共和国与该所在国订立的有关条约中规定的证明手续。

当事人向专利复审和无效部门提供的证据是在香港、澳门、台湾地区形成的，应当履行相关的证明手续。但是在以下三种情况下，对上述两类证据，当事人可以在无效宣告程序中不办理相关的证明手续：

（1）该证据是能够从除香港、澳门、台湾地区外的国内公共渠道获得的，如从专利局获得的国外专利文件，或者从公共图书馆获得的国外文献资料；

（2）有其他证据足以证明该证据真实性的；

（3）对方当事人认可该证据的真实性的。

100.【2018年第23题】无效宣告程序中，当事人提交的以下哪种证据无须办理公证、认证等相关的证明手续：

A. 在美国出版、纸质发行的专业期刊

B. 在德国举办的某展览会的会议图册

C. 某产品在中国台湾地区公开制造、销售的有关合同和票据

D. 从中国国家图书馆获得的英国专利文件

【解题思路】

国外和中国香港、澳门、台湾地区的证据需要公证认证手续是为了证明其真实性，毕竟来自国外和中国香港、澳门、台湾地区的证据是否真实，中国的单位和个人并不容易判断。不过，如果该文件在国内图书馆同样能够找到靠谱的版本，真实性有保证，就没有必要再履行前述手续。

【参考答案】 D

101.【2019年第22题】针对一项有效的中国专利，王某提出无效宣告请求，其中使用了一件在美国形成的域外证据，下列说法错误的是？

A. 该证据需经美国公证机关予以证明，并经中国驻美国使领馆予以认证

B. 该证据需经中国公证机关予以证明，并经美国驻中国使领馆予以认证

C. 如果该证据可以从国内公共图书馆获得，无须办理有关公证和认证手续

D. 如果对方当事人认可该证据的真实性，无须办理有关公证和认证手续

【解题思路】

根据2019年修改的《民事诉讼证据规定》，在美国形成的证据，需要由美国当地的公证机关公证，如该证据涉及身份关系，才需要同时经过中国驻美国使领馆认证，中国本地的公证机关并没有能力判断国外的证据是否真实。不过《专利审查指南》并没有作相应的修改，故B选项姑且选择。国内图书馆收录的证据，是否真实在国内也可以进行判断，故不再需要办理公证认证手续。如果对方当事人认可了证据的真实性，则举证一方就免除了证明该证据真实性的责任，也

不再需要公证认证。

【参考答案】 B

3. 物证的提交

《专利审查指南》第4部分第8章第2.2.3节规定了物证的提交。

当事人应当在本部分第3章第4.3节规定的举证期限内向专利复审和无效部门提交物证。当事人提交物证的，应当在举证期限内提交足以反映该物证客观情况的照片和文字说明，具体说明依据该物证所要证明的事实。

当事人确有正当理由不能在举证期限内提交物证的，应当在举证期限内书面请求延期提交，但仍应当在上述期限内提交足以反映该物证客观情况的照片和文字说明，具体说明依据该物证所要证明的事实。当事人最迟在口头审理辩论终结前提交该物证。

对于经公证机关公证封存的物证，当事人在举证期限内可以仅提交公证文书而不提交该物证，但最迟在口头审理辩论终结前提交该物证。

三、对证据的调查收集

《专利审查指南》第4部分第8章第3节规定了专利复审和无效部门对证据的调查收集。

专利复审和无效部门一般不主动调查收集审查案件需要的证据。对当事人及其代理人确因客观原因不能自行收集的证据，应当事人在举证期限内提出的申请，专利复审和无效部门认为确有必要时，可以调查收集。

四、证据的质证和审核认定

（一）证据的质证

《专利审查指南》第4部分第8章第4.1节规定了证据的质证。

证据应当由当事人质证，未经质证的证据，不能作为认定案件事实的依据。

质证时，当事人应当围绕证据的关联性、合法性、真实性，针对证据证明力有无以及证明力大小，进行质疑、说明和辩驳。

102.【2017年第93题】无效宣告程序中关于证据的质证，以下哪些说法是正确的？

A. 证据应当具有新颖性、合法性和真实性，合议组在确定证据具有以上三性之后可以将其作为认定事实的依据

B. 证据应当具有新颖性、合法性、真实性和公开性，合议组在确定证据具有以上性质之后可以将其作为认定事实的依据

C. 质证时当事人应当针对证据的证明力有无以及证明力的大小，进行质疑、说明和辩驳

D. 质证的过程应当围绕证据的关联性、合法性、真实性进行

【解题思路】

证据的“三性”是关联性、合法性和真实性，没有新颖性和公开性。对证据的质证也是围绕“三性”和证据证明力的有无和大小来进行。新颖性是对专利申请文件的要求，如果证据必须符合新颖性要求，那意味着某些事实因为广为人知反而不能作为证据使用。如果证据必须具有公开性，那意味着涉及国家秘密或者个人隐私的事实都不能作为证据使用。

【参考答案】 CD

（二）证据的审核

《专利审查指南》第 4 部分第 8 章第 4.2 节规定了证据的审核。

合议组对于当事人提交的证据应当逐一进行审查和对全部证据综合进行审查。

合议组应当明确证据与案件事实之间的证明关系，排除不具有关联性的证据。

（三）证据的认定

《专利审查指南》第 4 部分第 8 章第 4.3 节规定了证据的认定。

对于一方当事人提出的证据，另一方当事人认可或者提出的相反证据不足以反驳的，专利复审和无效部门可以确认其证明力。

对于一方当事人提出的证据，另一方当事人有异议并提出反驳证据，对方当事人对反驳证据认可的，可以确认反驳证据的证明力。

双方当事人对同一事实分别举出相反的证据，但都没有足够的依据否定对方证据的，专利复审和无效部门应当结合案件情况，判断一方提供证据的证明力是否明显大于另一方提供证据的证明力，并对证明力较大的证据予以确认。

因证据的证明力无法判断导致争议事实难以认定的，专利复审和无效部门应当依据举证责任分配的规则作出判定。

（四）证人证言

《专利审查指南》第 4 部分第 8 章第 4.3.1 节规定了证人证言。

证人应当陈述其亲历的具体事实。证人根据其经历所作的判断、推测或者评论，不能作为认定案件事实的依据。

专利复审和无效部门认定证人证言，可以通过对证人与案件的利害关系以及证人的智力状况、品德、知识、经验、法律意识和专业技能等的综合分析作出判断。

证人应当出席口头审理作证，接受质询。未能出席口头审理作证的证人所出具的书面证言不能单独作为认定案件事实的依据，但证人确有困难不能出席口头审理作证的除外。证人确有困难不能出席口头审理作证的，专利复审和无效部门根据前款的规定对其书面证言进行认定。

103.【2013 年第 73 题】在无效宣告程序中，下列有关物证和证人证言的说法哪些是正确的？

A. 当事人提交物证的，应当在举证期限内提交足以反映该物证客观情况的照片和文字说明，具体说明依据该物证所要证明的事实

B. 对于经公证机关公证封存的物证，当事人在举证期限内可以仅提交公证文书而不提交该物证

C. 证人根据其经历所作的判断、推测或者评论可以作为认定案件事实的依据

D. 证人无正当理由不出席口头审理的，其所出具的书面证言不能单独作为认定案件事实的依据

【解题思路】

物证本身不会说话，因此除了需要提供照片外，还需要提交文字说明来解释需要证明的内容。如果物证封存在公证处无法提交，那也只能先提交公证书来说明问题，物证本身可以在口头审理的时候当场打开。证人的作用是客观描述自己经历的事实，不能加上自己的主观判断。如果证人不出庭质证，只是提交书面证言，那证明力自然会打

折扣。需要注意的是，此时的书面证言是不能单独作为定案的依据，并不是说一点证明力都没有。

【参考答案】 ABD

104.【2018年第80题】甲对乙的实用新型专利权提出无效宣告请求，甲提供的证据仅为证人丙在公证人员面前作出书面证言的公证书原件，内容为丙在涉案专利申请日前购买了与涉案专利相同的空调。在口头审理中，丙未出庭作证。专利复审委员会当庭调查发现丙不属于确有困难不能出席口头审理作证的情形，下列说法正确的是？

A. 甲提供了该公证书原件，在没有其他证据推翻的情况下，一般应当认定该公证书的真实性

B. 该公证书是由公证人员作出，因此该公证书能证明丙在涉案专利申请日前确实购买过空调

C. 该公证书是由公证人员作出，因此该公证书能证明丙在涉案专利申请日前确实购买了与涉案专利相同的空调

D. 丙未出席口头审理进行作证，其书面证言不能单独作为认定案件事实的依据

【解题思路】

本题为2016年第81题修改而来，修改内容是将原题中的“张某”改为“丙”。在没有充分的相关证据的情况下，公证书的真实性应当被认定。不过，该公证书的内容仅能证明张某的确在公证人员面前说过购买涉案空调这件事情。至于张某说的这些话是否真实，他是否确实在专利申请日前购买了空调，公证书并不能认定。考虑到张某并没有出庭接受双方询问，其书面证言不能单独作为认定事实的依据。

【参考答案】 AD

（五）认可和承认

《专利审查指南》第4部分第8章第4.3.2节规定了事实的认可和承认。

在无效宣告程序中，一方当事人明确认可的另外一方当事人提交的证据，专利复审和无效部门应当予以确认。但其与事实明显不符，或者有损国家利益、社会公共利益，或者当事人反悔并有相反证据足以推翻的除外。

在无效宣告程序中，对一方当事人陈述的案件事实，另外一方当事人明确表示承认的，专利复审和无效部门应当予以确认。但其与事实明显不符，或者有损国家利益、社会公共利益，或者当事人反悔并有相反证据足以推翻的除外；另一方当事人既未承认也未否认，经合议组充分说明并询问后，其仍不明确表示肯定或者否定的，视为对该项事实的承认。

当事人委托代理人参加无效宣告程序的，代理人的承认视为当事人的承认。但是，未经特别授权的代理人对事实的承认直接导致承认对方无效宣告请求的除外；当事人在场但对其代理人的承认不作否认表示的，视为当事人的承认。

进行口头审理的案件当事人在口头审理辩论终结前，没有进行口头审理的案件当事人在无效宣告决定作出前撤回承认并经对方当事人同意，或者有充分证据证明其承认行为是在受胁迫或者重大误解情况下作出且与事实不符的，专利复审和无效部门不予确认该承认的法律效力。

在无效宣告程序中，当事人为达成调

解协议或者和解的目的作出妥协所涉及的对案件事实的认可，不得在其后的无效宣告程序中作为对其不利的证据。

（六）公知常识

《专利审查指南》第4部分第8章第4.3.3节规定了公知常识。

主张某技术手段是本领域公知常识的当事人，对其主张承担举证责任。该当事人未能举证证明或者未能充分说明该技术手段是本领域公知常识，并且对方当事人不予认可的，合议组对该技术手段是本领域公知常识的主张不予支持。

当事人可以通过教科书或者技术词典、技术手册等工具书记载的技术内容来证明某项技术手段是本领域的公知常识。

105.【2013年第46题】甲对乙的专利权提出无效宣告请求，认为乙专利的权利要求1与对比文件1的区别特征K是公知常识，因此权利要求1不具备创造性。下列说法哪些是正确的？

A．甲对特征K是公知常识的主张承担举证责任

B．甲可以在口头审理中提交证据证明特征K是公知常识

C．甲可以在口头审理结束后专利复审委员会作出决定之前，提交证据证明特征K是公知常识

D．甲可以通过教科书或者技术辞典、技术手册等工具书记载的技术内容来证明特征K是公知常识

【解题思路】

甲对自己的主张需要承担举证责任，可以使用的证据包括技术词典、教科书等，举证期限是在口头辩论终结前。

【参考答案】ABD

106.【2015年第83题】李某对张某的专利权提出无效宣告请求，理由是权利要求1与对比文件1的区别特征X是所属领域的公知常识，权利要求1不具备创造性。下列说法哪些是正确的？

A．李某必须提交证据证明区别特征X是所属领域的公知常识

B．李某可以在口审时提交公知常识性证据，证明区别特征X是所属领域的公知常识

C．李某可以在口审结束后复审委员会作出无效决定之前，提交公知常识性证据，证明区别特征X是所属领域的公知常识

D．张某认可李某提交的公知常识性证据，复审委员会可以确认其证明力

【解题思路】

公知常识性证据的提交期限是在口头审理辩论终结前，B选项符合要求，C选项是在口审结束后，不符合。根据“谁主张，谁举证”的原则，李某主张区别特征X是公知常识的，那需要提供证据证明。不过，如果李某没有提供证据，但张某对X属于公知常识予以认可的，那就免除了李某的举证责任。另外，如果张某对李某的公知常识性证据都已经认可，那专利复审和无效部门自然可以确认其证明力。

【参考答案】BD

（七）公证文书

《专利审查指南》第4部分第8章第4.3.4节规定了公证文书。

一方当事人将公证文书作为证据提交时，有效公证文书所证明的事实，应当作为

认定事实的依据，但有相反证据足以推翻公证证明的除外。

如果公证文书在形式上存在严重缺陷，例如缺少公证人员签章，则该公证文书不能作为认定案件事实的依据。

如果公证文书的结论明显缺乏依据或者公证文书的内容存在自相矛盾之处，则相应部分的内容不能作为认定案件事实的依据。例如，公证文书仅根据证人的陈述而得出证人陈述内容具有真实性的结论，则该公证文书的结论不能作为认定案件事实的依据。

五、其他

（一）互联网证据的公开时间

《专利审查指南》第4部分第8章第5.1节规定了互联网证据的公开时间。

公众能够浏览互联网信息的最早时间为该互联网信息的公开时间，一般以互联网信息的发布时间为准。

（二）申请日后记载的使用公开或者口头公开

《专利审查指南》第4部分第8章第5.2节规定了申请日后记载的使用公开或者口头公开。

申请日后（含申请日）形成的记载有使用公开或者口头公开内容的书证，或者其他形式的证据可以用来证明专利在申请日前使用公开或者口头公开。

在判断上述证据的证明力时，形成于专利公开前（含公开日）的证据的证明力一般大于形成于专利公开后的证据的证明力。

107.【2013年第93题】下列关于无效宣告程序中证据的说法哪些是正确的？

A. 没有证据或者证据不足以证明当事人的事实主张的，由负有举证责任的当事人承担不利后果

B. 对方当事人对证据的中文译文内容存在异议时，应当在指定的期限内对有异议的部分提交中文译文

C. 公证文书的结论均可以作为认定案件事实的依据

D. 申请日后形成的记载有使用公开内容的书证不能用于证明专利在申请日前使用公开

【解题思路】

在民事领域中，“谁主张，谁举证”属于基本原则。如果对方当事人认为外文证据翻译得不对，那就应该拿出一份自己认为正确的译文。公证文书有时也会出现结论明显不靠谱的时候，此时就不能作为认定事实的依据。申请日后形成的记载有使用公开的内容的书证，证明力是差一些，但至少可以结合其他证据一起来判断相关内容是否真实。

【参考答案】 AB

108.【2017年第95题】无效宣告程序中关于证据，以下哪些说法是正确的？

A. 对于互联网证据，公众能够浏览互联网信息的最早时间为该互联网信息的公开时间，一般以互联网信息的发布时间为准

B. 申请日后形成或公开的证据，不能作为现有技术的证据使用

C. 专利复审委员会在案件审查中不需要有关单位或者专家对案件中涉及的技术内容和问题提供咨询性意见

D. 在无效宣告程序中，当事人在提交样品等不作为证据的物品时，有权以书面方式请求在其案件审结后取走该物品

【解题思路】

互联网上的证据，从该信息发布时间开始，就处于公众想知晓就能知晓的状态，故此时作为证据公开的时间。申请日后形成的记载有使用公开的内容的书证，证明力差一点，但至少可以结合其他证据一起来判断相关内容是否真实。如申请日后1年出版的某教科书中提到，某项技术在20多年前就已经出现，此时该项内容应该可以作为现有技术使用。涉及非常复杂的技术问题时，专利复审和无效部门寻求外部的专家的帮助也很正常。当事人对提交的物品享有所有权，如果该物品不作为证据使用，自然可以在案件审结后取走。

【参考答案】 AD

（三）技术内容和问题的咨询、鉴定

《专利审查指南》第4部分第8章第5.3节规定了技术内容和问题的咨询、鉴定。

专利复审和无效部门可以根据需要邀请有关单位或者专家对案件中涉及的技术内容和问题提供咨询性意见，必要时可以委托有关单位进行鉴定，所需的费用根据案件的具体情况由专利复审和无效部门或者当事人承担。

（四）当事人提交的不作为证据的物品的处理

《专利审查指南》第4部分第8章第5.4节规定了当事人提交的不作为证据的物品的处理。

在无效宣告程序中，当事人在提交样品等不作为证据的物品时，有权以书面方式请求在其案件审结后取走该物品。

第六章　专利权的实施与保护

【基本要求】

熟悉专利权人的权利、专利权的期限及专利权保护范围；掌握专利侵权判断原则及救济方法；掌握其他专利纠纷与救济方法；掌握有关专利特别许可的规定；掌握有关专利管理和运用的知识技能。

第一节　专利权

一、专利权人的权利

1.【2008 年第 90 题】中国公民的下列哪些转让行为是法律所允许的？

A. 王某将其合法继承的专利权转让给李某

B. 设计人刘某将其在外观设计专利文件中写明自己是设计人的权利转让给邱某

C. 张某将其执行本单位任务完成的一项发明创造申请专利的权利转让给胡某

D. 罗某将其专利申请权擅自转让给了外国某公司

【解题思路】

专利权可以转让，设计人的署名权属于人身权，不得转让。职务发明创造申请专利的权利属于单位，刘某无权对此进行转让。向外转让专利需要履行相应的手续，D 选项的意思似乎可以理解为未办理任何手续，不选为宜。

【参考答案】 A

（一）禁止他人未经许可实施专利的权利

《专利法》第 11 条："发明和实用新型专利权被授予后，除本法另有规定的以外，任何单位或者个人未经专利权人许可，都不得实施其专利，即不得为生产经营目的制造、使用、许诺销售、销售、进口其专利产品，或者使用其专利方法以及使用、许诺销售、销售、进口依照该专利方法直接获得的产品。

外观设计专利权被授予后，任何单位或者个人未经专利权人许可，都不得实施其专利，即不得为生产经营目的制造、许诺销售、销售、进口其外观设计专利产品。"

2.【2017 年第 36 题】以下哪些说法不符合我国专利法的规定？

A. 除专利法另有规定外，发明专利权人有权禁止他人为生产经营目的许诺销售其专利产品

B. 除专利法另有规定外，方法发明专利权人有权禁止他人为生产经营目的制造与依照其专利方法直接获得的产品相同的产品

C. 除专利法另有规定外，实用新型专利权人有权禁止他人为生产经营目的许诺销售、销售、进口其专利产品

D. 除专利法另有规定外，外观设计专

利权人有权禁止他人为生产经营目的制造、使用、销售其专利产品

【解题思路】

甲公司发明了一种新的化学药品X并获得专利，乙公司则发明了该药品X的新的合成方法同样申请了专利。甲公司的专利权可以禁止任何人未经允许制造药品X，不管其使用的是何种合成方法。乙公司的专利则只能禁止他人使用该公司的专利方法制造药品X，不能禁止他人使用专利方法之外的其他制造方法。如果他人使用其他方法制造X，则不侵犯乙公司的专利权。发明和实用新型专利权人可以禁止他人的行为包括制造、使用、许诺销售、销售和进口，而外观设计的保护中不包括使用。

【参考答案】 BD

3.【2018年第31题】关于专利权，以下说法错误的有：

A. 专利权具有排他性，专利权人有权禁止任何人未经其许可为生产经营目的实施该专利技术

B. 自专利授权之日起，专利权人即获得在专利有效期内不受他人约束、自由实施其专利技术以获利的权利

C. 专利的排他权本质上是排除对专利权所保护之知识产品的非法侵占、妨害或损毁

D. 各国专利制度均涵盖发明专利、实用新型和外观设计三种类型的专利

【解题思路】

如行为人实施专利技术的情形构成合理使用，则专利权人无权对其进行禁止，A选项过于绝对。专利权是一种排他权而不是垄断权，专利权人未必能够实施自己的专利技术。如专利权人的专利属于对他人专利的改进，落入了对方专利的保护范围，则专利权人并不能自由实施自己的专利。专利的排他权本质是排除他人实施专利技术，而不是损害专利产品。某种受到专利保护的手机投入市场后，他人如损毁该手机，则损害了手机所有人的财产权，而不是专利权人的专利权。在有些国家，并没有实用新型这种权利类型，故TRIPs协定也没有规定实用新型。

【参考答案】 ABCD

4.【2019年第85题】在未经专利权人同意的情况下，在专利权的有效期内，下列哪些行为侵犯了专利权？

A. 甲公司从公开渠道获得了一份技术材料，但不知其已经获得发明专利权，甲自行应用该技术生产产品并销售

B. 乙按照他人的外观设计专利制作了一套沙发以自用

C. 丙实施了他人的实用新型专利技术方案，将产品以成本价卖给某公司

D. 医院丁按照一件中药发明专利的技术方案配制汤药用以医治病人

【解题思路】

侵犯专利权并不需要当事人明知，只要行为人实施的技术方案落入专利保护范围即可。外观设计的保护不包括使用，故制作沙发自用不构成侵犯外观设计专利权。专利中的“生产经营目的”并不要求盈利，哪怕是亏本销售同样可以构成侵权。判断是否属于“生产经营目的”是要看行为本身，与行为人是否为营利性机构并不相关。

【参考答案】 ACD

1.“未经专利权人许可”的含义

《专利法》对侵权的构成采用无过错责

任原则。《专利法》规定，未经专利权人同意，实施其专利，即侵犯专利权。条文中没有要求行为人有过错。也就是说，未经许可而实施专利，即使行为人对侵犯专利权不存在故意或过失，也构成侵权。

2.“为生产经营目的”的含义

需要得到专利权人许可的，是为生产经营目的实施该专利的行为。生产，是指工农业生产。经营，是指商业、服务业，也包括一些事业的经营；有以营利为目的的，也有不以营利为目的的，如环境保护、气象预报、道路和航道的维护等；所以，“为生产经营目的”不能理解为“为营利目的”。

3.“制造、使用、许诺销售、销售、进口专利产品”的含义

制造专利产品，是指通过机械或者手工方式作出的具有权利要求所记载的全部技术特征的产品。在大批量制造这种产品的情况下，通常叫作生产。

使用专利产品，是指使用具有权利要求所述技术特征的产品。一种产品可以有一种或者多种用途，无论是利用它的哪一种用途，也不论是反复连续使用还是只使用了一次，只要是为了生产经营的目的而使用，都应当获得专利权人的许可。

《专利纠纷规定》第18条：“专利法第十一条、第六十九条[1]所称的许诺销售，是指以做广告、在商店橱窗中陈列或者在展销会上展出等方式作出销售商品的意思表示。”

5.【2008年第93题】甲公司拥有一项关于可回收电池的专利权，下列哪些行为构成了对该可回收电池的许诺销售？

A. 乙公司总经理在学术期刊上发表文章对该可回收电池的性能进行了介绍

B. 丙公司在报纸上刊登了销售该可回收电池的广告

C. 丁公司通过传真向其合作公司发出了销售该可回收电池的信息

D. 戊公司在某展销会上展出样品，其销售经理口头承诺可以批量提供该可回收电池

【解题思路】

许诺销售带有销售该产品的愿望，在学术期刊上发表论文不属于许诺销售，故A排除，其余选择。

【参考答案】 BCD

销售专利产品，是指将上述专利产品的所有权从卖方转移给买方，而买方则将相应的价款付给卖方。需要得到许可的销售行为是专利产品制造后的第一次销售。

进口专利产品，是指将专利产品从国外运进国内的行为。在进口方面，实践中会遇到这样一个问题：同一专利权人就同一项发明创造在两个国家获得了专利权，专利权人或者专利权被许可人在其中一个国家制造的专利产品售出后，购买者将其购买的专利产品进口到另一个国家（这被理论界称为“平行进口”），是否应当获得该专利权人的许可？在TRIPs协定中，并没有就平行进口问题作出明确的规定，留待各个国家的国内立法解决。我国《专利法》第三次修改后，明确规定允许平行进口。

6.【2007年第8题】某研究所就一种低辐射显示器向国家知识产权局提交了发明专利申请并获得了授权，以下哪些行为侵犯

[1] 本条所述的“专利法第六十九条”指的是2008年《专利法》，在2020年《专利法》修改后，对应的是第75条。

了该研究所的专利权？

A．甲医院擅自制造了一批显示器用于其医疗仪器上

B．获得实施许可的乙公司将其制造的显示器出口到该研究所没有获得专利权的国家

C．未获得实施许可的丙公司在网络上发布出售该显示器的信息

D．丁公司经合法渠道购买了一批不知是未经该研究所许可而制造的显示器后进行销售

【解题思路】

上述4项行为都带有生产经营的目的，其中甲医院的行为属于制造，丙公司的行为属于许诺销售，丁公司的行为属于销售，A、C、D选正确。B选项中，乙公司获得了专利权人的许可，故制造该显示器的行为不构成侵权。另外，研究所在产品的输入国并没有获得专利，故无论该国是否承认平行进口，乙公司的出口行为都不会构成侵权。

【参考答案】 ACD

4.“使用”专利方法的含义

实用新型只保护产品，故专利方法是指享有发明专利的方法。一般说来，专利方法是指具备该专利的权利要求记载的技术特征的方法。使用专利方法就是在实践中为权利要求书所述目的而使用这种方法。只要具体的使用方式包含在权利要求书的范围以内，而依照该方法直接获得的产品是权利要求书所述的产品，那么这种方法的使用便须得到专利权人的许可。

5.“依照该专利方法直接获得的产品”的含义

《侵犯专利权案件纠纷解释》第13条：“对于使用专利方法获得的原始产品，人民法院应当认定为专利法第十一条规定的依照专利方法直接获得的产品。

对于将上述原始产品进一步加工、处理而获得后续产品的行为，人民法院应当认定属于专利法第十一条规定的使用依照该专利方法直接获得的产品。”

6.“使用、许诺销售、销售、进口依照专利方法直接获得的产品”的含义

这里的使用、许诺销售、销售和进口行为的含义与上面提到的并没有差异，这里不再赘述。

7.“制造、许诺销售、销售、进口外观设计专利产品”的含义

所谓外观设计专利产品，是指某种产品的外观设计与获得的专利的外观设计相同或者相类似，而且该产品与外观设计专利所指定使用的该外观设计的产品类别相同或者相类似。这里的制造、许诺销售、进口的含义和上面所述的相同，不再重复。需要指出的是，外观设计的保护范围不包括使用行为，保护强度较弱。

7.【2006年第77题】外观设计专利权被授予后，任何单位或者个人未经专利权人许可，都不得实施其专利。下列哪些属于上述所说的实施？

A．为生产经营目的制造该外观设计专利产品

B．为生产经营目的使用该外观设计专利产品

C．为生产经营目的许诺销售该外观设计专利产品

D．为生产经营目的进口该外观设计专利产品

【解题思路】

2008年《专利法》第三次修改后，外观设计专利权的效力包括制造、许诺销售、销售和进口，但不包括使用。

【参考答案】 ACD

8.【2019年第95题】甲公司获得一项灯具的外观设计专利权。乙公司未经甲公司许可制造了相同外观设计的灯具，并由丙公司出售给丁酒店。丁酒店使用该灯具装饰其酒店大堂。下列说法正确的是？

A. 乙的制造行为侵犯了甲的专利权

B. 丙的销售行为侵犯了甲的专利权

C. 丁的使用行为侵犯了甲的专利权，但因其能证明产品的合法来源，可以不承担侵权赔偿责任

D. 丁的使用行为未侵犯甲的专利权

【解题思路】

外观设计专利权的保护范围包括制造和销售，但不包括使用。乙的制造行为和丙的销售行为侵犯了甲的专利权，但丁的使用行为不构成侵权。本题为2018年第26题稍微修改而来。

【参考答案】 ABD

（二）放弃专利权的权利

《专利法》第44条第1款："有下列情形之一的，专利权在期限届满前终止：

（一）没有按照规定缴纳年费的；

（二）专利权人以书面声明放弃其专利权的。"

1. 放弃专利权的法律效力

放弃专利权的，专利权在期限届满前终止。既然是终止，那就是在放弃之前，该专利是有效的。这与专利权被宣告无效不同，被宣告无效的专利视为自始不存在。这就意味着，专利权人放弃专利后，还有权要求他人承担在专利有效期内的侵权责任。

2. 放弃专利权的方式

放弃专利权的方式必须是书面形式。另外，放弃专利权必须是全部放弃。如果当事人想部分放弃自己的专利权，则只能通过宣告专利部分无效来实现。

9.【2006年第82题】甲、乙、丙三人为一项专利权的共同权利人。以下有关放弃权利的说法中哪些是正确的？

A. 甲、乙、丙一致放弃该专利权的，应当向国家知识产权局提交书面声明

B. 甲、乙、丙可以放弃全部的专利权，也可以放弃部分权利要求

C. 甲、乙、丙声明放弃专利权后，该专利权视为自始即不存在

D. 如果甲放弃其对该专利权的共有权利，则应当办理著录事项变更手续

【解题思路】

专利权的放弃需要使用书面形式并获得专利权人的一致同意。放弃专利权只能放弃全部。放弃专利权和专利权被无效的法律后果不同，被放弃的专利权是从被放弃之日起不存在。如果是甲放弃共有权利，则权利人变为乙和丙，需要办理著录项目变更手续。

【参考答案】 AD

（三）标明专利标识的权利

《专利法》第16条第2款："专利权人有权在其专利产品或者该产品的包装上标明专利标识。"

1. 允许标注专利标识的期限

只有该专利在有效期内，专利权人才可以标注专利标识。

2. 标注专利标识的载体

根据《专利法》的规定，标注专利标识的载体是产品或者包装。专利权人未在其产品或者包装上标明专利标识，并不意味着权利人放弃专利保护，其他人未经专利权人许可实施该专利的，一样要承担侵权责任。

3. 专利标识的标注方式

《专利法实施细则》第83条："专利权人依照专利法第十七条[1]的规定，在其专利产品或者该产品的包装上标明专利标识的，应当按照国务院专利行政部门规定的方式予以标明。

专利标识不符合前款规定的，由管理专利工作的部门责令改正。"

10.【2006年第83题】下列说法哪些是正确的？

A. 专利权人有权在专利产品或者该产品的包装上标明专利标记和专利号

B. 专利权人必须在专利产品或者该产品的包装上标明专利标记和专利号

C. 在专利侵权诉讼中，侵权行为人可以专利权人未在其专利产品或者该产品的包装上标明专利标记和专利号为理由进行抗辩

D. 如果专利权人在其专利产品或者该产品的包装上标明专利标记，则应当按照国家知识产权局规定的方式予以标明

【解题思路】

专利标识是一种权利而不是义务，如果不标注，不会因此丧失专利权的保护。如果要标明专利标识，则需要按照国家知识产权局的规定进行标识。

【参考答案】 AD

[1] 这里指的是2008年修改的《专利法》，2020年《专利法》修改后，对应的是第16条。

《专利标识标注办法》第4条："在授予专利权之后的专利权有效期内，专利权人或者经专利权人同意享有专利标识标注权的被许可人可以在其专利产品、依照专利方法直接获得的产品、该产品的包装或者该产品的说明书等材料上标注专利标识。"

《专利标识标注办法》第5条："标注专利标识的，应当标明下述内容：

（一）采用中文标明专利权的类别，例如中国发明专利、中国实用新型专利、中国外观设计专利；

（二）国家知识产权局授予专利权的专利号。

除上述内容之外，可以附加其他文字、图形标记，但附加的文字、图形标记及其标注方式不得误导公众。"

11.【2012年第42题】下列关于专利标识的说法哪些是正确的？

A. 标注专利标识的，应当采用中文标明专利权的类别

B. 标注专利标识的，应当标明国家知识产权局授予专利权的专利号

C. 标注专利标识的，不得附加专利类别和专利号以外的其他文字、图形标记

D. 专利标识可以标注在产品上、产品的包装上或者产品说明书上

【解题思路】

标注专利标识应当标明该专利的关键信息，专利类型和专利号显然都属于关键信息的范畴，使用中文则为应有之义。只要能方便让公众看到该标识，标注的位置不是问题。只要不误导公众，没有必要禁止在专利标识边上附加些其他的文字和图案。

【参考答案】 ABD

《专利标识标注办法》第 6 条："在依照专利方法直接获得的产品、该产品的包装或者该产品的说明书等材料上标注专利标识的，应当采用中文标明该产品系依照专利方法所获得的产品。"

《专利标识标注办法》第 7 条："专利权被授予前在产品、该产品的包装或者该产品的说明书等材料上进行标注的，应当采用中文标明中国专利申请的类别、专利申请号，并标明'专利申请，尚未授权'字样。"

4. 标注专利标识不当的法律后果

《专利标识标注办法》第 8 条："专利标识的标注不符合本办法第五条、第六条或者第七条规定的，由管理专利工作的部门责令改正。

专利标识标注不当，构成假冒专利行为的，由管理专利工作的部门依照专利法第六十三条[1]的规定进行处罚。"

12.【2013 年第 16 题】关于专利标识，下列说法哪个是正确的？

A. 专利标识既可以标注在专利产品上，也可以标识在专利产品的包装上

B. 只需标注"专利产品仿冒必究"，而没有必要标注专利号等相关信息

C. 只需标注专利号，而没有必要标明专利类别，因为专利类别可以从专利号中获知

D. 专利标识的标注不符合规定的，由国务院专利行政部门责令改正

【解题思路】

专利标识的作用是让社会公众了解到相关产品是专利产品，标在产品上还是包装上可以起到相同的作用。专利标识中最核心的内容就是专利号，在标识时一定得加上。社会公众并不了解如何根据专利号分辨专利类型，因此专利类别也得加上。专利标识的标注是否符合要求，那是地方知识产权局的事。国家知识产权局全国就一个，难以处理众多的纠纷。

【参考答案】 A

《专利法》第 68 条："假冒专利的，除依法承担民事责任外，由负责专利执法的部门责令改正并予公告，没收违法所得，可以处违法所得五倍以下的罚款；没有违法所得或者违法所得在五万元以下的，可以处二十五万元以下的罚款；构成犯罪的，依法追究刑事责任。"

13.【2018 年第 81 题】以下说法正确的是：

A. 侵犯专利权的，不仅应承担民事责任，还可能被追究刑事责任

B. 假冒专利的，不仅应承担民事责任，还可能被追究刑事责任

C. 侵犯专利权的，应承担民事责任，但不涉及刑事责任

D. 假冒专利的，应承担民事责任，但不涉及刑事责任

【解题思路】

为防止对技术进步产生不良影响，侵犯他人专利权不会导致刑事责任，假冒专利则可能导致刑事责任。

【参考答案】 BC

二、专利权的期限

（一）专利权的生效

《专利法》第 39 条："发明专利申请经实质审查没有发现驳回理由的，由国务院专

[1] 这里指的是 2008 年修改后的《专利法》，2020 年《专利法》修改后，对应的是第 68 条。

利行政部门作出授予发明专利权的决定，发给发明专利证书，同时予以登记和公告。发明专利权自公告之日起生效。”

《专利法》第40条："实用新型和外观设计专利申请经初步审查没有发现驳回理由的，由国务院专利行政部门作出授予实用新型专利权或者外观设计专利权的决定，发给相应的专利证书，同时予以登记和公告。实用新型专利权和外观设计专利权自公告之日起生效。”

14.【2013年第43题】下列关于专利权的说法哪些是正确的？

A．发明专利申请在公布日至授权公告日期间，任何人均可以无偿使用该申请所要求保护的技术方案

B．发明专利权自公告之日起生效

C．实用新型专利权自公告之日起生效

D．外观设计专利权自公告之日起生效

【解题思路】

发明专利从公告之日起生效，在公布日到授权公告日之间受到临时保护，并不能无偿使用。

【参考答案】 BCD

1. 专利权生效的条件

根据《专利法》的规定，发明专利申请需要经过实质性审查，实用新型和外观设计专利申请则经过初步审查，没有发现驳回理由的，国家知识产权局就应当授予专利权。

2. 专利权生效的时间

专利权自公告之日起生效。《专利法》规定，在发给专利证书的同时，予以登记和公告。

15.【2009年第66题】国家知识产权局于2009年4月10日向申请人吴某发出了授予实用新型专利权通知书和办理登记手续通知书。由于吴某搬家未能及时变更通信地址，两份通知书被退回。国家知识产权局于2009年6月5日对两份通知书进行公告送达。下列说法哪些是正确的？

A．吴某最迟应当在2009年8月5日办理登记手续

B．吴某在办理登记手续时应当缴纳专利登记费、公告印刷费和授予专利权当年的年费

C．如果吴某未在规定期限内办理登记手续，则视为其放弃取得专利权的权利

D．如果吴某在规定期限内办理了登记手续，则其专利权应当自2009年4月10日起生效

【解题思路】

公告送达期限为1个月，国家知识产权局于6月5日进行公告送达，送达日为7月5日。吴某应该自7月5日起两个月内，即9月5日之前办理登记手续。考生可以这样记忆：通过邮寄的文件，送达期限是15日，通过公告送达的则翻1倍，为1个月。专利授权需要付费，登记的过程就是一手交费，一手授权。费用的种类也比较容易理解：专利登记会产生登记费；专利授权之后需要公告，产生公告印刷费；专利每年都要缴纳年费，登记的时候应该缴纳第一年的年费。如果不及时办理手续，则将承担不利的后果。专利权应当自授权之日起生效，而不是发出授予通知书的时候。需要注意，从2018年8月1日起停征专利登记费和公告印刷费。

【参考答案】 C

16.【2017年第4题】张某向国家知识产权局提交了一项发明专利申请，2017年7

月4日，国家知识产权局向张某发出了授予发明专利权通知书，2017年8月4日，张某到国家知识产权局办理了登记手续，同日国家知识产权局对其专利权进行了登记，并于2017年8月17日进行了公告，2017年8月24日，张某收到了国家知识产权局颁发的专利证书。那么，张某的专利权应当自何时生效？

A．2017年7月4日

B．2017年8月4日

C．2017年8月17日

D．2017年8月24日

【解题思路】

专利权从公告之日起生效。根据《专利法》的规定，登记和公告需要同时进行，实务中登记和公告是在同一天完成的。不过如果登记和公告不在同一日，只能选择公告之日。

【参考答案】 C

3. 发明专利申请公布后的临时保护

《专利法》第13条："发明专利申请公布后，申请人可以要求实施其发明的单位或者个人支付适当的费用。"

【提醒】

发明专利申请的公布，仅仅表明该申请通过了初步审查，不能确定是否最终能授权。因此，法律不能规定申请人在申请公布后有权要求第三人停止实施其发明。但是，由于该申请有可能被授予专利权，如果第三人可以任意实施该发明，则对申请人不利，有可能导致申请人不愿公布其申请，从而影响其申请发明专利的积极性。为鼓励申请人申请发明专利，需要在公布发明专利申请到授权公告这段时间内给予一定程度的保护。为此，《专利法》规定了临时保护制度。

按照《专利法》第13条的规定，发明专利的申请人"可以"但不是"有权"要求申请公布后实施其发明的单位或者个人支付费用。因此，申请人获得的临时保护不是一种权利。其原因在于发明专利申请在公布时尚未进行实质审查，将来能否被授予专利权还不确定。如果将临时保护规定为申请人的一项权利，支付使用费就是实施者的义务。一旦将来该申请撤回或者被驳回，将损害实施者的利益。

17.【2007年第28题】某厂向国家知识产权局递交了一件发明专利申请，在该申请公布后、授予专利权之前，该厂发现某公司也在生产和销售与其专利申请相同的产品。经调查发现该公司完全是仿造其产品，于是该厂要求该公司支付适当费用，但该公司未予理睬。依照专利法及其实施细则的规定，就此纠纷该厂可以采取以下哪些措施？

A．在该专利申请被授予专利权之前请求管理专利工作的部门进行调解

B．在该专利申请被授予专利权之前向人民法院提起诉讼

C．在该专利申请被授予专利权之后请求管理专利工作的部门进行调解

D．在该专利申请被授予专利权之日起两年内向人民法院提起诉讼

【解题思路】

发明专利的临时保护并不是一种权利，如果对方拒绝支付费用，那申请人只有等专利获得授权之后才能请求管理专利工作的部门进行调解或者提起诉讼。顺便指出的是，2020年《专利法》修改后，明确规定诉讼时效为3年。

【参考答案】 C

《侵犯专利权纠纷解释二》第18条："权利人依据专利法第十三条诉请在发明专利申请公布日至授权公告日期间实施该发明的单位或者个人支付适当费用的，人民法院可以参照有关专利许可使用费合理确定。

发明专利申请公布时申请人请求保护的范围与发明专利公告授权时的专利权保护范围不一致，被诉技术方案均落入上述两种范围的，人民法院应当认定被告在前款所称期间内实施了该发明；被诉技术方案仅落入其中一种范围的，人民法院应当认定被告在前款所称期间内未实施该发明。

发明专利公告授权后，未经专利权人许可，为生产经营目的使用、许诺销售、销售在本条第一款所称期间内已由他人制造、销售、进口的产品，且该他人已支付或者书面承诺支付专利法第十三条规定的适当费用的，对于权利人关于上述使用、许诺销售、销售行为侵犯专利权的主张，人民法院不予支持。"

18.【2018年第96题】甲于2015年1月1日向国家知识产权局提交了一份发明专利申请，权利要求为："一种产品W，包含技术特征a和b。"该申请于2016年7月1日公布。

乙自2016年10月1日开始、该专利申请公布后未经甲的许可制造、销售相同的产品W，所述产品包含技术特征a和b。

2018年1月2日，甲的该专利申请经审查并公告授权，授权的权利要求为："一种产品W′，包含技术特征a、b和c。"

则以下说法错误的是：

A．乙应当为其"在该专利授权公告前制造、销售产品W"的行为向甲支付适当费用

B．乙无须为其"在该专利授权公告前制造、销售产品W"的行为向甲支付适当费用

C．乙应当为其"在该专利授权公告前制造、销售产品W"的行为承担专利侵权赔偿责任

D．乙应当该专利授权公告后立即停止制造、销售产品W的专利侵权行为

【解题思路】

甲的专利产品中包含a、b、c这3个技术特征，而乙的产品当中没有包含技术特征c，未落入专利保护的范围。因此，乙无须为专利授权前制造产品W的行为支付费用。在专利授权后，继续制造该产品也不构成侵犯专利权。

【参考答案】 ACD

19.【2018年第99题】甲于2010年1月1日向国家知识产权局提交了一份设备产品专利申请，该申请于2011年7月1日公开、2012年12月1日授权。

乙在该专利申请公开后、授权公告前未经甲的许可制造了相同的专利设备，并于2011年10月1日与丙签订购销合同。合同约定，丙分期向乙支付设备及服务款项，乙向丙提供该设备，并自合同订立之日起10年内向丙提供相应的设备安装、调试、维修、保养等技术支持服务。

则以下说法正确的是：

A．乙在该专利授权公告后向丙提供设备调试、维修、保养等技术支持服务构成未经许可使用该专利产品的行为，属于侵犯甲的专利权的行为

B．乙在该专利授权公告后向丙提供设

备调试、维修、保养等技术支持服务不属于侵犯甲的专利权的行为

C. 丙在该专利授权公告后使用该专利设备的行为属于侵犯甲的专利权的行为

D. 丙在该专利授权公告后使用该专利设备的行为不属于侵犯甲的专利权的行为

【解题思路】

本题涉及的内容最初来自“最高人民法院第 20 号指导案例”，后写入司法解释。在指导案例中，最高人民法院认为，在临时保护期内的实施相关发明，不为《专利法》所禁止，同样也应当允许实施发明得到的产品在此期间之后的后续实施行为，这符合《专利法》的立法宗旨。当然，申请人在获得专利权后有权要求在临时保护期内实施其发明者支付适当费用。不过从 2021 年 1 月 1 日起，该指导案例已废止，司法解释则属于有效状态。司法解释与指导案例相比，增加了一个前提，即行为人需要已经支付临时使用费用，或者通过书面承诺支付该费用。在本题中，乙和丙并未支付费用，也未承诺支付费用，故只能作为侵犯专利权处理。

【参考答案】 AC

《侵犯专利权纠纷解释二》第 21 条：“明知有关产品系专门用于实施专利的材料、设备、零部件、中间物等，未经专利权人许可，为生产经营目的将该产品提供给他人实施了侵犯专利权的行为，权利人主张该提供者的行为属于侵权责任法第九条规定的帮助他人实施侵权行为的，人民法院应予支持。

明知有关产品、方法被授予专利权，未经专利权人许可，为生产经营目的积极诱导他人实施了侵犯专利权的行为，权利人主张该诱导者的行为属于侵权责任法第九条规定的教唆他人实施侵权行为的，人民法院应予支持。”

20.【2018 年第 82 题】丙发明了一种机械装置并获得发明专利权，设计单位甲未经丙许可、为乙设计绘制了的该发明专利装置的零件图和总装图，并获取了设计报酬。则以下说法正确的是：

A. 无论乙是否采用甲的设计方案用于生产经营活动，甲的上述行为都不属于专利法第十一条规定的直接侵犯丙的专利权的行为

B. 如果乙没有采用甲的设计方案实际制造并销售该装置，则甲和乙的上述行为均不构成侵犯丙的专利权的行为

C. 如果乙采用甲的设计方案并实际制造并销售该装置，则乙的上述行为侵犯丙专利权，但甲的上述行为不构成对丙的专利的侵权行为

D. 如果乙采用甲的设计方案并实际制造并销售该装置，则甲的上述行为构成对丙的专利的共同侵权

【解题思路】

甲的行为是设计发明装置的零件图和总装图，并不是实施发明专利权本身，不构成直接侵犯丙的专利权。不过，甲的行为有可能构成间接侵权，但构成间接侵权的前提是存在直接侵权。因此，如果乙采用甲的设计方案并实际制造、销售该装置，则乙构成侵犯专利权，甲构成间接侵权，甲和乙构成共同侵权；如果乙不构成直接侵权，那甲同样也就不可能构成间接侵权。

【参考答案】 ABD

（二）专利权的保护期限

1. 发明专利权的保护期限

发明专利权的保护期限是20年。另外，2020年《专利法》修改后，增加了发明专利期限补偿的规定，具体如下：

自发明专利申请日起满四年，且自实质审查请求之日起满三年后授予发明专利权的，国务院专利行政部门应专利权人的请求，就发明专利在授权过程中的不合理延迟给予专利权期限补偿，但由申请人引起的不合理延迟除外。

为补偿新药上市审评审批占用的时间，对在中国获得上市许可的新药相关发明专利，国务院专利行政部门应专利权人的请求给予专利权期限补偿。补偿期限不超过五年，新药批准上市后总有效专利权期限不超过十四年。

2. 实用新型专利权的保护期限

实用新型专利权的保护期限是10年。

3. 外观设计专利权的保护期限

2020年《专利法》修改后，外观设计专利权的保护期限从原来的10年改为现在的15年。

4. 专利权保护期限的含义

专利权具有时间性，法律规定的专利期限届满或提前中止，尽管发明创造的技术本身还存在，但专利权却不存在了。也就是说，对该项技术的独占使用权不存在了，该发明创造成了社会财富，任何人都可以无偿使用。

5. 专利权保护期限的计算方式

专利权的期限自申请之日起计算。这里的申请日，不包括优先权日。

《专利法实施细则》第102条："按照专利合作条约已确定国际申请日并指定中国的国际申请，视为向国务院专利行政部门提出的专利申请，该国际申请日视为专利法第28条所称的申请日。"

21.【2015年第27题】某发明专利，申请日为2008年8月1日，优先权日为2007年9月1日，公布日为2009年1月10日，授权公告日为2012年3月1日。该专利权的期限届满日是哪一天？

A. 2027年9月1日

B. 2028年8月1日

C. 2029年1月10日

D. 2032年3月1日

【解题思路】

发明专利权的保护期限是20年，从实际申请日起算而不是从优先权日起算。

【参考答案】 B

22.【2017年第40题】下列关于专利权的期限计算的哪些说法是正确的？

A. 分案申请获得专利权后，其专利权的期限自分案申请递交日起算

B. 国际申请进入中国国家阶段获得授权后，其专利权的期限自国际申请日起算

C. 享有外国优先权的专利申请获得授权后，其专利权的期限自优先权日起算

D. 享有国内优先权的专利申请获得授权后，其专利权的期限自提出申请之日起算

【解题思路】

专利权的保护期限从实际申请日起算，和优先权日无关。分案申请享有母案的申请日，保护期也是从母案申请日起算。进入中国国家阶段的国际申请，申请日是国际申请日而不是进入中国国家阶段的日期。

【参考答案】 BD

23.【2017 年第 48 题】以下哪些期限是以申请日起算的？

A. 发明专利申请的公布时间

B. 专利权的期限

C. 专利年度的计算

D. 提交实质审查请求书的期限

【解题思路】

在存在优先权的情况下，专利权的期限和专利年度的期限从实际申请日起算，而发明专利申请的公布时间和提交实质审查请求的期限则从优先权日起算。

【参考答案】 BC

第二节　专利侵权行为与救济方法

一、专利侵权行为

（一）专利侵权行为的类型

《专利法》第 11 条："发明和实用新型专利权被授予后，除本法另有规定的以外，任何单位或者个人未经专利权人许可，都不得实施其专利，即不得为生产经营目的制造、使用、许诺销售、销售、进口其专利产品，或者使用其专利方法以及使用、许诺销售、销售、进口依照该专利方法直接获得的产品。

外观设计专利权被授予后，任何单位或者个人未经专利权人许可，都不得实施其专利，即不得为生产经营目的制造、许诺销售、销售、进口其外观设计专利产品。"

1. 侵犯产品发明或实用新型专利权的行为

根据《专利法》第 11 条第 1 款的规定，"侵犯产品发明或者实用新型专利权的行为，是指在产品发明专利或实用新型专利被授予后，未经专利权人许可，为生产经营目的制造、使用、许诺销售、销售、进口其专利产品的行为。"

《侵犯专利权纠纷解释一》第 12 条第 1 款："将侵犯发明或者实用新型专利权的产品作为零部件，制造另一产品的，人民法院应当认定属于专利法第 11 条规定的使用行为；销售该另一产品的，人民法院应当认定属于专利法第 11 条规定的销售行为。"

24.【2018 年第 93 题】甲获得一项外观设计专利。乙在该专利申请日后、授权公告前未经甲的许可制造了一批该专利产品并销售给丙。

丙将该外观设计专利产品作为零部件组装到自己的产品上提升产品美感，并在该外观设计专利授权公告后持续向市场销售。

则以下说法正确的是：

A. 乙的上述行为侵犯甲的外观设计专利权

B. 乙的上述行为不属于侵犯甲的外观设计专利权的行为

C. 丙的上述行为侵犯甲的外观设计专利权

D. 丙的上述行为不侵犯甲的外观设计专利权

【解题思路】

乙制造涉案专利产品时，该外观设计尚未授权，故不构成侵犯专利权。丙的行为属于销售专利产品，侵犯了甲的外观设计专利权。

【参考答案】 BC

2. 侵犯方法发明专利权的行为

根据《专利法》第 11 条第 1 款的规定，

侵犯方法发明专利权的行为，是指在方法发明专利被授予后，未经专利权人许可，为生产经营目的使用其专利方法以及使用、许诺销售、销售、进口依照该专利方法直接获得的产品的行为。

《侵犯专利权纠纷解释一》第13条："对于使用专利方法获得的原始产品，人民法院应当认定为专利法第11条规定的依照专利方法直接获得的产品。

对于将上述原始产品进一步加工、处理而获得后续产品的行为，人民法院应当认定属于专利法第11条规定的使用依照该专利方法直接获得的产品。"

25.【2007年第15题】李某发明了一种从花生中提炼食用油的新方法，采用该方法提炼的食用油与现有花生食用油没有任何区别，但在提炼过程中同时产生了一种可用于食品加工的新物质G。李某就该提炼食用油的方法及新物质G分别申请了专利并获得了授权。以下哪些说法是正确的？

A. 王某未经李某许可使用该新方法从花生中提炼食用油，并交由张某进行销售，张某的行为侵犯了李某的专利权

B. 刘某使用其他方法制造并销售物质G，刘某的行为侵犯了李某的专利权

C. 吕某未经李某许可使用该新方法从花生中提炼食用油自行食用，并将产生的物质G无偿送给了黄某，黄某将物质G售出，吕某的行为侵犯了李某的专利权

D. 某食品加工厂在李某的专利申请提出之后公布之前，自行研制出了该种提炼食用油的新方法，并在李某的申请授权后使用该方法来制造物质G用于食品加工，该食品加工厂的行为侵犯了李某的专利权

【解题思路】

本题中李某的专利权共有两个，一个是提炼食用油的方法，另一个是新物质G。王某未经许可使用了专利方法，张某销售依照该专利方法直接获得的产品，构成侵犯专利权。刘某制造并销售专利产品G，构成侵犯专利权。吕某虽然使用了专利方法，但不是基于生产经营的目的，故不构成侵犯专利权。食品加工厂研制出该提炼食用油的方法是在李某提起专利申请之后，故不构成先用权。

【参考答案】 ABD

3. 侵犯外观设计专利权的行为

根据《专利法》第11条第2款："侵犯外观设计专利权的行为，是指在外观设计专利权被授予后，任何单位或者个人未经专利权人许可，都不得实施其专利，即不得为生产经营目的制造、许诺销售、销售、进口其外观设计专利产品。"

《侵犯专利权纠纷解释一》第12条第2款："将侵犯外观设计专利权的产品作为零部件，制造另一产品并销售的，人民法院应当认定属于专利法第11条规定的销售行为，但侵犯外观设计专利权的产品在该另一产品中仅具有技术功能的除外。"

26.【2008年第84题】甲公司就小型货车获得了一项外观设计专利。乙公司未经甲公司许可，制造了与该外观设计专利相同的小型货车。丙公司在不知道乙公司的产品是未经甲公司许可而制造的情况下，购买了乙公司生产的该小型货车500台，其中100台销售给丁公司，其余尚未售出。丁公司将这些车用于货物运输。下列哪些说法是正确的？

A. 乙公司的行为构成侵权

B. 丙公司在证明其合法来源的情况下，不承担赔偿责任，但应当停止销售尚未售出的 400 台小型货车

C. 丁公司应当停止使用或者向甲支付使用费后继续使用

D. 丁公司的行为不构成侵权

【解题思路】

乙公司制造了外观设计专利产品，构成侵犯专利权。丁公司的行为属于使用外观设计专利产品，而外观设计专利产品的侵权行为中不包括使用，故丁公司不构成侵权。在能证明合法来源的情况下，不承担赔偿责任，但需要停止侵权，即停止销售未售出的产品。

【参考答案】 ABD

（二）专利侵权的判定

1. 专利权的保护范围

（1）发明和实用新型专利的保护范围。

《专利法》第 64 条第 1 款："发明或者实用新型专利权的保护范围以其权利要求的内容为准，说明书及附图可以用于解释权利要求的内容。"

27.【2009 年第 67 题】下列有关专利权保护范围的说法哪些是正确的？

A. 发明专利权的保护范围以其权利要求和说明书的内容为准，说明书附图可以用于解释权利要求

B. 实用新型专利权的保护范围以其权利要求的内容为准，说明书及附图可以用于解释权利要求

C. 外观设计专利权的保护范围以简要说明和图片或者照片为准

D. 外观设计专利权的保护范围以表示在图片或者照片中的该外观设计专利产品为准

【解题思路】

确定发明和实用新型专利权保护范围的基本法律文件只有权利要求书，不包括说明书。确定外观设计保护范围的基本法律文件是图片和照片，简要说明只是起到辅助的解释作用。2008 年《专利法》第三次修改后，对外观设计专利权保护范围的措辞从"该外观设计专利产品"改为"该产品的外观设计"，故 D 错误。

【参考答案】 B

《侵犯专利权纠纷解释一》第 2 条："人民法院应当根据权利要求的记载，结合本领域普通技术人员阅读说明书及附图后对权利要求的理解，确定专利法第五十九条第一款[1]规定的权利要求的内容。"

《侵犯专利权纠纷解释一》第 3 条："人民法院对于权利要求，可以运用说明书及附图、权利要求书中的相关权利要求、专利审查档案进行解释。说明书对权利要求用语有特别界定的，从其特别界定。

以上述方法仍不能明确权利要求含义的，可以结合工具书、教科书等公知文献以及本领域普通技术人员的通常理解进行解释。"

（2）外观设计专利的保护范围。

《专利法》第 64 条第 2 款："外观设计专利权的保护范围以表示在图片或者照片中的该产品的外观设计为准，简要说明可以用于解释图片或者照片所表示的该产品的外观设计。"

---

[1] 这里指的是 2008 年修改后的《专利法》，2020 年《专利法》修改后，对应的是第 64 条。

28.【2006 年第 92 题】下列有关外观设计专利权保护范围的说法哪些是正确的？

A. 以请求书和简要说明为准

B. 以说明书和图片或者照片为准

C. 以表示在图片或者照片中的该外观设计专利产品为准

D. 以产品名称和简要说明为准

【解题思路】

根据 2008 年修改后的《专利法》，外观设计的保护范围以表示在图片或者照片中的该产品的外观设计为准，简要说明起辅助解释作用，本题无解。

【参考答案】 无

《侵犯专利权纠纷解释一》第 8 条："在与外观设计专利产品相同或者相近种类产品上，采用与授权外观设计相同或者近似的外观设计的，人民法院应当认定被诉侵权设计落入专利法第五十九条第二款规定的外观设计专利权的保护范围。"

《侵犯专利权纠纷解释一》第 9 条："人民法院应当根据外观设计产品的用途，认定产品种类是否相同或者相近。确定产品的用途，可以参考外观设计的简要说明、国际外观设计分类表、产品的功能以及产品销售、实际使用的情况等因素。"

《侵犯专利权纠纷解释一》第 10 条："人民法院应当以外观设计专利产品的一般消费者的知识水平和认知能力，判断外观设计是否相同或者近似。"

29.【2012 年第 77 题】下列关于外观设计专利侵权判断的说法哪些是正确的？

A. 在与外观设计专利产品相同或者相近种类产品上，采用与授权外观设计相同或者近似的外观设计，应当认定被诉侵权设计落入外观设计专利权的保护范围

B. 应当根据外观设计产品的用途，认定产品种类是否相同或者相近似

C. 确定产品的用途时，可以参考外观设计的简要说明、国际外观设计分类表、产品的功能以及产品销售、实际使用的情况等因素

D. 应当以外观设计专利产品的一般消费者的知识水平和认知能力，判断外观设计是否相同或者近似

【解题思路】

判断是否侵犯外观设计专利权，首先是看产品是否相同或近似，然后看设计是否相同或近似。判断主体是一般消费者，判断产品种类的根据是用途，同时参考其他因素，上述全选。

【参考答案】 ABCD

《侵犯专利权纠纷解释一》第 11 条："人民法院认定外观设计是否相同或者近似时，应当根据授权外观设计、被诉侵权设计的设计特征，以外观设计的整体视觉效果进行综合判断；对于主要由技术功能决定的设计特征以及对整体视觉效果不产生影响的产品的材料、内部结构等特征，应当不予考虑。

下列情形，通常对外观设计的整体视觉效果更具有影响：

（一）产品正常使用时容易被直接观察到的部位相对于其他部位；

（二）授权外观设计区别于现有设计的设计特征相对于授权外观设计的其他设计特征。

被诉侵权设计与授权外观设计在整体视觉效果上无差异的，人民法院应当认定两者相同；在整体视觉效果上无实质性差异

的，应当认定两者近似。”

（3）权利要求书的作用。

权利要求书的作用是用来界定受专利保护的技术方案的范围。

（4）说明书及其附图的作用。

说明书和附图的作用是用来解释权利要求。

30.【2007年第44题】以下有关专利权保护范围的说法中哪些是正确的？

A. 发明专利权的保护范围以其权利要求的内容为准，说明书及附图可以用于解释权利要求

B. 实用新型专利权的保护范围以其附图的内容为准，说明书可以用于解释附图

C. 外观设计专利权的保护范围以表示在图片或者照片中的该外观设计专利产品为准

D. 发明、实用新型或者外观设计专利权的保护范围都以其权利要求的内容为准

【解题思路】

发明和实用新型的保护范围以权利要求书为准，说明书和附图可用于解释权利要求。外观设计没有权利要求书。2008年《专利法》第三次修改后，改变了外观设计保护范围的措辞，将“该外观设计专利的产品”改为“该产品的外观设计”。为此，C错误。

【参考答案】 A

（5）外观设计专利产品照片或图片的作用。

外观设计的保护范围以表示在图片或者照片中的该产品的外观设计为准。

（6）外观设计简要说明的作用。

简要说明可以用于解释图片或者照片所表示的该产品的外观设计。

31.【2007年第54题】下列哪些关于外观设计专利保护范围的说法是错误的？

A. 外观设计专利权的保护范围以专利权人生产的外观设计专利产品为准

B. 外观设计的简要说明可以用于解释说明该外观设计的保护范围

C. 外观设计专利权的保护范围以表示在图片或者照片中的该外观设计专利产品为准

D. 外观设计专利权的保护范围以专利权人生产的外观设计专利产品的图片和照片为准

【解题思路】

根据2008年《专利法》，外观设计的保护范围以表示在图片或者照片中的该产品的外观设计为准，简要说明起辅助解释作用。综上，B选项正确，排除。A、C、D选项错误。

【参考答案】 ACD

2. 发明和实用新型专利侵权的判定原则

（1）以权利要求的内容为准的含义。

《侵犯专利权纠纷解释一》第1条：“人民法院应当根据权利人主张的权利要求，依据专利法第五十九条第一款的规定确定专利权的保护范围。权利人在一审法庭辩论终结前变更其主张的权利要求的，人民法院应当准许。

权利人主张以从属权利要求确定专利权保护范围的，人民法院应当以该从属权利要求记载的附加技术特征及其引用的权利要求记载的技术特征，确定专利权的保护范围。”

《侵犯专利权纠纷解释一》第4条：“对于权利要求中以功能或者效果表述的技术特

征，人民法院应当结合说明书和附图描述的该功能或者效果的具体实施方式及其等同的实施方式，确定该技术特征的内容。”

《侵犯专利权纠纷解释一》第5条：“对于仅在说明书或者附图中描述而在权利要求中未记载的技术方案，权利人在侵犯专利权纠纷案件中将其纳入专利权保护范围的，人民法院不予支持。”

32.【2014年第98题】下列关于专利权保护范围的说法哪些是正确的？

A. 仅在发明专利说明书或者附图中描述而在权利要求中未记载的技术方案，权利人在侵犯专利权纠纷案件中将其纳入专利权保护范围的，人民法院不予支持

B. 实用新型专利权的保护范围以其权利要求的内容为准，说明书及附图可以用于解释权利要求的内容

C. 外观设计专利权的保护范围以表示在图片或者照片中的该产品的外观设计为准，简要说明可以用于解释图片或者照片所表示的该产品的外观设计

D. 人民法院判定被诉侵权技术方案是否落入专利权的保护范围，应当审查权利人主张的权利要求所记载的全部技术特征

【解题思路】

说明书中描述，但权利要求书中未记载的技术方案，就认为是申请人贡献给了社会，不能再纳入保护范围。实用新型保护范围看权利要求，外观设计则看图片。划定保护范围时，权利要求中的全部技术特征都需要考虑。

【参考答案】 ABCD

《侵犯专利权纠纷解释一》第6条：“专利申请人、专利权人在专利授权或者无效宣告程序中，通过对权利要求、说明书的修改或者意见陈述而放弃的技术方案，权利人在侵犯专利权纠纷案件中又将其纳入专利权保护范围的，人民法院不予支持。”

33.【2010年第30题】关于侵犯专利权纠纷案件的审理，下列说法哪些是正确的？

A. 权利人主张以从属权利要求确定保护范围的，人民法院以该从属权利要求记载的附加技术特征及其引用的权利要求记载的技术特征，确定专利权的保护范围

B. 对于权利要求中以效果表述的技术特征，人民法院结合说明书和附图描述的该效果的具体实施方式及其等同的实施方式，确定该技术特征的内容

C. 对于仅在说明书中描述而在权利要求中未记载的技术方案，权利人在侵犯专利权纠纷案件中将其纳入专利权保护范围的，人民法院不予支持

D. 专利申请人在授权程序中通过意见陈述放弃的技术方案，权利人在侵犯专利权纠纷案件中将其纳入专利权保护范围的，人民法院不予支持

【解题思路】

从属权利要求中含有的技术特征包括其引用的权利要求中的技术特征和该从属权利要求的附加技术特征。如果某技术特征只能用效果来表达，那就需要结合说明书和附图来确定技术特征内容。专利权的保护范围以权利要求书为准，如果在权利要求书中没有记载，则不能纳入保护范围。专利法中的一个重要原则就是禁止反悔原则，禁止反悔原则是对等同侵权的一种限制。该原则可以理解为民法中诚实信用原则在专利法中的

体现，当事人不能授权时放弃，侵权时要回来。

【参考答案】 ABCD

34.【2015年第29题】甲公司拥有一项产品发明专利，其权利要求包括a、b、c、d四个特征，其中a、b、c三个特征属于必要技术特征。未经甲公司许可，乙公司制造的下列哪个产品侵犯甲公司的专利权？

A. 产品包括特征a、b、c、f，其中特征f是记载在甲公司专利说明书中的特征

B. 产品包括特征b、c、d、e

C. 产品包括特征a、b′、c，其中b′与b是等同的技术特征

D. 产品包括特征a、b、c、d、g，其中特征g是没有记载在甲公司专利说明书中的特征

【解题思路】

甲公司的专利中必要技术特征包括a、b、c，但既然技术特征d也被写入了权利要求，那在判断是否构成侵权的时候也需要将其考虑进去。A选项中缺少技术特征d，B选项中缺少技术特征a，C选项中缺少技术特征d，上述三项都未落入甲公司的专利权的范围。

【参考答案】 D

（2）全面覆盖原则。

《侵犯专利权纠纷解释一》第7条："人民法院判定被诉侵权技术方案是否落入专利权的保护范围，应当审查权利人主张的权利要求所记载的全部技术特征。

被诉侵权技术方案包含与权利要求记载的全部技术特征相同或者等同的技术特征的，人民法院应当认定其落入专利权的保护范围；被诉侵权技术方案的技术特征与权利要求记载的全部技术特征相比，缺少权利要求记载的一个以上的技术特征，或者有一个以上技术特征不相同也不等同的，人民法院应当认定其没有落入专利权的保护范围。"

35.【2019年第87题】一项专利的独立权利要求包含N、O两个技术特征，从属权利要求还包括特征P。下列哪些技术方案落入了该专利的保护范围？

A. 一项由N、O、P三个技术特征构成的技术方案

B. 一项由N、O、P、Q四个技术特征构成的技术方案

C. 一项由N、O'、Q三个技术特征构成的技术方案，其中O'是O的等同特征

D. 一项由N、O、Q三个技术特征的技术方案，其中Q不等同于P

【解题思路】

独立权利要求的保护范围大于从属权利要求，故只要判断是否落入独立权利要求的保护范围即可。独立权利要求包含的技术特征是N和O，下述4个选项都含有N和O，或者是O的等同技术特征O'，故都落入该专利的保护范围。

【参考答案】 ABCD

36.【2018年第84题】甲获得一项方法专利，该专利方法包括3个步骤：①由产品a制得产品b；②由产品b制得产品c；③由产品c制得产品d。但a未获得产品d的产品专利。

乙在制造产品X时，未经甲的许可采用包括如下反应步骤的方法：①由产品b制得产品c；②由产品c制得产品d；③由产品d制得产品X。并向市场大量出口产品X。

则以下说法正确的是：

A．乙的行为构成“使用专利方法”的行为，侵犯甲的专利权

B．乙的行为不构成“使用专利方法”的行为，未侵犯甲的专利权

C．乙的行为构成“使用依照该专利方法直接获得的产品 d”的行为，侵犯甲的专利权

D．乙的行为不构成“使用依照该专利方法直接获得的产品 d”的行为，未侵犯甲的专利权

【解题思路】

专利方法当中包括了三个步骤，乙使用的方法仅包括了其中的两个步骤，不构成“全面覆盖”，未侵犯甲的专利权。专利方法直接获得的产品是 d，而乙销售的是 d 的后续产品 X，不属于销售依照该专利方法直接获得的产品。

【参考答案】 BD

（3）相同侵权和等同侵权。

专利侵权的判定原则可以分为相同侵权和等同侵权两大类。相同侵权又称字面侵权，是指被控侵权的产品或者方法中含有权利要求书中记载的全部必要技术特征。等同侵权，是指被告侵权者实施的技术方案与专利权利要求所保护的技术方案在某个或者某些技术特征上有所不同，但是如果对应的技术特征以基本相同的方式，实现基本相同的功能，产生基本相同的效果，则仍然落入专利权的保护范围之内。

《专利纠纷规定》第 13 条："专利法第五十九条第一款[1]所称的‘发明或者实用新型专利权的保护范围以其权利要求的内容为准，说明书及附图可以用于解释权利要求的内容’，是指专利权的保护范围应当以权利要求记载的全部技术特征所确定的范围为准，也包括与该技术特征相等同的特征所确定的范围。

等同特征，是指与所记载的技术特征以基本相同的手段，实现基本相同的功能，达到基本相同的效果，并且本领域普通技术人员在被诉侵权行为发生时无需经过创造性劳动就能够联想到的特征。"

37.【2016 年第 87 题】甲就研磨机获得了一项实用新型专利权，其授权公告的独立权利要求 1 包括 a、b、c、d 四个技术特征，以下哪些产品落入该实用新型专利权的保护范围？

A．乙制造的研磨机，包括 a、b、c、e 四个技术特征，其中特征 e 为记载在甲的授权专利说明书中的特征，并与 d 不相同也不等同

B．丙制造的研磨机，包括 a、b、c、d’ 四个技术特征，其中特征 d’ 与甲授权专利中的特征 d 等同

C．丁制造的研磨机，包括 a、b、c、d、e 五个技术特征，其中特征 e 为记载在甲的授权专利说明书中的特征

D．戊制造的研磨机，仅包括 a、b、c 三个技术特征

【解题思路】

专利侵权实行的是全面覆盖原则，只有包含了授权专利的全部技术特征，才落入专利权的保护范围。A 选项和 D 选项中缺少技术特征 d。B 选项则构成等同侵权。C 选项是在 a、b、c、d 四个技术特征的基础上，再增加新的技术特征，同样落入专利权的保护范围。

【参考答案】 BC

[1] 这里指的是 2008 年修改后的《专利法》，2020 年《专利法》修改后，对应的是第 64 条。

《侵犯专利权纠纷解释二》第13条："权利人证明专利申请人、专利权人在专利授权确权程序中对权利要求书、说明书及附图的限缩性修改或者陈述被明确否定的，人民法院应当认定该修改或者陈述未导致技术方案的放弃。"

38.【2018年第95题】甲向国家知识产权局提交了一份发明专利申请，权利要求限定为"一种产品，其包含技术特征a、b。"

在授权审查程序中，甲陈述意见强调其中特征b的特定选择是实现发明技术效果的关键。但国家知识产权局专利审查部门明确否定该意见，认为特征b属于本领域公知常识。

随后甲将特征c补充到权利要求中，并强调特征c克服了技术偏见。该申请随后获得授权，授权权利要求为"一种产品，其包含技术特征a、b和c。"

乙未经甲许可制造并销售一种产品，其包含技术特征a、b′和c。其中，特征b′与特征b以基本相同的手段，实现基本相同的功能，达到基本相同的效果。甲向乙发出专利侵权警告。

乙随后向专利复审委员会请求宣告甲的专利无效。

甲在无效程序意见陈述中关于特征b、c的观点与授权审查阶段的意见一致。专利复审委员会作出决定维持该专利权有效，其理由是特征c的选择克服了技术偏见。但专利复审委员会的决定对特征b没有发表意见。甲随后向法院起诉乙侵犯其专利权。

则以下说法正确的是：

A. 乙被控侵权的产品包含了与专利权利要求记载的全部技术特征相同或等同的技术特征，应当认定其落入甲的该专利权的保护范围

B. 甲在授权和确权阶段对技术特征b做了限缩性陈述，因此，在侵权纠纷诉讼中应适用"禁止反悔"原则，不能主张技术特征b与技术特征b′构成等同替换

C. 甲对技术特征b所做的陈述已经在授权审查程序被国家知识产权局专利审查部门"明确否定"，因此，在侵权纠纷诉讼中不适用"禁止反悔原则"，可以主张技术特征b与技术特征b′构成等同替换

D. 在无效确权程序中，专利复审委员会作出的维持专利有效的决定未对甲有关技术特征b的限缩性陈述发表意见，相当于专利审查部门在授权审查程序中针对甲有关特征b的限缩性陈述的"明确否定"性意见被专利复审委员会推翻，因此，在侵权纠纷诉讼中应适用"禁止反悔"原则，不能主张技术特征b与技术特征b′构成等同替换

【解题思路】

被控侵权的产品包含了与专利权利要求记载的全部技术特征相同的技术特征，则构成相同侵权；如是等同技术特征，则构成等同侵权。禁止反悔原则是为了避免专利权人通过前后不一致的表述，在授权阶段和侵权诉讼中左右逢源。不过，甲在授权和确权阶段对技术特征b做的限缩性陈述没有得到支持，没有获得利益，故不适用禁止反悔原则，可以在诉讼程序中主张等同侵权。在无效程序中，专利复审和无效部门对技术特征b的限缩性陈述不置一词，并没有做出明确的否定，故不构成禁止反悔。

【参考答案】 AC

3. 外观设计专利侵权的判定原则

《侵犯专利权纠纷解释二》第 15 条 :“对于成套产品的外观设计专利，被诉侵权设计与其一项外观设计相同或者近似的，人民法院应当认定被诉侵权设计落入专利权的保护范围。”

39.【2016 年第 88 题】甲有一项名称为“茶具”的外观设计专利，其包括茶壶和茶杯两件产品；乙在某网购平台上销售茶壶，其销售的茶壶与甲的外观设计专利中的茶壶属于相同的设计，丙从该网购平台购买了乙销售的茶壶供自己使用。以下说法哪些是正确的？

A．乙销售的茶壶落入甲的专利权保护范围

B．乙销售的茶壶未落入甲的专利权保护范围

C．丙购买并使用该茶壶侵犯了甲的专利权

D．丙购买并使用该茶壶不侵犯甲的专利权

【解题思路】

甲的专利包括茶壶和茶杯两件产品，其本质上相当于同时拥有一项茶壶专利和一项茶杯专利。乙销售的茶壶与甲的专利近似，落入了甲专利的保护范围。外观设计专利的保护并不涉及使用，丙的行为不构成侵权。

【参考答案】 AD

《侵犯专利权纠纷解释二》第 16 条 :“对于组装关系唯一的组件产品的外观设计专利，被诉侵权设计与其组合状态下的外观设计相同或者近似的，人民法院应当认定被诉侵权设计落入专利权的保护范围。

对于各构件之间无组装关系或者组装关系不唯一的组件产品的外观设计专利，被诉侵权设计与其全部单个构件的外观设计均相同或者近似的，人民法院应当认定被诉侵权设计落入专利权的保护范围；被诉侵权设计缺少其单个构件的外观设计或者与之不相同也不近似的，人民法院应当认定被诉侵权设计未落入专利权的保护范围。”

40.【2018 年第 98 题】关于外观设计专利，以下说法正确的是

A．对于各构件之间无组装关系或者组装关系不唯一的组件产品的外观设计专利，如果被控侵权设计与其全部单个构件的外观设计相同或近似时，则应当认为构成专利侵权

B．对于组装关系唯一的组件产品的外观设计专利，如果被控侵权设计与其组合状态下的外观设计相同或近似时，则应当认为构成专利侵权

C．对于成套产品的外观设计专利，如果被诉侵权设计与其一项外观设计相同或者近似的，应当认为构成专利侵权

D．对于成套产品的外观设计专利，只有被诉侵权设计与其整套外观设计相同或者近似的，才可认为构成专利侵权

【解题思路】

如果组件产品的各构件之间无组装关系或者组装关系不唯一，则该外观设计所保护的就是各个构件的具体设计，故如果被控侵权设计与其全部单个构件的外观相同或近似，则构成侵权。同理，如果存在唯一的组装关系，则保护的是组装后的形态。成套产品的外观设计专利，类似存在单一性的多个发明创造，只要落入其中一个的保护范

围，则构成侵权。

【参考答案】 ABC

《侵犯专利权纠纷解释二》第17条："对于变化状态产品的外观设计专利，被诉侵权设计与变化状态图所示各种使用状态下的外观设计均相同或者近似的，人民法院应当认定被诉侵权设计落入专利权的保护范围；被诉侵权设计缺少其一种使用状态下的外观设计或者与之不相同也不近似的，人民法院应当认定被诉侵权设计未落入专利权的保护范围。"

41.【2016年第89题】某沙发床的外观设计专利，其授权图片所示该沙发具有沙发和床两个变化状态，下列说法哪些是正确的？

A. 被诉侵权产品为沙发，不能变化为床，该沙发与授权专利中沙发使用状态下的外观设计相同，则落入该外观设计专利权的保护范围

B. 被诉侵权产品为沙发，不能变化为床，尽管该沙发与授权专利中沙发使用状态下的外观设计相同，也不会落入该外观设计专利权的保护范围

C. 被诉侵权产品为沙发床，有三个变化状态，且其中两个变化状态分别与授权专利对应的两个变化状态外观设计近似，尽管其第三个变化状态与授权专利任一状态下的外观设计均不近似，其仍然落入该外观设计专利权的保护范围

D. 被诉侵权产品为沙发床，有三个变化状态，且其中两个变化状态分别与授权专利对应的两个变化状态外观设计近似，第三个变化状态与授权专利任一状态下的外观设计均不近似，则不会落入该外观设计专利权的保护范围

【解题思路】

授权专利具有沙发和床两种状态，可以理解为存在A和B两个技术特征。如果被诉侵权产品只有沙发一种状态，那就只有A一个技术特征，不构成全面覆盖，不构成侵权。如果被诉侵权产品存在A、B和C三种状态，则由于完整包含了前者的两个状态，根据全面覆盖原则，构成侵权。

【参考答案】 BC

42.【2018年第85题】某公司拥有1项组合物专利，该专利仅1项权利要求："一种组合物，由A部分与B部分组成，其中：所述A部分选自化合物a1；所述B部分由结构各不相似、功能各不相同的3种化合物x、y、z组成"。

并且，该专利说明书中还提到了，其中所述组合物的A部分还可以选自a2、a3、a4等结构不同、但功能相似的化合物。

下述选项的组合物，未落入上述专利保护范围的有：

A. 一种组合物，由A部分与B部分组成，其中：所述A部分选自化合物a1；所述B部分由结构各不相似、功能各不相同的4种化合物x、y、z、m组成

B. 一种组合物，由A部分与B部分组成，其中：所述A部分选自化合物a1；所述B部分由结构各不相似、功能各不相同的3种化合物x、y、m组成，其中的化合物m与前述化合物z结构不相似、实现不同功能

C. 一种组合物，由A部分与B部分组成，其中，所述A部分选自化合物a2；所述B部分由结构各不相似、功能各不相同

的 3 种化合物 x、y、z 组成

D. 一种组合物，由 A 部分与 B 部分组成，其中：所述 A 部分选自化合物 a1；所述 B 部分由结构各不相似、功能各不相同的 3 种化合物 x、y、z′ 组成，其中的化合物 z′ 与前述化合物 z 结构基本相同、能够实现基本相同的功能、达到基本相同的效果

【解题思路】

涉案专利采用的是封闭式权利要求，A 选项在权利要求所列明的物质 x、y、z 外，增加了新物质 m，未落入权利要求的保护范围。B 选项用物质 m 取代了物质 z，同样未落入权利要求的保护范围。物质 a2 在说明书当中有记载，但没有记载在权利要求中，适用捐献原则，同样未落入专利的保护范围。D 选项中用类似化合物 z′ 替代了 z，构成等同侵权。

【参考答案】 ABC

4. 不视为专利侵权的情形

《专利法》第 75 条："有下列情形之一的，不视为侵犯专利权：

（一）专利产品或者依照专利方法直接获得的产品，由专利权人或者经其许可的单位、个人售出后，使用、许诺销售、销售、进口该产品的；

（二）在专利申请日前已经制造相同产品、使用相同方法或者已经作好制造、使用的必要准备，并且仅在原有范围内继续制造、使用的；

（三）临时通过中国领陆、领水、领空的外国运输工具，依照其所属国同中国签订的协议或者共同参加的国际条约，或者依照互惠原则，为运输工具自身需要而在其装置和设备中使用有关专利的；

（四）专为科学研究和实验而使用有关专利的；

（五）为提供行政审批所需要的信息，制造、使用、进口专利药品或者专利医疗器械的，以及专门为其制造、进口专利药品或者专利医疗器械的。"

43.【2018 年第 83 题】以下情形，哪些行为不构成侵犯专利权的行为？

A. 在某次地震灾害时，某公司赶制了一批受他人专利权保护的挖掘救援器具，并作为无偿捐赠的救灾物资紧急运送到灾区

B. 某人按照他人的专利权的中药药方配制了一服中药，熬成药汤自己服用

C. 某公司从市场大量回收废旧的某型专利设备，从中拆解零部件重新组装制成完整的该型专利设备，并在市场上销售

D. 某公司购买了一批未经许可制造并售出的专利零部件，并将其储存在公司的仓库中，以备该公司生产运行设备中该型零部件损坏时更换，但至今尚未更换

【解题思路】

侵犯专利权的基础是以生产经营为目的，某公司制作的挖掘救援器具是作为无偿捐赠的救灾物资，不属于生产经营的目的，不构成侵犯专利权。某人配制中药供自己服用，同样不是为生产经营的目的使用，不构成侵权。拆解零部件重新组装属于制造，构成侵权。某公司购买侵犯专利产品的目的是为了自己使用，其购买行为给侵权者带来了收益，尚未使用并不能构成免责。

【参考答案】 AB

（1）权利用尽。

《专利法》第 75 条第 1 项规定了权利用尽的情形。根据该项的规定，专利产品或者

依照专利方法直接获得的产品，由专利权人或者经其许可的单位、个人售出后，第三人使用、许诺销售、销售、进口该产品的，不构成侵犯专利权的行为。

【提醒】

专利产品经合法售出后，为什么专利权人不能再对该产品加以控制呢？比较普遍的一种意见认为，专利权人从其自己或许可他人制造、销售专利产品或者使用专利方法直接获得的产品中已经获得了足够的收益。这就是说，它作为专利技术所付出的投入已经获得了回报，专利权已经用尽。所以，他不能再对该产品施加控制。另外，从社会经济的观点来说，如果专利权人或者经其许可将产品投入市场后，该产品的批发、零售和使用都要再经过专利权人的许可，那就会大大阻碍商品的自由流通和社会经济的发展，这是任何社会都不能忍受的。

适用专利权用尽原则的基本要求是，专利产品和依照专利方法直接获得的产品是合法地投入市场的，否则就不适用权利用尽原则，任何人再使用、销售、许诺销售或者进口该产品依然会构成侵权。

44.【2015年第91题】甲公司在中国拥有一项抗癌药品的专利权，并在中国国内进行了制造销售。以下未经甲公司许可的哪些行为侵犯了甲公司的专利权？

A. 乙是病人，从印度购买仿制的该专利药品自己服用，并将多余的药品带回国内销售

B. 丙从甲公司购买了该专利药品，将其加价卖给第三人

C. 丁在国内某报纸上发布印度仿制的该专利药品的销售广告

D. 戊见甲公司销售的药品价格过于昂贵，自行制造并低价销售该专利药品

【解题思路】

我国《专利法》承认平行进口，不过平行进口的前提是从专利权人手中购买。乙在印度购买的是仿制药，将多余药品带回国内销售的行为构成侵权。丙公司是从专利权人手中购买产品后销售，适用权利用尽的原则，不构成侵权。丁公司发布广告的行为属于许诺销售，同样构成侵权。戊公司自行制造并销售属于典型的侵权行为。

【参考答案】 ACD

45.【2018年第27题】甲获得了一项工艺方法的专利权，该工艺方法的实施需要使用一种专用装置X，该工艺方法直接获得产品Y。甲并未申请该专用装置X的专利保护。

甲与乙订立书面购销合同，甲向乙出售一批该专用装置X。所述合同中，甲未对该装置X的使用方法提出任何限制。

乙使用该批装置X按照甲公司的专利方法制造产品Y，并将其批发给丙。丙在市场上公开销售该产品Y。

则以下说法正确的是：

A. 乙和丙侵犯了甲的方法专利权

B. 乙未侵犯甲的方法专利权，丙侵犯了甲的方法专利权

C. 乙侵犯了甲的方法专利权，丙的行为属于“不视为侵犯专利权”的行为

D. 乙未侵犯甲的方法专利权，丙的行为属于“不视为侵犯专利权”的行为

【解题思路】

乙购买的专用装置X来自专利权人甲，甲明知该专用装置的作用是用于实施自己的

专利工艺方法，但在合同中没有对乙使用装置X的方法提出任何限制，故应当认为甲默认许可乙使用该专利方法。乙使用专利方法生产的产品Y是合法的，根据权利穷竭的原则，丙销售该产品Y的行为不视为侵犯专利权。

【参考答案】 D

46.【2018年第30题】关于“不视为侵犯专利权的情形”，以下说法正确的是：

A. 甲发明了一项产品，仅在中国申请并获得了专利权，乙公司在越南制造销售该专利产品，丙公司从越南的乙公司购得该专利产品，并将其进口到中国内地销售。丙的行为属于平行进口行为，不视为侵犯专利权的情形

B. 甲获得一项焊接技术专利。乙公司在该专利申请日前已经运用该技术用于焊接，丙公司将乙公司连同该焊接技术一并收购，并在乙公司原有生产规模范围内继续实施该焊接技术。丙公司实施该专利技术的行为不视为侵犯甲的专利权

C. 某大学工业设计实验室对某项外观设计专利产品进行分析，研究仿制该外观设计产品。该大学实验室的行为属于专为科学研究和实验而使用有关专利的行为，不视为侵犯专利权

D. 某大学研究所针对某专利产品进行了研究，并组织了中等产量规模的试制。该大学研究所的行为属于专为科学研究和实验而使用有关专利的行为，不视为侵犯专利权

【解题思路】

平行进口的前提是产品的来源是专利权人或者是经其许可的人，而A选项中的产品来自与专利权人甲公司并无关联的乙公司，不符合要求。B选项中乙公司在该专利申请日前已经运用该技术用于焊接，享有先用权。丙公司收购乙公司后，在原有的生产规模内同样享有先用权。

【参考答案】 B

（2）先用权。

《专利法》第75条第2项规定了先用权。第三人在专利申请日前已经制造相同产品、使用相同方法或者已经作好制造、使用的必要准备，并且仅在原有范围内继续制造、使用的，不构成侵犯专利权。

《侵犯专利权纠纷解释一》第15条：“被诉侵权人以非法获得的技术或者设计主张先用权抗辩的，人民法院不予支持。

有下列情形之一的，人民法院应当认定属于专利法第六十九条[1]第（二）项规定的已经作好制造、使用的必要准备：

（一）已经完成实施发明创造所必需的主要技术图纸或者工艺文件；

（二）已经制造或者购买实施发明创造所必需的主要设备或者原材料。

专利法第六十九条第（二）项规定的原有范围，包括专利申请日前已有的生产规模以及利用已有的生产设备或者根据已有的生产准备可以达到的生产规模。

先用权人在专利申请日后将其已经实施或作好实施必要准备的技术或设计转让或者许可他人实施，被诉侵权人主张该实施行为属于在原有范围内继续实施的，人民法院不予支持，但该技术或设计与原有企业一并转让或者承继的除外。”

[1] 这里指的是2008年修改的《专利法》，2020年《专利法》修改后，对应的是第75条。

【提醒】

本来一项发明创造在申请日前已经有人公开使用或者以其他方式向公众公开，那么该发明创造因为已经丧失了新颖性，申请人就不能获得专利权。但是，如果在申请日前不是公开使用，那么申请专利的发明创造的新颖性就不会受到影响，依然可以被授权。无论申请人是否被授予专利权，在他申请专利以前已经先使用该发明创造的人应当有权继续使用他的发明。因为他已经在实施他的发明创造，或者已经进行了必要的准备。换言之，即已经进行了工业投资，如果由于后人申请并获得了专利而被禁止实施，那是不公平的。

先用权并不是一种单独存在的权利，它只能作为反对专利侵权指控的一种抗辩。它的移转受到严格限制，只能随同企业或企业中享有先用权的那一部分一起移转。

47.【2010 年第 49 题】甲公司于 2007 年 5 月就一种新型电池提出了发明专利申请，该申请于 2008 年 12 月 4 日公布。乙公司于 2007 年 9 月自行研制了同样的电池，并于同年 10 月正式批量生产。2009 年 10 月 16 日，甲公司的申请被公告授予专利权，此时，乙公司仍保持原有的规模生产该种电池。下列说法哪些是正确的？

A. 乙公司的行为不视为侵犯甲公司的专利权

B. 甲公司可以就乙公司 2008 年 12 月 4 日至 2009 年 10 月 16 日之间的生产行为要求其支付适当的费用

C. 由于乙公司在甲公司的专利申请公布之前已进行了批量生产，故甲公司的专利权应当被宣告无效

D. 甲公司可以就乙公司在 2009 年 10 月 16 日后的生产行为向人民法院起诉

【解题思路】

乙公司研制出电池的时间在甲公司申请专利之后，不享有先用权，并无法破坏甲公司专利申请的新颖性。甲公司在专利申请公布后，享有临时保护，可以要求生产同样产品的乙公司支付费用。在专利授权之后，乙公司的行为构成专利侵权行为，甲公司有权提起诉讼。

【参考答案】BD

48.【2011 年第 76 题】下列关于先用权的说法哪些是正确的？

A. 在发明专利的申请日之后、公布之前已经制造相同产品的，享有先用权

B. 被诉侵权人以非法获得的技术主张先用权抗辩的，人民法院不予支持

C. 先用权人可以将其先用权单独转让

D. 先用权人可以将其先用权与原有企业一并转让

【解题思路】

先用权是要在申请日之前就开始制造相同产品。先用权不能单独转让，只能和原企业一同转让。构成先用权的技术必须是合法的。

【参考答案】BD

49.【2012 年第 89 题】下列关于先用权的说法哪些是正确的？

A. 只有合法获得的技术才能主张先用权抗辩

B. 先用权可以与原有企业一并转让或者继承

C. 先用权中的原有范围仅指专利申请日前已有的生产规模

D. 已经完成实施发明创造所必需的主要技术图纸属于已经作好制造、使用的必要准备

【解题思路】

非法获得的技术不适用先用权抗辩，先用权可以与企业一并转让。原有范围还包括利用已有的生产设备或者根据已有的生产准备可以达到的生产规模。主要技术图纸准备好属于做好制造和使用准备的情形。

【参考答案】 ABD

50.【2014 年第 79 题】在专利申请日前已经制造相同产品、使用相同方法或者已经作好制造、使用的必要准备，并且仅在原有范围内继续制造、使用的，不视为侵犯专利权。下列关于上述作好必要准备和原有范围的说法哪些是正确的？

A. 已经完成实施发明创造所必需的主要技术图纸属于专利法所规定的作好了制造、使用的必要准备

B. 已经购买实施发明创造所必需的主要设备属于专利法所规定的作好了制造、使用的必要准备

C. 原有范围包括专利申请日前已有的生产规模

D. 原有范围包括利用专利申请日前已有的生产设备可以达到的生产规模

【解题思路】

“先用权”的“先”强调的是在申请日之前就已经做好了准备，如绘制图纸，购买设备。先用权需要在原有的范围内使用，包括已有的规模和潜在能达到的规模。

【参考答案】 ABCD

（3）为临时过境外国运输工具自身需要而使用。

《专利法》第 75 条第 3 项规定了为临时过境外国交通工具自身需要而使用的行为。根据该项的规定，临时通过中国领陆、领水、领空的外国运输工具，依照其所属国同中国签订的协议或者共同参加的国际条约，或者依照互惠原则，为运输工具自身需要而在其装置和设备中使用有关专利的行为，不视为侵犯专利权。

【提醒】

规定交通工具的临时保护的原因是交通运输工具处于不断的运动过程中，对运输工具自身使用的专利技术要求保护，可能会限制交通工具进入某些地区，影响国际交通运输自由；同时，由于运输工具进入某些地域的时间非常短暂，对其使用的专利技术提供专利保护，在实际操作中也比较困难。

51.【2019 年第 47 题】下列哪些情形不视为侵犯专利权？

A. 某药厂为提供行政审批所需要的信息进口一批专利药品

B. 甲获得一项发明专利，乙在该专利申请日前已经实施与之相同的技术并在原有范围内继续实施

C. 某临时通过中国领空的美联航飞机上为其自身需要而使用有关专利

D. 某大学实验室使用有关专利进行科学研究以便对其加以改进

【解题思路】

A 选项涉及的情形属于 Bolar 例外，不构成侵权。B 选项中乙具有先用权，有权在原有范围内继续实施。C 选项属于交通工具的临时使用，为维护国际交通运输自由，此种行为不构成侵权。D 选项属于科研例外，成立的前提是针对技术本身进行改进，而不

是将该技术作为工具去开发其他的技术。

【参考答案】 ABCD

（4）为科学研究和实验而使用。

《专利法》第75条第4款规定了为科学研究和实验使用有关专利的行为。根据该款的规定，专为科学研究和实验而使用有关专利的，不视为侵犯专利权。

【提醒】

科技创新总是需要在原有的技术基础上进行，如果为科学研究和实验的目的而使用有关专利都需要征得专利权人的许可，则可能会妨碍他人进行研究开发，从而有悖于专利法的立法宗旨。本项所规定的科学研究和实验，是指专门针对专利技术本身进行的科学研究和实验，目的在于考察专利技术本身的技术特性或者技术效果或者对该专利技术本身做进一步的改进，而不是泛指一般的科学研究和实验；所说的使用有关专利，指为上述目的按照公布的专利文件，制造专利产品或者使用专利方法，对专利技术进行分析、考察，而不是利用专利技术作为手段进行其他的科学研究和实验项目。

52.【2014年第24题】某公司拥有一项3D打印机的专利权。下列哪个行为侵犯了该公司的专利权？

A．为了改进该打印机的性能，甲自行制造了一台该种3D打印机用于实验

B．乙未获得该公司的许可而在报纸上发布出售该种3D打印机的信息

C．丙从该公司购买了一台3D打印机，未经该公司同意，公开出售由该3D打印机打印出的产品

D．丁从该公司批发了一批3D打印机，并以高价出口到该公司未获得专利权的国家

【解题思路】

A选项属于为科学研究的目的使用，排除。B选项为许诺销售，侵犯专利权。C选项属于专利权用尽，排除。D选项中丁公司从专利权人处合法获得产品，且出口地没有专利保护，当然不构成侵权，排除。

【参考答案】 B

53.【2014年第59题】下列哪些未经专利权人许可的行为构成了侵犯专利权的行为？

A．某大学使用专利方法制造了扩音设备用于教学

B．某汽车制造厂将实用新型专利产品用作汽车内部零部件

C．某电视机厂将外观设计专利产品用作电视机内部不可见的零部件

D．某药厂为药品上市提供行政审批所需要的信息而制造了专利药品

【解题思路】

《专利法》中的“为科学研究使用”指的是研究专利技术本身，对其作出改进，而不是将专利方法作为一种工具去生产其他物品。实用新型的保护包括使用，外观设计的保护则不包括使用。考生也可以这么想，外观设计保护的是“外”观，也就是外面可以看到的，现在该零件在电视内部都看不见，也就谈不上“外”观了。D为Bolar例外，排除。

【参考答案】 AB

（5）药品和医疗器械的行政审批例外。

《专利法》第75条第5项规定了药品和医疗器械的行政审批例外（Bolar例外），这是《专利法》2008年第三次修改时增加的条款。根据本款的规定，为提供行政审批所需

要的信息，制造、使用、进口专利药品或者专利医疗器械的，以及专门为其制造、进口专利药品或者专利医疗器械的，不视为侵犯专利权。

【提醒】

Bolar 例外是最先在美国产生的一种专利制度，目的是克服药品和医疗器械上市审批制度在专利权期限届满之后对仿制药品和仿制医疗器械上市带来的迟延。在药品或者医疗器械专利权的保护期届满后，即使其他公司仿制该药品或者专利医疗器械，按照各国对药品和医疗器械上市审批制度，仍然必须提供其药品或者医疗器械的各种实验资料和数据，证明其产品符合安全性、有效性等要求才能获得上市许可。因此，如果只有在专利权保护期限届满之后才允许其他公司开始相关实验，以获取药品和医疗器械行政管理部门颁发上市许可所需的资料和数据，就会大大延迟仿制药品和医疗器械的上市时间；导致公众难以在专利权保护期届满后及时获得价格较为低廉的仿制药品和医疗器械。这在客观上起到了延长专利保护期限的效果。为解决这一问题，美国、加拿大、英国、澳大利亚等国均在其专利法中明确规定了 Bolar 例外，而且这一制度也被世贸组织的争端解决机构在对有关纠纷的裁决中认可，认为该例外没有违背 TRIPs 协定的规定。

作为公共健康问题比较突出的人口大国，我国在《专利法》中增加该例外，对解决我国的公共健康问题具有重要的意义。根据本款的规定，不仅药品生产者或者研发机构为提供行政审批所需要的信息而制造、使用、进口专利药品或者专利医疗器械，不视为侵犯专利权，而且他人专门为药品生产者或者研发机构提供行政审批所需要的信息而制造、进口专利药品或者专利医疗器械并将其提供给药品生产者或者研发机构的行为也不视为侵犯专利权。

此项例外实际上缩短了原创药公司的药品专利保护期限，对原研药公司显然是不利的。2020 年《专利法》修改时对新药上市审评审批占用的时间规定了期限补偿。对在中国获得上市许可的新药相关发明专利，经申请后可给予 5 年以下的补偿，新药批准上市后总有效专利权期限不超过 14 年。

54.【2010 年第 65 题】甲公司于 2006 年提交的“用于治疗心脏病药物的制备方法”的发明专利申请，2009 年被授予专利权。甲公司于 2010 年发现乙公司少量生产药品“心康”，即向人民法院起诉乙公司侵犯其专利权。乙公司证明存在下列哪些事实之一的，就足以认定其行为不构成侵权？

A.“心康”的生产方法与该专利方法相比缺少一个关键步骤

B.“心康”与该专利方法获得的产品不同

C. 乙公司生产“心康”是为了提供药品注册所需的信息

D. 乙公司自 2005 年起就以现有规模生产了药品“心康”

【解题思路】

甲公司的生产方法比专利方法缺少一个关键步骤，没有落入专利权利要求的范围，不构成侵犯专利权。甲公司的专利是一种方法，只要乙公司基于生产经营的目的使用了该方法，即构成侵犯专利权，即使获得的产品不同。乙公司生产“新康”是为了提供药品注册所需信息，则构成 Bolar 例外，不视为侵犯专利权。乙公司从 2005 年就开始以现有规模生产“新康”，在甲公司申请专利之前，享有先用权。

【参考答案】 ACD

55.【2015 年第 92 题】甲公司拥有一项新型药物的专利权。未经甲公司许可，下列哪些行为侵犯了甲公司的专利权？

A. 乙公司通过电子邮件向某医院发出销售该新型药物的介绍信息

B. 李某在专业期刊上发表文章对该新型药物的性能作了全面介绍

C. 某医院为尽快治疗好患者，自行配置并使用了该新型药物

D. 丙公司为提供行政审批所需要的信息，自行制造了该新型药物

【解题思路】

乙公司的行为属于许诺销售，构成侵权。医院虽然性质上属于非营利性的事业单位，但其自行配置药物并使用的行为依然构成侵权。在专业期刊上介绍药物的性能，带有为甲公司药物打广告的意思，并且李某也不是在为自己做销售广告，故不构成侵权。丙公司为提供行政审批所需要的信息，自行制造了该新型药物，属于 Bolar 例外，不构成侵权。

【参考答案】 AC

（三）实施现有技术或者现有设计的行为不构成专利侵权

《专利法》第 67 条：“在专利侵权纠纷中，被控侵权人有证据证明其实施的技术或者设计属于现有技术或者现有设计的，不构成侵犯专利权。”

【提醒】

《专利法》2008 年修改前，在专利侵权案件中，被控侵权人如果要证明自己的行为不是侵权行为，途径之一是向专利复审和无效部门提出专利无效宣告申请；在专利复审和无效部门宣告专利无效后，处理专利侵权的部门可以认定被控侵权人的行为不构成侵犯专利权。这一过程往往程序复杂，耗时长。为防止当事人恶意利用已经公知的现有技术申请专利，阻碍技术实施，帮助现有技术实施人及时从专利侵权纠纷中摆脱出来，《专利法》2008 年修改时增加了关于现有技术抗辩的规定。

56.【2011 年第 56 题】专利权人王某发现李某未经许可而实施其专利，遂向人民法院起诉。李某以其实施的技术方案属于现有技术因而该专利权应当无效为由进行抗辩，并提供了充足的证据。下列说法哪些是正确的？

A. 人民法院应当就该专利权是否有效进行审理

B. 人民法院应当中止诉讼，告知李某向专利复审委员会请求宣告该专利权无效

C. 人民法院认定李某实施的技术方案为现有技术的，可以直接判决李某不侵权

D. 人民法院认定李某实施的技术方案为现有技术的，可以直接宣告该专利权无效

【解题思路】

在现有技术抗辩中，法院能作出的判决是不构成侵权而不是专利无效。有权对专利权是否有效进行审查的是专利复审和无效部门而不是法院。《专利法》规定了现有技术抗辩后，法院就“可以”不停止诉讼直接判断是否构成侵权。B 中的表述是“应当”

中止诉讼，让李某去启动专利无效宣告程序，错误。

【参考答案】 C

57.【2016年第94题】甲拥有一项X产品实用新型专利权，其向法院起诉乙制造的产品侵犯自己的专利权，以下哪些可以作为乙不侵权抗辩的理由？

A．乙用于制造X产品的设备是以合理价格从他人手中购买的

B．乙在甲申请专利之前自行完成了研发并开始制造X产品

C．乙就其所制造的产品拥有自己的专利权

D．乙有证据表明其生产的X产品属于现有技术

【解题思路】

制造产品的设备来源合法可以免除赔偿责任，根据《侵犯专利权纠纷解释二》第25条，符合条件的还可以免除停止侵权的责任，但这并不意味着不构成侵权。毕竟，免除责任的前提是构成侵权。在专利申请之前完成研发属于在先使用抗辩，D选项则属于现有技术抗辩。

【参考答案】 BD

《侵犯专利权纠纷解释一》第14条："被诉落入专利权保护范围的全部技术特征，与一项现有技术方案中的相应技术特征相同或者无实质性差异的，人民法院应当认定被诉侵权人实施的技术属于专利法第六十二条[1]规定的现有技术。

被诉侵权设计与一个现有设计相同或者无实质性差异的，人民法院应当认定被诉侵权人实施的设计属于专利法第六十二条规定的现有设计。"

58.【2013年第95题】甲向人民法院起诉乙侵犯其于2008年10月1日申请并于2010年10月10日被授权的产品发明专利权。该专利的权利要求包括特征L、M、N，乙实施的技术包含特征L、M、N、O。乙证明存在下列哪些事实之一，就足以认定其不侵犯甲的专利权？

A．乙实施的技术已经记载在2008年8月30日公布的丙的发明专利申请中

B．乙实施的技术已经记载在2008年3月1日申请、2008年10月16日公告授权的丙的实用新型专利申请中

C．含有特征L、M、O的技术方案已经记载在2007年1月10日公告授权的丙的专利中，含有特征L、N、O的技术方案已经记载在2008年3月10日公告授权的丙的专利中

D．乙实施的技术已经在2008年3月1日出版的某科技期刊上刊载

【解题思路】

A、D选项为现有技术抗辩，现有技术中不包括抵触申请，B选项的抗辩不能成立。C选项中的两份专利都没有单独记载L、M、N这3个技术特征，在现有技术抗辩时，不能将两份文件结合起来考虑。

【参考答案】 AD

59.【2018年第90题】关于现有技术抗辩，以下说法错误的是：

A．用于不侵权抗辩的现有技术，必须是可以自由使用的现有技术，不包括仍在有效保护期内的专利技术

B．可以使用抵触申请作为不侵权抗辩

[1] 这里指的是2008年修改后的《专利法》，2020年《专利法》修改后，对应的是第67条。

的现有技术

C．仅当被控侵权物的全部技术特征与一份现有技术方案的相应技术特征完全相同时，才可以认为不侵权抗辩成立

D．如果被控侵权人主张被控侵权物相对于两份现有技术的结合显而易见，则该抗辩理由不成立

【解题思路】

他人仍在保护期内的专利技术，同样是现有技术。如果被告用某甲的专利技术来做现有技术抗辩，之后某甲是否会去起诉该被告侵犯专利权，那是另外的问题。抵触申请不属于现有技术。现有技术抗辩只能拿一份对比文件中的一个技术方案来进行比较，双方除技术方案相同外，还包括无实质性差异。

【参考答案】 ABC

（四）药品专利纠纷早期解决机制

《专利法》第76条："药品上市审评审批过程中，药品上市许可申请人与有关专利权人或者利害关系人，因申请注册的药品相关的专利权产生纠纷的，相关当事人可以向人民法院起诉，请求就申请注册的药品相关技术方案是否落入他人药品专利权保护范围作出判决。国务院药品监督管理部门在规定的期限内，可以根据人民法院生效裁判作出是否暂停批准相关药品上市的决定。

药品上市许可申请人与有关专利权人或者利害关系人也可以就申请注册的药品相关的专利权纠纷，向国务院专利行政部门请求行政裁决。

国务院药品监督管理部门会同国务院专利行政部门制定药品上市许可审批与药品上市许可申请阶段专利权纠纷解决的具体衔接办法，报国务院同意后实施。"

【提醒】

本条是《专利法》2020年修改时新增加的条文。药品专利纠纷早期解决机制涉及药品专利权人和仿制药申请人利益平衡，《专利法》中仅作出了原则性规定，具体内容通过另行立法规定。2020年9月11日，国家药品监督管理局、国家知识产权局发布了《药品专利纠纷早期解决机制实施办法（试行）（征求意见稿）》，向社会征求意见。

二、救济方法

《专利法》第65条："未经专利权人许可，实施其专利，即侵犯其专利权，引起纠纷的，由当事人协商解决；不愿协商或者协商不成的，专利权人或者利害关系人可以向人民法院起诉，也可以请求管理专利工作的部门处理。管理专利工作的部门处理时，认定侵权行为成立的，可以责令侵权人立即停止侵权行为，当事人不服的，可以自收到处理通知之日起十五日内依照中华人民共和国行政诉讼法向人民法院起诉；侵权人期满不起诉又不停止侵权行为的，管理专利工作的部门可以申请人民法院强制执行。进行处理的管理专利工作的部门应当事人的请求，可以就侵犯专利权的赔偿数额进行调解；调解不成的，当事人可以依照中华人民共和国民事诉讼法向人民法院起诉。"

60.【2015年第93题】甲未经专利权人乙的许可而实施了其专利，引起了专利侵权纠纷。乙可以通过下列哪些途径解决该纠纷？

A．与甲协商解决

B．直接向人民法院提起诉讼

C. 请求地方人民政府管理专利工作的部门处理

D. 请求国务院专利行政部门处理

【解题思路】

在我国，解决民事侵权的基本方式有三种，双方协商解决，请求行政部门处理和向法院提起诉讼。需要注意的是，解决行政纠纷的是地方知识产权局而不是国家知识产权局。毕竟国家知识产权局只有一个，没有能力处理大量的纠纷。如果当事人对地方知识产权局的处理不服的，可以向法院提起行政诉讼。

【参考答案】 ABC

（一）协商

专利权是一种民事财产权，侵犯专利权纠纷是一种民事纠纷，可以由当事人来协商解决，并不一定需要通过公力救济途径解决。

（二）请求管理专利工作的部门调解和处理

1. 处理

我国在建立专利制度的时候，考虑到当时知识产权审判力量比较薄弱，大量的专利侵权案件全部由法院处理有一定困难；专利侵权行为需要一定的技术背景，由专利管理机关处理比较合适；行政处理可以迅速解决一些简单的专利侵权案件，使当事人免予诉累。因此，专利法在我国建立了专利行政保护和司法保护的双重体系，即所谓中国特色的“双轨制”。

（1）处理的事项。

《专利行政执法办法》第2条：“管理专利工作的部门开展专利行政执法，即处理专利侵权纠纷、调解专利纠纷以及查处假冒专利行为，适用本办法。”

（2）请求处理的条件。

《专利行政执法办法》第10条：“请求管理专利工作的部门处理专利侵权纠纷的，应当符合下列条件：

（一）请求人是专利权人或者利害关系人；

（二）有明确的被请求人；

（三）有明确的请求事项和具体事实、理由；

（四）属于受案管理专利工作的部门的受案和管辖范围；

（五）当事人没有就该专利侵权纠纷向人民法院起诉。

第一项所称利害关系人包括专利实施许可合同的被许可人、专利权人的合法继承人。专利实施许可合同的被许可人中，独占实施许可合同的被许可人可以单独提出请求；排他实施许可合同的被许可人在专利权人不请求的情况下，可以单独提出请求；除合同另有约定外，普通实施许可合同的被许可人不能单独提出请求。”

61.【2012年第75题】下列关于专利实施许可的说法哪些是正确的？

A. 专利实施许可合同应当自合同生效之日起3个月内向国务院专利行政部门备案

B. 专利实施许可合同的被许可人可以不经专利权人同意在产品的包装上标注专利标识

C. 独占实施许可合同的被许可人可以单独向人民法院提出诉前责令被申请人停止侵犯专利权行为的申请

D. 普通实施许可合同的被许可人在专利权人不请求的情况下，可以单独请求管理

专利工作的部门处理专利侵权纠纷

【解题思路】

专利许可合同需要备案，专利被许可人标注专利标识需要获得专利权人同意。独占许可的被许可人实际上是唯一使用专利技术的人，它应当能获得单独提起诉前行为保全的权利，普通许可的被许可人则需要获得专利权人的授权才能采取维权行动。

【参考答案】 AC

《专利行政执法办法》第 21 条："管理专利工作的部门处理专利侵权纠纷，应当自立案之日起 3 个月内结案。案件特别复杂需要延长期限的，应当由管理专利工作的部门负责人批准。经批准延长的期限，最多不超过 1 个月。

案件处理过程中的公告、鉴定、中止等时间不计入前款所述案件办理期限。"

62.【2014 年第 69 题】下列关于专利行政执法的说法哪些是正确的？

A. 管理专利工作的部门可以委托有实际处理能力的市、县级人民政府设立的专利管理部门查处假冒专利行为、调解专利纠纷

B. 专利权人已就专利侵权纠纷向人民法院起诉的，不能再请求管理专利工作的部门处理该纠纷

C. 符合立案规定的，管理专利工作的部门应当在收到请求书之日起 5 个工作日内立案并通知请求人，同时指定 2 名或者 2 名以上承办人员处理该专利侵权纠纷

D. 管理专利工作的部门处理专利侵权纠纷，应当自立案之日起 4 个月内结案，经管理专利工作的部门负责人批准，延长的期限最多不超过 2 个月

【解题思路】

随着国家知识产权局成为国家市场监督管理总局的下属单位，各省市的地方知识产权局除北京市知识产权局外，都并入市场监督管理局，同时加挂知识产权局的牌子。2020 年《专利法》修改后，假冒专利行为由"负责专利执法的部门"负责，这里指的是市场监督管理局的综合执法大队。专利民事纠纷则由"管理专利工作的部门"处理，这里指的是地方知识产权局。严格地说，A 选项已经不再正确。当事人如果已经向法院起诉，那就排除了行政管辖。处理专利侵权纠纷的承办人应当是 3 人以上的单数。延长的期限最多不超过 1 个月。

【参考答案】 B

（3）处理的管辖。

《专利法实施细则》第 81 条："当事人请求处理专利侵权纠纷或者调解专利纠纷的，由被请求人所在地或者侵权行为地的管理专利工作的部门管辖。

两个以上管理专利工作的部门都有管辖权的专利纠纷，当事人可以向其中一个管理专利工作的部门提出请求；当事人向两个以上有管辖权的管理专利工作的部门提出请求的，由最先受理的管理专利工作的部门管辖。

管理专利工作的部门对管辖权发生争议的，由其共同的上级人民政府管理专利工作的部门指定管辖；无共同上级人民政府管理专利工作的部门的，由国务院专利行政部门指定管辖。"

63.【2011 年第 14 题】下列说法哪些是正确的？

A. 当事人请求管理专利工作的部门处

理专利侵权纠纷的，由被请求人所在地或者侵权行为地的管理专利工作的部门管辖

B．两个以上管理专利工作的部门都有管辖权的专利侵权纠纷，当事人可以向其中一个管理专利工作的部门提出请求

C．当事人向两个以上有管辖权的管理专利工作的部门提出处理专利侵权纠纷请求的，由最先受理的管理专利工作的部门管辖

D．管理专利工作的部门对处理专利侵权纠纷的管辖权发生争议的，如无共同上级人民政府管理专利工作的部门，则由国务院专利行政部门管辖

【解题思路】

行政部门的管辖和法院的管辖本质上是一致的，A、B、C选项选择。如发生管辖权争议，没有共同上级部门的，由国家知识产权局指定管辖而不是由国家知识产权局自己来管辖，D选项错误。

【参考答案】 ABC

64.【2016年第90题】北京市的甲公司拥有一项发明专利权，深圳市的乙公司未经甲公司的许可，制造了该专利产品，并在上海市进行公开销售，以下说法正确的是？

A．甲公司可以请求北京市知识产权局进行处理

B．甲公司可以请求深圳市知识产权局进行处理

C．甲公司可以请求上海市知识产权局进行处理

D．甲公司可以请求国家知识产权局进行处理

【解题思路】

深圳为侵权人所在地，上海为侵权行为地，这两地的知识产权局都有管辖权。另外，专利权的行政保护由地方知识产权局处理，国家知识产权局一般不直接进行行政执法。

【参考答案】 BC

《专利法实施细则》第79条：“专利法和本细则所称管理专利工作的部门，是指由省、自治区、直辖市人民政府以及专利管理工作量大又有实际处理能力的设区的市人民政府设立的管理专利工作的部门。”

《专利行政执法办法》第5条：“对有重大影响的专利侵权纠纷案件、假冒专利案件，国家知识产权局在必要时可以组织有关管理专利工作的部门处理、查处。

对于行为发生地涉及两个以上省、自治区、直辖市的重大案件，有关省、自治区、直辖市管理专利工作的部门可以报请国家知识产权局协调处理或者查处。

管理专利工作的部门开展专利行政执法遇到疑难问题的，国家知识产权局应当给予必要的指导和支持。”

《专利行政执法办法》第6条：“管理专利工作的部门可以依据本地实际，委托有实际处理能力的市、县级人民政府设立的专利管理部门查处假冒专利行为、调解专利纠纷。

委托方应当对受托方查处假冒专利和调解专利纠纷的行为进行监督和指导，并承担法律责任。”

65.【2009年第86题】专利权人可以通过下列哪些方式解决专利侵权纠纷？

A．与侵权人协商

B．请求侵权人所在地的省级人民政府管理专利工作的部门处理

C．请求侵权人所在地的县工商行政管

理部门处罚

D. 向侵权人所在地的县人民法院提起民事诉讼

【解题思路】

民事纠纷当事人可以进行协商。专利案件比较复杂，一般来说，只有中级以上法院才有管辖权，基层法院只有最高人民法院指定的才拥有管辖权。有权处理专利侵权纠纷的应当是专利行政管理部门，且应该是设区的市以上，C 项为县级，且是工商行政管理部门，无权解决专利纠纷。

【参考答案】 AB

（4）处理请求的提出。

《专利行政执法办法》第 10 条："请求管理专利工作的部门处理专利侵权纠纷的，应当符合下列条件：

（一）请求人是专利权人或者利害关系人；

（二）有明确的被请求人；

（三）有明确的请求事项和具体事实、理由；

（四）属于受案管理专利工作的部门的受案和管辖范围；

（五）当事人没有就该专利侵权纠纷向人民法院起诉。

第一项所称利害关系人包括专利实施许可合同的被许可人、专利权人的合法继承人。专利实施许可合同的被许可人中，独占实施许可合同的被许可人可以单独提出请求；排他实施许可合同的被许可人在专利权人不请求的情况下，可以单独提出请求；除合同另有约定外，普通实施许可合同的被许可人不能单独提出请求。"

（5）处理的程序。

《专利行政执法办法》第 13 条："请求符合本办法第十条规定条件的，管理专利工作的部门应当在收到请求书之日起 5 个工作日内立案并通知请求人，同时指定 3 名或者 3 名以上单数执法人员处理该专利侵权纠纷；请求不符合本办法第十条规定条件的，管理专利工作的部门应当在收到请求书之日起 5 个工作日内通知请求人不予受理，并说明理由。"

（6）处理的措施。

《专利法》第 69 条第 1~2 款："负责专利执法的部门根据已经取得的证据，对涉嫌假冒专利行为进行查处时，有权采取下列措施：

（一）询问有关当事人，调查与涉嫌违法行为有关的情况；

（二）对当事人涉嫌违法行为的场所实施现场检查；

（三）查阅、复制与涉嫌违法行为有关的合同、发票、账簿以及其他有关资料；

（四）检查与涉嫌违法行为有关的产品；

（五）对有证据证明是假冒专利的产品，可以查封或者扣押。

管理专利工作的部门应专利权人或者利害关系人的请求处理专利侵权纠纷时，可以采取前款第（一）项、第（二）项、第（四）项所列措施。"

66.【2012 年第 57 题】下列关于管理专利工作的部门处理专利侵权纠纷的说法哪些是正确的？

A. 管理专利工作的部门应当在收到请求书之日起 5 个工作日内立案并通知请求人

B．管理专利工作的部门应当指定3名或者3名以上单数承办人员处理专利侵权纠纷

C．管理专利工作的部门处理专利侵权纠纷案件时，可以根据当事人的意愿进行调解

D．管理专利工作的部门处理专利侵权纠纷，应当自立案之日起6个月内结案

【解题思路】

专利行政执法中，立案时间是5个工作日内，承办人员为3人以上的单数。民事纠纷意思自治，当事人同意的，执法机关自然可以调解。行政部门处理纠纷的期限是3个月而不是6个月。考生可以这样理解，民事诉讼一审普通程序是6个月，行政程序的效率应当高于司法程序，故期限应当小于6个月。

【参考答案】 ABC

《专利行政执法办法》第15条："管理专利工作的部门处理专利侵权纠纷案件时，可以根据当事人的意愿进行调解。双方当事人达成一致的，由管理专利工作的部门制作调解协议书，加盖其公章，并由双方当事人签名或者盖章。调解不成的，应当及时作出处理决定。"

（7）处理的合并。

《专利法》第70条："国务院专利行政部门可以应专利权人或者利害关系人的请求处理在全国有重大影响的专利侵权纠纷。

地方人民政府管理专利工作的部门应专利权人或者利害关系人请求处理专利侵权纠纷，对在本行政区域内侵犯其同一专利权的案件可以合并处理；对跨区域侵犯其同一专利权的案件可以请求上级地方人民政府管理专利工作的部门处理。"

（8）处理的口头审理。

《专利行政执法办法》第16条："管理专利工作的部门处理专利侵权纠纷，可以根据案情需要决定是否进行口头审理。管理专利工作的部门决定进行口头审理的，应当至少在口头审理3个工作日前将口头审理的时间、地点通知当事人。当事人无正当理由拒不参加的，或者未经允许中途退出的，对请求人按撤回请求处理，对被请求人按缺席处理。"

（9）处理决定的执行。

《专利行政执法办法》第19条："除达成调解协议或者请求人撤回请求之外，管理专利工作的部门处理专利侵权纠纷应当制作处理决定书，写明以下内容：

（一）当事人的姓名或者名称、地址；

（二）当事人陈述的事实和理由；

（三）认定侵权行为是否成立的理由和依据；

（四）处理决定认定侵权行为成立并需要责令侵权人立即停止侵权行为的，应当明确写明责令被请求人立即停止的侵权行为的类型、对象和范围；认定侵权行为不成立的，应当驳回请求人的请求；

（五）不服处理决定提起行政诉讼的途径和期限。

处理决定书应当加盖管理专利工作的部门的公章。"

（10）对处理决定不服的法律救济途径。

根据《专利法》第65条，当事人对管理专利工作的部门的处理决定不服的，可以自收到处理通知之日起15日内依照《行政诉讼法》向人民法院起诉；侵权人期满不起诉又不停止侵权行为的，管理专利工作的部

门可以申请人民法院强制执行。

67.【2006年第6题】王某侵犯刘某的专利权，刘某于2005年3月14日请求管理专利工作的部门进行处理。2005年5月16日管理专利工作的部门做出责令王某立即停止侵权行为的决定，王某于2005年5月23日收到该处理通知。如果王某对该处理决定不服，他最迟可以在哪日向人民法院起诉？

A．2005年5月31日

B．2005年6月7日

C．2005年8月23日

D．2007年3月14日

【解题思路】

王某于2005年5月23日收到处理通知，应在15日内起诉，即2005年6月7日之前。《行政诉讼法》中规定，直接提起行政诉讼的，起诉期限是自知道或者应当知道作出行政行为之日起六个月内。不过《专利法》中有特别的规定，因此根据“特别法优于一般法”的原则，适用《专利法》中的15日。

【参考答案】 B

2.赔偿数额的调解

根据《专利法》第65条的规定，进行处理的管理专利工作的部门应当事人的请求，可以就侵犯专利权的赔偿数额进行调解；调解不成的，当事人可以依照《民事诉讼法》向人民法院起诉。

《专利行政执法办法》第22条："请求管理专利工作的部门调解专利纠纷的，应当提交请求书。

请求书应当记载以下内容：

（一）请求人的姓名或者名称、地址，法定代表人或者主要负责人的姓名、职务，委托代理人的，代理人的姓名和代理机构的名称、地址；

（二）被请求人的姓名或者名称、地址；

（三）请求调解的具体事项和理由。

单独请求调解侵犯专利权赔偿数额的，应当提交有关管理专利工作的部门作出的认定侵权行为成立的处理决定书副本。”

68.【2008年第96题】甲公司就乙公司侵犯其专利权的行为请求某省知识产权局处理，下列哪些说法是正确的？

A．该知识产权局认定乙公司的行为构成侵权，可以责令乙公司立即停止侵权行为

B．该知识产权局在认定乙公司的行为构成侵权后，应当主动就侵权的赔偿数额进行调解，如调解不成，甲公司和乙公司可以向人民法院起诉

C．如果乙公司向专利复审委员会提出了宣告甲公司专利无效的请求，且该请求被专利复审委员会受理，则该知识产权局依乙公司的请求可以中止侵权案件的处理

D．乙公司在收到该知识产权局作出的责令其立即停止侵权行为的处理通知后，15日内未起诉，也未停止侵权行为，该知识产权局可以申请人民法院强制执行

【解题思路】

地方管理专利工作的部门有权要求被控侵权人停止侵权。地方管理专利工作的部门的赔偿数额调解因当事人的请求而启动。专利权是否有效对决定是否构成侵犯专利权有着决定性影响，故如专利复审和无效部门受理了无效宣告请求，管理专利工作的部门应被控侵权人的请求可以中止处理。处理决定作出后，如果当事人在15日内不请求司法救济，也不停止侵权，则该行政处理决定可

以强制执行。

【参考答案】 ACD

3. 调查取证

《专利行政执法办法》第 37 条："在专利侵权纠纷处理过程中，当事人因客观原因不能自行收集部分证据的，可以书面请求管理专利工作的部门调查取证。管理专利工作的部门根据情况决定是否调查收集有关证据。

在处理专利侵权纠纷、查处假冒专利行为过程中，管理专利工作的部门可以根据需要依职权调查收集有关证据。

执法人员调查收集有关证据时，应当向当事人或者有关人员出示其行政执法证件。当事人和有关人员应当协助、配合，如实反映情况，不得拒绝、阻挠。"

（1）证据收集。

《专利行政执法办法》第 38 条："管理专利工作的部门调查收集证据可以查阅、复制与案件有关的合同、账册等有关文件；询问当事人和证人；采用测量、拍照、摄像等方式进行现场勘验。涉嫌侵犯制造方法专利权的，管理专利工作的部门可以要求被调查人进行现场演示。

管理专利工作的部门调查收集证据应当制作笔录。笔录应当由执法人员、被调查的单位或者个人签名或者盖章。被调查的单位或者个人拒绝签名或者盖章的，由执法人员在笔录上注明。"

（2）抽样取证。

《专利行政执法办法》第 39 条："管理专利工作的部门调查收集证据可以采取抽样取证的方式。

涉及产品专利的，可以从涉嫌侵权的产品中抽取一部分作为样品；涉及方法专利的，可以从涉嫌依照该方法直接获得的产品中抽取一部分作为样品。被抽取样品的数量应当以能够证明事实为限。

管理专利工作的部门进行抽样取证应当制作笔录和清单，写明被抽取样品的名称、特征、数量以及保存地点，由执法人员、被调查的单位或者个人签字或者盖章。被调查的单位或者个人拒绝签名或者盖章的，由执法人员在笔录上注明。清单应当交被调查人一份。"

（3）证据的登记保存。

《专利行政执法办法》第 40 条："在证据可能灭失或者以后难以取得，又无法进行抽样取证的情况下，管理专利工作的部门可以进行登记保存，并在 7 日内作出决定。

经登记保存的证据，被调查的单位或者个人不得销毁或者转移。

管理专利工作的部门进行登记保存应当制作笔录和清单，写明被登记保存证据的名称、特征、数量以及保存地点，由执法人员、被调查的单位或者个人签名或者盖章。被调查的单位或者个人拒绝签名或者盖章的，由执法人员在笔录上注明。清单应当交被调查人一份。"

69.【2006 年第 86 题】管理专利工作的部门在处理专利纠纷的过程中，可以采取以下哪些方式调查取证？

A. 扣押涉嫌产品

B. 查阅有关账册

C. 抽样取证

D. 登记保存

【解题思路】

B、C、D 选项是《专利行政执法办法》中明确规定了权限，不过，《专利法》2020 年修改后，并未赋予管理专利工作的部门查阅账册的权利。根据上位法优于下位法的原则，B选项不选为宜。A选项则在《专利行政执法办法》和上位法《专利法》中都没有规定。扣押涉嫌侵权产品对被控侵权人的利益影响巨大，一般情况下不应当赋予行政机关如此巨大的权利。另外，如果管理专利工作的部门有权扣押涉嫌产品，那也就没有必要再规定抽样取证。综上，A选项不应该选择。

【参考答案】 CD

（三）诉讼

1. 诉讼时效

《专利法》第74条："侵犯专利权的诉讼时效为三年，自专利权人或者利害关系人知道或者应当知道侵权行为以及侵权人之日起计算。

发明专利申请公布后至专利权授予前使用该发明未支付适当使用费的，专利权人要求支付使用费的诉讼时效为三年，自专利权人知道或者应当知道他人使用其发明之日起计算，但是，专利权人于专利权授予之日前即已得知或者应当得知的，自专利权授予之日起计算。"

70.【2008年第65题】甲公司提出发明专利申请后将含有该发明的产品投放市场。乙公司看到该产品后于2004年12月8日开始持续制造和销售同样的产品。2006年1月13日，国家知识产权局对甲公司的专利申请予以公布。甲公司于2007年1月5日得知乙公司的行为。2008年6月5日甲公司的申请被公告授予专利权。下列哪些说法是正确的？

A. 甲公司可以于2007年1月5日要求乙公司就其2006年1月13日～2007年1月5日使用甲公司发明的行为支付使用费

B. 乙公司在2006年1月13日前制造和销售该产品的行为不属于侵犯专利权的行为

C. 乙公司在2008年6月5日后制造和销售该产品的行为属于侵犯专利权的行为

D. 甲公司对乙公司在2008年6月5日前制造和销售该产品的行为起诉的，应当在2009年1月5日前提出

【解题思路】

根据临时保护制度，甲公司在发明专利公布后，可以要求实施其发明的乙公司支付费用。在专利授权之前，自然不存在专利侵权行为，专利授权之后才构成侵权。专利权人从授权日之前就得知他人使用该发明未支付费用的，诉讼时效从授权之日起计算。

【参考答案】 ABC

71.【2016年第25题】甲于2011年2月1日提交了一项涉及产品X的发明专利申请，该申请于2012年8月1日被公布，并于2014年5月1日获得授权；乙在2013年1月开始制造销售上述产品X，由于销路不佳，在2014年3月30日停止制造销售行为；丙在2011年4月自行研发了相同产品，并一直进行制造销售。下列说法哪个是正确的？

A. 由于乙制造销售产品X的期间在甲专利授权之前，因此无需向甲支付费用

B. 虽然丙是在专利申请公布前独自完成的发明，但也需向甲支付费用

C. 如果甲在2014年2月1日知道了乙的制造行为，其有权要求乙立即停止制造销售行为

D. 如果甲在2014年2月1日知道了

丙的制造行为，其诉讼时效为自2014年2月1日起两年

【解题思路】

如果乙制造销售产品的期间在甲的专利申请日之前，就不需要支付费用。不过乙是在申请日之后，授权日之前制造该产品，需要支付费用。丙虽然是自己独自完成的发明，但在甲的申请日之后，也需要支付费用。甲如果在2014年2月1日知道乙的制造行为，由于专利尚未获得授权，不能要求乙停止制造。此时，诉讼时效为专利获得授权之日起算。另外，2020年《专利法》修改后，明确规定专利侵权的诉讼时效变为3年。

【参考答案】 B

72.【2017年第39题】发明专利申请公布后至专利权授予前他人使用该发明不支付适当费用的，在专利权授予后，专利权人可以起诉。关于诉讼时效，下列哪些说法是错误的？

A. 如果在授权前专利权人已经得知或者应当得知他人使用该发明，诉讼时效从授权之日起计算

B. 诉讼时效从专利权人得知或应当得知他人使用该发明之日起计算

C. 专利权人要求支付使用费的诉讼时效是1年

D. 诉讼时效从他人使用该发明之日起计算

【解题思路】

诉讼时效原则上应当是从权利人知道他人使用该发明之日起算，不过如果此时专利还没有授权，那权利人实际上没办法提起诉讼。如果诉讼时效是从知道侵权之日起算，那可能到授权之日已经过了诉讼时效，显然对专利权人不利。为此，如果授权前专利权人已经知晓侵权行为，则诉讼时效从授权之日起算。专利权人要求支付使用费的诉讼时效和普通诉讼时效相同，2020年《专利法》修改后，明确规定诉讼时效为3年。

【参考答案】 CD

2. 诉前证据保全

（1）申请诉前证据保全的主体。

根据《专利法》第73条，有权申请诉前证据保全的是专利权人和利害关系人。

《知识产权纠纷行为保全规定》第2条：“知识产权纠纷的当事人在判决、裁定或者仲裁裁决生效前，依据民事诉讼法第一百条、第一百零一条规定申请行为保全的，人民法院应当受理。

知识产权许可合同的被许可人申请诉前责令停止侵害知识产权行为的，独占许可合同的被许可人可以单独向人民法院提出申请；排他许可合同的被许可人在权利人不申请的情况下，可以单独提出申请；普通许可合同的被许可人经权利人明确授权以自己的名义起诉的，可以单独提出申请。”

73.【2018年第92题】专利权人发现侵犯其专利权的行为时，可以采取如下措施：

A. 向人民法院起诉

B. 请求管理专利工作的部门处理

C. 向人民法院申请采取责令停止有关行为的措施

D. 向人民法院申请保全证据

【解题思路】

专利权侵权纠纷属于民事纠纷，其解

决途径包括双方协商、请求地方知识产权局处理以及向人民法院起诉。在诉讼中，申请人可以申请诉前行为保全及诉前证据保全。

【参考答案】 ABCD

（2）诉前证据保全申请的提出。

《民事诉讼法》第 81 条第 2 款："因情况紧急，在证据可能灭失或者以后难以取得的情况下，利害关系人可以在提起诉讼或者申请仲裁前向证据所在地、被申请人住所地或者对案件有管辖权的人民法院申请保全证据。"

（3）人民法院作出裁定的期限。

《民事诉讼法》第 81 条第 3 款："证据保全的其他程序，参照适用本法第九章保全的有关规定。"

《民事诉讼法》第 101 条第 2 款："人民法院接受申请后，必须在四十八小时内作出裁定；裁定采取保全措施的，应当立即开始执行。"

（4）诉前证据保全的解除。

《民事诉讼法》第 101 条第 3 款："申请人在人民法院采取保全措施后三十日内不依法提起诉讼或者申请仲裁的，人民法院应当解除保全。"

（5）诉前证据保全的执行。

根据《民事诉讼法》第 101 条第 2 款的规定，裁定采取保全措施的，应当立即执行。

74.【2014 年第 8 题】下列关于诉前证据保全的说法哪个是正确的？

A. 专利权人可以在对侵权行为请求处理前向管理专利工作的部门申请保全证据

B. 申请人在起诉前申请保全证据的，必须提供担保

C. 人民法院应当自接受诉前证据保全申请之时起四十八小时内作出裁定；有特殊情况需要延长的，可以延长四十八小时

D. 申请人自人民法院采取保全措施之日起十五日内不起诉的，人民法院应当解除该措施

【解题思路】

诉前证据保全属于司法程序，应当向法院而不是地方知识产权局提出。证据不是财产，不一定具有较高的经济价值，故未必要提供担保。证据保全属于紧急事项，法院作出保全裁定的期限不能延长。《专利法》中原来规定的起诉期限是法院采取保全措施之后的 15 日内，2020 年修改后，改为依照《民事诉讼法》的规定，故现在为 30 日。

【参考答案】 无

75.【2016 年第 91 题】甲公司发现乙公司未经其许可，制造销售了甲公司拥有实用新型专利权的某产品，向法院提起侵权诉讼；乙公司在被诉后向专利复审委员会提起针对甲公司上述专利权的无效宣告请求；专利复审委员会经过审理，作出宣告甲公司上述实用新型专利权全部无效的审查决定；甲公司不服该决定，向法院提起行政诉讼要求撤销该审查决定。下列说法哪些是正确的？

A. 甲公司提起侵权诉讼时，法院可以要求其提交专利权评价报告

B. 甲公司在侵权起诉前可以请求当地管理专利工作的部门采取证据保全措施

C. 根据专利复审委员会作出的无效宣告审查决定，法院可以裁定驳回甲公司的侵权起诉，无须等待针对上述审查决定的行政诉讼结果

D. 甲公司提起行政诉讼后，乙公司作

为第三人参加诉讼

【解题思路】

实用新型专利未经过实质审查，权利基础不稳定，故法院可以要求权利人提交专利权评价报告。证据保全措施是向法院而不是地方知识产权局申请。专利复审和无效部门在行政一审中的胜诉率在80%以上，也就是说，专利复审和无效部门的决定在大部分情况下都会被法院维持。如果一定要等到无效案件行政诉讼程序结束再继续民事诉讼的审理，那不利于民事纠纷的及时解决。在专利行政诉讼中，被告是专利复审和无效部门，专利权人为第三人。

【参考答案】 ACD

3. 诉前行为保全

《专利法》第72条："专利权人或者利害关系人有证据证明他人正在实施或者即将实施侵犯专利权、妨碍其实现权利的行为，如不及时制止将会使其合法权益受到难以弥补的损害的，可以在起诉前依法向人民法院申请采取财产保全、责令作出一定行为或者禁止作出一定行为的措施。"

76.【2011年第32题】下列关于诉前责令停止侵犯专利权行为的说法哪些是正确的？

A. 诉前责令停止侵犯专利权行为的申请，可以向管理专利工作的部门或者人民法院提出

B. 申请人提出诉前责令停止侵犯专利权行为的申请时，应当提供担保

C. 人民法院应当自接受诉前责令停止侵犯专利权行为的申请之时起48小时内作出裁定；有特殊情况需要延长的，可以延长48小时

D. 当事人对责令停止侵犯专利权行为的裁定不服的可以申请复议，复议期间暂停裁定的执行

【解题思路】

诉前行为保全必须向法院提出。为了平衡被申请人的利益，申请诉前行为保全应当提供担保。申请诉前行为保全的前提是事情紧急，故法院也需要及时作出裁定，这里的期限是48小时，可以延长的期限也是48小时。如果复议可以停止执行，被申请人就完全可以通过复议来拖延程序，那诉前行为保全就在很大程度上失去了意义。

【参考答案】 BC

（1）申请诉前行为保全的主体。

《知识产权纠纷行为保全规定》第1条："知识产权纠纷的当事人在判决、裁定或者仲裁裁决生效前，依据民事诉讼法第一百条、第一百零一条规定申请行为保全的，人民法院应当受理。

知识产权许可合同的被许可人申请诉前责令停止侵害知识产权行为的，独占许可合同的被许可人可以单独向人民法院提出申请；排他许可合同的被许可人在权利人不申请的情况下，可以单独提出申请；普通许可合同的被许可人经权利人明确授权以自己的名义起诉的，可以单独提出申请。"

77.【2019年第26题】专利权人对于正在实施的侵权行为，可以在诉前申请采取责令停止有关行为的措施，下列说法正确的是？

A. 利害关系人提出诉前责令停止侵权行为的申请时，可以不提供担保

B. 利害关系人可以向管理专利工作的部门提出诉前责令停止侵权行为的申请

C．只有独占实施许可合同的被许可人可以单独向人民法院提出申请

D．当事人对责令停止侵权行为的裁定不服的，可以申请复议

【解题思路】

诉前行为保全是法院根据申请人一家之言作出决定，为防止权利滥用，申请人必须提供担保。诉前行为保全是向法院申请而不是向地方知识产权局申请。有权单独向法院申请诉前行为保全的申请人包括专利权人和独占许可合同的被许可人。当事人对法院作出的禁令不服，可以向该法院申请复议。本题是2015年第28题，内容略有修改。

【参考答案】 D

（2）诉前行为保全申请的提出。

《知识产权纠纷行为保全规定》第3条：“申请诉前行为保全，应当向被申请人住所地具有相应知识产权纠纷管辖权的人民法院或者对案件具有管辖权的人民法院提出。

当事人约定仲裁的，应当向前款规定的人民法院申请行为保全。”

《知识产权纠纷行为保全规定》第4条：“向人民法院申请行为保全，应当递交申请书和相应证据。申请书应当载明下列事项：

（一）申请人与被申请人的身份、送达地址、联系方式；

（二）申请采取行为保全措施的内容和期限；

（三）申请所依据的事实、理由，包括被申请人的行为将会使申请人的合法权益受到难以弥补的损害或者造成案件裁决难以执行等损害的具体说明；

（四）为行为保全提供担保的财产信息或资信证明，或者不需要提供担保的理由；

（五）其他需要载明的事项。”

《知识产权纠纷行为保全规定》第9条：“申请人以实用新型或者外观设计专利权为依据申请行为保全的，应当提交由国务院专利行政部门作出的检索报告、专利权评价报告或者专利复审委员会维持该专利权有效的决定。申请人无正当理由拒不提交的，人民法院应当裁定驳回其申请。”

78.【2008年第39题】下列哪些证据属于专利权人或者利害关系人在起诉前向人民法院申请责令停止有关侵权行为时应当提交的证据？

A．涉案专利证书、权利要求书、说明书

B．证明被申请人非法获利的证据

C．被申请人正在实施或者即将实施侵犯其专利权的行为的证据

D．提出的申请涉及外观设计专利的，申请人应当提交国务院专利行政部门出具的专利权评价报告

【解题思路】

本题涉及的考点在《诉前停止侵犯专利权规定》中有明确规定，但该司法解释目前已经被废止，故只能参照其他法律法规和司法解释的规定，从法理上进行论述。要申请诉前行为保全，专利权人首先要证明自己是权利人，拥有哪个专利，这就需要A选项中的专利证书、权利要求书和说明书的资料。另外，申请人还要证明的是对方正在实施或者即将实施侵权行为，如不制止侵权行为，自己会受到巨大损失，而不是对方的获利。如果是外观设计或实用新型，权利不稳定，因此需要提供专利权评价报告作为权利稳定的初步证明。

【参考答案】 ACD

（3）人民法院作出裁定的期限。

《民事诉讼法》第101条第2款："人民法院接受申请后，必须在四十八小时内作出裁定；裁定采取保全措施的，应当立即开始执行。"

（4）诉前行为保全的解除。

《民事诉讼法》第101条第3款："申请人在人民法院采取保全措施后三十日内不依法提起诉讼或者申请仲裁的，人民法院应当解除保全。"

（5）诉前行为保全的裁定及对裁定不服的救济。

《民事诉讼法》第108条："当事人对保全或者先予执行的裁定不服的，可以申请复议一次。复议期间不停止裁定的执行。"

（6）裁定诉前行为保全的执行。

根据《民事诉讼法》第101条第2款，裁定采取保全措施的，应当立即开始执行。

（7）申请诉前行为保全的担保。

《民事诉讼法》第101条第1款："利害关系人因情况紧急，不立即申请保全将会使其合法权益受到难以弥补的损害的，可以在提起诉讼或者申请仲裁前向被保全财产所在地、被申请人住所地或者对案件有管辖权的人民法院申请采取保全措施。申请人应当提供担保，不提供担保的，裁定驳回申请。"

《知识产权纠纷行为保全规定》第12条："人民法院采取的行为保全措施，一般不因被申请人提供担保而解除，但是申请人同意的除外。"

79.【2009年第3题】专利权人罗某认为何某侵犯了其发明专利权，向人民法院提出诉前责令停止侵犯专利权行为的申请。下列说法哪些是正确的？

A. 罗某在提出申请时，应当提交专利证书、专利年费缴纳凭证、权利要求书和说明书

B. 罗某在提出申请时，应当提供担保，否则其申请将被驳回

C. 人民法院作出诉前停止侵犯专利权行为的裁定事项，应当限于罗某的请求范围

D. 如果何某提出反担保，则应当解除停止侵犯专利权行为裁定所采取的措施

【解题思路】

申请人在申请诉前行为保全时，需要证明自己拥有某个有效的专利。为保护被申请人利益，防止专利权人权利滥用，申请人需要提供担保。法院遵循不告不理的原则，裁定事项应当局限于请求人的请求范围。诉前行为保全的内涵是要求被控侵权人停止一定的行为，而不是对其财产权进行限制。从名字上看，"诉前责令停止侵犯专利权行为"，重点是要责令被申请人停止某项"行为"。如果被控侵权人可以通过提供担保而解决行为上的限制，那行为保全也就失去了意义。当然，如果申请人同意则除外。

【参考答案】 ABC

80.【2015年第28题】下列关于诉前停止侵权行为的说法哪个是正确的？

A. 专利权人提出诉前责令停止侵权行为的申请时，应当提供担保

B. 专利权人可以向管理专利工作的部门提出诉前责令停止侵权行为的申请

C. 专利实施许可合同的被许可人不能单独提出责令停止侵权行为的申请

D. 当事人对责令停止侵权行为的裁定不服的，可以申请复议或提起上诉

【解题思路】

诉前行为保全顾名思义就是在诉讼之前申请的行为保全。此时，法院还未对案件进行审理，不了解具体案情，为保护被申请人的利益，申请人在申请诉前行为保全时需要提供担保。诉讼是向法院提起的，诉前行为保全自然也是向法院提起而不是向地方知识产权局申请。专利实施许可合同如果是独占许可，则被许可人实际上是该专利技术的唯一使用人，侵权行为对他的影响最大，故独占许可的被许可人可以单独申请诉前行为保全。对诉前行为保全裁定不服的，只能申请复议。能够提起上诉的裁定有三种，但不包括针对诉前行为保全的裁定。

【参考答案】 A

81.【2018 年第 88 题】发生专利侵权纠纷时，依法向人民法院提出诉前责令停止侵犯专利权行为的申请的，以下说法错误的是：

A. 专利权人或专利财产权利的合法继承人可以向人民法院提出申请

B. 无论专利权人是否提出申请，排他实施许可合同的被许可人均可单独向人民法院提出申请

C. 专利普通实施许可合同的被许可人可以与专利权人一起向人民法院提出申请

D. 诉前临时措施的被申请人可以通过提出反担保以解除该诉前临时措施

【解题思路】

独占实施许可合同的被许可人，实际上是唯一使用专利的人，也是专利侵权行为的唯一受害人，因此有权单独申请诉前行为保全。排他实施专利许可合同意味着专利权人自己也能使用，因此排他实施许可合同的被许可人需要和专利权人一起提出申请。如果专利权人放弃申请，被许可人才能单独提起申请。普通实施许可人没有特别的地位，无权利跟专利权人一起提出申请。法院做出诉前行为保全的前提是如果不禁止会造成无法弥补的损失。既然损失无法弥补，那就没法估算反担保的费用，故不能通过反担保来解除。当然，如果申请人自己同意则除外。

【参考答案】 BCD

4. 诉讼管辖

（1）级别管辖。

《民诉法解释》第 2 条："专利纠纷案件由知识产权法院、最高人民法院确定的中级人民法院和基层人民法院管辖。

海事、海商案件由海事法院管辖。"

82.【2008 年第 20 题】下列关于专利权纠纷案件管辖的说法哪些是正确的？

A. 李某起诉某公司未按照双方签订的专利权转让合同支付转让费，由于双方争议仅涉及费用的支付，不涉及技术问题，故可以由基层人民法院审理

B. 成都市中级人民法院在受理一起侵犯专利权纠纷案件后，发现被控侵权产品的生产者住所地在成都市锦江区内，考虑到便于查明事实，决定依照民事诉讼法规定将该案指定由锦江区人民法院审理

C. 锦州市民王某诉沈阳市民吴某假冒其专利的案件应当由沈阳市中级人民法院管辖

D. 西安市民赵某对专利复审委员会作出维持驳回决定的复审决定不服的案件应当由北京市第一中级人民法院审理

【解题思路】

专利纠纷案件不管是否涉及技术，原

则上应当由中级人民法院管辖，并且还不是所有的中级人民法院都有管辖权；能审理专利案件的基层人民法院只有那些被最高人民法院指定的法院。沈阳为省会城市，且为被告吴某的住所地，故其中级人民法院具有管辖权。对国家知识产权局提起的行政诉讼，在北京知识产权法院成立后，应当由北京知识产权法院受理，北京市第一中级人民法院不再受理此类案件。

【参考答案】 C

（2）地域管辖。

《民事诉讼法》第 28 条："因侵权行为提起的诉讼，由侵权行为地或者被告住所地人民法院管辖。"

《专利纠纷规定》第 2 条："因侵犯专利权行为提起的诉讼，由侵权行为地或者被告住所地人民法院管辖。

侵权行为地包括：被控侵犯发明、实用新型专利权的产品的制造、使用、许诺销售、销售、进口等行为的实施地；专利方法使用行为的实施地，依照该专利方法直接获得的产品的使用、许诺销售、销售、进口等行为的实施地；外观设计专利产品的制造、销售、进口等行为的实施地；假冒他人专利的行为实施地。上述侵权行为的侵权结果发生地。"

《专利纠纷规定》第 3 条："原告仅对侵权产品制造者提起诉讼，未起诉销售者，侵权产品制造地与销售地不一致的，制造地人民法院有管辖权；以制造者与销售者为共同被告起诉的，销售地人民法院有管辖权。

销售者是制造者分支机构，原告在销售地起诉侵权产品制造者制造、销售行为的，销售地人民法院有管辖权。"

83.【2015 年第 90 题】甲公司拥有一项雨伞的外观设计专利权。未经甲公司许可，重庆的乙公司生产了该专利雨伞，并将该雨伞在成都销售给当地的丙酒店使用，甲公司遂向人民法院起诉。下列哪些说法是正确的？

A. 甲公司可以向重庆的基层人民法院起诉乙公司

B. 甲公司可以向成都市的中级人民法院起诉丙酒店

C. 甲公司可以向成都市的中级人民法院起诉乙公司

D. 甲公司提起诉讼时可以向受理法院提交专利权评价报告

【解题思路】

本题与 2013 年第 90 题一样，出题者的考查点是专利诉讼的管辖，但表述却是以甲公司可以向哪些法院起诉。对甲公司来说，无论他向哪家法院提起诉讼都是他的权利，至于法院是否会受理那是另外一个问题。从管辖权的角度上看，专利纠纷案件原则上都是中级人民法院管辖，并且还不是所有的中级人民法院都有管辖权，需要是知识产权法院法庭、省级政府所在地的中级人民法院和最高人民法院指定的中级人民法院。最高人民法院曾经指定了数家基层法院审理实用新型和外观设计专利案件，但后来随着各知识产权法庭的建立，这些基层法院普遍不再管辖专利案件。外观设计的侵权行为中不包括使用，丙酒店的行为不构成侵权。成都是乙公司的销售地，成都中级人民法院具有管辖权。外观设计专利不经过实质审查，权利不够稳定，故在侵权案件中，可以向法院提供专利权评价报告。

【参考答案】 CD

84.【2019 年第 88 题】甲未经专利权

人许可在A市制造了一批专利产品，并由乙运往B市销售。A市、B市中级人民法院都具有专利纠纷案件的管辖权。下列说法正确的是？

A. 如果专利权人仅起诉甲、未起诉乙，可向A市中级人民法院起诉

B. 如果专利权人同时起诉甲和乙，可向A市中级人民法院起诉

C. 如果专利权人同时起诉甲和乙，可向B市中级人民法院起诉

D. 如果专利权人同时起诉甲和乙，专利权人可以选择A市、B市中级人民法院的其中一个起诉

【解题思路】

本题参考答案是AC，本人认为是ABCD。本题2018年第29题也考查过，该题的参考答案也存在同样的问题。在专利侵权案件中，如果权利人同时起诉制造商和销售商，在选择法院时，既可以在制造商的住所地和侵权行为地提起诉讼，也可以在销售商的住所地和侵权行为地提起诉讼。《专利纠纷规定》第3条第1款后半段的表述“销售地人民法院有管辖权”，并没有排除制造地法院的管辖权。如果此时制造地法院没有管辖权，则违背了民事诉讼中确定管辖的基本原则，同时也排除了专利权人在选择法院管辖的自由，弱化了对专利权的保护。这种解释显然也和加强专利保护的基本政策不符。

【参考答案】 ABCD

5. 侵权纠纷的审理

（1）方法发明专利侵权的举证责任。

《专利法》第66条第1款：“专利侵权纠纷涉及新产品制造方法的发明专利的，制造同样产品的单位或者个人应当提供其产品制造方法不同于专利方法的证明。”

《侵犯专利权纠纷解释一》第17条：“产品或者制造产品的技术方案在专利申请日以前为国内外公众所知的，人民法院应当认定该产品不属于专利法第六十一条[1]第一款规定的新产品。”

【提醒】

根据“谁主张，谁举证”的一般原则，专利权人要控告他人侵犯专利权，就应当承担举证责任。但是在侵犯方法发明专利的情形，专利权人不能依照该方法直接获得的产品证明侵权人使用了专利方法，因为方法专利权利要求中的必要技术特征，特别是其工艺步骤和工艺条件如温度、压力、时间和催化剂等，不可能通过产品来证明。专利权人又不可能获得制造该产品单位的许可，进入制造同样产品的车间进行调查。如果坚持由专利权人举出侵权的证据，那么方法发明专利的保护便会变成有名无实。为解决这个难题，各国采用相反举证的办法，即由被告承担举出没有使用专利方法的相反证明。

《专利法》规定由被告提供其没有使用专利方法的证明，这是不得已的方法，尤其是因为这种产品是新的，存在这种产品是依专利方法制造的很大可能性。专利权人只需要证明被告制造的产品与使用专利方法直接获得的产品相同，就可以要求被告提供其产品制造方法不同于专利方法的证明。如果制造同样产品的单位或个人举不出使用其他方法制造的证明，便可以认定该产品是依照专

[1] 这里指的是2008年修改后的《专利法》，2020年《专利法》修改后，对应的是第66条。

利方法获得的。也就是说，此举侵犯了方法发明专利权。

（2）诉讼中止。

《专利纠纷规定》第5条："人民法院受理的侵犯实用新型、外观设计专利权纠纷案件，被告在答辩期间内请求宣告该项专利权无效的，人民法院应当中止诉讼，但具备下列情形之一的，可以不中止诉讼：

（一）原告出具的检索报告未发现导致实用新型专利丧失新颖性、创造性的技术文献的；

（二）被告提供的证据足以证明其使用的技术已经公知的；

（三）被告请求宣告该项专利权无效所提供的证据或者依据的理由明显不充分的；

（四）人民法院认为不应当中止诉讼的其他情形。"

《专利纠纷规定》第6条："人民法院受理的侵犯实用新型、外观设计专利权纠纷案件，被告在答辩期间届满后请求宣告该项专利权无效的，人民法院不应当中止诉讼，但经审查认为有必要中止诉讼的除外。"

《专利纠纷规定》第7条："人民法院受理的侵犯发明专利权纠纷案件或者经国务院专利行政部门审查维持专利权的侵犯实用新型、外观设计专利权纠纷案件，被告在答辩期间内请求宣告该项专利权无效的，人民法院可以不中止诉讼。"

【提醒】

实用新型和外观设计专利没有经过实质性审查，权利不够稳定。故如果被告在答辩期内及时提起专利宣告无效请求，则法院应当中止审理。如果专利权评价报告未发现导致实用新型和外观设计无效的情形，则表明该专利具有一定的稳定性，法院可以不中止审理；如果被告的证据足以证明其使用的技术已经公知，则可以直接判决不构成侵权，不用中止审理；如果被告请求宣告无效的证据或理由明显不充分，则法院可预见该无效请求不会获得国家知识产权局的支持，也可以不中止审理。需要注意的是，在出现后面几种情形时，使用的措辞是"可以"，即是否中止属于法院自由裁量的行为。

被告如果在答辩期届满后才请求宣告专利无效，则有些迟延了，原则上不中止，但法院也有权裁定中止。

发明或者是经过无效考验的实用新型和外观设计，权利比较稳定，即使被告提起诉讼，法院也可以裁定不中止审理。

85.【2018年第94题】以下说法正确的是：

A. 人民法院受理的侵犯发明专利权纠纷案件，被告在答辩期间内请求宣告该项专利权无效的，人民法院应当中止诉讼

B. 当事人因专利权的归属发生纠纷，已向人民法院起诉的，可以请求国家知识产权局中止该专利的无效宣告程序

C. 实用新型和外观设计侵权纠纷案件中，人民法院可以根据案件审理需要要求原告提交检索报告或者专利权评价报告，原告无正当理由不提交的，人民法院可以裁定中止诉讼

D. 侵犯实用新型、外观设计专利权纠纷案件的被告请求中止诉讼的，应当在答辩期内对原告的专利权提出宣告无效的请求

【解题思路】

发明专利经过实质审查，比较稳定，故被告在答辩期间内请求宣告专利权无效，

法院可以中止诉讼，也可以不中止。为防止损害真正的专利权人的利益，故发生专利权归属诉讼时，申请人可以请求国家知识产权局中止该专利的无效程序。如果法院要求原告提交专利权评价报告，原告无正当理由不提交，那么法院可以裁定中止诉讼，因为中止诉讼损害的是原告自己的利益。侵犯实用新型、外观设计专利权纠纷案件的被告请求中止诉讼，是为其及时无效该专利提供机会，故被告需要在答辩期间内及时提出无效宣告请求。

【参考答案】 BCD

《专利纠纷规定》第 8 条："人民法院决定中止诉讼，专利权人或者利害关系人请求责令被告停止有关行为或者采取其他制止侵权损害继续扩大的措施，并提供了担保，人民法院经审查符合有关法律规定的，可以在裁定中止诉讼的同时一并作出有关裁定。"

86.【2007 年第 65 题】以下有关侵犯实用新型、外观设计专利权纠纷案件中止诉讼的哪些说法是正确的？

A．被告在答辩期间届满后请求宣告该项专利权无效的，人民法院不应当中止诉讼，但经审查认为有必要中止诉讼的除外

B．虽然被告在答辩期间内提出了宣告专利权无效请求，但原告出具的实用新型专利检索报告未发现导致该实用新型专利丧失新颖性、创造性的技术文献的，人民法院可以不中止诉讼

C．虽然被告在答辩期间内提出了宣告专利权无效请求，但被告请求宣告专利权无效所提供的证据或者依据的理由明显不充分的，人民法院可以不中止诉讼

D．虽然被告在答辩期间内提出了宣告专利权无效请求，但是专利复审委员会在以前的无效请求审查中曾经作出维持该专利权的决定的，人民法院可以不中止诉讼

【解题思路】

侵犯专利诉讼中，是否中止基本上取决于法院的自由裁量权。唯一"应当"中止的情形需要同时符合以下条件：(1) 涉案专利是外观设计或实用新型，(2) 被告在答辩期内提起无效申请，(3) 没有例外情形。A 中是在答辩期届满后，法院不应当中止，但也可以裁定中止。B 中原告有专利权评价报告作为专利有效的初步证据；C 中无效的理由和证据明显不充分，难以获得无效审查机构的支持；D 中的专利经历的无效宣告程序的考验，稳定性较好，这三种情形下，法院都可以不中止诉讼。

【参考答案】 ABCD

三、侵犯专利权的法律责任

（一）停止侵权

停止侵权就是《民法总则》第 179 条所规定的停止侵害，停止侵权是目前知识产权侵权案件中适用最为广泛的一种民事责任，几乎在所有的原告诉请中均有对停止侵权的要求。

（二）制止侵权的措施

《专利行政执法办法》第 43 条："管理专利工作的部门认定专利侵权行为成立，作出处理决定，责令侵权人立即停止侵权行为的，应当采取下列制止侵权行为的措施：

（一）侵权人制造专利侵权产品的，责令其立即停止制造行为，销毁制造侵权产品的专用设备、模具，并且不得销售、使用尚未售出的侵权产品或者以任何其他形式将其

投放市场；侵权产品难以保存的，责令侵权人销毁该产品；

（二）侵权人未经专利权人许可使用专利方法的，责令侵权人立即停止使用行为，销毁实施专利方法的专用设备、模具，并且不得销售、使用尚未售出的依照专利方法所直接获得的侵权产品或者以任何其他形式将其投放市场；侵权产品难以保存的，责令侵权人销毁该产品；

（三）侵权人销售专利侵权产品或者依照专利方法直接获得的侵权产品的，责令其立即停止销售行为，并且不得使用尚未售出的侵权产品或者以任何其他形式将其投放市场；尚未售出的侵权产品难以保存的，责令侵权人销毁该产品；

（四）侵权人许诺销售专利侵权产品或者依照专利方法直接获得的侵权产品的，责令其立即停止许诺销售行为，消除影响，并且不得进行任何实际销售行为；

（五）侵权人进口专利侵权产品或者依照专利方法直接获得的侵权产品的，责令侵权人立即停止进口行为；侵权产品已经入境的，不得销售、使用该侵权产品或者以任何其他形式将其投放市场；侵权产品难以保存的，责令侵权人销毁该产品；侵权产品尚未入境的，可以将处理决定通知有关海关；

（六）责令侵权的参展方采取从展会上撤出侵权展品、销毁或者封存相应的宣传材料、更换或者遮盖相应的展板等撤展措施；

（七）停止侵权行为的其他必要措施。

管理专利工作的部门认定电子商务平台上的专利侵权行为成立，作出处理决定的，应当通知电子商务平台提供者及时对专利侵权产品或者依照专利方法直接获得的侵权产品相关网页采取删除、屏蔽或者断开链接等措施。”

87.【2009 年第 8 题】管理专利工作的部门认定专利侵权行为成立，作出处理决定的，可以采取下列哪些措施制止侵权行为？

A．侵权人制造专利产品的，责令其立即停止制造行为，销毁制造侵权产品的专用设备、模具

B．侵权人使用专利方法的，责令其立即停止使用行为，销毁实施专利方法的专用设备、模具

C．侵权人销售专利产品的，责令其立即停止销售行为，不得使用尚未售出的侵权产品或者以任何其他形式将其投放市场

D．侵权人许诺销售专利产品的，责令其立即停止许诺销售行为，消除影响，并且不得进行任何实际销售行为

【解题思路】

从另一个角度来说，本题考查的是专利侵权行为的内容和行政部门的执法权限。只有构成专利侵权，管理专利工作的部门才能加以处理，同时，该部门在进行处理时不能够超越自身的权限。专利侵权行为的类型来自于《专利法》第 11 条，管理专利工作的部门拥有的权限是责令侵权人停止侵权行为，并采取相应制止侵权行为的措施。专利侵权范围与执法部门的权限相结合，就构成了《专利行政执法办法》第 43 条。2019 年修改的《专利行政执法办法》第 43 条与旧法中的相关条款相比，措辞略有变化，更为严谨，但基本意思没变。选项 A、B、C、D 分别来自上面的四种情形，全部选择。

专利权的本质是一种排他性的垄断权。在专利有效期内，专利权人可以禁止他人通

过专利技术获利，保证自己可以通过使用该技术或者对外许可获取收益。因此，专利法就需要禁止他人在专利有效期内从事那些威胁到专利权人经济利益的行为，如制造、使用、许诺销售、销售和进口其专利产品，或者使用其专利方法及使用、许诺销售、销售、进口依照该专利方法直接获得的产品。本题中的四种情况都威胁到了专利权人的经济利益，应该予以禁止。为了保护专利权人的利益，除了要求禁止相应的侵权行为之外，还需要销毁专门用于实施侵权行为的相关物质基础，如专用的设备和模具。考生需要注意，为了充分利用资源，侵权产品并不是必须销毁。只有在产品难以保存的情况下，侵权人才需要销毁产品。另外需要注意的是，如果侵权产品已经售出，那要求侵权人追回是不现实的，行政机关不能强人所难。

【参考答案】 ABCD

88.【2013 年第 74 题】甲公司拥有一项关于制造某药物的方法的专利权，乙公司未经甲公司许可使用该专利方法生产药物并进行销售。应甲公司请求，管理专利工作的部门进行了处理，认定乙公司侵权行为成立。管理专利工作的部门可以采取下列哪些措施制止乙公司的侵权行为？

A．责令乙公司立即停止使用专利方法的行为

B．责令乙公司销毁实施专利方法的专用设备

C．责令乙公司立即停止销售行为

D．没收乙公司生产的该药物

【解题思路】

管理专利工作的部门在查处侵权行为的时候，可以责令停止侵权，销毁用于侵权的设备。不过，管理专利工作的部门无权没收侵权产品，至多在侵权产品难以保存的情况下将其销毁。考生需要注意的是，海关有权没收侵犯知识产权的产品，工商局也有权没收侵犯商标权的产品，但管理专利工作的部门没有没收侵权产品的权力。

【参考答案】 ABC

（三）赔偿损失

赔偿损失是认定侵犯专利权的行为是侵权人承担民事责任的主要方式之一。专利侵权给专利权人造成了损失，侵权确定后，人民法院应当根据专利权人的请求责令侵权人予以赔偿。赔偿数额可以由双方当事人协商，协商不成的，法院可根据《专利法》第 71 条的规定确定。

89.【2008 年第 100 题】甲公司发现乙公司侵犯其专利权，向人民法院起诉。如果人民法院认定侵权成立，在甲公司提出的下列诉讼请求中，哪些不能得到支持？

A．将乙公司用于生产侵权产品的模具交由人民法院销毁

B．赔偿甲公司经济损失

C．没收乙公司生产的侵权产品

D．立即停止对甲公司专利权的侵害

【解题思路】

侵犯专利权的民事责任中包括停止侵权和赔偿损失，B、D 选项排除。2019 年《商标法》和 2020 年《著作权法》先后修改后，都规定法院可根据权利人的请求，判令销毁主要用于侵权的工具、材料，但 2020 年《专利法》修改后，并未增加类似的条款。

【参考答案】 AC

（四）赔偿责任的免除情形

《专利法》第 77 条："为生产经营目

的使用、许诺销售或者销售不知道是未经专利权人许可而制造并售出的专利侵权产品，能证明该产品合法来源的，不承担赔偿责任。”

【提醒】

专利侵权行为采用的是无过错责任原则，即使行为人主观上不存在恶意，同样可构成侵权。为生产经营目的使用、许诺销售或者销售不知道是未经专利权人许可而制造并售出的专利侵权产品，本属于侵权行为，但为了维护正常的经济秩序，保护善意第三人的利益，故免除了行为人的赔偿责任。当然，免除的仅仅是赔偿，停止侵权的责任并没免除。

90.【2015 年第 89 题】甲公司就一项手术刀于 2010 年 6 月 10 日提出实用新型专利申请并于 2010 年 9 月 29 日获授权。乙公司 2010 年 8 月 15 日自行研制出了相同的手术刀，于 2010 年 9 月 29 日前完成了生产制造的准备。未经甲公司许可，乙公司于 2010 年 10 月开始制造该手术刀，并通过丙公司销售给了丁医院使用。下列说法哪些是正确的？

A. 乙的制造行为侵犯甲的专利权

B. 乙在专利授权前已经做好了生产制造的准备，其制造行为不侵犯甲的专利权

C. 丙的销售行为侵犯甲的专利权

D. 丁能证明其产品的合法来源，其使用行为不侵犯甲的专利权

【解题思路】

乙公司自行研发出手术刀的时间是在甲公司的申请日之后，不构成在先使用，乙公司的制造和销售行为构成侵权。丙公司销售侵权产品，丁公司使用侵权产品，都构成侵权。善意的使用者或者销售者不清楚为侵权产品，并说明合法来源的，免除的是赔偿责任，但该行为依然构成侵权，需要承担停止侵权的责任。

【参考答案】 AC

《侵犯专利权纠纷解释二》第 25 条："为生产经营目的使用、许诺销售或者销售不知道是未经专利权人许可而制造并售出的专利侵权产品，且举证证明该产品合法来源的，对于权利人请求停止上述使用、许诺销售、销售行为的主张，人民法院应予支持，但被诉侵权产品的使用者举证证明其已支付该产品的合理对价的除外。

本条第一款所称不知道，是指实际不知道且不应当知道。

本条第一款所称合法来源，是指通过合法的销售渠道、通常的买卖合同等正常商业方式取得产品。对于合法来源，使用者、许诺销售者或者销售者应当提供符合交易习惯的相关证据。"

91.【2016 年第 93 题】甲拥有一项机床的发明专利权，乙未经甲的许可制造了该机床，用于为自己的客户加工零部件，同时将部分机床对外销售；丙不知道该机床为侵权产品，以合理价格购买了该机床用于企业的生产，以下说法哪些是正确的？

A. 乙制造该机床供自己使用的行为不侵犯甲的专利权

B. 丙使用该机床侵犯了甲的专利权

C. 丙能证明其采购机床的合法来源，无须承担赔偿责任

D. 法院根据甲的请求，应当判令乙、丙立即停止使用该机床

【解题思路】

乙制造专利产品的行为必然构成侵权，至于是否为供自己使用并无关系。丙使用专利产品的行为也构成侵权，不过如果能证明其为善意购买者，可以免除赔偿责任。另外，根据《侵犯专利权纠纷解释二》第25条，如果丙能够证明自己支付了合理的对价，则可以不停止使用。

【参考答案】BC

（五）赔偿数额的计算

《专利法》第71条："侵犯专利权的赔偿数额按照权利人因被侵权所受到的实际损失或者侵权人因侵权所获得的利益确定；权利人的损失或者侵权人获得的利益难以确定的，参照该专利许可使用费的倍数合理确定。对故意侵犯专利权，情节严重的，可以在按照上述方法确定数额的一倍以上五倍以下确定赔偿数额。

权利人的损失、侵权人获得的利益和专利许可使用费均难以确定的，人民法院可以根据专利权的类型、侵权行为的性质和情节等因素，确定给予三万元以上五百万元以下的赔偿。

赔偿数额还应当包括权利人为制止侵权行为所支付的合理开支。

人民法院为确定赔偿数额，在权利人已经尽力举证，而与侵权行为相关的账簿、资料主要由侵权人掌握的情况下，可以责令侵权人提供与侵权行为相关的账簿、资料；侵权人不提供或者提供虚假的账簿、资料的，人民法院可以参考权利人的主张和提供的证据判定赔偿数额。"

92.【2011年第72题】下列关于侵犯专利权的赔偿数额的说法哪些是正确的？

A．专利权人的实际损失可以确定的，按照权利人因被侵权所受到的实际损失确定

B．专利权人的实际损失难以确定但侵权人因侵权所获得的利益可以确定的，可以按照侵权人因侵权所获得的利益确定

C．赔偿数额应当包括权利人为制止侵权行为所支付的合理开支

D．侵犯专利权的法定赔偿数额为5000元以上50万元以下

【解题思路】

2008年《专利法》第三次修改后，法定赔偿数额提高为1万元以上，100万元以下。2020年《专利法》第四次修改后，法定赔偿数额又提高为3万元以上，500万元以下。另外，《专利法》取消了权利人实际损失和侵权人获利的先后顺序。这是因为按照原来的规定，权利人如果想要按照侵权获利来计算，那首先需要证明自己的实际损失难以计算，举证负担较重。

【参考答案】BC

93.【2016年第92题】甲将自己拥有专利保护的一款运动鞋委托乙代工生产，后发现乙未经其许可，自行生产该款运动鞋并对外销售，甲向法院起诉并请求获得赔偿。以下可以作为侵权赔偿数额计算依据的是？

A．甲因研发该专利技术所投入的合理成本

B．乙因侵权所获得的利益

C．该专利权的市场评估价值

D．甲乙双方签订的委托加工合同中约定的专利侵权赔偿条款

【解题思路】

专利侵权的损害赔偿计算顺序以前依次是权利人的损失或侵权人的利益，其次是

许可费的合理倍数，都不能确定的则适用法定赔偿。2020年《专利法》修正后，删除了权利人损失和侵权人获利的先后顺序，权利人可以依照情况自由选择。如果专利的研发成本或者是市场评估价值可以作为赔偿数额的计算依据，那也意味着侵权人不管是大规模侵权还是小规模侵权，需要承担的赔偿数额都是一样的。如果按照这样的原则计算赔偿，那显然并不合理。另外，根据民事领域意思自治的基本原则，如果当事人之间约定了赔偿计算方法，那么应该尊重当事人的约定。

【参考答案】 BD

《专利纠纷规定》第14条："专利法第六十五条[1]规定的权利人因被侵权所受到的实际损失可以根据专利权人的专利产品因侵权所造成销售量减少的总数乘以每件专利产品的合理利润所得之积计算。权利人销售量减少的总数难以确定的，侵权产品在市场上销售的总数乘以每件专利产品的合理利润所得之积可以视为权利人因被侵权所受到的实际损失。

专利法第六十五条规定的侵权人因侵权所获得的利益可以根据该侵权产品在市场上销售的总数乘以每件侵权产品的合理利润所得之积计算。侵权人因侵权所获得的利益一般按照侵权人的营业利润计算，对于完全以侵权为业的侵权人，可以按照销售利润计算。"

94.【2010年第99题】成都的甲公司以邮寄的方式递交了一件发明专利申请，其信封上的邮戳日为2008年4月7日，国家知识产权局于2008年4月10日收到该申请。该申请于2009年11月27日公布，并于2010年6月18日被公告授予专利权。广州的乙公司自2010年4月7日起在深圳制造与甲公司专利申请相同的产品，并将甲公司的专利申请号前加"ZL"字样标注于产品的包装上。丙公司在长沙销售乙公司的上述产品。乙公司和丙公司的行为一直持续到甲公司的专利授权后。甲公司于2010年5月9日得知乙公司和丙公司的行为。在甲公司诉乙公司侵犯其专利权的案件中，人民法院可以依照下列哪些方式确定乙公司的赔偿数额？

A. 甲公司因乙公司的侵权行为所受到的实际损失能够确定的，依照该实际损失确定赔偿数额

B. 甲公司因乙公司的侵权行为所受到的实际损失难以确定的，依照乙公司因制造该产品而获得的利益确定赔偿数额

C. 乙公司制造产品的数量能够确定的，以乙公司制造该产品的数量乘以甲公司销售其专利产品的价格为赔偿数额

D. 乙公司制造产品的数量难以确定的，以丙公司销售该产品的数量乘以甲公司销售其专利产品的价格为赔偿数额

【解题思路】

2020年《专利法》修改后，权利人损失和侵权人获利的先后顺序被删除，权利人可以根据实际情况自由选择。这是因为根据原来的规定，权利人首先需要证明自己的损失难以计算，才能使用侵权获利，增加了其举证负担。获利应当是用产品数量和产品的利润相乘，产品数量与产品价格的乘积是产

[1] 这里指的是2008年修改后的《专利法》，2020年《专利法》修改后，对应的是第71条。

品的销售额而不是利润。

【参考答案】 无

95.【2019 年第 100 题】甲向法院起诉乙侵犯了其发明专利权并请求获得赔偿，下列关于侵权赔偿数额的说法正确的是？

A. 侵权赔偿的数额按照甲因被侵权所受到的实际损失确定，还应包括因研发该专利技术所投入的合理成本

B. 侵权赔偿的数额可以按照乙因侵权所获得的利益计算

C. 侵权赔偿数额应包括甲为制止侵权行为所支付的合理开支

D. 侵权赔偿数额可以参照该专利许可使用费的倍数合理确定

【解题思路】

甲研发该技术的全部成本并不会因为乙的侵权而全部损失，故赔偿数额不需要考虑研发成本。假定甲研发技术花费了 1 亿元，乙的侵权规模也就 10 万元，要求乙赔偿甲 1 亿元显然荒谬。乙侵权获得的利益可以视为甲的损失，故赔偿数额可以按照乙的侵权获益计算。知识产权保护强度要高于一般的财产权，其特征之一就是权利人为制止侵权所支付的合理开支可以获得赔偿。侵权行为也会导致权利人丧失对外许可的机会，故专利许可费的倍数也可能作为赔偿的计算标准。

【参考答案】 BCD

《专利纠纷规定》第 15 条："权利人的损失或者侵权人获得的利益难以确定，有专利许可使用费可以参照的，人民法院可以根据专利权的类型、侵权行为的性质和情节、专利许可的性质、范围、时间等因素，参照该专利许可使用费的倍数合理确定赔偿数额；没有专利许可使用费可以参照或者专利许可使用费明显不合理的，人民法院可以根据专利权的类型、侵权行为的性质和情节等因素，依照专利法第六十五条第二款的规定确定赔偿数额。"

96.【2013 年第 80 题】专利实施许可合同中记载的下列哪些事项，可以作为人民法院确定侵权纠纷赔偿数额时的参照？

A．许可的时间

B．许可的性质

C．许可的范围

D．许可使用费的数额

【解题思路】

本题考查的是专利侵权案件中赔偿的标准。法院确定赔偿额的参照物应当是和专利权人通过专利所获收益相关，专利许可费的数额、许可的时间、许可的性质和许可的范围都和专利权人的收益有关，故都能作为参考。另外，2020 年《专利法》修改后，法定赔偿的额度提高到 3 万～ 500 万元。

【参考答案】 ABCD

第三节　其他专利纠纷与违反专利法的行为

一、其他专利纠纷

《专利纠纷规定》第 1 条："人民法院受理下列专利纠纷案件：

1. 专利申请权权属纠纷案件；
2. 专利权权属纠纷案件；
3. 专利合同纠纷案件；
4. 侵害专利权纠纷案件；
5. 假冒他人专利纠纷案件；
6. 发明专利临时保护期使用费纠纷案件；
7. 职务发明创造发明人、设计人奖励、

报酬纠纷案件；

8. 诉前申请行为保全纠纷案件；

9. 诉前申请财产保全纠纷案件；

10. 因申请行为保全损害责任纠纷案件；

11. 因申请财产保全损害责任纠纷案件；

12. 发明创造发明人、设计人署名权纠纷案件；

13. 确认不侵害专利权纠纷案件；

14. 专利权宣告无效后返还费用纠纷案件；

15. 因恶意提起专利权诉讼损害责任纠纷案件；

16. 标准必要专利使用费纠纷案件；

17. 不服国务院专利行政部门维持驳回申请复审决定案件；

18. 不服国务院专利行政部门专利权无效宣告请求决定案件；

19. 不服国务院专利行政部门实施强制许可决定案件；

20. 不服国务院专利行政部门实施强制许可使用费裁决案件；

21. 不服国务院专利行政部门行政复议决定案件；

22. 不服国务院专利行政部门作出的其他行政决定案件；

23. 不服管理专利工作的部门行政决定案件；

24. 确认是否落入专利权保护范围纠纷案件；

25. 其他专利纠纷案件。"

97.【2007年第7题】在下列哪些情况中，当事人可以直接向人民法院提起行政诉讼？

A. 专利申请人对国家知识产权局作出的视为未要求优先权的决定不服

B. 专利权人对国家知识产权局终止其专利权的决定不服

C. 专利权人对国家知识产权局给予实施其专利的强制许可的决定不服

D. 专利代理人对国家知识产权局吊销其《专利代理人资格证书》的处罚不服

【解题思路】

本题4个选项都属于国家知识产权局的具体行政行为，且不包括驳回专利申请，故都可以提起行政诉讼。

【参考答案】 ABCD

98.【2019年第93题】下列哪些纠纷当事人既可以请求管理专利工作的部门调解，也可以直接向人民法院起诉？

A. 专利申请权和专利权归属纠纷

B. 职务发明创造的发明人、设计人的奖励和报酬纠纷

C. 发明人或设计人资格纠纷

D. 在发明专利申请公布后专利权授予前使用发明而未支付适当费用的纠纷

【解题思路】

各类专利纠纷原则上都可以请求管理专利工作的部门（目前基本上都是市场监督管理局）调解，也可以直接向法院起诉。

【参考答案】 ABCD

（一）专利申请权纠纷

专利申请权纠纷是专利纠纷中的一类，主要包括：①关于是职务发明创造还是非职务发明创造；②关于谁是发明创造的发明人或者设计人；③关于协作完成或者接受委托完成的发明创造，谁有权申请专利。

（二）专利权权属纠纷

专利权权属纠纷，是指一项发明创造被授予专利权后，当事人之间就谁应当是发明创造的真正权利人而发生的纠纷。专利权属纠纷和专利申请权纠纷涉及的情形基本相同，区别点是相关专利申请已经获得了授权。

99.【2012 年第 85 题】甲公司员工张某在完成单位交付的任务中作出了一项发明创造，张某未告知甲公司而自行申请并获得了专利。下列说法哪些是正确的？

A. 甲公司可以与张某协商解决该权属纠纷

B. 甲公司可以就权属纠纷向人民法院起诉

C. 甲公司可以就权属纠纷请求管理专利工作的部门调解

D. 甲公司可以就权属纠纷请求国家知识产权局处理

【解题思路】

解决民事纠纷可以双方协商，请求行政部门调解和向法院提起诉讼，需要注意的是，调解纠纷由地方管理专利的部门处理而不是由国家知识产权局处理。

【参考答案】 ABC

（三）发明人或设计人资格纠纷

发明人或设计人资格纠纷，是指一项发明创造申请专利以后，关于谁是对该发明创造作出了实质性贡献的人而产生的纠纷。在司法实践中，这类案件主要是涉及署名问题以及随之而来的奖励和报酬问题。

（四）职务发明创造的发明人或设计人奖励、报酬纠纷

当相关发明创造为职务发明创造时，发明人和设计人有权获得奖励和报酬。如果单位支付奖励和报酬不及时或者是数量不足，那就容易产生上述奖励、报酬纠纷。

（五）各类纠纷的解决途径

对于上述纠纷，当事人可以协商解决，也可以请求管理专利工作的部门调解，或者直接向法院提起诉讼。需要注意的是，在发明专利申请公布后专利权授予前使用发明而未支付适当费用的纠纷，当事人请求管理专利工作的部门调解的，应当在专利权被授予之后提出。

《专利法实施细则》第 85 条："除专利法第六十条[1]规定的外，管理专利工作的部门应当事人请求，可以对下列专利纠纷进行调解：

（一）专利申请权和专利权归属纠纷；

（二）发明人、设计人资格纠纷；

（三）职务发明创造的发明人、设计人的奖励和报酬纠纷；

（四）在发明专利申请公布后专利权授予前使用发明而未支付适当费用的纠纷；

（五）其他专利纠纷。

对于前款第（四）项所列的纠纷，当事人请求管理专利工作的部门调解的，应当在专利权被授予之后提出。"

100.【2008 年第 4 题】甲公司发现其员工乙擅自将其职务发明创造向国家知识产权局提出发明专利申请，甲公司可以通过下列哪些途径保护其合法权益？

A. 直接向国家知识产权局申请将专利申请人变更为甲公司

B. 请求管理专利工作的部门就专利申请权归属纠纷进行调解

---

[1] 这里指的是 2008 年修改后的《专利法》，2020 年《专利法》修改后，对应的是第 65 条。

C. 请求管理专利工作的部门对乙依法给予行政处罚

D. 向人民法院提起专利申请权归属纠纷民事诉讼

【解题思路】

协商、调解和向法院起诉是解决民事纠纷的三大途径，专利申请权纠纷也不例外。直接向国家知识产权局申请将专利申请人变更太过霸道，民事纠纷也不应该受到行政处罚。

【参考答案】 BD

101.【2008年第47题】李某是某研究所的研究员。下列哪些纠纷可以请求管理专利工作的部门进行调解？

A. 李某对其作出的一项发明是否为职务发明与该研究所发生的纠纷

B. 李某和该研究所的另一工作人员就发明人资格而产生的纠纷

C. 李某对其作出的一项职务发明是否申请专利与该研究所发生的纠纷

D. 李某就其职务发明的奖酬与该研究所发生的纠纷

【解题思路】

职务发明创造是否申请专利是单位的权利，发明人无权干涉，C选项排除。其余选择。

【参考答案】 ABD

二、假冒专利的行为

（一）假冒专利的行为

1. 属于假冒专利的行为

《专利法实施细则》第84条第1款："下列行为属于专利法第六十三条[1]规定的假冒专利的行为：

（一）在未被授予专利权的产品或者其包装上标注专利标识，专利权被宣告无效后或者终止后继续在产品或者其包装上标注专利标识，或者未经许可在产品或者产品包装上标注他人的专利号；

（二）销售第（一）项所述产品；

（三）在产品说明书等材料中将未被授予专利权的技术或者设计称为专利技术或者专利设计，将专利申请称为专利，或者未经许可使用他人的专利号，使公众将所涉及的技术或者设计误认为是专利技术或者专利设计；

（四）伪造或者变造专利证书、专利文件或者专利申请文件；

（五）其他使公众混淆，将未被授予专利权的技术或者设计误认为是专利技术或者专利设计的行为。"

102.【2016年第95题】甲公司拥有一项产品发明专利权，乙公司未经甲公司许可制造了该专利产品，并在产品上标注了甲公司的专利号；丙公司从乙公司处采购该产品并对外销售。下列哪些说法是正确的？

A. 乙公司和丙公司的行为构成了假冒专利行为

B. 乙公司和丙公司的行为构成了专利侵权行为

C. 管理专利工作的部门查封、扣押乙公司和丙公司产品的，应当经人民法院批准

D. 丙公司若能证明其不知道所销售产品为侵权产品，并且是通过合法途径、以合

---

[1] 这里指的是2008年修改后的《专利法》，2020年《专利法》修改后，对应的是第68条。

理价格采购了该产品，则不承担赔偿责任，但应停止销售

【解题思路】

未经许可制造专利产品的行为构成专利侵权，销售侵权产品的行为同样也构成专利侵权。在产品上标注专利号的行为则构成假冒专利，销售此类产品的行为也构成假冒专利。根据《侵犯专利权纠纷解释二》第25条，在专利侵权案件中，善意购买人如果支付了合理的对价，除了免除赔偿责任外，还可以免除停止侵权的责任。不过本题中的产品除了侵犯专利权外，还有假冒专利的问题，此时必须要停止销售。

【参考答案】 ABD

103.【2018年第91题】以下属于假冒专利行为的有：

A. 在未被授予专利权的产品或包装上标注专利标识的

B. 在专利权被宣告无效后或终止后，继续在产品或包装上标注专利标识的

C. 专利权终止前依法在专利产品或者其包装上标注专利标识，在专利权终止后许诺销售、销售标注专利标识的该产品的

D. 未经许可在产品或者产品包装上标注他人的专利号

【解题思路】

假冒专利的前提是跟真实情况不符，未授权的专利申请或者已经终止的专利权，都不能用来冒充授权专利。标注别人的专利号属于明显的假冒专利。如果在产品上标注专利标识时专利权在有效期间内，但不幸产品卖得比较慢，那么在专利权终止后可继续销售。

【参考答案】 ABD

104.【2018年第97题】甲获得了一项产品发明专利。甲与乙签订《专利使用协议》，该协议约定，甲允许乙对该专利产品进一步开发、并在产品中标注甲的专利号。该协议同时约定，“双方在开发的产品正式投产之前再行签订正式详尽的合同”。

乙在开发过程中，试制了一批甲的专利产品，并进行研发，研发制得新的产品相对于甲的专利权利要求的范围删除了一些不必要的部件、增加了一些具有实质性区别的新的功能部件，相对于原专利产品实现了明显的技术效果改进。但乙未申请该新产品的专利。随后，乙在未与甲进一步签订正式详尽合同的情况下批量制造其研发的新产品、并向市场销售该新产品，所销售新产品上标注有甲的专利号。

则以下说法正确的是：

A. 因为乙与甲没有按照协议约定签订正式详尽的合同，所以乙在产品开发中制造、使用甲的专利产品的行为属于侵犯甲的专利权的行为

B. 即便乙与甲没有按照协议约定签订正式详尽的合同，乙在产品开发中制造、使用甲的专利产品的行为也不属于侵犯甲的专利权的行为

C. 乙在所销售新产品上标注甲的专利号的行为构成假冒专利的行为

D. 乙与甲签订的《专利使用协议》中明确约定“乙可以在产品中标注甲的专利号”，因此乙在所销售新产品上标注甲的专利号的行为不构成假冒专利的行为

【解题思路】

乙的产品相对于甲的专利权利要求的范围删除了一些不必要的部件，没有落入甲

的专利保护范围，故不构成侵犯甲的专利权。既然乙的产品没有落到甲的专利的保护范围，那在产品上标注甲专利号就构成假冒专利。乙与甲签订的《专利使用协议》中约定“乙可以在产品中标注甲的专利号”，其前提是乙生产的产品的确是专利产品，但现在这个前提并不存在。

【参考答案】 BC

2. 不属于假冒专利的行为

《专利法实施细则》第 84 条第 2 款：专利权终止前依法在专利产品、依照专利方法直接获得的产品或者其包装上标注专利标识，在专利权终止后许诺销售、销售该产品的，不属于假冒专利行为。

105.【2016 年第 27 题】下列哪个行为不属于假冒专利的行为？

A. 未经许可在产品包装上标注他人的专利号

B. 销售不知道是假冒专利的产品，并且能够证明该产品合法来源

C. 在产品说明书中将专利申请称为专利

D. 专利权终止前依法在专利产品上标注专利标识，在专利权终止后销售该产品

【解题思路】

未经许可标注他人的专利号，或者将专利申请称为专利，这都属于明显的假冒专利。销售不知道是假冒专利的产品，并且能够证明该产品合法来源，也属于假冒专利的范畴，但可以免除罚款。专利权终止前，专利权人有权在专利产品上标注专利标识。如果因为销路不佳，导致专利权终止后产品还没有销售完毕也是正常的。如果此种情形被认定为假冒专利，显然对专利权人并不公平。

【参考答案】 D

3. 假冒专利行为的法律责任

《专利法》第 68 条：“假冒专利的，除依法承担民事责任外，由负责专利执法的部门责令改正并予公告，没收违法所得，可以处违法所得五倍以下的罚款；没有违法所得或者违法所得在五万元以下的，可以处二十五万元以下的罚款；构成犯罪的，依法追究刑事责任。”

《专利法实施细则》第 84 条第 3 款：“销售不知道是假冒专利的产品，并且能够证明该产品合法来源的，由管理专利工作的部门责令停止销售，但免除罚款的处罚。”

106.【2007 年第 90 题】甲假冒乙的专利产品获得利润 2 万元。对此，管理专利工作的部门可以对甲采取以下哪些处理措施？

A. 没收甲所获得的 2 万元

B. 处以甲 7 万元的罚款

C. 责令甲改正并予以公告

D. 查封甲进行假冒行为的场所

【解题思路】

罚款数额最高是 25 万元以下，A、B、C 选项正确。查封场所过于严厉，不选。

【参考答案】 ABC

107.【2008 年第 15 题】张某在其制造的玩具手机上标注了某公司的一项手机外观设计专利的专利号，进行销售后获利 1 万元。下列哪些说法是正确的？

A. 张某的行为构成了假冒专利行为

B. 该公司可以请求国家知识产权局对张某的行为进行处理

C. 该公司可以向人民法院提起诉讼，要求张某赔偿损失

D. 管理专利工作的部门可以没收张某的违法所得，并处 4 万元罚款

【解题思路】

张某在自己产品上标注他人的专利号，构成假冒专利。处理假冒专利纠纷的部门是地方管理知识产权的部门而不是国家知识产权局。假冒专利纠纷属于民事纠纷，可以提起诉讼。张某的违法所得为1万元，根据《专利法》的规定，罚款数额提高到25万元以下，4万元在区间内。不过，2020年《专利法》修改后，对假冒专利行为进行处罚的部门由“管理专利工作的部门”改为“负责专利执法的部门”。这是因为“管理专利工作的部门”指的是地方知识产权局，而机构改革后，执法工作主要由市场监督管理局下的综合执法大队来进行。为此，严格地说，D选项也不再正确。

【参考答案】AC

（二）假冒专利行为的查处

1. 查处的管辖

《专利行政执法办法》第29条：“查处假冒专利行为由行为发生地的管理专利工作的部门管辖。

管理专利工作的部门对管辖权发生争议的，由其共同的上级人民政府管理专利工作的部门指定管辖；无共同上级人民政府管理专利工作的部门的，由国家知识产权局指定管辖。”

108.【2008年第60题】张某为北京市人，李某为上海市人。张某在天津市大量制造某产品，并在其上标注了李某拥有的专利权的专利号。下列关于查处张某假冒他人专利行为管辖部门的说法，哪些是正确的？

A．应当由北京市管理专利工作的部门管辖

B．应当由上海市管理专利工作的部门管辖

C．应当由天津市管理专利工作的部门管辖

D．北京、天津两市管理专利工作的部门均有权管辖

【解题思路】

为便于查处，行为发生地的天津市管理专利工作的部门具有管辖权。当然，严格地说，假冒专利行为应当是由“负责专利执法的部门”负责。考虑到本题考点是管辖，故暂不考虑前述变化。

【参考答案】C

2. 调查取证的手段

《专利法》第69条第1款：“负责专利执法的部门根据已经取得的证据，对涉嫌假冒专利行为进行查处时，有权采取下列措施：

（一）询问有关当事人，调查与涉嫌违法行为有关的情况；

（二）对当事人涉嫌违法行为的场所实施现场检查；

（三）查阅、复制与涉嫌违法行为有关的合同、发票、账簿以及其他有关资料；

（四）检查与涉嫌违法行为有关的产品；

（五）对有证据证明是假冒专利的产品，可以查封或者扣押。”

109.【2010年第59题】管理专利工作的部门根据已经取得的证据，对涉嫌假冒专利行为进行查处时，可以采取下列哪些执法手段？

A．询问有关当事人，调查与涉嫌违法行为有关的情况

B．对当事人涉嫌违法行为的场所实施现场检查

C．查阅、复制与涉嫌违法行为有关的

合同、发票、账簿

D. 对有证据证明是假冒专利的产品予以查封或者扣押

【解题思路】

管理专利工作对涉嫌假冒专利行为进行查处时，可以采用一些调查取证手段。上述四个选项都是负责专利执法的部门在查处时拥有的权限，全选。

【参考答案】 ABCD

3. 当事人的权利和义务

《专利法》第 69 条第 3 款："负责专利执法的部门、管理专利工作的部门依法行使前两款规定的职权时，当事人应当予以协助、配合，不得拒绝、阻挠。"

《专利行政执法办法》第 33 条："当事人有权进行陈述和申辩，管理专利工作的部门不得因当事人申辩而加重行政处罚。

管理专利工作的部门对当事人提出的事实、理由和证据应当进行核实。当事人提出的事实属实、理由成立的，管理专利工作的部门应当予以采纳。"

4. 查处的程序

《专利行政执法办法》第 28 条："管理专利工作的部门发现或者接受举报、投诉发现涉嫌假冒专利行为的，应当自发现之日起 5 个工作日内或者收到举报、投诉之日起 10 个工作日内立案，并指定两名或者两名以上执法人员进行调查。"

《专利行政执法办法》第 30 条："管理专利工作的部门查封、扣押涉嫌假冒专利产品的，应当经其负责人批准。查封、扣押时，应当向当事人出具有关通知书。

管理专利工作的部门查封、扣押涉嫌假冒专利产品，应当当场清点，制作笔录和清单，由当事人和执法人员签名或者盖章。当事人拒绝签名或者盖章的，由执法人员在笔录上注明。清单应当交当事人一份。"

《专利行政执法办法》第 31 条："案件调查终结，经管理专利工作的部门负责人批准，根据案件情况分别作如下处理：

（一）假冒专利行为成立应当予以处罚的，依法给予行政处罚；

（二）假冒专利行为轻微并已及时改正的，免予处罚；

（三）假冒专利行为不成立的，依法撤销案件；

（四）涉嫌犯罪的，依法移送公安机关。"

110.【2012 年第 61 题】管理专利工作的部门对假冒专利案件作出的下列处理，哪些是正确的？

A. 假冒专利行为不成立的，依法撤销案件

B. 假冒专利行为轻微并已及时改正的，免予处罚

C. 假冒专利行为成立应当予以处罚的，依法给予行政处罚

D. 假冒专利行为涉嫌犯罪的，依法移送公安机关

【解题思路】

案件不成立就撤销，成立但轻微可免罚，应当处罚的则给予处罚，涉嫌犯罪的，由公安机关处理，A、B、C、D 四个选项依次为情节从无到有，从轻到重，全选。

【参考答案】 ABCD

《专利行政执法办法》第 32 条："管理专利工作的部门作出行政处罚决定前，应当告知当事人作出处罚决定的事实、理由和依据，并告知当事人依法享有的权利。

管理专利工作的部门作出较大数额罚款的决定之前，应当告知当事人有要求举行听证的权利。当事人提出听证要求的，应当依法组织听证。”

111.【2013 年第 66 题】下列关于查处假冒专利行为的说法哪些是正确的？

A. 查处假冒专利行为由假冒专利行为发生地的管理专利工作的部门管辖

B. 管理专利工作的部门作出行政处罚决定前，应当告知当事人作出处罚决定的事实、理由和依据

C. 管理专利工作的部门作出较大数额罚款的决定之前，应当告知当事人有要求举行听证的权利

D. 管理专利工作的部门查处假冒专利案件，应当自立案之日起 4 个月内结案

【解题思路】

查处假冒案件的期限是立案后 1 个月，行政贵在效率，民事案件简易程序的期限也才 3 个月，如果这里要 4 个月，那就太长了。有权查处的部门为行为发生地的负责专利执法的部门也很容易理解，民事诉讼中的管辖除侵权行为地外还有被告所在地法院，但这里是行政程序，发现侵权案件就地查处显然更有效率。为平衡被查处人的利益，作出处罚前应当让当事人有表达意见的机会，金额较大的罚款则给予当事人听证的权利。本题暂不考虑假冒专利案件由负责专利执法的部门管辖的问题。

【参考答案】 ABC

5. 处罚决定的执行

《专利行政执法办法》第 45 条：“管理专利工作的部门认定假冒专利行为成立的，应当责令行为人采取下列改正措施：

（一）在未被授予专利权的产品或者其包装上标注专利标识、专利权被宣告无效后或者终止后继续在产品或者其包装上标注专利标识或者未经许可在产品或者产品包装上标注他人的专利号的，立即停止标注行为，消除尚未售出的产品或者其包装上的专利标识；产品上的专利标识难以消除的，销毁该产品或者包装；

（二）销售第（一）项所述产品的，立即停止销售行为；

（三）在产品说明书等材料中将未被授予专利权的技术或者设计称为专利技术或者专利设计，将专利申请称为专利，或者未经许可使用他人的专利号，使公众将所涉及的技术或者设计误认为是他人的专利技术或者专利设计的，立即停止发放该材料，销毁尚未发出的材料，并消除影响；

（四）伪造或者变造专利证书、专利文件或者专利申请文件的，立即停止伪造或者变造行为，销毁伪造或者变造的专利证书、专利文件或者专利申请文件，并消除影响；

（五）责令假冒专利的参展方采取从展会上撤出假冒专利展品、销毁或者封存相应的宣传材料、更换或者遮盖相应的展板等撤展措施；

（六）其他必要的改正措施。

管理专利工作的部门认定电子商务平台上的假冒专利行为成立的，应当通知电子商务平台提供者及时对假冒专利产品相关网页采取删除、屏蔽或者断开链接等措施。”

《专利行政执法办法》第 46 条：“管理专利工作的部门作出认定专利侵权行为成立并责令侵权人立即停止侵权行为的决定，或者认定假冒专利行为成立并作出处罚决定

的，应当自作出决定之日起20个工作日内予以公开，通过政府网站等途径及时发布执法信息。”

6. 对处罚决定不服的法律救济途径

《专利行政执法办法》第44条：“管理专利工作的部门作出认定专利侵权行为成立并责令侵权人立即停止侵权行为的处理决定后，被请求人向人民法院提起行政诉讼的，在诉讼期间不停止决定的执行。

侵权人对管理专利工作的部门作出的认定侵权行为成立的处理决定期满不起诉又不停止侵权行为的，管理专利工作的部门可以申请人民法院强制执行。”

《专利行政执法办法》第48条：“管理专利工作的部门作出处罚决定后，当事人申请行政复议或者向人民法院提起行政诉讼的，在行政复议或者诉讼期间不停止决定的执行。”

《专利行政执法办法》第49条：“假冒专利行为的行为人应当自收到处罚决定书之日起15日内，到指定的银行缴纳处罚决定书写明的罚款；到期不缴纳的，每日按罚款数额的百分之三加处罚款。”

112.【2008年第81题】管理专利工作的部门对吴某冒充专利的行为作出处罚决定，并于2007年3月11日向吴某送达相应的处罚决定书。下列哪些说法是正确的？

A. 吴某对该处罚决定不服提起行政诉讼的，应当在2007年6月11日之前向人民法院提出

B. 吴某向人民法院提起行政诉讼并被受理的，在诉讼期间应当停止该处罚决定的执行

C. 如果吴某被处以罚款，则其应当于2007年3月26日之前到指定的银行缴纳相应的罚款

D. 如果吴某被处以罚款且到期未缴纳的，则每日按罚款数额的3%加处罚款

【解题思路】

2015年《行政诉讼法》修改后，对行政行为直接提起诉讼的期限进行了修改，从原来的应当在收到处罚决定之日起3个月内改为6个月内。这里涉及的是对假冒专利的处罚，《专利法》第65条中针对的是专利侵权行为，故本题不适用该条规定的15日期限。行政诉讼期间不停止具体行政行为的执行。缴纳罚款的期限是收到处罚决定书15日内，逾期的滞纳金是总额的3%。

【参考答案】 CD

113.【2011年第87题】关于查处假冒专利行为，下列说法哪些是正确的？

A. 管理专利工作的部门发现涉嫌假冒专利行为的，应当及时立案，并指定两名或者两名以上案件承办人员进行调查

B. 管理专利工作的部门作出较大数额罚款的决定之前，应当告知当事人有要求举行听证的权利

C. 管理专利工作的部门认定假冒专利行为成立，作出处罚决定的，应当予以公告

D. 管理专利工作的部门作出处罚决定后，当事人申请行政复议的，在行政复议期间停止决定的执行

【解题思路】

申请行政复议不停止行政行为的执行是行政法的基本原则，D选项错误。其余正确。

【参考答案】 ABC

三、其他违反专利法的行为及其法律责任

（一）擅自向外国申请专利泄露国家秘密及其法律责任

《专利法》第 78 条："违反本法第十九条规定向外国申请专利，泄露国家秘密的，由所在单位或者上级主管机关给予行政处分；构成犯罪的，依法追究刑事责任。"

《专利法》第 19 条："任何单位或者个人将在中国完成的发明或者实用新型向外国申请专利的，应当事先报经国务院专利行政部门进行保密审查。保密审查的程序、期限等按照国务院的规定执行。

中国单位或者个人可以根据中华人民共和国参加的有关国际条约提出专利国际申请。申请人提出专利国际申请的，应当遵守前款规定。

国务院专利行政部门依照中华人民共和国参加的有关国际条约、本法和国务院有关规定处理专利国际申请。

对违反本条第一款规定向外国申请专利的发明或者实用新型，在中国申请专利的，不授予专利权。"

（二）专利行政部门人员渎职行为及其法律责任

《专利法》第 80 条："从事专利管理工作的国家机关工作人员以及其他有关国家机关工作人员玩忽职守、滥用职权、徇私舞弊，构成犯罪的，依法追究刑事责任；尚不构成犯罪的，依法给予处分。"

（三）专利工作管理部门参与经营活动及其法律责任

《专利法》第 79 条："管理专利工作的部门不得参与向社会推荐专利产品等经营活动。管理专利工作的部门违反前款规定的，由其上级机关或者监察机关责令改正，消除影响，有违法收入的予以没收；情节严重的，对直接负责的主管人员和其他直接责任人员依法给予处分。"

第四节　专利管理和运用

一、专利管理

（一）专利管理的含义

专利管理是指专利管理人员，在有关单位和部门的配合下，为了促进专利创造、运用、管理、保护、人才培养等目标而形成的系列决策和活动。

（二）专利管理的主体

专利是对技术的保护，技术研发比较活跃，拥有并且需要专利制度保护自身技术优势的主体都有必要建立科学的专利管理制度。这些主体主要包括企业、高等学校和科研组织。

（三）专利管理的主要内容

企业、高等学校和科研组织因为主体性质的差异，专利管理的内容也存在较大的区别。以企业为例，专利管理包含文件要求、管理职责、资源管理、基础管理、实施运行、审核和改进等方面。在基础管理方面，包括获取及维护、运用、保护、合同管理、保密等方面。在实施和运行方面，包括立项、研究和开发、采购、生产、销售和售后。

（四）知识产权管理体系贯标认证

所谓贯标认证就是贯彻标准，获得相应的认证。在中国，针对企业、高等学校和

科研组织，先后发布了《企业知识产权管理规范》《高等学校知识产权管理规范》和《科研组织知识产权管理规范》，规定了这三类主体的知识产权管理国家标准。

《企业知识产权管理规范》（GB/T29490—2013）规定了企业策划、实施、运行、评审和改进知识产权管理体系的要求，适用于任何有下列愿望的不同类型、不同规模和提供不同产品的企业：（a）建立知识产权管理体系，提升企业核心竞争力，防范知识产权风险；（b）实施、保持并改进知识产权管理体系；（c）寻求外雇组织对其知识产权管理体系的评价。

《科研组织知识产权管理规范》（GB/T33250—2016）规定了科研组织策划、实施和运用、检查、改进知识产权管理体系的要求，适用于中央或地方政府建立或出资设立的科研组织的知识产权管理，其他性质的科研组织可参照执行。

《高等学校知识产权管理规范》（GB/T33251—2016）规定了高等学校知识产权的文件管理、组织管理、资源管理、获取、运用、保护、检查和改进等要求，适用于我国各类高等学校的知识产权管理，其他教育组织可参照执行。

二、专利运用

（一）专利运用的含义

专利运用是指专利权人将专利运用于生产经营和市场交易活动中，以获取经济利益和其他利益的行为。专利运用可以分为专利的法定实施和专利的约定实施两方面，其中法定实施包括专利的合理使用、专利的强制许可和专利的推广运用；约定实施包括专利的许可使用、专利的转让和专利的质押。

（二）专利许可

专利许可是指专利权人将其专利权中的全部或部分权能授权给他人实施的行为。按照被许可人取得的实施权的范围和其他因素，可以将专利实施许可分为以下几种类型：

（1）独占实施许可，简称独占许可，是指在一定时间内，在专利权的有效地域内，专利权人只许可一个被许可人实施其专利，且专利权人自己也不得实施该专利。

（2）排他实施许可，简称排他许可，是指在一定时间内，在专利权的有效地域范围内，专利权人只许可一个被许可人实施其专利，但专利权人自己有权实施该专利。

（3）普通实施许可，简称普通许可，是指在一定时间内，专利权人许可他人实施其专利，同时保留许可第三人实施该专利的权利。

114.【2007年第78题】甲于2004年3月22日向国家知识产权局提出了一件有关除垢器的发明专利申请，该申请于2005年11月25日公布，2006年10月27日被授予专利权。2007年1月16日甲将该项专利以独占许可的方式许可乙实施。丙从国家知识产权局公布的申请文件上了解了该项技术，并于2006年3月22日开始制造与甲专利相同的除垢器，2006年11月10日停止生产。甲于2006年12月1日才得知丙曾制造该除垢器的事实。以下哪些说法是错误的？

A．乙在甲不提起侵权诉讼的情况下，才可以单独向人民法院提起诉讼

B．对于丙在2005年11月25日至2006年10月27日之间制造除垢器没有支付

相应费用的行为，甲向人民法院提起诉讼的时效于2008年10月27日届满

C．对于丙在2006年10月27日后实施的侵权行为，甲向人民法院提起诉讼的时效于2008年12月1日届满

D．如果丙在2006年10月27日前停止制造除垢器，则甲无权要求丙支付使用费

【解题思路】

乙获得的是独占许可，可以单独提起诉讼。丙虽然在专利申请公开之后、授权之前实施专利技术，但甲在专利权授权之后才知晓，故诉讼时效的起算点从甲知道之日起计算，即2006年12月1日起算。2020年《专利法》修改后，诉讼时效已经改为3年。临时保护期限是专利申请公布后到授权前，即使甲在专利授权日之后停止制造，依然需要承担法律责任。

【参考答案】 ABD

《专利法实施细则》第14条第2款：专利权人与他人订立的专利实施许可合同，应当自合同生效之日起3个月内向国务院专利行政部门备案。

【提醒】

需要注意的是，专利许可合同备案只是一种引导性的规定，而不是强制性规定。《专利法》《专利法实施细则》《专利实施许可合同备案管理办法》都没有规定备案与否会影响到专利许可合同的效力。从《专利法实施细则》的条文来看，备案的时间是在合同"生效"之日起3个月内，也就是说，在备案之前合同已经生效。

115.【2009年第28题】甲公司就其所拥有的一项发明专利与乙公司签订了独占实施许可合同。下列说法哪些是正确的？

A．当事人应当自合同生效之日起3个月内向国家知识产权局备案

B．该独占实施许可合同未经国家知识产权局备案的，不产生法律效力

C．由于甲乙之间签订的是独占实施许可合同，因此乙公司有权允许第三人实施该专利

D．如果发生侵犯该专利权的行为，则乙公司可以单独向人民法院提出诉前责令停止侵犯专利权行为的申请

【解题思路】

专利许可合同的备案时间是合同生效之日起3个月内。既然合同已经生效，未经备案不应该影响其法律效力。独占实施许可合同排除专利权人和第三人实施该专利的可能性。专利权人甲都无权再向外许可，更不用说被许可人乙。独占许可的被许可人有权单独提起诉前行为保全。

申请诉前行为保全的目的就是维护自身的经济利益。专利权人是所有权人，自然有权提起申请。在独占许可（exclusive license）中，所有权人无权使用专利技术，被许可人实际上是唯一的专利技术使用者，侵权行为威胁最大的是被许可人。因此，独占许可的被许可人有权单独提起申请。在排他许可（sole license）中，存在专利权人和被许可人两个技术使用方，侵权行为同时威胁到双方的利益。不过，专利权人毕竟是所有权人，在申请禁令的资格上优先。只有在专利权人不申请的情况下，排他许可的被许可人才能提起申请。在普通许可（general license）合同中，专利权人除了自己使用外，还可以将专利许可给多个被许可人。在这种情况下，单独的一个被许可人只是多个

专利技术使用者中的一个，没有特殊的法律地位。因此，普通被许可人除非获得专利权人的授权，不然无法申请诉前行为保全。

【参考答案】 AD

116.【2014年第65题】甲拥有一项产品发明专利权，为了扩大产能，甲欲在自行生产的同时许可乙公司生产该专利产品。下列说法哪些是正确的？

A．甲可以将该专利权独占许可给乙

B．甲可以将该专利权排他许可给乙

C．甲可以将该专利权普通许可给乙

D．甲与乙订立实施许可合同的，应自合同生效之日起3个月内向国家知识产权局备案

【解题思路】

如果是独占许可，那专利人自己也不能使用；排他许可是仅专利权人和被许可人有权使用，但专利权人不能再许可其他人；普通许可是除了专利权人和被许可人之外，专利权人还能许可给其他人。本题中甲自己要使用，同时也许可乙公司使用，那可以选择的包括普通许可和排他许可。许可合同需要登记，登记期限是合同生效之日起3个月内。

【参考答案】 BCD

117.【2016年第82题】下列关于专利实施许可的说法哪些是正确的？

A．专利实施许可合同应当自合同生效之日起三个月内向国家知识产权局申请办理备案手续

B．专利实施许可合同的被许可人可以不经专利权人同意在产品的包装上标注专利标记

C．独占实施许可合同的被许可人可以单独向人民法院提出诉前责令被申请人停止侵犯专利权行为的申请

D．普通实施许可合同的被许可人在专利权人不请求的情况下，可以单独请求管理专利工作的部门处理专利侵权纠纷

【解题思路】

专利许可合同的双方当事人应当在合同生效之日起3个月内进行许可合同备案。被许可人如果要在产品包装上标注专利标记，需要获得专利权人的同意。在三种专利许可中，独占许可的被许可人是唯一使用专利技术的人，侵权行为对他影响最大，故可以单独提起诉讼和申请诉前行为保全。普通许可的被许可人则只是众多专利技术使用者中的一个，没有特殊的法律地位。因此，普通被许可人除非获得专利权人的授权，不然无法申请诉前行为保全。

【参考答案】 AC

（三）专利转让

专利转让是指权利人将其专利权让渡与他人的法律行为。专利权转让后，专利权的主体变更，受让人成为新的专利权人，对取得专利的发明创造享有排他权，同时应履行专利权人的义务，如缴纳专利年费。

《专利法》第10条："专利申请权和专利权可以转让。

中国单位或者个人向外国人、外国企业或者外国其他组织转让专利申请权或者专利权的，应当依照有关法律、行政法规的规定办理手续。

转让专利申请权或者专利权的，当事人应当订立书面合同，并向国务院专利行政部门登记，由国务院专利行政部门予以公告。专利申请权或者专利权的转让自登记之

日起生效。"

118.【2011 年第 61 题】专利权人王某与甲公司订立专利权转让合同，将其专利权转让给甲公司，但未办理登记手续。后王某在甲公司不知情的情况下与乙公司订立转让该专利权的合同，并按规定办理了专利权转让登记手续。下列说法哪些是正确的？

A．该专利权由甲公司享有

B．该专利权由乙公司享有

C．王某与甲公司订立的专利权转让合同无效

D．根据甲公司的请求，国家知识产权局可以撤销该专利权的转让登记

【解题思路】

专利权的转让自国家知识产权局登记之日起生效，王某与乙公司签订了专利权转让协议并进行了登记，专利权已经转让给了乙公司。甲公司只能追究王某的违约责任，不能要求合同无效或者撤销登记。

【参考答案】 B

119.【2017 年第 3 题】王某拥有一项实用新型专利权，2017 年 5 月 5 日，王某和张某签订了专利权转让合同，但没有到国家知识产权局进行登记。此后，王某又于 2017 年 7 月 3 日与刘某签订了专利权转让合同，并于 2017 年 7 月 14 日到国家知识产权局进行了登记。2017 年 8 月 1 日国家知识产权局对该项专利权的转让进行了公告。那么下列哪个说法是正确的？

A．该专利权的转让自 2017 年 5 月 5 日起生效

B．该专利权的转让自 2017 年 7 月 3 日起生效

C．该专利权的转让自 2017 年 7 月 14 日起生效

D．该专利权的转让自 2017 年 8 月 1 日起生效

【解题思路】

专利权的转让需要经过登记和公告，这是因为授予专利权要经过登记和公告，为了使国家知识产权局和第三人了解该专利权法律状况的变化，有必要登记和公告。在登记、公告前，转让合同虽然已经成立，但专利权并未发生转移。考生需要注意，专利权的转移是在登记日，商标权的转移是在公告日。顺便需要提及的是，登记日就是著录项目手续合格通知书的发文日，如果题中未提及通知书发出之日，那就只能理解为当天就发出通知书。

【参考答案】 C

120.【2009 年第 74 题】在下列哪些情形下，当事人应当到国家知识产权局办理专利权人变更手续？

A．专利权人赵某死亡，由其子继承其专利权

B．专利权人孙某将其专利权赠予李某

C．专利权人周某将其专利权质押给吴某

D．专利权人郑某以其专利权入股与王某共同成立一家新公司

【解题思路】

A、B、D 选项都涉及专利权的转移，需要办理专利权人变更手续。C 选项是专利权的质押，需要办理的是出质登记，并不涉及变更，不选。

【参考答案】 ABD

121.【2018 年第 86 题】某中国发明专利权人甲与乙依法订立专利权转让合同，在

向国家知识产权局办理该转让合同的登记手续之前，甲又与丙就同一专利权订立了专利权转让合同，并向国家知识产权局办理了该转让合同的登记手续。则以下说法正确的是：

A. 甲与乙的合同成立在先，应当由乙作为受让人享受和行使被转让的专利权

B. 甲与丙的合同依法向国家知识产权局进行了登记，应当由丙作为受让人享受和行使被转让的专利权

C. 甲与乙的合同未向国家知识产权局办理了登记手续，因此，甲与乙的合同无效

D. 甲应当承担合同违约责任

【解题思路】

甲和丙的专利权转让合同在国家知识产权局进行了登记，专利权已经完成转让，丙成为新的专利权人。虽然甲和乙的合同成立在先，并且也属于有效合同，但甲已经无法再向乙履行合同义务，应当承担违约责任。

【参考答案】 BD

122.【2008年第33题】在办理专利申请权或专利权的转让手续时，下列哪些情形应当出具商务主管部门颁发的《技术出口许可证》或者《技术出口合同登记证书》？

A. 广州市市民王某向国家知识产权局提交了一件外观设计专利申请并获得专利权，之后将该专利权转让给一家日本的企业

B. 北京市的一所大学与美国的一所大学共同向国家知识产权局提交了一件发明专利申请，之后将该专利申请权转让给一家韩国的企业

C. 上海市市民刘某向国家知识产权局提交了一件发明专利申请，之后刘某在美国做访问学者期间，将其专利申请权转让给一家美国的企业

D. 天津市的一家民营企业向国家知识产权局提交了一件发明专利申请并获得了专利权，之后将专利权转让给在中国内地注册的一家外资企业

【解题思路】

《技术出口许可证》或者《技术出口合同登记证书》规制的都是"技术"，外观设计属于"艺术"，不属于"技术"，故王某向日本企业转让外观设计不需要上述证书。在中国内地注册的外资企业属于中国企业，向其转让技术不属于"出口"，也不需要提供上述证书。

【参考答案】 BC

123.【2016年第83题】中国内地的甲公司将其在中国境内完成的一项发明创造向国家知识产权局提出发明专利申请并获得授权，现甲公司拟将该发明专利权转让给美国乙公司，下列说法哪些是正确的？

A. 甲公司在转让前应当事先获得当地管理专利工作的部门审核批准

B. 甲公司与乙公司应当订立书面转让合同

C. 办理转让手续时应当出具《技术出口许可证》或《自由出口技术合同登记证书》

D. 该专利权的转让自合同签订之日起生效

【解题思路】

权利人转让专利技术需要签订书面合同。如果是将专利技术转让给外国公司，那涉及技术的出口，需要向贸易主管部门而不是地方知识产权局办理相应的手续。如果涉及的是限制出口的技术，则需要获得批准；

如果涉及的是自由出口的技术，则需要登记。对于限制出口的技术，合同是自技术出口许可证颁发之日起生效。

【参考答案】 BC

（四）专利保险

专利保险是指投保人以授权专利为标的向保险公司投保，在保险期间，保险公司按照合同约定向投保人为专利维权而支出的调查费用和法律费用进行赔偿。

（五）专利质押融资

专利质押融资是指专利权人将专利权经评估作为质押物从银行获得贷款的一种融资方式，旨在帮助专利权人解决因缺少不动产担保而带来的资金紧张难题。

《专利权质押登记办法》第12条第1款：专利权质押登记申请经审查合格的，国家知识产权局在专利登记簿上予以登记，并向当事人发送《专利权质押登记通知书》。质权自国家知识产权局登记时设立。

124.【2014年第35题】甲公司和乙公司共同拥有一项外观设计专利权，现甲公司欲以该专利权质押给银行进行融资。下列说法哪些是正确的？

A. 甲公司可以自行将该专利权质押，无须取得乙公司的同意

B. 甲公司与乙公司可以通过协议约定任何一方无须取得对方同意即可质押该专利权

C. 只有经国家知识产权局登记，该专利权的质押才能生效

D. 甲公司请求国家知识产权局进行质押登记的，应当提交该专利权的评价报告

【解题思路】

专利质押后，专利权人使用专利的权利会受到很大的限制，故如专利属于共有的，除非另有约定，否则需要共有人同意才能质押。专利质押经过国家知识产权局登记后才生效。专利权评价报告主要是用在侵权诉讼中，因为实用新型和外观设计不需要实质审查，权利不稳定。专利质押则是专利权人和质权人之间“一个愿打，一个愿挨”的事情，没有必要必须提供专利权评价报告。

【参考答案】 BC

125.【2015年第88题】甲将一项专利权质押给乙，于2012年3月1日签订了质押合同，并于2012年3月5日到国家知识产权局进行了登记。后经乙同意，甲于2012年5月10日与丙签订了专利权转让合同，并于2012年5月17日到国家知识产权局进行了登记。下列说法哪些是正确的？

A. 质权自2012年3月1日起生效

B. 质权自2012年3月5日起生效

C. 专利权的转让自2012年5月10日起生效

D. 专利权的转让自2012年5月17日起生效

【解题思路】

专利的转让和质押都需要到国家知识产权局进行登记，国家知识产权局会在登记之日公告，只有在完成了登记公告手续后才生效。

【参考答案】 BD

《专利法实施细则》第14条第3款：“以专利权出质的，由出质人和质权人共同向国务院专利行政部门办理出质登记。”

《专利质押登记办法》第4条：“以共有的专利权出质的，除全体共有人另有约定的以外，应当取得其他共有人的同意。”

126.【2013年第58题】甲公司欲向乙银行贷款，将其拥有的一项专利权出质给该银行作为担保，下列说法哪些是正确的?

A. 甲公司与乙银行应当就专利权质押订立单独的合同

B. 甲公司应当与乙银行共同向国务院专利行政部门办理出质登记

C. 质权自国务院专利行政部门登记时设立

D. 专利权质押期间，甲公司未提交乙银行同意其放弃该专利权的证明材料的，国务院专利行政部门不予办理专利权放弃手续

【解题思路】

质押合同可以是单独订立的合同，也可以是主合同中的担保条款，形式不是关键。出质需双方共同去办理，以证明双方是自愿的。专利权上存在质权需要广而告之，故登记时成立。为防止损害质权人的利益，除非质权人同意，否则专利权人不能放弃专利。

【参考答案】 BCD

127.【2016年第84题】甲公司和乙公司共同拥有一项实用新型专利权，其未对权利的行使进行约定，现甲公司欲以该专利权进行质押融资。下列说法哪些是正确的?

A. 该专利权的质押须取得乙公司的同意

B. 申请专利权质押登记时，应当向国家知识产权局提交该专利权的评价报告

C. 在该专利权的质押期间内可以对该专利权再次进行质押

D. 在该专利权的质押期间内转让该专利权的，须取得质权人的同意

【解题思路】

专利的质押属于对权利的重大限制，需要获得共同所有人的同意，除非双方另有约定。专利质押则是专利权人和质权人之间愿打愿挨的事情，专利价值如何及权利是否稳定由双方自己判断，没有必要必须提供专利权评价报告。如果专利允许再次质押，那就会多出一个质权人，严重影响第一位质权人的利益。专利权属的转移会对质权的实现产生重大影响，故专利权人如要转让专利权，需要获得质权人的同意。

【参考答案】 AD

128.【2017年第38题】下列哪些情况下，专利权质押合同不予登记?

A. 出质人与专利登记簿记载的专利权人不一致的

B. 专利权已经终止的

C. 专利权处于年费缴纳滞纳期的

D. 专利权已被启动无效宣告程序的

【解题思路】

专利权质押合同的出质人应当是专利权人，如果出质人与专利登记簿上记载的专利权人不一致，那就意味着很有可能并不是真正的权利人。进行质押的专利必须处于受法律保护的稳定状态，已经终止的专利权不再受到法律保护。处于年费缴纳滞纳期的专利已经处于不稳定状态，处于无效宣告程序中的专利也不稳定。

【参考答案】 ABCD

（六）专利导航

专利导航是一种运用产业、技术、市场、专利等多维度大数据对特定研究对象在相关领域面临的产业、专利、技术等竞争进行结构化分析，为其实现创新发展和核心竞

争力提升提供决策支撑和发展路径指引的研究范式。

1. 专利导航的特征

专利导航的特征包括：（1）基于专利与市场利益驱动之间的紧密关联，专利导航具有客观反映专利权利主体市场意图的基本作用；（2）基于专利与产业技术体系之间的映射关系，专利导航具有客观再现产业技术竞争格局的基本作用；（3）基于专利对产业技术演进过程的客观记录，专利导航具有回溯产业技术发展路径并预见未来趋势的基本作用；（4）基于专利文献蕴含的专利、技术、产业、国别、主体等多维信息，专利导航具有将海量多维信息进行整合关联的基本作用。

2. 专利导航的应用

在专利导航的具体应用上，根据研究对象的不同，专利导航可以分为面向区域层面开展的区域规划类专利导航、面向特定产业层面开展的产业规划类专利导航和面向企业和科研院所等特定创新主体开展的创新主体类专利导航三大类。

3. 专利导航的实施流程

专利导航的实施流程包括五个基本流程步骤：（1）研究对象基本状况摸查，旨在全面了解研究对象与技术创新及竞争相关的各方面的情况。（2）相关产业技术竞争形势分析，旨在对研究对象所涉及的产业技术领域进行专利技术竞争形势的全面梳理和分析，为专利导航分析提供推演研判的全景沙盘。（3）研究对象技术创新情况及定位分析，旨在将研究对象的技术研发储备、创新人才资源和专利储备等纳入产业技术竞争全景沙盘之内进行分析研判，客观准确地确定研究对象所拥有的专利技术的现状和定位，发现和识别研究对象在产业技术领域的创新发展上存在的问题和不足。（4）研究对象发展目标及关键要素分析，旨在结合研究对象存在的问题不足及所处产业技术领域的竞争格局，紧扣研究对象的整体发展战略，分析确定研究对象的发展目标及相应相关发展诉求的关键要素。（5）研究对象创新发展路径及方案分析，旨在为研究对象的创新发展提供发展路径和策略的导航知识。

4. 专利导航的实施要求

在专利导航的实施过程中，需要深度结合研究对象及其所处产业技术领域的特点，一方面，以前述五个流程过程为骨干框架，进一步有针对性第优化完善专利导航的研究思路；另一方面，对于各流程步骤的具体操作实务，需要在实际操作具体项目时，根据不同项目的不同特点，有针对性地进行操作实务细节的细化展开和优化调整。

（七）专利推广应用

1. 专利法对于推广运用的规定

《专利法》第 49 条："国有企业事业单位的发明专利，对国家利益或者公共利益具有重大意义的，国务院有关主管部门和省、自治区、直辖市人民政府报经国务院批准，可以决定在批准的范围内推广应用，允许指定的单位实施，由实施单位按照国家规定向专利权人支付使用费。"

2. 专利被推广应用的条件、程序

专利被推广应用应当具备的条件包括：（1）在专利权人上，仅限于国有企事业单位；（2）在专利种类上，仅限于发明专利；（3）在专利的范围上，仅限于那些对国家利益或者公共利益具有重大意义的专利。

129.【2011 年第 5 题】下列关于专利的推广应用的说法哪些是正确的?

A. 推广应用的对象包括发明专利和实用新型专利

B. 推广应用的专利应当为国有企业事业单位的专利

C. 推广应用必须由国务院主管部门或者省级人民政府批准

D. 推广应用无须向专利权人支付使用费

【解题思路】

专利权的推广运用对专利权人有着重大的影响，故需要进行严格限制，从权利类型上看，只适用于发明专利；从专利权的主体上看，只适用于国有企事业单位的专利；从批准机关上看，只有国务院有权批准。另外，推广使用不是免费使用，实施单位需要支付使用费。

【参考答案】 B

根据《专利法》第 49 条的规定，相关发明专利需要推广运用的，需要由国务院有关主管部门和省、自治区、直辖市人民政府报经国务院批准。未经批准，不得进行推广。

130.【2012 年第 9 题】下列关于专利推广应用的哪种说法是正确的?

A. 只有发明专利才能被推广应用

B. 任何单位的专利都能被推广应用

C. 推广应用须报经国务院专利行政部门批准

D. 推广应用后，实施单位无须支付使用费

【解题思路】

推广应用仅限于发明专利，并且必须是国有企事业单位的发明专利。有权批准专利推广应用的是国务院而不是国家知识产权局。另外，专利推广应用也不是免费的。

【参考答案】 A

3. 使用费的支付

被指定实施的单位专利实施权并不是无偿取得的，实施单位应当按照国家规定向专利权人支付使用费。

131.【2019 年第 27 题】下列关于专利推广应用的说法正确的是?

A. 实用新型专利可以被推广应用

B. 只有国有企事业单位的发明专利才能被推广应用

C. 国内专利权人的专利都可以被推广应用

D. 推广应用后，实施单位需要向人民政府支付使用费用

【解题思路】

在专利制度中，发明和实用新型都适用强制许可，但推广应用只包括发明一种，并且还只能是国有企事业单位的发明专利。国有企事业单位的所有权属于国家，故国家可以对其拥有的专利作出推广应用的处分。专利推广应用后，实施单位需要支付费用，但费用是支付给专利权人而不是给地方政府。

【参考答案】 B

第五节 专利实施的特别许可

一、专利的开放许可

专利的开放许可是 2020 年《专利法》修改时新增的制度，目的是鼓励专利权人对

社会公开许可专利，降低专利许可供需双方的信息获取成本及交易成本，提升专利转化率，推动技术进步。

（一）开放许可的申请和撤回程序

《专利法》第50条："专利权人自愿以书面方式向国务院专利行政部门声明愿意许可任何单位或者个人实施其专利，并明确许可使用费支付方式、标准的，由国务院专利行政部门予以公告，实行开放许可。就实用新型、外观设计专利提出开放许可声明的，应当提供专利权评价报告。

专利权人撤回开放许可声明的，应当以书面方式提出，并由国务院专利行政部门予以公告。开放许可声明被公告撤回的，不影响在先给予的开放许可的效力。"

（二）开放许可的获得和年费优惠

《专利法》第51条："任何单位或者个人有意愿实施开放许可的专利的，以书面方式通知专利权人，并依照公告的许可使用费支付方式、标准支付许可使用费后，即获得专利实施许可。

开放许可实施期间，对专利权人缴纳专利年费相应给予减免。

实行开放许可的专利权人可以与被许可人就许可使用费进行协商后给予普通许可，但不得就该专利给予独占或者排他许可。"

（三）开放许可纠纷的处理

《专利法》第52条："当事人就实施开放许可发生纠纷的，由当事人协商解决；不愿协商或者协商不成的，可以请求国务院专利行政部门进行调解，也可以向人民法院起诉。"

二、强制许可的种类

根据《专利法》第6章的规定，强制许可的类型包括：（1）因专利权人未实施或者未充分实施专利而给予的强制许可；（2）为消除或者减少垄断行为对竞争产生的不利影响而给予的强制许可；（3）为公共利益目的而给予的强制许可；（4）为公共健康目的而给予的强制许可；（5）从属专利的强制许可。

132.【2011年第28题】下列关于强制许可的说法哪些是正确的？

A. 任何强制许可的实施只能为了供应国内市场，不能出口

B. 取得实施强制许可的单位或者个人享有独占的实施权，但无权允许他人实施

C. 专利权人对国家知识产权局关于实施强制许可的决定不服的，可以申请行政复议

D. 强制许可的理由消除并不再发生时，国家知识产权局可以自行作出终止实施强制许可的决定

【解题思路】

如果专利权人的行为被认定为垄断行为或者是出口药品的强制许可，那就没有只能供应国内市场的限制。获得的强制许可是普通许可而不是独占许可。强制许可的终止需要经过申请人请求才能启动。行政复议是对强制许可不服的救济。

【参考答案】 C

（一）因专利权人未实施或者未充分实施专利而给予的强制许可

根据《专利法》第53条第1项，专利权人自专利权被授予之日起满3年，且自提

出专利申请之日起满4年，无正当理由未实施或者未充分实施其专利的，国务院专利行政部门根据具备实施条件的单位或者个人的申请，可以给予实施发明专利或者实用新型专利的强制许可。

《专利法实施细则》第73条第1款："专利法第四十八条第（一）项所称未充分实施其专利，是指专利权人及其被许可人实施其专利的方式或者规模不能满足国内对专利产品或者专利方法的需求。"

【提醒】

从专利制度的发展历史上，强制许可制度与专利权人在专利权的授予国实施专利的义务有关。《巴黎公约》第5条第1（2）项列举的颁发强制许可的唯一理由就是不实施专利。以未实施或者未充分实施专利作为颁发专利强制许可的理由，是世界各国专利制度中普遍采取的做法。专利权人在专利权授予后的合理长时间内无正当理由未实施或者未充分实施其发明专利或者实用新型专利的，允许具备实施条件的单位或个人可以启动请求给予强制许可的程序，这对于推动发明创造的应用，保证专利制度的正常运行是必要的。

以未实施或者未充分实施为理由请求给予强制许可的，在时间上有一个限制，即只能在专利权被授予之日起满3年，且自提出专利申请之日起满4年的情况下提出。授权之日起满4年，是2010年《专利法实施细则》修订前第72条的规定。之所以增加"且自提出专利申请之日起满四年"的要求，是因为《巴黎公约》第5条1（2）中有明确规定。此外，如果专利权人在上述期间内未能实施或者充分实施其专利有正当理由，如由于我国禁止或者限制该类产品的生产、进口或者流通，则不能以未实施或者未充分实施为理由予以强制许可。

133.【2010年第78题】甲公司拥有一项治疗某种流行疾病特效药物的发明专利，乙公司具备实施该发明专利的条件。下列哪些情形下国家知识产权局可以根据乙公司提出的申请给予其实施甲公司发明专利的强制许可？

A. 甲公司自专利权被授予之日起满3年，且自提出专利申请之日起满4年，无正当理由未实施其专利

B. 乙公司认为甲公司享有该专利权导致其生产经营困难

C. 乙公司为开拓海外市场，打算制造该药物，专门出口到甲公司不享有专利权的国家

D. 乙公司拥有一项药物发明专利权，其实施依赖于甲公司发明的实施，乙公司的药物与甲公司的药物相比具有显著经济意义的重大技术进步

【解题思路】

A选项是专利不实施的强制许可，D选项是从属专利的强制许可。如果专利导致竞争对手生产经营困难都能成为强制许可的理由，那专利制度就是在劫富济贫，打击创新者。如果甲公司在某个国家没有专利权，那将专利药物在该国销售不构成侵犯专利权，当然如果甲公司在国内有专利，那么乙公司在国内的制造行为会构成侵犯专利权，但这也不是构成强制许可的理由。

【参考答案】 AD

（二）为消除或者减少垄断行为对竞争产生的不利影响而给予的强制许可

《专利法》第53条第2项规定，专利权人行使专利权的行为被依法认定为垄断行为，为消除或者减少该行为对竞争产生的不利影响的，国务院专利行政部门根据具备实施条件的单位或者个人的申请，可以给予实施发明专利或者实用新型专利的强制许可。

（三）为公共利益目的而给予的强制许可

《专利法》第54条："在国家出现紧急状态或者非常情况时，或者为了公共利益的目的，国务院专利行政部门可以给予实施发明专利或者实用新型专利的强制许可。"

134.【2006年第75题】某种由动物引发的疾病在我国迅速蔓延。外国甲公司在我国拥有预防、治疗该疾病的药物专利。位于华南的乙制药公司在具备生产该种药物的条件下，多次以合理条件请求甲公司给予实施许可，甲公司都予拒绝。基于以上事实，下列哪些说法是正确的？

A. 如甲公司的专利权被授予已超过三年，则乙公司可以请求国务院专利行政部门给予实施该项专利的强制许可

B. 国务院专利行政部门可以国家出现紧急状态或者非常情况为由，给予实施该项专利的强制许可

C. 乙公司有权以国家出现紧急状态或者非常情况为由，直接实施该项专利

D. 国务院卫生行政部门可以为了公共健康的目的，决定在疾病蔓延地区免费推广应用该项专利

【解题思路】

为公共利益的强制许可，并不需要专利权人不充分实施专利为前提。基于公共健康目的，还是需要通过强制许可的程序，不能直接实施。公共健康目的是进行强制许可的理由，不是专利推广的理由，且即使是推广应用，也不是免费的。

【参考答案】B

（四）为公共健康目的而给予的强制许可

《专利法》第55条："为了公共健康目的，对取得专利权的药品，国务院专利行政部门可以给予制造并将其出口到符合中华人民共和国参加的有关国际条约规定的国家或者地区的强制许可。"

（五）从属专利的强制许可

《专利法》第56条："一项取得专利权的发明或者实用新型比前已经取得专利权的发明或者实用新型具有显著经济意义的重大技术进步，其实施又有赖于前一发明或者实用新型的实施的，国务院专利行政部门根据后一专利权人的申请，可以给予实施前一发明或者实用新型的强制许可。

在依照前款规定给予实施强制许可的情形下，国务院专利行政部门根据前一专利权人的申请，也可以给予实施后一发明或者实用新型的强制许可。"

135.【2009年第100题】吴某拥有一项发明专利权。张某在对吴某的发明进行改进后，研制出了一项具有更好效果的新发明并就该发明获得了专利权，但张某对其发明的实施依赖于对吴某发明的实施。下列说法哪些是正确的？

A. 吴某未经张某许可实施自己的专利侵犯了张某的专利权

B. 张某未经吴某许可实施自己的专利

侵犯了吴某的专利权

C. 如果吴某获得实施张某专利的强制许可，则张某自动获得实施吴某专利的权利

D. 张某实施其专利的，应当与吴某签订许可合同

【解题思路】

基础专利和改进专利的关系就好比是一个肉包子。基础专利的范围就是整个包子，改进专利则是包子中的馅。馅在包子中间，从外面进入馅内必须要通过包子皮。反过来，要进入包子皮不一定会经过馅。吴某是基础专利，张某是改进专利。吴某不需要张某的许可就可以实施自己的专利。张某的专利在吴某专利的范围之内，不经吴某许可，张某不能实施自己的专利。如果是第三人王某要实施张某的专利（包子馅），则需要同时获得吴某和张某的许可。强制许可需要经过申请，并不能自动获得。

【参考答案】 BD

三、强制许可的申请和审批

（一）强制许可请求

1. 强制许可请求的提出

《专利法实施细则》第 74 条第 1 款："请求给予强制许可的，应当向国务院专利行政部门提交强制许可请求书，说明理由并附具有关证明文件。"

《专利法》第 59 条："依照本法第五十三条第（一）项、第五十六条规定申请强制许可的单位或者个人应当提供证据，证明其以合理的条件请求专利权人许可其实施专利，但未能在合理的时间内获得许可。"

136.【2007 年第 96 题】甲公司提出的一项产品发明专利申请于 2003 年 1 月 10 日被公告授权，其后甲公司对该产品进行了生产和销售。乙公司具备生产该专利产品的能力，并在甲公司的专利申请公布后就以合理的条件与甲公司协商该专利申请授权后的许可实施事宜，但一直未能达成协议。现乙公司准备就实施甲公司的该项专利申请强制许可。以下说法哪些是正确的？

A. 乙公司不能请求实施强制许可，因为甲公司一直在生产和销售该产品

B. 乙公司申请强制许可的，应当提交强制许可请求书

C. 乙公司申请强制许可的，应当提出未能以合理条件与甲签订实施许可合同的证明

D. 乙公司的强制许可申请应当在 2006 年 1 月 10 日后提出

【解题思路】

除了不实施之外，专利强制许可之一的情形还有未充分实施。要申请强制许可，自然需要提交书面请求，以及提供相关证据证明自己符合强制许可的条件。根据 2008 年《专利法》，提起强制许可的时间是授权之日起满 3 年，且自提出专利申请起满 4 年。本题是 2008 年修改后的《专利法》实施前的题目，故题中只给出了授权满 3 年的信息。考虑到本题涉及的是发明专利，即使提前公开，从申请到授权一般都会超过 1 年，授权满 3 年，那申请应当已经超过了 4 年，故 D 选项姑且选择。

【参考答案】 BCD

《专利实施强制许可办法》第 11 条："根据专利法第四十八条第一项或者第五十一

条[1]的规定请求给予强制许可的，请求人应当提供证据，证明其以合理的条件请求专利权人许可其实施专利，但未能在合理的时间内获得许可。

根据专利法第四十八条第二项的规定请求给予强制许可的，请求人应当提交已经生效的司法机关或者反垄断执法机构依法将专利权人行使专利权的行为认定为垄断行为的判决或者决定。"

137.【2011 年第 90 题】在下列哪些情形下申请强制许可的，应当提供其以合理的条件请求专利权人许可实施专利但未能在合理的时间内获得许可的证据？

A. 因专利权人无正当理由未实施其专利而申请给予强制许可

B. 专利权人行使专利权的行为被依法认定为垄断行为，为消除或者减少该行为对竞争产生的不利影响而申请给予强制许可

C. 为了公共利益的目的申请给予强制许可

D. 针对半导体技术申请给予强制许可

【解题思路】

要求提供以合理的条件请求专利权人许可实施专利，但未能在合理的时间内获得许可的证据，理由自然是专利权人无正当理由，未实施其专利而申请给予强制许可。

【参考答案】 A

2. 强制许可请求不予受理的情形

《专利实施强制许可办法》第 14 条："强制许可请求有下列情形之一的，不予受理并通知请求人：

（一）请求给予强制许可的发明专利或者实用新型专利的专利号不明确或者难以确定；

（二）请求文件未使用中文；

（三）明显不具备请求强制许可的理由；

（四）请求给予强制许可的专利权已经终止或者被宣告无效。"

3. 强制许可请求的补正

根据《专利实施强制许可办法》第 15 条，请求文件不符合该办法第 4 条、第 9 条、第 10 条规定的，请求人应当自收到通知之日起 15 日内进行补正。

4. 强制许可请求的视为未提出

《专利实施强制许可办法》第 15 条："请求文件不符合本办法第 4 条、第 9 条、第 10 条规定的，请求人应当自收到通知之日起 15 日内进行补正。期满未补正的，该请求视为未提出。"

5. 强制许可请求的撤回

《专利实施强制许可办法》第 19 条："请求人在国家知识产权局作出决定前撤回其请求的，强制许可请求的审查程序终止。

在国家知识产权局作出决定前，请求人与专利权人订立了专利实施许可合同的，应当及时通知国家知识产权局，并撤回其强制许可请求。"

（二）强制许可请求的审批

1. 强制许可请求的听证

《专利实施强制许可办法》第 18 条："请求人或者专利权人要求听证的，由国家知识产权局组织听证。

国家知识产权局应当在举行听证 7 日前通知请求人、专利权人和其他利害关系人。

除涉及国家秘密、商业秘密或者个人

---

[1] 本条指的是 2008 年修改后的《专利法》，2020 年《专利法》修改后，对应的是第 53 条和第 56 条。

隐私外，听证公开进行。

举行听证时，请求人、专利权人和其他利害关系人可以进行申辩和质证。

举行听证时应当制作听证笔录，交听证参加人员确认无误后签字或者盖章。

根据专利法第四十九条或者第五十条[❶]的规定建议或者请求给予强制许可的，不适用听证程序。”

2. 给予强制许可的决定

《专利实施强制许可办法》第 21 条：“经审查认为请求给予强制许可的理由成立的，国家知识产权局应当作出给予强制许可的决定。在作出给予强制许可的决定前，应当通知请求人和专利权人拟作出的决定及其理由。除另有指定的外，双方当事人可以自收到通知之日起 15 日内陈述意见。

国家知识产权局根据专利法第四十九条[❷]作出给予强制许可的决定前，应当通知专利权人拟作出的决定及其理由。”

3. 强制许可请求的驳回

《专利实施强制许可办法》第 20 条：“经审查认为强制许可请求有下列情形之一的，国家知识产权局应当作出驳回强制许可请求的决定：

（一）请求人不符合本办法第四条、第五条、第七条或者第八条的规定；

（二）请求给予强制许可的理由不符合专利法第四十八条、第五十条或者第五十一条[❸]的规定；

（三）强制许可请求涉及的发明创造是半导体技术的，其理由不符合专利法第五十二条[❹]的规定；

（四）强制许可请求不符合本办法第十一条或者第十三条的规定；

（五）请求人陈述的理由、提供的信息或者提交的有关证明文件不充分或者不真实。

国家知识产权局在作出驳回强制许可请求的决定前，应当通知请求人拟作出的决定及其理由。除另有指定的外，请求人可以自收到通知之日起 15 日内陈述意见。”

4. 对给予强制许可的决定不服的救济

《专利实施强制许可办法》第 41 条：“当事人对国家知识产权局关于强制许可的决定不服的，可以依法申请行政复议或者提起行政诉讼。”

138.【2018 年第 28 题】关于专利实施强制许可，以下说法正确的是：

A. 根据“国家出现紧急状态或非常情况或为了公共利益的目的”或“为公共健康目的，对取得专利权的药品”请求给予强制许可的，不适用听证程序

B. 在国家知识产权局作出驳回强制许可申请的决定的情况下，强制许可的请求人可以向法院起诉

C. 专利权人与取得强制许可的单位或个人不能就强制许可的使用费达成协议的，可以直接向法院提起诉讼、无须先经过国家知识产权局裁决

D. 对专利强制许可的使用费裁决不服的，可以向国家知识产权局提起行政复议

---

❶ 本条指的是 2008 年修改后的《专利法》，2020 年《专利法》修改后，对应的是第 54 条和第 55 条。

❷ 本条指的是 2008 年修改后的《专利法》，2020 年《专利法》修改后，对应的是第 54 条。

❸ 本项指的是 2008 年修改后的《专利法》，2020 年《专利法》修改后，对应的是第 53 条、第 55 条和第 56 条。

❹ 本项指的是 2008 年修改后的《专利法》，2020 年《专利法》修改后，对应的是第 57 条。

【解题思路】

国家知识产权局公布的参考答案为A，本人认为答案为AB。听证程序耗时长久，因紧急状况、公共利益或者是公共健康问题而需要对专利进行强制许可，需要及时解决问题，故不适用听证程序。专利权人和取得强制许可的单位不能就强制许可的使用费达成协议，应当先向国家知识产权局申请裁决，对裁决不服可以提起诉讼。

至于B选项，《专利法》第63条的表述是“专利权人”对“实施强制许可的决定”不服可以提起诉讼。“实施强制许可”意味着强制许可的请求人的请求获得了支持，故强制许可的请求人自然不需要再提起诉讼，而专利权人为维护自己的利益，有权提起诉讼。不过，该法条并未涉及强制许可请求被驳回的情况下，当事人的诉讼资格问题。《专利实施强制许可办法》第41条的表述则是“当事人”对“关于强制许可的决定”不服，“关于”意味着可以是同意也可以是拒绝，而“当事人”包括了强制许可请求人和专利权人两方。如果是驳回，则不服一方通常就是强制许可的请求人，专利权人脑子进水除外。为此，根据本条，强制许可请求人可以提起诉讼。此外，TRIPs协定第41条第4款也明确规定，诉讼当事方应有机会要求司法机关对最终行政裁定进行审查，如果请求人对驳回强制许可的决定无法提起行政诉讼，那也不符合TRIPs协定的要求。对成员国来说，除非涉及保留条款，否则应当是国际条约优先。

【参考答案】 AB

四、对强制许可的给予和实施的限制

《专利法》第57条："强制许可涉及的发明创造为半导体技术的，其实施限于公共利益的目的和本法第五十三条第（二）项规定的情形。"

《专利法》第58条："除依照本法第五十三条第（二）项、第五十五条规定给予的强制许可外，强制许可的实施应当主要为了供应国内市场。"

《专利法》第61条："取得实施强制许可的单位或者个人不享有独占的实施权，并且无权允许他人实施。"

139.【2010年第39题】下列有关强制许可的说法哪些是正确的？

A．所有强制许可的实施都应当为了供应国内市场

B．取得实施强制许可的单位或者个人无权允许他人实施

C．取得实施强制许可的单位或者个人与专利权人之间就使用费不能达成协议的，可以请求管理专利工作的部门裁决

D．强制许可的理由消除并不再发生时，专利权人可以请求国务院专利行政部门作出终止实施强制许可的决定

【解题思路】

原则上强制许可应当为了供应国内市场，但也有例外。强制许可的被许可人无权对外许可。有权裁决强制许可使用费的部门是国家知识产权局而不是地方管理知识产权工作的部门。只有符合一定的条件才能颁发强制许可，当条件不存在，强制许可自然应当终止。

【参考答案】 BD

140.【2018年第87题】关于专利实施的强制许可，以下说法错误的是：

A. 具备实施条件的单位或个人可以“未实施或未充分实施其专利”的理由，请求给予实施某项芯片发明专利的强制许可

B. 可以给予强制许可实施“某型具体产品所涉及的全部的专利”，而不必逐一列明所涉及的专利号

C. 除出口专利药品的强制许可之外，强制许可的实施应主要为了供应国内市场

D. 某公司的某型产品因为采用特殊的专利外观设计大获市场好评、一货难求、价格高昂，具备实施条件的单位或个人可以“未实施或未充分实施其专利”的理由，针对该外观设计专利提出强制许可请求

【解题思路】

对芯片发明专利实施的强制许可，只能是为公共利益目的，以及为消除或者减少垄断行为对竞争产生的不利影响。强制许可属于严格的法律程序，应当写明专利号，告知相关当事人和公众被强制许可的具体是哪些专利。不是主要为供应国内市场的强制许可，除出口专利药品之外，还包括芯片发明。发明和实用新型属于技术领域，可以适用强制许可，外观设计属于艺术领域，不适用强制许可。

【参考答案】 ABCD

五、强制许可使用费的裁决

《专利法》第62条：“取得实施强制许可的单位或者个人应当付给专利权人合理的使用费，或者依照中华人民共和国参加的有关国际条约的规定处理使用费问题。付给使用费的，其数额由双方协商；双方不能达成协议的，由国务院专利行政部门裁决。”

141.【2006年第90题】以下关于强制许可的哪些说法是错误的？

A. 强制许可仅适用于发明专利

B. 请求强制许可的主体只能是单位，个人不能请求

C. 强制许可使用费的数额由国家知识产权局在作出强制许可决定时一并裁决

D. 在国家知识产权局作出强制许可决定后，专利权人无权再许可他人实施其专利

【解题思路】

《专利法》第53~56条规定发明和实用新型都适用强制许可，A选项错误。第53条明确规定个人可以请求授予强制许可，B选项错误。公权力的行使需要慎重，如果双方能就强制许可使用费达成协议，那就不需要国家知识产权局作出裁决，C选项错误。强制许可是为了能够促进公共利益，没有理由给专利权人利用该专利技术施加不必要的限制，D选项错误。

【参考答案】 ABCD

142.【2007年第66题】李某在严某专利基础上开发出了一项具有显著经济意义并有着重大技术进步的技术方案，就该技术方案李某申请了专利并获得授权，李某实施其专利有赖于严某专利的实施。根据上述情况，以下哪些说法是正确的？

A. 在没有与严某进行任何协商的情况下，李某可直接向国家知识产权局申请实施严某专利的强制许可

B. 由于李某的技术方案具有显著经济意义并有着重大技术进步，因此他可以不经严某的许可而自行实施其专利

C. 如果李某与严某就强制许可使用费

不能达成协议，则李某可直接向人民法院提起诉讼

D. 如果李某获得了实施严某专利的强制许可，则国家知识产权局根据严某的请求也可以给予其实施李某专利的强制许可

【解题思路】

强制许可需要动用强制力量，总得慎重从事。从属专利权人只有在协商未成的情况下，才可以申请强制许可。从属专利的强制许可需要由国家知识产权局决定，不能由当事人自行其是。强制许可使用费不能达成协议的，应当由国家知识产权局裁决而不是直接提起诉讼。从属专利的强制许可往往最后达成的是“交叉许可”，双方都可以使用对方的技术。

【参考答案】 D

143.【2015 年第 96 题】世界贸易组织成员方 X 国暴发了一场流行疾病，甲公司在中国拥有治疗该疾病药品的专利权。乙公司向国家知识产权局提出申请，请求对甲公司的药品专利给予强制许可。下列说法哪些是正确的？

A. 国家知识产权局在作出给予强制许可的决定前应当组织听证

B. 给予强制许可的决定应当写明给予强制许可的范围和期限

C. 乙公司获得强制许可后，无须向甲公司交纳专利使用费

D. 乙公司获得强制许可后，应当将制造的药品全部出口到 X 国

【解题思路】

涉及公共健康的专利强制许可的事情一般都比较紧急，召开听证会需要花费较长的时间，不利于快速解决公共健康危机。强制许可都是有条件的，并不是说获得强制许可就能不受时间、不受地域限制地使用，强制许可决定中会写明许可的范围和期限。强制许可也不是免费的使用，需要交纳专利使用费。既然乙公司获得强制许可的理由是为了解决 X 国流行疾病暴发导致的公共健康危机，那么其生产的产品自然应当全部出口到 X 国。

【参考答案】 BD

《侵犯专利权纠纷解释二》第 24 条：“推荐性国家、行业或者地方标准明示所涉必要专利的信息，被诉侵权人以实施该标准无须专利权人许可为由抗辩不侵犯该专利权的，人民法院一般不予支持。

推荐性国家、行业或者地方标准明示所涉必要专利的信息，专利权人、被诉侵权人协商该专利的实施许可条件时，专利权人故意违反其在标准制定中承诺的公平、合理、无歧视的许可义务，导致无法达成专利实施许可合同，且被诉侵权人在协商中无明显过错的，对于权利人请求停止标准实施行为的主张，人民法院一般不予支持。

本条第二款所称实施许可条件，应当由专利权人、被诉侵权人协商确定。经充分协商，仍无法达成一致的，可以请求人民法院确定。人民法院在确定上述实施许可条件时，应当根据公平、合理、无歧视的原则，综合考虑专利的创新程度及其在标准中的作用、标准所属的技术领域、标准的性质、标准实施的范围和相关的许可条件等因素。

法律、行政法规对实施标准中的专利另有规定的，从其规定。”

144.【2016 年第 86 题】甲公司拥有一项推荐性行业标准中明示的必要专利技

术，乙公司未经甲公司同意，在其制造的产品中使用了该项专利技术，以下说法正确的是？

A．由于该专利已被列入推荐性行业标准，因此乙公司使用该项技术无须支付许可费

B．虽然该专利已被列入推荐性行业标准，但是乙公司使用该项技术应当支付许可费

C．由于该专利已被列入推荐性行业标准，因此乙公司使用该项技术不侵犯甲公司专利权

D．虽然该专利已被列入推荐性行业标准，但乙公司未经同意使用该技术仍然属于侵权行为

【解题思路】

既然是推荐性标准，那是否使用就不是强制的。乙公司可以不使用该标准，也可以使用该标准。如果使用就必须要获得许可并支付使用费，否则构成侵权。

【参考答案】 BD

（一）强制许可使用费裁决请求的提出

《专利实施强制许可办法》第25条："请求裁决强制许可使用费的，应当提交强制许可使用费裁决请求书，写明下列各项：

（一）请求人的姓名或者名称、地址；

（二）请求人的国籍或者注册的国家或者地区；

（三）给予强制许可的决定的文号；

（四）被请求人的姓名或者名称、地址；

（五）请求裁决强制许可使用费的理由；

（六）请求人委托专利代理机构的，受托机构的名称、机构代码以及该机构指定的代理人的姓名、执业证号码、联系电话；

（七）请求人的签字或者盖章；委托专利代理机构的，还应当有该机构的盖章；

（八）附加文件清单；

（九）其他需要注明的事项。请求书及其附加文件应当一式两份。"

（二）强制许可使用费裁决请求的不予受理

《专利实施强制许可办法》第26条："强制许可使用费裁决请求有下列情形之一的，不予受理并通知请求人：

（一）给予强制许可的决定尚未作出；

（二）请求人不是专利权人或者取得强制许可的单位或者个人；

（三）双方尚未进行协商或者经协商已经达成协议。"

（三）强制许可使用费裁决决定

《专利实施强制许可办法》第29条："国家知识产权局应当自收到请求书之日起3个月内作出强制许可使用费的裁决决定。

《专利实施强制许可办法》第30条："强制许可使用费裁决决定应当写明下列各项：

（一）取得强制许可的单位或者个人的名称或者姓名、地址；

（二）被给予强制许可的发明专利或者实用新型专利的名称、专利号、申请日及授权公告日；

（三）裁决的内容及其理由；

（四）国家知识产权局的印章及负责人签字；

（五）决定的日期；

（六）其他有关事项。

强制许可使用费裁决决定应当自作出之日起5日内通知双方当事人。"

（四）对强制许可使用费的裁决决定不服的救济

《专利法》第63条："专利权人对国务院专利行政部门关于实施强制许可的决定不服的，专利权人和取得实施强制许可的单位或者个人对国务院专利行政部门关于实施强制许可的使用费的裁决不服的，可以自收到通知之日起三个月内向人民法院起诉。"

145.【2012年第95题】下列关于强制许可的说法哪些是正确的？

A. 在国家出现紧急状态时，国务院有关主管部门可以根据专利法的规定，建议国务院专利行政部门给予其指定的具备实施条件的单位强制许可

B. 国务院专利行政部门在作出驳回强制许可请求的决定前，应当通知请求人和专利权人拟作出的决定及其理由

C. 专利权人对国务院专利行政部门关于实施强制许可的决定不服的，可以自收到通知之日起3个月内向人民法院起诉

D. 专利权人对国务院专利行政部门关于实施强制许可的使用费的裁决不服的，可以自收到通知之日起3个月内向人民法院起诉

【解题思路】

国务院相关主管部门对是否发生了紧急状态更为了解，故这些部门有强制许可的建议权。根据听证的原则，在作出强制许可决定前应当通知专利权人，让其有机会陈述意见。专利权人对强制许可决定和使用费的裁决不服，可以获得司法救济。

【参考答案】 ABCD

146.【2016年第96题】甲在乙的发明专利基础上开发了一项具有显著经济意义并有着重大技术进步的技术方案，就该技术方案甲申请了发明专利并获得授权，甲实施其发明专利时有赖于乙的发明专利的实施。下列说法哪些是正确的？

A. 甲可以向国务院专利行政部门申请强制许可，说明理由并附具有关证明文件

B. 如果甲与乙就强制许可使用费不能达成协议，可以请求国务院专利行政部门裁决

C. 甲或乙对强制许可使用费的行政裁决不服的，可以提起行政复议

D. 如果甲获得了实施乙专利的强制许可，则乙自动获得实施甲专利的强制许可

【解题思路】

甲要申请改进发明的强制许可，需要提交申请，说明理由并提供相关证据。如果双方就许可费不能达成协议，由国家知识产权局裁定。"裁决"两个字本身就带有最终决定的暗示，对其不服不能再在行政系统中寻求解决，而是去司法系统申请救济。改进专利的权利人获得强制许可并不意味着基础专利的权利人也自动获得许可，基础专利的权利人如需要实施改进专利，也需要向国家知识产权局申请强制许可。

【参考答案】 AB

六、强制许可的终止

《专利法》第60条："国务院专利行政部门作出的给予实施强制许可的决定，应当及时通知专利权人，并予以登记和公告。

给予实施强制许可的决定，应当根据强制许可的理由规定实施的范围和时间。强制许可的理由消除并不再发生时，国务院专利行政部门应当根据专利权人的请求，经审

查后作出终止实施强制许可的决定。”

《专利实施强制许可办法》第 10 条：“强制许可请求涉及两个或者两个以上的专利权人的，请求人应当按专利权人的数量提交请求书及其附加文件副本。”

147.【2008 年第 16 题】下列有关强制许可的哪些说法是正确的?

A. 为预防或者控制传染病在我国的出现、流行，国务院卫生行政部门可以给予实施发明专利或者实用新型专利的强制许可

B. 强制许可请求涉及一个专利权人的多项专利的，应当针对不同的专利分别提交请求书

C. 强制许可的理由消除并不再发生时，国家知识产权局应当根据专利权人的请求，经审查后作出终止实施强制许可的决定

D. 专利权人对给予强制许可的决定不服的，可以自收到通知之日起 3 个月内向人民法院起诉

【解题思路】

能够授予强制许可的是国家知识产权局不是国务院卫生行政部门，即国家卫生健康委员会。针对一个人的多项专利，只需要一份请求书。强制许可的授予总是基于一定的原因，当原因不存在时，强制许可就应当解除。强制许可决定属于具体行政行为，当事人可以通过诉讼获得救济。

【参考答案】 CD

148.【2012 年第 46 题】下列关于强制许可的说法哪些是正确的?

A. 取得实施强制许可的单位或者个人不享有独占的实施权

B. 取得实施强制许可的单位或者个人无权允许他人实施

C. 取得实施强制许可的单位或者个人应当付给专利权人合理的使用费，或者依照我国参加的有关国际条约的规定处理使用费问题

D. 强制许可的理由消除并不再发生时，国务院专利行政部门可以依职权作出终止实施强制许可的决定

【解题思路】

强制许可是通过促进专利技术的使用，防止专利权人滥用专利权，维护公共利益。如果获得强制许可的单位享有独占的实施权，那么会给专利的推广造成新的阻碍。如果被许可人还可以向外分许可，则法律对强制许可的严格规定就会被绕开。强制许可不是吃大户，需要支付许可费。国家知识产权局通常对强制许可的理由是否已经消失并不清楚，难以依职权终止强制许可。

【参考答案】 ABC

（一）强制许可自动终止

《专利实施强制许可办法》第 31 条：“有下列情形之一的，强制许可自动终止：

（一）给予强制许可的决定规定的强制许可期限届满；

（二）被给予强制许可的发明专利或者实用新型专利终止或者被宣告无效。”

（二）终止强制许可请求的提出

根据《专利实施强制许可办法》第 32 条，给予强制许可的决定中规定的强制许可期限届满前，强制许可的理由消除并不再发生的，专利权人可以请求国家知识产权局作出终止强制许可的决定。专利权人请求终止强制许可的，应当提交请求书及其附加文件一式两份。

（三）终止强制许可请求的不予受理情形

《专利实施强制许可办法》第 33 条："终止强制许可的请求有下列情形之一的，不予受理并通知请求人：

（一）请求人不是被给予强制许可的发明专利或者实用新型专利的专利权人；

（二）未写明请求终止的给予强制许可决定的文号；

（三）请求文件未使用中文；

（四）明显不具备终止强制许可的理由。"

（四）终止强制许可请求的审批

《专利实施强制许可办法》第 35 条："国家知识产权局受理终止强制许可请求的，应当及时将请求书副本送交取得强制许可的单位或者个人。除另有指定的外，取得强制许可的单位或者个人应当自收到通知之日起 15 日内陈述意见；期满未答复的，不影响国家知识产权局作出决定。"

（五）终止强制许可决定

《专利实施强制许可办法》第 39 条第 1 款："经审查认为请求终止强制许可的理由成立的，国家知识产权局应当作出终止强制许可的决定。在作出终止强制许可的决定前，应当通知取得强制许可的单位或者个人拟作出的决定及其理由。除另有指定的外，取得强制许可的单位或者个人可以自收到通知之日起 15 日内陈述意见。"

（六）对终止强制许可决定不服的救济

《专利实施强制许可办法》第 41 条："当事人对国家知识产权局关于强制许可的决定不服的，可以依法申请行政复议或者提起行政诉讼。"

149.【2014 年第 75 题】下列说法哪些是正确的？

A. 专利权人与取得实施强制许可的单位或者个人就使用费不能达成协议的，由国务院专利行政部门裁决

B. 取得实施强制许可的单位或者个人享有独占的实施权

C. 专利权人对给予实施强制许可的决定不服的，可以依法申请行政复议

D. 强制许可的理由消除并不再发生时，国务院专利行政部门可以自行作出终止实施强制许可的决定

【解题思路】

强制许可费可以由国务院裁决，强制许可是普通许可不是独占许可。对强制许可决定可以通过行政复议来救济。只有强制许可的理由不再发生，经过申请人申请才能终止。

【参考答案】 AC

第七章　专利合作条约及有关规定

【基本要求】

了解专利合作条约的目的；掌握条约中关于国际申请程序、国际检索、国际公布和国际初步审查的规定；掌握国际申请进入中国国家阶段的特别规定；了解中国参加的与专利相关的其他国际条约，熟悉其签署目的和适用范围。

1.【2006 年第 1 题】截至目前我国参加了以下哪些国际条约？

A．专利法条约

B．专利合作条约

C．国际承认用于专利程序的微生物保存布达佩斯条约

D．国际专利分类斯特拉斯堡协定

【解题思路】

一般来说，考试大纲中考到的条约都是我国已经参加的条约。本题 4 个条约中，专利法条约不属于大纲的内容，A 选项排除。

【参考答案】 BCD

第一节　专利合作条约

一、条约的基本知识

根据《专利合作条约》第 2 条之（ii），条约所称的专利包括发明专利、发明人证书、实用证书、实用新型、增补专利或增补证书、增补发明人证书和增补实用证书。

2.【2006 年第 95 题】通过专利合作条约途径，申请人可以在成员国获得以下哪些类型的工业产权保护？

A．发明专利

B．实用新型

C．商标

D．外观设计

【解题思路】

既然是“专利”条约，那首先可以排除商标。另外，PCT 不包括外观设计。

【参考答案】 AB

PCT 的主要目标是建立国际申请的体系，成员国组成联盟，对保护发明的申请的提出、检索和审查进行合作。需要注意的是，授予专利的任务仍保留在被指定的各国家局。

PCT 制度的基本特点是：①使用一种语言、向一个专利局（受理局）提交一份申请（国际申请），该申请自国际申请日起在所指定的国家中具有正规国家申请的效力；②由一个局（受理局）完成形式审查；③由一个局（国际检索单位）进行检索；④由国际局完成国际公布；⑤如果申请人要求，由一个局（国际初步审查单位）进行国际初步审查（关于专利性的初步审查）；⑥审查和授权分别由指定国的国家局完成。

二、国际申请

（一）国际申请的提出

1. 国际申请的申请人

《专利合作条约》第9条："申请人

（1）缔约国的任何居民或国民均可提出国际申请。

（2）大会可以决定，允许保护工业产权巴黎公约缔约国但不是本条约缔约国的居民或国民提出国际申请。

（3）居所和国籍的概念，以及这些概念在有几个申请人或者这些申请人对所有指定国并不相同的情形的适用，由细则规定。"

3.【2013年第81题】根据《专利合作条约》的相关规定，下列说法哪些是正确的？

A.《专利合作条约》述及"专利"应解释为述及发明人证书、实用证书、实用新型、外观设计证书等

B. 通过《专利合作条约》途径提出的专利申请只能获得发明专利保护

C.《专利合作条约》中所述及的"受理局"，是指受理国际申请的国家局或者政府间组织

D. 经国际专利合作联盟大会决定，申请人是《保护工业产权巴黎公约》缔约国但不是《专利合作条约》缔约国的居民或者国民也可以提出国际申请

【解题思路】

《专利合作条约》包括专利和实用新型，但不包括外观设计。PCT的受理局除了国家局之外，还可以是政府间组织，如欧专局。国际公约总是希望扩大自己的适用范围，《保护工业产权巴黎公约》无疑是国际知识产权公约中的前辈，将它的成员国纳入PCT体系中也很容易理解。

【参考答案】 CD

《专利合作条约实施细则》第18.1条："居所和国籍

（1）除另有规定外，关于申请人是否如其所声明的是居住在某一缔约国的居民或具有该缔约国国籍问题，应取决于该国的本国法，并应由受理局决定。

（2）在任何情况下：①在缔约国内拥有实际有效的工商业营业所，应认为在该国有居所；②按照某一缔约国的本国法组成的法人，应认为是该国的国民。

（3）如果国际申请是向作为受理局的国际局递交的，国际局在行政规程指明的情况下，应要求有关缔约国的国家局或者代表该国的国家局决定（1）所述的问题。国际局应将这种要求告知申请人。申请人应有机会直接向国家局提供他的论据。该国家局应迅速对上述问题作出决定。"

《专利合作条约实施细则》第18.3条："两个或者两个以上申请人

如果有两个或者两个以上申请人，只要其中至少有一人按照条约第9条有权提出国际申请，就应认为其有权提出国际申请。"

2. 国际申请的指定国

申请人在国际申请中指明的、要求对其发明给予保护的那些加入专利合作条约的缔约国或政府间组织被称为指定国，被指定国的国家局被称为指定局。

申请人按照《专利合作条约》第2章选择了国际初步审查程序，在国际初步审查要求书中所指明的、预定使用国际初步审查结果的那些加入专利合作条约缔约国或政府间

组织被称为选定国，选定国的国家局即为选定局。选定应限于已被指定的国家。

3. 国际申请的主管受理局

根据《专利合作条约实施细则》第19.1条，有权提出国际申请的人，可以依其选择，选择如下的受理单位：①向申请人是其居民的缔约国的或者代表该国的国家局提出；②向申请人是其国民的缔约国的或者代表该国的国家局提出；③向国际局提出，而不顾申请人是其居民或者国民的缔约国。

4.【2016年第97题】美籍华人张某长期居住在上海，就其在上海工作期间完成的发明创造提交PCT国际申请，下列说法哪些是正确的？

A. 张某可以直接向美国专利商标局提交国际申请

B. 张某可以直接向国家知识产权局提交国际申请

C. 张某可以直接向国际局提交国际申请

D. 该国际申请进入中国国家阶段时，申请人可以要求发明或实用新型专利保护

【解题思路】

张某居住在上海，根据其居住地可以选择国家知识产权局提交申请。根据PCT实施细则，张某为美国公民，美国专利商标局和国际局都可以受理其提交的国际申请。不过由于该发明创造是在中国上海完成，如果要向外国申请专利，应当事先报经国家知识产权局进行保密审查，故张某无权直接向国际局或者美国专利商标局提交国际申请。当然，如果张某直接向国际局或美国专利商标局申请专利，国家知识产权局也没法事先阻止，不过此项行为会成为事后该专利被无效的理由。PCT专利申请和国内申请一样，适用同样的发明创造只能授予一项专利权的原则，申请人需要明确选择发明专利还是实用新型专利中的哪一类，不能两类同时申请。

【参考答案】 BD

5.【2019年第28题】某PCT国际申请有两个申请人，第一申请人的国籍和居所均为美国，第二申请人的国籍为韩国、居所为中国。下列说法错误的是？

A. 中国国家知识产权局不可以作为该国际申请的主管受理局

B. 美国专利商标局可以作为该国际申请的主管受理局

C. 申请人可以向国际局提交该国际申请

D. 韩国知识产权局可以作为该国际申请的主管受理局

【解题思路】

在PCT申请中，能和申请人扯上点关系的国家局都可以作为受理局。美国是第一申请人的国籍国和住所国，韩国为第二申请人的国籍国，中国是第二申请人的住所地国，这三个国家的国家局都可以作为该国际申请的受理局。另外，向国际局提交申请则不受申请人的国籍或者居住国的限制。

【参考答案】 A

4. 国际申请的语言

根据《专利合作条约实施细则》第12.1条，申请人必须使用受理局接受的一种语言提出国际申请。受理局在规定可以接受的语言时，主要考虑以下三方面因素：（1）负责对该受理局接受的国际申请进行国际检索的主管国际检索单位能够接受的语言；（2）国际公布允许使用的语言；（3）作为受理局的

国家局的工作语言。

中国国家知识产权局接受的语言是中文和英文。

5. 国际申请的请求书和申请文件

提交国际申请时，申请人需要提交：（1）请求书，即PCT/RO/101表；（2）说明书，说明书分为六个部分，包括技术领域、背景技术、发明内容、附图概述、实施方式和工业实用性，必要时应包括被保藏的生物材料的说明；（3）权利要求书；（4）摘要；（5）附图；（6）序列表（包括电子形式），核苷酸和/或者氨基酸序列表作为单独的一部分。

6. 国际申请的费用

国际申请相关缴费项目、金额及缴费期限见下表。

国际阶段费用的减缴：

1. 如果PCT国际申请按照行政规程的规定以下列形式提交，国际申请费按照以下数额减少：

（1）如果使用电子方式提交PCT国际申请，且满足行政规程第7部分和附录F的要求，但以电子方式提交的说明书、权利要求和摘要未采用字符代码格式，可减缴CHF200的费用；

（2）如果使用电子方式提交PCT国际申请，且满足行政规程第7部分和附录F的要求，若以电子方式提交的说明书、权利要求和摘要均采用字符代码格式，则可减缴CHF300的费用。

2. 如果PCT国际申请的所有申请人是自然人，且所有申请人均属于国际局发布的

国际阶段申请费的数额和减免的标准

缴费项目	费用金额（CHF-瑞士法郎 CNY-人民币/元）	缴费期限	备注
国际申请费	CHF1330	申请日起1个月内	国际申请提交必缴费用；国际申请费可享受费减
传送费	CNY0		
检索费	CNY2100		
附加检索费	CNY2100（每个发明主题）	国际检索单位发出缺乏单一性通知书之日起1个月内	国际检索单位认为缺乏单一性时缴纳
优先权文件费	CNY150（每项）	优先权日起16个月内	请求中国受理局制作优先权文本时缴纳
手续费	CHF200	提出国际初步审查期限内	启动国际初步审查必缴费用；手续费可享受费减
初步审查费	CNY1500		
初步审查附加费	CNY1500（每个发明主题）	国际初步审查单位发出缺乏单一性通知书之日起1个月内	国际初步审查单位认为缺乏单一性时缴纳
单一性异议费	CNY200	国际检索单位或国际初步审查单位发出缺乏单一性通知书之日起1个月内	对国际检索单位或国际初步审查单位认为缺乏单一性的结论提出异议时缴纳
副本复制费	CNY2（每页）	无	如：检索报告中对比文件复制
后提交费	CNY200	相关后提交文件提交期限内	如：后提交氨基酸/核苷酸序列表
滞纳金	按应缴费用的50%收取	受理局发出缴纳国际申请相关费用及滞纳金通知书之日起1个月内	最低不少于传送费，最高不多于国际申请费的50%

符合费用减免条件国家清单（国际局发布的清单可从 http://www.wipo.int/pct/en/fees/index.html 下载）中所列国家的国民和居民，国际申请费和手续费可减缴 90%。我国（包括台湾、香港和澳门地区）也在此列。

【提醒】

根据 2018 年 4 月 12 日，财政部和国家发展改革委发布的《关于停征免征和调整部分行政事业性收费有关政策的通知》，财税〔2018〕37 号，自 2018 年 8 月 1 日起，停征 PCT（《专利合作条约》）专利申请收费（国际阶段部分）中的传送费。

6.【2008 年第 59 题】对于以中国国家知识产权局为受理局的 PCT 国际申请，下列哪些情形下的申请人可以享有国际申请费的减免？

A. 申请人为一个居住在美国的中国公民

B. 申请人为一个居住在香港的中国公民

C. 申请人为一个居住在中国的韩国公民

D. 申请人使用 PCT-SAFE 软件成功提交国际申请

【解题思路】

A 选项是中国公民但不是中国居民，C 选项是中国居民但不是中国公民，都不能享受减免，B 选项既是中国公民又是中国居民，可以享受减免。国家知识产权局专利局从 2020 年 3 月 1 日起，正式停止接收 PCT-SAFE 客户端软件制作并提交的 PCT 国际申请，软件都已经不再使用，当然更谈不上费用的减免。

【参考答案】 B

7.【2014 年第 38 题】下列关于 PCT 国际申请相关费用的说法哪些是正确的？

A. 中国港澳台地区的申请人不能享受国际申请费的减免

B. 在国际阶段符合一定条件的 PCT 国际申请可以减免国际申请费

C. 由国家知识产权局作为受理局受理的英文国际申请，在进入中国国家阶段时不能减免申请费及申请附加费

D. PCT 国际申请进入中国国家阶段后，申请人改正译文错误的，应当提交书面请求、译文改正页，并缴纳译文改正费

【解题思路】

我国港澳台地区的居民属于中国公民，可以享受申请费的减免。这种减免没有限定申请语言必须是中文。改正译文错误需要提交申请，提交改正页，并支付费用。

【参考答案】 BD

8.【2019 年第 29 题】由哪些国际检索单位作出国际检索报告的 PCT 国际申请，在进入中国国家阶段并提出实质审查请求时，只需要缴纳 80% 的实质审查费？

A. 中国、美国、日本

B. 美国、日本、俄罗斯

C. 日本、欧洲、瑞典

D. 日本、欧洲、瑞士

【解题思路】

通过中国国家知识产权局进行检索并作出检索报告的 PCT 国际申请，进入中国国家阶段时可以减免的实质审查费为 50%；通过日本特许厅、欧洲专利局和瑞典专利局则是减免 20%。

【参考答案】 C

7. 国际申请的撤回

根据《专利合作条约实施细则》第 90 条之 2，PCT 国际申请中允许撤回的内容包括：（1）撤回国际申请；（2）撤回指定；（3）撤回优先权要求；（4）撤回国际初步审查要求或撤回选定。

提出撤回通告的时间是自优先权日起 30 个月之前，之后需在国家阶段向各指定国办理。提出撤回通告的地点是国际局、受理局、国际初步审查单位，随程序进展而定。撤回通告需由全体申请人签字，委托代理人的情况下，可由代理人代表。

撤回自 PCT 国际单位收到撤回通告之日起生效；为阻止公开撤回申请，或为推迟公开撤回优先权要求，撤回通告必须在国际公布的技术准备完成之前到达国际局；对于因申请人请求按条约第 23 条（2）或第 40 条（2）提前启动国家阶段的指定国或选定国，上述撤回没有效力。

（二）优先权

1. 优先权要求

根据《专利合作条约实施细则》第 4.10 条，优先权声明需要遵守巴黎公约有关优先权的原则；可以要求优先权的在先申请可以是在巴黎公约成员国中提出的申请，可以是地区申请或国际申请，也可以是在 WTO 成员方中提出的申请。

2. 优先权文件

根据《专利合作条约实施细则》第 17.1 条，提交优先权文件的期限为自优先权日起 16 个月内，只要在国际公布之前到达国际局均可以被承认。优先权文件由申请人提交或由受理局制作，保存在国际局。

3. 优先权要求的改正或增加

《专利合作条约实施细则》第 26 条之二规定，

（a）申请人可以通过向受理局或国际局递交一份通知而在请求书中改正或增加一项优先权要求，期限是自优先权日起 16 个月内，或者如果所做的改正或增加将导致优先权日改变，期限是自改变了的优先权日起 16 个月内，以先届满的任一个 16 个月期限为准，但是，此项通知可以在自国际申请日起 4 个月届满之前提交为限。对一项优先权要求的改正可以包括增加本细则 4.10 所述的说明。

（b）如果受理局或者国际局收到（a）所述的任何通知是在申请人根据条约第 21 条（2）（b）提出提前公布的请求之后，该通知应视为未提交，但提前公布的请求在国际公布的技术准备完成之前已撤回的除外。

（c）如果对一项优先权要求的改正或增加导致优先权日发生改变，则自原适用的优先权日起计算并且尚未届满的任何期限，应自改变后的优先权日起计算。

4. 优先权的恢复

根据《专利合作条约实施细则》第 26 条之二 .3 规定，

（a）如果国际申请的国际申请日在优先权期限届满日之后，但是在自该优先权期限届满日起的 2 个月期限内，根据本条（b）至（g）项的规定，且应申请人的要求，如果受理局认为符合该局所适用的标准（“恢复标准”），即因未能在优先权期限内提交国际申请是因为：

（1）尽管已采取了适当的注意，但仍出现了未能满足期限的疏忽；或者

（2）非故意的。

则受理局应恢复优先权。每一个受理局至少应当选择适用上述一项标准，或者两项都适用。

（三）国际申请日

1. 确定国际申请日的条件

根据《专利合作条约》第 11 条，受理局收到国际申请之日为国际申请日，但必须符合以下条件：（1）申请人具有提出国际申请的资格；（2）使用规定语言；（3）提出国际申请的意图；（4）写明申请人姓名；（5）一份说明书；（6）一份权利要求书。

9.【2011 年第 10 题】向国家知识产权局提出的 PCT 国际申请，在满足其他受理条件的情况下，下列哪些情形可以将收到该申请之日记录为国际申请日？

A. 申请人以日文提交申请

B. 申请中未按规定方式写明申请人的姓名或者名称

C. 申请人提交的申请文件中有一部分表面上看像是说明书

D. 申请人提交的权利要求书中含有表格

【解题思路】

对国际申请来说，如果没有采用法定语言，未按照规定写明申请人姓名或者名称，则需要改正，改正后的文件提交日为申请日。至于权利要求书和说明书，PCT 的要求很宽松，只要申请文件中有部分表面上看像是说明书和权利要求书即可，也没有禁止权利要求书中存在表格。

【参考答案】 CD

10.【2016 年第 98 题】下列哪些情形的国际申请，不能以受理局收到国际申请文件之日作为国际申请日？

A. 申请中没有按规定写明发明人的姓名

B. 申请中未指定任何缔约国

C. 没有缴纳国际申请费和手续费

D. 国际申请没有用规定的语言撰写

【解题思路】

国际申请如果没有确定缔约国，或者没有使用规定的语言撰写，都不能确定申请日。至于发明人名称，完全可以在后续补正。另外，不管是国内申请还是国际申请，都规定了一定的缴费期限，没有要求在申请日当天缴费的，故缴费与否并不会影响申请日的确定。

【参考答案】 BD

11.【2017 年第 10 题】申请人于 2017 年 6 月 1 日通过邮局向国家知识产权局寄出一份 PCT 国际申请。国家知识产权局于 2017 年 6 月 9 日收到该申请。经审查发现，申请人提交了请求书、说明书和权利要求书，但未提交摘要，且未在请求书上签字。后申请人于 2017 年 7 月 6 日补交经申请人签字的请求书替换页，于 2017 年 7 月 7 日补交摘要，则该 PCT 申请的国际申请日是？

A. 2017 年 6 月 1 日

B. 2017 年 6 月 9 日

C. 2017 年 7 月 6 日

D. 2017 年 7 月 7 日

【解题思路】

通过邮局寄送专利申请，国内申请的申请日是寄出的邮戳日，但 PCT 申请的申请日为受理局收到专利申请文件之日。在世界各国 PCT 申请实践中，很多申请人都是从国外向受理局提交，受理局并没有能力判断寄出的邮戳日是否准确。另外，邮件的国际寄送花费的时间往往也很长，按照寄出日计算也不合适。申请人需要在国际申请上签字，证明提起专利申请是自己的意思。不过如果缺少签字，也不会导致重新确定申请日。说明书摘要的法律地位低下，遗漏摘要并不会导致不能确定申请日。

【参考答案】 B

2. 国际申请日的效力

根据《专利合作条约》第 11 条第 3 款，国际申请符合本条要求并已被给予国际申请日的，在每个指定国内自国际申请日起具有正规的国家申请的效力。国际申请日应认为是在每个指定国的实际申请日。

3. 申请中缺陷的改正

根据《专利合作条约》第 11 条第 2 款，如果受理局在收到国际申请时认定该申请不符合要求，该局应按细则的规定，要求申请人提供必要的改正。如果申请人按细则的规定履行了上述的要求，受理局应以收到必要的改正之日作为国际申请日。

4. 遗漏项目或部分

根据《专利合作条约实施细则》第 20.5 条，（a）当确定据称为国际申请的文件是否满足条约第 11 条（1）的要求时，受理局发现说明书、权利要求书或者附图的一部分被遗漏，或者看似被遗漏，包括所有附图被遗漏或者看似被遗漏的情况，但是不包括条约 11 条（1）（iii）（d）或（e）所述一个完整项目被遗漏或者看似被遗漏的情况，受理局应迅速地通知申请人，并让申请人作出选择：

（1）通过提交遗漏部分使据称的国际申请变得完整；或者

（2）根据本细则 20.6（a）的规定，确认根据本细则 4.18 通过援引方式加入遗漏部分；

并且，在适用本细则 20.7 所规定的期限内作出说明，如果有说明的话。如果该期限在所要求优先权的在先申请的申请日起 12 个月后届满，受理局应通知申请人注意这种情况。

5. 错误提交的项目或部分

根据《专利合作条约实施细则》第 20.5 条之二（b），申请人在满足申请日的所有要求之日或之前向受理局提交正确的项目或部分的，错误提交的项目或部分可以从据称的国际申请中删除，正确的项目或部分可以包括在据称的国际申请中。满足关于申请日的所有要求之日（即收到正确项目或部分的日期或此后）将被记录为国际申请的国际申请日。

根据《专利合作条约实施细则》第 20.5 条之二（c），申请人在满足申请日的所有要求之日后（即在国际申请日已被记录入国际申请之后）向受理局提交正确的项目的，错误提交的项目或部分可以从据称的国际申请中删除，正确的项目或部分可以包括在据称的国际申请中，但国际申请日将被修改为受理局收到正确的项目或部分之日。

根据《专利合作条约实施细则》第 20.5 条之二（d），申请人成功利用援引加入的方式向受理局提交了正确的项目或部分的，“正确的”项目或部分将被视作在受理局首次收到申请文件之日已经包含在据称的国际申请中，并且受理局将把满足所有申请日要求之日记录为国际申请日。除援引加入的“正确”项目或部分之外，错误提交的项目或部分仍将保留在国际申请中。

6. 确认援引加入

根据《专利合作条约实施细则》第 20.6 条，（a）申请人可以在根据本细则 20.7 适用的期限内向受理局提交一份书面意见，确认根据本细则 4.18 援引加入国际申请的项目或者部分，并附具：

（1）涉及包含于在先申请的整个项目或者部分的一页或者多页；

（2）如果申请人没有满足本细则 17.1（a）（b）或者（b 之二）涉及优先权文件的规定，应附在先申请的副本；

（3）当在先申请没有使用国际申请提出时的语言时，附具用国际申请提出时的语言翻译的在先申请译文；或者，如果根据本细则 12.3（a）或者 12.4（a）要求提交国际申请的译文的，附具用提交国际申请时的语言和译文使用的语言两种语言的在先申请译文；以及

（4）如果是说明书、权利要求书或者附图的一部分，说明该部分包含于在先申请中的位置，以及在适用的情况下，包含于（5）项所述的任何译文中的位置。

（b）如果受理局发现满足本细则 4.18 和本条（a）的要求，并且本条（a）所述的项目或者部分完全包含在所涉及的在先申请中，则应认为在受理局首次收到条约第 11 条（1）（iii）所述的一个或者多个项目之日，该项目或者部分已经包含在据称的国际申请中。

（c）如果受理局发现不满足本细则 4.18 和本条（a）的要求，或者本条（a）所述的项目或者部分没有完全包含在所涉及的在先申请中，受理局应根据情况，根据本细则 20.3（b）（1），20.5（b）或 20.5（c）的规定处理。

三、国际检索

（一）国际检索

1. 国际检索的目的

根据《专利合作条约》第 15 条，国际检索的目的是努力发现相关的现有技术，在原始申请文件基础上提供关于专利性的初步意见。

2. 主管的国际检索单位

目前国际检索单位包括：奥地利专利局、澳大利亚专利局、巴西国家工业产权局、加拿大知识产权局、中国国家知识产权局、欧洲专利局、西班牙专利和商标局、芬兰国家专利与注册委员会、日本特许厅、韩国知识产权局、俄罗斯联邦知识产权专利商标局、瑞典专利注册局、美国专利商标局和北欧专利机构。

3. 与国际检索有关的现有技术

33.1 与国际检索有关的现有技术

根据根据《专利合作条约实施细则》第 33.1 条，与国际检索有关的现有技术指的是：

（a）为条约第 15 条（2）的目的，有关的现有技术应包括世界上任何地方公众可以通过书面公开（包括绘图和其他图解）得到、并能有助于确定要求保护的发明是否是新的和是否具有创造性（即是否是显而易见的）的一切事物，条件是公众可以得到的事实发生在国际申请日之前。

（b）当任何书面公开涉及口头公开、使用、展示或者其他方式，公众通过这些方式可以得到书面公开的内容，并且公众通过

这些方式可以得到的事实发生在国际申请日之前时，如果公众可以得到该书面公开的事实发生在国际申请日的同一日或者之后，国际检索报告应分别说明该事实以及该事实发生的日期。

（c）任何公布的申请或者专利，其公布日在检索的国际申请的国际申请日之后或者同一日，而其申请日或者（在适用的情况下）要求的优先权日在该国际申请日之前，假如它们在国际申请日之前公布，就会构成为条约第 15 条（2）目的的有关现有技术时，国际检索报告应特别指明这些专利申请或专利。

4. 最低限度文献

根据《专利合作条约实施细则》第 34 条，最低限度文献包括 :（1）公布的国际申请、地区申请，主要是专利合作条约组织和欧洲专利局的专利申请 ;（2）自 1920 年颁发的法、德、苏（俄）、瑞士、英、日、韩、美的专利及公布的申请 ;（3）其他公布的非专利文献。

5. 国际检索单位的程序

在 PCT 国际申请中，由受理局确定主管国际检索单位，并通知国际局。确定国际检索单位的程序时，由国际局受理的国际申请按照申请人的国籍或居所确定相应的主管国际检索单位。在受理局确定多个国际检索单位的情况下，申请人可以作出选择。

12.【2019 年第 99 题】PCT 国际申请进入国家阶段时涉及单一性问题的，下列说法正确的是?

A. 在国际阶段的检索和审查中，国际单位未提出单一性问题的，国家知识产权局不能再提出存在单一性缺陷的问题

B. 在国际阶段的检索和审查中，国际单位未提出单一性问题，而实际上存在单一性缺陷的，国家知识产权局可以提出存在单一性缺陷的问题

C. 对于申请人因未缴纳单一性恢复费而删除的发明，申请人不得提出分案申请

D. 对于申请人因未缴纳单一性恢复费而删除的发明，申请人可以提出分案申请

【解题思路】

专利审查遵循国家主权原则，国际单位没有提出单一性问题，国家局照样可以提出。申请人因未缴纳单一性恢复费而删除的发明，如果不缴纳单一性恢复费，则不允许提出分案申请。

【参考答案】 BC

（二）国际检索报告

1. 国际检索的期限

根据《专利合作条约实施细则》第 42.1 条，制定国际检索报告为自国际检索单位收到检索本起 3 个月，或者自优先权日起 9 个月，以后到期者为准。

13.【2010 年第 12 题】对于一件优先权日为 2007 年 9 月 27 日、国际申请日为 2008 年 2 月 15 日的 PCT 申请，国际检索单位于 2008 年 3 月 10 日收到检索本后，应当最迟在下列哪个日期完成国际检索报告?

A. 2008 年 5 月 15 日

B. 2008 年 6 月 10 日

C. 2008 年 6 月 27 日

D. 2008 年 12 月 10 日

【解题思路】

国际检索单位于 2008 年 3 月 10 日收到检索本，加 3 个月为 2008 年 6 月 10 日；优先权日为 2007 年 9 月 27 日，加 9 个月为

2008年6月27日，以后到期的2008年6月27日为准。

【参考答案】 C

14.【2018年第66题】关于国际检索，下列说法正确的是：

A. 国际检索只能是在原始国际申请文件的基础上进行的

B. 如果在国际公布的技术准备工作完成前，国际局已得到国际检索报告，国际检索报告将随申请文件一起进行国际公布

C. 国际检索单位作出的书面意见不会随申请文件一起进行国际公布

D. 申请日为2015年2月1日的国际申请（未要求优先权），国际检索单位收到检索本的2015年3月1日，则完成国际检索报告及书面意见的期限为2015年11月1日

【解题思路】

国际检索是为了发现有关的现有技术，自然应当以原始国际申请文件为基础。国际公布是为了让公众了解专利申请的内容，如果检索报告已出，一起公布就有利于社会公共利益。PCT实施细则2005年进行修改时，将原来第44条之三有关书面意见的保密性规定予以删除。根据现行规则，书面意见会进行国际公布。另外需要注意，在考后公布的真题征求意见版中，C选择中书面意见的表述是“不会随”，而官方出版的解析中改为“随”。如果根据后面官方出版的版本，则C选项也是正确的。制定国际检索报告的期限为自国际检索单位收到检索本起3个月，或者自优先权日起9个月，以后到期者为准。本题中的专利未要求优先权，故按照实际申请日计算，后到期的是申请日后9个月，即2015年11月1日。

【参考答案】 ABD

2. 国际检索报告的内容

根据《专利合作条约实施细则》第43条，国际检索报告表的内容包括标明、日期、分类、语言、引证、检索的领域、明显错误更正的考虑、关于发明单一性的说明、授权的官员以及附加的内容等。检索报告的具体格式要求由《专利合作条约》行政规程规定。

15.【2009年第21题】下列有关PCT申请的说法哪些是正确的？

A. 国际检索不仅应检索发明所在类别的那部分技术，也应检索与该发明类似的技术，而不问其归属何类

B. 对于国际检索单位自行制定的摘要，申请人可以在规定期限内提出意见

C. 如果国际申请的主题仅涉及治疗人体或者动物体的外科手术方法，则国际检索单位无须对该国际申请进行检索

D. 如果国际检索仅是针对主要发明或者不是针对所有的发明进行，国际检索报告应说明国际申请中哪些部分已经检索，哪些部分没有检索

【解题思路】

检索的目的是判断新颖性和创造性。检索根据IPC分类进行，但IPC分类是为了便于检索而进行的划分，不一定就完全符合技术人员工作中的实际。在判断发明申请的创造性时，不仅要考虑该发明所处的技术领域，还要考虑其类似、相近或者相关的技术领域，以及该发明所要解决的技术问题能够促使本领域的技术人员到其中去寻找技术手段的其他技术领域。为了审查的需要，检索

就不能局限在发明所在的领域之内。专利申请文件的摘要虽然没有法律效力，但毕竟也是专利文件的一部分。基于对申请人民事权利的尊重，国际检索单位修改摘要之后，有必要给申请人提供一个表达自己意见的机会。人体或者动物体的外科手术方法缺乏实用性，不可能被授权，因此也没有必要浪费资源进行检索。国际检索报告是提供给国家局作为参考的，自然应该详细地说明检索情况。

【参考答案】 ABCD

3. 国际检索单位的书面意见

根据《专利合作条约实施细则》第43条之二，国际检索单位的书面意见的目的：对请求保护的发明看来是否有新颖性、创造性、工业实用性提出初步的、无约束力的意见。

书面意见的内容包括：(1) 对优先权的核查结果；(2) 是否存在不作出关于专利性意见的情况；(3) 是否有缺乏发明单一性的情况，处理结果的说明；(4) 对本发明是否具有专利性的初步意见及其解释、引证；(5) 对抵触申请以及某些相关的非书面公开的引用；(6) 国际申请的缺陷。

16.【2017年第51题】如果国际检索单位认为一件PCT国际申请没有满足发明单一性的要求，则下列说法哪些是正确的？

A. 申请人未在规定期限内缴纳检索附加费的，国际检索单位应当宣布不作出国际检索报告

B. 申请人在规定期限内缴纳检索附加费的，国际检索单位应当对国际申请的全部权利要求作出国际检索报告

C. 申请人在规定期限内缴纳检索附加费和异议费的，如果异议成立，检索附加费和异议费将被退回

D. 申请人未在规定期限内缴纳检索附加费的，且在进入中国国家阶段后，未按规定缴纳单一性恢复费的，申请人不得提出分案申请

【解题思路】

专利申请需要具备单一性的一个重要理由是防止申请人逃避相应的检索费用，而国际检索单位的工作原则是收多少费用办多少事。如果申请人不缴纳检索附加费，只缴纳了检索费，那检索单位不进行检索不合适，全部检索也没有这个义务，合适的选择就是只检索一个主题，即权利要求中首先提到的发明部分。针对国际检索单位的单一性判断，申请人可以提起异议，不过在提起异议时需要同时缴纳检索附加费和异议费。如果异议成立，不存在单一性问题，那检索附加费自然应该退回。另外，异议程序也是因为检索单位之前的错误判断才引发，属于公平原则，异议费也应当退还。如果允许申请人在没有缴纳检索附加费的情况下，进入国家阶段可以提出分案，那申请人就逃避了相关费用，故如果此时申请人需要分案，则应当补缴相应的费用。

【参考答案】 BCD

4. 发明的单一性

根据《专利合作条约实施细则》第45条之二.6，(a) 如果指定补充检索单位认为国际申请不符合发明单一性的要求，应：

(1) 对国际申请涉及权利要求中首先提到的发明（“主要发明”）相关的部分作出补充国际检索报告；(ii) 通知申请人国际申请不符合发明单一性要求的意见，并且明确

说明得出该意见的理由；和（iii）通知申请人在本条（c）所述的期限内可以提出复查该意见。

5. 无须进行国际检索的主题

根据《专利合作条约实施细则》第39条，国际检索单位对下列主题无须进行国际检索：

（1）科学和数学理论；

（2）植物或者动物品种或者主要是用生物学方法生产植物或者动物的方法，但微生物学方法和由该方法获得的产品除外；

（3）经营业务、纯粹智力行为或者游戏比赛的方案、规则或者方法；

（4）处置人体或者动物体的外科手术方法或治疗方法，以及诊断方法；

（5）单纯的信息提供；

（6）计算机程序，在国际检索单位不具备条件检索与该程序有关的现有技术的限度内。

6. 国际检索单位的专利性国际初步报告

根据《专利合作条约实施细则》第44之二.1，

（a）除非已经或即将作出国际初步审查报告，国际局应当代表国际检索单位就本细则43之二.1（a）所述内容作出报告（在本条中简称为"该报告"）。该报告的内容应与根据本细则43之二.1所作书面意见的内容相同。

（b）该报告的题目应为"专利性国际初步报告（专利合作条约第1章）"，并有关于根据本条的规定由国际局代表国际检索单位作出该报告的说明。

（c）国际局应迅速将按照（a）作出的报告副本传送给申请人。

（三）根据条约第19条的修改

1. 提出修改的期限

根据《专利合作条约》第19条第1款，申请人在收到国际检索报告后，有权享受一次机会，在规定的期限内对国际申请的权利要求向国际局提出修改。申请人可以按细则的规定同时提出一项简短声明，解释上述修改并指出其对说明书和附图可能产生的影响。

根据《专利合作条约实施细则》第46.1条，条约第19条所述的期限为两个月，自国际检索单位将国际检索报告向国际局和申请人送交之日起计算，或者为16个月自优先权日起计算，以后到期者为准，但国际局在适用的期限届满后收到按照条约第19条规定所作的修改的，如果该修改在国际公布的技术准备工作完成之前到达国际局，应认为国际局已在上述期限的最后一日收到该修改。

17.【2017年第11题】一件PCT国际申请，国际申请日是2017年3月29日，优先权日是2016年4月11日。国际检索单位于2017年7月17日将国际检索报告传送给国际局和申请人。根据专利合作条约第19条的规定，对权利要求书提出修改的最晚期限是？

A. 2017年8月11日

B. 2017年9月17日

C. 2017年10月15日

D. 2018年2月11日

【解题思路】

申请人在收到国际检索报告后，有权享受一次修改机会，该期限为国际检索单位将国际检索报告向国际局和申请人送交之日起2个月，或者为自优先权日起16个月，以后到期者为准。国际检索单位传送检索报告的日期为2017年7月11号，往后两个月就是9月17号。专利申请的优先权日是2016年4月11日，往后推16个月就是2017年8月11日。两个日期相比较，取后一个日期。

【参考答案】 B

18.【2019年第97题】关于PCT国际申请国际阶段的修改，下列说法正确的是？

A．在国际检索报告传送给申请人之日起2个月内，申请人可依据专利合作条约第19条对权利要求书提出修改

B．在国际公布的技术准备工作完成之前，申请人可依据专利合作条约第19条对说明书和附图提出修改

C．在提出国际初步审查要求时，申请人可依据专利合作条约第34条对权利要求书提出修改

D．在国际初步审查报告作出之前，申请人可依据专利合作条约第34条对说明书和附图提出修改

【解题思路】

在PCT申请的国际阶段，申请人在国际检索报告传送给申请人之日起2个月内，可以修改权利要求书。申请人在国际初步审查报告作出之前，可以修改权利要求书、说明书和附图。C选项的"提出国际初步审查要求时"，同样属于"国际初步审查报告作出之前"的区间。

【参考答案】 ACD

2. 修改的要求

《专利合作条约》第19条第2款和第3款规定了修改的要求：

……

（2）修改不应超出国际申请提出时对发明公开的范围。

（3）如果指定国的本国法准许修改超出上述公开范围，不遵守本条（2）的规定在该国不应产生任何后果。

3. 修改的形式

根据《专利合作条约实施细则》第46.5条，申请人在根据条约第19条作出修改时，应当提交替换页，该替换页包括一套完整的权利要求书用来替换原始提交的全部权利要求。替换页应附有一封信件：

（1）信件中应指出由于修改导致哪些权利要求与原始提交的权利要求不同，同时指出其不同之处；

（2）信件中应指出由于修改导致哪些原始提交的权利要求被删除；

（3）信件中应指出所做修改在原始提交的申请中的基础。

四、国际公布

（一）国际公布的期限

根据《专利合作条约》第21条的规定，在申请人没有提出请求的情况下，除了有关国家按照条约第64条第3款的规定提出保留外，国际申请的国际公布应在自该申请的优先权日起满18个月后迅速予以办理。

19.【2014年第83题】某中国公司以中文向国家知识产权局提交了一件PCT国际申请，其优先权日为2013年8月8日，国际申请日为2014年8月8日。下列关于该申请国际公布的说法哪些是正确的？

A．国际公布应当以英文或法文进行，

因此国际局还需将该申请全部内容翻译成英文或法文进行国际公布

B. 申请人想通过撤回国际申请来避免国际公布，则该撤回通知应在国际公布的技术准备完成之前到达国际局

C. 如果申请人不要求提前公布，则该申请将在2015年2月8日之后迅速进行国际公布

D. 国际检索报告在国际公布的技术准备工作完成前已作出的，国际公布应当公布国际检索报告

【解题思路】

国际申请的公布语言包括中文。如果国际公布的技术准备已经完成，那就没法通过撤回国际申请来避免公布。国际公布日是优先权日起18个月，本案申请的优先权日为2013年8月8日，故公布日为2015年2月8日。如果国际检索报告此时已经完成，那么一并公布有利于公众获得更多的技术信息。

【参考答案】 BCD

（二）国际公布的内容

根据《专利合作条约实施细则》第48.2条，(a)国际申请的公布应包括：

（1）标准格式扉页；

（2）说明书；

（3）权利要求书；

（4）附图，如果有的话；

（5）除（g）另有规定外，国际检索报告或者条约第17条（2）（a）所述的宣布；

（6）根据条约第19条（1）所提出的任何声明，但国际局认为该声明不符合本细则46.4的规定的除外；

（7）国际局在国际公布的技术准备完成之前收到的根据细则91.3（d）所提出的公布

请求，即明显错误更正的请求、理由和细则91.3（d）所述的任何意见；

（8）根据本细则13之二与说明书分开提交的有关生物材料保藏的说明，以及国际局收到该说明的日期标记；

（9）任何依据本细则26之二.2（d）所述的关于优先权的信息；

（10）在本细则26之三.1所述的期限届满前国际局收到的本细则4.17中所述的任何声明和本细则26之三.1所述的任何有关改正。

（11）任何根据本细则第26条之二.3所提出的恢复优先权请求的信息，以及受理局根据该请求所作出的恢复优先权决定的信息，包括受理局作出该决定所依据标准的相关信息。

（三）国际公布的语言

《专利合作条约实施细则》第48.3条规定了国际公布的语言。

（1）如果国际申请是用阿拉伯语、汉语、英语、法语、德语、日语、韩语、葡萄牙语、俄语或者西班牙语（“公布语言”）提出的，该申请应以其提出时使用的语言公布。

（2）如果国际申请未使用一种公布语言提出，并且已提交了翻译成公布语言的译文，则该申请应以该译文的语言公布。

（3）如果国际申请是用英语以外的一种语言公布的，按本细则48.2（A）（v）的规定公布的国际检索报告或者条约第17条（2）（A）所述的宣布、发明的名称、摘要以及摘要附图所附的文字都应使用这种语言和

英语公布。如果根据本细则 12.3 申请人没有提交，译文应由国际局负责准备。

20.【2019 年第 98 题】某中国申请人于 2016 年 4 月 26 日就其在中国完成的一项发明创造用中文向国家知识产权局提交了一件 PCT 国际申请。下列说法哪些是正确的？

A．该 PCT 国际申请是向国家知识产权局提出的，视为同时提出了保密审查请求

B．国际公布应当以中文进行，并且发明的名称、摘要以及摘要附图所附的文字都应使用中文和英文公布

C．申请人最迟应当在 2018 年 12 月 26 日前办理进入中国国家阶段的手续

D．在办理进入中国国家阶段手续时，申请人可以暂不选择要求获得的专利类型

【解题思路】

通过国家知识产权局对外申请 PCT 国际申请，视为同时提出保密审查请求。国际申请使用包括中文在内的 10 种公布语言公布的，该申请应以其提出时使用的语言公布。如果该申请使用的语言不是英文，则发明的名称、摘要以及摘要附图所附的文字应当用原申请语言和英文同时公布。PCT 申请进入国家阶段的最晚日期为国际申请之日起 32 个月，故为 2018 年 12 月 26 日前。专利申请属于发明还是实用新型属于重要事项，需要在办理进入国家阶段手续时完成选择。

【参考答案】 ABC

（四）不予公布和提前公布

《专利合作条约》第 21 条第 5 款规定了不予公布：如果国际申请在其公布的技术准备完成以前被撤回或被视为撤回，即不进行国际公布。

《专利合作条约》第 21 条第 2 款规定了提前公布：申请人可以要求国际局在自该申请的优先权日起满 18 个月的期限届满之前的任何时候公布其国际申请。国际局应按照细则的规定予以办理。

（五）国际公布的效力

《专利合作条约》第 29 条规定了国际公布的效力。

（1）就申请人在指定国的任何权利的保护而言，国际申请的国际公布在该国的效力，除（2）至（4）另有规定外，应与指定国本国法对未经审查的本国申请所规定的强制国家公布的效力相同。

（2）如果国际公布所使用的语言和在指定国按本国法公布所使用的语言不同，该本国法可以规定（1）规定的效力仅从下列时间起才能产生：

①使用后一种语言的译本已经按本国法的规定予以公布；或者

②使用后一种语言的译本已经按本国法的规定通过公开展示而向公众提供；或者

③使用后一种语言的译本已经由申请人送达实际的或未来的未经授权而使用国际申请中请求保护的发明的人；或者

④上列①和③所述的行为，或②和③所述的行为已经发生。

五、国际初步审查

《专利合作条约》第 2 章规定了国际初步审查程序，它不是国际申请的必经程序，而是由申请人自愿选择的程序。

（一）国际初步审查的提出

1. 国际初步审查要求书

《专利合作条约实施细则》第 53 条规定了国际初步审查要求书。要求书的内容应当

包括：（1）请求；（2）有关申请人和代理人（有代理人时）的记载；（3）有关所涉及的国际申请的记载；（4）在适用的情况下，有关修改的说明。

2. 提交要求书的期限

根据《专利合作条约实施细则》第54条之二，提交要求书的最晚期限为优先权日起22个月或发出检索报告和书面意见起3个月，以后到期限为准。到期之后提交要求书被视为未提出。

21.【2009年第30题】对优先权日为2006年12月26日、国际申请日为2007年12月26日的国际申请作出的国际检索报告，传送给申请人的日期为2008年8月15日。申请人应当在下列哪个日期前提出国际初步审查要求书？

A．2008年11月15日

B．2008年10月26日

C．2008年7月26日

D．2009年4月26日

【解题思路】

传送国际检索报告的日期是2008年8月15日，往后推3个月是2008年11月15日。优先权日是2006年12月26日，往后推22个月是2008年10月26日。后到期日为2008年11月15日。

【参考答案】 A

3. 国际初步审查的语言

根据《专利合作条约实施细则》第55.1条，要求书应使用国际申请的语言，或者如果国际申请在提出时使用的语言与公布时使用的语言不同，应使用国际申请公布时的语言。但是，根据本细则55.2的规定要求提供国际申请的译文的，要求书应使用该译文所用的语言。

4. 主管的国际初步审查单位

《专利合作条约》第32条，国际初步审查应由国际初步审查单位进行。受理局和大会应按照有关的国际初步审查单位与国际局之间适用的协议，确定一个或几个主管初步审查的国际初步审查单位。

国际初步审查单位和国际检索单位相同，目前包括奥地利专利局、澳大利亚专利局、巴西国家工业产权局、加拿大知识产权局、中国国家知识产权局、欧洲专利局、西班牙专利和商标局、芬兰国家专利与注册委员会、日本特许厅、韩国知识产权局、俄罗斯联邦知识产权专利商标局、瑞典专利注册局、美国专利商标局和北欧专利机构。

22.【2017年第52题】在PCT国际申请体系中，中国国家知识产权局承担以下哪些职能？

A．受理PCT国际申请

B．负责PCT国际申请的公布出版

C．作为国际检索单位，制定国际检索报告

D．作为国际初步审查单位，制定专利性国际初步报告

【解题思路】

中国国家知识产权局作为国际申请的受理局，自然有权受理PCT国际申请。专利合作条约成员国的国家局并不是都有资格成为国际检索单位和国际初步审查单位，成为国际检索单位和初步审查单位需要具备相应的硬件（符合条件的海量专利文献储备）和软件（充足的高质量审查员）条件，中国国家知识产权局显然符合这两个条件。PCT国际申请涉及世界各地的专利申请，中国国

家知识产权局作为中国的国家局，不可能完全掌握各个申请人在世界各国的专利申请情况，故PCT国际申请的公布和出版不应当由中国国家知识产权局负责，而是国际局的职责。

【参考答案】 ACD

5. 国际初步审查的费用

根据《专利合作条约实施细则》第57条的规定，要求国际初步审查需要缴纳费用，该费用由受理要求书的国际初步审查单位收取。其中手续费为CHF200（USD157），审查费为CNY1500。缴纳期限为自国际初审单位收到国际初步审查要求书之日起1个月内或自优先权日起22个月，以后到期为准。

（二）国际初步审查

1. 国际初步审查的目的

《专利合作条约》第33条第1款规定了国际初步审查的目的。

国际初步审查的目的是对下述问题提出初步的无约束力的意见，即请求保护的发明看来是否有新颖性，是否有创造性（非显而易见性）和是否有工业实用性。

2. 国际初步审查的启动

根据《专利合作条约实施细则》第69.1条，（a）除（b）至（e）另有规定外，国际初步审查单位在得到以下全部文件后应启动国际初步审查：

（1）国际初步审查要求书；

（2）应当缴纳的（全部）手续费和初步审查费，包括：在适用的情况下根据本细则58之二.2所收取的滞纳金；和

（3）国际检索报告或者国际检索单位根据条约第17条（2）（a）作出的关于将不制定国际检索报告的宣布，以及根据本细则43之二.1所作出的书面意见；除非申请人明确请求将国际初步审查的启动推迟至细则54之二.1（a）所适用的期限届满。

（b）如果作为国际检索单位的国家局或政府间组织同时也是国际初步审查单位，如果该国家局或国际初步审查单位愿意，并且除（d）和（e）另有规定外，国际初步审查可

以和国际检索同时启动。

（b之二）如果同时作为国际检索单位和国际初步审查单位的国家局或政府间组织根据（b）希望在启动国际检索的同时也启动国际初步审查，并且认为已满足条约第34条（2）（c）（i）至（iii）的全部条件，则作为国际检索单位的该国家局或政府间组织不需要根据本细则43之二.1的规定作出书面意见。

（c）如果有关修改的声明写明根据条约第19条提出的修改应予以考虑（本细则53.9（a）（i）），国际初步审查单位在收到有关修改的副本之前不应启动国际初步审查。

（d）如果有关修改的声明写明国际初步审查的启动应予以推迟（本细则53.9（b）），国际初步审查单位在下列情形发生之前不应启动国际初步审查，以先发生者为准：

（1）收到根据条约第19条提出的任何修改的副本；

（2）收到申请人表示无意根据条约第19条提出修改的通知；或者

（3）根据本细则46.1所适用的期限届满。

（e）如果有关修改的声明写明根据条约第34条提出的修改已和要求书一起提出（本细则53.9（c）），但实际上该修改并没有提

出，国际初步审查单位在收到修改前或者在本细则60.1（g）所述的通知中确定的期限届满前，以先发生者为准，不应启动国际初步审查。

3. 与国际初步审查有关的现有技术

根据《专利合作条约实施细则》第64.1条（a）为条约第32条（2）和（3）的目的，在世界上任何地方，公众通过书面公开（包括绘图和其他图解）可以得到的一切事物，应认为是现有技术，但以公众可以得到发生在有关日期之前为限。

（b）为（a）的目的，相关日期应当是指：

（1）除（n）和（3）另有规定外，在国际初步审查中国际申请的国际申请日；

（2）在国际初步审查中国际申请要求了一项在先申请的优先权的且国际申请日在优先权期限内，该在先申请的申请日，除非国际初步审查单位认定该优先权请求无效；

（3）在国际初步审查中，国际申请要求了一项在先申请的优先权，并且其国际申请日晚于优先权期限，但是在自优先权期限届满日起2个月内，该在先申请的申请日，除非国际初步审查单位以国际申请日迟于优先权期限届满日以外的其他理由认定该优先权请求无效。

4. 国际初步审查的标准

《专利合作条约》第33条第2～6款规定了国际初步审查的标准：

……

（2）为国际初步审查的目的，请求保护的发明如果是细则所规定的现有技术中所没有的，应认为具有新颖性。

（3）为国际初步审查的目的，如果按细则所规定的现有技术考虑，请求保护的发明在规定的相关日期对本行业的技术人员不是显而易见的，它应被认为具有创造性。

（4）为国际初步审查的目的，请求保护的发明如果根据其性质可以在任何一种工业中制造或使用（从技术意义来说），应认为具有工业实用性。对“工业”一词应如同在保护工业产权巴黎公约中那样作最广义的理解。

（5）上述标准只供国际初步审查之用。任何缔约国为了决定请求保护的发明在该国是否可以获得专利，可以采用附加的或不同的标准。

（6）国际初步审查应考虑国际检索报告中引用的所有文件。该审查也可以考虑被认为与特定案件有关的任何附加文件。

5. 国际初步审查的程序

根据《专利合作条约》第34条，在国际初步审查报告作出之前，申请人有权依规定的方式，并在规定的期限内修改权利要求书、说明书和附图。这种修改不应超出国际申请提出时对发明公开的范围。

根据《专利合作条约实施细则》第68条，国际初步审查单位认为国际申请不符合发明单一性要求时，可以决定不通知申请人限制权利要求或者缴纳附加费的，也可以决定通知申请人根据其自己选择限制权利要求或者缴纳附加费。

23.【2015年第99题】下列关于PCT国际申请的说法哪些是正确的？

A. 香港特别行政区的居民可以向国家知识产权局提交PCT国际申请，也可以向国际局提交PCT国际申请

B. 不能就外观设计提出PCT国际申请

C．中国国民向国家知识产权局提交的PCT国际申请，可以指定欧洲专利局进行国际检索

D．PCT国际申请在进入国家阶段之前必须经过国际初步审查

【解题思路】

香港居民申请PCT专利可以通过国际局，也可以通过中国国家知识产权局。PCT保护的都是技术，不保护外观设计。中国国民通过国家知识产权局提交PCT申请的，必须指定国家知识产权局作为国际检索单位。PCT国际申请阶段的国际初步审查程序是可选程序，不是必要的。

【参考答案】 AB

24.【2017年第57题】下列关于PCT国际申请的说法哪些是正确的？

A．申请人可以依据《专利合作条约》提交PCT国际申请，也可以依据《保护工业产权巴黎公约》直接向外国提交专利申请

B．国际初步审查程序是PCT国际申请的必经程序

C．国际检索单位书面意见和专利性国际初步报告是国际单位对作为国际申请主题的发明是否有新颖性、创造性和工业实用性提出的初步的、无约束力的意见

D．有些PCT国际申请的主题，如原子核变换方法，即使国际单位经检索认为其具备新颖性和创造性，也无法在中国获得专利权

【解题思路】

《专利合作条约》给申请人提供了一条可以用来进行国际申请的新的途径，而不是限制申请人必须通过该途径来提交。毕竟有些国家是巴黎公约成员国但不是PCT成员国，无法通过PCT途径申请专利。国际初步审查程序是因申请人要求而启动的程序，并不是PCT国际申请的必经程序。审查能力强的国家局完全可以不依赖国际初步审查的结论，而是根据自己的力量进行审查。专利授权的前提是具有新颖性、创造性和实用性，故国际初步审查需要针对这“三性”进行审查。根据国家主权独立的原则，国际初步审查程序的意见对各个国家并没有强制约束力，一般缺乏审查能力的国家更愿意接受初步审查意见。同理，根据国家主权独立的原则，专利是否授权根据国内法来确定。如果原子核变换方法能够通过PCT途径在中国获得授权，那显然是不合理的。

【参考答案】 ACD

25.【2018年第63题】对于PCT国际申请在国际申请阶段或进入中国国家阶段申请人所做的修改，以下哪些是允许的：

A．申请人自国际检索单位向申请人和国际局传送国际检索报告之日起2个月或者自优先权日起16个月向国际检索单位提交的权利要求书、说明书及附图的修改替换页

B．申请人在提交国际初审请求书时，向国际初审单位提交的权利要求书、说明书及附图的修改替换页

C．申请人在国际初审单位传送专利性国际初步报告制定之前，向国际初审单位提交的权利要求书、说明书及附图的修改替换页

D．申请人在该PCT申请进入中国国家阶段时，提交的权利要求书、说明书及附图的修改替换页

【解题思路】

在PCT申请中，申请人具有3次修改

专利申请的机会：(1) 收到国际检索报告后，可以修改权利要求书；(2) 进入国家阶段后，可以修改权利要求书、说明书和附图；(3) 在国际初步审查报告作出前，修改权利要求书、说明书和附图。本题中，申请人不要求国际初步审查，不适用第三种情形；收到国际检索报告后只能修改权利要求书，不能修改说明书。因此，申请人只能在进入国家阶段后向指定局提交修改文件。

【参考答案】 BCD

（三）国际初步审查报告

1. 国际初步审查的期限

《专利合作条约实施细则》第 69.2 条规定了国际初步审查的期限。

制定国际初步审查报告的期限应为以下最后到期期限届满之时：

（1）自优先权日起 28 个月；或

（2）自本细则 69.1 规定的启动国际初步审查之时起 6 个月；或

（3）自国际初步审查单位收到依据本细则 55.2 递交的译文之日起 6 个月。

2. 国际初步审查报告的内容

《专利合作条约》第 35 条规定了国际初步审查报告的内容：

国际初步审查报告应在规定的期限内并按规定的格式写成。

国际初步审查报告不应包括关于下列问题的说明，即请求保护的发明按照任何国家的本国法可以或看来可以取得专利或不可以取得专利。除（3）另有规定外，报告应就每项权利要求作出说明，即该权利要求看来是否符合第 33 条（1）至（4）为国际初步审查的目的所规定的新颖性、创造性（非显而易见性）和工业实用性的标准。说明中应附有据以认为能证明所述结论的引用文件的清单，以及根据案件的情况可能需要作出的解释。说明还应附有细则所规定的其他意见。

3. 发明的单一性

根据《专利合作条约实施细则》第 68.1 条，如果国际初步审查单位认为国际申请不符合发明单一性要求，并决定不通知申请人限制权利要求或者缴纳附加费的，除条约第 34 条（4）（b）和本细则 66.1（e）另有规定外，该单位应就整个国际申请继续国际初步审查，但应在任何书面意见和国际初步审查报告中指出，该单位认为该申请不符合发明单一性要求，并说明理由。

根据《专利合作条约实施细则》第 68.2 条，如果国际初步审查单位认为国际申请不符合发明单一性要求，并决定通知申请人根据其自己选择限制权利要求或者缴纳附加费的，该通知应当：

（1）至少应举出一种以国际初步审查单位的观点认为符合要求的限制权利要求的可能方案；

（2）写明它认为国际申请不符合发明单一性要求的理由；

（3）如果申请人选择了缴纳附加费，应指明要求缴纳的数额；以及

（4）在适用的情况下要求申请人自通知之日起 1 个月内缴纳本细则 68.3（e）所述的异议费，并指明应缴纳的数额。

4. 无须进行国际初步审查的主题

根据《专利合作条约实施细则》第 67.1 条，如果国际申请的主题是下列各项之一，并且在有下列情形之一的限度内，国际初步审查单位无须对该国际申请进行国际初步

审查：

（1）科学和数学理论；

（2）植物、动物品种或者主要是用生物学方法生产植物和动物的方法，但微生物学方法和由该方法获得的产品除外；

（3）经营业务，纯粹智力活动或者游戏比赛的方案、规则或者方法；

（4）治疗人体或者动物体的外科手术或者疗法以及诊断方法；

（5）单纯的信息提供；

（6）计算机程序，在国际初步审查单位不具备条件对其进行国际初步审查的限度内。

5. 国际初步审查报告的送达

《专利合作条约》第36条规定了国际初步审查报告的传送。

国际初步审查报告的送交、翻译和送达：

（1）国际初步审查报告，连同规定的附件，应送交申请人和国际局。

（2）①国际初步审查报告及其附件应译成规定的语言。②上述报告的译本应由国际局作出或在其承担责任的情况下作出，而上述附件的译本则应由申请人作出。

（3）①国际初步审查报告，连同其译本（按规定）以及其附件（用原来的语言），应由国际局送达每个选定局。②附件的规定译本应由申请人在规定期限内送交各选定局。

（4）第20条（3）的规定比照适用于国际初步审查报告中引用而在国际检索报告中未引用的任何文件的副本。

（四）根据条约第34条的修改

根据《专利合作条约》第34条第2款的规定，申请人在国际初步审查阶段可以进行修改。

1. 申请人有权以口头和书面与国际初步审查单位进行联系。

2. 在国际初步审查报告作出之前，申请人有权依规定的方式，并在规定的期限内修改权利要求书、说明书和附图。这种修改不应超出国际申请提出时对发明公开的范围。

3. 除国际初步审查单位认为下列所有条件均已具备外，申请人应从该单位至少得到一份书面意见：

（1）发明符合第33条（1）所规定的标准；

（2）经该单位检查，国际申请符合本条约和细则的各项要求；

（3）该单位不准备按照第35条（2）最后一句提出任何意见。

4. 申请人可以对上述书面意见作出答复。

26.【2009年第75题】申请人收到国际检索报告后，准备对说明书和权利要求书都进行修改，如果其不要求国际初步审查，则应当在何时提交修改文件？

A. 在国际检索报告规定的期限内向国际检索单位提交

B. 自国际检索报告送交之日起1个月内向国际局提交

C. 在进入国家阶段后，依照指定国本国法规定的期限向指定局提交

D. 自优先权日起22个月内向指定局提交

【解题思路】

在PCT申请中，申请人具有3次修改的机会：①收到国际检索报告后，可以修改

权利要求书；②进入国家阶段后，可以修改权利要求书、说明书和附图；③在国际初步审查报告作出前，修改权利要求书、说明书和附图。本题中，申请人不要求国际初步审查，不适用第三种情形；收到国际检索报告后只能修改权利要求书，不能修改说明书。因此，申请人只能在进入国家阶段后向指定局提交修改文件。

【参考答案】 C

第二节　国际申请进入中国国家阶段的特殊要求

PCT仅是专利申请程序，而不是授权程序。根据条约的规定，国际申请在完成国际阶段的程序后即进入国家阶段，由各国的专利主管部门按照本国的专利法审批专利。如果申请人在国际申请的请求书中指定了中国，则该国际申请在规定的期限内进入我国，国家知识产权局按照我国的《专利法》及其实施细则审查该国际申请。

一、进入中国国家阶段的期限

《专利法实施细则》第103条："国际申请的申请人应当在专利合作条约第二条所称的优先权日（本章简称优先权日）起30个月内，向国务院专利行政部门办理进入中国国家阶段的手续；申请人未在该期限内办理该手续的，在缴纳宽限费后，可以在自优先权日起32个月内办理进入中国国家阶段的手续。"

27.【2016年第28题】某PCT国际申请的国际申请日是2012年2月5日，优先权日是2011年10月8日，该国际申请未要求国际初步审查，申请人应在下列哪一期限届满前办理进入中国国家阶段手续？

A．自2012年2月5日起30个月

B．自2012年2月5日起20个月

C．自2011年10月8日起20个月

D．自2011年10月8日起30个月

【解题思路】

进入国家阶段的期限是优先权日起30个月，本题的优先权是2011年10月8日。

【参考答案】 D

28.【2017年第58题】一件PCT国际申请，国际申请日是2017年6月1日。申请人在国际阶段办理了恢复优先权手续，经审查合格后确定的优先权日是2016年5月14日。下列说法哪些是正确的？

A．申请人最迟应当在2019年1月14日前办理进入中国国家阶段手续

B．申请人最迟应当在2020年2月1日前办理进入中国国家阶段手续

C．该PCT申请如果要求获得发明专利，申请人最迟应当在2019年5月14日前提出实质审查请求

D．该PCT申请如果要求获得发明专利，申请人最迟应当在2020年6月1日前提出实质审查请求

【解题思路】

申请人办理进入中国国家阶段手续的期限是在优先权日起30个月内，如果缴纳宽限费，还可以延长2个月。优先权日是2016年5月14日的申请，进入中国国家阶段的最晚日期是2019年1月14日。PCT申请的国际申请日法律地位相当于国内申请的申请日，故申请人需要在优先权日起的3年内提出实质性审查请求。不过，本题中的优

先权日已经超过12个月，由于中国对PCT及其实施细则的保留，对国际申请在国际阶段恢复的优先权不予认可，故申请人需要在实际申请日2017年6月1日起3年内提出实质审查请求。

【参考答案】 AD

二、进入中国国家阶段的手续

根据《专利法实施细则》第104条，申请人依照本细则第103条的规定办理进入中国国家阶段的手续的，应当符合下列要求：

（1）以中文提交进入中国国家阶段的书面声明，写明国际申请号和要求获得的专利权类型。

（2）缴纳《专利法实施细则》第93条第1款规定的申请费、公布印刷费，必要时缴纳《专利法实施细则》第103条规定的宽限费。

（3）国际申请以外文提出的，提交原始国际申请的说明书和权利要求书的中文译文。

（4）在进入中国国家阶段的书面声明中写明发明创造的名称，申请人姓名或者名称、地址和发明人的姓名，上述内容应当与世界知识产权组织国际局（以下简称国际局）的记录一致；国际申请中未写明发明人的，在上述声明中写明发明人的姓名。

（5）国际申请以外文提出的，提交摘要的中文译文，有附图和摘要附图的，提交附图副本和摘要附图副本，附图中有文字的，将其替换为对应的中文文字；国际申请以中文提出的，提交国际公布文件中的摘要和摘要附图副本。

（6）在国际阶段向国际局已办理申请人变更手续的，提供变更后的申请人享有申请权的证明材料。

（7）必要时缴纳《专利法实施细则》第93条第1款规定的申请附加费。

符合本条第1款第1～3项要求的，国务院专利行政部门应当给予申请号，明确国际申请进入中国国家阶段的日期（以下简称进入日），并通知申请人其国际申请已进入中国国家阶段。

国际申请已进入中国国家阶段，但不符合本条第1款第4～7项要求的，国务院专利行政部门应当通知申请人在指定期限内补正；期满未补正的，其申请视为撤回。

29.【2009年第96题】一件国际申请的优先权日为2004年8月5日，该申请的申请人于2007年4月5日向国家知识产权局办理进入国家阶段手续时漏交了附图副本。下列说法哪些是正确的？

A. 申请人可以在指定期限内补交附图，以附图补交之日作为申请日

B. 由于申请人是在法定期限最后一日办理进入国家阶段的手续，因此缺少附图将导致该申请在中国的效力终止

C. 国家知识产权局应当通知申请人在指定期限内补正，期满未补正的，该申请视为撤回

D. 国家知识产权局应当通知申请人在指定期限内补正，期满未补正的，该申请将被驳回

【解题思路】

漏交附图副本的，应该及时补正，期满未补正，则该申请视为撤回。补交附图涉及的是国家阶段的程序，而国际申请的申请

日早已经确定，不可能以附图补交之日作为申请日。

【参考答案】C

30.【2010年第38题】申请人在办理PCT申请进入中国国家阶段的手续时，应当符合下列哪些要求？

A. PCT申请以外文提出的，提交摘要的中文译文

B. 缴纳申请费、公布印刷费和实质审查费

C. 在进入声明中写明申请人姓名或者名称

D. 在国际阶段向国际局已办理申请人变更手续的，向国家知识产权局提出著录项目变更请求

【解题思路】

PCT申请进入中国国家阶段时，申请文件使用的文字应当是中文，故权利要求书、说明书、说明书摘要等都需要翻译为中文。实质审查费是在提起实质审查的时候缴纳，PCT申请进入中国国家阶段并不是提起实质审查，故此时不需要缴纳实质审查费。在进入声明中自报家门，写明申请人是谁是应有之义。PCT申请进入中国国家阶段之前，国家知识产权局不会为该申请建立档案，没有著录项目，也就谈不上变更。

【参考答案】AC

31.【2017年第12题】PCT国际申请在办理进入中国国家阶段手续时，如果核苷酸和/或氨基酸序列表部分纸页在（）以上，申请人可以只提交符合规定的计算机可读形式的序列表。

A. 100页

B. 200页

C. 300页

D. 400页

【解题思路】

核苷酸和/或氨基酸序列表部分纸页在400页以上，需要提供计算机可读形式的序列表。

【参考答案】D

《专利审查指南》第3部分第1章第3.1.2节规定了保护类型。

《专利法》第9条第1款规定：同样的发明创造只能授予一项专利权。国际申请指定中国的，办理进入国家阶段手续时，应当选择要求获得的是“发明专利”或者“实用新型专利”，两者择其一，不允许同时要求获得“发明专利”和“实用新型专利”。不符合规定的，审查员应当发出国际申请不能进入中国国家阶段通知书。

32.【2014年第54题】下列关于PCT国际申请进入中国国家阶段手续的说法哪些是正确的？

A. 在进入中国国家阶段时，申请人可以同时选择发明和实用新型作为获得专利权的类型

B. 国际申请以外文提出的，申请人应当提交原始国际申请的说明书和权利要求书的中文译文

C. 在国际阶段向国际局已办理申请人变更手续的，申请人应当提供变更后的申请人享有申请权的证明材料

D. 国际申请以中文提出的，申请人应当提交国际公布文件中的摘要和摘要附图副本

【解题思路】

PCT进入国家阶段，必须确定是选择

发明和实用新型，不能同时选择。如果国际申请是外文的，需要提交中文译文。如果申请人变更了，那需要证明变更后的申请人具有相应的权利。在国际阶段，申请人的变更并不需要提交材料证明，转让证明是在国家阶段提交。如果国际申请是中文，那只需提供摘要和摘要附图的副本。

【参考答案】 BCD

33.【2015 年第 97 题】某 PCT 申请的国际申请日为 2009 年 10 月 26 日，进入中国国家阶段的日期为 2012 年 2 月 26 日。下列说法哪些是正确的？

A．该申请应当视为 2012 年 2 月 26 日向国家知识产权局提出的专利申请

B．在进入中国国家阶段时，申请人可以选择外观设计作为保护类型

C．申请人不能在该申请进入中国国家阶段后提出新的优先权要求

D．如果该申请被授予专利权，则专利权的期限自 2009 年 10 月 26 日起计算

【解题思路】

进入中国的 PCT 申请中，其申请日为国际申请日，保护期限也从国际申请日起算。PCT 进入中国时可以选择发明或者实用新型，但不能选择外观设计，因为 PCT 不保护外观设计。PCT 中的专利包括发明专利、发明人证书、实用证书、实用新型、增补专利或增补证书、增补发明人证书和增补实用证书。这些专利虽然名称不同，但都属于技术领域。外观设计属于艺术领域，很难想象属于技术领域的 PCT 申请进入中国后通过外观设计来保护。PCT 进入中国的时候距其提起国际申请的时间早已超过了 12 个月，如果允许进入国家阶段的时候提出新的优先权要求，那很容易超过 12 个月的优先权期限。

【参考答案】 CD

34.【2016 年第 99 题】王某以英文提交了 PCT 国际申请，其国际申请日为 2011 年 1 月 18 日，优先权日为 2010 年 9 月 15 日，进入中国国家阶段的日期为 2013 年 3 月 1 日。下列说法哪些是正确的？

A．在进入中国国家阶段时，申请人应当提交该国际申请的原始说明书和权利要求书的中文译文

B．申请人应当于 2013 年 9 月 15 日前提出实质审查请求

C．该申请授权后，专利权期限的起算日为 2011 年 1 月 18 日

D．该申请授权后，专利权期限的起算日为 2013 年 3 月 1 日

【解题思路】

王某的 PCT 申请是用外文提出的，进入国家阶段时，需要提交原始国际申请的说明书和权利要求书的中文译文。虽然说国家知识产权局的很多审查员英文水平都很高，但毕竟中文才是母语。专利申请文件作为严格的法律文件，用中文审查更符合国情，这也是国家主权的体现之一。如果申请人不提交译文，那意味着翻译费就要由国家知识产权局承担，这也不合理。另外，译文如果是由申请人提交，那么译文有误造成损失的由申请人来承担也理所当然，国家知识产权局也能避免风险。PCT 申请的国际申请日法律地位相当于国内申请的申请日，故申请人需要在优先权日 2010 年 9 月 15 日起 3 年内提出实质审查请求。专利授权后，专利权起算

日是实际申请日2011年1月18日。

【参考答案】 ABC

（一）进入声明

根据《专利法实施细则》第104条，进入声明中应当以中文提交，并且写明以下内容：（1）国际申请号和要求获得的专利权类型；（2）发明创造的名称，申请人姓名或者名称、地址和发明人的姓名，上述内容应当与世界知识产权组织国际局（以下简称国际局）的记录一致，国际申请中未写明发明人的，在上述声明中写明发明人的姓名。

35.【2007年第87题】下列有关国际申请进入中国国家阶段时所提交文件的说法哪些是正确的？

A．经国际局登记已经死亡的申请人，进入国家阶段时，不再写入进入声明中

B．国际申请中未指明发明人的，在进入中国国家阶段声明中应当指明发明人姓名

C．在国际阶段申请人进行过变更的，应提交变更后申请人享有申请权的证明材料

D．应当在进入国家阶段的书面声明中指明国际公布中对不同国家的不同申请人的姓名

【解题思路】

专利获得授权之后，申请人变成了专利权人。专利权人不应该是已经死亡的人，故在国际局已经登记死亡的申请人，进入国家阶段时不应该进入声明中，进入声明写的应该是继承其权利的人。当然，如果继承人还没有确定，那只能先写入已死亡的该申请人名字，等继承人确定后再变更。发明人的署名权应当获得保护。如果申请人变更，那应当提交证据让国家知识产权局接受。国家知识产权局只管辖进入中国的申请，该国际申请在进入不同国家的申请人是谁与国家知识产权局无关。

【参考答案】 ABC

（二）缴纳费用

根据《专利法实施细则》第104条，进入中国国家阶段时需要缴纳申请费、申请附加费、公布印刷费，必要时还需要缴纳宽限费。

36.【2006年第98题】下列关于办理国际申请进入中国国家阶段手续的说法哪些是正确的？

A．申请人应当提交进入中国国家阶段的书面声明

B．申请人应当缴纳申请费、申请附加费和公布印刷费

C．国际申请以中文以外的文字提出的，申请人应当提交原始国际申请的说明书、权利要求书、附图中的文字和摘要的中文译文

D．国际申请以中文提出的，申请人应当提交国际公布文件中的摘要副本

【解题思路】

进入国家阶段的程序在提交了书面声明后才启动。进入国家阶段需要缴纳费用。进入国家阶段的国际申请就相当于国内申请，使用的语言应当是中文，故如果国际申请用的是外文，那应当把相关内容翻译为中文。如果国际申请以中文提出，则只需要提交国际公布文件的摘要副本。

【参考答案】 ABCD

（三）费用的减免

根据《关于国际申请（PCT申请）费用减、退、免方面有关事项的公告》，

（一）以国家知识产权局为受理局的PCT申请，其后进入中国国家阶段时，免缴

申请费及申请附加费（公布印刷费除外）。

（二）由国家知识产权局进行国际检索并作出国际检索报告的PCT申请，进入中国国家阶段并提出实质审查请求的，减缴50%的实质审查费。

（三）申请人利用《专利合作条约》第Ⅱ章提出国际初步审查要求且由国家知识产权局作出国际检索报告和国际初步审查报告的PCT申请，进入中国国家阶段并提出实质审查请求的，免缴实质审查费。

（四）由欧洲专利局、日本特许厅和瑞典专利局三个国际检索单位作出国际检索报告的PCT申请，进入了中国国家阶段并提出实质审查请求的，减缴20%的实质审查费。

（四）提交中文译文

根据《专利法实施细则》第104条，申请人办理进入中国国家阶段的手续时，如国际申请以外文提出的，提交原始国际申请的权利要求书、说明书、附图中的文字和摘要的中文译文。国际申请以中文提出的，提交国际公布文件中的摘要和摘要附图副本。

（五）文件的形式要求

《专利法实施细则》第106条："国际申请在国际阶段作过修改，申请人要求以经修改的申请文件为基础进行审查的，应当自进入日起2个月内提交修改部分的中文译文。在该期间内未提交中文译文的，对申请人在国际阶段提出的修改，国务院专利行政部门不予考虑。"

37.【2011年第65题】一件优先权日为2009年7月5日、国际申请日为2010年3月26日的PCT国际申请，现欲办理进入中国国家阶段的手续。下列说法哪些是正确的？

A. 该申请应当被视为于2009年7月5日向国家知识产权局提出的专利申请

B. 申请人在2011年1月6日～2011年3月5日之间向国家知识产权局办理进入国家阶段手续的，应当缴纳宽限费

C. 申请人应当自进入日起两个月内缴纳优先权要求费

D. 申请人要求以国际阶段的修改作为审查基础的，最迟应当自进入日起2个月内提交修改部分的中文译文

【解题思路】

通过PCT途径申请的专利，其国际申请日视为中国国家申请的申请日。申请人在优先权之日起30-32个月内办理进入中国国家阶段手续的，才需要缴纳宽限期费，本题中不到30个月，不需要缴纳宽限费。优先权要求费的缴纳日期是进入之日起2个月。如果在国际阶段进行过修改，提交译文的期限也是进入之日起2个月。

【参考答案】 CD

（六）进入日的确定

根据《专利法实施细则》第104条，申请人办理进入中国国家阶段的手续时，国务院专利行政部门明确国际申请进入中国国家阶段的日期，需要符合的条件包括：

（一）以中文提交进入中国国家阶段的书面声明，写明国际申请号和要求获得的专利权类型；

（二）缴纳本细则第九十三条第一款规定的申请费、公布印刷费，必要时缴纳本细则第一百零三条规定的宽限费；

（三）国际申请以外文提出的，提交原始国际申请的说明书和权利要求书的中文译文。

（七）国际申请的效力

《专利法实施细则》第 105 条："国际申请有下列情形之一的，其在中国的效力终止：

（一）在国际阶段，国际申请被撤回或者被视为撤回，或者国际申请对中国的指定被撤回的；

（二）申请人未在优先权日起 32 个月内按照本细则第一百零三条规定办理进入中国国家阶段手续的；

（三）申请人办理进入中国国家阶段的手续，但自优先权日起 32 个月期限届满仍不符合本细则第一百〇四条第（一）项至第（三）项要求的。

依照前款第（一）项的规定，国际申请在中国的效力终止的，不适用本细则第六条的规定；依照前款第（二）项、第（三）项的规定，国际申请在中国的效力终止的，不适用本细则第六条第二款的规定。"

38.【2006 年第 68 题】下列有关国际申请进入中国国家阶段的说法哪些是正确的？

A. 国际申请中未指明发明人的，应当在进入中国国家阶段的声明中指明发明人姓名

B. 在国际阶段申请人进行过变更的，应当提交变更后的申请人享有申请权的证明材料

C. 如果国际检索单位和国际初审单位在国际阶段未提出单一性问题，则进入中国国家阶段后，审查员不能再提出其不满足单一性要求的问题

D. 如果申请涉及一种博彩工具，因该主题不属于 PCT 实施细则相关规定排除的内容，因此进入中国国家阶段后，也应当给予专利保护

【解题思路】

发明人的署名权应当获得保护。国际阶段的申请人和进入国家阶段的申请人应当一致，不一致需要提供证据。对进入国家阶段的国际申请是否授予专利权，取决于该国的国内法，单一性和专利保护的客体都属于国内法所规定的专利授权的实质条件。

【参考答案】 AB

（八）提前进入中国国家阶段

《专利法实施细则》第 110 条："在优先权日起 30 个月期满前要求国务院专利行政部门提前处理和审查国际申请的，申请人除应当办理进入中国国家阶段手续外，还应当依照专利合作条约第二十三条第二款规定提出请求。国际局尚未向国务院专利行政部门传送国际申请的，申请人应当提交经确认的国际申请副本。"

三、生物材料样品的保藏

（一）国际阶段保藏说明的效力

《专利法实施细则》第 108 条第 1 款：申请人按照专利合作条约的规定，对生物材料样品的保藏已作出说明的，视为已经满足了本细则第二十四条第（三）项的要求。申请人应当在进入中国国家阶段声明中指明记载生物材料样品保藏事项的文件以及在该文件中的具体记载位置。

（二）声明的补正

《专利法实施细则》第 108 条第 2 款：申请人在原始提交的国际申请的说明书中已记载生物材料样品保藏事项，但是没有在进入中国国家阶段声明中指明的，应当自进入

日起4个月内补正。期满未补正的，该生物材料视为未提交保藏。

（三）保藏证明和存活证明的提交

《专利法实施细则》第108条第3款：申请人自进入日起4个月内向国务院专利行政部门提交生物材料样品保藏证明和存活证明的，视为在本细则第二十四条第（一）项规定的期限内提交。

39.【2016年第29题】涉及生物材料的国际申请进入中国国家阶段时，申请人应当在下列哪个期限内提交生物材料样品的保藏证明和存活证明？

A．进入实质审查程序之前

B．国家公布技术准备工作完成之前

C．办理进入国家阶段手续之日起6个月内

D．办理进入国家阶段手续之日起4个月内

【解题思路】

在国内申请中，提交生物样品的保藏和存活证明的期限是提出申请之日起4个月内。在PCT申请中，这个期限就是办理进入国家阶段手续之日起4个月内。

【参考答案】 D

四、涉及遗传资源的国际申请

《专利法实施细则》第109条："国际申请涉及的发明创造依赖遗传资源完成的，申请人应当在国际申请进入中国国家阶段的书面声明中予以说明，并填写国务院专利行政部门制定的表格。"

40.【2011年第33题】一件进入中国国家阶段的PCT国际申请涉及依赖于遗传资源完成的发明创造，下列说法哪些是正确的？

A．申请人应当在进入声明中予以说明，并填写遗传资源来源披露登记表

B．申请人应当说明该遗传资源的直接来源和原始来源；无法说明原始来源的，应当陈述理由

C．该遗传资源是违反行政法规的规定获取的，该申请不能被授予专利权

D．该申请未说明该遗传资源直接来源的，国家知识产权局将直接作出驳回该申请的决定

【解题思路】

进入国家阶段的PCT申请，如果依赖遗传资源完成，则需要予以说明并填写表格。申请人需要披露的是原始来源和直接来源，如果原始来源无法确定，则需要陈述理由。为了保护宝贵的遗传资源，2008年《专利法》第三次修改时规定，如果采用违法手段获取遗传资源，则相关专利无法获得授权。申请人如果没有说明遗传资源的直接来源，审查员只有在经过申请人陈述意见或者进行修改后仍不符合规定的，才能作出驳回决定。

【参考答案】 ABC

41.【2017年第54题】对于一件涉及生物材料的PCT国际申请，如果申请人请求进入中国国家阶段，则下列说法哪些是正确的？

A．申请人应当在国际阶段对生物材料样品的保藏作出说明，包括保藏单位名称和地址、保藏日期、保藏编号

B．申请人应当在进入声明中指明记载生物材料样品保藏事项的文件以及在该文件中的具体记载位置

C. 申请人未在进入声明中指明生物材料样品保藏事项的，应当自进入日起4个月内补正，期满未补正的，该申请视为撤回

D. 申请人应当自进入日起4个月内提交生物材料样品保藏证明和存活证明，期满未提交的，该申请视为撤回

【解题思路】

生物材料样品的保藏说明如果是在国家阶段作出的，那么进入几个国家就需要作出几份说明，缺乏效率。如果是在国际阶段作出，那该说明就会随着申请文件进入所有指定的国家，更具效率。另外，有些缺乏审查能力的国家需要依赖国际初步审查程序，如果没有在国际阶段对生物材料保藏作出说明，就不符合充分公开的要求。保藏说明需要涉及保藏单位名称和地址、保藏日期、保藏编号，这样有利于本领域技术人员按图索骥找到保藏材料。在进入国家阶段时，在进入声明中指明记载生物材料样品保藏事项的文件以及在该文件中的具体记载位置，可方便审查员进行审查。申请人如果没有在进入声明中指明生物材料保藏事项，也没有在规定的期限内补正，那涉及的是生物材料保藏事项不合格，不应当殃及池鱼导致整个申请被视为撤回。国内申请提交生物材料样品保藏证明和存活证明的期限是申请日起4个月内，国际申请则是在进入国家阶段之日起4个月内，两者存在内在的一致性。

【参考答案】 AB

五、优先权

（一）国际阶段优先权要求的效力

《专利法实施细则》第110条第1款：申请人在国际阶段已要求一项或者多项优先权，在进入中国国家阶段时该优先权要求继续有效的，视为已经依照专利法第三十条的规定提出了书面声明。

42.【2013年第48题】下列关于PCT国际申请的优先权说法哪些是正确的？

A. 申请人可以要求在世界贸易组织成员中提出的在先申请作为PCT国际申请优先权的基础

B. PCT国际申请的优先权日不在国际申请日前12个月内但在14个月内的，国家知识产权局作为指定局对申请人要求恢复优先权的请求应当不予批准

C. PCT国际申请中的优先权要求未写明在先申请号，该优先权要求不能仅因为此原因被视为未提出

D. 申请人在PCT国际申请提出后的一定期限内可以对优先权声明进行改正或者增加

【解题思路】

PCT国际申请的优先权基础可以是外国的申请。由于我国对专利合作条约的保留，超过12个月的优先权期限后，申请人不能在2个月内要求恢复优先权。优先权要求中未写明在先申请号的，应该要求补正。申请人在一定期限内可以对优先权声明进行改正。

【参考答案】 ABCD

43.【2017年第55题】申请人在韩国提出了一件PCT国际申请，国际申请日是2015年3月2日。申请人在国际阶段办理了恢复优先权手续，经审查合格后确定的优先权日是2014年2月14日。该PCT国际申请于2016年8月14日进入中国国家阶段。下列说法哪些是正确的？

A．如果该申请被授予专利权，则专利权的期限自 2014 年 2 月 14 日起计算

B．进入中国国家阶段后，申请人可以要求增加一项新的优先权，该在先申请的申请日为 2014 年 4 月 11 日

C．对于一项因在国际阶段未提供在先申请的申请号，进入声明中仍未写明在先申请的申请号而被视为未要求的优先权，申请人可以在进入中国国家阶段后请求恢复该项优先权

D．如果作为优先权基础的在先申请是一件中国国家申请，应当看作是要求本国优先权

【解题思路】

专利权的期限从实际申请日起算，与优先权日无关，PCT 申请则指的是国际申请日。PCT 申请进入国家阶段后，不能增加优先权。优先权与确定新颖性创造性的日期相关，如果国家阶段可以增加新的优先权，则国际阶段的检索和初步审查都会变得毫无意义。如果申请人没有写明在先申请的申请号、没有在规定期限内提交在先文件副本或缴纳费用，以及写错了申请日等事项，可以在进入国家阶段后补救，申请恢复优先权。进入中国国家阶段的 PCT 申请和国内申请相比，都要求在中国获得专利保护，故在先申请如果是中国国家申请，应当看作是要求国内优先权。此时，在先申请会被视为撤回。

【参考答案】 CD

（二）优先权要求的改正

《专利法实施细则》第 31 条第 2 ～ 4 款：要求优先权，但请求书中漏写或者错写在先申请的申请日、申请号和原受理机构名称中的一项或者两项内容的，国务院专利行政部门应当通知申请人在指定期限内补正；期满未补正的，视为未要求优先权。

要求优先权的申请人的姓名或者名称与在先申请文件副本中记载的申请人姓名或者名称不一致的，应当提交优先权转让证明材料，未提交该证明材料的，视为未要求优先权。

外观设计专利申请的申请人要求外国优先权，其在先申请未包括对外观设计的简要说明，申请人按照本细则第二十八条规定提交的简要说明未超出在先申请文件的图片或者照片表示的范围的，不影响其享有优先权。

（三）在先申请文件副本的提交

《专利法实施细则》第 110 条第 3 款："申请人在国际阶段已依照专利合作条约的规定，提交过在先申请文件副本的，办理进入中国国家阶段手续时不需要向国务院专利行政部门提交在先申请文件副本。申请人在国际阶段未提交在先申请文件副本的，国务院专利行政部门认为必要时，可以通知申请人在指定期限内补交；申请人期满未补交的，其优先权要求视为未提出。"

（四）国际阶段丧失优先权要求的恢复

《专利审查指南》第 3 部分第 1 章第 5.2.5 节规定了优先权要求的恢复。

国际申请在进入国家阶段后，由于下述情形之一导致视为未要求优先权的，可以根据《专利法实施细则》第 6 条的规定请求恢复要求优先权的权利：

（1）申请人在国际阶段没有提供在先申请的申请号，进入声明中仍未写明在先申请的申请号；

（2）要求优先权声明填写符合规定，申请人未在规定期限内提交在先申请文件副本或者优先权转让证明；

（3）要求优先权声明中在先申请的申请日、申请号和原受理机构名称中的一项或者两项内容与在先申请文件副本中记载的不一致；

（4）要求优先权声明填写符合规定，但未在规定期限内缴纳或者缴足优先权要求费。

有关恢复权利请求的处理，适用本指南第5部分第7章第6节的有关规定。

除以上情形外，其他原因造成被视为未要求优先权的，不予恢复。

44.【2018年第65题】一件PCT国际申请，在国际阶段提出了多项优先权要求，经审查合格后确定的优先权信息记载在该申请国际公布文本的扉页上，该PCT国际申请进入中国国家阶段后，以下说法正确的是：

A. 进入中国国家阶段的声明中写明的在先申请信息应当与该申请国际公布文本扉页中的记载一致，除非国际局曾向国家知识产权局传送通知书以表明所涉及的优先权要求已经失去效力

B. 申请人认为国际阶段的优先权书面声明中某一事项存在书写错误的，可以在进入中国国家阶段的同时或自进入之日起两个月内提出改正请求

C. 在国际阶段中，要求优先权声明的填写符合规定，但由于未在规定期限内缴纳或缴足优先权要求费、而使其中要求的一项优先权被视为未要求，申请人可以在进入国家阶段后请求恢复该项优先权

D. 申请人在国际阶段没有提供在先申请的申请号的，应当在进入声明中写明

【解题思路】

同一件申请，其基本信息在国际阶段和国家阶段应当一致，如果国际阶段的优先权要求失去效力则属于形式变更，需要进行修改。申请人如果认为优先权声明中有错误，则有权在规定的2个月期限内进行修改。如果申请人在国际阶段没有提供在先申请的申请号，那么在进入声明中应当弥补这个缺陷。

关于C选项，在考后公布的征求意见稿中，题干中并未给出涉案专利的国际申请日和优先权日，而之后出版的官方解析中，涉案专利的国际申请日为2016年3月23日，优先权日为2015年2月23日，优先权日和申请日相差13个月。中国在加入PCT时作出了保留，专利局对国际申请在国际阶段恢复的优先权（国际申请日和优先权日间隔超过12个月，但在14个月内）不予认可，故C选项错误。

【参考答案】 ABD

45.【2019年第96题】如果申请人通过援引在先申请的方式在PCT国际申请中加入了递交申请时遗漏的部分，当该申请进入中国国家阶段时，下列说法正确的是？

A. 申请人可以同时保留援引加入部分和原国际申请日

B. 申请人希望保留援引加入部分的，应在办理进入国家阶段手续时在进入声明中予以指明并请求修改相对于中国的申请日

C. 申请人希望保留原国际申请日的，不能保留援引加入部分

D. 申请人可以在后续审查程序中，请

求修改申请日以便保留援引加入的部分

【解题思路】

PCT申请进入中国国家阶段时，由于中国的保留，对于通过援引在先申请的方式加入遗漏项目或部分而保留原国际申请日的，专利局将不予认可。申请人保留援引加入部分或者保留原申请日只能二选一。申请日属于重要事项，需要在第一时间确定，故申请人选择保留援引加入部分的，申请日的修改需要在办理进入国家阶段手续时进行。

【参考答案】 BC

（五）优先权要求费

《专利法实施细则》第110条第2款：申请人应当自进入日起2个月内缴纳优先权要求费；期满未缴纳或者未缴足的，视为未要求该优先权。

46.【2010年第53题】某PCT申请的国际申请日为2007年10月26日，进入中国国家阶段的日期为2010年2月26日。下列说法哪些是正确的？

A. 该申请应当视为2010年2月26日向国家知识产权局提出的专利申请

B. 在进入中国国家阶段时，申请人可以同时选择发明和实用新型作为保护类型

C. 申请人不能在该申请进入中国国家阶段后提出新的优先权要求

D. 如果该申请被授予专利权，则专利权的期限自2007年10月26日起计算

【解题思路】

PCT申请的申请日应当是国际申请日而不是进入国家阶段的日期。进入国家阶段时，申请人在发明和实用新型中只能二选一，不能鱼和熊掌二者兼得。进入国家阶段后，不能提出新的优先权要求。

【参考答案】 CD

（六）援引加入的保留

《专利审查指南》第3部分第1章第5.3节规定了援引加入。

根据专利合作条约实施细则的规定，申请人在递交国际申请时遗漏了某些项目或部分，可以通过援引在先申请中相应部分的方式加入遗漏项目或部分，而保留原国际申请日。其中的“项目”是指全部说明书或者全部权利要求，“部分”是指部分说明书、部分权利要求或者全部或部分附图。

因中国对专利合作条约实施细则的上述规定作出保留，国际申请在进入国家阶段时，对于通过援引在先申请的方式加入遗漏项目或部分而保留原国际申请日的，专利局将不予认可。

对于申请文件中含有援引加入项目或部分的，如果申请人在办理进入国家阶段手续时在进入声明中予以指明并请求修改相对于中国的申请日，则允许申请文件中保留援引加入项目或部分。审查员应当以国际局传送的“确认援引项目或部分决定的通知书”（PCT/RO/114表）中的记载为依据，重新确定该国际申请在中国的申请日，并发出重新确定申请日通知书。因重新确定申请日而导致申请日超出优先权日起十二个月的，审查员还应当针对该项优先权要求发出视为未要求优先权通知书。对于申请文件中含有援引加入项目或部分的，如果申请人在办理进入国家阶段手续时未予以指明或者未请求修改相对于中国的申请日，则不允许申请文件中保留援引加入项目或部分。审查员应当发出补正通知书，通知申请人删除援引加入项目

或部分，期满未补正的，审查员应当发出视为撤回通知书。申请人在后续程序中不能再通过请求修改相对于中国的申请日的方式保留援引加入项目或部分。

47.【2013 年第 23 题】对处于国际阶段的 PCT 国际申请，下列哪种情形可能导致重新确定国际申请日？

A．摘要使用的语言跟说明书和权利要求书使用的语言不一致

B．申请人未在申请中写明发明名称

C．申请人未在规定期限内缴纳国际申请费

D．申请文件中遗漏了一页说明书

【解题思路】

我国对 PCT 实施细则中关于援引加入的内容作出了保留，故申请人如果遗漏了说明书要加入，将重新确定申请日。

【参考答案】 D

六、专利申请文件的主动修改

根据《专利法实施细则》第 112 条，要求获得实用新型专利权的国际申请，申请人可以自进入日起 2 个月内对专利申请文件主动提出修改。要求获得发明专利权的国际申请，申请人在提出实质审查请求时以及在收到国务院专利行政部门发出的发明专利申请进入实质审查阶段通知书之日起的 3 个月内，可以对发明专利申请主动提出修改。

七、改正译文错误

《专利法实施细则》第 113 条："申请人发现提交的说明书、权利要求书或者附图中的文字的中文译文存在错误的，可以在下列规定期限内依照原始国际申请文本提出改正：

（一）在国务院专利行政部门作好公布发明专利申请或者公告实用新型专利权的准备工作之前；

（二）在收到国务院专利行政部门发出的发明专利申请进入实质审查阶段通知书之日起 3 个月内。

申请人改正译文错误的，应当提出书面请求并缴纳规定的译文改正费。"

八、国家公布

（一）公布的时间

根据《专利法实施细则》第 114 条第 1 款，对要求获得发明专利权的国际申请，国务院专利行政部门经初步审查认为符合《专利法》和本细则有关规定的，应当在专利公报上予以公布。

48.【2008 年第 83 题】申请人在美国专利商标局提交了一件要求优先权的 PCT 国际申请，并在规定期限内办理了进入中国国家阶段的手续，指明要求获得发明专利权。国家知识产权局将在何时公布该国际申请的中文译文？

A．完成进入中国国家阶段手续后及时公布

B．自优先权日起满 18 个月公布

C．初步审查合格后公布

D．自完成进入中国国家阶段手续之日起满 18 个月公布

【解题思路】

国内的发明申请是经过初步审查后公布，与此对应，进入中国国家阶段的 PCT 申请也是在初步审查合格后公布中文译文。

【参考答案】 C

49.【2012 年第 24 题】某 PCT 国际申请的申请日为 2008 年 1 月 18 日，优先权日为 2007 年 9 月 15 日，进入中国国家阶段的日期为 2010 年 3 月 15 日。下列哪种说法是正确的？

A．申请人最迟应当于 2010 年 9 月 15 日提出实质审查请求

B．该申请授权后，专利权期限的起算日为 2010 年 3 月 15 日

C．该申请授权后，专利年度从 2007 年 9 月 15 日起算

D．该申请应当自 2010 年 3 月 15 日起满 18 个月进行国家公布

【解题思路】

提起实质审查的期限是申请日起 3 年内，有优先权的，为优先权之日起 3 年内。专利期限的起算日从实际申请日算起，这里是国际申请日。专利年度从实际申请日算起，与优先权日无关。PCT 国际申请进入中国后，国家知识产权局经过初步审查认为符合《专利法》和细则规定的，即会进行国家公布，而不是还要等上 18 个月。考生可以这样理解：在国内申请中，公布日期是从申请日 / 优先权日起满 18 个月，但对 PCT 国际申请来说，从优先权日起 30 个月内才会进入国家阶段，如果进入国家阶段后还需要 18 个月再公布，那时间就拖得太久了。

【参考答案】 A

（二）公布的语言

根据《专利法实施细则》第 114 条第 1 款，国际申请以中文以外的文字提出的，应当公布申请文件的中文译文。

（三）公布的效力

《专利法实施细则》第 114 条第 2 款：“要求获得发明专利权的国际申请，由国际局以中文进行国际公布的，自国际公布日起适用专利法第十三条的规定；由国际局以中文以外的文字进行国际公布的，自国务院专利行政部门公布之日起适用专利法第十三条的规定。”

《专利法实施细则》第 114 条第 3 款：“对国际申请，专利法第二十一条和第二十二条中所称的公布是指本条第一款所规定的公布。”

50.【2008 年第 5 题】2005 年 7 月 4 日，某公司向国家知识产权局提交了一件实用新型专利申请。2006 年 4 月 5 日，该公司以中文向国家知识产权局提交了一件 PCT 国际申请，并要求前述实用新型申请的优先权。2006 年 6 月 6 日，该实用新型专利申请被国家知识产权局公告授予专利权。2007 年 9 月 5 日，该公司就该国际申请办理了进入中国国家阶段的手续，要求获得发明专利权。下列哪些说法是正确的？

A. 因为首次申请是实用新型专利申请，所以其不能作为该国际申请要求优先权的基础

B. 尽管该国际申请的国际公布采用的是中文，进入我国国家阶段后经初步审查合格的，仍然要再次公布

C. 该国际申请进入我国国家阶段后，申请人最迟应当在 2010 年 9 月 5 日提交实质审查请求并缴纳足额费用，否则其申请视为撤回

D. 该国际申请经实质审查符合授予发明专利权的条件，但申请人拒绝放弃在先获得的实用新型专利权的，国家知识产权局应当驳回该 PCT 专利申请

【解题思路】

PCT包括发明和实用新型，实用新型自然可以成为优先权的基础。国际公布和国家公布是两个不同的程序，国家公布的程序不能免除。提起实质审查的期限是优先权日起3年内，本题中优先权日为2005年7月4日，故提起实质审查的最晚期限是2008年7月4日。根据一发明一申请原则，如果申请人拒绝放弃实用新型，则PCT申请将被驳回。

【参考答案】 BD

51.【2011年第73题】某申请人用英文向国家知识产权局提交了一件PCT国际申请，该申请进入中国国家阶段时要求的保护类型为发明。下列说法哪些是正确的？

A. 该申请应当以英文进行国际公布

B. 国家知识产权局应当在该申请的进入日后一个月内进行国家公布

C. 国家知识产权局进行国家公布时应当公布该申请文件的中文译文

D. 自国家公布之日起该申请人可以要求实施其发明的单位或者个人支付适当的费用

【解题思路】

既然申请人提交的PCT申请使用的是英文，那国际公布就是使用该种语言。国家公布则需要使用中国的官方语言，即中文。国家公布并没有限定在进入之日后一个月内。国家公布后，使用相同技术的人可以知晓该专利申请要求保护的内容，故此时适用临时保护，申请人可以要求实施其发明的单位支付适当的费用。更重要的原因是，专利申请在国际公布阶段还没有确定是否会进入中国，此时要求临时保护显然不妥。

【参考答案】 ACD

九、分案申请

《专利法实施细则》第115条第1款：“国际申请包含两项以上发明或者实用新型的，申请人可以自进入日起，依照本细则第四十二条第一款的规定提出分案申请。”

十、中国国家阶段对国际阶段不予受理和视为撤回的复查

《专利法实施细则》第116条：“国际申请在国际阶段被有关国际单位拒绝给予国际申请日或者宣布视为撤回的，申请人在收到通知之日起2个月内，可以请求国际局将国际申请档案中任何文件的副本转交国务院专利行政部门，并在该期限内向国务院专利行政部门办理本细则第一百零三条规定的手续，国务院专利行政部门应当在接到国际局传送的文件后，对国际单位作出的决定是否正确进行复查。”

52.【2017年第53题】根据《专利合作条约》的规定，允许申请人在国家阶段提出复查请求的情况包括？

A. 受理局拒绝给予国际申请日

B. 受理局宣布国际申请已被视为撤回

C. 国际检索单位宣布不作出国际检索报告

D. 国际局由于在规定期限内没有收到国际申请的登记本而宣布该申请被视为撤回

【解题思路】

申请人在国家阶段是同各国的国际局打交道，而国家局不一定属于国际检索单位，故国际检索单位宣布不作出国际检索报告的情形，不能在国家阶段提出复查请求。确定专利的国际申请日以及专利是否被视为

撤回，国家局应当可以进行审核。

【参考答案】 ABD

十一、译文有误时专利权保护范围的确定

《专利法实施细则》第117条："基于国际申请授予的专利权，由于译文错误，致使依照专利法第五十九条规定确定的保护范围超出国际申请的原文所表达的范围的，以依据原文限制后的保护范围为准；致使保护范围小于国际申请的原文所表达的范围的，以授权时的保护范围为准。"

53.【2017年第56题】关于PCT国际申请在中国国家阶段提交的译文，下列说法哪些是正确的？

A. 国际申请以外文提出的，在进入国家阶段时，应当提交原始国际申请的说明书、权利要求书、摘要和附图中的文字的译文

B. 审查基础文本声明中提及国际阶段的修改的，应当自进入日起2个月内提交该修改文件的译文

C. 申请人可以在国家知识产权局作好公布发明专利申请或者公告实用新型专利权的准备工作之前，或是在收到国家知识产权局发出的发明专利申请进入实质审查阶段通知书之日起3个月内主动提出改正译文错误

D. 基于国际申请授予的专利权，译文有误时，以国家知识产权局授权时的保护范围为准

【解题思路】

PCT申请是外文提出，进入国家阶段时需要提交将申请文件内容翻译为中文。虽说国家知识产权局的很多审查员英文水平都很高，但毕竟中文才是母语。专利申请文件作为法律文件，用中文审查更符合国情，这也是国家主权的体现之一。如果申请人不提交译文，那意味着翻译费就得由国家知识产权局承担，也不合理。另外，译文如果是申请人提交，那么译文有误造成损失的由申请人来承担也理所当然，国家知识产权局也能避免风险。如果审查基础文本在国际阶段有修改，那自然需要在规定期限内提交修改文件的译文，否则国家知识产权局就不能根据最新的文本来进行审查。修改译文错误的机会有两次：(1) 在国家知识产权局做好发明公布或者实用新型公告授权的准备工作之前，如晚于这个时间点，为避免公布/授权工作受到影响，申请人晚于这个时间点就不能更正；(2) 收到国家知识产权局发出的发明进入实质审查阶段通知书之日起3个月内，该期限参照了发明专利提出主动修改的期限，更正译文的错误也属于修改。为保护公共利益，如果译文有误，导致授权文本的保护文本和国家申请时的公开文本不一致时，以保护范围小的为准。

【参考答案】 ABC

第三节　相关专利国际条约

54.【2008年第73题】下列有关国际条约的说法哪些是正确的？

A.《专利合作条约》适用于发明专利、实用新型和外观设计申请

B.《布达佩斯条约》适用于发明专利和实用新型申请

C.《斯特拉斯堡协定》适用于发明专利和实用新型申请

D.《洛迦诺协定》仅适用于外观设计申请

【解题思路】

《专利合作条约》不包括外观设计，A选项排除，其余正确。

【参考答案】 BCD

一、《国际承认用于专利程序的微生物保存布达佩斯条约》

（一）中国参加条约的时间

《国际承认用于专利程序的微生物保存布达佩斯条约》（以下简称《微生物保存布达佩斯条约》或《布达佩斯条约》），是《巴黎公约》成员国缔结的专门协定之一。1977年4月27日，由布达佩斯外交会议通过，1980年9月26日修正。

1995年3月30日，中国政府向世界知识产权组织递交加入书。1995年7月1日，中国成为该条约的成员国。

（二）签订条约的目的

根据《布达佩斯条约》第1条的规定，参加本条约的国家（以下简称缔约国）组成国际承认用于专利程序的微生物保存联盟。

该条约是根据《巴黎公约》为解决微生物发明专利的样品保藏这一特殊问题而达成的专门协议，旨在简化专利申请手续。

（三）条约适用的范围

根据《布达佩斯条约》第2条，条约和施行细则中的专利包括发明专利、发明人证书、实用证书、实用新型、增补专利或增补证书、增补发明人证书和增补实用证书。

（四）国际保藏单位

任何保存机构如要具备国际保存单位的资格，必须是设在缔约国领土上的，而且必须由该国作出该保存机构符合并将继续符合相关各项要求条件的保证。上述保证也可由一政府间工业产权组织作出；在这种情况下，该保存机构必须设在该组织的成员国领土上。

（五）微生物国际保存的承认与效力

缔约国允许或要求保存用于专利程序的微生物的，应承认为此种目的而在任一国际保存单位所做的微生物保存。这种承认由该国际保存单位说明的保存事实和交存日期，以及承认提供的样品是所保存的微生物样品。

二、《国际专利分类斯特拉斯堡协定》

（一）中国参加条约的时间

《国际专利分类斯特拉斯堡协定》（以下简称《斯特拉斯堡协定》）是《巴黎公约》成员国间缔结的有关建立专利国际分类的专门协定之一。1971年3月24日在法国斯特拉斯堡签订。

1996年6月17日，中国政府向世界知识产权组织递交加入书，1997年6月19日中国成为该协定成员国。

（二）签订条约的目的

根据《斯特拉斯堡协定》的前言，签订条约的目的是普遍采用一种统一的专利、发明人证书、实用新型和实用证书的分类系统，在工业产权领域建立较为密切的国际合作，协调各国在该领域的立法工作。

（三）条约适用的范围

根据《斯特拉斯堡协定》第1条，条约适用于发明专利、发明人证书、实用新型和实用证书。

55.【2015年第30题】下述说法哪个

是错误的？

A．中国采用国际专利分类法对发明专利申请进行分类

B．中国采用国际专利分类法对实用新型专利申请进行分类

C．中国采用洛迦诺分类法对实用新型专利申请进行分类

D．中国采用洛迦诺分类法对外观设计专利申请进行分类

【解题思路】

洛迦诺分类法是对外观设计专利的分类，我国的发明和实用新型采用的是国际专利分类法。

【参考答案】 C

（四）国际专利分类法的语言

国际专利分类法应用英语和法语制定，两种文本均为同等的正本。

（五）国际专利分类法的使用

国际专利分类法纯属行政管理性质。本专门联盟的每一国家有权将本分类法作为主要的分类系统或者作为辅助的分类系统使用。

（六）专家委员会

本专门联盟设立专家委员会，每一国家应派代表参加。

总干事应邀请以专利为其专业的、其成员至少有一国是本协定的缔约国的政府间组织，派观察员出席专家委员会的会议。

总干事可以邀请，如经专家委员会请求，应该邀请其他政府间组织和非政府间国际组织派代表参加与其有关的讨论。

三、《建立工业品外观设计国际分类洛迦诺协定》

（一）中国参加条约的时间

《建立工业品外观设计国际分类洛迦诺协定》（以下简称《洛迦诺协定》），是巴黎联盟成员国间签订的专门协定之一，1968年10月4日在洛迦诺签订，1971年起生效。

1996年6月17日，中国政府向世界知识产权组织递交加入书，1996年9月19日中国成为该协定成员国。

（二）签订条约的目的

本条约旨在建立统一的外观设计国际分类方法。

（三）条约适用的范围

本条约适用于工业品外观设计。

56.【2007年第16题】下述哪些说法是正确的？

A．中国采用国际专利分类法对发明专利申请进行分类

B．中国采用国际专利分类法对实用新型专利申请进行分类

C．中国采用洛迦诺分类法对实用新型专利申请进行分类

D．中国采用洛迦诺分类法对外观设计专利申请进行分类

【解题思路】

国际专利分类法涉及发明和实用新型，A、B选项正确，C选项错误。洛迦诺分类法针对外观设计，D选项正确。

【参考答案】 ABD

（四）工业品外观设计国际分类法的组成

根据《洛迦诺协定》第1条，国际分类

法应当包括：（1）大类和小类表；（2）使用工业品外观设计的按字母顺序排列的商品目录，包括这些商品分成大类和小类的分类标记；（3）用法说明。

（五）工业品外观设计国际分类法的语言

根据《洛迦诺协定》第1条，国际分类法应当使用英语和法语制定。

（六）工业品外观设计国际分类法的使用

除本协定规定的要求外，国际分类法纯属管理性质。然而，每个国家可以将其认为适当的法定范围归属于国际分类法。特别是本专门联盟各国对本国给予外观设计的保护性质和范围应当不受国际分类法的约束。

本专门联盟的每一国家保留将国际分类法作为主要的分类系统或者作为辅助的分类系统使用的权利。

（七）专家委员会

本专门联盟的每一国家，在专家委员会都应当有代表，该委员会应当按照出席国家的简单多数所通过的议事规则进行组织。专家委员会应当依本专门联盟国家的简单多数票通过按字母顺序排列的商品目录和用法说明。

第八章　专利文献与专利分类

【基本要求】

了解专利文献基本知识；熟悉主要国家或组织专利文献种类；了解专利分类知识，熟悉专利分类的应用；掌握专利信息检索技术与方法。

第一节　专利文献基本知识

一、专利文献概述

世界知识产权组织1988年编写的《知识产权教程》阐述了现代专利文献的概念：专利文献是包含已经申请或被确认为发现、发明、实用新型和工业品外观设计的研究、设计、开发和试验成果的有关资料，以及保护发明人、专利所有人及工业品外观设计和实用新型注册证书持有人权利的有关资料的已出版或未出版的文件（或其摘要）的总称。

（一）专利文献特点

专利文献的特点包括：（1）集技术、法律、经济信息于一体；（2）数量巨大，学科范围广；（3）公布快捷，内容新颖；（4）高度标准化；（5）内容完整而详尽。

（二）专利文献作用

专利文献有如下作用：（1）体现了专利制度的根本目的；（2）为制定经济、科技发展规划提供依据；（3）为发明创造提供法律保护依据；（4）为审批专利提供基础和保障。

（三）同族专利

人们把由至少一个共同优先权联系的一组专利文献，称一个专利族（Patent Family）。在同一专利族中每件专利文献被称作专利族成员（Patent Family Members），同一专利族中每件专利互为同族专利。在同一专利族中最早优先权的专利文献称基本专利。

（四）专利文献的出版及载体

专利文献的出版载体包括纸质载体、缩微胶片磁带或者软盘、光盘、联机数据库和计算机网络等。目前，有90多个国家、地区及组织以30多种文字出版专利文献，每年以150万件左右的数量递增，约占世界图书期刊年出版总量的1/4。

二、专利说明书类文献组成部分

以发明专利说明书为例，目前各国出版的发明专利说明书组成部分基本包括：扉页、说明书、权利要求书、附图，有些国家出版的专利说明书还附有检索报告。

（一）扉页

扉页是由各工业产权局在出版专利说明书时增加的，与一般书籍的标题页类似。专利说明书扉页相当于专利说明书的一览表，标识着整篇文献的外在特征。扉页由著录事项、摘要、摘要附图组成，说明书无附图的，则没有摘要附图。

1.【2009 年第 6 题】国家知识产权局公布的发明专利说明书扉页中包括下列哪些内容？

A．说明书附图

B．摘要

C．著录事项

D．权利要求书

【解题思路】

一件专利的权利要求书往往有数项，每项权利要求也会有好几行，附图也可能有多张，扉页只有一页，无法记载前述内容。

【参考答案】 BC

（二）权利要求书

权利要求书是以说明书为依据，说明发明或实用新型的技术特征，清楚、简要地表述请求专利保护范围的文件。专利文献的一个重要作用就是告知公众相关专利的保护范围，故必须有权利要求书。

（三）说明书及附图

说明书是清楚完整地描述发明创造的技术内容的文件。专利文献担负着公开技术的重任，必须有说明书。至于附图，发明专利可以没有附图，但实用新型专利必须有附图。

（四）检索报告

检索报告是专利审查员通过对现有技术进行检索，反映检索结果的文件。检索报告相当于一份与专利申请所述发明创造有关的相关文献清单，通常与专利申请说明书一起出版或单独出版。

检索报告有两种形式：一种是独立的检索报告，采用该格式的包括如欧洲专利局、欧亚专利局和世界知识产权组织国际局采用；另一种则以专利文献著录项目，刊登在说明书扉页上，采用该格式的包括中国、美国等大多数国家。

三、专利说明书种类

专利文献种类，是指国家知识产权局按照相关法律法规对发明、实用新型、外观设计专利申请在法定程序中予以公布或公告，由此产生的各种专利文献。

（一）专利说明书种类相关标准

现代专利文献，根据其不同功能，分为三大类型：一次专利文献、二次专利文献和专利分类资料。

一次专利文献，泛指各种类型的专利说明书。包括授予发明专利、发明人证书、医药专利、植物专利、工业品外观设计专利、实用证书、实用新型专利、补充专利或补充发明人证书、补充保护证书、补充实用证书的授权说明书及其相应的申请说明书。

二次专利文献，一般是指各工业产权局出版的专利公报、专利文摘出版物和专利索引。专利公报的内容包括：（1）申请的审查和授权情况，包括有关申请报道，有关授权报道，有关地区、国际性专利组织在该国的申请及授权报道，与所公布的申请和授权有关的各种法律状态变更信息等；（2）其他信息；（3）各类专利索引。专利公报即可用于了解近期专利申请和授权的最新情况，也可用于进行专利文献的追溯检索，还可掌握各项法律事务变更信息。

专利分类资料是按发明技术主题分类、用于检索专利文献的工具，即专利分类表及分类表索引等。

2.【2010 年第 66 题】中国发明专利公报包括下列哪些内容？

A．发明专利申请的公布

B．保密发明专利权的授予

C．发明专利申请的检索报告

D．发明专利权的授予

【解题思路】

我国的发明专利公报中不包括检索报告，C 选项排除。

【参考答案】 ABD

（二）国别代码相关标准

根据国家知识产权局公布的《专利申请人和专利权人（单位）代码标准》，我国采用世界知识产权组织（WIPO）的标准 ST.3（STANDARD ST.3）附件 A 的第 1 部分（ANNEX A，SECTION 1）规定的国家、地区和政府间组织代码。

一些常考到的国家、地区和政府组织的中文名称、英文名称和代码分别为：非洲知识产权组织（African Intellectual Property Organization，OA）、非洲工业产权组织（African Intellectual Property Organization，AP）、澳大利亚（Australia，AU）、奥地利（Austria，AT）、加拿大（Canada，CA）、中国（China，CN）、欧洲专利局（European Patent Office，EP）、法国（France，FR）、德国（Germany，DE）、中国香港（Hong Kong SAR，HK）、印度（India，IN）、世界知识产权组织（International Bureau of the World Intellectual Property Organization，WO 或 IB）、意大利（Italy，IT）、日本（Japan，JP）、韩国（Republic of Korea，KR）、俄罗斯联邦（Russian Federation，RU）、西班牙（Spain，ES）、瑞典（Sweden，SE）、瑞士（Switzerland，CH）、中国台湾（Taiwan，Province of China，TW）、英国（United Kingdom，GB）、美国（United States of America，US）。

【提醒】

国际代码一般都是该国家/机构英文名称的简写，如日本“Japan”，代码就是“JP”；瑞典的英文为“Sweden”，代码为“SE”，俄罗斯为“Russia”，代码就为“RU”。法国为“France”，简称是“FR”，美国为“United States of America”，代码就是“US”。

需要注意的是，奥地利（Austria，AT）和澳大利亚（Australia，AU）。记忆的法则是澳大利亚有广阔的沙漠，沙漠里有大量的金子。黄金的化学符号是 Au。而奥地利是音乐之国，每个人都爱（Ai）拉小提（Ti）琴。另外，英国的全称是“The United Kingdom of Great Britain and Northern Ireland”（大不列颠及北爱尔兰联合王国），“United Kingdom”还包括了英联邦国家在内，故英国代码为“GB”。

还有三个需要重点记忆的国家是德国、瑞士和西班牙。德国的德语名称为“Deutschland”，故代码为“DE”。瑞士拉丁名称为“Confoederatio Helvetica”（瑞士联邦），故代码为“CH”。西班牙的西班牙语名称为“España”，故代码为“ES”。

3.【2009 年第 82 题】下列各组用以表示公布专利文献的国家或机构的国际标准代码，哪些是正确的？

A．英国 UK、法国 FR、俄罗斯联邦 RU

B．瑞士 CH、瑞典 SE、欧洲专利局 EP

C．日本 JP、奥地利 AU、澳大利亚 AT

D．德国 GE、西班牙 ES、世界知识产权组织 WO

【解题思路】

英国的代码是GB（Great Britain，大不列颠）而不是UK（United Kingdom，联合王国），A选项错误，排除。奥地利为AT，澳大利亚为AU，C选项错误。德国为DE，D选项错误。

【参考答案】 B

4.【2012年第29题】下列各组用以表示公布专利文献的国家或机构的国际标准代码，哪组存在错误？

A．法国FR、西班牙ES、奥地利AT

B．欧洲专利局EP、英国UK、韩国KR

C．澳大利亚AU、瑞士CH、俄罗斯联邦RU

D．日本JP、瑞典SE、世界知识产权组织IB

【解题思路】

英国的代码是GB（Great Britain，大不列颠）而不是UK（United Kingdom，联合王国），B选择。世界知识产权组织国际局的代码有两个IB和WO，考生可能只对WO比较熟悉。不过考生也可以这么考虑，国家代码大部分是为英文名称的简写，世界知识产权组织国际局的英文是the International Bureau of the World Intellectual Property Organization，WO是后面4个单词的简写，IB则是前面的两个单词“国际局”，很有可能也是正确的。在《专利合作条约》中经常提到的“国际局”就是由世界知识产权组织管理的。

【参考答案】 B

四、专利文献著录项目及其代码

从1973年起，各国专利局出版的专利文献开始标注WIPO规定使用的专利文献著录项目识别代码，即INID码。

（11）文献号；

（21）申请号；

（22）申请日期；

（31）优先申请号；

（32）优先申请日期；

（33）优先申请国家或组织代码；

（43）未经审查并或尚未授权的专利文献的公开日；

（45）授权公告日；

（51）国际专利分类（IPC）；

（54）发明名称；

（57）文摘或权利要求；

（71）申请人；

（72）发明人；

（74）专利代理人或代表人姓名；

（81）PCT申请指定国；

（84）地区专利公约指定国；

（85）PCT申请进入国家阶段日期；

（86）PCT国际申请的申请数据；

（87）PCT国际申请公布数据。

五、专利文献编号

根据《专利文献种类标识代码标准》，专利文献种类标识代码中字母的含义为：

A——发明专利申请公布；

B——发明专利授权公告；

C——发明专利权部分无效宣告的公告；

U——实用新型专利授权公告；

Y——实用新型专利权部分无效宣告的公告；

S——外观设计专利授权公告或专利权部分无效宣告的公告。

5.【2019 年第 30 题】下列关于文献种类代码与专利类型对应关系说法错误的是？

A. U、Y 用于标识实用新型专利

B. A 用于标识发明专利申请

C. B、C 用于标识发明专利

D. D、S 用于标识外观设计专利

【解题思路】

根据《专利文献种类标识代码标准》，A 为发明专利申请公布；B 为发明专利授权公告；C 为发明专利权部分无效宣告的公告；U 为实用新型专利授权公告；Y 为实用新型专利权部分无效宣告的公告；S 为外观设计专利授权公告或专利权部分无效宣告的公告。考生需要注意的是，D 选项中的“D”并不是试卷上多印刷了一个字母，而是问考生字母“D”是否用于标识外观设计专利。

【参考答案】 D

六、中国专利文献

（一）第一阶段（1985—1988 年）

专利申请类型	申请号	公开号	公告号	审定号	专利号
发明	88100001	CN88100001A		CN88100001B	ZL88100001
实用新型	88210369		CN88210369U		ZL88210369
外观设计	88300457		CN88300457S		ZL88300457

（二）第二阶段（1989—1992 年）

专利申请类型	申请号	公开号	公告号	审定号	专利号
发明	89100002.X	CN1044155A		CN1014821B	ZL 89100002.X
实用新型	89200001.5		CN2043111U		ZL 89200001.5
外观设计	89300001.9		CN3005104S		ZL 89300001.9

（三）第三阶段（1993—2004 年 6 月 30 日）

专利申请类型	申请号	公开号	授权公告号	专利号
发明	93100001.7	CN1089067A	CN1033297C	ZL93100001.7
指定中国的发明专利的国际申请	98800001.6	CN1098901A	CN1088067C	ZL98800001.6
实用新型	93200001.0		CN2144896Y	ZL93200001.0
指定中国的实用新型专利的国际申请	98900001.X		CN2151896Y	ZL98900001.X
外观设计	93300001.4		CN3021827D	ZL93300001.4

（四）第四阶段（2004 年 7 月 1 日及以后）

专利申请类型	申请号	公开号	授权公告号	专利号
发明	200310102344.5	CN100378905A	CN100378905B	ZL200310102344.5
指定中国的发明专利的国际申请	200380100001.3	CN100378906A	CN100378906B	ZL200380100001.3
实用新型	200320100001.1		CN200364512U	ZL200320100001.1
指定中国的实用新型专利的国际申请	200390100001.9		CN200364513U	ZL200390100001.9
外观设计	200330100001.6		CN300123456S	ZL200330100001.6

6.【2015 年第 100 题】某专利文献扉页上印有“CN100378905A”，由此专利文献号可以分析出下列哪些信息？

A．这是一篇中国专利文献

B．这是一篇实用新型专利文献

C．该专利申请已被授予专利权

D．第一位数字 1 表示发明专利申请

【解题思路】

专利的“申请号”“专利号”采用一套编码规则；“公开号”“授权公告号”采用另一套规则。本题考查的是后者。该专利文献中的“CN”代表中国，首位数字 1 代表发明，字母 A 代表发明申请的公布文本，授权文本的字母为 B。

【参考答案】 AD

7.【2018 年第 100 题】关于专利文献种类，下列说法正确的是？

A．CN xxxxxxxx A 表示一篇发明专利申请公布文本

B．CN xxxxxxxx B 表示一篇发明专利申请公告文本

C．CN xxxxxxxx Y1 表示一篇实用新型专利授权公告文本

D．CN xxxxxxxx U 表示一篇实用新型专利权部分宣告无效的公告文本

【解题思路】

发明专利有 3 个文献号 A、B 和 C，依次对应申请公布文本、授权文本和部分无效文本，其所对应的文献保护范围均有所差异，故需要 3 个文献号来表示。实用新型不进行实质审查，故只有两个文献号 U 和 Y，对应授权公告文本和部分无效文本。外观设计理论上也应该和实用新型一样有两个文献号，但原先外观设计不允许合案申请，不存在被部分无效的问题；现在情况已经发生了变化，但文献号目前只有 S，同时对应授权公告文本和部分无效文本。

【参考答案】 AB

七、其他主要国家、组织专利文献

（一）欧洲专利文献种类及其代码

欧洲专利申请说明书（Europe an PAtent Applications），文献种类识别代码 A：

A1——附有检索报告的欧洲专利申请说明书；

A2——未附检索报告的欧洲专利申请说明书；

A3——单独出版的检索报告；

A4——对国际申请检索报告所做的补充检索报告；

欧洲专利说明书（Europe an Patent Specification），文献种类识别代码 B：

B1——欧洲专利说明；

B2——经（异议）修改后再次公告出版的欧洲专利说明书。

（二）PCT 国际申请文献种类及其代码

PCT 国际申请说明书（International Applications），文献类型识别代码 A：

A1——附有检索报告的国际申请说明书；

A2——未附检索报告的国际申请说明书；

A3——单独出版的检索报告。

（三）美国专利文献种类及其代码

专利说明书（United States Utility Patent），文献种类识别代码 B1，B2（A）；

专利申请公布说明书（Patent Application

Publication），文献种类识别代码 A1，A2，A9；

植物专利说明书（United States Plant Patent），文献种类识别代码 P2，P3（P）；

植物专利申请公布说明书（Plant Patent Application Publication），文献种类代码 P1，P4，P9；

再版专利（Reissued Patent），文献种类识别代码 E；

再审查证书（Reexamination Certificate），文献种类识别代码 C1，C2，C3（B1，B2）；

依法登记的发明（Statutory Invention Registration），文献种类识别代码 H；

设计专利（United States Design Patent），文献种类识别代码 S。

8.【2011 年第 89 题】根据下图所示的美国专利文献，可以看出哪些专利信息？

A．该专利的申请人是 Berger 等人

B．该专利的申请日是 2003 年 11 月 4 日

C．该专利的国际分类号是 220/603，220/710.5

D．该专利的专利授权号是 US10/369453

【解题思路】

根据美国专利法的规定，只有发明人可以申请专利。如果是雇员发明，则也需要由雇员发明人申请专利权，专利权取得以后再转让给雇主。专利文献上的“Inventors”（发明人）其实就是申请人。

关于 B 选项申请日，可以从这些方面来进行判断：①根据 WIPO 规定使用的专利文献著录项目识别代码，2003 年 11 月 4 日这个日期对应的代码是 45，指的是授权公告日，申请日的代码是 22。②从英文本身的内容也可以作出选择，“Date of Patent”意思就是授权日，“Filed”才是提交申请的时间。

(12) **United States Patent**
Berger et al.

(10) **Patent No.: US 6,640,992 B1**
(45) **Date of Patent: Nov. 4, 2003**

(54) **TUMBLER**

(76) Inventors: **Jennifer N. Berger**, 3203 Hamm Rd., Pearland, TX (US) 77581; **David Berger**, 3203 Hamm Rd., Pearland, TX (US) 77581

(*) Notice: Subject to any disclaimer, the term of this patent is extended or adjusted under 35 U.S.C. 154(b) by 0 days.

(21) Appl. No.: **10/369,453**

(22) Filed: **Feb. 20, 2003**

(51) **Int. Cl.**[7] **A47G 19/22**
(52) **U.S. Cl.** **220/603**; 220/710.5; 220/713
(58) **Field of Search** 220/603, 710.5, 220/713, 719, 718

(56) **References Cited**

U.S. PATENT DOCUMENTS

2,601,767 A * 7/1952 Wall 220/719
4,096,966 A * 6/1978 Korshak 220/603
4,388,996 A * 6/1983 Panicci 220/603
5,294,018 A * 3/1994 Boucher 220/603

* cited by examiner

Primary Examiner—Joseph M. Moy

(57) **ABSTRACT**

The present invention discloses a toddler's drinking cup design to teach toddler's and children how to drink properly without a sucking motion. The three piece self-righting toddler's drinking cup comprising a lid with threads, a concave surface having a ledge encircling the outside of the lid comprising a slit adapted for drinking and an air venting hole(s); a cup with matching threads, a weighted rubber round bottom and two diametrically opposed handles; and an o-ring seal adapted for sealing the lid to the cylinder.

20 Claims, 2 Drawing Sheets

关于C选项国际专利分类号，可以从这些角度分析：①国际专利分类的代码是52，“220/603”和“220/710.5”对应的代码是51。②从“U.S.Cl.”可以看出，这是美国专利分类号。③一个完整的国际专利分类号由代表部、大类、小类、大组或小组的符号构成，从“220/603”和“220/710.5”本身也可以看出，这不可能是国际专利分类号。

关于D选项专利授权号，分析的角度为：①“220/603”和“10/369453”前面对应的代码是21，这是申请号不是授权号。②从英文含义上说，“Appl.No”是“Application No”的缩写，意思就是“申请号”。

【参考答案】 A

（四）日本专利文献种类及其代码

公开特许公报（专利申请公开说明书），文献种类识别代码A；

特许公报（专利公告说明书），文献种类识别代码B2；

公表特许公报（国际申请说明书日文译本），文献种类识别代码A；

公开实用新案公报（实用新型申请公开说明书），文献种类识别代码U；

公表实用新案公报（实用新型国际申请说明书日文译本），文献种类识别代码U；

实用新案公报（实用新型公告说明书），文献种类识别代码Y2；

登録实用新案公报（注册实用新型说明书），文献种类识别代码U；

实用新案登録公报（实用新型注册说明书），文献种类识别代码Y2；

意匠公报（外观设计公报），文献种类识别代码S。

第二节　专利分类

一、发明和实用新型的国际专利分类（IPC）

国际专利分类法IPC－International Patent Classification是根据1971年签订的《国际专利分类斯特拉斯堡协定》编制的，是目前唯一国际通用的专利文献分类和检索工具。IPC分类表每五年修订一次。

（一）国际专利分类八个部的类名

国际专利分类表八个部所涉及的技术范围是：

A部——人类生活必需。

B部——作业；运输。

C部——化学；冶金。

D部——纺织；造纸。

E部——固定建筑物。

F部——机械工程；照明；加热；武器；爆破。

G部——物理。

H部——电学。

9.【2008年第92题】国际专利分类表采用字母A-H作为各部的类号，下列选项中给出的类号所表示的类名哪些存在错误？

A. E部固定建筑物　A部纺织、造纸

B. C部化学、冶金　B部作业、运输

C. G部物理　　　　H部电学

D. C部化学、冶金　F部物理

【解题思路】

A项中A部应是人类生活必需。D项中F部应为机械工程、照明、加热、武器、爆破。

【参考答案】 AD

10.【2016 年第 100 题】下列各组表示了国际专利分类表部的类号所指示的部的类名，请判断哪些组存在错误？

A. G 部：固定建筑物　F 部：机械工程、照明

B. E 部：电学　C 部：化学、冶金

C. A 部：人类生活必需　D 部：纺织、造纸

D. H 部：物理　B 部：作业、运输

【解题思路】

G 部代表的是物理，E 部是固定建筑物，H 部是电学。

【参考答案】 ABD

（二）完整的分类号与分类表的等级结构

一个完整的分类号由代表部、大类、小类、大组或小组的符号构成。例如：A01B 1/02。

——部 A

——大类　A01

——小类　A01B

——大组　A01B1/00

——小组　A01B1/02

11.【2013 年第 100 题】下列关于专利分类号 H01C1/00 或 C08F110/02 中含义的说法哪些是正确的？

A. H 代表部

B. C08F 代表大类

C. H01C1/00 代表小组

D. C08F110/02 代表小组

【解题思路】

一个完整的分类号由代表部、大类、小类、大组或小组的符号构成。本题中，H 代表部；C08F 代表小类；H01C1/00 代表大组；C08F110/02 代表小组。

【参考答案】 AD

12.【2014 年第 30 题】下表为国际专利分类表的节选：

“H01G4/00 固定电容器；及其制造方法

H01G4/002 · 零部件

H01G4/018 · · 电介质

H01G4/04 · · · 液体电介质

H01G4/06 · · · 固体电介质

H01G4/08 · · · · 无机电介质

H01G4/10 · · · · · 金属氧化物电介质

H01G4/12 · · · · · 陶瓷电介质”

对于一件技术主题为“一种以二氧化钛薄膜为电介质的电容器”的专利申请，下列哪个分类是正确的？

A. H01G4/08

B. H01G4/10

C. H01G4/08、H01G4/10

D. H01G4/00、H01G4/002、H01G4/018、H01G4/06、H01G4/08

【解题思路】

二氧化钛属于金属氧化物，既然分类表中有“金属氧化物电介质”，那就分到该小组名下。

【参考答案】 B

（三）IPC 号在专利文献中的表达形式

在专利文献中，会表明分类号和引得码，其顺序为：（1）表示发明信息的分类号，将最充分代表发明信息的分类号放在第一位置；（2）表示附加信息的分类号；（3）引得码。

仅使用高级版分类时，印刷格式为：

［51］Int.Cl.

***B09B3/00*（*2006.01*）**

***A62D3/02*（*2007.01*）**

C05F17/00（*2006.01*）

其中，***B09B3/00*** 是高级版分类号（斜体），表示发明信息（粗体）；

A62D3/02 是高级版分类号（斜体），表示发明信息（粗体）；

C05F17/00 是高级版分类号（斜体），表示附加信息（普通字体，即非粗体）。

圆括号内的阿拉伯数字表示分类号所在的分类表的版本号。

（四）技术主题所涉及的发明信息

发明信息是专利申请的全部文本（例如，权利要求书、说明书、附图）中代表对现有技术的贡献的技术信息。对现有技术的贡献的技术信息，是指在专利申请中明确披露的所有新颖的和非显而易见的技术信息。

（五）技术主题所涉及的附加信息

附加信息本身不代表对现有技术的贡献，而是对检索可能是有用的信息，其中包括引得码所表示的技术信息。附加信息是对发明信息的补充，例如，已经分类的技术主题（产品）的用途或应用方面的特征。

（六）发明的技术主题

发明的技术主题可以指方法、产品、设备或材料，或它们的使用方法或应用方式。

方法的例子：聚合、发酵、分离、成形、运送等。

产品的例子：化合物、组合物、织物、制造的物品。

设备的例子：化学或物理工艺设备、各种工具、各种机器设备等。

材料的例子：混合物的成分。

二、外观设计的洛迦诺分类

（一）《国际外观设计分类表》的编排、等级结构

洛迦诺分类表的编排：

采用两级结构，即由大类和小类组成。

用阿拉伯数字按顺序编排，并有英文版产品系列号及法文版产品系列号。

例如：17 类乐器（大类号：17 类 大类类名：乐器）。

例如：17-03 弦乐器（小类号：17-03 小类类名：弦乐器）。

“吉他，六弦琴”的产品系列号：V0029 英文版产品系列号。

L0107 法文版产品系列号。

（二）分类号的表示

外观设计国际分类号由大类号和小类号组成；

——大类号和小类号之间用破折号“——”分开；

——大类号和小类号均采用两位阿拉伯数字；

大类号和小类号前加“LOC（n）Cl.”表示。n 为所使用的洛加诺国际外观设计分类表的版本号，如 LOC（8）Cl.06-13。

第三节　专利信息检索

一、专利信息检索概述

（一）专利信息检索的概念

专利检索指的是根据一项数据特征，从大量的专利文献或专利数据库中挑选符合某一特定要求的文献或信息的过程。

（二）专利信息检索工具

常用的专利信息检索工具包括纸件专利文献、缩微专利文献和电子专利文献。互联网上的专利文献是电子专利文献的另一种发布形式，包括各国专利局和国际性专利组织利用互联网传播专利信息，提供网上专利信息检索的数据库及数据库集合。专利检索方式主要分为手工检索和计算机检索两种。

专利检索的影响因素包括：（1）检索目的、需求；（2）检索依据；（3）采取的检索方式；（4）选择检索系统；（5）检索策略；（6）检索范围；（7）检索者所具备的检索经验。

二、专利信息检索种类

专利信息检索大致可以分为以下类型：

（1）专利技术信息检索，指从任意一个技术主题对专利文献进行检索，从而找出一批参考文献的过程。

（2）专利性检索，指为了判断一项发明创造是否具备新颖性、创造性而进行的检索，属于技术主题检索，即通过对发明创造的技术主题进行对比文献的查找来完成的。

（3）专利法律状态检索，指对专利的时间性和地域性进行的检索，又分为专利有效性检索和专利地域性检索。

（4）同族专利检索，指对一项专利或专利申请在其他国家申请专利并被公布等有关情况进行的检索，该检索的目的是找出该专利或专利申请在其他国家公布的文献（专利）号。

（5）专利引文检索，指查找特定专利所引用的专利引文以及被其他专利作为专利引文所引用的过程。

三、专利信息检索技术与方法

（一）专利检索要素

专利检索可以通过检索以下内容进行：公开（公告）号、申请号、申请日、名称、摘要、权利要求书、说明书、申请（专利权）人、发明（设计）人、优先权、主分类号和分类号、代理人、专利代理机构、地址、范畴分类、国省代码、国别代码等。

（二）检索策略

确定基本检索要素时，需要考虑技术领域、技术问题、技术手段、技术效果等。

在确定了基本检索要素之后，确定每个要素在计算机检索系统中的表达形式：如关键词、分类号、化学结构式等；关键词——各种同义或近义表达形式，上位概念、下位概念等。

布尔逻辑检索也称作布尔逻辑搜索，严格意义上的布尔检索法是指利用布尔逻辑运算符连接各个检索词，然后由计算机进行相应逻辑运算，以找出所需信息的方法。几乎所有的搜索引擎都将布尔逻辑操作符作为最基本的语法规则。一般布尔逻辑操作符包括 AND、OR、NOT、NEAR、BEFORE、AFTER 和括号等。其中最基本的是 AND、OR、NOT 和 NEAR。

四、主要互联网专利信息检索系统

互联网上的专利信息资源是检索和获取的最佳方式之一。使用者可以不受空间和时间的限制，随时随地进行检索。目前许多国家的专利局或国际性专利组织开发了网上专利数据库，为公众提供专利信息服务。占全世界专利信息总量的 80% 的 4 个网上数据库为：

1. 中国国家知识产权局网站（http://www.cnipa.gov.cn/）
2. 欧洲专利局网站（http://www.epo.org/）
3. 美国专利商标局网站（http://www.uspto.gov）
4. 日本专利局网站（http://www.jpo.go.jp）

参考文献

专业书籍

[1] 彼得·达沃豪斯，约翰·布雷斯韦特. 信息封建主义［M］. 刘雪涛，译. 北京：知识产权出版社，2005.

[2] 安建. 中华人民共和国专利法释义［M］. 北京：法律出版社，2009.

[3] 陈燕，等. 专利信息采集与分析［M］. 北京：清华大学出版社，2006.

[4] 冯晓青. 专利法律知识应考教程及同步练习［M］. 北京：知识产权出版社，2010.

[5] 国家知识产权局条法司. 2006年全国专利代理人资格考试试题解析［M］. 北京：知识产权出版社，2007.

[6] 国家知识产权局条法司. 2007年全国专利代理人资格考试试题解析［M］. 北京：知识产权出版社，2008.

[7] 国家知识产权局条法司. 2008年全国专利代理人资格考试试题解析［M］. 北京：知识产权出版社，2009.

[8] 国家知识产权局条法司. 2009年全国专利代理人资格考试试题解析［M］. 北京：知识产权出版社，2010.

[9] 国家知识产权局条法司. 新专利法详解［M］. 北京：知识产权出版社，2001.

[10] 国家知识产权局条法司.《专利法》第三次修改导读［M］. 北京：知识产权出版社，2009.

[11] 国家知识产权局条法司.《专利法实施细则》第三次修改导读［M］. 北京：知识产权出版社，2010.

[12] 国家知识产权局专利局审查业务管理部. 专利审查指南修订导读2010［M］. 北京：知识产权出版社，2010.

[13] 史敏，张建华. 中华人民共和国专利法实施细则释义［M］. 北京：法律出版社，2002.

[14] 汤宗舜. 专利法教程［M］. 北京：法律出版社，2003.

[15] 汤宗舜. 专利法解说［M］. 北京：知识产权出版社，2007.

[16] 文希凯. 专利法教程［M］. 北京：知识产权出版社，2003.

[17] 尹新天. 中国专利法详解［M］. 北京：知识产权出版社，2011.

[18] 赵元果. 中国专利法的孕育与诞生［M］. 北京：知识产权出版社，2003.

专业论文

[19] 王景川. 对专利法第三次修正案修改内容的理解——写在新修改的专利法实施之前［N］. 中国知识产权报，2009-09-25.